Heinrich Wolfgang Seidel

Drei Stunden hinter Berlin

Briefe aus dem Vikariat

Herausgegeben
von Klaus Goebel

Husum

Umschlaggestaltung unter Verwendung einer farbigen Ansichtskarte aus der Uckermark

Bibliografische Information der Deutschen Nationalbibliothek

Die Deutsche Nationalbibliothek verzeichnet diese Publikation in der Deutschen Nationalbibliografie; detaillierte bibliografische Daten sind im Internet über http://dnb.dnb.de abrufbar.

Der Zwischentitel „Tausend traurige und lustige Geschichten" ist dem Brief vom 5. Jannuar entnommen

© 2015 by Husum Druck- und Verlagsgesellschaft mbH u. Co. KG, Husum
Gesamtherstellung: Husum Druck- und Verlagsgesellschaft
Postfach 1480, D-25804 Husum – www.verlagsgruppe.de
ISBN 978-3-89876-770-5

Inhalt

Briefe aus Boitzenburg 7
   Januar 9
   Februar 47
   März 70
   April 123
   Mai 162
   Juni 194
   Juli 201
   August 235
   September 258
   Oktober 294
   November 341
   Dezember 384
   Tagebucheintragungen 421

Tausend traurige und lustige Geschichten.
Die Briefe und ihr Autor 448
Schilderungen bestimmter Ereignisse und Vorgänge 463
Erläuterungen 465
Personen- und Ortsregister 487
Bildnachweis 496

Briefe aus Boitzenburg

Januar

Den 3. Januar 1902

Lieber Vater und liebe Mutter!

Meine Reise verlief programmmäßig unter Regen und Wind. Ich fuhr mit lauter Geschäftsreisenden zusammen, Leuten, die zwischen zwei Personenzügen geboren werden, essen, trinken, schlafen, heiraten und sterben. Sie belauerten sich alle gegenseitig, um zu wissen, ob sie sich auch Konkurrenz machten, und da keiner dem andern recht traute, so stürzten sie ihre ganze Liebe auf eine Dame mit Fischbauch-Teint und braunlackierten Schmachtaugen. Sie benutzten alle nur zufällig die dritte Klasse – aus Liebhaberei gewissermaßen – und sprachen die vermessene Absicht aus, an Z. vorüberzufahren, als an einem Orte, der ihren Fähigkeiten nicht angemessen sei. Und sie stiegen alle in Z. aus, einer immer schneller als der andre, und die Dame, die selbst in Zobelschwänzen reiste, sah ihnen traurig nach.

Danach erlebte ich lange Gespräche zwischen zwei Miniatursoldaten, die später einmal Unteroffizier werden sollten und es schmerzlich empfanden, dass jedermann glaubte, in ihren Helmschachteln seien Pfefferkuchen. Der eine von ihnen rauchte eine Zigarre, aber er tat es ungern.

In Haßleben regnete es nicht mehr, nur war es sehr nass. Eine Nussschale von Omnibus war mit zwei Pferden bespannt, und der Kutscher stand in der Bahnhofswirtschaft und stärkte sich. Als der Wagen abratterte, befanden sich nach der Versicherung seines Führers acht Personen darin, ich glaube eher, es waren achtzig. Ich erinnere mich an einen bewaldeten Kopf, der einem Lehrer zugehörte, und an mehrere Beine, die später von zwei in die Ferien gereisten Jünglingen reklamiert wurden. Auch ein Fräulein war da, abzugeben bei Amtmanns, sowie eine alte Großmutter, die ihrer kranken Enkelin einen Ball mitbrachte. Bauer Nolte hielt meine Hutschachtel, die ihm auf Gemeindebeschluss zuerteilt war, weil er kein Gepäck besaß.

Durch das Fenstereck konnte ich das Land betrachten, das sich in sanften Wellen dahinzog und immer schöner wurde. Wir fuhren durch mehrere Dörfer; es war still und friedlich. Einmal sah ich einen Inspektor auf dem Felde halten, der Kopf seines Pferdes hob sich scharf gegen den Himmel ab, und Pferd und Reiter sahen aus wie aus einem Guss. Wir hielten eine ganze Zeit dabei still, denn es wurde ein Briefträger von oben herabgelassen, der dann alsbald sehr eilfertig über das Feld klasperte.

Zuletzt fuhren wir lange an der Gartenmauer des Grafen Arnim her und sahen auch das Schloss und Rasenplätze und allerlei Schönes mehr.

Das Pfarrhaus ist schön, groß und geräumig, und es wird wohl eine ganz schöne Zeit werden, soweit ich jetzt urteilen kann. Die Pfarrersleute sprechen allerdings wie Frau G. K. – besonders sie, die Pfarrerin –, und ich wüsste wenig, was mir unangenehmer wäre, aber auch daran gewöhnt man sich. Er ist offenbar sehr tätig und wird mich, wie mir Herr Salzmann versichert, nicht mit Arbeit erdrücken, obgleich er selber sehr viel zu tun hat. Da er mich auch etwas für seine Schulinspektion gebrauchen will, so hat sich mein „Gehalt" auf 20 M. monatlich erhöht.

Als drittes Familienmitglied ist seine Schwiegermutter zu nennen, von der ich jedoch nicht weiß, ob sie immer da ist.

Viertens endlich erscheint die Tochter des Hauses, nomine Lisbeth, mit meinem Vorgänger ... unter einem fürchterlichen Siegel der Verschwiegenheit verlobt ...

Das berühmte Kunstinteresse ist vorhanden und wird mit Fr. Schanz, Marx Möller, Fedor v. Zobeltitz, Geibel usw. befriedigt.

Mein Zimmer ist sehr nett, Bett lang genug, Platz nach Wunsch. Die erste Nacht habe ich kaum geschlafen, da das Zimmer überheizt war; das lässt sich ja ändern. Ich bitte, mir möglichst bald mit der Wäsche mein Taschentintenfass zu senden.

Die Aussicht meines Fensters geht auf die Dorfstraße, und es ist wie im Frühling.

Als erste Amtshandlung habe ich heute eine sehr schöne Liste für den Superintendenten angefertigt.

Abends

Das Leben fängt hier gar nicht so früh an, nämlich erst um $^1/_2$ 9 versammeln sich die einzelnen; zu Bett gegangen wird um 10 Uhr. Zu Boitzenburg gehören zwei Filialen: Berkholz und Naugarten. Das letzte ist ein sehr altes Bauerndorf, zu Wagen etwa in einer Stunde erreichbar. Ich habe hier zunächst in Boitzenburg immer die Liturgie zu halten, nächsten Sonntag aber erst probeweise in Naugarten. Der verflossene Herr Salzmann – d. h. er ist noch nicht verflossen, sondern packt seine Koffer tagelang, ohne fertig werden zu können – hat alle sechs Wochen einmal gepredigt. Sodann habe ich heute Einsicht genommen in eine Fülle von schwärzlichen Kirchenbüchern, auch etliche anmutige Formulare kennengelernt. Erläutert wurden diese Belehrungen durch passend ausgewählte Räubergeschichten aus dem Pfarrleben. Sehr verwickelt war sodann ein Vortrag über die vier Grundgehaltsstufen in der Besoldung und über Kirchengrundstücke: will Vater vielleicht unsern Pfarracker kaufen? für 6000 M. kann er ihn bekommen. Aber er muss schnell kommen, ehe ich ihn parzellieren lasse, d. h. den Acker. Absichten, auf nützliche Tätigkeit gerichtet, sind ferner: gemeinsam den zweiten Korintherbrief, die neue Agende, sowie den göttlichen Steinmeyer zu lesen. Hiervon muss abgewartet werden, was zu Stande kommt.

Den 5. Januar 1902, Montag

… Inzwischen habe ich mich hier schon so ziemlich eingelebt und kann Euch schreiben, dass ich es ganz außerordentlich getroffen habe … Am Sonntag habe ich mich dem Grafen Arnim in seinem fürstlichen Schlosse und etlichen andern Notabilitäten vorgestellt. Nachmittags fuhr ich mit meinem Chef in die Filialen Berkholz und Naugarten über Land – auf unglaublichen Wegen bei Wind und Wetter, aber es war prachtvoll. Es ist ein gar nicht auszusagendes

Vergnügen, in dieser Weise wieder mit der Natur zusammen zu wohnen und von allen Elementen abhängig zu sein und sich durchzustrampeln. In Naugarten hielt ich die Liturgie, worauf mich der Pastor fragte, ob ich das nicht schon sehr oft getan hätte, er wüsste nichts zu bemerken. Dann nahm ich an einer Sitzung des Gemeindekirchenrats teil – was für eine Sitzung! – und begleitete Pfarrer Dreising zu einem Krankenabendmahl, eine seltsame, feierliche Sache, die ich nicht so leicht vergesse. Dann tranken wir bei dem Lehrer Kaffee und aßen Kuchen.

Draußen saust der Sturm und der Regen prasselt an die Scheiben, die Wälder toben, und es ist sehr gemütlich in meinem Zimmer.

Besuch haben wir heute – das ganze Haus voll.

Und ich war im Marstall des Grafen, wo seine achtzehn Schimmel stehn, und ich habe „Schneeflocke" kennengelernt und bin glücklich. „Schneeflocke" ist ein Märchentier, so groß wie ein Pony, und hat langes seidenes Haar, rot und weiß, aber das Sonderbarste ist sein Kopf und mit seinen Augen kann es gucken wie Mudrach.

Der Pastor ist beim Amtmann, und sie spielen Schach. Jeden Morgen aber arbeiten wir zusammen, er kann viel und gibt sich große Mühe, mir alles Mögliche beizubringen. In den Zwischenzeiten erzählt er mir tausend traurige und lustige Geschichten von toten und lebendigen Pastoren.

Habt Ihr schon von dem Pastor mit den Lichtbildern gehört? Heut ist er in Kuhz und morgen in Wichmannsdorf und dann kommt er zu uns! Wir sind in großer Aufregung, nachdem letzten Sonntag das Skioptikon von der Kanzel herab angekündigt ist.

Den 7. Januar 1902, Mittwoch
… Am heutigen Tage habe ich wieder, schwarz wie die Nacht, eine Turnfahrt durch den Boitzenburger Schlamm gemacht und allerlei Leute besucht. Zunächst den Amtmann, der vermutlich erwartete, ich wolle ihn in einer standesamtlichen Angelegenheit um Unterstützung bitten – er kam wenigstens, auf einem Spaziergang begriffen, bei mei-

nem Anblick schleunigst angerudert und nötigte mich in die Gute Stube, wo ich alsbald in einem Fauteuil mit minus Sprungfedern ertrank, während er wie ein feierlicher Großinquisitor seine Amtsmiene in liebenswürdige Falten legte. Sagen tat er nichts, sodass ich ihn wie eine Pumpe erst mit allerlei scherzhaftem Geplätscher begießen musste, bis er in Schwung kam. Er soll aber ein guter Mann sein. Seine Gattin erschien auch, und wir unterhielten uns höchst stilvoll über das „Erwachen des Frühlings", was nämlich in Boitzenburg besser beobachtet werden kann als auf dem ganzen Kontinent. Dann sprachen wir noch von Eichhörnchen und ganz besonders vom Schloss. Es ist nämlich eine Boitzenburger Übereinkunft, kein Gespräch ohne Hinweis auf die „Herrschaften" zu beenden. Wie eine Märchenburg liegt der schöne rote Bau mitten im Park, und heller noch als in den immer bewegten Seen spiegelt sich die Sonne in den Fenstern unsres Grafen. Mit unsichtbaren Fäden sind alle an den Hof gebunden – am Neujahrstag ist große Cour und alle erscheinen, denn sie sind alle tributpflichtig. Es gibt alte Leute, die schon vierzig Jahre für das Haus Arnim geackert und gehämmert haben, und seltsam verwitterte Gestalten werden die letzte Zeit ihres Lebens mit Garten-Harken beschäftigt und essen im Übrigen vergnügt ihr Gnadenbrot. Eisgraue Männlein mit langen weißen Barten sitzen frühstückend auf Baumstämmen und erzählen sich mit ihren Dreiviertel-Stimmen Geschichten aus längst vergessenen Tagen. Im Schloss aber treiben steife, lederartige Lakaien ihr Wesen und trampeln auf Wendeltreppen mit plumper Vertraulichkeit herum, als ob ihnen alles gehörte – und man kann von Glück sagen, wenn diese Herren nach zwanzig Minuten aus einer unmöglichen Tür herauskommen und mit nachlässiger Grazie geruhen, den antichambrierenden Pastor nebst Vikar anzumelden. Die Herrschaften selbst sind im Gegensatz zu ihrer erhabenen Dienerschaft ausnehmend liebenswürdig, beide noch jung, der Graf etwa 34 Jahre …

Von Amtmanns begab ich mich zum Forstmeister, der aber trotz seiner 79 Jahre unterwegs war; dem Rufe Vaters verdanke ich es wohl, dass ich in der anmutigsten Weise von seiner Gattin aufgenommen wurde, vor der sonst eine gewisse mit Hochachtung verknüpfte Furcht zu herrschen scheint. Mir trat sie als wohlwollende alte Großmutter entgegen und wir unterhielten uns in dem gemütlichen Jagdzimmer recht gut. Der Doktor war nicht zu Hause. Meine energischen Versuche, in sein Haus einzudringen, erfreuten die Dorfjugend sowie einige ältere Herrschaften, die voll Interesse das Fenster öffneten, um mich zu betrachten und ihre Vermutungen über mich anzustellen.

Nun aber sehe ich mich Herrn Apotheker Willerding gegenüber; wie ein Baum steht er hinter dem Rezeptiertisch und erwägt im Geiste, mit welcher Sorte Pillen ich wieder auf die Beine gebracht werden kann. Gleichwohl nimmt er es nicht übel, als ich ihm den ungeschäftlichen Zweck meines Besuches mitteile, und schleppt mich in ein Seitengemach, wo er gleichzeitig durchs Fenster ein Auge auf die Dorfstraße werfen kann. Er ist stolz darauf, die geistigen Interessen Boitzenburgs zu vertreten, und hat Literaturkenntnisse (die übrigens bei Pfarrer Dreising geradezu bemerkenswert sind). Wir besprechen die „Gartenlaube", befördern die „Woche" durch einen Tritt in die Unterwelt und preisen das Schicksal, das der Welt „Westermanns Monatshefte" beschert hat. Vater kennt er, und sein Anerbieten, mir seine „Journale" zu leihen, ist ein Beweis von Freundlichkeit. Während er ein paar Mal hinausstürzt, um schreckliche Mixturen zu verkaufen, betrachte ich mir sein Zimmer und lerne es auswendig: zuerst der Pfeifenständer – groß genug, um ein Tabakskollegium auszurüsten –, dann die kleinen Tische und Wandmappen mit „Journalen", dann die Bilder der Majestäten und eine Art von Nippesfiguren, die nur in Boitzenburg vorkommen und beständig einem unsichtbare Geiste zunicken. Es ist sehr interessant.

Am Nachmittag habe ich mit dem Pastor Kranke besucht – mir schwindelte manchmal der Kopf, wenn sich die Gegensätze so jagten und Tod und Leben in einem Hause beieinander wohnten. Im Ganzen steht es hier mit der Fürsorge gut: der Graf lässt keinen seiner Leute umkommen.

Aber diese Leute haben märkische Dickköpfe und schaffen sich seltsame Schicksale um nichts.

Draußen regnet es und windet es und es ist so dunkel wie möglich. Zuweilen bellt ein Hund oder ein Laternchen blitzt in der Hand seines Trägers wie ein wandernder Stern.

Den 11. Januar 1902, Sonnabend
Zunächst konstatiere ich die Ankunft des Paketes; der köstliche Rasierapparat hat bereits seine ersten Erfolge hinter sich; die schwarzen Schlipse waren das Angebrachteste, was ihn begleiten konnte, desgleichen die Halstücher, an deren Stelle ich bisher den Kragenschoner benutzte.

Zur Beruhigung dient hoffentlich die Tatsache, dass die Gummiflasche nur ein paar klebrige Tränen in das Seidenpapier hineingeweint hat. Die Schokolade dient mir, mit Forster-Dickens anmutig verbunden, als Erfrischung in meinen immer kürzer werdenden Mußestunden. Morgen halte ich Kindergottesdienst und Sonntag Sexagesimae habe ich über Lk. 8,4–15 zu predigen.

Eben kehre ich aus der Konfirmandenstunde zurück. Ich sitze dort auf einem Beobachterposten und höre zu, als ein Objekt tiefen Nachdenkens etlicher kleiner Stricke, die ich dann und wann durch einen Mudrach-Blick auf den Pfad der Tugend zurückweise. Das Schulzimmer ist niedrig und preußisch; natürlich erblickt man an der Wand das Bild des alten Kaisers im Helm, aber im Übrigen gibt es nicht so viel Sehenswürdigkeiten wie in Naugarten, wo der junge Lehrer mit Geschick Lloyd-Plakate und ähnliches für den Anschauungsunterricht verwendet. Wie glücklich sind in gewissem Sinne diese Kinder dran, die sich nicht wie ihre Berlinischen Kollegen die Augen an tausend Dingen übergesehen haben und noch mit ungemindertem Interesse *alles* sehen, was auf so einem Bilde durch die Allmacht des Malers angebracht ist. Die Schulstube von Naugarten ist mir übrigens wohl bekannt: denn ich habe mich in ihr als Lichtbilder-Mann aufgetan, zusammen mit dem reisenden Bruder, der seit einiger Zeit den Kreis unsicher macht. Er erschien in einem Wagen von Wichmannsdorf her, zu einer Zeit, als ich mit dem Chef gerade im Missions-Nähverein andächtig versammelt war und wir den dortigen Frauen und Jungfrauen etwas Belehrendes vorlasen, während sie Garn wickelten und kleine liliputanische Hemdchen erzeugten. Schon war der Höhepunkt erreicht und Tante Götze schwamm in Seligkeit – sie sammelt übrigens kleine Spielzeug-Esel, die ihr Mann (lieb Karling) verkauft, denn „es sind so biblische Tiere", und ist im Übrigen eine Seele –, da erschien ein Bote und rief uns zurück. Nachdem wir den abgeordneten Pfarrer mit Kaffee und Kuchen befriedigt und ihn mit einer Zichalie versehen hatten, begaben wir uns in das Gasthaus und packten die mitgebrachten Kisten aus. Schon war der hohe Chef damit beschäftigt, den Leinenvorhang in einem Eimer Wasser zu versenken, während ich die Gläser putzte und Bruder Zitzlaff mit der Energie eines Pergamon-Giganten Nägel einschlug an den undurchdringlichsten Stellen. Ein kleiner Knabe mit richtigen Verwunderungsaugen unterstützte uns jauchzend und schleppte zur Festziehung der Leinwand riesige Mauersteine heran. Abends erschien tout Boitzenburg – Grafens waren verreist – und ich stand mit dem Bilderpastor hinter dem Apparat und arbeitete wie ein Pferd. Es waren ... Bilder aus dem Leben Jesu und aus der Inneren Mission. Der Missionsmann hatte schon im Laufe seiner Tätigkeit eine wahre Tierbändigerstimme erreicht, und es war seltsam zu beobachten, wie er seine mit Liederversen untermischten Vorträge losließ und dabei unentwegt seine Hantierung trieb, die Bilder herausnahm, die Schrauben drehte und auch mal mir zuflüsterte: „Riechen Sie, wie es blakt?" Ein merkwürdiges Ding passierte, als wir die Versuchung Jesu zeigten. Denn, während alles interessiert den Verführer, Beelzebub, das ist: Fliegenkönig, betrachtete, wie er im Mantel seiner riesigen Fledermausflügel beiseiteschoss, geriet plötzlich ein langflügliges Insekt auf die Platte und kroch nun, auf das scheußlichste vergrößert, über das Lichtbild. Es sah ordentlich unheimlich aus. Als wir am andern Tag in Naugarten die

Vorstellung wiederholten, kam wieder so ein Teufelsvieh, ich erwischte es aber noch rechtzeitig beim Schwanz, ehe es seine diabolische Symbolik aufführen konnte.

In Berkholz gelang es uns nicht, die Bilder zu zeigen, denn die Sache war vorher durch die kleinen Boten verbruddelt worden und in dem Saal, wo wir uns zu betätigen vorhatten, übten Eingeborene ein Ulkstück ein. Aber es war wieder eine herrlich fantastische Fahrt durch die Nacht und es herrschte große Neugier hinter allen Fenstern, als wir mit unsren schneeweißen gräflichen Rössern durch Boitzenburg bis vor das Pfarrhaus tobten.

Gestern haben wir ein schwindsüchtiges Mädchen besucht, die machte Papierblumen, und ihre alte Tante behauptete, es gäbe in unsren schlechten Zeiten keinen richtigen Winter mehr.

Den 14. Januar 1902

Nun ist es hier endlich kalt und trocken geworden, zugleich war heut der erste Tag, wo man bei der Morgenandacht sehen konnte. Auf den Seen kräuselte sich schon eine leichte, eben erstarrende Eisdecke und die alten Frauen in Boitzenburg stopften das gestohlene und auf andre, mit dem siebenten Gebot disharmonierende Weise angeschaffte Holz in ihre Öfen und machen es sich so pottwarm, dass sie in einem förmlichen Dunstkreis von Behaglichkeit verschwinden.

Gestern aber ging hier die große Saujagd zu Ende und bei dieser Gelegenheit habe ich einen unvergesslichen Anblick gehabt. Schon einige Tage vorher lief das Gerücht um, dass diesmal die Strecke abgeblasen werden würde, ein Gerücht, das sich neben zwei Verlobungen und einem Holzdiebstahl dauernd im allgemeinen Interesse behauptete. Doch wurde auch erzählt, die Herrschaften würden diesmal den Schlosshof absperren lassen. Ich machte an dem Abend einen Besuch beim Kantor, sie, die Kantorn kredenzte Johannisbeerwein und er bot mir sein „einzigstes Laster", nämlich eine Zigarre, an, die der Katholik dieses glücklichen Ortes, Herr Tuchwarenhändler Peltzer, unter dem Titel „Kantor-Zigarren" an Bedürftige ablässt. Auch noch ein unglücklicher, kranker Sohn war da, mit sehr viel Haar, der mich in vorsichtiger und unendlich höflicher Weise nach Spiritismus und dem großen Dichter Brunold befragte, sowie ein aus Stiefeln und Grinsen bestehender Ökonom, der es hinter den Ohren hatte. Der Kantor erschien etwas später und war gnädig gesinnt, was mir lieb war, denn es ist schwer, mit einem abgeneigten Kantor zu arbeiten. Er hat viel Unglück gehabt, ist hervorragend tüchtig, aber auch etwas empfindlich und selbstbewusst. Der Pastor hat an ihm vielleicht seinen besten Zuhörer. Als er nun gerade in hohen Tönen redete und einen kleinen Abriss der Pädagogik entwickelte mit besonderer Rücksicht auf „junge Grafen", erschien die treffliche Martha mit einer Laterne und bestellte vom Herrn Pastor, der Herr Vikar möchte doch so gut sein und ob er nicht die wilden Schweine sehen wolle? Wir also los durch finstre Nacht, aber Dreisings waren mit Zurücklassung der alten Frau Pastorin schon fort. Unter diesen Umständen zog ich es vor, Tee zu trinken und Butterbrot zu essen. Plötzlich klingelte es, und ein kleiner Stift erschien mit einer erneuten Aufforderung; er hatte auch eine Laterne und zu lange Hosen, aber er taperte eilfertig vor mir her und den Kirchberg hinab, dass ich kaum mitkonnte. Ab und zu sprachen wir von den Sternen oder er führte mit einem unsichtbaren Hunde einen Zweikampf auf, dass die Laterne, die sehr klein war, beinah ausging und der Hund heulend verschwand. Inzwischen betraten wir den Schlosspark und gingen durch das rote Portal hinein und die Treppen, die in den inneren Schlosshof führen, hinauf. Wir begegneten noch vielen kleinen Jungen, die bei unsrem Nahen sehr erschraken und derzeitig wegen ihrer Existenz ein sehr schlechtes Gewissen hatten.

Eine sanfte Dämmerung erfüllte schon die Luft, aber die Fenster des Schlosses waren strahlend hell und dicke und dünne Lakaien liefen mit köstlichen Pasteten von einem Flügel über den Hof nach dem andern. 105 riesige Wildschweine aber waren in zwei Doppelreihen auf Tannenreisern niedergelegt. Es waren zum Teil ungeheuerliche Tiere mit Hauern wie aus Eisen. Auch Rotwild lag da, und das eine Wildschwein hatte neben sich ein kleines dürftiges Häschen liegen – die Jagdbeute des Bruders unsrer Gräfin. Dieser hatte sich schon ein ganzes Jahr auf die Saujagd gefreut und seinen Urlaub mit Mühe auf diesen Tag gelegt, und nun kriegte er bloß „ein ’ase", wie Mademoiselle Clément sagt.

Denn Mademoiselle Clément tritt jetzt in die Erscheinung, falls es ihr gelingt, sich auf der unbedeutenden Fläche eines Briefbogens zu bewegen, ohne herunterzufallen. Sie ist nach Alter und Wesen Frl. R. nicht unähnlich, nur beweglicher und heiterer, ein Gegenstand zarter Aufmerksamkeit unsres Pastors und allgemein beliebt, auch bei ihren Zöglingen, deren Arnim'sches Temperament nicht immer leicht zu bändigen ist. Sie spricht Französisch comme une cascade und Deutsch recht gut, wenn auch nicht immer ganz richtig; jede Woche erscheint sie einmal, um unsren französischen Unkenntnissen abzuhelfen und Apfelsinen nebst Zuckerbaisers zu Gegenständen krampfhafter Unterhaltungsbemühungen zu machen.

Zunächst wurde Fräulein Dreising als Parlamentär nach oben gesandt; und als sie wiederkam, stiegen wir vergnügt die seitliche Schlosstreppe hinauf und stürzten uns mutig in Cléments Begrüßungszeremonien, die einem liebenswürdigen Taifun nicht unähnlich waren. Oh, wie war sie entzückt, dass M. le Pasteur sie besuchte! und sie wirbelte im Zimmer umher und drehte das elektrische Licht an, bändigte schnell in der Nebenstube einen kleinen Arnim, räumte den Toilettentisch auf, bewerkstelligte die unmöglichsten Sitzgelegenheiten und gab eine unentgeltliche Vorstellung des eben fortgejagten Haushofmeisters, den ein fehlender Sahnetopf schließlich in seiner Sünden Maienblüte zu Fall brachte.

Derweil war es ganz dunkel geworden und Clément löschte das elektrische Licht, weil der Graf an diesem Tage fürs Sparen war, um für seine Gäste genügend Licht zu haben. Nun sahen wir alle durch die Scheiben, auf denen sich leider hier und da schon Eisblumen bildeten, und Clément kletterte hinter uns auf einen Stuhl und schwebte andauernd in Lebensgefahr, wenn sie uns wie eine Göttin aus einer Wolke herab Erklärungen gab.

Unten kam jetzt eine Bewegung unter die vierzehn Förster und es lief ein dunkler Mann umher und goss in die mit Pech und Holz gefüllten Körbe der acht Kandelaber Petroleum hinein. Wenn wir geradeaus sahen, traf unser Blick auf die hellen Fenster des gegenüberliegenden Seitenflügels und wir hörten das Gelächter und Lärmen der Gäste, die in der Bibliothek ihren Kaffee tranken. Der große Kamin war in Gang gebracht und sein Flammenschein loderte empor und zitterte wie das Schwert des Seraphs und sprühte seine Funkengarben in die Höhe. Zuweilen wurden die Fenstervorhänge zurückgeschoben und es erschienen allerlei gräfliche oder fürstliche Gipsbäuche oder irgendeine seidene Schönheit fächerte und schien mit einem Blick auf ihren Tischherrn die armen Keiler zu bedauern, die da so stumm und verbissen auf ihren Tannenreisern lagen und gar nicht mehr Tee trinken, tanzen und französisch konversieren konnten. Befand sich aber Graf Siegfried in ihrer Nähe, so sagten sie gewiss: „Ah, le pauvre lievre!" Und Graf Siegfried dachte an seine Garnison und seinen Urlaub und machte ein trauriges Gesicht.

Inzwischen hatten sich die Förster in zwei Reihen aufgestellt und der alte Forstmeister ging ihre Reihen ab wie eine Erscheinung aus den Freiheitskriegen. Und dann setzten sie ihre Hörner an und schmetternd erschallte das „Hirsch tot". Oben sah man sofort allerlei Schatten hin und her huschen und nun war es wie bei einer Kugelbahn: nach einer gewissen Spannung rollte unten aus dem Hauptportal das erste Paar heraus; und der Herr reckte sich in seinem Fuchspelz und die Dame streckte furchtsam ihren Atlasschuh heraus, um eine möglichst trockne Stelle des Schlosshofes zu finden. Die Jäger aber schmetterten einen Tusch nach dem andern und zuletzt einen, in dem das ganze Jauchzen und die ganze Wildheit der Jagd vereinigt waren: der galt dem Hasen.

Immer mehr Gäste schritten hervor und besahen die borstigen Trümmer und dazu loderten die Pechkörbe der

Kandelaber Funken sprühend empor: einzelne Funken reisten immer höher, als hätten sie den Ehrgeiz, als Stern am Himmel zu hängen, andre versteckten sich unter der Jagdbeute, andre haschten nach den weißen Kleidern der Damen und Lachen und Rufen erfüllte die Luft.

Den 15. Januar 1902
Heute ist eine Taufe und ich bin genötigt, im Missions-Nähverein die Ehre der Familie Dreising zu retten. Mögen mir Tante Götzens seelenvolle Blicke die Kraft geben, alles richtig zu machen und Fräulein Schnock nicht zu beleidigen!

Sonntag war Kindergottesdienst in Gruppen, und da der Chef in die Filialen musste, so hatte ich ihn zu vertreten. Ich erschien daher mit der Würde, die Frau Dilloos Talare zu verleihen imstande sind, und übernahm erst die Liturgie und dann die fünf ältesten Knaben. Wider Erwarten zeigten sich alle in der Geschichte vom 12-jährigen Jesus im Tempel unheimlich beschlagen; manchmal erschien die Antwort schon, ehe ich mit meiner Frage fertig war. Später stellte sich heraus, dass sie dieselbe Geschichte schon beim Kantor gehabt hatten. Einer von meinen kleinen Klienten entwich plötzlich unter der Suggestion eines missverstandenen Auftrages und begann, den Ofen in der Kapelle umzurühren und Holz einzulegen – eine Unternehmung, die die Aufmerksamkeit der andern in ungünstiger Weise ablenkte und Frau Pastorin, die Urheberin jenes Auftrags, mit Grausen erfüllte. Sehr komisch war es auch, wie die drei Helferinnen immer von Zeit zu Zeit horchten, wie weit die andern oder ich mit der Gruppe seien, und wie wir alle mit Vergnügen konstatierten, dass die andern mit ihrem Fragestoff auch allmählich am Rande wären.

Krankenbesuche mache ich fast täglich mit dem Chef. Es wohnen hier unendlich viel alte Leute, meist über siebzig, und essen ihr Gnadenbrot. Da ist ein Mann mit einem fliegenden Bart ohne Zähne und mit unverständlichem Dialekt, da sind blinde und gichtbrüchige Frauen, Kranke mit offenen Wunden und Schwindelanfällen, eine junge

Frau, die sie aus dem Wasser gezogen haben, alte Fischermeister, denen die Welt zu nass geworden ist, und vor allem Frau Melzer. Ich dachte neulich mit Sehnsucht, wenn doch Dickens noch lebte! An demselben Tag besuchten wir diese Frau, die im selben Jahr wie Dickens geboren ist: und ich dachte es nicht mehr. Übrigens war dies der einzige heitere Krankenbesuch, denn der alten Frau fehlt nur die Jugend und im Übrigen ist sie eine so fantastische, lebendige, furchtbare alte Dame mit einer Nachthaube, wie man sie nur wünschen kann. Der Chef hatte sie lange nicht aufgesucht und sie sagte, sie möchte ihn am liebsten überleben.

Mir geht es sehr gut. Viele Grüße!

Den 16. Januar 1902
Als ich gestern um drei in den Missionsverein ging, war seit einigen Stunden ein dichter, weicher Schnee gefallen und da niemand ihn hier beseitigt, so war es ein hübsches Bild, wie einer in die Fußstapfen des andern hineintrat, wie die Leute stehen blieben und bläuliche Schatten auf den Schnee zeichneten und aus weiten Entfernungen mit der Hand grüßten. Und es war unendlich behaglich, die Gesichter hinter den Scheiben zu sehn und sich auszumalen, wie gemütlich die Leute ihr Holz in den Ofen schoben und ihren Nachmittagskaffee vertilgten und wie es in der Kleinkinderschule alsbald auch warm und angenehm sein würde. Von allen Seiten aber hörte man das Geschrei der Kinder, die sich schneeballten, glitschten, Schlitten fuhren und dann plötzlich verstummten, um den Herrn Vikar zu begrüßen, der mit seinen langen Beinen durch den Schnee stieg und ständig im Begriff war, infolge von Glatteis seine Amtswürde in Gefahr zu bringen. Fern, von Berkholz her, sah man langsam einen Wagen mit Holz heranstöhnen, ein Jäger trat aus dem Wirtshaus heraus mit einem Rehbock über der Schulter, Herr Apotheker Willerding erglänzte hinter seinem Medizintisch im Schein einer dürftigen Lampe und rührte mit stummer Andacht in einem Mörser herum, ein alter Mann mit einem Hut wie ein altes Dach hing an der Dok-

torklingel und wunderte sich, dass niemand kam – man konnte das Gefühl haben, dass auch an den verschneiten, winterlichen Tagen in Boitzenburg die Kette aufregender Vorfälle nicht abreißen konnte oder wollte.

Und nun, in der Nacht und heute! ein wahnsinniger Sturm, mit dem letzten Omnibus von Haßleben eingetroffen und nicht imstande, aus unsrem Waldkessel wieder herauszufinden – davon macht man sich in Lichterfelde keine Vorstellung. Ich glaube noch jetzt, wo es etwas stiller geworden ist, das Heulen und Sausen zu vernehmen, das diese Nacht nicht aufhören konnte; zu hören, wie die schweren Äste abbrechen und auf unser Dach niederfallen, wie die Jagdhunde in ihren Verschlagen heulen und alles draußen in Aufregung zu geraten scheint – während ich mich mit der behaglichsten Müdigkeit in meinem Bett zusammenziehe und auf das Rauschen des Waldes und das Pfeifen und Orgeln in den Lüften horche.

Das Ergebnis dieser tollen Nacht ist leider klebriges Tauwetter. Boitzenburg ist wiedermal aufgeweicht und die lang gestreckten, von Wagenspuren gestreiften Schlammstrecken sehen wie böse rötliche Tiere aus, die sich für schlechte Behandlung durch Wegschnappen der Gummischuhe rächen. Ich glaube nicht, dass es irgendwo schönere und längere Pfützen gibt als hier. Das ist eine böse Zeit für die vielen Kranken, die an Rheumatismus leiden; und wenn ich heute oder morgen Krankenbesuche mache, wird wohl ein vielstimmiges Jammergeschrei anheben; es ist keine gute Gegend für Leute, die keine Feuchtigkeit vertragen können, wenigstens im Dorf; wir wohnen ja am Kirchberge auf der Höhe und können zufrieden sein.

Der Pfarrer war mit Frau und Tochter gestern zu einer Taufe bis in die Nacht fort und die alte Mutter der Pastorin sowie ein die Wirtschaft erlernendes Fräulein blieben mit mir allein zurück. Diese junge Dame hat sich zu Weihnachten gleichfalls unter sieben Siegeln verlobt, jedoch mit einem völlig unbedarften Menschen, sodass ihre Mutter alle Augenblicke Heimweh-Briefe erhält und auch einmal selbst mithilfe eines Wagens plötzlich erschien, um sich mit ihrer Tochter stundenlang in die gute Stube zurückzuziehen und diese zu belehren; wobei sie beide viel weinten, falls sie nicht eine Apfelsine als Erfrischung zu sich nahmen oder Sonderkonferenzen mit dem Pfarrer oder seiner trefflichen Frau abhielten. Es ist schwer, bei diesem sich in fantastischen Formen äußernden Liebeskummer des kleinen Mädchens ernst zu bleiben, zumal der Auserwählte sie vermutlich nie überrumpelt hätte, wenn sie nicht pekuniär gut stünde; einstweilen lässt die Pastorin sie ruhig ihre rosenroten, mit Gänseblümchen gezierten Episteln abschicken, vertröstet sie auf die Zukunft und beschäftigt ihren Geist, soviel es geht, mit Karbonaden und Pellkartoffeln.

Auch die andre Braut in diesem Hause war zeitweilig etwas verstimmt, da Herr Salzmann Aussicht hatte, in Templin Lehrer zu werden, und diese Aussicht momentan etwas verdüstert ist. Aber sie lässt sich das nicht merken und ist als Tochter ihres Vaters so freundlich, heiter und fleißig, wie man es nur wünschen kann. Auf die Dauer wird sich das Geheimnis ihrer Verlobung in diesem fürchterlichen Klatschnest nicht bewahren lassen; der Dachdecker hat sie beobachtet, als er sich plötzlich mit der Geschwindigkeit einer Spinne vom Haus herabließ und als grinsender Dämon plötzlich vor dem Fenster schwebte – was soll man machen!

Die Mutter von Frau Pastorin ist 82 Jahre alt und körperlich und geistig so frisch wie andre Leute mit 60. Es gibt nichts, woran sie nicht teilnimmt, und wenn jemand verstimmt ist, so muntert sie ihn binnen einiger Minuten wieder auf. Überhaupt ist dieses Haus so von Lachen und Heiterkeit erfüllt und die vier Familienmitglieder haben jedes einen so ausgesprochenen Sinn für Humor, dass ich mich schon nach den ersten Tagen wohl und behaglich fühlte. Der Pfarrer selber … würde die unendliche Arbeit seiner Stelle auch gar nicht durchführen können, besonders, da zu dieser Arbeit anhaltender Ärger durch die Kreisschulinspektion hinzukommt, – wenn er eben nicht einen unverwüstlich heiteren Sinn und ausgebreitete Interessen und Empfänglichkeit für Literatur besäße. Stolte war seinerzeit froh, als er die Lokalschulinspektion los war – Dreising hat die Inspektion für den ganzen Kreis und damit das Los eines Fußballes bekommen, mit dem sich Regierung und Konsistorium abwechselnd bombardieren.

17. Januar 1902

Heute kam Mutters Brief. Ich habe bisher weder an Kluge noch Wippermann schreiben können; es ist wirklich prachtvoll, wie viel ich zu tun habe und wie ausgezeichnet mein Chef mir alles zeigt und durch sein Beispiel die Idee abweist, man könnte auch mal etwas weniger gut und genau machen. In den letzten Tagen war er leider etwas nervös, worunter zwar nicht wir, aber er selber litt. Es ist auch zu viel zu tun.

Das Wetter ist noch immer mittelmäßig. Heute beim Rasieren sah ich, wie ein graues Pferd draußen wild wurde und schnaufend in den Baumgängen auf und ab tobte, bis es nicht mehr konnte. Gestern war Bibelstunde, wo ich die Gesangbuchverse vorzusprechen habe und nächstens werde ich wohl selber mal Konfirmandenstunde geben. Heute habe ich meine Predigt im Umriss fertig gemacht; acht Tage habe ich mich davor gegrault und sie dann, als ich erst anfing, in zwei Stunden runtergeschrieben. Ich muss leider, eh ich was fertig kriege, immer erst eine fürchterliche Trägheit überwinden.

Gestern Nacht lag schon der Mondschein in meinem Zimmer, sodass wohl bald die Zeit kommen wird, wo abends die Laterne zu Hause bleiben kann.

Der Chef führt mir immer ältere Klienten vor. So krochen wir neulich in ein kleines Haus hinein und fanden ein rüstiges Ehepaar, wo er 90 und sie 77 Jahr alt war. Er hatte einen Schlafrock an mit Quasten und eine rote Kappe und lieferte uns eine Beschreibung seiner Konstitution, bei der nichts Wesentliches verschwiegen wurde. Und dann wurde er wehmütig und erinnerte seine Frau an die Hochzeit im Revolutionsjahr 48 und versenkte sich in die noch frühere Zeit, wo er vier Comtessen in Berlin herumzukutschieren pflegte und die ganze Nacht wie ein Eisbär auf seinem Bock saß und fror, trotz Kutscherpelzes und Grogs, die man ihm von Zeit zu Zeit zukommen ließ.

Auch bei Frau Engel mit dem Kakadu waren wir und der Kakadu knappste mit seinem Schnabel und Frau Engel zerfloss in Rührung und gab Worte von sich, die, wie sie hoffte, die Welt beherzigen und ein Gutteil besser und einsichtiger machen würden.

Ich gratuliere Helmuth zu seiner II a und wünsche Euch allen einen vergnügten Sonntag. Nächstens werde ich Prenzlau kennenlernen; bisher kannte ich es nur durch den Boten des Superintendenten, der immer hungrig ist und mit einem verschlossenen Kasten in den einzelnen Gemeinden erscheint. Dieser Kasten enthält allerlei Sendschreiben des Prenzlauer Oberhirten, sowie einen Beutel, in den man für verschiedene Zwecke Geld eintun soll.

Mit vielen Grüßen Euer Heinrich

Den 20. Januar 1902
Nachts Sturm, bei Tage Unruhe in der Luft, die sich gegen Mittag steigert. Ich sehe von meinem Fenster auf den weiten Pfarrgarten hinaus, neben dem die Dorfstraße läuft; gerade eine Ecke noch erblicke ich von dem roten Spital, wo die alten Mütterchen drin sitzen und die Zeit nach ihren Kaffeepötten einteilen; am Ende unsres Gartens ist trotz der winterlichen Zeit das Jägerhaus sichtbar. Menschen kriechen bei dem Wetter nicht gern hinaus, aber zuweilen kommt ein Bote oder der Chef wandelt mit seiner Pelzmütze davon, um Krankenbesuche zu machen, und verschwindet in einem winzigen Häuschen in einer winzigen Tür, wie ein Huhn, das zu Bett geht. Da eben gerade Fütterungszeit ist, so brüllen die Jagdhunde in allen Tonarten. Es ist nämlich Montag, wo der Mensch auf seinem Zimmer sitzt und ihn trotz einiger wichtiger Dinge unendliche Faulheit und Müdigkeit überkommt. Die Welt ist für mich ganz verkehrt: sonntags früh krieche ich heraus, als ob es Montag sei, und montags habe ich so ein sofa-liegerisches, Dickens-lesenwollendes Gefühl, dass es eine Art hat. „Ach, wenn doch nur erst Montag wär!", singe ich, ohne

übrigens fortzufahren: „und ich bei meiner Laurentia wär!" Es ist nämlich sehr gemütlich bei mir oben aufm Boden. Schon allein der Schokolade-Ofen. Und ich habe einen Schrank mit runden Glupaugen wie eine Eule und eine Tapete von weißen Rosen. Mein Sofa ist lang und mein Bett ist länger. Über diesem prachtvollen, abgrundtiefen, tags mit einer hoffnungsgrünen Decke zugedeckten Bett hängen schöne Bilder: Majestäts in Gloire de Dijon, der alte Kaiser Wilhelm von allegorischen Emblemen umrankt, sowie Carl, Oskar, Gustaf, Nikolaus und Charlotte Eugenie von Schweden, alle fünf mit seelenvollen Mandelaugen und, wo es sich machen ließ, stilvollen Ringellocken. Ich habe eine elektrische Klingel, deren Benutzung das ganze Haus in Aufregung bringen würde, wenn sie es für passend hielte, einen Ton von sich zu geben. Ich habe zwei Rohrstühle, zwei Teppiche, zwei Reisekoffer, zwei Hutschachteln und zwei Handtücher. Es gibt hier auch einen niedlichen, zärtlichen Spitz, der zuweilen wie eine Schneeflocke in mein Zimmer hineinweht und mich ansieht, als wollte er sagen: „Wenn du vielleicht ab und zu die Feder in meinem Fell abwischen wolltest? soll ich mal etwas Stiefelwichse von deinen Stiefeln ablecken? möchtest du vielleicht, dass ich einen kleinen Tanz aufführe?" Und er tut es. (Eben ist etwas passiert, was ich nicht entdecke, aber zwei Gänse kommen über die Straße gestürzt und ein Huhn, das Besseres tun könnte, versucht zu krähen.) Gestern Abend war ich doch etwas angegriffen. Morgens hatte ich die Liturgie gehalten und dann gleich nach der Predigt auf meinem Zimmer die Gesamtkatechese vorbereitet. Denn der Chef war in Naugarten zur Predigt, sodass ich an seiner Stelle den Kindergottesdienst mit Liturgie von Anfang bis zu Ende hielt. (Es war nichts; es war nur ein kleiner Hund, der durchkam mit einem Auftrag nach Hardenbeck. Das Huhn liegt platt auf dem Boden und die Gänse fressen Gras.) Nach der Kinderliturgie setzte ich mich in eine Ecke und sah zu, wie die andern jeder seine Gruppe vorbereitete, denn von meinen fünf Heldenknaben war nur einer erschienen, den ich daher sofort an eine andre Gruppe abgab.

Eigentlich sollte ich nicht zuhören; denn Frau Pastern und die andren Damen wünschen, in ihren katechetischen Künsten verborgen zu bleiben; aber zuweilen hörte ich doch zu und dann sagte es hier: „Gewiss, mein Kind, aber eigentlich ist es ja nun gerade umgekehrt", oder es sagte da: „Aber, *das* weißt du nicht – ich bin gewiss, Karl weiß das!" – aber, siehe da, auch Karl konnte sich momentan nicht besinnen. Einmal gab es einen kleinen zimprigen Knall und eine Rauchsäule stieg empor – worauf ich eine Hindeutung hörte, dass es Sonntagsschulknaben doch im Grunde nicht anstehe, Schießwaffen mit in die Kapelle zu bringen. Ihr seht, wie milde es pädagogisch zugeht; aber wenn das nicht ist, kommt die Gesellschaft nicht. Übrigens sind auch viele sehr aufmerksame und artige Kinder da. Nachdem die Einzelvorbereitung fertig war, hielt ich die Gesamtprüfung ab und sah, dass die einfachsten Dinge ihre Haken haben. Was würdet Ihr zum Beispiel mit jenem eifrigen Mädchen machen, die ihren Arm schwenkt, als wäre er ein tollwütiger Pumpenschwengel, und die jede Frage beantwortet, die ich nach ihrer Richtung hin tue? Ob ich auf andre Kinder hinzeige, es nützt alles nichts, sie bezieht es auf sich. Und wenn ich frage: „Was aßen die Juden?", so antwortet sie schon vorher: „Ein Osterlamm", und sie ist so angefüllt mit Sprüchen, dass der Herr Oberkatechet vor dieser Springflut selber Angst bekommt und sich schnell zu den Knaben wendet, wo ihm dann erfreuliche Einmütigkeit begegnet, denn entweder schweigen sie alle wie ein Mann oder sie springen alle gemeinsam in die Höhe, sodass ihre Bank mit Krachen umfällt und ein düsteres Loch in meine schöne Disposition hineinschlägt.

Heute habe ich dem Chef meinen Predigtentwurf vorgelegt, und nachdem er hier und da einiges (mit Recht!) beseitigt hatte, sagte er mir, ich brauchte ihm fortan nur die fertigen Predigten vorzulegen; worauf er noch einiges bemerkte, was zu freundlich war, um hier wiederholt zu werden. Sodann bin ich heute bei den Herren Kirchenältesten herumgegangen und habe bei Bliß ein Zimmer für Donnerstag bestellt, denn dort soll die definitive Verpachtung des Pfarrackers stattfinden. Etwas ist leider bei allen Angeboten, was nicht stimmt: der eine erfüllt die Kontrakte, will aber zu wenig Geld geben und ist unsicher im Zahlen, der andre ist höchst zuverlässig, hat aber die Absicht, das Gut zu Gunsten von G. auszupowern. Ich denke mir, es wird am Donnerstag manches Bier fließen, eh die Sache zur Entscheidung kommt.

Eigentlich wollte ich Euch was von Forellen erzählen, aber sie sind mir fortgeschwommen – das nächste Mal also. Am 24. bin ich beim Grafen Arnim zum Patronatsdiner eingeladen. Mir geht es nach wie vor gut.

Den 21. Januar 1902
… Heut früh wurde es schon um halb acht hell; die ganze Nacht lag der Mondschein auf den Dielen und eine schwarze Katze kobolzte auf dem Boden rum und fing sich Mäuse. Bei Tag hatten wir schönes sonniges Frostwetter ohne Schnee. Ich ging durchs Dorf und schon, als ich noch auf dem Kirchberg stand, konnte ich mich über die Veränderung draußen freuen: kein Lüftchen regte sich, die Ziegeldächer flammten dunkelrot, dahinter ein smaragdgrünes Feld und auf diesem Feld zog sich eine Reihe von Bäumen hin, deren Zweige sich scharf und fein von dem blauen Himmel abhoben. Alles war so hell und blank wie in einem holländischen Dorfe. Nie hätte ich geglaubt, dass Taubengrau eine heitere Farbe sein könnte: aber als ich an den Dorfhäusern vorbeiging, sahen sie aus, als ob Sonntag sei. Der geweißte Schulkasten, das Ziel meines amtlichen Spazierganges, erinnerte an ein Tanzhaus, mir war, als müsste alsbald der Herr Kantor heraustreten mit der Geige am Kinn und hinter ihm die bekränzten Schulkinder, aber es war wohl nicht seine Stunde. Ich klopfte an die Schultür – wie der Vertreter des Kreisschulinspektors an die Tür klopft – und trat dann ein, etwas überrascht durch die Aussicht, die sich mir zunächst bot: denn ich sah nur etwas Riesengroßes, Schwarzes und hielt es mit Recht für die Hinterseite der Schultafel. Inzwischen war der Herr Kantor mit wehendem Schopf bereits herbeigeeilt und die Kinder schossen in die

Höhe – links die Mädchen und rechts die Jungs – und ich zog meine Haushaltungs- und Schulanschlagsliste aus der Tasche. Hierauf spielten wir beide eine kleine Komödie, beugten uns tief über das Papier, murmelten furchtbare Zahlen und ließen vor den Schülern durchblicken, dass dies Papier für die Regierung bestimmt sei. Dabei war der Kantor von oben bis unten mit Kreide eingeschmiert, während mir ein Handschuh nach dem andern aus der Tasche herauspurzelte, als ich etwas suchte. Aber derartige Kleinigkeiten taten dem historischen Moment keinen Abbruch. Der große Schulmann begleitete mich noch bis auf die Straße, und als wir auseinandergingen, konnte Boitzenburg wieder für eine gewisse Zeit beruhigt sein.

Übrigens schloss der Kantor heut früher als sonst, weil sein Sohn, der Lehrer von Naugarten, Geburtstag hat. Er ging deshalb pflichtgemäß aufs Schloss, um sich Urlaub zu erbitten, und die Gräfin bestimmte sofort, dass ein Wagen rechtzeitig vor dem Schulhause vorzufahren habe. In solchen Dingen sind die Arnims geradezu vorbildlich. Was für ein Triumph wird es sein, wenn demnach heute die Frau Kantor durch Berkholz und Naugarten mit gräflichem Fuhrwerk kutschieren wird! Und er in seinem guten Schwarzen, eine Kantorzigarre rauchend!

Wieder einen merkwürdigen Krankenbesuch habe ich hinter mir. Ein alter Kutscher der Arnims sollte irgendwo in einem Bett zu finden sein – und es war später Abend, kein Stern am Himmel, grundlose Wege, Sturm und tröpfelnder, melancholischer Regen. Wir gingen in ein Haus und stießen an eine Frau, die sogleich anfing zu jammern, als sie den Pastor spürte, und getröstet sein wollte. Und wir sahen eigentlich nichts und sprachen ihr zu durch die Dunkelheit und erfuhren schließlich, dass jener alte Mann nebenan wohne. Doch werde er wohl eingeschlossen liegen, da seine Frau zum Melken gegangen sei.

Also ein Haus weiter. Wir tasteten auf dem Steinflur herum, fanden eine Tür und traten in ein Zimmer – die Tür ging wie von selbst wieder zu. Wir riefen – kein Laut. Der Chef hatte in seinem Gehirn die Idee eines Bettes in einer gewissen Ecke und machte sich in jene Gegend auf. Aha, sagte er, da ist es. Nun krabbelte er eifrig dran rum, stieß ihn mit den Eckpfosten, schleuderte Kopfkissen herunter und beunruhigte ihn an den Beinen; mal stieß er an einen Stuhl und es klapperte – aber das Ende der Untersuchung war doch negativ. Pfarrer Dreising kam also wieder zurück und nach kurzem Kriegsrat steckte er ein Streichholz an.

Es puffte, ein Schatten spukte durch die Stube und eine ungewisse flackernde Helle umgab uns. Wir sahen das zerwühlte Bett, den Stuhl, auf dem der pot de chambre sich breitmachte wie eine Punschbowle, und ein großes Sofa.

Da saß er. Lang und uralt, blaue, grelle Augen, in der Hand eine Lampenglocke. Während wir uns abquälten, hatte er, ohne einen Ton zu sagen, die Lampe anzünden wollen, war aber nicht weit damit gekommen. Wir ließen ihn wieder auf seinen Platz runter – er hatte sich beim Aufrichten etwas festgeklemmt – machten Feuer an und holten uns Stühle. Draußen tobte der Wind, bei uns war es umso stiller und wärmer. Keiner sagte was.

Aber nun fing der Pastor an und bald taute der Alte auf. Ich wunderte mich im Stillen, was für ein vornehmes Herrengesicht er habe. Später fragte mich der Chef, ob er nicht ein „Arnim'sches Gesicht" habe – das also war es. Aber das alles, was geschehen ist, ist lange, lange her.

Der alte Mann erinnerte sich, dass er in der Mitte des vorigen Jahrhunderts viere lang den Minister kutschiert habe. Der Minister war eine Natur wie Friedrich Wilhelm IV., rastlos, tätig, geistvoll – und er endete auch so. In jener Zeit hatte ihm Dubbicke – er mag auch anders heißen – gedient und seltsame Sachen miterlebt. Da war eine Geschichte von einer rasenden Fahrt auf der Chaussee, sodass das Vordergespann beinahe stürzte, und die Sonne schien auf den grünen Wald an beiden Seiten. Auf einmal befiehlt der Kranke, zu halten: er hat zwei Handwerksburschen erblickt, die in einer Lichtung Erdbeeren suchten. Der alte Kutscher, damals noch jung und kräftig, springt herab und holt die beiden Kerle an den Wagenschlag. Der Minister aber streckt seine dünne, blau geäderte Hand aus dem Fenster und sagt: „Linie ziehen, das für euch, aber nicht weiter als so und so; dort dürft ihr Erdbeeren suchen; das andre gehört mir und das ist für die Frau und das ist für die Kinder ..." Und sie fahren viere lang weiter, durch Dörfer und an Feldern vorbei und der Chausseewärter verneigt sich tief, die Hunde bellen, und die zwei Handwerksburschen stehen verdutzt da, schauen der Karosse lange nach und essen ganz langsam ihre Erdbeeren auf, die sie in ihre alten Hüte gesammelt haben.

Allmählich verstummte der alte Mann, nachdem sich schon vorher seine Erinnerungen verwirrt hatten; ich sehe ihn noch, wie wir uns schon verabschiedet haben und er sich erhebt und mit der Hand winkt und sich bedankt, – worauf eine unbekannte Frau erscheint, nicht seine Frau, und ihm wieder in die Sofaecke hilft, wobei sie gleichzeitig einige schwungvolle Knickse dem Herrn Pastor nachspendet. Alle diese alten Leute bringen die Hauptzeit ihres Lebens im Bett zu, von zwei bis fünf etwa wohnen sie auf einem Sofa oder in einem Lehnstuhl, und wenn es ihnen ganz besonders gut geht, steht dieser Lehnstuhl am Fenster, wo sie die Dorfstraße übersehen können. Und dann drücken sie auch wohl ihr Gesicht an die Scheiben und rufen mit ihren dünnen Stimmen einen Vorübergehenden an: worauf dieser meist eintritt und sie durch muntere Erzählungen aus der Welt aufheitert. Ich denke mir, dass sie dann in der langen Einsamkeit wieder eine Weile ganz vergnügt sind und mit listiger Miene den Ofen anstarren; denn alles, alles kommt allmählich zu ihnen, das Wort des Haushofmeisters, jede Bemerkung Mademoiselles; sie wissen, dass der Pastor einen Frischling gekauft hat, dass der Katholik, Herr Peltzer, in der Fastenzeit nicht auf die Ressource geht; sie sind aufs Beste unterrichtet über die Damen des neulich stattfindenden Jagddiners, über das mit Veilchen gestickte Kleid der Gräfin, über den Reisekoffer des neuen Lehrers, der noch gar nicht da ist, und über die Lieblingsspeisen der Diakonisse, die uns neulich verlassen hat. Ich glaube, es ist ihnen des Montags nicht unbekannt, wer im Schach gewonnen hat, – der Amtmann oder der Pastor – und ganz sicher werden sie wissen, was alles am Donnerstag im Herrenzimmer vor sich gegangen sein wird, welche Gebote Schüler-Malmitz gemacht hat und mit welchen Nebengedanken der Bauer von H. auf das Pfarrgut spekuliert haben wird. Sie besetzen die Pfarre in Wichmannsdorf und sind später vermutlich indigniert, wenn der Graf ihren Intentionen nicht nachkommt. Es sind sehr viele treffliche, fromme und in Ehren grau gewordene Leute darunter –, aber es sind auch einige, die ein doppeltes Gesicht haben und mit äußerer Lieblichkeit eine bösartige Lästerzunge führen. Der Pastor, der schon vor vielen Jahren als Hauslehrer in Boitzenburg war – er hat den jetzigen Grafen erzogen – ... kennt seine Leute natürlich aus dem ff und irrt sich selten in ihnen. Aber ich war nach manchem Besuch doch verwundert, wenn er mir nähere Mitteilungen über diesen und jenen machte.

Das Schloss hat einen alten und einen neuen Teil, der alte ist schöner. Man geht, um dorthin zu kommen, einfach in das Schloss hinein, steigt eine Treppe hoch und befindet sich dann plötzlich auf einem zweiten Schlosshof – endlos steigen an allen vier Seiten die Mauern auf, am Himmel stehn weiße Wolken und das Gras wächst in den Steinen. So ging ich mal wartend auf diesem Schlosshof herum, auf und ab, ganz allein, nur eine Katze sah mir zu und lauter schwarze Fenster, weite Fenster mit einer Prunkaussicht und schmale, hinter denen man Wendeltreppen erblickte, große, durch Querleisten in sechzehn Felder geteilte Fenster, hinter denen offenbar Arbeitsräume lagen, Dachfenster in Ovalform, geeignet als Rahmen für das lebendige Portrait des Herrn Kammerdieners, – so verschiedene Fenster, dass man denken konnte, sie seien in eine Konkurrenz eingetreten mit den weniger zahlreichen, aber umso geheimnisvolleren Türen. Da war eine Tür – Mademoiselles Tür –, die lag so in der Wand, dass niemand sie bemerkte und jedermann erstaunt war, wenn Mademoiselle – nicht hübsch, nicht jung, aber zierlich und geschäftig –, wenn sie dahinter verschwand wie ein Geist. Eine ernste Tür fehlte nicht mit einer geschäftsmäßigen Treppe im Hintergrunde – niemand, der den Herrn Rendanten aufsuchen will, darf sie übersehen. Eine breite, maulaufsperrende Tür mit der deutlich fühlbaren Aufforderung: hier herab, meine Herren, ihr werdet Jean antreffen, wie er Teller abwäscht und mit dem Stubenmädchen scherzt! Eine Tür, die ins Freie führt. Eine Tür, in die man nur hineinfallen kann, und eine andre, die einfach zu ist. Man ist ja auf diesem alten Hofe nicht unter Dach und Fach, der Regen rieselt auf ihn herab, der Schnee sinkt wolkig hernieder und die Sonne brennt auf seinen Boden – aber man ist doch wie eingesperrt und jeder Laut, den man hört, erweckt Sehnsucht. Die Kirchenuhr schlägt – wer weiß, wo – ein Hahn kräht – man schwankt, ob seine Stimme aus der Luft oder aus dem Boden kommt. Es ist beinah wie in einem Märchen.

Den 27. Januar 1902
Heute habe ich die Freude gehabt, dass der Chef, als ich ihm meine Predigt für nächsten Sonntag vorlas, wieder einiges sagte, was sich der Wiedergabe durch mich selbst entzieht. Sein Urteil ist mir deshalb so viel wert, weil er selber an seine Predigten als ein Schüler von Kögel die höchsten Anforderungen stellt und weil es nicht seine Natur ist, mit Kritik hinterm Berge zu halten. Überhaupt hat mich der glückliche Ausgang alles dessen, was bisher an praktischer Berufstätigkeit an mich herantrat, über manche Punkte beruhigt und meine Freude an meiner Arbeit vermehrt sich von Tag zu Tag. Solange ich studierte, hatte ich hier viele Bedenken, jetzt glaube ich, wirklich als Pfarrer den Beruf gefunden zu haben, in dem ich glücklich werden kann. Wenn erst vier Wochen vergangen sind, seit bei mir überhaupt von praktischer Tätigkeit die Rede sein kann, so tut das nichts, denn ich habe in dieser Zeit sehr viel erlebt – wobei ich freilich im Zweifel bin, ob eine gleichlange Vikariatszeit in einem andren Pfarrhause die entsprechende Wirkung gehabt hätte. Was für ein Glück z. B. ist es, dass der allwaltende Konsistorialrat Saenger mich nicht nach Wichmannsdorf zu „Väterchen" geschickt hat. Väterchen Baltzer, in einem Lutherrock mit derselben Entschiedenheit hausend wie andre Sterbliche in ihrer Haut, orthodoxer Konfessionalist,

sich stets im Dreieck bewegend (vom Lutherstuhl ans Harmonium, vom Harmonium an den Aktentisch und von da wieder in den Lutherstuhl), mit der denkbar geringsten Fähigkeit ausgestattet, sich in andre Denkarten als die seinige hineinzuversetzen, stets die Welt wegen verborgenen Frevels beargwöhnend und dabei doch ein ganz artiger Miniaturtyrann – wer weiß, wo ich wäre, wenn ich an diese nicht ganz seltene Mischung geraten wäre! Seine theologische Stellung hätte mich vielleicht wenig erschüttert, an dem Punkt habe ich sogar gewisse Sympathien für ihn, und es hat seinen guten Grund, wenn z. B. Walther Becker in gemessenen Zwischenräumen meine Liberalität bezweifelt und mir nachweist, dass ich über dies oder jenes genau so denke wie etwa Pastor L.; aber ich vermute, dass ich über die Frage des Lehrzwanges, die Einheit von Christentum und jeder Kultur usw. bald mit ihm in Dissens gekommen wäre. In dieser Hinsicht habe ich bei meinem Chef die günstigsten Anknüpfungspunkte gefunden, denn er erkennt ohne Weiteres an, dass nichts wirklich Wertvolles und Dauerndes im Widerspruch mit den letzten Zielen der kirchlichen Unterweisung stehen kann, womit die Einheit alles geistigen Lebens ausgesprochen ist. Wie soll auch die christliche Kirche jemals ihre Aufgabe erfüllen, wenn sie sich hartnäckig allem Guten zuschließt, das nicht den Stempel kirchlich-christlicher Lehrform trägt? Aber ich hörte erst neulich aus dem Munde einer Frau Pastorin den schönen Satz, in einem Pastorenhause sei ein Harmonium völlig ausreichend – wobei sie einen missbilligenden Blick auf unser Klavier warf, das am Tage vorher die Musik zu „Schön Rohtraut" geliefert hatte; zum Glück lagen die Noten nicht mehr da, der Chef hätte sie übrigens vielleicht extra hingelegt, denn wenn er gegen etwas einschreitet, so ist es jede Form von gemachter Religiosität.

Heute Morgen ging ich mit ihm um neun Uhr in die Schule, wo wir als Ehrengäste zuhörten, wie der Kantor Kaisers Geburtstag feierte. Wir saßen in ehrbarer Schwärze auf zwei Stühlen und der Kantor hatte seine Kriegsmünzen angehängt und die Kinder waren bis an den

Hals angefüllt mit Dingen, die sie „konnten". Ein kleines Mädchen erklärte den Kaiser für einen lieben Mann, der in Berlin wohne, und sprach weiterhin gleichfalls die Absicht aus, ihn zu besuchen und ihm einige Blumen aus Boitzenburg mitzubringen (draußen schneite es); dann sangen die Jungs und Mädchen mehrstimmig und das Kind der Waschfrau hatte eine so silberne und helltönende Stimme, dass alle entzückt zuhörten. Dann kam ein kleiner Junge zu spät, nicht viel größer als eine Wurst, mit einem grünen Hütchen und einem verwunderten kleinen Schafsgesicht; seine Mutter hatte ihn wohl zu lange ausgeputzt, und er war sichtlich erfreut, dass ihm niemand was tat. Eine junge Dame von sieben behauptete, der Kaiser sei 43 Jahr alt und im Jahre 1789 geboren –, aber auch sie erfuhr keine Korrektur, denn der Kantor hatte den richtigen pädagogischen Grundsatz, an Kaisers Geburtstag alles schön zu finden. Und dann redete der Kantor selbst und es hatte kein Hinten und kein Vorne, kein Skelett und keinen Schwanz – aber es wirkte mächtig, denn es kam aus einem vollen Herzen –, und als ich dem Chef ins Gesicht sah, da hatte er auch schon den seltsam gespannten Zug, den er bekommt, wenn sein preußischer Patriotismus lebendig wird, und der verwandt ist dem, mit dem die preußischen Könige in ihren Schlachten gesiegt haben. Er sprach auch und gut. Zuletzt ließen wir den Kaiser leben, dass das Dach wackelte; es war eine schönere Feier, als ich sie je ... erlebt habe.

Dann hatte ich um 2 eine Beerdigung; ein junges Ehepaar aus Krewitz hatte sein $1^{1}/_{2}$-jähriges Kind verloren, der kleine Sarg wurde auf einem Ackerwagen gefahren und ein alter und ein ganz junger Mann waren auch noch da. Es ging so langsam zum Kirchhof hin und die arme Mutter an meiner Seite schluchzte unaufhörlich. Nur der Totengräber empfing uns; sie ließen den Sarg an den Seilen hinab und ich las die Gebete der Beerdigungsliturgie, die sehr schön sind; der Vater hat sie wohl gehört, die junge Frau aber wurde wie rasend und warf sich zu Boden – was sollte man da viel zu ihr sagen. Und sie schrie, als ich die Erde auf den Sarg warf und als der geschäftsmäßige Totengräber zuschaufelte. Später konnte ich noch mit ihr einiges reden und sie hörte wohl darauf; es ist aber schwer, in solchem Augenblick zu trösten, und ich dachte, wenn doch Pfarrer Dreising da gewesen wäre. Ich sehe die Leute noch immer auf der Landstraße gehn, bis der Wald sie aufnimmt. Und überall waren Fahnen zu Kaisers Geburtstag.

Um drei ging ich, aber nicht im Ornat, zu der Beerdigung eines zehnjährigen Mädchens; bei dieser Gelegenheit war fast ganz Boitzenburg da und die Schulkinder sangen. Das ist wirklich anzuerkennen, dass die Boitzenburger zusammenhalten – wenn einer ein Unglück hat, so sind viele da, die ihm helfen. Aber es kommt auch hinzu, dass die Herrschaft, der Pfarrer und der Lehrer unermüdlich zusammen und einander in die Hände arbeiten; in dieser Hinsicht ist es hier wohl besser bestellt als irgendwo. Der Graf ist etwa 34 Jahre alt und die noch immer sehr schöne Gräfin entsprechend jünger. Beide kümmern sich um das Wohl ihrer Untertanen wie die Regierung eines Idealstaates. Von der Armen- und Krankenpflege sprach ich schon; aber wenn eine Lehrervakanz von vier Wochen kommt, so hat der Graf schlaflose Nächte und für die Besetzung der Pfarrstelle Wichmannsdorf (Baltzer lässt sich emeritieren) wühlt er sich schon seit längerer Zeit durch Zeugnisse und Empfehlungsbriefe durch, zieht überall Nachrichten ein und wird im Februar voraussichtlich bis zur Ermattung Probepredigten anhören. Wenn er dann nicht mehr recht kann, rast er mit Pferden und Hunden in seine Wälder und beginnt ein fürchterliches Nimrodsleben, bis ihn plötzlich irgendeine Pflicht wieder an seinen Schreibtisch zurückruft. Seine drei Söhne und deren Spielgesellen ... erzieht er ausgezeichnet, vielleicht etwas strenge. Neulich hat er mir einen Gegenbesuch gemacht, was er doch auch nicht nötig hat ...

Morgen also geht's in der Frühe auf die große Kreislehrerkonferenz (böse Leute nennen sie „Köster-Versammlung") und ich werde den Genuss haben, mehr Küsterfräcke auf einem Haufen zu sehen, als ihr vermutlich bisher in Eurem Leben. Wir nehmen die treffliche Martha mit, damit sie sich einen guten Tag machen kann bei ihren Eltern, denn ihr Dorf liegt nahe bei Gerswalde. Demgemäß gleicht Martha seit einigen Tagen der aufgehenden Sonne; sie muss auch etwas aufgeheitert werden, denn ihre einzige Freundin ist neulich aus Boitzenburg fortgezogen und ein Mann hat ihr Herz bisher noch nicht gerührt.

Den 29./30. Januar 1902
Die Bücherkiste ist gestern angekommen, meinen besten Dank dafür, auch an Werner.

Ich sitze wiedermal in meiner Stube und sollte eigentlich Predigt lernen; aber nachdem ich heute erst den Missions-Nähverein beglückt habe, möchte ich mich lieber ausruhen... Denn es sind in diesem Verein Dinge vorgefallen und Worte geredet, die uns, d. h. Pastors, veranlassten, die letzten zwei Male wegzubleiben. Wie das in Boitzenburg immer ist. Zunächst war hier Logierbesuch, der Pastor musste nach Prenzlau, ich war mit ihm – so kam es, dass unsre 17-jährige Unschuld ... (allein) in den Kreis der Nähtanten eintrat. Darauf Bemerkungen von Pfarrhäusern, die eigentlich eine Leuchte sein sollten, usw.; das kleine Mädchen, Frl. K. meine ich, vergaß momentan ihren fernen Bräutigam und ließ mit Entsetzen diese Tempelschändungen in ihr Gemüt eingehen, um sie alsbald im Pfarrhaus zu referieren. Dort große Entrüstung, besonders über Tante Götze, die gesagt hatte: „Die Mission ist *meine* Passion, achott, achott"; Tante Götze wurde für einen Abgrund erklärt und Frl. N., die ältliche Oberjungfrau dieses Vereins, für eine Art von Krokodil, – nachdem sich aber der erste Sturm gelegt hatte, regte sich das Gewissen des Pfarrhauses und es entstand ein großer Wetteifer, an den würdigen Damen „gute" Seiten aufzufinden, sodass sich Tante Götze im Nu in einen weißen Engel verwandelte, nach dem man im Pastorenhause scheinbar mit Kohlen geschmissen hatte. Fast wäre es zu einer Entschuldigung bei den Beleidigenden gekommen, wenn man sich nicht noch die ziemlich unqualifizierbaren Bemerkungen jener Sitzung zurückgerufen hätte, – worauf dann eine tagelang immer wieder auftauchende Bedrückung entstand, besonders bei der Pastorin, die sich mit Recht über die Sache geärgert hatte und sich sagte, dass sie die Pflicht hätte, Tante Götze und die N. von ganzem Herzen zu lieben. Der Pastor verflocht in seine Predigt eine Warnung vor geistlichem Hochmut, wozu jedoch Tante Götze mit verklärter Miene beifällig nickte, weil sie fand, er habe ihr aus der Seele gesprochen. Gegen mich war sie wie stets an diesem Sonntag der reine Schmelzzucker, reichte mir beim Herausgehn ihre Glacehand und lächelte; denn sie ist die einzige Menschenseele in Boitzenburg, die ein Exemplar von Leberecht Hühnchen besitzt und somit seit dem 2. Januar eine begehrte und für literaturkundig angesehene Persönlichkeit.

Nun erschien zu aller Verwunderung heute die N., eingemummelt wie ein Eskimo, und verlangte, die Pastorin zu sprechen. Sie ist nämlich nur im Besitz eines sehr kurzen Gedächtnisses und bestritt infolgedessen ihre sämtlichen Lästerungen; sie habe von diesen Dingen erst aus dritter Hand gehört, sei übrigens bereit, sich zu entschuldigen. Nach dieser merkwürdigen Rede fiel sie auf einen Stuhl und weinte. Darauf wurde natürlich die Pastorin mitleidig und es kam zu einer Versöhnung; dass diese Versöhnung in die Perspektive eines Kaffees mit Kuchen ausläuft, darf ich vermuten. Übrigens hatte die N. durchblicken lassen, Tante Götze sei die einzige Urheberin jener in Boitzenburg grassierenden Kritik über den „missionsfeindlichen" Pfarrer. (In die Missionsstunden, die der Chef alle 14 Tage hält, kommen diese Damen nicht, weil die Tageszeit ihrer Konstitution unzuträglich sei!)

Als ich daher heute um 3 in das Lokal eintrat (d. h. die Klein-Kinderschule), wo die Damen unsres Hauses schon seit einer Stunde nähten, war ich gespannt – aber ich erblickte eine rastlose Tätigkeit und sie sahen mich alle so lieblich an, dass mir ganz unheimlich wurde. Die Pastorin betrachtete ich mir wohlweislich nicht, um nicht ins Lachen zu kommen, denn sie hatte mich vor ihrem Weggehn gebeten, nötigenfalls für ihre Überreste zu sorgen. Und so saß ich denn auf meinem Stuhl und unterhielt die Corona mit der Vorlesung eines Missionsbuches, das Tante Götze „köstlich" nannte, obgleich es nicht so schöne Moral enthielt wie die Produkte der von ihr äußerst geliebten Anny Wothe. Da der Missionar ein Franzose war und vielfach französische Verhältnisse berührt wurden, so erinnerte sich die Götzen ihres einen Sohnes – nicht dessen, der sich andauernd einen Bart stehen lässt, sondern des Kaufmanns in Amsterdam – und sagte mit unnachahmlichem Lächeln: „Nicht wahr, so ist es doch im Französischen, man sagt ‚Dschesü‘, ist es nicht so?" – worauf ich nur bemerken konnte, man sagte dort, wo ihr Herr Sohn wohnte, allerdings vielleicht Jesus. Nun aber nach dem Schlussgebet unser Ausgang! Schon eilte Tante Götze, die Schlimmes von einer Art Isolierung ahnte, herbei und erkundigte sich eifrig bei der Pastorin, ob sie nicht gemeinsam Blumensamen beziehen wollten – eine Beschäftigung, deren Beruhigungskraft sie anscheinend hoch anschlug – oder ob sie durch ihr „Lieb Karling" nicht den Katalog sollte besorgen lassen und sie brächte ihn dann der lieben Frau Pastorin und sie suchten sich gemeinsam hübsche Blümchen aus für das Gärtchen oder, wie der Franzose sagte, für den „schardeng". Also ward auch Tante Götze in den Bund des Friedens aufgenommen.

Wir aber tranken mit Hochgefühl unsern Kaffee und aßen kleine Kuchen, die aus dem übrig gebliebenen Teig des mittäglichen pies gemacht waren.

Die Kreislehrerkonferenz am 28. ist nach Wunsch verlaufen. Morgens um $^1/_2$ 7 hämmerte Martha bereits an meiner Tür, denn sie war ungemein eifrig, weil sie ja vorn beim Kutscher mitfahren sollte. Um $^1/_2$ 8 sollte der Wagen, genannt „die Hammelbucht", kommen – er kam aber nicht. Ein dunkles Gerücht schwebte heran, die Pferde würden beschlagen und der Kutscher schliefe. Der Chef rauchte bereits eine Unmutszigarre, und Martha versammelte eine ganze Wagenburg von Fußsäcken um sich. Um 8 ratterte etwas und stellte sich als Milchfuhre heraus. Drüben bei Meister Nagel versammelten sich die Maurergesellen, und Herr Schulvorsteher Fischmann stach ein Schwein ab. Nach längerer Pause kam eine Gans angelaufen und nickte uns beim Vorbeigehen zu; sie hatte offenbar die Absicht, bei Brietzens mal nachzusehen. Aber ein großer Hund verbot ihr das und sie machte kehrt und ging wieder nach Hause. Endlich, endlich erschien der Wagen, und der Kutscher begrüßte uns mit der Miene eines pflichtbewussten Menschen. Nun wurden wir kunstgerecht verstaut, Herr Kantor Becker-Boitzenburg und Herr Kantor Becker-Naugarten erwiesen sich durch Begrüßung der Pfarrhausleute als Kavaliere, die auch in einem Fußsack stehend die Balance nicht verlieren. Unter Heilrufen donnerten wir davon. Was war es für ein klarer durchsichtiger Wintertag! Kein Lüftchen regte sich, am Himmel stand ein flammendes Morgenrot in langen Streifen, die in der Windrichtung schief gebogenen Bäume flogen an uns vorüber, ein Pflug stand einsam auf dem Acker, gefrorene Teiche schimmerten in den Senkungen auf, und das Wild sprang in der Ferne herum und suchte sich seine kümmerliche Nahrung. Bald waren die letzten Häuser von Boitzenburg verschwunden, auch der Leiterwagen entschwand unserem Blick, auf dem der entlassene Haushofmeister seine Möbel fortschaffte, und nun kam Wald, Wald, Wald. Selten ein Raubvogelgeschrei, aber es saßen nachdenkliche schwarzgraue Krähen auf den Bäumen und spotteten uns nach. Als „Väterchens" Dorf erschien, hielten wir; denn seine beiden Lehrer traten an. Der ältere, Herr Knabe, war enrhümiert und wollte deshalb lieber Schule halten als mitkommen; er war einer von den sieben Söhnen des Herrn Knabe, die alle Lehrer geworden sind. Der andere dagegen klomm an uns empor und schleppte wie einen erlegten Bären einen Fußsack hinter sich, in dem er dann unter unsrer Beihilfe eilfertig ertrank. Herr Knabe lächelte und knallte die Wagentür zu, worauf der Kutscher zu pfeifen anfing und dadurch seine Pferde in Trab setzte; während der ganzen Fahrt regierte er sie nur in dieser Weise und erheiterte damit Martha ungemein.

Hinter Kuhz sahen wir plötzlich, wie ein zweiter Wagen uns verfolgte. Die „Hammelbucht" ist nämlich wie ein Milchwagen nach allen Seiten geschlossen, nur hinten lässt sich die Lederwand aufwickeln, und man sitzt wie in der

Pferdebahn seitlich. Der Wagen war mit zwei rasenden kleinen Rossen bespannt. Sollte das die Synodalkolportage, d. h. Herr Pfarrer Kümmel sein? Er war es und sauste heran mit seinem dicken Lehrer; sein schwarzer Bart flatterte im Wind, und sein grüner Filzhut bedeckte mit seinen Krempen fast das ganze Gesicht. Er lächelte, wie Leute lächeln, die bessere Pferde haben, und entfloh. Wir aber fassten uns in Gelassenheit und gedachten, dass wir als Kreisschulinspektion doch die Obersten vom Ganzen wären und dass ohne uns niemand anfangen könnte.

Nachdem wir eine ganze Weile an Feldern vorbeigefahren waren, erschien wieder ein Wald. In diesem Walde blieben wir lange Zeit, überholten auch manchen Lehrer, der an seinem Stabe zu Fuß pilgerte. Dann machte sich die Nähe menschlicher Wohnungen bemerkbar, und nicht lange, so rasselten wir stolz in Gerswalde ein und hielten mit einem furchtbaren Ruck vor dem Löwen. Der Löwenwirt, ein dicker Mann mit goldener Brille und purpurner Nase, klatschte in die Hände, die Pferde wurden abgeschirrt, und wir traten in das Billardzimmer ein.

Dort wimmelte schon ein ziemlicher Haufen Menschen herum. Da stand Pastor Karow-Weggun, der fünf Kirchen, aber nur einen einzigen Kirchturm besitzt und zwei Filialen in Mecklenburg-Strelitz hat; dort war Bruder Kümmel, der jetzt ohne seinen grünen Hut und ohne seine raschen Pferde als ein sanfter, freundlicher Mann in die Erscheinung trat; dort leuchteten der alte Schein und der junge Schein: der alte Herr mit ungemessenen Dimensionen. Da befand sich überall und nirgends Pfarrer Weber, zugeknöpft und endlos lang; da hüpfte herum Pfarrer Dellinghausen, … in Berlin geboren, kurzsichtig und trotz seiner Liebenswürdigkeit von der Art, dass alle meine Elemente gegen ihn aufbegehrten. Lehrer aber gab es von allen Sorten, Umfangen und Gemütsarten. Lehrer, die sichtlich aus dem Modejournal stammten und in hohen Kragen ihr junges Leben vertrauerten, Lehrer nach Art Ohm Krügers mit einem Fransenbart, Lehrer mit gelben Zähnen und einer versteckten Neigung zum Hauen, sonnige Kinderfreunde mit einer bunten Weste, Lockenhaar und umstürzenden pädagogischen Ideen, einsame Dorfphilosophen und ganz junge Lehrer, die sich zu verwundern schienen, dass sie unterrichteten und nicht mehr unterrichtet wurden. Ab und zu kehrten auch Jäger und Landleute ein und ihre großen schlappohrigen Hunde wanden sich durch die Versammlung und versuchten möglichst pädagogisch auszusehen. Ein großer Aufstand machte sich bemerklich, als der alte Geißler erschien, der zum Ordensfest den Adler der Inhaber bekommen hatte. Alles stellte sich um den Patriarchen von Kröchlendorff herum und besah ihn, während er seinen bewaldeten Mund auf- und zuklappte und „markante Worrrte" redete; nie habe ich bisher ein solches Zungen-R erlebt wie bei ihm.

Die erste Arbeit der Konferenz bestand im Anhören einer Lektion über „Wetter und Wolken". Im Tanzsaal des Gasthauses waren auf vier Reihen Stühlen die Schulkinder von Gerswalde versammelt und der junge Geißler stand erwartungsvoll vor ihnen. Man merkte in dem kalten Raum, in dem sich auch eine Bühne befand, dass gestern Kaisers Geburtstag gewesen war (man merkte es übrigens auch an dem Wirt). Überall waren patriotische Plakate angehängt, nur die Kaiserbüste auf dem Sockel fehlte, und es entspann sich eine Debatte darüber, ob sie geliehen oder gepfändet sei. Dann fing, als wir alle saßen, die Lektion an.

Ich muss sagen, sie machte mir wirklich Freude, denn sie war mustergültig. Wie sich da eins aus dem andern ergab, wie die dem Lehrer ganz fremde Klasse bis zuletzt gespannt aufmerkte, wie in dem Lehrton Güte und fast hypnotisierende Sicherheit miteinander verbunden waren – das war einfach unglaublich. Bei Trendelenburg gab es etwas Ähnliches, sonst habe ich eigentlich solchen Unterricht noch nicht erlebt, wenn es nicht bei Herrn Vogt gewesen ist. Was könnte auf unsern Gymnasien erreicht werden, wenn da nicht drei Viertel aller Lehrer pädagogische Dilettanten wären und ihren Unterricht für beendigt ansähen, sobald sie den Schülern eine gewisse Masse von nur äußerlich verbundenem Stoff beigebracht haben. Matthaei hat uns ja gewiss eine ganze Reihe Kenntnisse vermittelt, aber er hat doch nie den leisesten Versuch gemacht, diese Kenntnisse in eine Beziehung zu dem Leben seiner Schüler zu setzen. Was ist uns danach die deutsche Geschichte geworden! – jedenfalls nichts, was uns begeistert hat, was übergegangen ist in unser eigenes Leben – sondern nur eine Summe von Tatsachen, die ich z. T. bereits wieder vergessen habe. Aber wie soll auch z. B. ein Mann wie Hempel die notwendige „Konzentration" des Unterrichts (Stützung und Beleuchtung eines Faches durch das andere, sodass alle Kenntnisse und Fertigkeiten, die die Schule gibt, als Einheit empfunden werden), wie soll er diese Konzentration herstellen, da er nur von Mathematik etwas versteht und auch das nur unvollkommen? Ich finde, das Bedürfnis, alles in der Welt miteinander zu verbinden, auseinander zu erklären und aufeinander zu beziehen, ist eines der Grundbedürfnisse eines jeden Menschen, der zu Frieden und Sicherheit kommen will; warum wird es mit eiserner Konsequenz nicht erfüllt? Die Schule könnte so schön die Arbeit beginnen, uns zu ganzen Menschen zu machen, aber sie ist heute scheinbar ganz auf das Spezialistentum angelegt. Es gehören doch wahrhaftig keine Fachkenntnisse dazu, um Wesen und Bedeutung eines fremden Faches zu erfassen und den Punkt zu sehen, wo das eigene Gebiet an jenes fremde angrenzt. Aber so kommt es, dass vielfach Arzt, Lehrer und Pfarrer nebeneinander herlaufen, ohne sich gegenseitig zu helfen; ja, dass sich Arzt und Pfarrer als Gegensätze gegenüberstehen.

Nach der Lektion gab es eine lange Sitzung und Kritik und Debatte, auch wurde ein psychologischer Vortrag gehalten, bei dem ich meine Bewunderung dem zukommen lasse, der ihn ganz verstanden hat. Den Beschluss bildete ein langes, oh, wie langes Essen mit vielen Toasten, die meiner Erinnerung nach sehr gut waren; für mich war es etwas langweilig, da Bruder Kümmel links seine Synodalkolportage bald erzählt hatte und dann schwieg, Herr Lehrer Nagel rechts aber nicht zu den gesprächigen Naturen gehörte; doch gewann ich sein Herz dadurch, dass ich ihn über die Schwierigkeit des Protokollführens befragte, und er führte das Protokoll.

Den 30./31. Januar 1902

Heut ist es kälter, rings liegt Schnee, doch taut es seit Mittag ... Vor zwei Stunden besuchten wir eine Frau Herzog, die von ihren fünf Kindern nun schon drei an der Schwindsucht verloren hat, obgleich sie und ihr Mann kerngesund sind. Das vierte, ein kleines Mädchen von 8 Jahren, trug sie auf dem Arm und es war ein schönes Kind, aber so matt und schwach, und sein kleines weißes Gesichtchen lag auf ihrer Schulter. Auf der Ofenbank aber saß ein kleiner Junge, der die Gelbsucht hatte – bisher war er allein noch gesund gewesen. Nun war er mürrisch und hatte aus einer plötzlichen Angst die Tür verriegelt, sodass wir durch die Küche ins Haus kommen mussten. Man kommt sich ordentlich erbärmlich vor, wenn solche Leute dann noch gefasst und ruhig sind und sich in das ergeben, was Gott ihnen schickt.

Dann waren wir bei einem alten Mann, der wegen Augenkrebs im Bett lag – auch schon aus Greifswald zurückgeschickt, wie jenes Kind, weil es zu spät ist. Der Graf sorgt wie ein Vater für alle diese Leute und der Doktor, noch ein jüngerer Mann, geht mit seinem schweigsamen und ernsten Gesicht den ganzen Tag in Boitzenburg herum oder er fährt über Land: es ist keine leichte Stelle. Jetzt haben wir eine neue Schwester, weil die alte sich glücklich krank gearbeitet hat, sie scheint das Vertrauen der Leute aber schon zu besitzen. Diese drei Leute, Doktor, Schwester und Pfarrer, gehen immer hintereinander her, aber sie sind doch auch nur Menschen. Der Chef hat ja eine feste Gesundheit, aber nervös ist er auch. Und wenn er nicht seinen Humor hätte, wäre er längst hin. Seine Predigt lernt er in 2 Stunden; wenn er das nicht könnte, wär's schlimm. Für mich ist das alles zu sehr gunstig, denn ich habe hier mehr als anderswo Gelegenheit, etwas zu lernen.

Heut Abend ist Bibelstunde, wie alle 14 Tage, in der Kapelle. Es ist das so eine Art religiöser Vortrag über die Dinge, die als spezifisch erbaulich nicht in die Predigt gehören, deren Kenntnis aber für die Verständigung wünschenswert ist. Heute liegt z. B. das Thema vor: Ist Offenbarung möglich und wie kommt sie zustande? Nächsten

Donnerstag würde stattdessen Missionsstunde sein, wo Schilderungen aus der geschichtlichen Entwicklung der Mission gegeben werden und wo man zuletzt etwas in den Kasten eines kleinen Negers tut, der darauf freundlich mit dem Kopf wackelt.

Den 31. Januar
… Nachmittags fuhren wir eine Stunde über Land, um einen Besuch in Kuhz zu machen. In Wichmannsdorf hielten wir vor „Väterchens" rosenrotem Pfarrhaus an, der Chef kletterte heraus, weil er eine Besprechung mit Väterchen hatte. Dieser selbst verließ sogar einen Augenblick sein heiliges Arbeitszimmer und setzte sich auf der Landstraße allen atmosphärischen Einflüssen aus. Die Teiche, an denen wir weiterhin vorbeifuhren, waren spiegelglatt gefroren; der ferne Wald hatte eine tiefblaue Farbe und die Felder sahen aus wie Streuselkuchen.

In Kuhz wohnt Pfarrer Kümmel mit Frau, Kinder haben sie nicht … Ich habe selten einen freundlicheren und zufriedeneren Menschen kennengelernt als diesen kleinen, schwarzbärtigen Pfarrherrn. Und es ist eine schöne Erinnerung für mich, wie der Abend kam und wir alle um den Familientisch herumsaßen, während Bruder Kümmel in einer finsteren Ecke steckte und einer Akkordzither geisterhafte Klänge entlockte …

Als wir gegen 6 Uhr zurückkehrten, war der Himmel mit Sternen übersät und alle Augenblicke schoss ein Strahl von oben herab. Dann tranken wir Punsch, weil Tante Jette morgen abreist – allein ich sehe, dass ich Euch diese Tante bisher noch nicht vorgestellt habe, so mag sie abreisen, und ich werde warten, bis sie wiederkommt. Dass aber die Großmutter mit ihren 82 Jahren mitreist, ist für ihre Rüstigkeit ebenso bezeichnend wie dies, dass man ihr, wenn sie Frau Forstmeisterin besucht, kein Mädchen mitgeben darf – „das ist mir ja genierlich, und so alt bin ich am Ende doch auch noch nicht!" – Boitzenburg ist die Stadt der alten Leute. –

Schönen Sonntagsgruß!

Februar

Den 6. Februar 1902.
Meine Berichterstattung ist etwas lange abgerissen ...
... Überhaupt ist es charakteristisch, wie er seine Theorie, ohne es zu wissen, nach sich selber formt. Da er leidenschaftlich, hitzig, vorstürmend angelegt ist, so hat er für das Predigtamt die Prophetentheorie, denn auch die Propheten waren voll ungerechten Losfahrens usw.; ich möchte aber doch sehr daran zweifeln, wie weit wir Pastoren die Nachfolger der alten Propheten sind – da läuft wohl eine große Selbsttäuschung mit unter. Sodann ist er der Meinung, dass der Mensch von Natur tätig ist – ein Irrtum! –, aber diese Theorie entschuldigt aufs Beste seine lebenzerstörende und -zerfressende Geschäftigkeit. Selbst seine Heiterkeit hat etwas Krampfhaftes und sein Humor stammt aus Kalau. Er kann nichts ruhig genießen – schade für ihn. Denn er leidet unter dem allem natürlich am meisten. Einen Hebel hat seine übertriebene Arbeitsamkeit auch wohl darin, dass er in diesem Jahre fünfzig Jahre alt wird; wenn sein Geburtstag vorbei ist, wird ihm hoffentlich einfallen, dass die extensive Arbeit vielleicht vor 50 liegt, dass die intensive und konzentrierte und darum weit wertvollere Arbeit aber dann erst anfängt. Einstweilen kommt es ihm nur auf die Masse an, die er vor sich bringt. Man möchte ihm wirklich etwas von Väterchens Phlegma wünschen! Während er immer überall zu früh ist, kommt Väterchen überall zu spät, sodass neulich, als von einer Versammlung aus ein Huldigungstelegramm an Väterchen abging und es hieß: „wenn er nur keinen Schreck bekommt", jemand mit Recht sagte: „Etwas so Plötzliches wie ein Schreck kommt bei Väterchen gar nicht vor".

Der alte Boldt, ehemaliger Hausdiener bei Arnims, ist gestern gestorben; ich habe ihn auch zweimal besucht. Sonnabend wird er durch den Pfarrer beerdigt. Zum Glück hat sich der (erholungsbedürftige) Chef daraufhin entschlossen, Sonntag überhaupt aus der Kirche zu bleiben;

... doch fürchte ich, dass er diese Pause nicht zur Ruhe benutzt, sondern um einen Vortrag gegen Harnack auszuarbeiten. Es ist unglaublich, mit welcher Gemütsruhe alle diese Herren an solche Arbeiten gehn, ohne irgend andre Schriften Harnacks, die den wissenschaftlichen Beweis bringen für sein letztes Buch, gelesen zu haben. Leider werde ich den Vortrag wohl mitanhören müssen.

Den 8. Februar
... es kam milder, als man dachte, denn er fing an, Geschichten aus dem Reichsboten zu erzählen. Dabei trug er wie alle vier Tage seine politische Meinung über den Burenkrieg vor, die darin gipfelte, was Holland könne (nämlich für die Buren eintreten), könne Deutschland erst recht – worauf ihn alle andächtig ansahen und ich meine gegenteilige Ansicht schleunigst unterdrückte – denn es ist so: was der kleine Pufferstaat Holland ohne Gefahr tut, tut die Weltmacht Deutschland mit Gefahr eines Weltkrieges. Aber das ist Reichsbotenpolitik und darauf wird hier in den Pfarrhäusern geschworen wie auf die Synodalordnung. Es ist unendlich charakteristisch, dass dies borniert und, wenn es nötig ist, auch verlogene Winkelblatt von allen Landpfarrern (mit geringen Ausnahmen) gelesen wird, wie sie auch fast alle Lassons (des Sohnes) Konventikel-Monatsschrift hochhalten; dabei erklärt man z. B. ganz ruhig, die „Christliche Welt" sei die beste kirchliche Zeitschrift – aber es wird natürlich auf das Parteiblatt abonniert. Ich habe wirklich das Bedürfnis, mal eine geringe Anzahl von Pfarrern zu sehn, die *erst* Christen und *dann* Kirchenpartei sind – die gibt es scheinbar nicht. Alles Knechtschaft in kläglichster Gestalt – wo findet man mal einen freien Menschen ...? Dreising opponiert ja freilich gegen vieles, was als Ausdruck dieses zum Mechanismus erstarrten Kirchentums gelten kann, aber man weiß nie, ob er nicht seinerzeit z. B. als Superintendent noch ein ärgerer Tyrann würde, als die bisher regierenden. Jedenfalls denkt er daran, Superintendent zu werden, und kann es nicht begreifen, wenn ein anderer bei dem gegenwärtigen Oberhir-

ten in Prenzlau nichts von Altersschwäche entdecken kann. Mir kam er jovial und munter vor, seine Geschäftsführung war allerdings etwas unpraktisch – aber das ist an sich kein Zeichen von Marasmus.

Hier friert es und alles ist weiß. In der Lehrerkonferenz in Gerswalde schärfte der Chef allen Magistern ein, die Kinder dringend vor dem Betreten eben gefrorenen Eises zu warnen; drei Tage später brach er selbst im Karpfenteich ein, wo er sich einen Spaß hatte machen wollen, und wurde mit Mühe von seiner Tochter gerettet. Vorgestern hörte er, dass Schulkinder den Teich betreten hätten, und tobte; noch etwas später hielt er uns einen Vortrag darüber, wie alles in der Welt eine Lehre enthalte … Nachmittags hatte ich furchtbares Mitleid mit ihm, denn er sah plötzlich so zerbrochen und todmüde aus, dass es ein Jammer war. Er ging auch nicht in die Waisenrat-Sitzung, sondern ich allein. Diese Sitzung war für mich zwar, da ich etwas spät kam, eine Steh-Angelegenheit, aber interessant; sie findet immer, wenn Gerichtstag ist, statt, d. h. alle vier Wochen. Die Waisenräte, nicht nur Pastoren, sondern auch, und zwar vor allem Laien aus allen Ständen, sitzen in dem einen Teil des Amtszimmers, das durch eine Barre mit Tür in ein juristisches Lokal verwandelt ist. Sie sitzen rings die Wand rum und sehr eng wie Vögel auf einer Stange. In dem andern Teil haust der zugereiste Amtsgerichtsrat Schulz, ein alter Herr ohne Haare mit einer Brille, der stets in Verlegenheit ist, ob ihm der Kollege Müller oder der Kollege Meyer etwas mitgeteilt hat. Diese beiden Herren, die nie erscheinen, spielen bei ihm etwa die Rolle von Odins Raben und umflattern andauernd unsichtbar sein Haupt. Der Beruf, der ihn herführt, besteht darin, die Waisenräte mit den juristischen Konsequenzen bekannt zu machen, die ihrem Laienverstande nicht jederzeit zu Gebote stehen, wie er sich ausdrückte; mit andren Worten: er hält über die Paragrafen, die sich mit Vormundschaftssachen befassen, einen populären Vortrag. Wenn Popularität in Breite besteht, so hatte er seinen Zweck erreicht. Es bildete sich bald eine furchtbar schläfrige Atmosphäre im Zimmer und die Waisenräte schienen mir vor meinen Augen eine langsame Karusselldrehung anzufangen, ich hörte kaum noch den müden Tonfall des Amtsrichters, der sich entwickelte wie eine offen stehn gebliebene Wasserleitung. Mitten von der Decke hing eine geflochtene Klingelschnur herunter und im Dämmer versinkend hing drüben an der Wand das Bild einer schönen Dame in Empirekostüm, und ich dachte, wie die sich wohl augenblicklich vorkäme. Immer, wenn der Redner sagte: „Und dann, meine Herren, fällt das Kind in den Graben", dachte ich, er wäre fertig – aber er begann stets, neue Fälle aufzuzählen, bei denen durch Nachlässigkeit Kinder verloren gingen, und ich hatte die Vision einer ganzen Schule, die nach und nach wie von einer inneren Macht getrieben in einen schlammigen Graben hineinsprang und seufzend versank, während in der Ferne die gewissenlosen Waisenräte Bier tranken und Zigarren rauchten. Es erhob sich Herr Fischmann, Schulvorsteher, Waisenrat und Schlachtermeister, um auch seinerseits eine Anfrage zu tun; aber da er bis in seine Stiefel hinein von der Pflicht durchdrungen war, diskret zu sein, so produzierte er einen so umständlichen und schleierhaften Tatbestand, dass selbst der weise Mann aus Templin verwirrt wurde; wozu übrigens der Umstand beitrug, dass er nach Paragrafen aus dem neuen Gesetzbuch gefragt zu werden fürchtete, – denn das liebte er wenig. Wie ich denke, handelte es sich um einen Mann, der ein Kind adoptieren wollte – was alle mit Beifall begrüßten –, aber es lag der Verdacht vor, dass er vielmehr das Geld dieses Kindes zu adoptieren beabsichtigte. Dann rührte sich wieder Pfarrer Kümmel, der wie ein Eichhörnchen in einer Ecke saß, und erkundigte sich nach den Möglichkeiten, einen Trunkenbold zu entmündigen, – was als ein sehr schwieriges und beinah aussichtsloses Unternehmen galt. Alsdann erschienen eine Reihe von Vätern auf der Bildfläche, die in dieser Eigenschaft aufzutreten ablehnten, sowie eine Anzahl von Kindern, die einen Stammbaum noch nötig hatten, – es war wirklich unglaublich, welche Schwierigkeiten aus einfachen Verwandtschaftsverhältnissen hatten entstehen können, nachdem irgendein Waisenrat das Zauberwort „Subsistenzmittel" ausgesprochen hatte. Und in allen diesen verwickelten Dingen sollte der weise Mann hinter der Schranke Auskunft erteilen – was er denn auch nach Kräften tat; wenigstens gab er bereitwilligst Mitteilungen darüber, wie der betreffende Fall nach der alten Gesetzgebung hätte behandelt werden müssen, – Mitteilungen, denen man ein historisches Interesse jedenfalls nicht absprechen konnte. Als die Dunkelheit völlig hereingebrochen war, erschien der Glöckner von Boitzenburg, diesmal durch eine Uniform mit blanken Knöpfen als Gerichtsdiener ausstaffiert, und steckte die Lampen an. Damit war die Sitzung aus.

Den 9. Februar 1902, Sonntag
Heut ein großer Tag des Triumphs. Zunächst hielt ich in Boitzenburg den ganzen Gottesdienst (der Chef blieb zu Hause) und als alles vorbei war, stürzte die Pastorin in sein Zimmer und erklärte, er würde noch einmal stolz auf seinen Vikar sein. Jedenfalls ging es recht gut vorbei; wie ich höre, sind die Kirchgänger auch zufrieden gewesen und der Chef verwandelte sich in einen Sonnenaufgang, stieß mit mir bei Tisch an und sagte, dass nichts ihn mehr freue. Der Friede ist wiederhergestellt! Leider geht es Pfarrer Dreising noch recht mäßig. Aber bei Tisch war er wie ausgewechselt, ganz so heiter, liebenswürdig und herzlich, wie ich ihn bisher kennengelernt hatte.

Nach dem Mittagsessen fuhr ich ganz allein nach Berkholz, durch eine wunderbare, schimmernde, schweigende Schneelandschaft. Die grauen Krähen saßen wieder am Wege, ein kleiner Vogel mit einer gelben Weste flog mir voran und ich war sehr vergnügt. Die Kirche in Berkholz war ziemlich voll, alles lief vortrefflich ab und als ich abfuhr, schlugen die Gänse, die im Schnee standen, beglückwünschend ihre Flügel – denn die Kirchgänger hatten sie von den gebahnten Wegen vertrieben und den Winterfrieden des Dorfes bedeutend gestört ...

Den 14. Februar 1902
Habe ich nicht einmal von dem schwindsüchtigen Mädchen erzählt, die Papierblumen machte und glaubte, sie würde nun wieder gesund? Heute wird sie begraben, an einem so hellen und glitzernden Wintertage, bei blauem Himmel und Sonnenschein. Der Chef wird im Hause die Ansprache halten, während ich die Feier am Grabe habe. Die Schulkinder werden dabei singen wie immer und wir werden wohl nach Hause gehen, als sei nichts geschehen. Der Chef, um alsbald im Gasthof das Pfarrgut auszubieten, ich, um Väterchen in seiner konfessionellen Klause einen Besuch abzustatten und zugleich seinem Hilfs-Vikar in einem Anfall von Geistesstörung zu verraten, dass der Graf, bei dem er sich um Väterchens frei werdende Pfarre mit 39 anderen beworben hat, nächsten Sonntag seine Predigt anhören wird. Es ist dies eine Sache der Diplomatie, indem Väterchen nichts davon hören soll, weil er sonst mitgeht, um als Liturge zu prunken – was dem Grafen vielleicht auffällig wäre.

Gestern waren wir wieder mal in Prenzlau, wo Dreising vor einem großen Haufen Pastoren über Harnack redete. Ich kann nicht sagen, dass ich seine Angriffe *alle* für stichhaltig ansehe, das meiste erledigt sich doch mit genauerer Kenntnis der neueren Theologie, aber ich freue mich, zu sagen, dass die ganze Kritik vornehm gehalten war und bereitwillig auch das Gute an dem Buche hervorhob. Auch aus der Menge der Zuhörer wurde manches Gute gesagt, was mir lehrreich war; aber wenn ich an die beiden anwesenden Superintendenten denke, wird mir schlimm. Da sie Dreising vielfach oder fast immer zustimmten, so ist ihm vielleicht entgangen, wie kümmerlich ihre Bemerkungen waren, – aber sie hätten sich ruhig genieren dürfen, manche Argumente vorzubringen. Nicht das war schlimm, *dass* sie die orthodox-konfessionelle Richtung vertraten, sondern, *wie* sie sie vertraten. Spieß, der eine, hielt es als Einziger in der Versammlung kaum für nötig, beim Reden aufzustehn, sondern er saß trübseligpäpstlich zurückgelehnt auf seinem Stuhl, rümpfte ab und zu seine spitze, bleiche Nase und rief mit blecherner Stimme Worte wie „Falschmünzerei" oder „Täuschung" in die Versammlung; und so ein Geschöpf sitzt in der Prüfungskommission zum zweiten Examen! Dreising hält übrigens auch nichts von ihm.

Wir fuhren aber mit einem Schlitten hin und zurück. Beim Kutscher saß der Chef in seinen Fuchspelz eingehüllt, im Schlitten die beiden „Brautens", während ich auf einem Hocker thronte, mit dem Gesicht nach der Seite, und abwechselnd dem Chef in die Rippen sank oder den glücklichen Bräuten in den Schoß fiel. Noch heute habe ich im Ohr das Klingeln der Schlittenglocken und im Auge etwas wie das Flimmern der Schneefelder. Als wir abreisten, stand noch der Nebel über den Feldern, sodass die Krähen wie Adler aussahen und das ausgetretene Wild einer Herde von Märchenkühen ähnlich sah. Alles war bereift, der Wald schien aus Zuckerkand zu bestehen und bestäubte uns freigebig. In jedem Dorf hängten sich die Kinder an unsern Schlitten und die Gänse flüchteten ängstlich. Die Felder waren verlassen, nur an einer Stelle grub ein Mann Steine – eine etwas kalte Beschäftigung.

Auf dem Rückweg hatten wir Unglück, denn plötzlich stürzte das eine Pferd, wodurch wir alle zurücksanken und die Bräute auf ein nasses Ölbild fielen, das die eine von ihnen in einer Malstunde in Prenzlau hergestellt hatte. Sie jammerte nun los: „Oh, mein schöner Mond! und er war so schwierig …" Hierauf kletterte der Kutscher herab und sammelte das zum Glück unverletzte Tier wieder auf. Er fing alsbald an, nach Halftern zu suchen, bis ich ausstieg und auf meinem Hocker einsam auf der Landstraße saß, während alle Übrigen im Schlitten herumwursteln und suchten. Zum Glück hatten sie Erfolg und wir konnten weiter …

Den 15. Februar 1902
Gestern gegen eins begann hier unter dem Einfluss der Mittagssonne die Schneeschmelze, und während die weißen Dächer aufglänzten, dass man immer nur kurze Zeit auf sie hinsehen konnte, rieselte und tropfte es blitzend und funkelnd von ihnen herab. Sonst war es fast wie im

Frühling. Wir standen mit vielen uns unbekannten Menschen in dem niedrigen Zimmer, darin wir noch vor wenigen Wochen bei Regen und Wind eingekehrt waren, die Tannenzweige und das frische Holz des Sarges erfüllten die Luft, auf dem Schrank steckten in runden bauchigen Vasen all die Frühlingsblumen aus Papier, die das tote Mädchen bis zuletzt gearbeitet hatte, und durch die niedrigen Fenster konnte man ein Stück des blauen Himmels erkennen. Es kam so viel Licht ins Zimmer, auch durch die offene Tür, in der die Leute standen und mitsangen, nachdem der Kantor intoniert hatte. Es war ein schöner Gedanke, dass dies Kind, das schon vor seinem Tode aus der Gesellschaft der Lebendigen fortgegangen war, seiner Mutter nachfolgte, die ihr vorausgekommen war und mit der es in seinen Träumen und Fantasien zuletzt immer verkehrt hatte. Übrig blieb nur die Schwester jener Mutter und ein Geschwisterpaar, das in seinem Sonntagsstaat von Berlin und Zehlendorf hergereist war, – ein junger Mensch, der als Gärtnergehilfe seine Tage in einem gläsernen Gewächshause verbrachte, und ein Dienstmädchen aus dem dunkelsten Berlin; man musste hoffen, dass sie widerstandsfähiger sein würde als ihre tote Schwester, denn auch diese ging als ein Bild der Gesundheit in die große Stadt und kehrte vor etwa einem Jahr zurück wie der wandelnde Tod.

Der Chef hielt die Andacht im Hause und verließ uns, während sich der Zug ordnete. Sie konnten den Sarg nur mühsam hinunterschaffen, obgleich die Haustür ausgehängt war. Und dann ging es sehr langsam. Die sechs Träger entfernten sich immer weiter von uns, aber ich konnte wegen der alten Frau an meiner Linken nicht rascher vorschreiten, sie blieb sowieso immer zurück mit ihren beiden großen Kränzen. Das Ganze hatte etwas so Traumhaftes, vielleicht weil das Gehen in dem knirschenden Schnee allmählich ermüdete oder weil die Sonne nach und nach fühlbar wurde, – wir kamen vorwärts, aber wie man in einem Boot sitzend vorwärts kommt, an dem die Häuser, Bäume und Menschen auf der Uferhöhe langsam vorbeischweben. Zuweilen sah ich hinter den Fenstern Gesichter – Gesichter wie in einem Spiegel –, ich hörte Worte von Menschen, die weit von mir standen, und Vogelstimmen, scheinbar aus weiter Ferne, aber so deutlich und sinnenfällig wie nur möglich. Eine Haubenlerche lief über den Weg, ein Schlitten kam plötzlich angeklingelt mit einer lachenden Gesellschaft und hielt dann erschrocken und ließ uns vorbei. So stiegen wir die Friedhofshöhe empor und traten durch das Tor, das im Sonnenschein rosig aufglühte.

Es verlief dann, wie solche Feiern verlaufen. Vor dem Augenblick, wo die Seile niederrasseln, hatte ich etwas Furcht; aber die alte Frau rief nur: Jetzt ist sie bei ihrer Mutter! und es kam zu keinem Zwischenfall. Als ich die Erde auf den Sarg warf und die Leiche einsegnete, hatte ich plötzlich gar kein trauriges Gefühl, eher ein fröhliches, denn das arme Mädchen hatte es nun doch gut; sodass ich glaube, unser Schmerz bei Todesfällen ist viel mehr Schuldgefühl als Sorge um das Schicksal des Toten; wie sich ja auch Menschen, die ihre Schuld gegen Verstorbene durch Liebeserweisungen an noch Lebende abtragen können, weit eher trösten. Es folgte dann noch eine Andacht in der Kapelle, worauf ich mit dem Kantor nach Hause ging und dieser mir für Sonntag seinen Besuch ankündigte.

Am Nachmittag machte ich mich dann auf, um Väterchen zu besuchen. Wichmannsdorf liegt drei Viertel Stunden von Boitzenburg, man geht immer auf der Chaussee.

So eine Winterwanderung ist mir noch nicht vorgekommen. Zu beiden Seiten wogten schneeweiße Ackerfelder auf und nieder, bis die vereiste Flut an den blauen Wald anbrandete. Ich stellte mir fortwährend vor, das Feld sei ein Gletscher, und ich glaube, viel anders haben manche Gegenden auf Nansens Schlittenreise auch nicht ausgesehen. Wieder stand das Wild ganz in meiner Nähe auf der Lauer, erkannte mich aber als harmlos und trat langsam wieder auf die freie Fläche heraus. Einmal kam ich an einem Bauerngut vorbei.

Väterchen, im Lutherrock mit weißer Halsbinde – so war er mir bisher erschienen; zu Hause aber schlug ein alter Schlafrock seine Lenden. Er bewirtete mich mit viel

Kaffee und Kuchen und befand sich wie immer andauernd im Zustand der Verwunderung. Ich glaube, er betrachtet die übrige Menschheit als ein unharmonisches, komisches Etwas, mit dem man aber Nachsicht haben muss. Am Ende ist es auch nicht zu verlangen, dass er mit seinen fast 80 Jahren allzu elastisch sein soll, und er zwingt seine Subjektivität niemandem auf, sondern wartet lieber, bis der unangenehme Mensch mit andern Gedanken wieder abgegangen ist und Väterchen in seiner ganzen unantastbaren und unerschütterlichen Größe das Feld behauptet. Ob eine solche Austernnatur freilich das Ideal eines Pfarrers ist, scheint mir fraglich.

Ich hatte das Glück, ihn durch kleine, sorgfältig ausgewählte und möglichst neutrale Anekdoten zu erheitern, sodass wir sehr gut miteinander auskamen.

Mittwoch, d. 5. März halte ich den Passionsgottesdienst.

Ist denn mit Vaters Büchern und dergleichen gar nichts passiert? Ich möchte so gern auch mal einen Brief wieder von Vater haben …

Den 18. Februar 1902
Gestern und heute ist der Chef zur Schulinspektion in Gerswalde und ich habe merkwürdigerweise ein Gefühl der Befriedigung in mir, obwohl wir uns noch immer leidlich vertragen haben. Ich hätte ja seinen Vortrag über Harnack kritisieren können – jeden Tag fallen mir neue Missverständnisse ein, die er in ihm begangen hat –, aber diese Missverständnisse sind so unbegreiflich und er kann abweichende Meinungen so wenig vertragen, dass ich mich lieber bescheide. Man kann auch einer Sache schaden, wenn man von ihr redet, wo sie voraussichtlich doch nicht gedeiht. Der große Gegensatz zwischen der Theologie vor 30 Jahren und der heutigen liegt darin, dass jene frühere Zeit nichts ahnte von historischem Begreifen, und da diese Art, die Dinge zu begreifen, zugleich eine Art des Lebens ist, so können keine Erwägungen des Verstandes dazu helfen, dass einer eine Vorstellung davon bekommt, was ei-

gentlich gemeint ist. Wenn ich ihm sagte, dass Harnack und seine Arbeitsgenossen keineswegs „ungläubig" sind, dass sie vielmehr Gott gerade damit dienen, dass sie das Evangelium in seiner ursprünglichen Gestalt verkündigen und mit schonender Hand alle Gedanken und Betrachtungsweisen beseitigen, die *nachweislich* erst die allmählich versteinernde Kirche hinzugetan hat, so wäre das ganz wirkungslos: denn dazu muss man die wirkliche Geschichte der Kirche kennen und die kennen sie nicht. Ich muss offen gestehen, dass ich einige Tage nach dem Konvent in Prenzlau ganz niedergeschlagen war, denn es hat etwas Bedrückendes, wenn man Männer wie die zwei Superintendenten das leerste und abgetanste Zeug reden hört und bei ihnen trotz der eigenen geringen Kenntnisse auf ein einfaches und z. T. ohne Beschämung zugegebenes Nichtwissen der einfachsten Tatsachen stößt. Mögen sie als Gemeindeglieder und Christen so gut sein, wie sie wollen – als Theologen sind sie damit unredlich und faul und wir sollen doch in unserm Beruf gerade als Christen gewissenhaft sein. Ihre Strafe haben sie schon: denn sie waren gar nicht so sicher, wie sie wünschten, regten sich auf, wurden gehässig und persönlich, während ich bei meinen theologischen Lehrern und z. B. auch bei Stolte wirklichen Frieden und sieghafte Freude angetroffen habe. Ich habe Harnacks Buch kürzlich noch mal gelesen und empfand so stark wie noch nie (obwohl ich sachlich über einiges anders denke als er) die Wirkung einer geschlossenen, vornehmen und gelassenen Persönlichkeit, während alle die offiziellen Gegenschriften zugleich Dokumente menschlicher Verärgerung und theologischer Streitsucht sind.

Eine eigentümliche Belehrung ließ mir Dreising neulich zuteilwerden. Ich hatte zu meiner Predigt ein Lied von 4 kurzen Strophen singen lassen, währenddem der Mann mit dem Klingelbeutel herumging. Die Zeit reichte vollkommen, denn als ich auf die Kanzel trat, war er fertig. Der Chef war bekanntlich bei meiner Predigt nicht anwesend. Einige Tage später fiel ihm ein, dass das Lied doch auch nicht hätte reichen können, sowie dies, dass die Kirchenbeamten aufeinander Rücksicht zu nehmen hätten. Aufgrund dieser Einfälle hielt er mir nun einen Lehrvortrag in Gestalt einer donnernden Pauke, schilderte einen Gottesdienst, in dem die Predigt durch die noch andauernde Arbeit des Geldeinnehmers furchtbar verwüstet wird, und tat überhaupt so, als ob ich eine Tempelschändung begangen hätte. Gesetzt den Fall, ich hätte wirklich durch die Wahl meines Liedes solche Zustände erzielt (an den Klingelfritzen hatte ich tatsächlich nicht gedacht): konnte er mir das nicht anders mitteilen? Ich fürchte fast, dass Pädagogik nicht die starke Seite des Herrn Kreisschulinspektors ist.

Am selben Tag war er übrigens wieder nach dem Genuss von Tee mit Rum mit mir ein Herz und eine Seele. Überhaupt ist er unglaublich inkonsequent, sobald er irgendeine Theorie auf sich selbst anwenden soll. Neulich sagte er plötzlich in einer Gesprächspause: „Die Versuchungsgeschichte ist doch auch auf Pastoren anwendbar; ‚sprich, dass diese Steine Brot werden', d. h.: ‚schaff mir eine fette Pfründe'. ‚Spring von der Zinne des Tempels, und die Engel werden dich tragen', d. i.: ‚werde übermütig in deiner Gemeinde und trau dir alles zu'. ‚Sieh alle Reiche der Welt und herrsche über sie', d. h.: ‚werde Superintendent!'" – Aber alles drei passt ja auf ihn! Er sagt alles, was andre nur denken, – damit zerstört er viel, andrerseits spricht es für die Offenheit seines Charakters. Doch hat diese Naturanlage das Üble, dass er den Menschen, die nicht wie er mit dem Munde vorweg sind und die sich beherrschen können, andauernd misstraut. Ich habe selten einen Menschen kennengelernt, der sich so wenig in andre Individualitäten hineinversetzen kann wie mein hoher Chef ...

Den 21. Februar 1902
Die Forellenzucht habe ich gleich in den ersten Wochen hier kennengelernt. Ich wandte mich zu diesem Zweck an den Rendanten, Herrn Dahms, der unten im Dorf in einer Art Londoner Nebel wohnt, sein Amtszimmer jedoch oben auf dem Schlosse hat. Ich bin seitdem öfter bei ihm ge-

wesen, um gewisse Quittungen und Geldauskünfte von ihm zu erhalten, und er erwies sich stets als freundlich und entgegenkommend. Wie alle Leute in Boitzenburg vereinigt er mit lächelnder Selbstverständlichkeit die größten Gegensätze in seiner Natur, und ich glaube, er würde ein dankbares Opfer sein für die Darstellung fantastischen Philistertums. Ihn oben bei seinen Akten mit Forellen in Verbindung zu setzen, scheint nicht leicht, denn er und sein Geschäft sind trocken wie Zunder. Aber es dauert nicht lange, so bemerkt man allerlei feuchte kleine Eigentümlichkeiten an ihm und beginnt, leise zu zweifeln, ob mit der Unergründlichkeit seiner karierten Hosen und mit der haarigen Pracht seines braunen Überrocks das letzte Wort über ihn gesprochen ist. Während er mit seinen wasserblauen Augen auf ein Konzept blickte, auf dem er endlose Zahlenreihen sauber addierte, bemerkte ich ein eigentümliches Zucken in seiner linken Hand, wie ich es eben bei einem kranken Fischermeister beobachtet hatte. Er sah wohl meine Gedanken in meinen Augen, denn ohne mit Rechnen aufzuhören, blickte er mich an und sagte: „Ach ja – die Gicht, das nasse Leben" – wobei er mit der kranken Hand ein Aktenfaszikel aufschlug, aus dem eine Staubwolke emporstieg. Dann machte er einen Klecks, und als er daraufhin diesen widerwärtigen Eindringling durch seine Handlupe höchst bureaumäßig fixierte, tat er es doch wie ein Mann, der schmunzelnd ein kleines Forellenei besieht. Auf seinem Tisch aber hatte er ein Glas mit köstlichem Quellwasser stehn, das so kalt war, dass es die Wände des Glases beschlug. Endlich konnte er die von mir gewünschten Resultate mitteilen, und während ich mich in einer Ecke fertig machte, öffnete er verstohlen eines der stets geschlossenen Fenster und sah eine Zeit lang prüfend ins Land hinaus. Dann ergriff er mit leuchtenden Augen eine Anzahl von rostigen Schlüsseln, auf denen schon im Anfang sein Auge wohlwollend geruht hatte, und wir verließen das Schloss.

Nach kurzem Gange kamen wir an einen durch Bretterzäune abgeschlossenen Teil des Parkes und schritten durch eine Pforte, deren Benutzung durch eine drakonische Tafel verboten wurde. Jenseits dieser Verzäunung lag ein trauriges Land, ein Land mit Wasserrinnen und kleinen Teichen, über denen es wie feuchter Dampf wogte und in deren Spiegel der dunstige, wolkenverhangene Januarhimmel zum zweiten Mal erschien. In einer besonderen Bucht ruderten gierige Schwäne, die mit den Schnäbeln nach einander hackten, und an den Ufern stiegen nasse schwarze Abhänge empor, mit Bäumen bestanden und deutlich verratend, wie viel Laub im Laufe der Jahre auf ihnen vermodert war. Kein Laut ließ sich vernehmen außer dem Rauschen der Wasserrinnen, die mit Brettern und Ziegeln zugedeckt waren und wie lange dunkle Schlangen hinten im Bruthause verschwanden. Herr Dahms war wie verwandelt; sein rostiger Überrock schien mit seinen feinen Haaren durstig die feuchte Luft einzuatmen, in der Hand schwenkte der Forellenvater den Schlüssel, als war es der Schlüssel des Paradieses, und wenn er ab und zu mal einen Ziegelstein aufdeckte, sah man, mit welcher Lust das Hüpfen und Springen des klaren Quellwassers ihn erfüllte. Wir kamen an einen neuen Zaun, die Tür kreischte und das Bruthaus erschien, zugleich blitzte eine Anzahl neuer Teiche hell auf, denn die Sonne drang eben durch die Wolken. Hier erblickten wir nun Forellen von allen Größen, je nach der Bedeutung des Teiches: sie schossen wie blitzende Haarpfeile im Wasser herum, und ich wunderte mich nur, dass sie nicht heraussprangen und mit ihren Schnauzen die Knie ihres Pflegevaters streichelten; leicht genug hätten sie es gehabt, denn dieser schwebte in beängstigender Haltung mit fortwährenden kleinen und großen Kniebeugen am Wasser umher.

Dann betraten wir das Bruthaus, wo es warm war und wo wir unwillkürlich auf den Zehen schlichen und unsre Stimmen dämpften. Wir bemerkten dort eine Reihe viereckiger länglicher Kästen, die mit Blechscheiben und Drahtgittern zugedeckt waren und in denen das Quellwasser flüsterte und rauschte, aber nur ganz wenig, denn es kam vorsichtig und mit sanftem Strahl an der einen Seite hinein und sickerte nur langsam am entgegengesetzten

Ende wieder heraus. Wenn man hinblickte, sah es aus wie wässriges Vogelfutter, denn es schimmerten winzige Kiesel auf dem Boden. In einem Kasten quirlten bereits kleine geschwänzte Quappen herum; in dem andren lagen Eier wie gläserne Fischaugen; wenn man eins mit der Pinzette heraushob und zwischen zwei Fingern ans Licht hielt, sah man das kleine Forellchen schon darin zusammengekauert sitzen, doch sah es noch nicht sehr fischlich aus. Was für Sorten gezüchtet werden, kann ich leider nicht angeben.

Später führte er uns dann noch einmal an den Forellenteichen vorbei, zeigte uns ein Wehr und die Risse und Spalten, die das Wasser in die Mauern der elektrischen Kraftanlage gedrückt hatte. Diese Risse waren ein Triumph für Herrn Dahms, denn er hatte sie vor dem Bau – erfolglos – prophezeit. Aber keiner wollte damals an ihn glauben. Überhaupt schien das Erdreich für ihn keine Verborgenheiten zu haben, denn er sprach in der gleichgültigsten Weise von den Wasserläufen in der Tiefe, als vermöchte er sie mühelos zu erblicken; und er vertraute uns auch an, dass es unter dem Apollotempel – einem Lusthäuschen, das der Graf täglich von seinem Fenster aus erblickt – einen Quellbach gäbe, dessen Flut wie Silber und dessen Durchsichtigkeit wie Kristall sei.

Gestern fand der erste Passionsgottesdienst statt in der feierlichen alten Kirche, die von unzähligen weißen Lichtern erhellt wurde. Es ist ein eigentümliches Gefühl, vor der schweigenden Gemeinde die Liturgie zu lesen, während draußen alles im Schnee begraben liegt, und dann das uralte „O Lamm Gottes, unschuldig" mit anzuhören. Die Schwierigkeit, die Landgemeinden haben, wenn sie sich so durch Nacht und Eis zusammenfinden, hat doch wieder einen gewissen Wert für die andächtige Stimmung. Es ist doch nicht gleichgültig, wenn die Kirche auch äußerlich als Zufluchtsort empfunden wird.

Heute Abend waren wir bei dem Amtmann und Pächter von Wichmannsdorf eingeladen; ich fuhr mit dem Doktor zusammen, der ein geschlossenes Coupé besitzt. Es gab sehr viel zu essen und noch mehr zu trinken, aber die Damen waren fast alle schweigsam wie das Grab. Ich führte ein Gutsfräulein, deren Papa mitsamt seinem Inspektor wegen Mandelentzündung zu Hause geblieben war; doch hatten sie ihren Volontär mitgebracht, von dem es hieß, er sei in passender Umgebung ein Löwe. Meine Tischnachbarin hatte ein ganz neues weißes Kleid an und erschrak jedes Mal, wenn ich das Wort an sie richtete. Nach dem Essen wurde der Versuch gemacht, Volkslieder zu singen; da aber außer dem Doktor nur die Geistlichkeit mit dem „schwarzen Walfisch von Askalon" Bescheid wusste, so hörten wir bald damit auf. Doch war dieser Teil des Abends ganz unterhaltend, da der Gastgeber ... und der Administrator von Boitzenburg mit Dreising in der Erzählung komischer Geschichten wetteiferten. Als wir um Mitternacht wegfuhren, war es beinah so hell wie an einem Regentage, denn der Mond schien gewaltig auf die Schneefelder.

Den 22. Februar 1902
Das Pfarrgut ist nun Freitag endgültig verpachtet. Das Naugartener Land ist in neun Parzellen an kleine Bauern losgeeist. Das Restgrundstück hat ein Mann aus dem Nachbardorf übernommen und das Resultat für die Pfarrkasse ist ein jährlicher Mehrbetrag von etwa 600 M. Jetzt müssen Pachtkontrakte abgeschrieben werden, woraus sich für mich vermutlich eine neue Einnahmequelle ergeben wird. Gestern um $^1/_2$ 5 stand mein Arbeitstisch ganz im Sonnenfeuer, heute ist es wieder eisig und meine Frühlingshoffnungen müssen warten.

Den 22. Februar 1902
Da mein Zimmer heute Morgen nicht warm werden wollte, ging ich zunächst etwas spazieren und stellte bei dieser Gelegenheit fest, dass wir wieder glücklich in eine Winterperiode hineingeraten sind. Die Wege sind von einer Eiskruste überzogen und die Schneekristalle auf den Feldern blinken wie Glimmer. Sehr niedlich sind die zarten Blumenskelette, die am Wegrand aus ihrer weißen Umgebung aufsteigen und zarte verästelte Schatten werfen. Ich

weiß nicht, ob sie von Pustblumen oder Hungerblümchen herrühren, aber sie stammen gewiss von keiner vornehmen Blume. Die Haubenlerchen wimmeln in Massen auf der Landstraße herum. Die Mäuse sind natürlich längst ins Haus gekommen und spielen nachts auf dem Boden ununterbrochen Eisenbahn. Die Marienkäferchen, die mich eine Zeit lang eifrig auf meinem Zimmer besuchten, sind wieder verschwunden. Nachts liegt der Mondschein in meinem Zimmer und nachmittags geht die Sonne allmählich vor meinem Fenster unter, sodass eine Stunde lang Tintenfass, Weckeruhr und Briefwaage leuchten und funkeln. Auf der Landstraße beginnen jetzt die Wanderzüge der gefällten Bäume; so sah ich heute, wie Gespanne von drei oder vier Pferden je fünf riesenlange Stämme langsam fortschafften – ein schlimmes Stück Arbeit wegen der Glätte des Weges und der ununterbrochenen Bodenbewegung. Die Wagenführer, die nebenher gingen, fluchten auch sehr und ab und zu bückte sich einer, um ein Hufeisen aufzuheben. Die alten Leute sind wieder sehr unzufrieden mit ihren Knochen und Mutter Morchel im Spital, die von den andern wegen ihrer einstigen Pfarrköchin-Betätigung der „Konschtotjalrat" genannt wird, fällt andauernd aus dem Bett. Frau Götze dagegen denkt an den Frühling und bestimmt ihren Mann, Blumensamen für den Verkauf anzuschaffen und bei Haage und Schmidt eine Bestellung auf „Duftpostkarten" zu machen. Dieser Mann ist ein alter Herr mit dünnen Beinen und einer bescheidenen Neigung für Staeges Bierausschank, im Übrigen eine Seele; seine Gattin sorgt mütterlich für ihn und fragt ihn auch wohl mal: „Lieb Karling, mein Lamm, du hättest doch keine Kopfschmerzen?" Neulich hat mir Lieb Karling als Letzter seinen Gegenbesuch gemacht; er ist nämlich nicht nur Kolonialwarenhändler, sondern auch Kirchenrat.

Ein Wintervergnügen, das ich wohl noch nicht erwähnte, haben wir uns neulich bei Kaufmann Lorentz bereitet. Dieser hat hinterm Haus einen Garten, der allmählich ziemlich steil abfällt und auf einer Wiese verläuft. Hier setzten sich nun die Kinder auf ihre Schlitten (meist nur niedrige Käsehitschen) und sausten hinunter; wo der Abhang auf die Wiese stieß, war es steiler und die Schlitten verloren gewöhnlich die Bahn, um mit einem niedlichen, aber fühlbaren Satz durch die Luft zu springen. Wir sahen zu und bekamen allmählich Lust. Außerordentlich hübsch sah es aus, wenn das jüngste Kind von Lorentz, ein Mädchen von acht Jahren, in der Kelle einer Schneeschaufel aus Holz Platz nahm und wie eine Art Insekt den Berg runterrutschte, indem ihr Mantel gleich einem Flügelpaar wehte und der Stiel hinter ihr herschweifte. Nach und nach kamen wir alle angesaust; der einzige Katholik des Ortes, Herr Peltzer, überredete mit listiger Zunge den Chef, gleichfalls einen Schlitten zu besteigen, und schon fuhr dieser wie nichts Gutes dem Abgrund zu. Die anwesenden Hausmütter aber weigerten sich, ihm nachzufolgen; nur die Frau Pastorin, die ebenso umfangreich wie mutig ist, angelte sich ein kleines Mädchen als Lotsen und schwebte mit diesem nicht ohne Beifall in die Tiefe. Am andern Tage konnten wir alle nicht ordentlich sitzen, aber es war doch sehr vergnüglich.

Allerlei Dinge kommen mir jetzt vor, an die ich früher nie dachte. Auf meinem Tisch stehen zwei appetitliche, mit Papiermützen versehene Flaschen Kopiertinte, und sobald es der hohen Regierung gefällt, beginne ich allerlei Verordnungen säuberlich mit dieser Tinte aufzuzeichnen, auf klebrigen, gallertähnlichen Platten abzuziehen und dann mit diesen Platten die gewünschte Anzahl zu drucken, wonach ich das Ganze in Couverta packe, diese an eine Zahl unglücklicher Lokalschulinspektoren adressiere und mit mehreren Ehrfurcht gebietenden Stempeln versehe. Zum ersten Mal macht es Spaß, allmählich aber wird es öde genug. Wie viel Schulkassen- und andre Kassenrechnungen habe ich schon wie ein braver Schreibeknecht abgeschrieben! Das Gute ist, dass man auf diese Weise wenigstens die Art solcher Rechnungen kennenlernt.

Sonst ist noch zu berichten, dass letzten Sonntag eine große Schlittenfahrt mit Musik von der Ressource – zu der wir nicht gehören – vor sich ging, dass der anwesende

„heimliche" Bräutigam diese über einen Zaun weg auch betrachten wollte und dass wir ihn deshalb als „Tante" auskleideten, was ihm ungemein komisch zu Gesicht stand. Ein Hund hat sich beim Läuten den Turm hinaufgeschlichen, sich dort vor schlechtem Gewissen und Angst versteckt und erleben müssen, dass man ihn einschloss. Worauf er eine halbe Stunde aus einer Luke des Kirchturms heraus heulte.

Dass der Chef viel genießbarer geworden sei, kann ich nicht behaupten ... Nach und nach zeigen sich bei ihm auch Dinge, die mir höchst unangenehm sind, vor allem eine bornierte Sorte von Kriegerfest-Patriotismus, mit dem ich nichts zu tun haben mag, schon um des Christentums willen ...

... Die Sonntagsschule, die ich heute abhielt, stand unter dem Eindruck des erneuerten Frostes. Eine ganze Gruppe kleiner Mädchen fehlte – „se sin uf'm Eis!"; dafür waren von meinen fünf Heldenknaben ganze vier erschienen. Die Gesamtkatechese ist doch etwas ermüdend und die Tatsachenlogik der Kinder führt einen immer wieder auf Abwege. „Wann könnt ihr denn nicht Schlitten fahren?" fragte ich z. B. und wollte die Kinder darauf bringen, dass alles seine Zeit hat. Natürlich hieß die Antwort (die ich erwartete) nicht: „Während der Schule", sondern: „Im Sommer" – und dabei sieht mich das antwortende Wurm so strahlend überzeugt an, dass ich nur sagen kann: „Sehr richtig!" Heute ist es mir zum ersten Mal gelungen, eine Bank von kleinen Stöpseln in Bewegung zu bringen, die bis dahin stets eisiges Schweigen beobachtet hatten. Es war ein Triumph, der die ganze Kapelle erschütterte, so furchtbar meldeten sie sich. Mit einigen ist natürlich gar nichts anzufangen, sie sind zu klein und sehen eingemummelten Säuglingen ähnlicher als irgendeiner andern Menschenklasse ... Das nächste Mal will ich mich aber doch mal an diese lächelnden Babys heranmachen.

... Der Graf ist in seiner Art tüchtig und leistet viel Gutes, aber er ist doch eben nur ein Graf, d. h. ein Anachronismus erster Güte –, dass er irgendein Verständnis für unsre demokratische oder, besser, auf die Erziehung der *einzelnen* Persönlichkeit hinarbeitende Zeit besitzt, ist einfach ausgeschlossen. *Alles* entscheidet die Kaste, zu der einer gehört. Das Wort Sozialdemokrat hat hier in Boitzenburg den einfachen, aber deutlichen Sinn von Idiot oder Totschläger und Betrüger; aber ich glaube nicht, dass für das Gefühl der „Arminschen" die Nationalliberalen allzu weit von den Sozis abstehen. Diese fortwährenden Versuche, die Meinung oben auf dem Schloss zu erfahren, und die tiefe Inbrunst, die alle Leute in Boitzenburg den monumentalen Aussprüchen der gräflichen Kinder entgegenbringen, hat etwas äußerst Komisches und leise Verstimmendes. Was bliebe denn, wenn der Graf heute von einem Baum erschlagen würde, von seinem Namen übrig? Doch nicht mehr als von jedem guten Menschen übrig bleibt – er hätte mit Anstand und unter gewissen Bedingungen gelebt, wie jeder Schornsteinfeger mit Anstand unter den Bedingungen seines Daseins leben kann. Der Reichsbote und die Kreuzzeitung würden etwas Druckerschwärze verbrauchen, der Chef eine Leichenrede halten und eine Reihe von Leuten die Erinnerung an dies Ereignis mit der Erinnerung an einen gewaltigen Schnupfen verbinden, den sie sich in der kalten Kirche zugezogen hätten. Das Übrige wäre Familientrauer wie in jeder Familie.

Ich möchte wissen, ob Ihr schon an die Gartenbebauung denkt und ob Vater über den Buchhändlererfolg der „Wintermärchen" etwas weiß. Bitte, schickt mir doch das fotografierte Bild von Vaters Arbeitszimmer, wenn es erscheint, und überhaupt, wenn etwas von Vater gedruckt wird. Dass ich Vaters Bücher hier habe, ist mir ein unentbehrlicher Trost; wenn ich mich mal geärgert habe, ist es mir, als könnte ich durch sie bei Euch sein. An meine Freunde zu schreiben, wird mir meist ziemlich sauer; ich habe leider gar kein Bedürfnis dazu, aber mit Euch muss ich mich unterhalten, wenn es auch manchmal wie heute, ziemlich lang wird ...

Den 24. Februar 1902, Montag
Der Frühling will immer noch nicht kommen, doch habe ich heute von meinem Platz aus im Pfarrgarten jemand erblickt, der etwas aus der Erde Gekommenes abpflückte, aber es war leider nur Petersilie.

Man ist im Winter hier doch sehr behindert ... Es wachsen wunderschöne Eiszapfen in der Umgebung, namentlich am Gärtnerhaus; das ist auch gut, denn es gibt diesem Hause ein geheimnisvolles Aussehen und passt somit trefflich zu dem Krüppel-Aufgebot des Obergärtners, das auch nicht alltäglich ist. Alles, was an Märchengreisen und schiefbeinigen alten Geschöpfen nicht mehr anders verwendbar ist, kommt zu Gärtner Maas und wird von diesem an seinem Ort angestellt, wo es milde Taten verrichtet und hauptsächlich frühstückt.

Aber die Schneewälle und Eiswinde treiben jedermann, der Boitzenburg entrinnen will, wieder zurück, und man muss zufrieden sein, durch kühne Briefträger und verspätete Zeitungen zu erfahren, was in der Welt geschieht. Zum Beispiel die Geschichte aus Gransee (oder war es Templin?), wo man eine Liste herumgehen ließ für irgendetwas, und auf dieser Liste das Komitee vornean druckte. 1. Superintendent X., 2. Dr. Y., worauf der in seiner Ehre gekränkte Vater der Stadt oben drüber schrieb: O: Bürgermeister D. – so hatte er seine Ehre gerettet und stand an erster Stelle.

Oder die Geschichte von Generalsuperintendent Braun, der mit sieben Tüchern eingemummelt eine Kleinkinderschule inspizierte und von dem einen Kind mit den Worten entlassen wird: Adjö, liebe Tante!

Von sowas erzählt man sich hier lange, und wenn es wirklich nicht reicht, beklagt man sich über Apotheker Willerding, der die Welt kennt und Brustbonbons, die in Prenzlau 30 Pf. kosten, für 90 Pf. verkauft. Dass in allen Gesprächspausen die Zeit mit Kaffeetrinken totgeschlagen wird und in allen Kaffeepausen die im Ort vorhandenen jungen Männer und jungen Mädchen theoretisch miteinander verheiratet werden, brauche ich kaum anzumerken.

Ich fürchte, dass ich zum Landpfarrer oder zum Pfarrer in einer kleinen Stadt nur kümmerlich geeignet bin. Lieber sich in Berlin außer Atem arbeiten als diesen Jammer täglich mitanhören und allmählich auf diesem Niveau sitzen bleiben.

... Ich habe heute den ganzen Tag an meiner Predigt gearbeitet, außer in den Nachmittagsstunden, wo ich Oliver Twist las und an diesem Briefe schrieb. Oliver Twist ist auch sehr schön illustriert und kommt an Euch mit der nächsten Wäschesendung. Für Dickens haben sie hier nur geringes Verständnis, der Chef schimpft über Mickawber und die Chefin über Dora: womit sie ja vom Standpunkt bürgerlicher Solidität auch nicht Unrecht haben. Forsters „Leben Dickens'" habe ich hier schon zweimal wieder gelesen. Ferner las ich ein Märchenbuch von Baumbach, das aber gegen die Sommermärchen sehr abfällt, eine Biografie von Riehls Schwiegervater Beyschlag (als Autor): „Aus dem Leben eines Frühvollendeten", die ich sentimentalscheußlich finde und die mit einer gräulichen Sorte von Wald- und Wiesenlyrik verbrämt ist ... Ferner Bücher von Funcke, den ich jetzt gut finde für Leute, die ihn mögen, – ich mag ihn gar nicht. Sie haben hier eine ganze Menge Bücher in der Bibliothek, freilich entsetzlich wahllos ausgesucht, doch soll man über fremde Bibliotheken nicht lästern, wenn man sie selber benutzt.

Abds. 9 Uhr
Endlich sind 14 Seiten Predigt fertig, nun fehlen nur noch vier, die ich morgen früh schreiben werde. Mittwoch begehrt nämlich der Chef den Text, und für Dienstag drohen Abhaltungen. Heute ist die 83-jährige Großmutter wiedergekommen, nachdem sie sich bei den verschiedensten Leuten amüsiert hat. Sie wird jetzt die Bestellung des Gartens übernehmen.

... Der Brief von dem kranken Mann ist hübsch, es muss aber noch viel mehr Menschen geben, denen die Märchen gefallen. Neulich las ich hier die „Monate" vor, die natürlich einschlugen, obwohl sie bei Leuten mit mehr Naturanschauung noch anders wirken.

Wenn was Nettes über die Liebe gesagt wird, gefällt es ihnen stets gut, aber dass die Wanderung durch die Winternacht ebenso schön ist, auch ohne Liebe, empfinden sie wohl nicht so. Überhaupt finde ich, dass die wenigsten Menschen Selbstverleugnung genug haben, sich rückhaltlos einem Kunstwerk hinzugeben; meist benutzen sie es nur, um mit seiner Hilfe behaglich in der dünnflüssigen Soße ihrer eigenen Leib- und Magengefühle herumzuplätschern. Es macht dem Hause Dreising Spaß, wenn ich ab und zu mal was vorlese; könnte ich mich objektivieren, so vermute ich, dass es mir selber sehr wenig zusagte – es geht ja doch die Hälfte beim Vorlesen verloren!

März

Den 1. März 1902
Die Bombe ist geplatzt – gestern hat der Kandidat des Chefs seine Bewerbung um Wichmannsdorf zurückgeschickt erhalten und der große Unbekannte mit der Posaune des Gerichts im Busen, mit dem Kellerbass und der Vergangenheit als Försterssohn hat gesiegt. Als die Gräfin nach der Probepredigt den Wagen bestieg, war alles entschieden – der Graf war hingerissen und dachte nur noch daran, seinem Vetter Arnim den Gefallen zu tun; und als ein paar ehrwürdige Eingeborene der Equipage nahten und um den Vikar Wilke baten, blitzte der hohe Patron nur mit seinem Gebiss, sah sie vergnügt an und fasste den festen Entschluss, sich durch keine populären Demonstrationen beirren zu lassen. Hermann L., Hilfsvikar bei Väterchen, ist natürlich sehr traurig, zumal da er sich bereits mit einer Braut belastet hat, und ganz besonders deshalb, weil er seiner Sache schon sicher war. Der Chef ist gemäßigt, schilt auf den Grafen und operiert mit Gründen aus dem Reich theoretischer Ideale, wie wir alle es gern in solcher Lage tun. Wenn ich sagen soll, dass die ganze Bewerbungsangelegenheit einen sehr wohltuenden Eindruck auf mich gemacht hätte, müsste ich lügen. Von den 36 Bewerbern schieden 33 aus, weil sie weder einen Oberbonzen noch einen maßgebenden Herrn von Adel besaßen, der sie empfahl; es wäre doch besser, wenn das Konsistorium die Entscheidung brächte, obgleich auch da Umtriebe nicht fehlten; aber sie korrigieren sich da wenigstens gegenseitig und haben über die kirchlichen Leistungen des Mannes einigermaßen ein Urteil. Wahl durch die Gemeinde ist freilich das Schlimmste, obwohl die protestantische, evangelische Theorie dafür spricht; sie ist übrigens meist identisch mit der Wahl durch den Herrn Lehrer.

Mit meiner Passionspredigt war der Chef durchaus zufrieden, bis auf einen Punkt der Auffassung, für den ich nichts konnte, da es eine persönliche Anschauung von ihm war und er vergessen hatte, mich darauf aufmerksam zu machen. Da dieser Punkt die Anlage des Ganzen betrifft, konnte ich nichts mehr ändern, was er auch für nicht nötig erklärte. Mittwoch um sieben Uhr abends halte ich die Predigt in Berkholz.

Das Tauwetter nimmt zu und Boitzenburg beginnt zu schwimmen. Herr Kirchenrat Fischmann verkauft Grützwurst – ein köstliches Gericht – und zum Kaffee erscheinen hier und da Fastenbrezeln, die aus Cracknel-Teig gemacht sind. Der Hund Lola verliert immer noch seine Haare in ganzen Büscheln – wie Samenflocken wehen sie im Zimmer herum – und ist noch immer nicht gewachsen. Väterchen, dessen Familie an Zahl in der hiesigen Gegend mit den Arnims konkurriert, ist mit einer Reisetasche verschwunden, um irgendwo eine Goldene Hochzeit mitzufeiern; dafür muss der Chef, damit er auch ein Vergnügen hat, in Väterchens Gemeinde Kinder taufen. Der Chef benutzt die Gelegenheit, um in seiner Familie Vorträge über seine Nervosität zu halten, und findet für seine objektiven Darlegungen allgemeinen Beifall. Die Quelle seiner Nervosität ist mir nachgerade klar: In den 23 Jahren seiner Amtstätigkeit hat er höchstens *zweimal* (4 und 7 Tage) ausgesetzt. Man kann solchen Pflichteifer bewundern, aber nachahmenswert ist er wirklich nicht. Während jedes Mondverlaufs gibt es höchstens drei Tage, wo er nachts nicht schreit. Er sieht auch (vom Haar abgesehen) viel älter als fünfzig aus und ich wünsche mir manchmal, ihn durch Zauberei nur einen Tag von seinem Temperament zu befreien und ihm zum Genuss wirklichen Glückes zu verhelfen. Denn wenn er sich freut, ist es immer so, als ob sich einer betrinkt; er ist dann nicht eigentlich bezaubernd – dazu hat er zu wenig Naivität im guten Sinne –, aber doch von großer und ehrlicher Liebenswürdigkeit. Ist in solchem Fall ein junges Mädchen da, dem gegenüber er seine Galanterie entfaltet, um seine Frau zu necken, so hat er den Höhepunkt der ihm zugänglichen irdischen Glückseligkeit erreicht. In einen einigermaßen heiteren Zustand gelangte er übrigens neulich durch die Vorlesung des Polterabends bei

Leberecht Hühnchen, er erinnerte sich seines eigenen Hochzeitsfestes und wurde gerührt und gesprächig. Seine Schwester, die sehr schön gewesen sein soll, trat damals in einem schillernden Gewande als „Laune" auf und wünschte ihm, wenn er ihr wohlwolle, möge er sie wenigstens immer nur nach einer Farbe kennen lernen: worauf sie die bunten Schleier abwarf und wie eine rosenrote Elfe vor ihm stand, bis er sie an sein Herz nahm und sie küsste. Sie ist früh gestorben ...

Den 2. März 1902
Der Chef ist in Schulpforta groß geworden und wenn er in der Stimmung ist, schwärmen seine Erinnerungen über den Trümmern dieser goldenen Zeit. Gestern erzählte er uns die Geschichte von den Brüdern Koch – Egon, Iwan und Eugen. Diese drei Söhne eines armen Musiklehrers bekamen von Hause eine Kiste mit guten Sachen; da sie aber ihr sogenanntes Portogeld längst durchgebracht hatten, händigte ihnen der Postbote nur die Kiste aus, während er den Begleitbrief zurückbehielt. Eines Nachts packten Egon, Iwan und Eugen die Kiste aus, denn sie waren sehr geizig und mochten nichts abgeben, worauf sie denn in den nächsten Tagen ein fettes, öliges Aussehen zeigten und von geheimen Genüssen glänzend wurden. Auch gelang es ihnen, durch kleine Anleihen das Portogeld zusammenzubringen und auf die Weise den Brief ausgehändigt zu bekommen. Kaum hatten sie einen Blick hineingeworfen, so stießen sie einen Schrei aus, denn da stand: „Meine teuren Söhne, in der blauen Tüte auf dem Mustopf stecken acht Taler." Schon stürzten sie in den Raum des Hausdieners und ruderten mit ihren Armen in einem Fass herum, das mit altem Papier bis an den Rand gefüllt war. Sie fanden das Geld! In den nächsten Wochen war keine Konditorei in Kösen vor ihnen mehr sicher. Aber auch dieser Schatz ging zu Ende und als sie sich alle drei den Magen obendrein gänzlich verdorben hatten, beschlossen sie, den Brief ihres Erzeugers weiterzulesen. Da stand nun: „Diese acht Taler sollt ihr zur Bezahlung der gekauften Schulbücher verwen-

den, es ist mir schwer genug geworden, sie zusammenzubringen." In den nächsten Ferien sollen Egon, Iwan und Eugen keinen besonders herzlichen Empfang gefunden haben!

Den 3. März 1902, Montag
Noch immer hält sich das Wetter in der Schwebe, aber der Schnee liegt nur noch an einigen schattigen Stellen und der märkische Schlamm triumphiert. Der Mond kommt fast gar nicht mehr zum Vorschein. Die Kohlmeisen sind wie toll und läuten ohne Ermüdung den ganzen Tag, bis sie sich in ihre Schlupflöcher zurückziehen und das Feld den vielen Katern und Katzen überlassen, die gestern Nacht offenbar einen Gesangverein begründeten. Eine Katze war da, die jaulte immerzu wie ein kleines Kind – plötzlich, in diesem Augenblick fängt sie wieder an – ich werde doch mal sehen, wo sie steckt. – Ich kann sie nicht finden. Der ganze Boden ist leer, ich entdecke einen phänomenalen Badeapparat, aber keine Katze. Und dabei jault es immer weiter, als ob sie im Ofen säße oder im Schrank oder in der Barettschachtel. Die weiche Luft macht alles müde, der Chef verschwindet stets um acht, um auf seinem Sofa zu liegen, und die Pastorin hat Kopfschmerzen. Die Kinder in der Sonntagsschule werden dösig und das beschlagenste kleine Mädchen antwortet mir auf die Frage, wie man die vom Teufel geplagten Kranken in Israel nannte: die geistig Armen! Zwei von den Söhnen des Kantors haben ein Seminarexamen bestanden, ruhen sich bei Muttern aus und treten in ihren Mußestunden auf der Orgel herum, was man sonntags an gewissen Seufzern, die das braune Musikinstrument ausstößt, wohl bemerken kann. Die Großmutter, die Leute von 60 für ältere junge Männer ansieht, beginnt die Gartenbebauung, indem sie am Fenster stehend das Terrain beobachtet. Mit meiner Hilfe schafft sie eine verblühte Kalla in ein Gartenzimmer und zeigt mir dort eine Anzahl Gemälde, auf denen sie mit ihren Schwestern abgebildet ist. Darunter befindet sich eine feine, peinlich saubere Bleistiftzeichnung, angefertigt in der frühen Zeit von

1835 – der Name des künstlerischen Dilettanten ist nicht angegeben, aber sie nennt ihn mir: es war Vetter Guido, der gutmütigste, eitelste und prätentiöseste Vetter, seines Berufes Leutnant in Sr. Majestät Armee. Und auch damals schon war er Dichter und Sänger und erzählte Geschichten ohne Pointe. Nun ist er tot, aber seine wunderschöne und jugendliche Frau, allmählich gealtert, aber nicht alt geworden, lebt noch heute am Rhein. Von den Schwestern der Großmutter leben noch einige in Berlin, etwas wunderlich und schwerhörig, aber alle mit der Absicht, hundert Jahr zu werden. Am muntersten aber ist unsre „alte Dame" ... Sie hat sich zwar nicht das Essen, wohl aber das Schlafen ziemlich abgewöhnt und sitzt die halbe Nacht an ihrem Fenster, um den Mond zu betrachten. Sie hält Kalender für eine gute Sache, um über den Mond etwas zu erfahren, zieht aber ihre eigenen Beobachtungen vor. Wenn morgens nach einer unruhigen Nacht die noch etwas verschlafene Hausgenossenschaft beim Kaffee sitzt, ist sie allein unverfallen und muntert alle auf durch kleine Geschichten. Am liebsten hört sie Märchen und als im „Haselwurm" das Rotkehlchen plötzlich anfing zu sprechen, glänzten ihre Augen. Bei ganz niedergedrückter Stimmung im Hause bittet sie sich Zucker und noch einiges aus und bäckt uns Baisers oder sie bewirtet uns mit Bratäpfeln und Vanillelikör.

Der Chef reist morgen weg zur Kreisschulinspektion. Mehr und mehr stellt sich für mich heraus, wie wenig seine heftigen Zustände mit seinem wirklichen Wesen zu tun haben, ich selber bin wohl allmählich abgestumpft gegen diese Ausbrüche, man gewöhnt sich an alles. Und noch eins wird mir klar, dass viele Leute seine Offenheit, mit der er alles heraussagt, gegen ihn benutzen. Die Familie ist eigentlich immer in Angst, dass er mal mit dem Grafen zusammentrifft. Ich schrieb kürzlich von seinem Kriegerfest-Patriotismus – er hat ihn, aber, wie mir jetzt scheint, nur durch Gewöhnung. Wo es darauf ankommt, duckt er sich doch nicht. Vielleicht fehlt mir überhaupt das Verständnis für das „preußische" oder „märkische" Nationalgefühl;

ich habe ihn da wohl zu scharf beurteilt. Wenn für jemand der Gedanke, ein Brandenburger zu sein, etwas Tröstliches hat, so lässt sich dagegen schließlich nichts machen. *Mir* wäre selbst der Gedanke, dass das ganze deutsche Volk mal von einer Flutwelle verschlungen wird, nichts Schreckliches – es ist, meine ich, nicht einzusehen, warum wir es besser haben sollen als Babylonien, Assyrien, Griechenland und Alt-Rom. Wenn die einzelne Menschenseele ewig ist, haben wir die Ewigkeit der Völker nicht mehr nötig.

Draußen läuten die Glocken um einen Toten, denn es ist elf Uhr. Wie oft haben mir die Glockenklänge in dieser Zeit das Gleiche schon mitgeteilt – in Berlin geht es stiller damit zu. Die Frau wird am Mittwoch durch den Chef beerdigt. Und im Dorf liegen so viele Schwerkranke, die schon fast ein Jahr auf das Ende hoffen; aber es sind meist starke Naturen und die Hilfe und Pflege vom Schloss aus hält die meisten auch etwas länger auf ihrem Wege auf – womit sie schließlich ebenso zufrieden sind wie ihre Angehörigen.

Ich habe übrigens begonnen, die 7-Bände-Ausgabe noch einmal auf Korrektur durchzulesen und frage Vater, ob er gelegentlich die Notizen haben will? Band I besonders wimmelt von Dingen, die wir damals übersehen haben. Hat die „Gartenlaube" noch immer nicht den „Letzten Garten" gebracht? ... Zu Vaters Geburtstag komme ich natürlich, doch will ich sehen, dass ich vom 18.–26. Juni Urlaub bekomme. Der Chef scheint in diesem Punkt liberal zu sein, aber ich müsste dann einen Sonntag fortbleiben und weiß nicht, ob das geht. Augenblicklich hustet er und muss sich mit Reden in Acht nehmen; aber es ist ja noch eine lange Zeit bis zum Juni.

... Der Chef befand sich heute Mittag in so komfortablem Zustand, machte über ein Gericht von Rüben, Kartoffeln und kleinen Würstchen so andauernde Scherze, nannte die Braut Nr. 2 so strahlend „Grete, mein Goldhähnchen", seine Frau „Weib, meine Nachtigall", seine Tochter „Lise, mein Rotkehlchen", seine Schwiegermutter „Ohmchen, min Uhl" und mich „Vikarius, mein

Hühnchen", dass alle verwundert waren. Da ich heute zum ersten Mal meinen blaugrauen Anzug trug, so sagte er, es mache ihn glücklich, zu wissen, dass ich eine so wohltuende blaugraue Joppe hätte, und dann scherzte er mit der würdigen Martha und sprach mit ihr über den Segen der Kochkunst – wat sall einer dorbi dauhn? Nachher flehte er mich an, mit ihm nach dem Kaffee noch etwas Korintherbrief zu lesen, und verschwand mit einem Spülglas voll warmen Wassers, wie der Mann, der nach schweren Abenteuern den Trank des Lebens erbeutet hat.

Den 4. März 1902, Dienstag
Als wir sechs Verse übersetzt hatten, fuhr draußen ein Wagen vor und Pastor Karow mit Frau und einem einzelnen Herrn kletterten heraus. O meine schöne Zeit!, dachte ich, denn der einzelne Herr war mein Deputat. Es war ein Mann von etwa 30 Jahren und auch Theologe. Zweimal ist er schon durchs erste Examen gefallen und im Frühling wird er noch einen Versuch anstellen. Es erleichterte ihn, mir oben sein Missgeschick mit allen Einzelheiten klarzulegen. Das zweite Mal hatte er in der ganzen letzten Zeit keine Nacht geschlafen und fast nichts gegessen. Einer seiner Kollegen fiel gänzlich durch und entwich nach dem dritten mündlichen Fach, ohne dem Konsistorium eine Mitteilung zu machen, und dies deprimierte ihn so, dass er hinterherlief und, während die andren weiter geplagt wurden, in einer Restauration ein ungeheures Beefsteak verzehrte. Denn er war halb ohnmächtig vor Hunger. Nachher erfuhr er, dass er bis dahin alles genügend gehabt hätte und dass die Kommission über seine Flucht äußerst überrascht gewesen wäre. Aber er hatte keinen Menschen, der ihn aufrichtete, und stand ganz allein.

Pastor Karow ist Anfang der Dreißiger und die stille Liebe aller Damen. Er war Vakanzvertreter für Lange in Teltow. Damals hat er auch geheiratet und wenn er und seine Frau von diesem alten Schmutznest sprechen, so denkt man zuerst, sie unterhielten sich von Venedig. Sie haben ein kleines Kind, das „so reizend schreit" und kleinere

Hände und Füße hat als irgendein Mensch. Ihr Kutscher ist Vater Kiez, ein borstiger Mann, der lange Jahre in einem so feuchten Hause wohnte, dass er sich in seiner Stube Gräben zog, um die Entwässerung zu erleichtern.

Auch Mademoiselle erschien, während wir unten waren, und wirbelte im Zimmer umher und suchte ihre Zuneigung für Pastor Karow unter allerhand ausgelassenen Tollheiten zu verbergen. Mademoiselle erlebt jetzt Entsetzliches, denn es gibt im Schlosse ein Gespenst! Während Mademoiselle mutig ist comme un lion, verkriecht sich Miss angstvoll unter ihren Bettdecken und schreit. Der Unbekannte ist ein langer schwarzer Mann mit fahlen Augen und verschwindet, wenn man ihn anredet. Er wohnt irgendwo in der Erde und kommt gewöhnlich aus einer ummauerten Kanalisationsöffnung im Garten hervor; aber sobald er im Schloss ist, kommt er nie, sondern ist stets einfach da. Es ist schweres Leiden für Miss, die abends im Bett zu lesen pflegt, dabei offenbar viel an angenehme junge Engländer denkt, die sie einmal heiraten sollen, und so gut wie gar kein Wort Deutsch versteht. Sie ist im Übrigen vergnügt wie ein Kind und kann achtzehn Bonbons hintereinander essen, ohne dass es ihr was schadet. Früher hatten Arnims einen Haushofmeister, der täglich mit demselben Erfolg achtzehn Flaschen Bier vertilgte und sich an seine Füße als an etwas zu erinnern pflegte, was er in seiner Jugend täglich zu sehen vermochte.

Väterchen klebt; nachdem er schon zehn Jahre zu lange im Amte ist, hat er jetzt an das Konsistorium eine Eingabe gerichtet, er wolle wenigstens in der Vakanzzeit seine Stelle noch versehen. Dabei besucht er die Leute schon lange nicht mehr und lässt das Übrige gehen, wie es geht. Leicht ist es ja auch nicht, sich plötzlich aus dem König und Hohenpriester von Wichmannsdorf in einen kleinen pensionarius von Neustadt zu verwandeln.

Der Chef ist heute verreist zur Schulinspektion. Es ist wieder kälter, ja, es friert gelinde. Ich habe einen Bericht abgeschrieben und ihn an die Kgl. Regierung in Potsdam geschickt, ich *kann* die Predigt und bin heut schon vormittags mit meiner täglichen Arbeit fertig. Ich denke daher mit Behagen und ungestört an das Mittagessen und stelle mir im Geiste vor, dass es abends wieder Wildschweinschinken gibt. Wenn Ostern vorbei ist, werden wohl öfter solche Ruhetage erscheinen.

Soeben fällt mir noch Pastor D. ein – ich weiß nicht woher. Stellt Euch einen kleinen, unrasierten, quabbligen Mann vor, entsetzlich kurzsichtig und niemals still. Als Sohn einer Waschfrau erregte er die Aufmerksamkeit Kögels im Konfirmandenunterricht, dieser ließ ihn aufs Gymnasium und die Universität gehen und so entstand der heutige D. Eines Tages sagte seine Hauswirtin zu ihm und ihrer Tochter: Kinder, ich habe euch etwas mitgebracht! und siehe, sie steckte ihnen die Verlobungsringe an und Pastor D. war verlobt! Die alten Buchbindersleute zogen natürlich mit in sein Pfarrhaus, und als der „olle Mann" starb, begruben sie ihn im Garten und setzten eine alte Terrine als Urne auf sein Grab. Silvester begrüßten sie ihn mit Punsch, aber ganz ernsthaft. In der guten Stube soll der Brautkranz der Frau Pastorin unter einer Käseglocke ruhen – könnt Ihr Euch denken, dass mich ein brennendes Verlangen erfüllt, einmal einen Besuch bei ihm in G. zu machen?

Wenn Ihr gelegentlich mal was von Trojans hört, besonders von ihm, so möchte ich es gerne wissen. Wollte er nicht seine Reise nach Kanada in Buchform herausgeben? ... *Kann* ich schon am 2. März eine Lerche gehört haben? – oder war es eine Kreih?

... Die Identität des Majors mit Guido Troschel ist also festgestellt. Nun frage ich noch, ob Vater auf dem Bureau vielleicht auch mit einem Vetter dieses Mannes, auch Troschel heißend, zu tun gehabt hat? Er war fürs Rechnen angestellt. Dieser Vetter ist der Bruder der Großmutter.

... Über Graff und den schwarzbärtigen Beau-Bungert habe ich ungemein lachen müssen, besonders über „tapere Bungert mit Weinglas ganz allein".

Den 5. März 1902, Mittwoch
Der Chef ist halb tot von seiner Reise zurückgekehrt und seit dem frühesten Morgen wieder beschäftigt. Es wird wieder kalt. Auf der Chaussee fahren sie mit Holzschlitten, gestern sind die Fischer tätig gewesen, sodass wir heute mittag Fische haben werden. Im Garten blühen Schneeglöckchen – bei Euch auch? Die Katzen jaulen Tag und Nacht ... Die Witwe des früheren Pastors hat sich aufs Novellenschreiben gelegt und, wenn ich nicht irre, in Anny Wothes Blatt eine rührsame Geschichte veröffentlicht, die in Boitzenburg spielt und unter ausgedachten Namen allerlei Personen schildert, vor allem die Gräfin, die „mildherzig ist wie ein Engel". Ich vermute, dass es eine ziemlich verwaschene und schemenhafte Geschichte ist, aber als Mademoiselle sie mir französisch erzählte, gewann sie durch alle mögliche Schauspielerei einiges Leben. Hat nicht die Pastorin Schlunk an Vater mal eine Übersetzung aus dem Dänischen oder dergleichen geschickt? Sie ist die Sache jetzt an den „Reichsboten" losgeworden. Auch von Hesekiel gibt es, glaube ich, einen Roman, der hier in der Nähe spielt, es verliebt sich darin ein Arnim in die dortige Pastorstochter, was Herrn Grafen Arnim-Mellenau in Prenzlau zu dem Ausspruch veranlasste: die Erzählung könnte *unmöglich* ganz historisch sein!

Was für eine Welt für sich ist das Schloss! Da Mademoiselle jeden Dienstag zum Französisch zu uns kommt, geht seit einigen Wochen Fräulein R., die Kastellanin, zu Forstmeisters – immer an demselben Tage. Das ist Eifersucht! Und wenn wir mit Laternen die kleine Französin nach Hause bringen, so begegnet uns ohne Zweifel mit lächelndem und leicht geschminktem Gesicht auch Fräulein R., angezogen wie die Gräfin, in einem schwarzen Mantel, wie eine spukende Ahnfrau. Lade hier in Boitzenburg jemand zum Tee ein und du hast drei Feinde zu deinen alten!

Und in dieser seltsamen Umgebung, wo alle widereinander sind, wachsen die gräflichen Kinder auf, dürfen mit keinem Dorfjungen verkehren und werden von allem, was geschieht, so fern gehalten, dass sie in der sonderbarsten

Weise die reinste Kindlichkeit verbinden mit einer durch Begabung und guten Unterricht gesteigerten Reife des Urteils. Der Älteste, Adolf-Heinrich, und sein Spielgefährte Otto Aribert machen Mademoiselle abwechselnd Liebeserklärungen und benehmen sich zuweilen wie eifersüchtige Türken. Vor Papa haben sie beide Angst, denn Papa haut mit Todesverachtung und gleicht damit ein Minus aus, das er in seiner eigenen Kindheit schmerzlich empfindet.

Den 6. März 1902
Der Passionsgottesdienst ist gestern durchaus nach Wunsch verlaufen. Ich habe jetzt bei der Predigt gar kein Gefühl der Unsicherheit mehr ... und es schwimmt mir auch nichts mehr weg. Eine Schwierigkeit lag darin, dass ich zwischen zwei brennenden Lichtern stand und mich fortwährend hüten musste, mit den Talarärmeln ins Feuer zu kommen. Auch erzeugt die Lichterbeleuchtung groteske Schatten an der Wand, sodass man sich vor gewissen Bewegungen in Acht nehmen muss, um schwache Gemeindemitglieder nicht zum Lachen zu reizen. Die Kirche war gedrängt voll und die Kinder sangen wie ebenso viele gläserne Glocken. Als ich nach dem Gottesdienst in einer pechschwarzen Finsternis das Schulhaus zu erreichen suchte, wo mein Wagen stand, heftete sich mir ein dunkler Mann an die Fersen und bedrängte mich um einen Pachtkontrakt – es war der brave Rechlin, der das Restgrundstück erhalten hat und dem nächsten Freitag, wo die Auseinandersetzung mit dem bisherigen Pächter stattfindet, mit Schaudern entgegensieht. Da der andere schlau wie ein Fuchs ist und Rechlin keine drei Worte zusammenhängend reden kann, so hat sich dieser einen Freund zu Hilfe genommen und beide brüten nun Tag und Nacht, um sich vorzubereiten, denn der Busenfreund soll ihm seinerzeit als Mundstück dienen. Die ganze Angst ist nebenbei vollständig überflüssig, weil der Gemeinde-Kirchenrat dem früheren Pächter eine Reihe von starken Geistern entgegenstellen wird, die jeden Balken seiner Gebäude auswendig können und ihm nichts schenken. Rechlin aber scheint seinem furchtbaren

Vorgänger die teuflische Kunst zuzutrauen, seinen Schafställen, auch wenn sie noch so morsch sind, ein Aussehen von Stahl und Eisen zu verleihen, – welche Täuschung dann gerade so lange vorhält, bis Rechlin einzieht, worauf das Ganze mit einem tiefen Seufzer in einen Dutt zusammenschießt. Vor jener Sitzung am Freitag werden wir die Gemeinde-Kirchenräte bei uns haben und sie mit viel Kuchen und noch mehr Kaffee vollfüllen.

Der Forstmeister und Patronatsvertreter wird in diesem Jahr 80 Jahre alt und eine Adresse schwebt in der Luft. Er gehört zu den liebenswürdigen Westfalen, entfaltet gegen Damen eine bezaubernde Galanterie und ist noch heute die rechte Hand des Grafen. Seine Frau ist viel krank, kann das Haus nicht verlassen und hat dadurch einen etwas feindseligen Charakter bekommen. Der arme Kandidat B. hat mich besucht, er ist furchtbar heruntergekommen in diesen Tagen und benimmt sich im Übrigen höchst anständig, indem er seinem glücklicheren Rivalen nach besten Kräften die Wege ebnet. Denn in Wichmannsdorf ist man empört – teils wegen Ablehnung unsres Kandidaten und teils aus reinem Unverstand. Um nämlich Wilke zu empfehlen, der aus einem sozialdemokratischen Fabrikort kommt, hat der Graf gesagt, er verstünde es auch gut, mit Sozialdemokraten umzugehen – ein hohes Lob für das gräfliche Gefühl, aber eine Beleidigung für die Bauern, die mit Entrüstung erklären, sie seien keine Sozialdemokraten. Da nun der Vorgänger zuletzt fast nichts mehr getan hat, eine große Zahl von Säufern die dort wohnenden Familien herunterbringt und allerlei Geldauseinandersetzungen bevorstehen, so erwartet Wilke keine leichte Arbeit. Ich habe ihn noch nicht gesehen und bin gespannt darauf, was für ein Mann er ist.

Heute Morgen erschienen plötzlich drei Musikanten mit Blashörnern vor dem Pfarrhaus und bliesen: „Denkst du denn, denkst du denn, du Berliner Pflanze …" Dazu heulte die starke Schlossmeute und erscholl das Geschrei eines Schweinchens, das Kirchenrat Fischmann gerade in der Mangel hatte. Die Sonne scheint warm und hell, aber die Landstraßen sind noch immer in undefinierbarem Zustande; auch wird noch auf den verschiedenen Teichen Schlittschuh gelaufen.

Sodann tauchte der kahlköpfige Kurrendebote auf, als Abgesandter des Superintendenten, mit seiner verschlossenen Kiste und seinem stets vorhandenen Bedürfnis nach Zigarren und Bier. Die Kurrende ist ein Stück uckermärkischer Vorsintflutlichkeit, das sich die Uckermark aber nicht nehmen lässt, weil es zu ihren berechtigten Eigentümlichkeiten gehört. Natürlich würde die Post es weit billiger machen – aber nein. Übrigens will sich auch der Kurrendebote selber nicht abschaffen lassen, es „verletze seine Gefühle", sagt er, und damit hat er ja auch recht.

Das Handschreiben des Superus an die geliebten Brüder beginnt mit Bibelstellen, die leider durch allzu wässerige Phrasenschwänze aufgebessert sind, und dann folgt eine Aufzählung der verschiedenen höchst wichtigen Listen und Geldforderungen. Väterchen, der mit anerkennenswertem Geschick an dem Tage, wo das gräfliche Paar in Wichmannsdorf die Predigt von Wilke anhörte, daselbst eine Kollekte sammeln ließ, prangte diesmal mit über 30 Mark. Dann erscheinen Blätter zum Abonnieren, Missionsberichte, die Amtlichen Mitteilungen, Kollekten-Sammelbücher und zuletzt ein Leinwandbeutel zur Aufnahme der Geldsendungen. Unterdessen erfrischt sich der Kurrendebote und renommiert vor der Köchin mit seinen geistlichen Erlebnissen. Das Ganze hat unbestreitbar etwas Patriarchalisches und das Anschreiben des Superintendenten pflegt in einem mild-bischöflichen Tone dahinzufließen, der unseren katholischen Instinkten wohltut. Man stellt sich unwillkürlich den „niederen" Bruder vor, wie er mit seinem verschlossenen Kasten über Berg und Tal steigt, von allen Pfarrköchinnen mit Bewunderung und Freude begrüßt wird und seine Zeit einteilt nach den Zigarren und Tabaksproben, die ihm die verschiedenen geistlichen Herren verehren und die er mit wechselnden Gefühlen aufzurauchen pflegt. Er interessiert mich beinahe so sehr wie der christliche Hausierer, den die Innere Mission mit Kalendern, Sprüchen und Bildern im Lande umherschickt.

Mein Passionsgottesdienst verlief gestern gut, der Chef war anwesend und sehr zufrieden.

Den 8. März, 1902, Sonnabend
Die Versammlung der Kirchenknechte ist gestern vom Stapel gegangen. In der guten Stube, die meist nicht geheizt ist und als kalte Pracht bezeichnet werden kann, war ein langer Tisch gedeckt, Stühle standen um ihn herum, an seinem hintersten Ende befand sich wie immer der rote Tisch mit dem Sofa und den Sesseln für die Obersten, Schalen mit unendlich viel Kuchen erfreuten das Gemüt und Zuckerbehälter nebst niedlichen Tassen wurden unaufhörlich hereingetragen: es konnte beginnen! Schon vor einer Stunde war ein Leiterwagen nach Boitzenburg hereingerasselt, auf dem sich Herr Rechlin nebst seinem beredten Freunde in eifrigem Disput zeigten; der Freund agierte lebhaft mit der linken Hand – die rechte hatte er irgendwo eingebüßt – und hinter der Stirn des zukünftigen Pächters kreisten sämtliche Paragrafen des Pachtkontraktes und machten ihn so unglücklich wie nur möglich. Vor einer halben Stunde hatte der bisherige Pächter mit blank geputzten Kanonenstiefeln vor der Tür des Pfarrhauses gestanden und vergeblich Einlass begehrt; der Pastor wollte schlafen, was man ihm auch nicht verdenken konnte. Aber nun kamen sie alle, während die Kirchenuhr bereits schwieg und vom Schloss herab mit hellerer Stimme die gleiche Zeit verkündet wurde; die Wirte konnten sie kaum empfangen. Zuerst erschien der Forstmeister, der ursprünglich Theologe war und im Gespräch noch gerne ein lateinisches Zitat aus einem guten Autor anbringt. Er nahm mit der Großmutter auf dem roten Diwan Platz; nach ihm trat Lieb Karling in die Tür, rotnasig, dünnbeinig und konziliant – der kleine Krämer, wie er im Buch steht; wegen seiner Würde erhielt er einen Sessel, worauf er sich eine Zigarre anstach und in seine noch ungefüllte Tasse hineinsah wie in einen Spiegel. Dass er beim Abwiegen unter Umständen die letzte Kaffeebohne durchbeißt, mag Gerücht sein; jedenfalls war er jetzt dafür,

dass ihm selber reichlich zugemessen werde. Herr Rechlin trat sodann auf, den Freund mit Stolz herumführend, während er selbst nur seine breite, ausgearbeitete Hand hinhielt und wohlwollend lächelte. Der Freund machte die besten Eindrücke, nur dass die meisten ihm erst an seinem leeren Ärmel herunterkrabbelten, bis sie seine Linke bemerkten und sie kräftig schüttelten. Herr Collin hatte blitzende Augen und ein rasches Wesen, er war immer auf dem Sprunge, aufzufahren und die Gesellschaft zu harangieren, – aber als er später beim Kaffee sesshaft geworden war, schwärmte er der Pastorin etwas von seinem Dorfe vor, an dem er besonders hervorhob, dass es so „verstochen" liege. Ein Mann mit einem Bart hatte unterdessen lautlos neben mir Platz genommen, ich erinnerte mich seiner aus Passionsgottesdiensten, wo er mir immer sein unbewegtes Gesicht zukehrte und einen ähnlichen Eindruck erweckte wie das Haupt Johannes des Täufers auf der Schüssel. Wir drückten uns unter dem Tisch die Hand, worauf er mit eiserner Konsequenz schwieg, weil er sich ebenso wie Rechlin eigentlich nur Plattdeutsch ausdrücken konnte. Meister Köppen, der Stellmacher, saß an meiner Linken; während er aber in der Werkstatt eine muntere Unterhaltungsgabe entfaltet und auf seinem Prunksofa unter dem Eindruck seiner mecklenburgischen Frau geradezu „redet", pflegt er in Kirchenratssitzungen einen Bund mit seinen Lippen zu machen, sitzt nachdenklich da, saugt an seiner Zigarre und ist bereit, alles zu unterschreiben, was verlangt wird. Der große Kaufmann Lorentz nahm unterdessen auf dem anderen Sessel Platz – von kleinen Anfängen hat er sich allmählich zum reichen Mann heraufgearbeitet, ist aber gleichwohl zurückhaltend und besitzt einen Fonds von innerer Vornehmheit, wie ich ihn noch bei wenigen Menschen getroffen habe. Der Graf und der Chef schätzen ihn auch nach Verdienst. (Überhaupt gibt es hier eine Reihe außerordentlich tüchtiger Menschen; so wohnt uns gegenüber der Maurermeister Nagel – der Mann tritt auf wie ein Attaché und beschäftigt etwa dreihundert Leute –, der die Prenzlauer Architekten alle nach und nach tötet.) Dann kam auch Christian Schulz aus Naugarten, mein besonderer Freund, der sein Plattdeutsch mit der größten Ungezwungenheit in einen dem Hochdeutschen angenäherten Dialekt überträgt und damit eine Anschaulichkeit und Lebendigkeit der Rede erzielt, um die ich ihn fast beneide. In seinem Kopf hatte er augenblicklich nichts als Dränröhren, denn er war beauftragt worden, die Entwässerungskosten des Pfarrgutes ungefähr festzustellen, und hatte sich dieses Auftrages mit bekanntem Geschick entledigt. Dieser eine alte Bauer hält eigentlich sein ganzes Dorf in Ordnung – er redet für seine Flurnachbarn, er versöhnt sie, wenn sie sich zanken, und arbeitet dem Lehrer und Pfarrer ununterbrochen in die Hände. Der große Neumann erschien ganz zuletzt, verbog sich allseitig, machte grelle Augen und brachte mit großem Effekt gleich am Anfang sein Leitmotiv zur Geltung, indem er ablehnte, Zucker zum Kaffee zu nehmen: „Man muss sparsam sein, Frau Pastern, nich?"

Im Verlauf der Debatte, die nach der Kaffeeschlacht einsetzte, erwies sich nun seine Sparsamkeit als gradezu gemeingefährlich. Die große Dungfrage wurde anderthalb Stunden eingehend erörtert, worauf der Forstmeister die peinliche Frage tat, was eigentlich eine Fuhre Dung sei? Denn da es sonne und solche gäbe, so bitte er den verehrten Vorredner, seine Auffassung klarzulegen. Es stellte sich heraus, dass die Anschauungen über die Größe einer solchen Fuhre von dem Augenblick in der Seele des Vorredners einen Umschwung erfahren hatte, als er sich sagte, dass die Früchte dieses Gutes Herrn Rechlin zufallen würden. Sodann erörterte der Vorredner mit großer Gefühlswärme, er lasse seine „Pferden" nicht hungern, und fragte die Versammelten, ob sie wünschten, dass seine Kühe an Entkräftung sterben sollten? Mit diesem Appell an die allgemeine Barmherzigkeit aber begründete er die Forderung, bei seinem Abzug nach Luisenthal so viel Heu und Stroh auszuführen, dass der zuziehende Rechlin sofort den Fouragejuden hätte in Anspruch nehmen müssen. Hierzu hatte er seine Forderungen in einem köstlichen Stil aufs Papier geworfen und las dem Gemeinderat, ans Fenster tretend, das Ganze in Form einer Ansprache vor, die mit den Worten „Hochgeehrte Herren vom Kirchenrat" begann und eine endlose Zahl von Opfern notierte, die er zu bringen bereit sei, wenn er nur gewisse kleine Wünsche erfüllt bekäme. Allein die kleinen Wünsche ruinierten Rechlin und die sorgfältig nummerierten „Opfer" (darunter eine Pumpe und ein kleiner Ofen) bestanden aus all den Leistungen, zu denen er kontraktmäßig verpflichtet war. So steckte er denn seine schöne Rede, die er so liebevoll aufgezeichnet hatte, traurig wieder ein.

Das Ergebnis war, dass der neue Pächter erst zu Johanni zuziehen zu wollen erklärte, und dass der andere mit dem Gefühl davonging, seine sonst so bewährten Schrauben seien erkannt, bevor er sie in Gang gesetzt hatte. Die Sitzung hatte drei Stunden gedauert, das Zimmer war von beißendem Tabaksqualm erfüllt und das Resultat gleich Null. Aber das ist bei Sitzungen meist so.

Nun aber rief der Chef, indem er die Arme ausstreckte: „Auf zu Willerding!" – worauf wir uns in unsere Gemächer begaben und uns so unwiderstehlich machten, wie es ging. Es war dunkle Nacht, als wir uns zur Apotheke aufmachten, am Himmel trieben unsichtbare Wolken, zuweilen zitterte der Schein eines Lichtes durch geschlossene Fensterläden und die Straße, die einem Schlammbett von Schnee und Grundlosigkeit glich, war eben noch zu erkennen. Türen und Fenster waren erloschen, sodass die Häuserreihe einer ungeheuren Mauer glich, an der wir nun vorsichtig entlanghuschten. Als wir die Treppenstufen des Willerding'schen Hauses emporstiegen und in die helle Apotheke eintraten, waren wir alle froh, denn mehr als einmal hatten dunkle Mächte nach unseren Gummischuhen geschnappt und die Luft war feucht und frostig gewesen. Der Gastgeber, der sich bereits in seinen feierlichsten Rock geworfen hatte, glänzte wie eine rote Sonne hinter seinem Rezeptiertisch; er war gerade dabei, noch ein kleines Geschäft in Pillen abzuschließen, und führte uns in ein Seitengemach, wo wir, von geheimnisvollen Porzellantöpfen und blitzenden Mörsern umgeben, unsere Mäntel ablegten. Die Begrüßung fand in einem dritten Zimmer statt, von dem es hieß, wir würden alle darin Platz haben. Die Frau Apotheker schüttelte uns die Hand, und obwohl sie gar keine Augenbrauen und rötlichbraune Augen besaß, die hinter einem Kneifer wie zwei rote Sterne blinkten, obwohl sie etwas titusmäßig frisiert war und mit ihrem Lächeln stets über eine gewisse Schönheitsgrenze hinausging, so hatte man doch sofort den Eindruck einer wohlwollenden, freundlichen Frau, welcher Eindruck im Laufe des Abends durchaus bestätigt wurde.

Nach uns erschien der Doktor, so jung, elegant, männlich und unverheiratet, wie man es in Boitzenburg nur verlangen kann, danach der Amtmann mit Frau und zwei Töchtern. Wenn es auf persönliche Tüchtigkeit und rastlose Gewissenhaftigkeit ankommt, so ruft Boitzenburg den Amtmann herbei; wer am Schachspiel Gefallen findet, braucht sich nur an ihn zu wenden; wer ein Bedürfnis hat, Kopiertinte zu leihen oder über einen unverständlichen Gesetzesparagrafen Auskunft zu erhalten, findet ihn zu allen Stunden bereit; aber in Gesellschaft gehört er zu den Schweigern, die auf einem roten Sofa sitzen, bedächtig ihr Glas austrinken und im Übrigen zuhören. Vielleicht hat er auch mehr zu denken als andere, wie alle Menschen, die früher einmal reich waren und nun in ihren bescheideneren Verhältnissen erleben, wie nur sie selber, die dereinst jene Glücksgüter mit Mühe erwarben, auch die Kraft besitzen, ohne sie weiterzuleben, – während die übrige Familie noch immer mit Sehnsucht an die Jahre zurückdenkt, wo man auf eigenem Grund und Boden regieren konnte und jede Woche mehrmals in die Stadt fuhr, um Theater und Konzerte zu besuchen. Ein Abglanz jener Zeit erschien in der Frau Amtmann selber, die distinguiert und vornehm in einem Sessel Platz nahm und die Unterhaltung bald in heiterer, wenn auch zurückhaltender Weise belebte. Sie war sehr wohlwollend und sie war sehr mütterlich, und ihre unverheirateten beiden Töchter saßen bei ihr. Die älteste, die nachher meine Tischdame wurde, ging wohl heut zum ersten Mal wieder in Gesellschaft und trug ein gewaltsames Lächeln zur Schau, sooft man sie ansah. Vor einem Monat etwa zeigten sich Symptome des Irreseins bei ihr, nachdem die Familie ihre Verlobung mit einem Militärarzt aufgelöst hatte. Ich weiß nicht, ob es die Geldfrage war oder was sonst – aber während sie sonst frisch und heiter war, glich sie jetzt einem von tödlicher Krankheit aufgestandenen Menschen, sah mit ihren Augen immer in eine Ferne, die wir anderen nicht kannten, und hatte so wachsbleiche Hände wie eine Sterbende. Es ist schrecklich, wenn solche unglücklichen Menschen dann in Gesellschaft hineingezwungen werden; sie sprachen alle freundlich mit ihr, aber es kam wohl kaum bis an ihr Herz. Die andere Tochter war ein hübsches kleines Mädchen, die für den Architekten des Maurermeisters Nagel schwärmt, obgleich dessen Hand bereits vergeben ist, und je eher, desto lieber den Doktor heiraten würde. Aber es scheint niemand sie ernst zu nehmen, was auch schwer ist.

Wir gingen zu Tisch in einem neuen kleinen Loch, und als wir saßen, war das Lokal voll. Natürlich klingelte es in diesem Augenblick, sodass der Apotheker seinen mühsam errungenen Platz wieder verlassen musste, um irgendjemand von irgendwoher ein Abführmittel zu verabreichen. Der Doktor grinste und bemerkte, er hätte eben noch drei schöne lange Rezepte verschrieben, worauf Herr Willerding ihn mit der Serviette durchprügelte.

Der Tisch war prachtvoll mit Hyazinthen dekoriert, an jedem Platz lag ein kleiner Blumenstrauß. Es gab sehr viel Wein von ausgezeichneter Qualität und im Ganzen ging es üppiger zu als auf dem Schloss. Wir aßen zuerst eine Art Pastetenteig in Muscheln, darauf erschien ein köstlicher Fischpudding mit Krebsoße, der Braten zerschmolz auf der Zunge, die Kompotts und Salate jagten sich und eine Speise – Früchte mit Schlagsahne – fand großen Beifall. Auch an Käse konnte man sich nach verschiedenem Geschmack satt essen; tiefrote Blutapfelsinen und Knackmandeln mit Konfekt und Traubenrosinen wurden zuletzt herumgereicht.

Als wir uns dem Braten näherten, erhob sich Herr Willerding und schlug an sein Glas. Wir hatten gerade von Kapaunen gesprochen und so knüpfte er denn an diese nützlichen Vögel an und zählte mit naturhistorischer Wärme alle wohlschmeckenden Vögel auf, bis er bei dem Krammetsvogel anlangte. Schon wurde mir unheimlich zumut, als er mit großer Schnelligkeit begann, über die Zubereitung dieser Tierchen gewichtige Worte zu sagen. Es gäbe am Ende nur *ein* wahrhaft geniales Rezept, das seien Krammetsvögel à la Lotte. Von hier aus gelangte er dann zur Schilderung des Mannes, der eine ähnlich allseitige und erschöpfende Befriedigung in die Welt gesetzt hätte, sofern er Herz und Kopf, Magen und Verstand durch eine Fülle von herzlichen, appetitlichen, rührenden, ergreifenden, belebenden, stärkenden und beruhigenden Gaben zu erfreuen wisse, und er bitte die Gesellschaft, anzustoßen auf das Wohl des in Lichterfelde weilenden hochverehrten und geliebten Vaters unsres willkommenen Gastes! Hierauf erhoben wir uns alle und es herrschte einige Minuten ein orkanartiger Tumult, bis ein unsichtbarer Geist mit einer dumpfen Stimme sich bemerklich machte und der freundliche Festredner verschwand, um wieder irgendeine Medizin zu verabfolgen. Später erhob ich mich dann und sprach auf das Haus Willerding.

Den Rest des Abends verbrachten wir dann unter Gesprächen, es wurde Musik gemacht und viel geraucht. Da wir bis halb eins blieben, so kamen noch verschiedene Vielliebchen zur Entscheidung – ich hatte mich wohl gehütet, aber der Doktor musste sich in einem Gesang für einen „wilden Gesellen", der „doch der Liebe Zauberkraft" gefühlt habe, erklären, obwohl er erst an demselben Tage im „Daheim" annonciert hatte, er wünsche eine ältere Haushälterin zu engagieren. Ein kleines Wortgefecht entspann sich aus der Behauptung des Apothekers, er sei der einzige freie Mann in Boitzenburg und Pastor, Doktor und Amtmann seien „gräfliche Sklaven". Da ihm die „Sklaven" an Dialektik über waren, so schnitt er ziemlich schlecht ab, doch rächte er sich am nächsten Tage dadurch, dass er das jüngste Kind des Amtmanns auf der Straße aufgriff und diesem auf diesem Wege bestellen ließ: Herr Willerding ließe fragen, wie der Sklave geschlafen hätte.

Den 10. März 1902, Montag
Schon am Freitag erhielt ich einen Brief von Pastor Karow in Weggun, mit der Anfrage, ob ich nicht Sonntag für ihn predigen könne. Ich hatte zugesagt und legte mich Sonnabend mit dem Gefühl zu Bett, wieder mal einen „tätigen" Sonntag vor mir zu haben. Als ich Sonntag aufwachte, bekam ich einen Schreck, denn in der Nacht war die ganze Welt in Schnee begraben, die Bäume waren bereift und die ganze Luft mit wirbelnden Flocken angefüllt. Um neun Uhr hielt Vater Kiez, früherer Schäfer und jetziger Pfarrkutscher, mit seinen beiden struppigen Ponys vor der Tür und ich nahm neben ihm Platz, eingewickelt wie eine bandagierte Mumie. Es war ein leichter Wagen, auf dem nur wir beide Platz hatten. Vater Kiez hüllte sich in Schweigen, denn auch ich schwieg bei diesem Wetter, allerdings mit einem gewissen Bedauern, da die Vorträge Vater Kiezens über „Gespenster, schwarzer Kater, Frimurers und den großen Schwedenkönig Gustav Adolf nebst sein' Feldherrn Oxenstihrna" außerordentlich lehrreich sein sollen. Bald hatten wir die unglaublichsten Landwege erreicht und nun klang es beim Fahren wie das Plätschern eines Bootes; stellenweise liefen die Pferde eine Zeit lang nur im Wasser oder sie kletterten mit uns auf schneebedeckte Abhänge, fielen wieder herunter und brachen mit Krachen und Gewieher durch gefrorene Pfützen: es war eine tolle Fahrt. Und dann die Einsamkeit der weißen Felder, über die wir hinfuhren, von ein paar hungrigen Krähen begleitet; das tiefe Schweigen des Waldes, durch den unsere Straße lief, wo uns die Tannen mit Kristall bestäubten und der Wind seinen Atem anhielt – was uns sehr angenehm war. Nach allerlei Kreuz- und Querzügen erreichten wir Arnimshain, wo mir der Lehrer, ein älterer Mann, entgegentrat und meine Sachen in Empfang nahm. Während Vater Kiez mit seinen nassen Pferden in der Gegend des

Gutshofes verschwand, kleidete ich mich in der warmen Lehrerstube an, wo Hyazinthen in den Fenstern standen und ein Kanarienvogel sein Lied sang. Als ich gerade mit dem Zuhaken meines Talars beschäftigt war, durchblitzte mich der Gedanke, dass ich keine Ahnung von der Epistel des Sonntags Laetare hatte. Aber ich dachte sofort: Lehrer haben Sonntagsblätter, und während ich begeistert den Kanarienvogel mit dem linken Auge fixierte, entdeckte ich mit dem rechten auf einem Seitentischchen die bewusste Nummer. Gott sei Dank war es keine alte; ich nahm also ganz verloren das Blatt auf, fragte den Kantor, ob er Kinder hätte und was diese machten, orientierte mich und bat ihn, mir den Weg in die Kirche zu zeigen.

Dieser Weg war nicht weit, denn wir traten nur auf den Flur und in ein zweites Zimmer hinein. Arnimshain hat wirklich keine eigene Kirche, sondern nur ein erweitertes Schulzimmer mit einer Kanzel. Dass dieses Zimmer gedrängt voll war, will ich nicht behaupten. Der Inspektor des Grafen mit seiner Frau war da, in Trauer, wodurch sie beide für die Einleitung der Predigt empfänglicher waren, als ich vermuten durfte, und anfingen zu weinen. – Ferner saßen da die Diakonisse, ein alter Fasanenjäger, etwa vier Frauen und ein junger Mann, sowie ein Haufe Schulkinder. Aber sie waren alle sehr aufmerksam und dann wird einem das Predigen viel leichter.

Bis Vater Kiez wieder anspannte, saß ich bei den Lehrersleuten und unterhielt mich mit ihnen über das schöne Mecklenburg. Die Fahrt nach Weggun dauerte eine Stunde und war einer Dampferpartie nicht unähnlich. Vater Kiez, der seine eigenen Ansichten hat über die verschiedensten Dinge, setzte mich übrigens nicht vor dem Pfarrhause ab, sondern fuhr gleich auf den Hof, wo er dann die Küche in Aufregung versetzte. Pastor Karow führte mich in sein Studierzimmer und stellte mir zunächst sein Haus zur Verfügung. Bald erschien auch seine Frau und bat zu Tisch. Es war ein mit lauter neuen Möbeln angefülltes Zimmer und alles deutete darauf hin, dass sie noch nicht länger als zwei Jahre verheiratet waren. Auf einem Stühlchen saß die kleine Elisabeth, die „so reizend schreit", aber das tat sie gar nicht, tut sie überhaupt nicht, wenn sie von so netten Onkels Besuch bekommt. Wir erfrischten uns mit einer Weinsuppe, aßen Kalbsbraten mit Kompott und schlossen das Ganze mit einer Apfelsine ab. Hiernach rauchten wir eine Zigarre, tranken noch ein Glas Rotwein und dann war die Zeit zum Aufbruch da. Pastor Karow blieb natürlich zu Hause – er war immer noch erkältet – und ich ging mit der Pastorin und dem Kandidaten, von dem ich neulich schrieb, den ziemlich langen und aufgeweichten Weg durchs Dorf bis zu der turmlosen Kirche. Hier war der Besuch sehr gut und alles verlief aufs Beste. Übrigens war es gut, dass ich mich hier wieder warm angezogen hatte, denn die Wegguner Kirche ist nicht heizbar.

Ich blieb noch bis zum Abend in Weggun und verlebte einen sehr vergnügten Tag. Ich glaube, ich schrieb schon, dass der Pastor viel Ähnlichkeit mit Onkel Gottfried hat. Außerdem tat es mir wohl, mal wieder mit einem Pfarrer zu reden, der etwa die Anschauungen der Mittelpartei – Dryander, Stolte – hat, denn so gerne ich von meinem Chef lernen will, auf die Dauer ist eine theologische Belehrung, die immer mit dem seligen und gewiss verehrungswürdigen Steinmeyer Halt macht, ermüdend und fruchtlos. Dann ist Karow auch jünger – Anfang der Dreißiger – und heiteren Temperaments.

Gegen halb neun brachte Vater Kiez, der zeitweise verschwunden gewesen war, unser Fuhrwerk in Ordnung und dann ging es in die Nacht hinein. Kein Licht am Himmel – nur unsre beiden Laternen streuten einen matten Schein auf den Weg und als wir halb hin waren, ging die eine aus. Die Pferde wateten durch Schlamm und Wasser, der Schnee stäubte in feinen Kristallen gegen die Glasscheiben der Lampe, der Wind heulte und wir fuhren Schritt. Einmal fiel Vater Kiez beinahe aus dem Wagen, denn das eine Pony erklomm blitzschnell einen Aussichtspunkt, konnte sich nicht halten und fing dann aus lauter Ärger an, abwechselnd zu schlittern und Galopp zu laufen, dass es eine wahre Freude war. Als ich heimkam, war ich todmüde;

aber heute befinde ich mich wieder wohl und munter. Mittwoch predige ich noch einmal in Naugarten. Dann erst wieder am ersten und zweiten Osterfeiertag.

Den 11. März 1902, Dienstag
In einer Nacht ist der aufgeweichte Boden wieder steinhart geworden und der Märzschnee ermöglicht aufs Neue Schlittenbahnen, was auch nötig ist, denn es sind jetzt viele Leute unterwegs, da der Frühjahrsmarkt in Boitzenburg begonnen hat. Eine Budenstadt ist mit dem dämmernden Morgen unter Aufsicht der zwei Polizeidiener entstanden, die Schulen haben frei und der große Moment, wo die Gräfin einige Bücklinge einkaufen wird, erregt die Erwartung. Die Kuchenfrau aus Lychen ist da – kann man mehr sagen? Unsere leichtsinnige kleine Braut – ich meine die Tochter meines Chefs – hat mir vor versammeltem Volk einen Pfefferkuchen geschenkt mit der Aufschrift: Ich liebe dich! Dies tollkühne Unternehmen scheint nicht verborgen geblieben zu sein – welch eine heitere Zukunft lächerlicher Vermutungen bietet sich nun den Leuten hier! – und wenn es nicht in einer Woche Gemeingut der uckermärkischen Tradition sein wird, so steht Deutschland am Rande seines Unterganges. Um mich zu rächen, erstand ich bei einem Kuchenmann eine Anzahl von Pflastersteinen und überreichte sie ihr zu allgemeiner Freude mit folgenden Versen:

Die höchst schauderhafte Geschichte von dem gleisnerischen Pastorenfräulein auf dem Markte zu Boitzenburg

1

Hort, o Leute, den Spektakel
Auf dem Markt zu Boitzenburg!
Wo Elisabeth, die Arge,
Ihrem Ferdy brannte durch –
Eine Bütte in den Händen
Tänzelt sie mit leichtem Schritt;
Froh erblickt sie also wandelnd
Der Vikar, der sie begljtt.

2

Schon in einer Kuchenbude
Öffnet sie das Portmonee,
Einen schönen Pfefferkuchen
Kauft sie sich mit Zuckerschnee,
Und sie naht sich dem Begleiter
Und erschreckt ihn fürchterlich,
Denn als Inschrift trug das Naschwerk
Nur das Wort: Ich liebe dich!

3

O du schnöde Weiberseele!
Dachte der Vikar sich da,
Schäkert mit dem „armen Heinrich"
Selbst im Beisein der Mama.
Aber ob mit falschem Lächeln
Sie mir süßen Kuchen gibt –
Nimmer soll mein Herz betören
Die verstohlen Ferdy'n liebt!

4

Ja vernimm's, du Ungetreue,
Niemals sollst du nahen mir,
Ungefüge Pflastersteine
Werf ich in den Weg dir hier!
Dass du stolpernd, voll Beschämung
Noch den rechten Pfad erringst
Und mit heißen Reuezähren
Ferdy'n an den Busen sinkst.

Den Stil dieses schönen Gedichtes habe ich mir an einem Wagen mit Moritaten abgesehen, der neulich hier vorbeifuhr. Die Bütte war natürlich auch schon für die Ausstattung gekauft. Wenn Herr Salzmann sein Examen bestanden hat – im Juli etwa – soll die Sache veröffentlicht werden. Er kommt meistens am Sonntag hierher und obgleich wir beide uns wenig zu sagen haben – meine meisten Interessen fehlen ihm, auch ist er eine durchaus andere Natur als ich –, so ist er mir doch als zuverlässiger und guter Mensch äußerst sympathisch; übrigens hat er allerlei praktische Talente. Ich glaube, ich habe noch nie glücklichere Menschen gesehen als ihn und seine Braut; ihre Einstimmigkeit geht bis auf die kleinen blauen Milchtöpfe in ihrer zukünftigen Küche, und wenn sie etwas tun, außer sich in die Augen zu sehen, so möblieren sie im Geiste. Alte, hustende Pastoren betrachten sie mit hoffnungsvoller Andacht und jüngeren wünschen sie so angelegentlich eine bessere Stelle, dass es ordentlich rührend ist. Ich selber habe eine stille Beziehung zu ihrem Bunde, sofern ich immer die Liebesbriefe von Fräulein Dreising adressiere, um den Postschweden irrezuführen; auch schreibt Herr Salzmann wöchentlich mehrere Briefe an den Vikar Seidel, die aber nie in meine Hände gelangen. Außer den Hausgenossen ist nur Mademoiselle orientiert, die um des Geheimnisses willen ab und zu mit selbstverleugnender Emphase und geringem Erfolge zu erklären pflegt, sie „schwärme" für Herrn Salzmann –, aber da sie sechs Jahr älter ist als er, so findet sie nur geringen Glauben. An der Annahme, Fräulein Dreising sei mit dem ersten Vikar verlobt, halten nur noch einige besonders konservative Geister fest, die überhaupt alle Nachrichten wegen der Abgelegenheit ihrer Ofenecke einige Monate später bekommen.

Auf Krankenbesuchen habe ich wieder einiges Merkwürdige erlebt. Überraschend berührt mich, dass die „Leute" im Allgemeinen von dem, was Sünde ist, überhaupt keinen Begriff haben. Das Ertapptwerden gehört für viele zum Sündenbegriff mit zu. Ein alter Mann, dem ohne Mühe die gröbsten Verstöße gegen alle zehn Gebote nachzuweisen waren, erklärte uns, er habe nie ernstlich Sünde getan, da sollten wir nur die Gerichte fragen, und von dem Gebot der Feindesliebe, das uns immer wieder unsere eigene Jämmerlichkeit klarmacht, erklärte er vergnügt, er habe es stets befolgt. Dabei hat er mit seiner Schwiegertochter jahrelang im Streit gelegen und sie schauderhaft behandelt. Man kann ja von keinem anderen Menschen behaupten, seine Krankheit sei eine Strafe für allerhand Böses, was er getan habe, – aber man selber muss sich das doch öfter sagen: davon ist bei einem so edlen und fürtrefflichen Bauern jedoch keine Rede. Mir scheint wirklich manchmal, als ob die Selbstgerechtigkeit verbreiteter ist, als man gewöhnlich annimmt. Dieser Mann, der uns neulich so überraschend belehrte, hatte stets den Eindruck eines einigermaßen vernünftigen Menschen gemacht und war bereit, alles christliche Heil in Anspruch zu nehmen. Aber offen zugeben, dass sie auch mal Unrecht getan haben – das können sie nicht, selbst wenn der Pastor für die eigene Person eingesteht, er bilde sich auch nicht ein, vor Gott viel zu bedeuten. Das ist wieder der Katholizismus mit seiner Werkgerechtigkeit und seinem juristischen Erlösungsgedanken – man sucht eine leidliche Sittlichkeit zu erreichen, die meist recht äußerlich gefasst wird, und bildet sich dann freundlich ein, den Himmelsschlüssel in der Tasche zu haben.

Neulich hatte ich schreckliches Heimweh nach Venedig. Dass ich auf dieser herrlichen Reise zu faul war, Euch ordentlich zu schreiben, tut mir jetzt furchtbar leid. Ich weiß nicht, ob es schon die vergangene Zeit ist, die jene Reise so verklärt, aber wenn ich jetzt manchmal an die Tiroler Berge denke oder an die Wassermühlen von Verona, dann bekomme ich ordentliches Herzklopfen und werde ganz weinerlich. Und dann fange ich an, im Geiste Landschaften und Bilder zu sehen, und ich gehe wieder durch das sonnige Trient hinter der großen Prozession einher und schreite durch die Kirchen und verlassenen Klostergärten mit jenem zauberhaften Gefühl, als schwebte ich, und mit jener beseligenden Ruhe, die man unter den schweigenden Steinbildern empfindet. Und auch das muss ich sagen: es war damals gut, dass ich allein reiste und nicht zum Beispiel mit Walther, denn nun ist die ganze schöne Zeit *mein* und liegt vor mir ausgebreitet wie ein Gewebe, darin mir jeder Faden bekannt ist und alles leuchtet, – im anderen Fall würden vielleicht einige Kellnerrealitäten und Abhetzungssturmläufe dazwischen sein und ich hätte immer aufs Neue das Vergnügen, meine Lieblingserlebnisse in einer fremden und mir unangenehmen Auffassung vorgetragen zu hören. So aber ist es wie ein Märchen, das immer schöner wird und seinen Glanz selbst auf den kleinen Barbier überträgt, der mich um eine halbe Lira betrog.

Den 12. März 1902
Gestern gegen sieben Uhr entstand ein Lärm auf der Straße und zwei Betrunkene wurden auf die Polizeiwache im Schloss gebracht. In der Verwirrung dieses Vorganges gelang es einem kleinen Jungen, unsere Glocke zu ziehen und ein Paket abzugeben, ehe wir feststellen konnten, wer der Absender war: das Paket war ungemein kunstreich verpackt und enthielt eine Anzahl kleinerer Stücke, die in Modezeitungen und Holzwolle eingewickelt waren. Eine unbekannte Hand hatte die Aufschriften verfasst: „An Herrn Pastor", „An Goldhähnchen", „An Herrn Vikar Seidel" usw. Frau Pastorin, die am eilfertigsten wickelte, hielt alsbald eine Mausefalle in der Hand, und in der Tat hatten sich gestern Mäuse bei uns gezeigt. Fräulein Dreising brachte drei blaue Milchtöpfe zum Vorschein, die sie sich gewünscht hatte, der Chef fand eine Tüte mit Makronen vor, das Goldhähnchen ein Goldhähnen aus Blech mit einer Pfeife und ich selbst ein Hühnchen aus Schokolade. Der schwärzeste Verdacht lenkte sich zunächst auf Mademoiselle, aber es ließ sich authentisch feststellen, dass sie wegen Zahnwehs den ganzen Tag im Bett zugebracht hatte. Das Unheimlichste war, dass der geheimnisvolle Absender etwas von der Bezeichnung Goldhähnchen wusste. Plötzlich fiel jemand ein, dass neulich die Erzieherin im Hause des Kaufmanns Lorentz auf dem Flur gestanden hatte, als der Pastor eben sagte: Noch etwas Tee, mein Goldhähnchen? Da am Abend Mademoiselle eine Damengesellschaft gab – trotz ihrer Leiden – und zu diesem Zweck die jungen Mädchen bei uns durch die genannte Dame abgeholt wurden, so kam es gegen acht Uhr zur Enthüllung. Denn kaum hatte die Unglückliche das Zimmer betreten, als die Pastorin ihr wie ein Racheengel entgegentrat und ausrief: Wo ist diese Mausefalle her? Worauf die Angeredete rot wurde

wie eine Päonie und vor lauter Schreck erwiderte: Aus dem Laden von Herrn Lorentz! Hierauf bedankten wir uns alle sehr, namentlich der Chef, der durch solche Ereignisse in die angenehmste Stimmung versetzt zu werden pflegt.

Eine Folge dieser guten Laune zeigte sich darin, dass er nach dem Abendbrot bei uns blieb und in Erinnerungen schwelgte. Er hat aber wirklich was erlebt und viel Gelegenheit gehabt oder sie gesucht, interessante Menschen kennenzulernen. Seinen Ausgangspunkt nimmt er gewöhnlich von seinem Lehrer Steinmeyer, an dem er mit rührender Liebe hängt. Steinmeyer starb während meiner Studienzeit, las aber nicht mehr und war für mich, ehe ich hierherkam, ein bloßer Begriff. Einmal wollte allerdings der verstorbene Lange in einer pastoralen Konferenz ein Opfer vor seinem Altare anzünden, aber er gab es auf, weil die um ihn versammelte Generation nicht mehr recht wusste, um wen es sich handelte. Lange gehörte zu seiner Zeit, wie auch Dorner in seinen Reden eine Rolle spielte, der so um die Mitte des Jahrhunderts in Berlin spekulierte und sich jeden Abend von seinem Diener zwei Armleuchter bringen ließ, bei deren Schein er dann bis tief in die Nacht hinein arbeitete. Steinmeyer muss uralt geworden sein und war jedenfalls ein Original. Zuletzt hatte er nur noch jüngere Freunde, die anderen waren alle tot. Er hatte auch mal eine Frau gehabt, denn er besaß einen Sohn Elias, der noch als Germanist irgendwo in unglücklicher Ehe mit einer Witwe lebt, – aber diese Zeit lag erst etwa vierzig Jahre hinter ihm. Seine Einsamkeit wuchs mit jedem Tage, aber sie drückte ihn nicht. Anscheinend ging er nie aus, aber er wusste alles und kannte jeden. Wenn man ihm von einem neuen Prediger in Berlin erzählte, so sagte er: Ich kenne den Menschen auch, scheiden Sie sich von ihm! –, denn er hatte sehr eigene Ansichten und ihm gefiel selten was. Von Stoecker, der allerdings ebenso mäßig als Prediger ist wie als Volksredner groß, vermutete er, er habe den Satan im Leibe. Der Herr Kögel, meinte er, ist ganz gut, aber er will es immer noch ein wenig hübscher haben! Dryander perhorreszierte er. Er schrieb jedes Jahr nur eine Schrift, aber die war dann auch so fertig wie eine Präzisionsmaschine. An seinem Stil polierte er unaufhörlich. Von seinem Verleger nahm er keinen Pfennig, aber dafür musste das Papier ersten Ranges, der Druck tadellos und der Preis des Bandes mäßig sein. Das Druckbild dieser sauberen Ausgaben ist allerdings ein Vergnügen. Seine wissenschaftlichen Bücher sind im Grunde gelehrte Andachtsbücher, für die Predigt sehr anregend, voll kleiner, scharf geschliffener und eleganter Polemik, die aber immer nur scheinbar trifft. Ich glaube, Steinmeyer ist ebenso genussreich zu lesen wie verhängnisvoll nachzuahmen, denn seine Methode schläfert die Lebendigen eher ein, als dass sie die Toten zum Leben erweckt. Die Predigt ist aber kein Narkotikum, sondern fressendes Feuer, wenn sie wirklich wirken soll. Und so wenig man vergessen darf, dass sie an Christen geschieht, so wenig darf man sich doch über die Lebendigkeit des herkömmlichen Christentums große Hoffnungen machen. Das ist überhaupt der Irrtum, in den man so leicht hineinkommt, dass man sich zufrieden gibt, wenn die Predigt einem als Theologen gefällt. Das ist aber noch gar nichts. Die sonntäglichen Vorträge von Lange in Teltow waren im Grunde nur popularisierte Theologie, darum wirken sie auch nie, und das ist das Große bei Stolte, dass er nicht als Theologe, sondern als christliche Persönlichkeit von der Kanzel spricht. Eine beängstigende Tendenz, Theologie auf die Häupter der Gemeinde herabzugießen, hat übrigens unser Freund Walther Becker; auch mein Prüfungssermon war als Predigt, wie ich jetzt glaube, ungenügend. Aber man kann wirklich erst predigen lernen, wenn man in einer Gemeinde steht.

Den 13. März 1902
Gestern bin ich wieder allein durch die Winternacht gefahren, aber diesmal hatten wir keinen Sturm und Schnee als Zugabe. Der Kutscher hielt gegen sechs vor der Tür, als es noch hell und windig war; mit der einbrechenden Dämmerung jedoch wurde es immer stiller in den Lüften. Die Felder lagen verschneit und einsam da, ab und zu von einem

kleinen Hügel unterbrochen, auf dem einige nachdenkliche Bäume den Schnee mit ihren schwarzen Wipfeln auffingen. Hinter Berkholz verließen wir die Chaussee und kletterten mit unserem Gefährt einen Landweg in die Höhe, der in mannigfachen Windungen dahinlief und bald hinter einer Anhöhe verschwand. Kein menschlicher Laut ward vernehmlich, einmal schrie eine Krähe, dann holperte der Wagen hin und her und zog allein meine Aufmerksamkeit an sich. Wenn es uns gelang, mit den Rädern in festgefrorene Fahrspuren hinzufassen, ließ es sich aushalten, aber meist taumelten wir von der einen Seite auf die andere. Ich erinnere mich, dass wir an einer seltsamen Schlucht vorbeifuhren, an deren Rande mächtige Bäume standen, und dass diese Schlucht von schräg wachsenden Tannen überwölbt war, die keinen Schnee durchließen. Aber als ich noch dachte, wohin dieser Hohlweg wohl führen möchte, glitten wir bereits einen Abhang hinab und gelangten wiederum in eine neue Gegend. Es brach allmählich der Abend herein, ein Stern nach dem anderen ging auf, der zunehmende Mond glänzte rötlich am Horizont empor und hinter einem Bergvorsprung erschien die alte Kirche von Naugarten und leuchtete mit ihren hellen Fenstern freundlich zu mir her. Und dann fuhren wir langsam durchs Dorf und ich erblickte durch die gelben Fenster die Familien, die beim Abendessen um den Tisch saßen, oder alte Leute am Ofen, Kinder, die mit der Katze spielten – indem fing es auch an zu läuten, da man vom Schulhause aus meine Ankunft bemerkt hatte.

Die Kirche war gut besetzt und die Lichter brannten und es war ganz feierlich. Sie singen hier alle sehr schön und die Orgel klingt in einer so kleinen Kirche doch noch viel gewaltiger. Wenn man so ganz allein den Gottesdienst zu besorgen hat und keiner mit Kritik aufpasst, wie man's macht, so wirkt das sehr beruhigend – ich war daher auch keinen Augenblick müde oder unsicher, sondern hatte wirklich eine innere Freude dabei. Sie passten auch alle gut auf und es wurde mir leicht zu sprechen. Nach dem Gottesdienst kamen übrigens einige Kirchenälteste zu mir und ließen mich merken, dass sie soweit zufrieden waren, – da diese Leute eigentlich nie was sagen, so freute mich diese Anerkennung sehr, denn es bewies mir doch, dass ich wenigstens etwas den Ton gefunden habe, der bei ihnen widerklingt. Diese ganzen dörflichen Verhältnisse sind doch eine fremde Welt für mich und man muss vieles vergessen, was man bisher für schön hielt, um durchzudringen. Angenehm war mir, dem Chef die Sache erzählen zu können als einen Beweis, dass sich die uckermärkischen Bauern doch nicht von mir verachtet fühlen. Aber ich tat es nur sehr gelegentlich, denn er hält seine erste Kritik nach wie vor für berechtigt – natürlich, weil seine falschen Beobachtungen unkorrigierbar sind. Für mich ist aber die unangenehme Erinnerung mit gestern ausgelöscht.

Auf der Heimfahrt hatten wir die Laternen angezündet, denn die Nacht war hereingebrochen. Hinter einem fernen Walde stand ein fahler Schein, ich lag zurückgelehnt in meinem Wagen und sah hinein in die endlose Himmelskuppel und zu den Sternen. Orion und der Wagen funkelten hell auf mich herab, zuweilen schoss ein Stern über den weiten Raum hin, die Luft war ganz ruhig geworden. Im Pfarrhof brannte noch Licht und der Hund schlug an hinter den Hecken des Obstgartens. Dann erreichten wir Berkholz und trabten auf der Chaussee eilfertig nach Hause. Ich war sehr müde und schlief die Nacht ausgezeichnet.

Den 16. März 1902, Sonntag
Heute, Judica, fällt hier nach einem alten Brauch der Gottesdienst aus; der Chef ist auf die Filialen gefahren, um dort das Abendmahl auszuteilen. Es regnet ununterbrochen, meine Fenster rieseln und wo man im Hause auch geht und steht, glaubt man das Laufen der Dachrinnen zu vernehmen. Des Nachts heult der Sturm und wirft mit den Fensterladen umher, bei Tage erscheinen triefende Wandermusikanten und blasen einen Walzer mit so viel Wehmut, als sie können. Der Markt hat sich aufgelöst und Boitzenburg ist wieder im Besitz von Stiefeln. Die Annäherung von Ostern macht sich bemerklich. Die Karolinenstiftung gibt

Gesangbücher und Andachtssammlungen von sich für die Konfirmanden, und die kleinen Knaben, die nach der Sonnabendschule die Sonntagsblätter für die umliegenden Dörfer mitnehmen, finden zu ihrer Freude diesmal auf ihrem Stapel einen Schokoladenhasen sitzen. Heute Nachmittag um drei ist hier Konfirmandenprüfung. Die nächste Woche wird mich nun für meine Osterpredigt sehr in Anspruch nehmen. Ich habe Lk. 24, 1–12 zum Text und finde, dass die Abgrenzung sehr wenig gelungen ist. V. 1–9 würde geeignet sein; aber was in diesem Stück erreicht ist, wird durch den Unglauben der Jünger V. 10–12 wieder infrage gestellt. Mich wundert, dass der Chef daran nicht gedacht hat. Er gibt seinen Vikaren immer lange Texte, damit sie Stoff haben; aber ich habe meist viel zu viel Stoff und finde es nur störend, wenn man eine Anzahl von Versen, die eigentlich schon einem neuen Gedankenkreise angehören, im Interesse des Themas vergewaltigen oder fallen lassen muss. Ich habe an beiden Ostertagen zu predigen, am zweiten Ostertag nachmittags werden kindliche Spiele mit den Konfirmanden aufgeführt, die mit Wattepusten beginnen und mit „Löffeltasten" auf ihrem Höhepunkt angelangt sind.

Regenwetter ist in Boitzenburg etwas sehr Trübseliges. Die Luft ist ja weicher, aber das macht einen nur müde. Am Freitag habe ich mich gelinde erkältet – die Kirche war so kalt – und obwohl ich kein Halsweh habe, sondern nur etwas Schnupfen, so ist mir doch sehr schläfrig zumute. Mit einem gewissen Neid betrachte ich den Hund Lola, den sie gewaschen und mit einem roten Bändchen versehen haben. Er liegt den ganzen Tag in einem Tuch wie in einer Höhle und wärmt sich am Ofen. Und wenn er Hunger hat, dann frisst er, und wenn ihm das Essen nicht passt, so geht er ostentativ in eine Ecke und weint. Übrigens – in diesem Punkt beneide ich ihn nicht, denn die Pfarrhausverpflegung ist vorzüglich.

Dieser Brief ist sehr kurz, aber ich habe Euch viele lange geschrieben und will mich etwas auf meinem Sofa ausruhen. Morgen hoffe ich meine Erkältung wieder loszusein.

Den 19. März 1902, Mittwoch
Jeden Morgen werde ich jetzt von einem Buchfinken geweckt; ich muss mal einen Buchfinken gehört haben, als ich über irgendetwas sehr glücklich war, aber bei allem Nachdenken will es mir nicht einfallen, was es gewesen ist. Nun ist nur noch eine Art von freudigem Schreck übrig geblieben, sobald der Vogel singt. Als ich heute früh über unseren Hof ging, um nach dem Wetter zu sehen, war es wieder milde; die Wege, z. B. der nach Naugarten, sollen allerdings grundlos sein und die Wagen tauchen bis an die Achse in den Schlamm. Von Erfurt sind hier bereits Gewächse eingetroffen für den Pfarrgarten und der Gärtner schlägt die Hände über dem Kopf zusammen, denn wir haben hier ein um mindestens 14 Tage bis 3 Wochen nördlicheres Klima als Erfurt. Die Großmutter hat sich bereit erklärt, einen Apfelbaum von einer guten Sorte zu pflanzen. Heute Mittag um zwölf fährt die ganze Gesellschaft nach Prenzlau. Ich bleibe zur Vorsicht hier – im Wagen zieht es immer so –, obgleich es mit meinem Schnupfen besser geht. Die Erkältung war trotz warmer Jacke nicht recht zu vermeiden. Ich hatte im Talar meines Chefs die Liturgie gelesen und saß darauf in seinem Kirchenstuhl, während er predigte, um nach dieser Predigt mit ihm von einem Amtsbruder das Abendmahl zu nehmen. Sonst gehe ich nach der Liturgie in die Sakristei, ziehe mich dort um und mache dann einen Halbrundgang um die Kirche, bis ich die Tür zu dem Beamtengestühl des Grafen erreiche. Wenn man zu amtieren hat, lassen sich Erkältungen fast stets vermeiden, da dann alles so geschieht, wie man es selbst anordnet. So gibt es z. B. für die Pfarrer auf Kirchhöfen keine Verpflichtung, das Barett abzunehmen. Während der Predigt kommt man nicht zum Frieren; da ist nur das Einatmen der kalten Luft schädlich. Doch genügt meist eine Tasse heißer Milch, um schädliche Folgen zu verhüten.

Letzten Montag war hier Schulexamen, dem ich in feierlicher Schwärze beiwohnte. Graf und Gräfin kamen auch, dann der große Maurermeister Nagel, Schlachter Fischmann und Kaufmann Götze. Natürlich waren auch die

Kollegen aus Naugarten und Berkholz erschienen, um sich an den Erfolgen des Kantors mitzufreuen. Er begann mit einem freien Gebet – aber über Gebete darf man nicht lachen –, dann sangen die Kinder, wunderschön. Gegen die Gesangsleistungen der Klassen dieser Schule ist das, was z. B. Hempels Gymnasium bietet, höchst kümmerlich. Schrieb ich nicht schon früher mal von dem „Kinde der Waschfrau"? Jedenfalls sang dieses kleine Mädchen wieder so voll und hell wie eine kleine Nachtigall. In der Religion wussten sie mehr als die meisten Primaner, in Deutsch erzählte ihnen der Chef eine kleine Geschichte, die sie dann mit rasender Geschwindigkeit auf ihren Tafeln ausschrieben: es klang beinahe wie eine Raupenplage. Nach drei Minuten hatte Karl Stein den Sieg errungen: die Tafel wurde dem Grafen dargereicht, der sie würdevoll durchlas und dann an mich weitergab. Das Stück war tadellos geschrieben und war orthografisch fehlerfrei, grammatikalisch haperte es an einer Stelle, wo eine verwegene Präposition einen noch verwegeneren Kasus regierte. Unterdes wurden immer mehr Tafeln dargereicht und der Amtmann, der auch noch gekommen war, hielt sieben Stück mit einer gewissen Verzweiflung auf seinem Schoß, als der Kantor zum nächsten Gegenstand überging. Im Rechnen wurde addiert und subtrahiert, dass kein Kommmissionsmitglied mitkam. Auffällig war, dass die Kinder sich meist schon meldeten, wenn der Kantor die Aufgabe noch gar nicht fertig gesagt hatte. Nach diesem Blendwerk berechneten sie im Kopf den Inhalt und die Oberfläche von Pyramiden, Quadraten usw. und zeigten, dass sie wirklich was konnten. Entgleisungen kamen eigentlich nur in Geschichte vor, wo einer den Dreißigjährigen Krieg in die Zeit Friedrich Wilhelms III. setzte. Eine Ausnahme bildeten die „Mecklenburger", zwei murksige kleine Mädchen mit blonden Zöpfen und verwundert aufgerissenen Augen. Sie waren erst kürzlich in Boitzenburg importiert und konnten weder lesen noch schreiben.

Der Chef verfehlte in seinem märkischen Provinzialpatriotismus natürlich nicht, mich auf dies Unglücksbänkchen aufmerksam zu machen. Sonst aber waren die Leistungen geradezu überraschend. Amüsant war die dritte Klasse, wo die kleinen Stöpsel hausten. Wie komisch waren sie angezogen und wie heiter fassten sie ihren Beruf als Schüler auf! Wenn sie was gefragt wurden, lächelten sie meist strahlend und schienen dem Schulinspektor einen Kuss geben zu wollen, aber sagen taten sie nichts. Eine Bank mit kleinen Jungs war da, die hatten struppiges Haar wie kleine Pudel und lagen mit dem Kopf meist auf dem Tisch, wo sie einen listig anblinzelten. Hier erzählte ein Mädchen die Geschichte des Jünglings von Nain – wie viele große Menschen würden es so können? Wir kannten sie ja alle – aber sie war wie neu. Ich sehe noch die Gräfin sitzen, wie sie mit beinahe atemloser Spannung und halber Rührung auf das kleine Wurm hinblickt, worauf dieses sagt: „Und da ..." und ihre Augen werden immer größer, denn sie fühlt, dass jetzt etwas Entscheidendes kommt – „und da sprach der Herr Jesus ..." Man möchte fast glauben, dass nur noch Kinder wirklich lesen und erzählen können.

Im Rechnen waren sie sehr schüchtern, aber als der Chef sich zu ihnen setzte und sie ihre Augen und ihre Finger zusammenzählen ließ, machten sie sich zutraulich an ihn heran und machten ihre Sache ganz gut. Die Lehrer schienen mir etwas entrüstet über dieses Gebaren ihres Chefs. Es war ihnen zu wenig feierlich, aber es hatte Erfolg.

Auch die Handarbeitslehrerin hatte einen Besuch des Chefs zu erwarten. In der Kleinkinderschule befand sich ihre Ausstellung und ich war überrascht, was es alles gab. Da hat die siebenjährige kleine Marie einen Unterrock gehäkelt und die nicht viel ältere Emilie prangte mit einem kleinen komischen Strumpf. Die älteren Mädchen hatten wahre Kunstwerke hervorgebracht, von denen sich die Damen gar nicht fortfinden konnten, und mehr als einmal wurde ich gefragt, was ich von dieser Kappnaht hielte – worauf ich sagte, dass sie in ihrer Art unübertrefflich sei oder dass es eine Kappnaht mit Charakter wäre oder sonst etwas Unpassendes. Es wurden auch eine Anzahl von

Sticktüchern gezeigt, auf die die Mädchen mit bunter Wolle das halbe Universum gestickt hatten, Blumen, Hunde, Bibeln, Pfeifen, Schlösser mit Springbrunnen und das ganze Alphabet durch die Farbenskala hindurch.

Könnt Ihr mir nicht bitte sechs Schokoladenostereier (nicht zu groß) schicken für die Familie? Was hier ist, taugt nichts; da sie mir sicher eins schenken, so möchte ich nicht zurückbleiben.

Den 24. März 1902

Für die reiche Sendung von Ostereiern, die mich über alle Legenöte hinaushebt, danke ich euch vielmals. Die letzten Tage verliefen alle sehr angestrengt, nun ist wieder eine Atempause. Meine Osterpredigt ist fertig. Am Sonntag hatten wir Konfirmation. Nachmittags kamen die Konfirmanden zu uns und wir trieben mit ihnen allerhand „Kurzweil". In der sog. Gartenstube war ein Tisch gedeckt; als wir alle auf langen Holzbänken saßen, war der Raum sozusagen voll. Es gab Kaffee mit viel Kuchen, die Mädchen und Jungs hielten sich in feierlicher Trennung und alle benahmen sich gemessen und schweigsam. Der Chef fragte die Reihe lang, wo jeder hinging, aber auch das Thema war bald erschöpft. Die meisten Jungen gingen „zu Hofe", einer, der eine starke Lunge hatte, wollte in Pommern unter die Musikanten gehen und der hübsche Karl Stein, der neulich beim Schulexamen triumphierte, dachte immerzu an Rixdorf und Kaufmannslehre. Die Mädchen hielten den Kopf meist etwas gesenkt, teils weil sie das für angemessen hielten und teils weil sie neue schöne Broschen zur Konfirmation bekommen hatten. Nach dem Kaffee erzählte der Chef drei Geschichten mit einer Nutzanwendung und überließ uns dann das Schlachtfeld für die Spiele. Doch wohnte er den ersten noch bei, um Stimmung zu machen. Es war Wattepusten. Der zukünftige Musikant erregte einen wahrhaften Orkan und sein Gegenüber, ein kleines kümmerliches Mädchen, bekam einen neuen Platz. Die meisten waren im Handumdrehen kupferrot, der Chef fauchte fürs Vaterland und die kleinen Mädchen vergaßen gänzlich ihre bisherige Würde und quietschten vor Vergnügen. Wer nicht aufpasste und die Watte bei sich fallen ließ, musste ein Pfand geben. Ich wurde zum Pfandbewahrer erklärt und legte mir im Handumdrehen eine kleine Sammlung von bunten Broschen und Ringen an. Ein Kind gab glückstrahlend einen blanken Taler her, sodass man wünschen konnte, der Geber des Talers wäre dabei. Die Auslösung war höchst komisch. Zwei kleine Mädchen wurden veranlasst zu deklamieren und trugen im Kantortone die Stelle aus „Minna von Barnhelm" vor, wo sich Just und Tellheim auseinandersetzen. Dabei sagten sie alle Regiebemerkungen mit, z. B. „gibt ihm den Brief" oder „beiseite", als ob das auch zum Text gehörte. An einer Stelle sagt Just: Topp, Herr Major; dies klang ihnen jedoch zu plattdeutsch und so sagten sie denn kühn und heiter: Topf, Herr Major! Hierauf führten zwei Knaben „Gott grüß euch, Alter, schmeckt das Pfeifchen?" auf, wobei der eine die Pfeife des Chefs in die Hand bekam, weil er es anders nicht konnte. Alle Jungs hatten hübsche kleine Sträußchen vorn angesteckt.

Hiernach setzten wir uns alle im Kreise und ein Junge mit verbundenen Augen musste mit zwei Kellen fühlen, wen er vor sich hatte. Als er mich andächtig betastete und dann ausrief: „Fräulein Pastor!", erntete er einen Heiterkeitserfolg. Beim Pfandauslösen vorher sang auch das mehrfach erwähnte Kind der Waschfrau ein Lied und ein anderes gab ein Rätsel auf. Nachdem wir noch „Wie gefällt dir dein Nachbar?" gespielt hatten, gab es Flammri und danach verabschiedeten sich die Kinder. Zuletzt wurden noch Lieder gesungen. Ein komischer kleiner Junge war der Stöpsel des Schlachters. Dieser war ein halbes Jahr eher konfirmiert worden, um auf die Präparandenanstalt zu kommen, schenkte uns gleichwohl die Ehre und erwies sich als hochgebildet. Bei einem Reisespiel, wo alle anderen Kinder sich mit Orten wie Templin, Prenzlau usw. begnügten, wählte er Detroit und bei der Frage, wie ihm sein Nachbar gefalle, antwortete er: mauvais!, worauf die anderen Knaben das Bedürfnis hatten, gleichfalls mit dem Ausland zu prunken, und antworteten: Dobrj-gutt – was sie von einigen polnischen Hofgängern gehört hatten. Der gebildete junge Herr verfehlte auch nicht, am Schluss den Damen eine Verbeugung zu machen und „fröhliche Ostern" zu wünschen, was alles er mit der Grazie eines Plumpuddings vollführte. Auch Karl Stein hatte von zu Hause anscheinend entsprechende Ermahnungen erhalten, benahm sich aber dabei wie ein kleiner konzilianter Prinz und machte seinem Vater, der herrschaftlicher Kutscher auf dem Hofe war, alle Ehre. Am zweiten Ostertag genießen wir nun die Kinder von Naugarten und Berkholz, die sind schwerer zu unterhalten. Vorgestern Abend kam ein reitender Bote aus dem Nachbardorf und es verbreitete sich alsbald das Gerücht, Väterchen habe einen Schlaganfall bekommen. Es ist nun zwar nur eine Influenza, aber möglicherweise muss ich für ihn am Karfreitag predigen. Was dieser beinahe achtzigjährige Greis an jenem Tage alles verübt hat, ist übrigens unglaublich: eine lange Osterschulprüfung, die große Kassenabrechnung, zwei vollständige Passionsgottesdienste, ein dreistündiges Konfirmandenexamen und alle Wege *zu Fuß*. Man hat beinahe den Eindruck, als dränge er darauf, im Amte zu sterben.

Es wird immer mehr Frühling. Heute fand ich auf dem Boden ein verfrühtes Pfauenauge. Hier ist eine prachtvolle Linaria-Mauer. Wenn ich nach Lichterfelde komme, möchte ich mir Samen mitnehmen.

Ich freue mich ganz unbändig auf die Reise. So nett es hier ist, man muss doch der Luft von Boitzenburg einmal entfliehen. Merkwürdigerweise habe ich hier oftmals nach großen Städten und der dort zu findenden Einsamkeit ein solches Verlangen, dass mir auch von dieser Seite her klar wird, wie ich zum Landpastor nicht geeignet bin. Eigentlich ist es doch grässlich, wenn einen jeder kennt und jeder grüßt; aber ehe man die Erfahrung nicht hat, glaubt man es nicht. Die Gegend ist hier sehr höflich, der Graf verneigt sich auch vor jeder alten Frau ebenso tief wie vor seinen Standesgenossen, während er freilich wild wird, wenn er nicht gegrüßt wird. Und dass das so ist, ist ein Vorzug.

Aber man erkauft ihn mit dem großen Präsentierteller, auf dem ich mich nun glücklich drei Monate befinde und von dem ich am 2. April (Hurrah, hurrah!) mit einem großen Satze herunterzuspringen gedenke. Mir wird ganz kribbelig vor Freude, wenn ich an meine Reise denke; in dem Punkt bin ich doch anders konstruiert als Vater. Die Hochzeit ist mir allerdings etwas störend, aber so über den Rostocker Markt zu gehen und an den Hafen, was für eine Aussicht! Auch auf Lichterfelde bin ich gespannt oder besser auf Euch und unser Haus, von dem ich mir wahrscheinlich mit Unrecht einbilde, dass es neu und anders aussieht.

Den 25. März 1902
Am ersten Ostertag ist der Geburtstag von Frl. Dreising, der heimliche Bräutigam wird bereits am Gründonnerstag erscheinen. Das Geburtstagskind hat sich die Komposition von „Goldhähnchen" gewünscht und die Pastorin schrieb deshalb an eine große Musikalienhandlung in Berlin und fragte nebenbei auch noch an wegen anderer Kompositionen von Vaters Gedichten. Darauf lief ein sehr trauriger Brief des um Hilfe flehenden Musikalienhändlers ein: er schicke ihr hier die Bearbeitung der Goldhähnchen, die unter den dreißig vorhandenen am häufigsten gewünscht würde. Was andere komponierte Gedichte Seidels anlange, so bitte er um einzelne Textangaben, worauf er unter dem jedesmaligen Material gerne eine Auswahl treffen würde. „Sie haben alles von ihm komponiert und alles mehrmals."

Eine neue Geschichte des kleinsten Grafen erfreut die Gemüter. Es ist Abend, er liegt in seinem Bett und betet: „Lieber Gott, mach doch morgen schönes Wetter, dann schenk ich dir auch einen Spickaal." Das ist doch niedlich! Wir hatten damals gerade Markt und die Spickaalfrau stand im Mittelpunkt des Interesses.

… Meine gemeinsame Arbeit mit dem Chef ist von heute ab bis zu meiner Rückkehr sistiert, denn von morgen ab muss er Predigten machen. So habe ich es auf einmal sehr leicht, Schulsachen sind nicht mehr zu erwarten, höchstens Patenbriefe – denn die Leute kriegen hier zu Ostern immer das Taufen, dass es eine Art hat. Drei heilsbegierige Kinder sind schon da und werden natürlich mit Freude aufgenommen; aber ich glaube, der Chef hofft doch, dass es damit einstweilen genug ist. Doch ist auf Naugarten kein Verlass, da haben sie immer was Kleines. Die letzte Arbeitsstunde war noch sehr gemütlich, vielleicht weil ich jetzt im Hebräischen wieder ordentlich Übung habe. Es hat etwas eigentümlich Stimmungsvolles: Amts- und Studierstube, Tabaksduft, die beiden alte Kodices mit ihren schnörkelhaften Buchstaben und dazu das wohltuende Gefühl, dem vorliegenden Psalm allmählich immer näherzukommen und ihn und seine verborgene Schönheit anzusehen wie ein altes Gemälde, dessen Farbenglut erst nach und nach anfängt zu brennen und zu leuchten. Und dann das Gefühl, wenn all die Äußerlichkeiten – Grammatik, Satzbau usw. – immer wesenloser werden und man plötzlich das Lied vor sich hat wie einer, der seine eigene Sprache liest – in diesen Zauber kann einen doch keine Übersetzung hineinführen. Übrigens ist Luthers Übersetzung auf allen Höhepunkten beinahe inspiriert; in der Exposition irrt er oft mit der Wissenschaft seiner Zeit, wo aber die religiösen Grundgedanken stecken, da besitzt er eine nachtwandlerische Sicherheit für das Richtige. So habe ich das früher doch nicht geahnt. Ich lese jetzt auch Luthers Predigten. Während ich noch immer glaube, dass die kirchlichen Theologen Harnack und die ganze neuere Theologie missverstehen, bin ich in einem Punkte geneigt, ihnen recht zu geben: dass diese ganze Theologie für das Amt fast nichts hergibt. Sie vermissen an Harnack das praktisch-religiöse Moment, irren aber damit, dass sie es ihm abstreiten, während er es bloß in seinen Büchern in Beschränkung auf seinen wissenschaftlichen Beruf nicht hervortreten lässt. Ich komme damit in die seltsame Lage, dass ich ihre ganzen Proteste missbilligen muss und ihre ganzen positiven Forderungen mit Freuden unterschreibe. Die Konflikte meines Freundes Walther mit seinem Chef lagen, glaube ich, darin, dass er nicht richtig mit anhörte, was dieser eigentlich wollte, sondern Hals über Kopf Harnack verteidigte. Ich fürchte fast, dass ich in W. Beckers Augen immer mehr auf „kirchliche" Abwege gerate, aber ich kann doch nur so fortgehen, wie sich mir die Dinge als wahr herausstellen. Meine Osterpredigt würde er vermutlich perhorreszieren. Ich bin neugierig, wie sie Euch gefällt (d. h. ich will nicht, dass Ihr mir durchaus Eure Meinung darüber sagen sollt), jedenfalls bringe ich sie mit. Ich habe bei Benutzung des Textes selbst auf die Engel nicht verzichtet: denn wenn der christliche Glaube auch davon unabhängig ist, ob man an die Existenz von Engeln glaubt, so möchte ich den Menschen kennenlernen, der ihre Nichtexistenz beweisen kann. So was unterliegt überhaupt nicht dem Beweis für oder gegen. Durch die Art des Vikariats kommt es dazu, dass man fast stets Festpredigten bekommt, die schwerer sind als andere. Und es ist doch vielleicht etwas viel verlangt, wenn man als Anfänger schon gut über Ostern predigen soll. So was wie „Ostern", „Frühlingserwachen" verbunden mit dem Paragrafen der Dogmatik über „Auferstehung", kann schließlich jeder zusammenbauen. Ich habe mich bemüht, wirklich positive Gedanken in logischen Zusammenhang zu bringen und zu sagen, welche Stelle der Osterglaube eigentlich für unser Leben hat; das Meiste ist mir erst bei der Predigt zum ersten Mal klar geworden, und ich muss nun sehen, wie es geht. Wenn ich denke, wie kalt mich die meisten Predigten in meinem Leben gelassen haben, so wird mir oft ganz seltsam zumute, wenn ich denke, dass ich nun predigen soll und die Menschen mir auch so steinern gegenüberstehen. Aber man hat den Trost, dass manches wirkt, ohne dass man selbst etwas dazu kann, – der einzige Trost freilich.

… Dickens' Biografie lese ich wieder und wieder, hier schon zum zweiten Mal. Man findet in solchem Buch immer wieder Neues und vieles entgeht einem, bis man England, Italien, Frankreich aus eigener Anschauung kennen lernt. Was Dickens über Venedig schreibt, hatte ich bisher stets überlesen – nun weiß ich, wie wahr und schön es ist. Eine Einseitigkeit, für die Forster nichts kann, ist die, dass man eigentlich nur von ihm über Dickens hört, wo die Briefe versagen. Es muss doch in Biografien, Memoiren usw. ein großes Material geben, wo andere erzählen, wie er sich in ihrer Anschauung spiegelte; ich glaube immer, Dickens ist noch viel größer und umfassender gewesen, als er bei Forster erscheint und manche Dunkelheiten in der Biografie würden durch geringere Zurückhaltung zum Vorteil von Dickens erhellt werden. Aber vielleicht büßte dann das Buch ein Stück Eigentümlichkeit ein; mir geht es wenigstens so, dass ich während der Lektüre Forster lieb gewinne.

Den 27. März 1902

Immer geringer wird die Hoffnung, dass der Chef gut durch Ostern hindurchkommt. Karfreitag hat er drei Gottesdienste zu halten und Abendmahl für Väterchen im Nachbardorf. Ostern predigt er am ersten Tage zweimal und tauft drei Kinder. Er wird schon wieder etwas nervös und man befürchtet, dass er den Hahn des Sattlermeisters, der ihm sonntags in die Predigt kräht, noch vor Ostern ermordet. Für das Fest hat er ihn sicher, denn die Pastorin hat ihn gekauft und wird ihn in Form einer Suppe auf den Tisch bringen. Ein anderer Übelstand ist, dass die Wagen, die zum Schlachter wollen, stets vor seinem Fenster halten und ihm die alten Pferde dann immer auf seine Arbeit glotzen. Er will einen Zaun bauen, aber einstweilen ist er sehr zornig und steigert sich an den Pferden und dem Hahn zur Weißglühhitze empor. Die Zeitung ist unter solchen Umständen voll von Zündstoff und er tobt dann von einer Mitteilung zur anderen, bis er an die Witze kommt, die ihn stets besänftigen. Er müsste eigentlich immer einen kleinen Mohren hinter sich haben, der ihm die Fliegenden Blätter nachträgt. Aber wenn einer nicht schläft und immerzu arbeitet, muss er ja schließlich verdreht werden. Jedenfalls wird meine Nervosität, soweit sie sich in Unliebenswürdigkeit äußert, auf diese Weise erfolgreich kuriert; ich bekomme jetzt rein aus Protest gegen ihn das dicke Fell, das man im Leben so notwendig braucht. Aber es ist ein Jammer, dass ein Mann, der das Talent zum liebenswürdigsten Gesellschafter und Gewissenhaftigkeit und Energie besitzt, durch Überlastung mit Arbeit so geschädigt wird wie Pastor Dreising; denn ganz allein schuld ist er nicht an seinem Zustand. Dass geistige Kräfte nicht mit dem billigsten Preis bezahlt werden dürfen, wenn sie brauchbar sein sollen, ist in Deutschland „von Staats wegen" noch immer ziemlich unbekannt.

Gestern Abend bekam ich doch wieder zu tun; ich musste die Konfirmationsscheine ausfüllen. Diese Arbeit, bei der man in den Kirchenbüchern allerlei nachzuschlagen hat, ist ganz unterhaltend. Da lag ein Taufschein vor mir, auf dem der Amtmann als Rittergutsbesitzer in Hochkirch bezeichnet wird – und er taufte seine Tochter Katharina, denn er hatte es ja dazu. Die Kinder von Arbeitern waren meist woanders geboren und es stellte sich heraus, dass der harmlose Albert, der täglich Wasser für uns trägt, aus einem unaussprechlichen polnischen Ort herstammt. Mein Liebling Karl Stein hat, wie ich sah, die berühmte Kochfrau zur Patin, um die in Boitzenburg eine ewige Keilerei ist; was mich innig erfreut. All die alten Pastoren von Boitzenburg traten mir aus dem Kirchenbuch entgegen, darunter einer, der jetzt Hofprediger in Berlin ist. Wenn beim Grafen was getauft wurde, schöpfte der jedesmalige Pastor stets Atem, denn nun entrollte sich ein Patenregister, bei dem gewöhnliche Freiherren etwa die Stelle einnahmen, die sonst dem Herrn Arbeiter August Schulze zukam. Die Grafenkinder werden auch aus einem goldenen Taufbecken mit Jordanwasser getauft. Im Park hat die Familie ihr Mausoleum, das aber wie ein eingehegter Garten aussieht: die Gräber liegen alle in freier Luft, es ist eigentlich mehr ein Privatfriedhof und gefällt mir weit besser als die gewöhnlichen dumpfen Sarggrüfte.

Die Damen des Hauses kneten Osterstollen. Radatus, der geheimnisvolle Greis aus dem Hospital, ist von seiner großen Reise wieder zurück und hat sich der Gartenbebauung mit neuer Kraft gewidmet. Über die Erbsen, die er nicht selbst gelegt hat, schien er sehr unwillig zu sein und man will beobachtet haben, dass er eine Beschwörung über sie sprach, als niemand in seiner Nähe war. Gegen Mittag sitzt er im Holzstall und isst seine Suppe mit einem Blechlöffel; das Fleisch pflegt er dabei in die Hand zu nehmen und nach Belieben davon abzubeißen.

Den 28. März 1902, Karfreitag
Ein Witterungsumschlag ist hier eingetreten, der alle bisherigen Wettererlebnisse übertrifft, denn wir hatten gestern Sommer und haben heute den bösartigsten Eiswinter zurückbekommen. Ich musste gestern nach Wichmannsdorf und hatte auf diese Weise einen Spaziergang wie durchs Märchenland. Gleich nach dem Essen, um halb drei etwa, ging ich fort. Zuerst über den Kirchberg, die lange Treppe hinunter, auf der mitternachts immer Gespenster sitzen, dann durch die Dorfstraße an den roten und blauen Beamtenhäusern vorbei. Es war fast warm, der Himmel südlich blau. Frau Engel hatte natürlich wieder Fenster auf – der Doktor hat es ihr wegen Gicht verboten – und schlenkerte mir einen holdseligen Blick nach, Karl Stein saß wehmütig auf der Treppenkante und hatte Abschiedsstimmungen, ein Reitknecht in Livree klapperte mit seinem Rösslein über die Straße nach dem Reitstall hin und grüßte mich wie ein Gentleman, dann schritt ich an dem Garten des Fischers vorbei und dachte beim Anblick der ausgespannten Netze an meine Reise an die Ostsee. Und endlich öffnete ich die Gartentür, die in den gräflichen Park führt, und verfolgte nun meinen Weg, die Chaussee zur Linken.

Es war sehr still unter den hohen alten Bäumen, die Wasser lagen regungslos, die Blumenbeete sahen dunkel und erwartungsvoll aus, das Schloss stieg in seinen Umrissen leuchtend heiter hinter den Bäumen des jenseitigen Ufers empor, leise Vogelstimmen drangen ins Ohr, ohne dass man von den Vögeln etwas sah. Zuweilen war es, als ob auf fernen Gartensteigen, die im Sonnenglanze an dem großen See hinliefen, ein Gelächter erschölle, – aber es war nur eine Täuschung.

Meine Augen waren in diesen drei Monaten meines hiesigen Aufenthaltes allmählich gegen die bekannte Umgebung abgestumpft, wie es uns mit all den Orten geschieht, an denen wir länger verweilen. Aber wie schon öfters hatte ich auch diesmal das Gefühl, als sänke ein leichter Schleier vor mir herab und alles war auf kurze Minuten fremd und neu. Und ich dachte plötzlich an allerlei Geschichten, die hier vorgefallen sind und von denen kümmerliche Bruchstücke von Zeit zu Zeit an mich gekommen waren, ohne dass ich sie beobachtet hätte – ich empfand, wie sich diese verwirrten Bilder zusammenschlossen mit Gedanken und Vorstellungen aus ganz anderen Verhältnissen, und war in diesem Augenblick in meiner Fantasie so glücklich, wie man nur sein kann. Denn ich kenne keine größere Freude, als unter solchen Umständen die Geschöpfe, die in meinen Gedanken herumspuken, hinzusetzen in die Wirklichkeit und mich zu fragen: was würden sie jetzt tun, wenn sie über jene ferne Brücke gingen und ihnen plötzlich der oder jene begegneten? Und so fort. Ich glaube, Boitzenburg ist ein prachtvoller Ort, um da etwas passieren zu lassen. Ich kenne hier so viel Dinge aus dem Leben der verschiedensten Menschen, dass die Versuchung, aus diesen Zufälligkeiten ein Ganzes zu machen, sehr stark ist. Und es sind das meist Dinge, von denen die Betreffenden glauben, ich wüsste sie nicht – wie die Menschen es übrigens stets annehmen, dass die Erlebnisse, an denen ihr Herz am meisten hängt, jedermann verborgen blieben. Wenn es überhaupt mal zu sowas kommt, so möchte ich z. B. Mademoiselles Geschichte schreiben, es könnte etwas Rührendes und etwas ausgelassen Heiteres darin sein. Das ist der Vorteil von Boitzenburg: es ist etwas von der anderen Welt Abgeschlossenes und bietet daher Raum für die Entwicklung von Originalen. Man gewöhnt sich nur zu sehr an alles und bildet sich allmählich ein, es müsste so sein. Z. B. auch gestern, als ich abends noch einen Brief nach Prenzlau – wegen Abendmahlsoblaten – einsteckte und dies in dunkelster Nacht besorgte, sodass ich mich mit den Händen vorwärts tastete und dankbar war für jede Lichtritze – eigentlich war es doch sehr amüsant, die Nacht wie einen Mantel umzuhaben und Gespräche zu hören, die wer weiß woher kamen, oder hineinzublinzeln in die hellen Stubenlampenreflexe, die auf den Weg fielen und die Straße weniger erhellten als die beim Abendbrot sitzenden Familien.

Aber ich wollte von meiner Parkwanderung erzählen, auf der ich keinen Menschen traf und doch Unterhaltung genug hatte. Als ich bei dem Gärtnerhause vorüberkam – einer Art Schweizer Villa –, begann ein Buchfink vor mir herzutanzen, es sah recht frühlingsmäßig aus. Dann trat ich hinaus auf die Landstraße und sah mich bald zwischen Feldern. Auf einem grünenden Acker ging eine große Herde von Puten spazieren, ganz allein und unbewacht; hinten standen Rehe und zwei Hasen jagten gegen Sonnenuntergang pleine chasse dahin, ohne dass man einen Grund für ihre Eile sah. Es kamen lange Felder, die mit „Seele" bestreut wurden; die Arbeiter wurden von einem Vogt in Räubertracht behütet und, wenn nicht alles täuscht, war da schon der eine unserer Konfirmanden dabei und schuftete mit – was ihm wohl alles etwas neu vorkam. Ich wurde allmählich von einem Wagen überholt, von dem herab ein dicker Herr mich aufforderte, mitzufahren. Während ich noch wie ein Cherub in der Luft schwebte, der Wagen war sehr hoch, stellte er sich mir als Müller Klagges vor und sagte, er kenne mich von der Kirche her; worauf wir denn unter belehrenden Gesprächen nach Wichmannsdorf fuhren. Dort spielten hübsche Kinder im Pfarrgarten – Kinder einer Pflegetochter von Väterchen – und als ich das eine kleine Mädchen nach dem Vikar fragte, sagte ein anderes mit listiger Miene: „Du, ich glaube, das ist ein Bettelmann!" Väterchen lag im Bett und verabschiedete sich von da aus von seinen Konfirmanden. Er soll natürlich auch das nicht, aber er hat vielleicht nicht mehr viel Freude im Leben. Mein Auftrag war bald erledigt – ich musste etwas auseinanderbiestern, was Väterchen in seinem schwachen Zustande frühmorgens durch eine Eilpostkarte in hoffnungslose Verwirrung gebracht hatte –, die ältliche Tochter des Hauses gab mir ein Glas Wein, der Hilfsvikar war halb tot und ich ging aus diesem Hause des Unheils mit Mitleid wieder fort. Schon kam die Postkutsche angekrochen, in der Herr Salzmann saß und die ich zur Rückfahrt benutzte. Der Vikar grinste, Herr Salzmann grinste, und ich fragte mich im Stillen, was heimliche Verlobungen für einen Zweck haben. Während der Fahrt stieg ein Gendarm ein und entschuldigte sich deswegen; er wisse, wie unbeliebt er sei – wobei es dunkel blieb, ob er an seine sperrige, platzwegnehmende Ausrüstung dachte oder daran, dass jeder sterbliche Mensch im Angesichte eines Gendarms unbehagliche Gefühle haben muss.

Boitzenburg U/M, 29. März 1902
Liebe Eltern! Geheimnisse erfüllen das Boitzenburger Pfarrhaus. Wer dem Osterhasen entronnen ist, fällt dem Geburtstagsmann in die Arme. Die morgen 21-jährige Braut freut sich wie ein Kind und befindet sich in einem Zustande stillen Glücks und grenzenloser Verliebtheit, sodass ihr hausbackener und etwas mürrischer Bräutigam beinah angesteckt wird. Der arme Salzmann leidet allerdings an Kopfschmerzen und hat ein aus Nüchternheit und Unbeweglichkeit komponiertes Temperament. Wenn es ihm besser geht, pflegt er Templiner Erlebnisse in einem breiten Stil vorzutragen, über den kribbelige Leute in tiefe Träume versinken können – aber unter den Umständen, die er in der Welt als *seine* Umstände vorfand, ist aus ihm ganz was Nettes geworden. Familie Salzmann gehört eigentlich in ein Lesebuch, meinetwegen ein besseres; sie krabbeln alle aus kümmerlichsten und lichtlosen Verhältnissen durch Fleiß und Gewissenhaftigkeit in die Höhe und erfüllen ihre Pflicht so treu, wie Menschen nur können. Aber bei dieser Arbeit haben sie keine Zeit gehabt (und konnten's auch nicht haben), einmal stillzustehen und auszuruhen. Sie sind solide, aber gar nicht amüsant und elastisch. Alles, was fliegen kann (mit Ausnahme von Schwimmvögeln und nützlichen Luftballons) ist ihnen eigentlich verdächtig und unbehaglich, und ihre Zustimmung erfolgt mehr aus Höflichkeit als aus Billigung. Na, *ich* soll Ferdy'n ja nicht heiraten; als guten Menschen empfehle ich ihn allgemein.

Aber ich wollte von den Geburtstagsvorbereitungen sprechen. Ferdy ist unter die Prenzlauer Goldschmiede gegangen und hat einen entzückenden Goldring mit drei Opalen erstanden. Als ich das Schmuckstück sah und an das Geburtstagskind dachte, das alle Breitenausdehnungen besitzt, die einem einfallen, schien mir die Arbeit viel zu zierlich; aber das rundliche besitzt, wie ich beim Tee sah, eine zierliche Hand, auf der schon allerhand blitzendes Geschmeide funkelte. Die Großmutter war sodann eifrig beschäftigt, Äpfel zu zerschnitzeln, und die Pastorin präparierte Apfelsinen zu einer Art Salat, der hier am 30. April *[gemeint: März]* gegessen werden soll. Die zahllosen Tanten aus aller Welt schicken Handarbeiten für den Hamsterkasten. Als ein billiges und deshalb angemessenes Geschenk bot sich dem Vikar „vom Dienst" die „Musik der armen Leute".

¹/₄ 7 Abends
Jetzt habe ich meine Predigt für morgen im Kopf; wenn gleichwohl Abschnitte die Absicht haben, mir fortzuschwimmen, so geschieht das auf ihre eigene Gefahr. Die Glocken läuten Ostern ein, und draußen regnet es in Strömen – wenn es das doch morgen nicht täte!

Soeben erhielt ich eine Postkarte von Willy Seidel, auf der er mir seine Ankunft in Marburg schreibt. Ich teilte Euch wohl mit, dass sie dort ihre Ferien verbringen wollen.

Die Großmutter sitzt unten auf dem Sofa und unterhält mich bruchstückweise mit ihren Erinnerungen. Diese Erinnerungen knüpfen sich an Rheinsberg, jenem berühmten Ort, wo nach ihrem Glauben das Herz der Welt schlägt und wo sich zu ihrer großen Freude fortan die Hofjagden abspielen werden.

Ihr Vater, der alte Justiciarius Troschel, hatte einen gebildeten Schneider – etwas im Stil von Nelkenbrecher; von ihm rührt der Ausspruch her: „Die Zweckität der Seitentaschen behindert die Schlankität der Talljitüde!" Sie selber hatte einen Schreiblehrer, der ihr zu sagen pflegte: „Troscheln, gieb dich doch mehr Mühe mit die Schrift" – was auch geholfen hat, denn sie schreibt noch heute wie gestochen. Vor zehn Jahren war sie mal schon halb tot, aber sie ließ sich mit einem elektrischen Apparat behandeln und erfreut sich seitdem dauerhafter Gesundheit. Die Fähigkeit, sich zu ärgern, ist ihr in ihrem langen Leben abhanden gekommen.

Die kleinen Grafen haben eines Morgens in ihren Pantoffeln Papphühnchen vorgefunden, die der Osterhase mit großer Mühe dort hineingelegt hatte. Seitdem verstecken sie selber allerlei Überraschungen, und der Graf mit seiner Frau und eventuellem Besuch muss mitsuchen, selbst in den Schlafzimmern. Wo sie überall Verstecke aufspüren, ist erstaunlich; allein: ce n'est pas a raconter, sagt Mademoiselle.

Eine seltsame Geschichte erzählt die Großmutter aus Rheinsberg. Da war ein Gärtner, der sich angewöhnt hatte, immer Blumen zwischen den Zähnen zu tragen. Und eines Tages, da er sich verliebt und kein Gehör gefunden hatte, ward er in seinem Glashause aufgehängt vorgefunden. In seinem Munde aber hatte er eine rote Nelke und lächelte.

30. März 1902

Ein wilder Frühlingssturm wütet heute mit Hagel, Schnee und Regen in der Uckermark. Ich fuhr um $1/2$ 8 Uhr fort, als alle noch außer dem Mädchen schliefen. Auf der Anhöhe eines Berges wurden die Pferde unruhig und zerrissen ihr Riemenzeug. Danach fuhren wir Schritt, während der Wind heulte und ein starker Baum am Rande der Chaussee einfach umbrach und auf den Acker geschleudert wurde. Trotz des Unwetters war die Berkholzer Kirche sehr voll. Der Gottesdienst verlief so gut, wie ich es mir nur wünschen konnte, bis zuletzt war ich Herr des Stoffes, und es machte mir wirkliche Freude, zu predigen, zumal da ich gegen Schluss von unbekannten Menschen einen solchen Widerhall der Predigt erlebte, dass es beinah in Worten ausbrach. Dann saß ich noch eine Weile mit dem Kantor zusammen, der krank war und sich von seinem Bruder hatte vertreten lassen, und unterhielt mich über Kröchlendorff. Im Nebenzimmer lärmten die Kinder mit ihren Ostereiern; das jüngste hatte gerade seinen Bruder gefragt: „Kommt denn der Osterhase noch nicht?" und dieser hatte geantwortet: „Aber nein, er hat ja noch gar nicht gekockelt!"

Auf undefinierbaren Wegen schwankte ich dann weiter nach Naugarten. Dort sitzt der alte Christian Schulz in der

Kirche, dessen freundliches und andächtiges Gesicht den meisten Predigten durchhilft. Der junge Lehrer, Karl Becker, hatte ein Osterlied eingeübt und trug es mit seinen Kindern auf der Orgelempore zur Freude der zahlreichen Gemeinde vor. Auch hier blieb mir die Stimme bis zuletzt frisch, es geht eben alles, wenn es muss. Aber die Heimfahrt war sehr kalt und ermüdend; der Rotfuchs konnte kaum gegen den Wind an, und seine Mähne flatterte andauernd wie ein Bündel feuriger Flammen. Dass es dann zu Hause Geburtstagsfeier, Roastbeef und Wein gab, empfand ich höchst angenehm, obgleich sich einmal zwischen Naugarten und Berkholz mein Hut wie eine Krähe in die Luft erhob und sich erst nach längerer, vom Hüpfen ausgefüllter Zeit auf einem Sturzacker niederließ.

Das Salzfass mit dem Pfefferfass könnte an sich schon einen Menschen zu der unbequemen und zeitraubenden Unternehmung des Heiratens verleiten. Ich danke Euch vielmals, dass Ihr mir dies Hochzeitsgeschenk besorgt habt. Über die „Musik der armen Leute" hat sich die Braut sehr gefreut. Wenn man ihren Geburtstagstisch sieht, könnte man meinen, Dreisings verzögen ihre einzige Tochter etwas; es hat ihr aber jedenfalls nicht geschadet.

Es grüßt Euch viele Male Euer Heinrich.

Den 31. März 1902

Nun ist auch hier der Gottesdienst nach Wunsch erledigt. Eine Störung, die bei Dreising vermutlich zu einem Kirchenkrach ausgewachsen wäre, fiel vor, ohne mich allzu sehr zu beunruhigen; ich wurde mir während der Predigt allerdings auch nicht klar, was die Sache eigentlich bedeutete. Im Beamtenstuhl erhob sich nämlich ein eingedrungener Mann in Uniform von 1813 und fing an, die verdrehtesten Evolutionen auszuführen: er hob den Arm beschwörend in die Höhe, spielte auf der vor ihm befindlichen Banklehne Klavier und verneigte sich dazwischen anmutig vor der Kanzel. Er konnte nur von den Pastorensitzen und von der Kanzel gesehen werden und Herr Salzmann saß die ganze Zeit im Begriff, durch die Kirche zu laufen und den wahnsinnigen Fremdling hinauszuschleifen, sobald er eine drohende Haltung einnehmen würde. Der unheimliche Gast hatte ein Weib mitgebracht, das er immer, sobald sie sich setzte, wieder in die Höhe zerrte. Der Graf war auch da, während die Gräfin mit einem schlechten Kirchengewissen auf dem Schloss blieb und mit ihren Kindern Osterhase spielte.

Die Ostereier habe ich gestern mit passenden Versen versehen von Martha auftragen lassen; sie zierten den Kaffeetisch und erzeugten Beifall und Rührung. Die Großmutter hatte in ihrem Zimmer auch Schokoladesachen versteckt und alle, Pastor Dreising voran, suchten unermüdlich; ganz besonders schwer war es, ein Ei zu finden, das im verschlossenen Sekretär steckte, von dem sie den Schlüssel aus Versehen abgezogen hatte. Für mich hatte sie eine Schokoladenplastik ausgesucht, von der sie behauptete, sie stelle den „Eiersegen" vor. Es war ein Küken, das mit trauriger Miene eine Unzahl von Eiern betrachtet.

Dann suchten wir bunte Hühnereier und verzehrten sie auf Anordnung des Chefs zur „Schweinevesper". Dazu gab es Brot und Bier. Der Pastor war höchst fidel.

Abends aßen wir als passendes Gericht italienischen Salat mit Würstchen. Auch Mademoiselle erschien noch und brachte als Geburtstagsgeschenk ein Praline-Ei von der Gräfin und von sich einen Blumenstrauß, der eine moralische Niederlage des geizigen Obergärtners bedeutete; denn er war sehr schön und ganz wider seine Prinzipien, nach denen er immer nur Schneeglöckchen oder Fuchsien verkaufen kann. Mademoiselle war auf der Höhe. Ihr verflossener Liebeskummer erschien nur ab und zu in dekorativer Weise und im Übrigen erzählte sie Geschichten aus dem Schlosse von Ostromezko, die das Stärkste an französischer Naivität waren, was mir bis jetzt vorgekommen ist. Der Pastor sagte einmal über das andere: Lellelle, Sie können so bleiben, worauf er begierig fragte: Wie war doch noch die Geschichte mit den Haarwickeln? Oder: Was sagte der alte Graf, als er seinen grünen Schlafrock angezogen hatte? Zuletzt wurde sie sentimental und begann aus der Hand zu weissagen – aber sie war höflich genug, nur Erfreuliches in der Zukunft zu erblicken.

Boitzenburg erwartete für das Osterfest die Verlobung; bei Schlachter Fischmann hat eine Frau gesagt: „Na, nu kennten Fräulein Pastor un Herr Viehkar doch endlich öffentlich werden, damit man weeß, wo man dran is!" Vereinzelte Geburtstagsbesucher erschienen sichtlich in der Absicht, an der Feier gleich teilzunehmen, und der Tisch brach fast von den Geschenken, mit denen sich die Gemeinde Einlass verschaffte zu dem seit Wochen mit Neugier betrachteten Pastorenhause. Aber ihre Erwartungen wurden nicht erfüllt. Aus Bromberg hatte jemand Weiden und Seidelbast geschickt – ob als Anspielung darauf, dass ich der Erkorene sei, weiß ich nicht. Bei der Gelegenheit möchte ich wissen, ob wir eigentlich wieder Seidelbast im Garten haben; aber ich werde ja sehen. Die zukünftige Schwiegermutter Salzmann hatte einen Riesenpantoffel geschickt als Gläsertuchbehälter; dieser wurde jedoch den Besuchern als zu provozierend verheimlicht. Bei solcher Gelegenheit, wenn der Chef sich eine Zigarette ansteckt und sich komfortabel fühlt, kann er zwölf ganz neue Geschichten erzählen, eine immer besser als die andere, denn er hat ein unheimliches Gedächtnis. Heut bei Tisch, als er zwischen zwei angreifenden Wagenfahrten etwas Kalbsbraten zu sich nahm, kam plötzlich wieder seine liebenswürdige Natur durch und er sah mich so freundlich an wie noch nie und forderte mich auf, doch eher, als ich wollte, mit ihm zugleich, abzureisen. Übrigens hat er mir angeboten, ich sollte erst am 12. April wieder zurückkehren, und da es eine Rohheit wäre, diesen verlängerten Urlaub abzulehnen, so erfüllte ich seinen dringenden Wunsch. Ich werde also voraussichtlich fünf volle Tage in Lichterfelde sein und nach Rostock am 1. April abreisen. Mein Hotel schreibe ich sofort nach Ankunft.

Heute muss ich mich noch mit den Konfirmanden aus Naugarten und Berkholz scherzhaft benehmen, dann ist meine Arbeit fürs Erste getan. Die Luft ist hier wieder ruhig und der Himmel bedeckt. Es blühen Leberblümchen und Anemonen.

April

Den 1. April 1902, Neustrelitz
In der belehrenden Gesellschaft von sechs Schweinehändlern fuhr ich heute mit dem Chef zusammen bis Löwenberg. Als die Post durch Boitzenburg rasselte und all die bekannten Gesichter am Fenster erschienen, war mir beinahe zumute, als verließe ich ein Stück Heimat – so wurzelt man allmählich fest, ohne es zu wissen. Boitzenburg zeigte sich allerdings im Glanze eines klaren Frühlingstages; das Schloss zeichnete sich hinter den Bäumen des Parkes mit seinen Türmen und Erkern so scharf ab, wie es nur die allerdurchsichtigste Luft gestattet. Beim Amtmann schliefen sie noch, aber der Obergärtner stand bereits vor seiner niedlichen Villa und lieferte einen Ferien-Sohn an uns ab; der junge Mann fand, wie es schien, die Zärtlichkeit seiner Erzeuger etwas kompromittierend, aber seine Mama ließ sich nicht beirren und ermahnte ihn trotz alledem, auch „ordentlich" nach Hause zu schreiben. Väterchens rosenrotes Pfarrhaus in Wichmannsdorf sah ordentlich freundlich aus an diesem sonnigen stillen Apriltag.

O wie schön ist es hier in der Bahnhofsrestauration! Welch ein jovialer, vertraulicher mecklenburgischer Kellner! Eben räumt er das Tischtuch ab – denn ich habe mein Filetbeefsteak hinter mir und eine halbe Mosel vor mir – und erläutert sein Vorgehen in einem Ausbruch von Vertraulichkeit damit, dass das Tintenfass immer ins Kippen kommt und dass wöchentlich drei Herren die Tinte aufs Tischtuch umgießen. „Und das geht in die Kosten, mein Herr!" Um ein Uhr und einige Minuten geht es weiter nach Rostock, wo ich etwa um halb fünf anlange.

Ich schließe mit einem Ausspruch des zehnjährigen Adolf-Heinrich von Arnim: „Was ist das Leben doch schön!" Adolf-Heinrich sagte es, glaube ich, im Hinblick auf ein Osterei, ich erweitere es für mich zu allgemeiner Anwendung.

Den 2. April 1902, Rostock, Hotel Fürst Blücher
Von Neustrelitz fuhr ich gestern mit unendlicher Langsamkeit und dreiviertelstündiger Verspätung nach Rostock. Als ich ankam, regnete es unaufhörlich, der kalte Wind heulte und die Stadt sah trostlos aus. Nachdem ich etwas zu Abend gegessen hatte, begab ich mich nach der Kaiser-Wilhelm-Straße.

Dass Tante Klara in jenem grauen, vom Regen verschleierten Hause wohnen sollte, das sich durch nichts von seinen Genossen unterschied und ebenso öde und großstädtisch aussah, schien kaum glaublich. Es war alles so kalt und fremd, ich hatte das Gefühl, als lägen zwanzig Jahre zwischen heut und meinem letzten Besuch, und wenn mir jemand erzählt hätte, dass sich nach dem Eintritt in den düsteren Vorflur eine andere Welt auftun würde mit hellen altmodischen Zimmern und einem Blumengarten, in den man durch eine spiegelnde Glastür gelangt – so hätte ich dies für eine ebenso angenehme als unwahrscheinliche Aussicht gehalten. Aber ich versäumte es, mich in diesem Punkte enttäuschen zu lassen, und bog in die Kaiser-Wilhelm-Straße ein. Ganz hinten schimmerte der Bahnhof und eine geschäftsmäßige Pferdebahn nach der anderen klingelte mit ihrer fantasiemordenden Inschrift: „Zentral" an mir vorüber. Es gab Leute, die ins Theater gingen, und andere, die in beleuchtete Barbiersalons eintraten – aber sie sahen einer wie der andere nass, gleichgültig und langweilig aus und erinnerten an das Straßenpublikum von Berlin oder München in der unangenehmsten Weise. Bei Eggersens machte mir Hartwig auf; ich legte rasch ab und trat hinein, als die anderen noch fragten, wer da sei. Sie saßen auf dem runden Flur und die Dämmerung ließ die Gesichter kaum erkennen. Der ganze Boden war mit Tannenreisern bedeckt und ich weiß nicht, wie es kommt, aber bei dem harzigen Geruch traten mir sofort alle die niederen Zimmer in Boitzenburg in die Erinnerung, durch die ich mit den anderen Teilnehmern eines Begräbnisses gegangen war. Tante Grete, die ein schwarzes Kleid trug, hielt eine lange Girlande auf dem Schoß und Peter und Hartwig halfen ihr dabei. In einem Wagen lag Joachim: man merkte, wie die anderen an ihn gewöhnt waren, aber mir wurde bei seinem Anblick die ganze Veränderung, die das Haus betroffen hatte, lebendig. Wie er so dalag, als ein lebendiges, verwaistes und hustendes kleines Symbol, wurde mir seltsam zumute. Nicht anders, als wir nachher in die Zimmer eintraten, wo alles seinen Standort behalten hat und in der peinlichsten und erschütterndsten Weise daran erinnert, dass Onkel Karl nicht mehr lebt. Es ist wie eine untergegangene Welt: und dass nun das Leben in diesem Hause so weitergeht wie vorher, dass noch immer über die Gesundheit der Kinder statistische Kurven angefertigt werden und all die kleinen zierlichen und altmodischen Gegenstände auf Schreibtischen und überall sonst ihren täglichen Dienst versehen müssen – mir kam es seltsam und ungewohnt vor. Es ist, als ob aus dem ganzen Hause das eigentliche Leben doch verschwunden sei. Die Dinge sind noch da, aber die Auffassung und Beurteilung, durch die sie ihren Wert empfingen, geht nach und nach verloren. Ich blieb einmal eine geraume Zeit in dem Studierzimmer Onkel Karls allein, und als ich so in aller Ruhe auf demselben Lehnstuhl saß, von dem aus ich ihm früher die Zeitung vorgelesen hatte, überkam mich plötzlich eine starke und tiefe Sehnsucht, er möchte aus seinem Bibliothekszimmer hervortreten; ich horchte auf seinen Schritt, der doch nicht erklang, und erschrak, als ich aus der Ferne leise, langsame Tritte vernahm. Sie kamen aber nicht her und die weißen Gipsbüsten, die alten Bilder und Zeichnungen behielten ihre Geheimnisse schweigend für sich.

Den 3. April 1902
Der gestrige Tag war hell und freundlich. Die Betten des Fürsten Blücher verdienen ihren Ruhm und die Fremdenzimmer sind still und ruhig. Ich frühstückte in aller Behaglichkeit und hörte den Gesprächen einer großen Gesellschaft zu, die in der letzten Nacht eine Hochzeit gefeiert hatte und starke Aufträge in Sodawasser erteilte. Der aufmerksame Direktor des Hotels blickte zuweilen ins Zim-

mer, und während er für Mitteilung von Zeitungen und harten Eiern sorgte, prägte er sich mit raschem Hotelierblick die Gesichter seiner Logiergäste ein. An demselben Tage noch erschien er in feierlicher Schwärze bei Eggersens, um die Lohndienerfrage zu besprechen. Tante Grete kannte ihn noch nicht und fand ihn nett und zuvorkommend. Bei dieser Gelegenheit erfuhr er, dass auch ich zur Hochzeitsgesellschaft gehörte, und seitdem sitze ich im Hotel Blücher wie in Abrahams Schoß.

Der kleine Kellner brachte mir die „Mecklenburgischen Nachrichten". Im Leitartikel standen allerlei böswillige oder dumme Verleumdungen Harnacks; im Lokalen aber entdeckte ich, dass die Pfarre zu Perlin noch immer unbesetzt sei. Wisst Ihr das? Wiegand ist, wie ich erfuhr, zweiter Pfarrer in Plau geworden. Die Metropole Plau ist mir bisher noch unbekannt geblieben.

Bei Eggersens war aufgeräumt und das Ganze hatte einen heiteren Anstrich. Die Fülle der Geschenke wuchs stündlich und bis jetzt ist nichts doppelt. Eure Lampe bildet den strahlenden Mittelpunkt des Ganzen, sie haben sich außerordentlich darüber gefreut. Emmy sieht so gesund und strahlend aus, wie ich sie fast noch nie gesehen habe.

Ich habe geschrieben, dass ich Fräulein W. zur Brautjungfer habe. Sie wohnt in der St.-Georg-Straße und wird von ihrer Tante Zis erzogen. Tante Zis war Lehrerin – was ihr jeder gerne glaubt – und hat graue Ponylocken. Wir saßen uns beziehungsvoll gegenüber, ließen unsere Konversation spielen und umfingen uns mit Gefühlen der Hochachtung. Tante Zis ist auf dem klassischen Boden Italiens gewandelt und hat einmal einen Blick in das Haus Eggers geworfen, von dem sie noch zehrt. Als ich eben verschwinden wollte, erschien „Lucie, mein Kind", und ich sagte mir innerlich: also doch! Es war jenes in meiner Erinnerung vorhandene rosenrote Etwas, von dem die Rostocker sagen, dass es hübsch sei, und von dem ich mit meinem schlechten Geschmack fühle, dass es mir unleidlicher und fürchterlicher ist als Baisers mit Schlagsahne. In Leipzig hieß sie B. und hier heißt sie W. Beide Mal wollte man mir mit der betreffenden Jungfrau eine Freude machen. Und diesmal auch noch Erziehungsprodukt von Tante Zis! Schweig stille, mein Herze!

Aber Fräulein W. wird dekorativ wirken. Ich habe einen köstlichen Blumenstrauß für sie angeschafft und hoffe, dass morgen die Nikolaikirche nicht zürnend über uns zusammenbrechen wird.

Zu Mittag aß ich bei Tante Grete. Sie war ganz ausnehmend freundlich, und als wir aufstanden, sagte sie, nun müsste sie mich zu Bett bringen; worauf sie mich in Onkel Karls Studierzimmer führte und mich auf dem Sofa feierlich zudeckte. Darauf holte sie aus einem Schubfach die letzten von den „sehr feinen" Zigarren des Hauses und versah mich mit Lektüre. Dass Ihr nicht kommen könnt, glaubt sie; aber ich habe das Gefühl, dass es ihr sehr schmerzlich ist.

Den 5. April 1902, Rostock
Am Nachmittag des Tages suchte ich Sohms auf, die mich mit mehr als gewöhnlicher Herzlichkeit empfingen. Ich schrieb, dass sie mich zum Sonntag einluden, wo sie eine Familienzusammenkunft hatten. Immer habe ich es bedauert, dass der Herr Landgerichtsdirektor keine Gamaschen und keine weiße Weste trägt; die Täuschung, er gehöre unter Dickens' wohlwollende und behäbige Gentlemen, wäre dann vollkommen. Als ich von Dickens anfing, redete er auch mit Zungen. Seine Frau war auch sehr nett, aber ihre Fragen, Sentenzen und Exklamationen verlangen eine stärkere Natur, als ich sie besitze. Die Art, wie sie sagte: „Denk mal, meine Lina, Herr Seidel predigt jetzt schon!" und wie sie diese einfache Tatsache als einen Beweis unendlicher Reife und Genialität des Unterzeichneten hinstellte, bis die Venus von Milo rot war und ein dekorativer Stachelfisch das Zittern bekam – das war unsagbar schauderhaft. Ich bin wahrhaftig gewöhnt daran, Vaters Sachen in der verfehltesten und deprimierendsten Weise loben zu hören, aber wenn Frau Sohm lobt, treten

einem die Tränen in die Augen. Er hat, wie ich glaube, ein wirklich gutes Urteil, und was er über Bücher sagte, war mir immer interessant.

Onkel Wilhelm Passow hatte sich leider in den letzten Tagen erkältet, doch war er an dem Abend, den ich bei ihm verlebte, sehr vergnügt. Der Kampf zwischen ihm und seiner Frau um die Öffnung der Entreetür war wie in früheren Zeiten im Gange, denn das Waisenkind, das ihnen aufwartet, machte Besorgungen. Von seinen Bildern sprachen wir diesmal gar nicht. Er hatte Logiergäste, den Sohn des großen Kirchenrates Barth mit seiner jungen Frau und ihrem Kinde. Der alte Barth soll viel Sinn für Humor haben, er kann also nicht ganz so schlecht sein, wie er immer gemacht wird. Onkel Wilhelm erwartet bestimmt, dass Vater in diesem Jahr nach dem „Wirtshaus zur Stranddistel" kommen wird. Er will daselbst durch den Förster köstlichen Wein eingraben lassen und Rostocker Bratheringe mitbringen.

Am Morgen des 3. machte ich meinen Hafenspaziergang durch die Koßfelder Straße und besah mir dort die interessanten kleinen Ladenfenster, deren Ausschmückung aus Taurollen, Schiffsglocken, Rettungsringen und Tabak besteht. In dieser Gegend verändert sich wohl nichts. Die „City of London" sieht noch immer so geheimnisvoll und schmutzig aus wie ehedem und die Herren, die ab und zu aus ihr herausgeworfen werden, sitzen ebenso rallögend und entrüstet auf dem Straßenpflaster, als würden sie zum ersten Mal in ihrem Leben an die Luft gesetzt. Die Gesellschaft, die sich zum Polterabend bei Eggersens versammelte, war trotz der vielen Ausgebliebenen recht zahlreich. Großmutter Brandenburg hatte in diesen Tagen das Heft ergriffen und ließ es nicht mehr los. Sie trug ein majestätisches Seidenkleid, hielt sich so stur und gerade wie eine Fürstinmutter und küsste die Braut aufs huldvollste. Emmy sah außerordentlich gut aus, gesund, fröhlich und demütig. Mit großem Geschick hatte sie sich ein blassblaues Kleid ausgesucht, das mit weißen Rosen bestickt war; ihr zukünftiger Gatte machte sich immerhin so nett, wie das bei einem Bräutigam möglich ist, und eine stille Besorgnis um das Wohl seiner Braut trat in allerlei kleinen Galanterien zutage. Die Professorin Dragendorff und Tante Jette, ihre Schwester, blieben mehr im Hintergrund, wo sie glückselig dasaßen und auf das gemeinsame Produkt ihrer Fürsorge strahlende Blicke warfen. Tante Klara, die sich auf dies Ereignis, das mit einem Spaziergang von mehreren Minuten verbunden war, in stundenlanger Beschaulichkeit vorbereitet hatte – sie lehnte auch meinen Besuch an diesem Tage ab –, war sehr gerührt und wurde mit großer Ehrfurcht behandelt. Dann waren da Herr und Frau A., beide liebenswürdig und beide mit einem etwas wehmütigen Zug im Gesicht, als wollten sie sagen: „Wir haben nämlich drei unverheiratete Töchter mit, und diese Töchter werden tanzen bis zum Hahnenschrei – aber wir sind es gewohnt und tragen es mit Fassung." Zu ihrem Ruhme sei übrigens gesagt, dass die drei üppigen Jungfrauen, die sie mitgebracht hatten, sehr gut und sicher tanzten.

Der Saal füllte sich mehr und mehr und wurde von den jungen Mädchen mit ihren bunten Kleidern freundlich belebt. Die drei Huldinnen aus W. bildeten eine Gruppe. Annchen Müller aus dem Geschlecht des Fräuleins Dorette L. sah sich nach Männern um, mit denen sie auf irgendeiner Ottomane einen Streifen „geistvoller" Unterhaltung in Gang bringen konnte, das Pastorenfräulein aus W. lächelte und erzählte mir Züge aus meinem Leben in W., an die ich mich auch mit lebhaftestem Nachdenken nicht mehr erinnerte, meine Brautjungfer – rosenrot und schön – fragte mich angelegentlich, ob ich mich auch so aufs Tanzen am Hochzeitstage freue wie sie, worauf ich natürlich nur sagen konnte: ungemein. Wir tranken Tee, und zwar aus den bemalten altmodischen Tassen aus der Luisenzeit. Allmählich verschwanden einzelne Gäste, die an den Aufführungen teilnahmen, und es war ein schönes stolzes Bild, wie die Ehrengäste auf dem runden Sofa erwartungsvoll dasaßen und ganz den Anschein erweckten, als repräsentierten sie zusammen Ruhm, Geist und Geld des heiligen Rostock.

Die Darbietungen begannen mit der Ouvertüre zum Sommernachtstraum. Hartwig spielte das Cello, und zwar ausgezeichnet. Ich habe selten so etwas Hübsches gesehen als diese Gesellschaft, der Musik zuhörend. Das runde Gemälde stand als ein leuchtender Hintergrund hinter den aufmerksamen Zuhörern. Die Büste und das Bild von Onkel Karl waren mit grünen Blattpflanzen umgeben und dann spielte ein Freund des Bräutigams die Geige, als wolle er uns zeigen, was ein kurländisches Meeresrauschen sei, und ich konnte die Vorstellung eines Hochzeitszuges nicht loswerden, der sich bei heiterer sonniger See am Ostseestrande entlangbewegt.

Nach dieser Sache wurde der Haupterfolg der ganzen Hochzeit erzielt: Vaters Vorführung für die beiden Alwards. Die Jungs waren mit peinlichster Sorgfalt angezogen, nach Kiepe und Handstock war nicht minder nachgeforscht als nach einer roten Weste. Sie konnten ihre Rolle ausgezeichnet, sprachen ungeheuer echt und entwickelten eine große natürliche Darstellungskunst. Als sie fertig waren, ging es wie ein Schrei durch die Versammlung: das ist Seidel! Es wurde gleich noch mal vorgeführt; und ich glaube, wenn die älteren Leute auf dieser Hochzeit so vergnügt waren, obwohl es eine Gelegenheit für sie war, manches zu vermissen und sich einer schönen Vergangenheit mit Sehnsucht zu erinnern, so war dies ganz besonders diesem kleinen Zwiegespräch zu verdanken, in dem die Stimmung der guten alten mecklenburgischen Zeit so lebendig aufgegangen war. Tante Aura war ganz hin.

Zur Abwechslung wurden hiernach die Stühle wieder umgedreht, denn die Schiebetüren des Esszimmers rollten auf und eröffneten den Blick auf die Herrlichkeit des Olympos. Ein Gazehimmel mit goldenen Sternen schloss den Hintergrund, ein bekränzter Altar mit lodernder Flamme (die etwas nach Spiritus roch) trat fast bis an die Rampe hervor. Es war nicht viel Platz auf dem Götterberge, und als der betrunkene Bacchus (Hartwig) im Eifer des Affektes mal von seiner Tonne fiel, geriet die ganze Ratsversammlung in Aufruhr. Die zwölfköpfige Gesellschaft beriet über die Würdigkeit des Brautpaares für die Ehe und gab im Allgemeinen günstige Stimmen ab. Bacchus setzte dem Bräutigam allerdings ein entschiedenes Nein entgegen und auch sonst waren die Zustimmungsbegründungen ziemlich kümmerlich. Pallas Athene hatte freilich viel Gutes von dem Bücherwurm zu berichten, aber Diana wusste nur, dass er sich für seinen Antrag seinerzeit mit (aufgewärmtem) Hirschragout gestärkt habe – was doch immer noch ein geringer Grad von Jagdleidenschaft ist. Apoll sah wie eine Parodie auf Schiller aus. Bei der ganzen Vorführung erwies sich die Musterhaftigkeit des Brautpaares als störend. Sie hatten fast gar nichts begangen und das wenige, was ihnen unterlaufen war, musste sehr herhalten. Vor der Verlobung hatte Emmy in einer Verlegenheitspause gesagt: „Nun wollen wir uns erst mal setzen" – in Erinnerung an jene Verlobungsszene, die wir beide 1899 in dem kleinen Stück aufführten. Wenn man dann noch ihre frühere Liebe zu einem Zuluknaben (dessen Fotografie gezeigt wurde) sowie zu einem alten Vorarbeiter irgendwo hinzunimmt, so war das Register ihrer Sünden ziemlich erschöpft.

Auch ein Hochzeitskantus wurde an diesem Tage noch gesungen. Das Abendessen bestand in einem sehr reichlichen Büfett.

Am 4. fand Folgendes statt: Trauung in St. Nikolai durch Pries, der eine sehr schöne Rede hielt. Beim Essen im „Fürsten Blücher" redeten Pastor Pries auf das Brautpaar, Bürgermeister Pries auf das Brautgefolge, Dr. Koopmann auf die neue „Archivkollegin", der Kurländer Herr Guleke auf Tante Jette Dragendorff, die Großmutter Brandenburg auf die „ledigen Herren", Bürgermeister Pries auf die „Mütter", d. h. Frau Professor Dragendorff, Tante Grete, Großmutter Brandenburg und Tante Klara, die aber nur in der Kirche mitgewesen war, ich auf „die Damen". Getanzt wurde bis halb zwölf. Am 5. machte die ganze Jugend unter Führung von Tante Grete und der Großmutter einen Ausflug nach Warnemünde. Abends war ich bei Tante Klara und zuletzt im Hotel de Russie, wo Herr Alward mich eingeladen hatte und mir schleckerhafte Austern zu essen gab.

Heute, am 6., bin ich bei Sohms, abends vielleicht bei Passows.

Den 14. April 1902

Als ich vorgestern von Euch abfuhr, hatte ich zunächst die Freude, Vaters Bild in der „Woche" zu erblicken. Wenn ihm der Fotograf auch in durchaus unkulanter Weise die Beine verkürzt hat und Trojan mit berechtigter Wehmut auf die ausradierten Augen seines Freundes heruntersieht, so ist das Bild trotz aller Mängel für mich ein Gruß von zu Hause. Übrigens muss ich bemerken, dass Vater mit der „Woche" nunmehr ins Schloss eingedrungen ist und sich von den Herrschaften herab bis zum Küchendepartement allgemeiner Beliebtheit erfreut. Aus fernen Landesteilen werde ich gegrüßt als „Sohn des humorvollen Busch-Verehrers" und wenn ich einem Menschen begegne, habe ich immer Angst vor der Frage: „Haben Sie die neueste ‚Woche' schon gelesen?" Auch Mademoiselle, die bisher nie wusste, dass Vater viele „Buchen geschreibt" hat, ist nunmehr überzeugt, dass er ist ein großer „Poett", denn „großer Poett muss sein lustig und zu lachen". Mit welchen Augen wird Tante Götze die „Woche" betrachten! – Aber vielleicht ist sie in dieser Zeit nicht sehr fröhlich gestimmt, denn Lieb Karling, Kirchenältester und Respektsperson, ist nach dem Osterfest wegen verbotenen Schnapsverkaufes um 100 Reichsmark gekränkt worden. Überhaupt sind unheimliche Dinge in Boitzenburg vorgefallen.

In Löwenberg wurde uns Reisenden die Mitteilung gemacht, wir würden wegen Verspätung des mecklenburgischen Zuges zwei Stunden liegen bleiben; wir fuhren aber dennoch zur festgesetzten Zeit sehr langsam ab. Eigentlich war schönes Frühlingswetter; als ich in Templin wartete, sah ich den Leuten zu, die Kartoffeln setzten, und hörte ein fast betäubendes Konzert unzähliger Lerchen an. Sonst blieb ich sehr einsam; nur ein alter Herr fuhr mit, der am Donnerstag was Durchschlagendes gegessen hatte und zur

Stärkung seiner Eingeweide einen längeren Waldspaziergang vorhatte. Er hatte alle Taschen mit Witzblättern vollgestopft, die er einstweilen las und späterhin noch anders zu verwenden gedachte.

Die Post in Haßleben wartete schon. Mir gegenüber saß eine alte Frau mit einem Eulengesicht und ich dachte immer nach, wo ich sie schon gesehen hätte. Auf meinen Gruß sagte sie: „Danke, Herr Kannedat", und von da ab blieb sie zunächst stumm, hütete ängstlich mit ein paar großen Tüten herum und blickte mich zwischendurch erwartungsvoll an, als ob ihr an mir etwas nicht ganz klar wäre. Ein Tagelöhner aus Haßleben hatte ein vierjähriges Kind mitgebracht, das eben erst in Berlin operiert war. Sie waren immerzu gereist und sahen müde und abgetrieben aus. Aber das kleine Mädchen hatte ein schönes rotes Kleid und einen ganz neuen Hut mit einer schrecklichen Schleife; ich musste diese Schleife andauernd ansehen, denn sie hatte Fransen und ich konnte nicht herausbringen, ob diese Fransen aufgeribbelt waren oder von Natur so beabsichtigt. Anscheinend über dieselbe Frage brütete eine junge Dame nach, die einen Kneifer trug und den Verdacht erweckte, sie könnte malen. Die Post fuhr sehr holprig und einschläfernd, durch die matte Scheibe sah ich ab und zu Bäume und Menschen, dann wieder bannten mich die nachdenklichen Eulenaugen mir gegenüber, dann legte das Kind plötzlich sein Bein auf mein Milchpunschpaket, und als wir durch Kuhz rasselten, standen die Leute in Gruppen zusammen und erzählten sich irgendwelche Geheimnisse, die sich auf Boitzenburg zu beziehen schienen, denn sie blickten dem Postwagen neugierig nach.

Plötzlich fiel mir ein, mein Gegenüber müsse Frau Brenneke sein. Sie hatte sich nämlich gebückt, um eine Tüte aufzuheben, und das erinnerte mich an ihre gebeugte Haltung, in der sie damals bei der Beerdigung an meiner Seite ging – denn die großen Kränze, die sie trug, waren schwer.

Na, Frau Brenneke, sagte ich, kommen Sie aus Prenzlau? Wollen Sie nicht die Tüten neben sich legen, Sie können sie ja kaum halten.

Ach Gott, sagt Frau Brenneke, ich kann die Tüten ja auch halten. Wenn ich nichts Schwereres im Leben zu tragen hätte! Und es ist ja auch Frühling. Ja, gewiss. Ach!

Ich begriff den letzten Gedankengang nicht ganz, knüpfte aber an ihn an, indem ich fragte, ob sie in den Tagen nach Ostern immer in ihren niedrigen Zimmern gesessen hätte, oder auch mal rausgegangen sei.

Sind Sie denn nicht in Boitzenburg gewesen?, fragte sie plötzlich strahlend.

Ich verneinte es. Hierauf geriet sie in eine Art von Versteinerung und fragte dann: Sie wissen nichts??

Ich bekam einen Schreck, was geschehen sein sollte, denn sie riss ihre Augen sperrangelweit auf. Das Kind erwachte, der Tagelöhner aus Haßleben ergriff seinen quittegelben Wanderstab und die junge Dame nahm ihren Kneifer in die Hand.

Und Frau Brenneke, die den ganzen köstlichen Reiz dieser Situation auskosten wollte, lehnte sich behaglich zurück, kreuzte die Arme, sodass ihre Tüten kraftlos herabsanken, und sagte: „Uphangen hett hei sick!" An der Türklinke. Und sie hätte es immer schon gesagt, dass es mit Schuster Albrecht so kommen würde.

Dann erfuhr ich, dass die Tat im Delirium geschehen sei und der Mann vorher versucht habe, Frau und Kind zu erwürgen. Sie wohnen uns gerade gegenüber. Gegenwärtig ist die Frage, ob er in der Reihe beerdigt werden soll – der Pastor hat nichts dagegen, kann aber gegen die Mehrzahl der Gemeindeältesten nichts machen, die davon nichts wissen will. Außerhalb des Kirchhofs soll er natürlich nicht eingegraben werden, aber die Frau war heut lange da und bat und weinte.

Bei dieser Gelegenheit sind dann auch Kaufmann Götzes Schnapsverkäufe ans Tageslicht gedrungen. Gestern trugen sie den Sarg nach dem Spritzenhaus.

Das arme kleine Mädchen der Frau König, von der ich mal schrieb, ist nun, Gott sei Dank, auch tot. Und ein neues Kind ist in eben den Tagen dort angekommen.

Als die Post bei Bliß vorbeiwankte, erblickte ich das Karussell im chinesischen Stil, das seit einigen Tagen hier ist.

Es sieht noch sehr wenig grün hier aus. Auf meinem Tisch stand ein Strauß von Leberblümchen. Alle fand ich wohl, bis auf die Großmutter, die heimlich fünf Eimer Wasser getragen hat und infolgedessen an Fußschwellung leidet. Der Milchpunsch wurde für ein Göttergetränk erklärt und erregte Rührung und Freude.

Den 15. April 1902, Dienstag
Hoffentlich habt ihr ein ähnliches Wetter wie wir. Man hat hier das Gefühl, dass die Büsche in einer Nacht Knospen bekommen hätten, und viele mir nicht ganz bekannte Vögel singen den ganzen Tag. Ist der Fitis schon da, oder habe ich mich getäuscht? Auf dem Boden habe ich gestern mit großer Mühe ein Dachfenster aufgestoßen: der Kalk sauste mir auf den Kopf, aber die drei prachtvollen Pfauenaugen, die im Begriff waren, sich an der Glasscheibe umzubringen, stiegen vergnügt an meiner Stange empor und flatterten dann in den sonnigen Himmel hinein. Der Hund Lola trank in seiner Begeisterung über meine Ankunft die halbe Wasserkanne in meinem Zimmer aus, wodurch er eine innere Stimme bekam und plötzlich das Bauchreden anfing. Er hat manches inzwischen durchgemacht: nicht allein, dass sie ihn einmal in die Waschballje gekriegt haben, sondern es hat ihm auch ein harmloser junger Mann, vor dem er das Haus beschützen wollte, eins über den Kopf gegeben, sodass er tagelang Kompressen bekommen musste. Zum Wassertragen ist ein neuer Knabe engagiert, namens Paul. Er stottert und hat gestern Nacht seinen ganzen Verdienst auf dem Karussell durchgebracht, woher er heute Morgen etwas dröselig war. Sein Vorgänger pflegte sich für sein Geld Wurst zu kaufen, was bekömmlicher ist als Karussell. Die gräflichen Kinder haben die Windpocken. Der große L. hat den Oberbefehl in der Küche endgültig übernommen, nachdem die genügende Anzahl Schürzen mit kilometerlangen Bändern gewährleistet war. Der Bierkonsum in Boitzenburg hebt sich. Die Herrschaften packen ihre Koffer: die Gräfin reist ins Bad und der Graf geht auf die Rentierjagd nach Nor-

wegen. Frau Bornemann im Hospital ist wieder aus dem Bett gefallen und muss eingerieben werden; davon abgesehen ist sie sehr munter, der Selbstmord des Schusters hat sie ungemein erfrischt, wie anscheinend auch noch andere Leute. Überhaupt hat das traurige Ereignis furchtbar viel Tugend in Boitzenburg ans Licht gebracht, die sowas nie getan hätte usw. Als der Chef daher vom Richten des Nächsten predigte, schienen manche enttäuscht zu sein; aber er sagte auch noch einiges über die traurigen Leidenschaften, aus denen solche Taten hervorgehen, und daran richteten sich die Geister wieder auf. Tante Götzens exzentrische Frömmigkeit in diesen Tagen wäre komisch, wenn das Ganze nicht so traurig wäre. Die Sonntagspredigt war wirklich was wert und so ernst und bekümmert, dass es einem schon ans Herz gehen konnte. Ich saß hinter Frau Götze und ließ mich so wenig von ihr stören als möglich – aber was soll man machen bei solchen Turnübungen, unter denen der ganze Beamtenstuhl zittert? Ich habe selten jemand kennengelernt, der für den Katholizismus besser prädestiniert wäre als die „heilige Wanda". Aber sie halten's für gut evangelisch. Der Chef kehrte bei der ganzen Predigt sein Gesicht ab, um den Unfug nicht zu sehen. Der Selbstmörder war noch in der Osterzeit zum Abendmahl gekommen mit den besten Vorsätzen. Aber solche Dinge lassen sich nicht so schnell ändern. Leider sind noch mehrere Säufer in Boitzenburg, auch das Nachbardorf ist voll von ihnen, wie mir der Doktor mal erzählte, der ihnen in ihre ledernen Mägen hineinsehen muss. Das Schlimme ist, dass diese Menschen die ganze folgende Generation zu verderben pflegen, zu der sie immer am meisten beisteuern. Wir hatten im Konfirmandenunterricht die nettesten Kinder, die aber trotz sichtlichen Bemühens wöchentlich mehr nachließen und verwahrlosten – es waren stets Kinder von Trinkern. Der Graf hat einen Gastwirt, der sich die Schanklizenz durch den Kreistag erzwang, erfolgreich boykottiert, sodass er nach einem Vierteljahr in die Brüche ging; aber einige Gastwirte müssen doch da sein und die reichen auch schon aus. Man kann schließlich nur an die Kinder heran; in diesem Punkte geschieht auf der Schule noch nicht genug, sie müssen einen Ekel vor dem Schnaps bekommen, anders hilft es nicht.

Die Filialgottesdienste finden jetzt in der Frühe statt. Am Sonntag feierten wir den Geburtstag der Frau Pastorin. Es kam viel Besuch, auch Herr Salzmann, der unter den Gästen dasaß, als sei er „doch man so" gekommen. Die Amtmännin auf dem Sofa wurde ganz spitz im Gesicht, so aufmerksam horchte sie auf die Unterhaltung am unteren Tischende, während ihre entlobte Tochter, die sich fortan auf das Heiratstiften legt und zunächst mal bei ihren Freundinnen mit dem Doktor hausieren geht, schwarz und beobachtend dabeisaß. Dies Interesse für Heiratsangelegenheiten absorbiert überhaupt bei den Leuten in Boitzenburg drei Viertel aller geistigen Kräfte und man hat fast den Eindruck eines harmlosen Irrenhauses, wenn man diesem Kaufen und Verkaufen eine Weile zugesehen hat. Die Zwangsvorstellung, hier beruhten die wesentlichen Interessen jedes einzelnen Menschen, ist fast allgemein – die Waschfrau und die Komtess, die jetzt matt getanzt und unbegeben aus Berlin zurückkehren wird, sind hier ein Herz und eine Seele.

Gestern war Fräulein Dreising in die Malschule nach Prenzlau gefahren; als der Omnibus abends da sein sollte, kam er nicht. Erst um zwei Uhr nachts rasselte er durch Boitzenburg und brachte schreckliche Nachrichten mit über den Berliner Wolkenbruch. Hier war so ein holder verklärter Frühlingstag mit warmen Winden und Vogelsingen gewesen, sodass wir ganz überrascht waren. Und auch heute sehe ich hinaus in lauter Sonne und blauen Himmel. Die Dorfstraße flimmert immer heller und ein Kind mit einem roten Rock scheint das Himmelsfeuer an sich zu ziehen und um sich zu versammeln. Aus der Schmiede klingen schon lange keine Schläge mehr, die schläfrige Mittagszeit rückt herauf, in meinem Ofen singt noch ein kleines Flämmchen. Unten taumeln die anderen herum und sind schrecklich müde, denn sie sind erst gegen drei ins Bett gekommen. Ich selber wachte mehrmals in der

Nacht auf und sah dann den Mond durch das höchste Fenster ins Zimmer fließen. Wie seid Ihr durch das Unwetter gekommen? Das Frischgesäte muss doch eigentlich von solchen Wasserfluten weggespült werden.

Den 16. April 1902, Mittwoch
Am Nachmittag rafften sich die weiblichen Mitglieder des Hauses aus ihrer Lethargie empor und entrissen dem Chef seinen Vikar, damit er ihnen beim Flaschenkorken behilflich sei. Der Kampf war kurz und schrecklich, zum letzten Mal streckte Dreising seine Arme nach mir aus, aber er wurde überwältigt und konnte mir nur noch ein schwaches Lebewohl zuwinken. Sie aber taten mir eine Schürze um und gaben mir einen Korkapparat in die Hand, der früher mal heil gewesen war. Während ich schon Kellerluft atmete, hörte ich noch einmal, wie der im Licht befindliche Pastor mir versprach, die Episode lobend in seinem Bericht an das Konsistorium zu erwähnen; ich sollte nur meinen Widerstand aufgeben, er hätte auch bereits seit 23 Jahren kapituliert – hier schien er von seiner Frau gehauen zu werden, denn man hörte eilfertige Fußtritte, die schnell verhallten.

Im Keller befand sich ein kleines Fass Johannisbeerwein, aus dem nach Angaben der Großmutter vierzig Flaschen herauskommen sollten. Die Wände waren weiß und frisselig, ich dachte an das Fass Amontillado und unterdrückte mühsam die Erzählung dieser schönen Geschichte. Überhaupt hatte ich allerlei boshafte und ärgerliche Gedanken, nicht weil sie mich mal in der Wirtschaft brauchten – tue ich ja gerne –, aber die Umstände, unter denen dies geschah, waren sozusagen eigentümlich. Auch Herr Salzmann und Fräulein Dreising hatten gerade vor einem Jahr Johannisbeerwein abgezogen und es schwebte zweifellos im Keller etwas von dem Geiste dieser Vergangenheit. Frau Pastorin war nicht in die Unterwelt mit herabgestiegen, sondern hantierte in der Küche und antwortete auf Anrufe wie ein seliger Geist. Fräulein Dreising sog wie ein Blutegel an dem Gummischlauch, um den Wein in Schwung zu bringen, und auf einem dritten Stühlchen saß erwartungsvoll und damenhaft (trotz ihrer Umgebung) Fräulein Singer. Ich brauche kaum zu sagen, dass das erwähnte junge Mädchen, Erzieherin bei einem hiesigen Kaufmann, das gegenwärtige Ideal des gebildeten Bürgers von Boitzenburg ist und dass an diesem gesegneten Orte alles, was etwas auf sich hält, über ihr weiteres Schicksal nachbrütet.

Ihre Vorzüge sind nicht mit drei Worten abzumachen. Sie ist sanft, solide und gemütvoll – temperamentlos und schläfrig könnte man auch sagen –, sie ist eine Bilderbuchschönheit und kocht idyllisch. Ich glaube das schöne Wort „reizend" passt hierher. Wenn sie sich passend anzieht, wird sie von Fremden mit der Gräfin verwechselt; und wenn Ihr vielleicht meint, dass irgendeine Romantugend ihr fehlt, so irrt Ihr ungemein. Die Pastorin ist von ihr hin, und der Pastor ist von ihr hin, und ihre Brotgeberin nebst der Frau vom Apotheker sind von ihr hin, und die Gräfin wird demnächst von ihr hin sein. Mademoiselle ist abwechselnd von ihr hin und auf sie eifersüchtig, während die Miss, die mit Vornamen Euphemia heißt, rettungslos vor ihr kapituliert. Herr Lorentz verehrt sie und Frau Lorentz schenkt ihr Rosenlikör. Die Großmutter wünscht, dass alle jungen Mädchen so seien, und findet, dass sie an die Tradition ihrer Jugend wieder anknüpft.

Nachdem wir eine Weile dem Hineinrinnen des roten Weines in die verschiedenen Flaschen zugesehen hatten, übergab die Haustochter ihren Part an ihre geliebte Freundin und enteilte dann unter einem nichtigen Vorwande. Wieder stieg in mir die Versuchung auf, die Geschichte von dem Fass Amontillado zu erzählen, aber ehe ich diesen grässlichen Stachelpanzer anzog, wollte ich noch etwas warten. Es war schön geheimnisvoll still da unten, nur das Rieseln des berauschenden Getränkes erklang, die Lampe umhüllte das schöne Fräulein mit Rembrandt'schem Helldunkel und hundert platte neugierige Kellerasseln kamen aus ihren Verstecken hervor und blickten uns nachdenklich an. Manchmal seufzte ein unsichtbarer Geist hinter der Gitterung, die vor dem Abendmahlswein aufgerichtet war, und dann wieder ertönte das laute Krähen eines Hahnes, der draußen in einer Flut von Licht über den Kirchberg stolzierte.

In einer Schüssel mit heißem Wasser schwammen die Korke herum wie kleine Tiere und es tat mir fast leid, einen von ihnen aus seinem Element zu nehmen und in die kalte Blechröhre des Apparates hineinzustecken. Danach stand die auf den Flaschenhals gesetzte Korkmaschine vor mir wie ein kleiner Wurzelmann mit einem Turban, und richtig, als ich mit dem Hammer auf ihn losschlug, fing er an zu ächzen und zu stöhnen, bis er mit einem boshaften Schlangenzischen schloss. Ich hämmerte ganz mechanisch eine Flasche nach der anderen zurecht und dachte, ihr könnt lange warten, bis ich etwas sage; aber schließlich siegte doch der Anstand in mir und ich redete meine einsame Gehilfin auf die Hochzeit an, die sie soeben in Stralsund mitgemacht hatte. Boitzenburg findet es, nebenbei gesagt, providenziell, dass wir beide zu gleicher Zeit eine Hochzeit mitgefeiert haben.

Hierauf redete sie mich natürlich auf meinen Koffer an und ich dachte, dass ich selber bisher mit meinen Hosen und Lackstiefeln nur geringes Mitleid gehabt hätte. Ein Zitat von Busch, das ich bald darauf verwendete, erfreute sich eines gleichen unheimlichen Beifalls. Ich weiß nicht, ob es in wenig benützten Kellern immer so beklommen ist, aber mir wurde ordentlich schwül und ich trank mehrmals ohne Erfolg etwas Wein, worauf ich die vollblütigen Muselmänner zwischen meinen Knieen auf die Köpfe klopfte, dass es nur so schallte.

Plötzlich wurde es totenstill: der Wein lief nicht mehr. Sollte ich nun vielleicht niederknien wie ein Kamel und das Biest aufs Neue ansaugen? Fräulein Singer war sehr verlegen und hilflos – da, sagte ich mir, bedarf sie weiblichen Trostes, und ich rief mit lauter Stimme nach Fräulein Dreising. Sie kam, sichtlich enttäuscht, und trug ein Töpfchen mit Lack in der Hand wie ein Symbol. Dann setzten wir uns alle wieder an unsere Plätze und arbeiteten so sachgemäß und talentvoll wie nur denkbar.

Den 17./18. April 1902, Donnerstag
Ich habe die Ausgabe durchgelesen, die Werner Spaanhof von „Leberecht Hühnchen" gemacht hat, und finde sie gut. Etwas Unheimliches behält so ein Kommentar immer, in dem jede Stilnachlässigkeit mit philologischer Akribie als „Eigenart" gebucht wird. Einiges zur neuen Edition des „Leberecht Hühnchen" bringt der Verfasser bei, so z. B. dass die Einheitlichkeit noch fehlt im Gebrauch des Genitiv-S bei Monatsnamen. Auch darin hat er gewiss recht, wenn er das „zu", das im Deutschen doch eigentlich nur bei Personen steht, durch „nach" ersetzt haben möchte.

Ich stelle mir jetzt die Zukunft Englands vor, wie sie unter der Vokabel „Mausefallentür" seufzt. Zum Troste werden sie über Punsch und Composita eingehend unterrichtet.

Der Chef ist heute fort, und zwar nach Prenzlau. Auf dem Schloss ist nach mancherlei Überschwemmungsfährlichkeiten Tante Lisa angekommen, nachdem sie aus dem Telegramm entnommen hatte, die Gräfin hätte die Pocken. Tante Lisa ist infolgedessen noch immer etwas herunter, hat aber huldvoll gestattet, dass ich mir demnächst die Schlossbibliothek mal ansehe. Endlich wird es hier grün, Vogelstimmen und Spechtklopfen höre ich unaufhörlich. Die prompte Sendung der Bücher war mir sehr angenehm. Pastor Dreising ist nämlich auf das Wellhausen'sche System geraten und stürzte sich wie ein Löwe über die Sachen her. Auch das Moselweinbuch machte ihm Spaß, da er sich damals ja gleichfalls beteiligt hatte. Ja, er hat uns mal sein Moselied vorgelesen: es war nicht schlecht, aber auch nicht gut und für den Zweck ziemlich ungeeignet. Da er aus der Landesschule Pforta ist, so macht er natürlich Verse; aber er hält sehr damit zurück und ist von ihnen nicht mal so begeistert wie seine Frau. Abends sollte ich die Trojan'sche Einleitung vorlesen – es war beinahe rührend, wie er an der Last des Gedankens trug, dass er dies alles schon kannte und doch so tat, als sei es ihm neu; natürlich hatte er das ganze Buch schon durch und das Liederbuch im Anhang bereits zweimal nach seinem Kinde durchsucht, ohne es zu finden, aber es war ihm peinlich, dass die anderen was davon merkten. Das „Trostkapitel" von Trojan scheint ihn wirklich getröstet zu haben.

Nachmittags erschien Pastor Karow, der in diesen Tagen mit seinem Kandidaten nach Berlin gereist war, um seinen Schützling vor abermaligem Auskneifen zu bewahren. Der Kandidat hat das Examen bestanden. Karow brachte mir was mit aus Berlin! Nämlich eine Fotogravüre nach Böcklin. Er wollte sich wohl revanchieren für den Sonntag, wo ich ihn zweimal vertreten habe, aber das war doch der Rede nicht wert, und als er es mir gab, empfand ich es weniger als Revanche denn als freundliches Geschenk. Was die Menschen hier und überall für mich tun und wie sie mir entgegenkommen, ist eigentlich sehr beschämend für mich. In manchen Wochen werde ich das Gefühl überhaupt nicht los, als ob etwas Hübsches andauernd auf mich wartet. Möge es so bleiben.

Eure Briefe und der „Tantenausschnitt" haben mich mächtig interessiert. Wassersfluten und Überschwemmungen kommen für mich gleich nach ausgestorbenen Tieren.

Frau Pastorin hat etwas Schmerzliches erlebt: der Sohn des Mannes, der sie konfirmiert hat und der gleichfalls Pastor ist, hat 180 000 M. fremde Gelder verschwuppst und ist plötzlich abgesetzt worden. Es war der Pastor D., der seine Amtsbrüder immer mit Sekt vollfüllte und bald alleinstand, weil diese nicht mehr kommen wollten. Vielleicht ist in der „Tante" was drüber. Diese Geschichte hat der alte Pfarrer noch erlebt – und er ist natürlich schon sehr alt – grade zu einer Zeit, wo er nur noch in der Vergangenheit lebte und von der Gegenwart nichts Rechtes mehr wissen wollte. Nun so wieder in die gemeine Helligkeit des Tages zurückgerufen zu werden! Die nächste Predigt halte ich an den beiden Pfingsttagen über Ezechiel 36, 26–27. Am Mittwoch, den 23. d. M. ist Synode in Prenzlau.

In Boitzenburg herrscht große Nachfrage nach Bohnenstangen und alles wartet mit Sehnsucht auf die geheimnisvolle Zeit zwischen dem 5. und 16. Mai, wo die Buchen aufbrechen. Die Tage sind milde und weich, die Nächte mondklar; von meinem Bett aus kann ich die Sterne sehen. Am Sonntag gibt es Pute. Der Hund Lola gewöhnt sich an schlechte Gesellschaft, und eine Unzahl von Hähnen, die bisher niemand kannte, bevölkert die Nachbarschaft. Das dunkle Walten der Volksfantasie ist dieser Tage ans Licht getreten und auf einmal sind die drei begangensten Straßen in Boitzenburg mit Namen versehen, ohne dass deren Erfinder bekannt wäre. Wir wohnen danach in der „Heiligen-Geist-Straße", der Amtmann in der „Roten-Strumpf-Straße", der Kaufmann Lorentz „Unter den Linden".

Die Geschichte meines Koffers bildet das Gespräch der Uckermark. Frau Amtmann scheint sie für „unbeträchtlich" zu halten, denn bisher war es ihr heiliges Privileg, Koffer zu verlieren. Alle sind der Ansicht, man könne von Mecklenburg allerdings nichts Besseres erwarten.

Den 19. April 1902, Sonnabend
Heute soll mein Koffer mit Fracht in meine alles verzeihenden Arme zurückeilen. Wie seltsam, dass ich noch am Tage seines Verlustes auf den Gedanken kam: wie könnte man diesen charakterlosen Schlosskorb nur bezeichnen, wenn er mal abhanden käme? und dass ich mit Mühe und Not eine eingravierte Krone auf dem Schloss entdeckte, an welchem Zeichen er jetzt in Schwaan erkannt worden ist. Wie merkwürdig ferner, dass mir die Mitteilung seiner Auffindung in demselben Augenblick gemacht wurde, als ich den hiesigen Schneider aufsuchen wollte! Die Reisetasche mit der Wäsche ist da. Auch der Ingwer: mein Magen machte vor Freude einen Luftsprung, als er ihn erblickte. Habe ich wirklich einen Strumpf ohne Bruder in die Wäsche gesandt? Ich fände es herzlos, aber es scheint doch so zu sein.

Immer mehr komme ich mir vor wie Polykrates. Heute Morgen trug ich dem Chef eine kummervolle, wenn auch wortreiche Exegese vor und dachte, als ich fertig war: nun wird es gut. Darauf fängt er an, mich in ellenlange Komplimente einzuwickeln und sagt, hätte ich diese Exegese im Examen gehabt, so hätte ich eine 1 bekommen. Noch jetzt begreife ich seine Verblendung nicht, die umso seltsamer ist, als er sonst ein so gutes Urteil hat. Ich beginne, Klein-Zaches zu verstehen, und schwebe in einer Art unheimlicher Freude herum. Sollte man wirklich das Beste immer im Zustande gelinder Bewusstlosigkeit erleben?

Eine Art von traumhafter Frühlingsbetrunkenheit macht sich in Boitzenburg bemerklich. Drei Wandermusikanten haben sich diese Stimmung zunutze gemacht und große Gelder einkassiert, vor allem eine komische Klarinette, die noch jetzt in meinem Ohre herumquäkt. Der Forellenkönig und Rendant Dahms feiert seine Silberne Hochzeit. Zahllose Veilchen blühen im Park und duften auch auf meinem Tische.

In der Nacht sah ich wieder nach den Sternen und dachte dann halb im Einschlafen, ich läge auf einem Boot und führe einen breiten grünen Strom hinunter, durch dessen über den Wasserspiegel hängende Weiden die Himmelsfeuer glitzerten.

Die Herrschaften sind verreist und der elektrische Draht tobt eine Nachricht nach der anderen in die Welt: an einer seiner vielen Abzweigungen sitzen Exzellenz oder ihr Lakai und melden sich an. Auf der Parkmauer kriecht ein alter Gärtner umher und beschäftigt sich mit unbekannten Dingen, alte Waldweiblein harken die Steige und kauern hinter Gebüschen. Der feuerrote Reitknecht und der ledergelbe Reitknecht bewegen stundenlang die Pferde vor dem Reitstall und bieten für die pensionierte Frau Engel einen lieblichen Anblick. Fremde Maurer mit einer besonderen Art von Gang und großartigen Manieren haben Eintritt ins Schloss gefunden, wo sie allerhand ausbessern und viel mit dem Töpfer konferieren, der den Kamin setzt. Der Tapezierer Pritzkow schwebt wie ein Engel auf und ab und haucht mit kunstgeübter Hand eine blassgrüne Tapete über die Riesenfläche des Besuchszimmers. Das neue Bild des Grafen hat nun zwei Wochen an seiner Stelle die Schlossbewohner missmutig betrachtet und ist immer noch nicht ähnlicher geworden. Hinter matten Glasscheiben kann man den Koch Lüneburg erblicken; er ist zufrieden, dass man ihm neue Kacheln bewilligt hat, aber dass er wegen der Renovierungen mehrere Tage auf einem liliputanischen Herde arbeiten soll, geht ihm gegen die Künstlerehre. Er hat sich bereit erklärt, Kochschülerinnen zu beschäftigen, denn die Fülle seines Bauches erinnert ihn an die drängende Notwendigkeit, eine Schule zu begründen, ehe es zu spät ist. Einstweilen spielt er den Philosophen, trinkt seine zwanzig Flaschen Bier täglich und gestaltet Mademoiselles geräuschvolles Mittagsmahl zu einer Haupt- und Staatsaktion.

Im Park sieht man die Miss spazieren gehen, wie sie an den jungen Engländer denkt, der sie einst heimführt, und mit unterdrücktem Seufzen in einem deutschen Buche liest. Ihr allnächtlich gewickeltes Haar leuchtet golden in der Sonne, aber ihr Herz begehrt nach Bonbons und Schlagsahne. Sie ist von England nach Boitzenburg gekommen „wie ein Paket" und wartet, wie es scheint, im Stillen täglich auf den gütigen Geist, der sie mit einer Adresse versieht, ihr eine Freimarke aufklebt und sie zurückexpediert in das selige Land, wo Cecil Rhodes für ein Ideal gehalten wird. Sie hält die Deutschen für unmöglich und ist im Übrigen harmlos und für jede kleine Freude dankbar. In Lebensgefahr durch Lachen gerät sie leicht, und neulich, als der Pastor die zwei englischen Anekdoten erzählte, mit denen seine englischen Kenntnisse erschöpft sind, hatten wir ernste Befürchtungen für sie. Wäre Vater mit seinem „fisherman of the island" auf den Plan getreten, so hätte sie es nicht überstanden. Sie fürchtet sich schrecklich vor Gespenstern, über die sie als gute Schottin ausnehmend unterrichtet ist, schwärmt für die kleinen Arnims, die ihr anvertraut sind, und ist ein ganz vergnügliches Menschenkind.

Frau Amtmann, die ich beim Brotbacken antraf, fühlte sich durch die neue Wendung in der Kofferangelegenheit angenehm berührt. Koffer wiederkriegen ist plebejisch. Sie zeigte mir eine Bräsigstatuette aus ihrer „großen Zeit" und ich nannte ihr, wie ich vermute, zum ersten Mal den seitlich angebrachten Künstlernamen. Die entlobte Tochter wurde in einem hinteren Zimmer lebendig und der hübsche Garten, der sich bis an den See erstreckt, gefiel mir recht gut; ein Riesenaufbau von Bienenkörben, von denen charakteristischerweise Dreisings noch nie gesprochen hatten, zeigte mir eine schwache Seite des sonst hinreichend nüchternen Amtmannes; ich bat mir gleich aus, seinerzeit die Anlage genau ansehen zu dürfen.

Den 20. April 1902, Sonntag
Es wird ungemein Frühling. Ein Tourist mit einem Käsegesicht und einem Nasenzwicker hat heute den Gottesdienst besucht und nachher die Kirche besehen. Der heilige Lukas mit dem Löwen – aber ist es Lukas? also Markus – hat ihn sehr erschreckt, als er um den Altar herumging; ein furchtbares Kunstwerk aus der finstersten Lehmkneteperiode ist es auch. Durch die offenen Fenster wanken Schmetterlinge ins Land hinein; wenn ich nach der Liturgie draußen um die Kirche herumgehe, werfe ich schnell einen Blick auf das stille Dorf, über dem der blaue Himmel friedlich ausgespannt ist.

Die neuen Sonntagsschulkinder sind da, neun Knaben, von denen vier Willy heißen, stehen unter meiner besonderen Aufsicht. Dann heißt einer Fritz, zwei Paul, einer Hermann und einer Ernst. Der Klügste führt den Nachnamen Hase und weiß von nichts oder doch von sehr wenig.

Die kleinen Mädchen haben alle ihre Frühlingskleider an und sind, wie immer, sehr unruhig. Es sind furchtbare kleine Schafe darunter, die das Leben für einen Traum halten und aus dem Schatze ihres Wissens nur selten etwas herausgeben. Ich finde überhaupt, dass die Jungens im Allgemeinen mehr nachdenken, während die Mädchen stets in dem exzellieren, was sie auswendig gelernt haben. Es liegt wohl an der Art der Unterrichts; Kantoren begnügen sich meist mit der Mechanik, und das mechanische Wissen verlangt Fleiß, ist daher bei dem weiblichen Geschlecht immer größer als bei den Herren Jungs.

Seit einigen Tagen beherbergt das Haus des Amtmanns eine Nichte, von der alles spricht. Ich habe sie noch nicht gesehen, da sie sich mit Kirchenbesuch nicht umzubringen scheint; mein mangelndes Interesse wird, wie ich vermute, gemissbilligt; aber soll ich mir wirklich die Beine ausreißen für diesen guten Zweck? Ich werde meinen Freund, den Doktor, ermahnen, dass er zwei Westen anzieht, wenn er Amtmanns besucht. Hart und gefährlich ist das Dasein.

Die Großmutter liegt noch immer auf dem Sofa und empfängt galante Besuche des Forstmeisters; gewöhnlich zu der Zeit, wenn wir anderen in der Sonntagsschule sind. Dann sitzen sie beieinander und neigen ihre Wipfel – denn der Forstmeister ist schwerhörig – und gleichen zwei alten Waldbäumen, die einsam stehen geblieben sind und sich etwas erzählen von der untergesunkenen Sonne früherer Tage. Zuweilen gönnen sie sich auch wohl die bescheidene Ausschweifung von Zuckerbaisers und Johannisbeerwein, obwohl der Forstmeister mehr für Milchsuppe ist.

Es ist ein Preis von 10 Pfennig ausgesetzt für die Entdeckung des ersten Spargels. Ich habe ein Frühlingsgedicht begonnen mit den Worten: „Radatus naht mit Brausen", aber weiter will es mir nicht gelingen. Radatus ist wirklich sehr tätig. Sein langer weißer Bart wirft einen spitzen Schatten über die Samenbeete und sein machtvolles Hinterteil – das Einzige, was man gewöhnlich von ihm sieht – sammelt die Strahlen der Sonne wie ein Fokus. Sein Appetit wird immer größer infolge dieser körperlichen Arbeit. Und die Bestellung des Gartens schreitet rasch vorwärts. Das Baby auf dem Schloss hat dem Hunde Lola einen Veilchenstrauß geschickt und einen Strauß von Leberblümchen; ich glaube, Leberwurst wäre ihm lieber.

Herr Salzmann, der am Dienstag seine Arbeiten abgeben soll, ist heimlicherweise da. Es wird noch dahinkommen, dass wir ihn nachts in einem Korbe an der Kirchbergsmauer herablassen, wie dereinst Paulo geschah zu Damaskus. Einstweilen zittert alles um ihn und seine Gesundheit. Und wir hoffen ernstlich, dass ihm die fette Pute von heute Mittag wohl bekommen möge. Seine Braut lebt nur noch in ihm und hat es allmählich dahin gebracht, die Trennung von ihm, die ihr das Einreiben von Frau Hegelers Bein verursacht, auf drei Minuten herabzusetzen.

Den 21. April 1902, Montag
Es ist noch immer Frühling. Das aufregende Kapitel der Sommerhüte wird allgemein besprochen und das bucklige kleine Fräulein Fischer entfaltet ihren hutgarnierenden Ungeschmack. Fräulein Dreising sucht den breiten Strohhut hervor, mit dem sie die erste Bresche schoss in ihres Ferdy Herz, und Frau Pastorin setzt sich einen „verheirateten" Hut auf, den ich hübsch finde, den aber ihre leibliche Tochter als einen Diademreif mit einer Regenrinne bezeichnet.

Exzellenz ist da. Drei Schlossmädchen haben infolge Reinemachens vorher den Gedanken an Auswanderung gefasst und bleiben nur aus innerer Güte und Mildherzigkeit. Tante Anna und Exzellenz begegnen sich mit Hochachtung, aber weiter kommt es nicht. Exzellenz ist zufrieden, obwohl sich Komtess nicht verlobt hat. Nachdem sie dem Rendanten in einem Geschäftsbrief zu seiner Silbernen Hochzeit gratuliert hat, bleibt ihr einstweilen wenig übrig, sich selbst zu übertreffen. Aber am 25. ist ihr Geburtstag, dann hält sie Cour ab und es steht ein Kuchen auf dem Tisch, der aber keinem angeboten wird; sie braucht ihn nämlich noch zum Mittag. Der Forstmeister nennt sie eine eminent praktische Dame und zeigt damit, dass er die Sprache kleiner Höfe zu reden weiß. Tante Anna bleibt allein mit dem Antichrist zurück. Es ist nicht festgestellt, wann der Antichrist apokalyptischen Angedenkens von ihrem Gehirn Besitz ergriffen hat, aber er sitzt nun fest und unvertreiblich darin zum Schrecken der Menschheit. Zeitweise hat sie geglaubt, Harnack sei dieser Teufel in Menschengestalt, aber nun ist sie wieder schwankend geworden. Mademoiselle weiß es auch nicht und interessiert sich überhaupt nicht für den Antichrist – aber Tante Anna wankt nicht und geht nie vor zwölf ins Bett.

Der Koch, der seinerzeit den Ausspruch tat: „Zehn an jeder Hand und die Mademoiselle dazu", ist in seiner ganzen, kurz verstieperten Würde in der Kirche erschienen; doch stürzte er vor dem Schlussgesang davon; vielleicht hatte er was Gutes auf dem Feuer, aber es störte doch etwas. Auch die Kastellanin zeigt sich allwöchentlich, obgleich sie die Allüren einer Dame hat und um zehn meist noch im Bett liegt. Ich fürchte, die Sorge um eine geeignete Darstellung ihres Profils – das sie für schön hält – beschäftigt sie mehr als die Predigt, und es hat seine Schattenseiten, am Erblicken des Pastors stets gehindert zu sein durch ihr Panoramagesicht, bei dem man stets nachgrübeln muss, wo die Kunst aufhört und die Natur anfängt.

In meinem Zimmer steht ein Blumentopf mit ausgesäter Linaria. Wie lange dauert es, bis sowas aufläuft?

In diesen Tagen habe ich den Roman „Peter Michel" von Friedrich Huch gelesen, der mir an Qualität über die Leistungen von Ricarda oder Rudolf Huch hinauszugehen scheint. Ich schicke ihn Vater mal gelegentlich mit der Wäsche mit.

Den 22. April 1902, Dienstag

Langsam scheint der Frühling in Boitzenburg einzusetzen, aber dann geht es von Nacht zu Nacht. Drei junge, embryonische Spargel werden in der Familie herumgezeigt und auf ihre Essbarkeit hin taxiert. Die Sonne glüht den ganzen Tag über dem in zartes Grün eingehüllten Dorfe, die Seen leuchten stahlblau und heiter und die Wege verwandeln sich allmählich in Pulverstaub.

Während die Herrschaften in Baden-Baden Triumphe feiern, beginnt das Leben auf dem Schlosse unmerklich eine andere Form anzunehmen. Exzellenz beweist durch allerlei energische Taten ihre Anwesenheit. Die Komtess denkt noch immer an den Karneval in Berlin und erwägt, ob es bei Eulenburgs amüsanter war oder bei Minister von Thielen. Die Prinzen haben ihr gut gefallen, obgleich sie es im Stillen nicht für schick hält, wenn Prinzen so leidenschaftlich und unbefangen tanzen. Denn Komtess mag immerhin einfach konstruiert sein und auf Leistungen in Konversation und andere geistige Übungen verzichten, sie weiß, was sich schickt, und wahrt das decorum, das decorum, das decorum. Dies ist auch die empfehlenswerteste Beschäftigung für jemand, den die Natur mit grenzenloser Langweiligkeit gesegnet hat. Ihre Mama, die früher einmal schön gewesen ist, hat mehr Sinn für das Drastische und würde sich als Farmersfrau in Usambara wahrhaft glücklich fühlen. Die Kolonialliteratur, die die Bibliothek aufweist, stammt auch von ihr her. – Ich habe diese Bibliothek heute besichtigt. Der Pastor musste sowieso Exzellenz begrüßen, aber da er noch einen Krankenbesuch zu machen hatte, ging ich mit der Pastorin eher weg; in der Bibliothek dachte er uns dann aufzufinden.

Die Welt ertrank in all den flimmernden Sonnennebeln. Wir klinkten die grüne Tür auf, die den Zutritt in den Schatten des Kirchberges eröffnet, und sahen von der Anhöhe über das Dorf hin. Kein Laut erscholl außer dem Lärm der Hühnervölker, die in den Anpflanzungen des Kirchberges ihr Wesen trieben; vor dem Gasthof hielt ein Landwagen mit einem alten Pferde, das eintönig und gelangweilt mit den Hufen trat, der Backsteinbau des Gotteshauses glühte in der unbewegten Luft und die Ranken des Efeus zitterten selten und wie im Traum vor den vergitterten Fenstern.

Danach erreichten wir die lange Treppe hinuntersteigend die Landstraße, ließen das Lokal von Bliß rechts liegen und bemerkten, wie in dem dürftigen Garten dieses Haupt„hôtels" schon Tische und Bänke für die Sommergäste aufgestellt waren. Ein Mädchen, das eigentlich in der Küche arbeiten sollte, blickte uns aus dem Fenster der Herrenstube halb gelangweilt und halb interessiert nach. Die Rote-Strumpf-Straße war wie ausgestorben. Das Standesamt war zugeschlossen, aber im Nebenhause trat Frau Räkow aus der Tür. Sie hatte ihren Mann in diesen Tagen wiederbekommen – er ist Kutscher der Exzellenz – und sah daher sehr vergnügt aus. Dann kamen wir an der roten und sauberen Wohnung vorbei, in der der neunzigjährige alte Winkel auf den Tod liegt; Frau Erlers Palast erschien, schon von Weitem angekündigt durch die misstönigen Rufe ihres zahmen Kakadus, und nun lag das Schloss vor uns, umschlossen von dem knospenden, rauschenden Frühlingspark, in den wir über die kleine Brücke eintraten. Erwartungsvoll schauerten die alten Bäume zu unseren Häupten, wie der Eingang in einen Zauberbereich lockte das rote Portal und unzählige Vogelstimmen läuteten zu uns her über das Wasser und die Rasenplätze. Es war gegen halb elf Uhr morgens, wenn die Turmuhr, die in diesem Augenblicke die Zeit ausrief, im Rechte war. Aber wer achtete jetzt auf ihren Schlag! Es schien, als hätten die Menschen diesen Ort verlassen, als blühten die Blumen für sich allein, als rauschten die Wasserfälle dahin zu ihrer eigenen Lustbarkeit. Der Schatten wanderte über das neue Schloss und über das alte – aber niemand suchte ihn auf, wie auch niemand da war, sich in der Sonne zu wärmen oder sich vor ihr zu verkriechen. Der Blättertanz auf den Rasenflächen in der Tiefe flimmerte schattenhaft hin und her, auf den Steinen am Marienfließ sonnten sich die Ringelnattern, aber sobald der geheimnisvolle Kreis der Schlossgebäude anfing, herrschte lautlose Stille und Unbewegtheit. Wir gingen die alte, ausgetretene Steintreppe empor, die auf den seitlichen Schlosshof führt. Solange wir das gewaltige Mauerwerk über uns hatten, war es kühl, dann aber erblickten wir aufs Neue den Himmel und die erbarmungslose Sonne. Hier waren Betten und Matratzen ausgebreitet, die irgendjemand vor langer Zeit einmal hierhergebracht zu haben schien, doch sah es nicht so aus, als ob er bald wiederkommen würde. Eine große Zahl von Türen war in dem Viereck zu erblicken. Wir gingen in die niedrigste hinein, einen Korridor herunter und die Pastorin rief laut den Namen der Kastellanin. Der Name hallte von den Wänden wider, es war, als ob allerhand spottende und unheimliche Stimmen ihn mit Schadenfreude wiederholten. Nun öffneten wir das Wohnzimmer der Angerufenen, aber dieses war leer. Wir gingen wieder auf den Schlosshof zurück und hier erschien plötzlich eins der Schlossmädchen mit einem Tablett, auf dem sich die Reste eines angenehmen kleinen Frühstücks malerisch gruppierten. Sie äußerte große Verwunderung, dass die Kastellanin nicht in ihren Gemächern sei, und versprach noch mal nachzusehen.

Bald darauf meldete sie: die Kastellanin lasse bitten. Wir traten in das schöne große Zimmer ein, das mit mannigfachem Hausrat angefüllt war, und setzten uns. Es herrschte eine peinliche Ordnung, und einige Schlüsselbunde machten sich auf dem Mitteltisch breit, und da wir recht lange warten mussten, so hatte ich Muße, schnell das Inventar aufzunehmen.

Es standen Blumen auf einem runden Tisch am Fenster, rings um eine Palme herum, aber es machte einen langweiligen Eindruck, gleichsam als würde lieblos mit ihnen umgegangen. Es war so ein offizieller Blumentisch, wie ihn Leute haben, die sich eigentlich nichts aus diesen Dingen machen. Eine platt gedrückte Gießkanne mit einer Art von Abziehbild hatte sich in eine Ecke gedrückt und dachte darüber nach, wie sie wohl durch eigene Kraft in die Höhe steigen und die grünen Töpfe begießen könne. Es war sehr nötig, dass sie es tat; ich sann eine Weile nach, warum es wohl nicht geschah, und verfiel auf die Idee, dass die Kastellanin noch gar nicht aufgestanden sei. Auf dem Fußboden lagen heitere Teppiche und an den Wänden war für Bilder gesorgt. Besonders fiel mir das buntfarbige Bild eines gräflichen Vorfahren auf, der mit drei Windspielen unter einem Baume saß und sich nach unten zu seltsam verkürzte. Er hatte die Füße eines Kindes, die Waden eines Knaben, den Oberkörper eines Mannes und das Haupt eines nachdenklichen arbeitsfrohen Greises – sodass man ihn viertelsweis genießen musste. Ein geschnitzter Schrank mit allerlei Veranden, Seitenetagen und Treppenanläufen war anscheinend von der Hand seiner Besitzerin bemalt worden; ich erinnerte mich, im Zimmer der Gräfin ein ähnliches Stück gesehen zu haben, und empfand plötzlich, wie auch dieses geschnitzte Kunstwerk seine Rolle gespielt haben mochte in dem schließlich doch erfolglosen Kampf um die Zuneigung derselben. War es ein Trost für die Kastellanin, wenigstens in der Anordnung und Ausstattung ihres intimsten Reiches kundzutun, wie ihr das Vorbild ihrer Gebieterin alles war? Die Menschen trösten sich mit den wunderlichsten Dingen.

Eben wollte ich mir das fotografierte Heer der Seitenverwandten und Vorfahren der Kastellanin zu Gemüte führen, als nebenan das Zischen einer Parfümbrause den

Abschluss der aufgewendeten Toilettenkünste ankündigte. Bald trat auch der Schrecken der Schlossmädchen auf und verneigte sich huldvoll. Hier sah man, dass die Kunst wirklich imstande ist, den Menschen wieder jung zu machen. Lag nicht die Morgenröte selber auf diesem süß lächelnden Gesicht, so weiß ich nicht, was es sonst war, und das Haar war braun und gelockt – die Gräfin trägt es nicht anders – und die opalglänzenden Zähne schimmerten voll Pflichtbewusstsein in den jungen Tag hinein, demgegenüber aber die Kastellanin tat, als hätte sie ihn bereits vor fünf Stunden begrüßt. Sie trug ein schwarzes Spitzenkleid und war gegen die Pastorin von der ausgesuchten Höflichkeit, mit der man Todfeinde behandelt.

Wir trugen unsere Bitte vor.

Wie bedauerte die Kastellanin! Aber sie sei nervös herunter, sie hätte schreckliche Kopfschmerzen und möchte lieber nicht mitgehen, sondern sich ein wenig auf ihrer Ottomane ruhen. Aber den Schlüssel würde sie uns gerne überlassen und dann könnte uns ja Mademoiselle führen. Oh, sie wüsste, das würde uns lieber sein. Und Mademoiselle sei ja im Schloss so beliebt.

Hier beginnt eine Intrige, sagte ich mir, denn ich sah bei einem vorsichtigen Hinblicken ein Triumphlächeln in dem Gesicht der Kastellanin. Die Pastorin hatte nichts gemerkt, aber da sie die Gefühle der Dame kannte, sagte sie, wir würden lieber ein anderes Mal die Bibliothek besichtigen. Doch die Kopfschmerzen schienen plötzlich vergangen zu sein, denn jetzt bot sich die Kastellanin dringend selber an, uns alles zu zeigen.

Wir stürzten uns nun in das Schloss wie in ein uferloses Meer. Ein gewundener Korridor, der bald nach rechts, bald nach links umbog, führte uns wie eine hilfreiche Strömung vorwärts, bis wir an einem Platze Halt machten, wo eine kleine Treppe in ein etwas höher gelegenes kleines Zimmer führte. Die Kastellanin bat die Pastorin voranzugehen: wir könnten so einen Umweg vermeiden; mit katzenhafter Geschwindigkeit schwebte die Leidende ihr dann nach, während ich noch unten blieb.

Die Pastorin öffnete.

Eine Fülle von Licht brach durch die geöffnete Tür und die Fenster des hellen Zimmers, das sich unseren Blicken darbot, zeigten den blauen Himmel und grünes, in der Sonne flimmerndes Gartenland. Der heitere Schein sammelte sich drinnen auf einem mit Schulbüchern bedeckten Tische, an dem die kleinen Grafen in unfreiwilliger Ernsthaftigkeit still sitzen mussten, um Französisch zu lernen und Rechenexempel zu rechnen. Adolf-Heinrich war sofort bei unserem Einbruch aufgestanden und wandte uns sein strahlendes Gesicht zu, hocherfreut über die Störung. Das Ganze sah ungemein behaglich und friedlich aus. Nun fragte die Pastorin, ob wir hindurchgehen könnten, und die Kastellanin wippte auf den Zehen, dass ihr Schildpatthaarpfeil abwechselnd im Schatten und in der Sonne war. Was wird sie sagen?

Sie sagte, es geht nicht. Mademoiselle – ich konnte sie von meinem Standort aus nicht sehen – war anscheinend erregt und in ihrer Stimme zitterten Angst und Zorn. Aber sie bäte uns dringend zu entschuldigen, während der Schulstunden dürfte niemand durch dies Zimmer. Und Madame la Pasteure möge ihr verzeihen (und die Kastellanin möge der Teufel holen – das sprach sie aber nicht aus).

Später erfuhren wir, dass selbst der Graf nicht durch diese Zimmer geht, wenn unterrichtet wird, und dass die Kastellanin viele Zeit damit zubringt, ihrer Todfeindin Leute zuzuschicken, die in den Unterricht hineinplatzen wie eine Bombe. Die Tür wurde somit geschlossen, die Sonne verschwand, Adolf-Heinrich und der kleine Otto Aribert seufzten, während wir hinter der Kastellanin einhergingen, die neu belebt ausschritt und in ihrem Herzen anscheinend zufrieden war. Da sie selber von Intrigen lebt, traut sie auch allen anderen welche zu und fühlt sich ewig verfolgt. Ein schauderhaftes Dasein, an dem sie freilich selber schuld ist.

Auf unserem Wege kamen wir durch einen langen Korridor mit unendlich vielen Fremdenzimmern – wie ein Hotel. Aber die ganzen Wände waren mit Jagdtrophäen bedeckt, viele Hunderte von gewaltigen Hirschgeweihen, ausgestopfte Raubvögel, Wildschweine und anderes sahen wir. Endlich erreichten wir den Rittersaal, in dem alles auf dem Kopf stand. Ein Sofa lag wie ein angeschossenes Nilpferd auf der Seite und streckte alle viere von sich, neue Ölgemälde lehnten an der Wand, darunter ein Bild des Grafen, das Fechner gemalt hat.

Aus dem Rittersaal führte eine Treppe in die lang gestreckte Bibliothek. In der Form eines sehr langen Rechtecks dehnte sich die Bibliothek aus – der schönste, gemütlichste und begehrenswerteste Teil des Schlosses, wie mir scheint. Die mit gelben Vorhängen verhängten Fenster zur Rechten weisen auf den äußeren Schlosshof und den dahinterliegenden Park, das große Nischenfenster am hinteren Ende auf eine grüne Wildnis. Eine gewaltige Literatur in schönen, schweinsledernen Einbänden bergen die schweren, geschnitzten Bücherborte an den Wänden; über diesen hängen die Ahnenbilder, darunter das Porträt jenes graubärtigen Grafen Arnim aus dem Dreißigjährigen Kriege, der so seltsame, nachdenkliche Augen hat. Auch Exzellenz begrüßt uns von der Wand herab, aber sie ist nicht mehr so jung wie auf diesem Bilde. In gemessenen Abständen finden sich Gruppen von behaglichen Stühlen, die um einen mit Bildermappen und edelsteinbesetzten Folianten bedeckten Tisch herumstehen. Sehr merkwürdige Sitzgelegenheiten sind dabei, z. B. ein Stuhl, dessen Lehne aus einem Schaufelgeweih hergestellt und dessen Sitzfläche mit einem gefleckten Damhirschfell gepolstert ist. Dann erregt wieder eine Staffelei die Aufmerksamkeit, auf der ein Bild der Kaiserin Friedrich steht; man betrachtet den altertümlichen Kamin, dessen züngelndes Feuer weit ins Land scheint, oder man besieht ein Schachspiel, dessen Figuren sämtlich aufs zierlichste aus Gold oder Silber gefertigt sind. Gleich beim Eintritt in die Bibliothek bemerkt man Glasschränke mit Seltsamkeiten: Steinbeile, Urnen, alte Taler und Medaillen, ein Paket silberne Löffel, die 1813 allein übrig geblieben sind, und anderes mehr. Über diesen Vitrinen hängen Landschaften vom „alten" Boitzenburg.

Alte Theologen und Juristen sind in der Bibliothek gut vertreten; die Klassiker stehen da in altertümlichem Gewand, aber mit Beginn der Romantik entflieht die schöne Literatur weinend. Die historischen Werke gehen bis zu Bismarcks Briefen. Auf einem Tisch liegen die einzigen Dokumente neuerer „Kunst": eingebundene Jahrgänge der „Woche". In diesem Punkt fehlt's den Arnims noch.

Auch ein Billard steht weiter hinten im Saal, und ich muss sagen: die Kaffeestunden in diesem Raum müssen gemütlich sein. Schon allein, dass man überall, wo man sich befindet, in allen gewünschten Lagen sitzen kann. Im Sommer lassen sich dann die Vorhänge aufziehen, man sieht hinaus in den Park, auf die Seen, die Quellbäche, die Rasenplätze und das Hügelland in der Ferne. Im Winter wird alles geschlossen, ein Riesenblock in den Kamin gewälzt und mit einbrechender Dämmerung das Lichterheer der Kronleuchter angezündet durch einen Druck auf den elektrischen Knopf. Und man sagt zum Diener: Bitte den Kaffee und die kleinen Zigarren – worauf man sich in ein schönes neues oder schöneres altes Werk vertieft.

Den 24. April 1902, Donnerstag
Gestern um halb acht hielt der Wagen vor dem Hause, mit dem wir nach Prenzlau fuhren. Ich saß auf dem Bock, der Chef mit seiner Tochter drin. Es war gut, dass wir einen offenen Wagen hatten, denn die Aussicht lohnte sich. Die Sonne begann eben zu scheinen, die Felder zogen sich in sanften Linien dahin. Einsame Baumgruppen ragten auf dem Gipfel der kleinen Hügel und Höhen wie ferne Tempelhaine empor, dann wieder blitzte ein Teich auf; Waldwiesen, mit Schlüsselblumen und Anemonen übersät, reichten bis an die Landstraße heran; eine Försterei erschien, dann ein Dorf, in dem mehr Gänse gezüchtet werden, als man glaubt. Und die Gänse wissen, was sie bedeuten, sind ungemein frech und rudern mit stolzen Flügelschlägen über die Köpfe der Vorüberfahrenden dahin, um alsbald wieder an einem anderen Orte faul und behäbig auf dem Bauch zu liegen. Ein kleiner weißer Hund aus Boit-

zenburg, der einen Onkel in Prenzlau hat, hatte sich uns angeschlossen und jagte mit seinen kümmerlichen Beinen andauernd neben uns her. Dabei hatte er noch Zeit, die verschiedenartigsten Untersuchungen anzustellen: er durchfurchte ein Kornfeld, kroch durch Dränröhren, verschwand in der Küche der Försterei, um schnell wie ein Blitz aus einer anderen Tür wieder herauszuspringen, – es war bewunderungswürdig. Dann munterte er wohl doch unsere Pferde auf, indem er ihnen die Zunge ausstreckte und so tat, als könne er nicht mehr entfliehen; und als sich das eine einen Nagel in den Huf getreten hatte, stand er mit andächtigem Blick daneben und beobachtete die Operation sachgemäß wie ein Wundarzt.

In der Vorstadt von Prenzlau, die nach allen Gerüchen der Vergänglichkeit riecht und das holprigste Pflaster besitzt, das man sich denken kann, begegneten uns zahllose Juden in Feiertagsgewändern mit Zylinderhüten und gestreiften Hosen und sie feierten Passah. Mittels einer Abschwenkung erreichten wir den See, der mitten oder doch z.T. in der Stadt selbst liegt und mit seinen dunkelblauen, von Wellen bewegten Fluten ein wenig an Venedig erinnert. Freilich ist er nicht grenzenlos wie das Meer, sondern man erblickt deutlich, wie er gegenüber von Wiesen eingeschlossen ist. An diesem See ist eine schöne Promenade und in einem der Häuser, die dort fast zu Mietskasernen anwachsen, wohnt die Mallehrerin von Frl. Dreising. Wir hielten, indes sie sich anmeldete; der kleine Hund spazierte frech in den Garten dieses Hauses und übte an allem, was er fand, unbefangene und einschneidende Kritik.

Hernach fuhren wir im „Adler" vor, wo die Pastoren immer absteigen und ein besonderes Zimmer ist, in dem die Männer rauchend auf den Wagen warten oder auf die Frauen, die in der Metropole Einkäufe machen. Nach einer halben Stunde begab man sich dann in kleinen Gruppen ins Vereinshaus, wo im Saal des Jünglingsvereins der Konvent stattfand.

Der kleine Pastor Kümmel hatte die Exegese. Weit mehr als diese interessierte ihn aber die Zeitschrift für Innere

Mission, von der er ein Paket unter dem Arm trug. Wer ein Exemplar haben wollte, dem schenkte er es, und wenn der glückliche Empfänger es aufmachte, bemerkte er zu seiner Überraschung, dass ein Aufsatz vom Bruder Kümmel darin war. Bruder Kümmel aber lächelte und lächelte und seine Nase kroch in seinen schwarzen Bart wie eine aufgescheuchte Schlange. Pastor R. war von seinem früheren Konfirmator, dem Superintendenten Spieß, angeblasen worden – ohne Grund – und schien etwas empört zu sein, bis er sich sagte, dass Menschen, die in die Provinzialsynode hineinmöchten und nicht gewählt werden, immer nervös sind und amtsmüde – es gibt sich wieder.

Als Spieß erschien, mit dem Wohlwollen eines Papstes, den die Geschichte „gut" nennt, ohne doch von seiner Niederlegung der Tiara irgendetwas verlauten zu lassen, – eilte alles an seinen Ort. Manche waren ärgerlich, weil das Oberhaupt sie förmlich begrüßt hatte; ich, der ich nachweislich keinen Einfluss auf den Wahlausfall besitze, erhielt einen warmen und fleischigen Händedruck.

Nach dem Eingange trat Kümmel auf. Der Eingang wurde auch durch ein gemeinsam gesungenes Lied bezeichnet, in dem der kleine N. Tenor sang mit einer Verwegenheit, die alle erstaunte. Wenn man dachte: nun muss er die Bodentreppe herunterfallen, stieg er noch aufs Dach. Nie hätte ich gedacht, dass so kurze fette Männer so im Diskant kreischen könnten.

Die Exegese war „man so". Spieß lobte sie – weil sie sehr kurz gefasst war. Erst las er den griechischen Text, dann übersetzte er, dann produzierte er die hundert Kleinigkeiten, die er aus Kommentaren zusammengefischt hatte, aber was eigentlich in den Versen drin stand, kam nicht recht zutage. Und doch konnte man nicht ärgerlich sein: wie er da so einen Streifen nach dem anderen von sich gab, musste ich immer daran denken, wie ihn seine Frau im „Adler" noch einmal abbürstete und ihm dann, als keiner hinzusehen schien, alles Gute wünschte, – etwa wie Mutter, wenn wir Mathematik-Extemporale hatten. Und als er fertig war, setzte er sich wieder hin und freute sich, dass alles gut war.

Im weiteren Verlauf saßen wir nun stundenlang und hörten die Exklamationen des Superus an über alle möglichen Punkte. Es war ganz interessantes Material, was vorkam – aber es wurde alles so hingeschleppt und breit getreten. Mal fiel der Schatten des Pastors F. auf die Versammlung, dann erzählte einer von den Propheten, die in Prenzlau aufgestanden sind und das Volk beirren, – aber keiner schien auf die Idee zu kommen, dass solche Erscheinungen in der Kirche stets dann auftreten, wenn die Kirche gewisse Bedürfnisse nicht befriedigt. Natürlich wurde wieder Gamaliel zitiert – „Ist's von Gott, so wird's bestehn, ist's von Menschen, wird's vergehn" – dieses alte Pharisäerwort ist ja der Sarg, in dem die Aktivität der Kirche stets aufs Neue begraben wird. Am Schluss des Konvents folgte die Pause, in der im Saal zum Essen gedeckt wird. Väterchen, das auch erschienen war, kletterte derweil ans Harmonium und zog alle Register. Ich zog meinen Mantel an und ging in den Garten der „christlichen Jünglinge" hinab. Ich hatte mal wieder etwas zu viel von den Theologen und spürte eine leise Sehnsucht nach der übrigen Welt. Neben mir ging der berühmte Kandidat Tisch, der die Examen mit I gemacht hat, im Übrigen aber ein eingebildeter und ziemlich unproduktiver Mensch ist, wie ich glaube. Während er redete und schwafelte und Herr A., der auch da war, ihm bewundernd ins Gesicht sah, kroch ich, so gut es ging, aus meiner Leiblichkeit heraus und flatterte wie ein Gespenst durch den ganzen Garten. Alle dachten, ich wandelte mit Herrn Tisch und redete weise Dinge mit ihm; aber ich besah mir die Frühlingspflanzen, hörte zwei Jungs, die an einem Reck turnten, zu und verschaffte mir allerlei Aus- und Einsichten in das Leben der Leute, die noch hier in der Gegend wohnten. Und so war ich ganz vergnügt, lächelte an den unpassendsten Stellen und freute mich, wie die Welt auf einmal weit und lustig wurde.

Am Nachmittag dieses Tages hörte ich in der alten Marienkirche eine Bibelfest-Predigt von Pastor L. Sie war gut. Nachher fand Wahl statt zur Bibelgesellschaft und die Stimmen wurden feierlich in einem Hut gesammelt. Einige der Herren Brüder schienen diese Wahl für einen Ulk zu halten und schrieben die unbrauchbarsten Leute für den Präsidentensitz und die Beisitzer auf. Unser Graf wurde zum Präsidenten gewählt.

Die Rückfahrt fand noch bei guter Tageszeit statt, sodass wir noch vor Einbruch der Dunkelheit in Boitzenburg waren. Der kleine Hund hoppelte unverdrossen neben uns her. Singende Soldaten begegneten uns. Sonst fiel nichts weiter Besonderes vor.

Den 25. April 1902, Freitag
Die ersten Spargel, rosenrot und appetitlich, stach ich heute in der Morgenfrühe, nachdem die anderen behauptet hatten, es seien noch keine da.

Um 11 war Cour im Schloss, denn Exzellenz hatte Geburtstag. Sie führt gesonderte Wirtschaft und hat mit ihrer langweilig und grell blickenden Tochter ihren eigenen Hofhalt. Man hätte wünschen können, dass sie sich etwas besser angezogen hätte für diesen großen Zweck, aber ihre praktischen Fähigkeiten verbieten ihr das. Nachdem ich ihr einen deliziösen Handkuss verabreicht hatte, verzog ich mich schleunigst in den Hintergrund, wo der Doktor bereits auf einem viel zu niedrigen Sessel hockte und mich fragte, ob ich nicht seine Tauben besehen wollte und seinen Garten. Wir saßen alle sehr feierlich in einem Kreise, Komtess wie ein in die Länge gezogener Stern, im Glanz ihrer neuen Bluse, Exzellenz geschäftig und geschwätzig, so recht gräfliche Stiefmutter und Protektorin des Frauenvereins.

Alle Schranzen waren da. (Ich gehöre ja leider auch dazu.) Der Forstmeister machte der Komtess den Hof, Fräulein Singer und Fräulein Rock langweilten sich einsam und allein. Der Obergärtner strich sich durch seinen langen Bart, schwieg aber immer wieder, ehe er was sagte. Der Amtmann war wegen seiner Schwerhörigkeit auch etwas isoliert; die Frau Inspektor flehte den Himmel an, sie aus dieser Lage zu befreien, in der sie was sagen sollte; der Herr Kantor blickte in seinen Zylinderhut und der Forellenkönig warf einen langen Blick nach dem Geburtstagstisch, wo ein einladender Kuchen das Herz erfreute.

Dann standen wir plötzlich alle auf, verkrümmten uns wieder erklecklich und marschierten hintereinander durch die Vorzimmer und Räume, wo wir übrigens noch einen zweiten Kuchen erblickten. Möge er Exzellenz gut bekommen.

Um 3 war wieder Glockengeläute, und nicht lange, so erblickte ich aus meinem Fenster den schwarzen Zug der Leidtragenden, der immer höher stieg und in der Richtung des Kirchhofs plötzlich verschwand. Dann sah ich nur noch die Mauer des friedlichen Totenackers und die schwarzen Fichten, die hinter ihr hoch gewachsen sind. Sie begruben den alten Matthies, Forstarbeiter trugen seinen Sarg und ich wunderte mich, wie sie es aushielten, denn sie waren selber alle weiß und lahm.

Auch Winkel hat seinen 90. Geburtstag nicht mehr erlebt. Nachdem er 50 Jahre lang das Gnadenbrot gegessen hat – 50 Jahre, sagte Exzellenz mit einem gewissen pekuniären Schauder –, ist er gestern sanft eingeschlafen. Seine Sparsamkeit hat ihn umgebracht, denn statt einen Jungen für die Straßenreinigung vor seinem Hause anzustellen, hatte er selbst in den kühlen Abendstunden dies Geschäft besorgt und sich dabei eine Lungenentzündung geholt. Vor 2 Tagen besuchte ich ihn noch; er war ganz vergraben in seinen Kissen und flüsterte mir unverständliche Worte zu. Irgendein Ereignis, dem er zur Zeit Friedrich Wilhelms III. im Marstall des Königs beigewohnt hatte, blieb zwischen seinen zitternden Lippen – das Gedächtnis verließ ihn und nur das Auge spiegelte noch den Abglanz seiner Erinnerungen wider. Dann geriet er auf jüngere Zeiten und richtete sich mühsam auf, um das Bild des Pastors Schlunk zu streicheln: Er war gut, sagte er, und hat mich so getröstet. Pastor Schlunk, der Vorgänger von Dreising, starb als sechsunddreißigjähriger Mann an der Schwindsucht. Und dann ging die Tür auf und seine Frau trat ein, ein altes, altes Mütterchen; ich sehe sie noch sitzen wie damals, als ich sie verließ, während durchs Fenster die Frühlingssonne auf das weiße Bett schien. Am Sonntag bringen sie ihn zur Ruhe.

Mai

Den 1. Mai 1902

Ein anstrengender Tag liegt hinter mir. Gestern war Wahlsynode in Prenzlau. Gegen $^1/_2$ 6 hämmerte mich die pflichteifrige Martha bereits aus kurzem Schlaf heraus und in die pontificalia hinein. Nachdem ich schwarz und bieder wie eine Krähe in meinem aufgebügelten Zeug dastand, hatte ich nur noch nötig, einen Blick auf meinen Linaria-Pott zu werfen, um hinuntergehen zu können. Ach, es waren immer erst die alten drei Pflänzchen, die aus Versehen eher aufgegangen sind als ihre Brüder, und die zwei Unkräuter, die ich nicht ausrupfen mag, weil schon das Alte Testament befiehlt, „den Fremdling in deinen Toren gastlich zu behandeln". Nun hat der eine Fremdling schon vier Blätter und sieht lächelnd über den Rand des Blumentopfes herüber – ich kann ihm nichts tun.

Unten traf ich einen einsamen Kaffeetisch, an dem sich bald auch der Chef niederließ; die anderen schliefen, selbst Lola, der Hund. Wir versahen uns mit Mänteln und Decken und wanderten dem Schlosse zu. Da am Reitstall gerade der Wagen herausfuhr, so stiegen wir gleich auf und ließen uns fahren. Wir rasselten über die kleine Brücke und sprengten dann in den Frühlingstag hinein, bis die beiden Apfelschimmel mit scharfem Ruck unter einer knospentragenden Kastanie hielten. Da lagen der Schlosshof und das Schloss vor uns in der Morgensonne. Ich dachte, wir würden gleich vorfahren, aber wir warteten. Die kleinen Vögel turnten in dem großen Baumdach herum, fernes Hundegebell schlug zuweilen an und die Fenster blitzten im Frühlingsschein. Auf dem Schlossteich ruderten schon die Schwäne umher, der Morgenwind spielte mit der Fahne hoch oben, sonst herrschte ziemliche Ruhe. Plötzlich erschien an dem einen Eingang ein glatt rasierter Lakai und pfiff. Sofort stiegen unsre Rosse an und der Wagen jagte in den Hof hinein. Hiernach zeigte sich ein zweiter kurzbeiniger Diener, der mit wirbelnder Geschwindigkeit über den Platz fegte, über die Treppe nach dem inneren Hof hin verschwand und uns in dumpfer Verwunderung zurückließ. Gerade als der Graf sichtbar wurde, kehrte er im Zustande gänzlicher Atemlosigkeit wieder und schwang einen Fußsack, den er aus dem Turmknopf des alten Schlosses geholt zu haben schien. Der Graf begrüßte uns freundlich und sah wie stets unendlich lang aus. Boitzenburg bestaunte uns hinter den Fenstern. Einmal hielten wir und nahmen die Post in Empfang, die der Gerichtsbote gerade aufs Schloss bringen wollte, dann ging es endlos weiter über Feld und Landstraße, durch finstere Wälder und heitere Dörfer. Prenzlau durchrasselten wir in verschiedenen Richtungen, denn wir konnten das Vereinshaus nicht finden. Aber auch hier zeigten sich uns die anmutigsten Bilder, alte Türme, langsame grüne Wasser, an denen wir entlangfuhren, verborgene Gärten und ein fleißiges mannigfaches Leben. Wir sahen einen Markt, wir sahen offene Werkstätten und alte Kirchen; Leute in Hemdsärmeln neigten sich aus offenen Fenstern und wiesen uns den Weg, und andere Leute in tiefen Kellern quollen empor und bestritten, dass uns die Leute mit den Hemdsärmeln den richtigen Weg gewiesen hätten.

Der Saal des Vereinshauses füllte sich rasch mit Pastoren und Abgeordneten aus den Gemeinden. Die Synode verlief wie alle Synoden; der Superintendent wurde weitschweifig und ein Bruder entwickelte seinen Vortrag in endloser Ausdehnung, dann wurden neun Abgeordnete vereidigt und versprachen sich bei der Eidesformel, dann zeigte sich plötzlich eine große Neigung zum Frühstücken und eine gewisse Glastür im Hintergrunde klinkte verdächtigt. Es wurden immer weniger Abgeordnete; als der Chef plötzlich vom Vorstandstische verschwand und mir winkte, entrann auch ich. Im Garten entspann sich nun ein lebhafter Kampf um Bier und belegte Brötchen, hier und da bildeten sich Gruppen, die die bevorstehende Wahl besprachen und kundgaben, sie würden lieber tot sein als sich so benehmen wie ihre Gegner. Es wurde viel füreinander erörtert und wenig Konvertiten gemacht.

Die Synode Prenzlau I ging endlich, nachdem einiges von der Tagesordnung abgesetzt war, zu Ende und der lange Zug bewegte sich alsbald durch Prenzlau, zur Freude der Eingeborenen. In einem anderen Stadtteil wandelte ebenso die Synode Brüssow und traf sich mit der Synode Strasburg und uns im Saal der Bürgerschule. 132 Abgeordnete wimmelten alsbald durcheinander und es kamen scheinbar immer noch neue. Unter der Masse des Volkes zeichneten sich die Herrengesichter der verschiedenen Grafen Arnim deutlich aus; der dienstälteste Superintendent übernahm den Vorsitz und nun begann eine zweistündige Wahlhandlung. Das Auszählen der Stimmen erregte die Masse. Alles drängte sich um den Haupttisch und zählte, wie oft Spieß und wie oft Diesener der Wahlurne entstiegen.

Sämtliche Abgeordnete von Dreisings Partei kamen durch, er selber als Stellvertreter, und zwar mit großer Majorität. Dass sie ihn wählten, freute mich herzlich; aber im Übrigen zählte ich für die Gegenpartei mit. Der alte Spieß von Prenzlau war wieder durchgefallen. Wir aßen im Vereinshaus nachher mit ihm Mittag, wo er sich heiter stellte und all seinen Gegnern zutrank. Dreising war natürlich sehr vergnügt, aber einige Bemerkungen, die er über die Mittelpartei (zu der auch Dryander gehört) machte, waren bodenlos. Wie er mir heiter lächelnd sagte, er wähle doch nicht wegen der Persönlichkeit, sondern wegen der Partei – es gab mir ordentlich einen Stich durchs Herz. Und dies kleine Ekel, den Diesener, haben sie nun gewählt. Politik macht wirklich *jeden* Menschen schlechter als er ist. Abends fuhren wir mit der Bahn nach Haßleben und von da mit gräflichem Fuhrwerk nach Hause.

Den 5. Mai 1902
… Eine meiner Heldentaten heute war die Herstellung einer schulstatistischen Liste in einer Zeit, die um sechs Tage hinter der von Dreising gesetzten zurückblieb und ihn zu der liebenswürdig-enthusiastischen Äußerung veranlasste, ich könnte auch, was andere Menschen nicht könnten. Am Nachmittag las ich ihm meine Predigt für Exaudi vor

und erntete statt Kritik einen Händedruck. Fühle mich daher wieder mal höchst komfortabel und komme mir vor wie der selige Polykrates.

Wir hatten heute blauen Himmel, schwarze Wolken, Frühlingssonne, Landregen und Hagelschlag, dazu jede Sorte Wind, die es gibt. Meine Linaria wird üppig. Als ich kürzlich von der Kreissynode zurückkam, erwarteten mich 75 kleine grüne Linarias. Der Fremdling ist von unbekannter Hand ausgerissen worden, ich habe Martha im Verdacht. Da es bei mir so ward, gerate ich in den Geruch eines Gartenkünstlers. Jedenfalls sind meine Linarias sehr kräftig, denn ich habe sie einmal aus Versehen mit Seifenwasser begossen und es hat ihnen nichts geschadet. Für die Pastorin zeichne ich Diagramme, die sie dann ihren Blumenbeeten zugrunde legt. Radatus kommt aus der Verwunderung gar nicht mehr heraus.

Der Graf ist wieder verschwunden, Exzellenz trägt ihre alten Seidenkleider fröhlich weiter ans Licht der Sonne und umkreist sich vorsichtig mit Tante Emma. Die kleinen Grafen haben Reitstunde und fallen der Reihe nach von „Schneeflocke" herunter. Frau Amtmann und Frau Apotheker nehmen meinen Freund, den Doktor, energisch weiter unter ihre Flüchten und karriolten mit ihm eines Tages nach Prenzlau, um ihm Hausgerätschaften zu kaufen. Seine Wirtschafterin, Frau Winter, ist da und lebt einstweilen noch in steter Angst, dass was vom „Schloss" anklingeln möchte. Als ich daher das erste Mal beim Doktor erschien, zitterte sie vor mir, als sei Dschingis Khan in eigener Person eingetreten.

Das Karussell ist verschwunden. Der Chef ist einmal heimlich fortgegangen und hat auf ihm für 2 Mark Kinder freigehalten. Eine Kunstarena fuhr einmal durch den Ort, fand aber anscheinend keine bleibende Statt. Leider zeigen sich die Radfahrer mehr und mehr, zur Freude der Gastwirte allerdings.

Der Superintendent ist in einer vorsintflutlichen Postkutsche gesehen worden, wie er nach Wichmannsdorf fuhr. Dort hat Pastor Wilke seine Präsentationspredigt gehalten und die Gemeinde hat vergeblich nachgedacht, über Leben, Lehre und Wandel des Mannes etwas herauszubekommen.

Die Vorlesung von „Reinhard Flemming" hat den bisher größten Erfolg in der Familie gehabt. Ich glaube ja allerdings auch, dass das Buch nur von einigen anderen Sachen erreicht, von keiner aber übertroffen wird. Ich habe heute wohl schon ein bisschen viel getan, denn mir fällt für diesen Brief nichts Rechtes mehr ein. Mit meiner Gesundheit geht es recht gut, es bleibt hoffentlich dabei.

Den 8. Mai, 1902, Himmelfahrt
Immer noch ist der Mai kalt und unfreundlich und man hat die Empfindung, dass fortwährend Hagelwolken im Anzüge sind. Im Schloss verdichtet sich die allgemeine Unbehaglichkeit zu den wunderlichsten Erfindungen, deren Fäden in der Hand jener Abenteurerin, der Kastellanin, zusammenlaufen. Die Herrschaften sind wieder da und schon geht die Gräfin mit dem unzufriedensten Gesicht der Welt herum und starrt während der Kirche den steinernen Arnim so lange an, dass dieser im Bewusstsein seiner Unschuld von seinem Postament zu ihr herüberkommen würde, wenn er es nur vermöchte. Der Koch erfindet die schönsten Nachspeisen und Zuckeraufläufe, aber er erntet keinen Dank. „Schneeflocke" ist wild und borstig, sie kann nicht begreifen, warum das tolle Jagen in der Reitbahn nun aufhören muss und warum sie nicht in den Park soll. Tante Emma möchte fort; was soll sie noch in einer Welt, wo niemand Geduld hat, mit ihr über den Antichrist zu reden? Denn ihre Zuhörerin, Mademoiselle, ist krank.

Sie liegt in dem hohen, prunkhaften Zimmer, das man ihr zur Wohnung angewiesen hat, und denkt an mancherlei. Die Fenster stehen den ganzen Tag offen und es ist möglich, dass die Kastellanin manchmal vom Schlosshof diese aufgerissenen Fensterflügel betrachtet und dann daran Anstoß nimmt, dass Mademoiselle noch immer nicht gestorben ist. Und durch die Fenster wandert die Sonne und klingen Vogelstimmen herein – Mademoiselle sieht nur den Himmel von ihrem Lager aus und des Nachts die Sterne. Dieselben Sterne, die feierlich und ernsthaft herabsehen auf das grüne Lausanne und die stillen Dörfer am Fuße der Alpen.

Fernher aus dem Park schallt Kinderlachen – die jungen Grafen stürmen unter der milderen Obhut der Engländerin wie wilde Pferde einher und werfen sie mit Veilchen. Miss ist noch nie mit Veilchen beworfen worden und daher in pädagogischer Verlegenheit. Aber sie ist jung und inkonsequent, außerdem wird ihr das Deutsche sehr schwer, sodass ihre Quälgeister alle Vorteile für sich haben. Und dann muss Miss sich hübsch anziehen, muss über ihre Zukunft nachdenken und englische Zeitungen lesen – alles Dinge, die Zeit kosten. Des Morgens weint sie; denn dann kommen Nachrichten von ihren Freunden und Vettern, die in Afrika erschossen werden; des Mittags tröstet sie sich mit Eierschnee und abends isst sie stillvergnügt die Bonbons auf, die der Pastor seiner Freundin, Mademoiselle, geschenkt hat. Und dann fragt sie Mademoiselle – die ihre angebetete Freundin ist –, ob es sehr wehtue, ein krankes Herz zu haben? Und ob ihr der Doktor nicht gefiele? Und Mademoiselle tröstet sie über alle diese Dinge und bewirtet sie mit Johannisbeerwein. Inzwischen wird es dunkel; selbst im Schloss leuchtet nur ein schwacher Schein, denn der elektrische Mann ist krank und sein Vertreter noch nicht so weit, dass er die elektrischen Werke anders ansehen könnte, als wie man ein Mysterium betrachtet. Sobald die Abendglocke zum Gebet ruft, schleicht die Kastellanin auf Besuch aus und an manchen Türen in Boitzenburg sieht der Spaziergänger ihre schmale spitzenbesetzte Gestalt demütig warten. Keiner weiß, woher sie gekommen ist, aber sie selber ist, wie es scheint, in alle Dinge dieser Welt eingeweiht und sie redet von Mond und Sternen – die alles ans Licht bringen –, von der Bosheit und Verworfenheit herrschsüchtiger Menschen, die sie verderben wollen, – manchmal trifft solche Geschöpfe Krankheit, sie wolle aber keinen Namen nennen – von Französinnen, die eigentlich Schneiderinnen waren – sie will es von Mademoiselle nicht behaupten, vermutet es aber –, worauf sie dann elegisch wird, auf den Offizier, der sie einst heimholen werde, anspielt und die Anwesenden ermahnt, auf alles zu achten und vorsichtig zu sein. Und dabei lächelt sie und demütigt sich, während eine Lüge nach der anderen aus ihrem Munde geht. Sie hasst das Pfarrhaus – aber nicht öffentlich; sondern alles mit Liebe und Ehrerbietung, wie man von Menschen redet, die Gott verblendet hat.

Zwischen all dem die Herrschaften. Wie seltsam: etwa 70 000 Morgen Land haben sie unter ihrem Gebot, endlose Wälder, zahllose Seen darauf, Hunderte von Leuten sind da zu ihrem Dienst, keiner ist von ihnen unabhängig, am Kaiserhofe werden sie gern gesehen und eine Reihe tüchtiger Pfarrer, die jeder einzelne mehr können und wissen als der Graf, stehen ihnen zur Verfügung – und doch sind sie nichts in der Hand einer ziemlich zweifelhaften Person aus niederem Stande, die jeder, der nur etwas die Menschen ansieht, sofort auf ihre Minderwertigkeit festnageln kann. Es ist doch was Eigentümliches um die Freiheit. Wer sie hat, der ist meist äußerlich gebunden, und wer sie nicht hat, verbirgt dies doch aufs leichteste unter allerlei Firlefanz. Und wenn ein Graf zur Welt kommt, so werden gleich sieben Blutegel mitgeboren, die bestimmt sind, ihm durch sein ganzes Leben in mannigfachsten Gestalten zu folgen.

Im Pfarrhause herrscht heute vorübergehende Bedrückung. Eine Krebssuppe ist über Nacht verdorben und ein Auflauf nicht braun geworden. Die Pastorin tut mir ordentlich leid, sowas kommt doch bei jedem mal vor.

Der Chef hat infolge von Überarbeitung während der heutigen Predigt einen Gedankenschwupps gehabt und vier Seiten vergessen zu sagen. Keiner merkte was, ich auch nicht, die Predigt war sonst sehr gut, aber er war doch etwas betrübt. Herrn Salzmanns angebissenes Hundebein (verzeiht diese verunglückte Konstruktion) ist wieder heil. Die Großmutter sticht fröhlich Spargel und ist ganz mobil. Das Märchen von der kleinen Marie hält sie für einen Markstein der deutschen Literatur.

… Bret Harte soll gestorben sein. Ich habe kürzlich gelesen: „Ben Hur" von Wallace; „Römische Spuknovellen" von Voß; „Käthe und ich" von Manuel Schnitzer; „Mutter" von Tovote. Die letzten beiden „berühmten" Bücher finde ich höchst traurig.

Den 10. Mai 1902
Heute sind durch Boitzenburg ein Bär, ein Kamel und drei Affen gekommen. Das Kamel wollte durchaus ins Hospital eindringen und die Affen, von Lola mit Grausen betrachtet, führten einen fantastischen Tanz auf den Spargelbeeten auf; Radatus verlor fast den Verstand. Solche Dinge kommen hier vor. Die Damen sind einstimmig für das Kamel begeistert, ich eigentlich auch, es hatte so stolze Haarbüschel und konnte sein Maul ungemein malerisch aufklappen. Übrigens war es fett. Ein kleiner Affe, der sich absentiert hatte, kam noch ganz zuletzt atemlos über den Kirchberg gesaust und ließ sich an der Mauer kunstvoll herab; doch fiel er gleichwohl auf seinen Podex und machte daher ein sehr beschämtes Gesicht, denn alles Volk hatte ihm zugesehen. Er tat dann, ganz wie ein Mensch, als ob er nicht da wäre, und schwänzelte eilfertig davon.

Ich glaube, in Berlin kann man gar nicht solche Andacht für ein Kamel, einen Bären und drei Affen entwickeln; aber hier, an den Grenzen der Kultur, fällt sowas wie ein Geschenk vom Himmel. Ich saß gerade auf dem Grunde einer Dogmatik, als das Goldhähnchen herausgestürmt kam und ausrief: Herr Vikar, wollen Sie nicht das Kamel sehen? Natürlich!, rief ich, denken Sie vielleicht, ich will das Kamel *nicht* sehen?

Das Schrum-Schrum von einer alten Pauke, die sie mithatten, liegt mir noch jetzt im Ohr. Man wurde ordentlich vergnügt. Die Großmutter fiel vor Interesse beinahe aus dem Fenster und der Chef griff mächtig in den Beutel. Wie der Kantor seine „Knaben" wieder eingefangen hat, weiß ich nicht zu sagen; sie schienen den Tanzbären wenigstens bis nach Lychen begleiten zu wollen.

Gestern war die lange, vorher besprochene Gesellschaft für Väterchen. Im Gartenzimmer hatten sie einen Tisch gedeckt, der im fröhlichen Schmuck prangte: überall lagen die roten Blütenbüschel der japanischen Quitte und in der Mitte der Tafel stand eine Schüssel mit gelben Schlüsselblumen. Im Saal, der nach der Straße heraus liegt, wurde zunächst Kaffee getrunken. Auf dem roten Sofa saßen die Großmutter und die Armenpflegerin, die ein Objekt der Ehrfurcht und der Furcht ist. Sie trug die goldene Verdienstbrosche der Kaiserin und war huldreich. Väterchen hatte sich in einen Großvaterstuhl niedergelassen und entfaltete bald die Kreuzzeitung, aus der er uns einige voreilige Reden, die im Herrenhaus gehalten worden sind, mit großer Befriedigung vorlas. Aber das war das einzige Schreckliche, das er verübte. Seine ältliche Tochter Lieschen führte ein hauswirtschaftliches Gespräch über den Tisch hinüber und erklärte sich für eine große Freundin von Spitzen, gegen die man ja selbst vom Standpunkt der Orthodoxie nichts einwenden kann. Der schöne Pastor R. hatte für seine Frau Stricknadeln eingekauft und erkundigte sich nun bei den jungen Mädchen, ob er was Richtiges bekommen hätte. Die Sonne schien durch die Fenster; ein leichter Zigarrenrauch begann sehr bald das Zimmer zu erfüllen, Väterchen grummelte mit der Armenpflegerin von alten Zeiten, die Pastorin schenkte rastlos ein und warf ab und zu einen freudigen Blick auf ihren Mann, der Anekdoten erzählte und sehr gut aussah. Das höchst vortreffliche Fräulein Singer saß an meiner Seite und schien selbst mit den Unterhaltungsbrocken zufrieden zu sein, die der ergebenst Unterzeichnete ab und zu aus der Tiefe seines Gemütes heraufwölterte; sie trug ein schwarzes Jackett – teils wegen der Pastorin und teils, weil es ihr gut stand – und lehnte die angebotene Zigarette mit einem vorsichtigen Blick auf Väterchen ab. Die Pastorin schien zu denken, wenn mir jetzt noch etwas an meinem Glücke fehle, so sei es nicht ihre Schuld. Nach dem Kaffee erfolgte ein Gartenspaziergang. Noch blühten von den Obstbäumen nur die Pfirsiche, aber alle Knospen waren vor dem Aufbrechen. Die jungen Mädchen henkelten sich ein und verschwanden, nachdem ich mich kunstvoll mit Väterchen und Singer in ein Gespräch verwickelt hatte. Übrigens werde ich

Pfingsten auch in Wichmannsdorf predigen. Durch eine ferne Zaunlücke blickten währenddessen die drei scheußlichen Köpfe von Lolas drei Verehrern hindurch und wackelten mit den Ohren. Väterchen wandelte nach kurzer Zeit würdevoll ins Haus zurück und plötzlich fiel es ihm ein, mir einen Besuch zu machen. Ich weiß nicht, ob aus Rührung darüber, dass ich ihn vertreten wollte, – jedenfalls stieg er mit seinen alten, zitterigen Beinen die steile Bodentreppe hinauf und sah sich dann staunend oben um. Nachdem er eine große Fahne bewundert hatte, die beiläufig für den Patriotismus des Chefs viel zu klein ist, öffnete er entschlossen meine Tür. Es war, als ob wir in ein goldenes Zimmer hineinträten, so funkelte die Abendsonne. Väterchen setzte sich auf mein Sofa und schwieg. Ach, dachte ich, nun musst du ihn unterhalten. Hierauf erzählte ich ihm die Geschichte meines Koffers so spannend wie möglich – und Väterchen sagte einmal übers andere: och, oder: och nein, was immer ein Zeichen großen Wohlbehagens bei ihm ist. Eigentlich war es rührend, wie er dasaß mit seinem weißen Haar und seiner großen Verwunderung über die merkwürdigen Schicksalswendungen meines alten Schlosskorbes. Und ich dachte auch daran, wie er neulich als ein kleines gedrücktes Männchen in der Marienkirche zu Prenzlau neben mir saß und mit seiner dünnen Stimme die Liederverse absang – in seinem Lutherrock selber aussehend wie ein alter Pfarrer, der noch in Wittenberg Melanchthon gehört hat und die gegenwärtigen neumodischen Gräuel mit Misstrauen und Furcht betrachtet. Jung ist ja Väterchen auch nicht mehr; als Student hat er noch jenen getauften Hamburgischen Juden – Neander – gehört, von dem es heißt, dass er wiederkommen müsse, um unsere Zeit vernünftig zu machen.

Gegen sieben setzten wir uns im Gartensaal zum Abendbrot. Es gab Braten und Kartoffeln und Kompott, Bibberspeise und Käse, dazu Rotwein und Bowle. Die Waschfrau trat zum ersten Mal in ihrem Leben als gesellschaftliche Aufwartedame ans Licht und trug einen Soßenbehälter herum wie ein kleines Kind. Dreising und Väterchen redeten sich an und waren wehmütig gestimmt. Hernach tranken wir am ersten Orte Bier und die Zeit wurde sehr lang. Rauchen, Trinken, Schwätzen will auch seine Zeit haben. Die drei Mädchen verschwanden bald im Nebenzimmer und rauchten Zigaretten, wahrscheinlich setzten sie auch vorher begonnene Eröffnungen aus ihrem inneren Leben fort und erstatteten einander Bericht über ihre Gedanken, als sie sich zum ersten Mal gesehen hätten – wie sie gedacht hätten, die andere sei stolz und zurückhaltend und dann so ganz das Gegenteil eingetreten sei usw. usw. Als alle weg waren, hielten wir noch ein kleines Gelage mit Käsebrötchen.

Den 11. Mai 1902
Heute in der Frühe fuhr der Chef nach Berkholz ab und ich übernahm selbstherrlich seine verwaisten Gemeinden. Es lief alles nach meinem Wunsche ab. Zum Überfluss musste ich auch noch den Prinzen Georg von der Kanzel fallen lassen – ich habe nie etwas von ihm gehört, aber nach dem konsistorialrätlichen Kanzelspruch hat er der Kunst mit Erfolg gedient. Der Graf und der Forstmeister, die sich sonst gern Vikarpredigten entziehen, waren beide da. Nach dem Gottesdienst musste ich mich sofort in die Kapelle begeben und Kinderlehre halten – eine Stunde lang und gänzlich unvorbereitet, aber es lief gut aus. Hierauf trank ich mit Gefühl eine Tasse Kakao und rauchte eine Säuglingszigarre. Das Mittagsmahl, dem ich als Hausherr vorstand, brachte deliziöses Filet und köstliche junge Spargel; dazu flimmerten die grünen zarten Büsche durch das besonnte Fenster und der Wendehals schrie unaufhörlich und erinnerte mich an Lichterfelde. In dem Gartenzimmer hing ein bemaltes Wandbrett, das ich immerzu bei Tisch ansehen musste. Eine Anzahl schwellender Früchte hatte sich da um eine Flasche Chianti gelagert – da dachte ich mit einiger Sehnsucht an Italien. Auch fand ich neulich in einer selten benutzten Westentasche ein kleines Billet mit italienischen Worten bedruckt: daraufhin war ich in Verona in die eiserne Umfriedung der Skaliger Gräber eingetreten.

Mir rauschte es im Ohr wie Wellenschlag des Adige und aufs Neue wanderte ich durch die steinerne Römerpracht des alten gewaltigen Gladiatorenzirkus und blickte hinein in die dunklen Gewölbe, die als Aufenthalt der nubischen Löwen gedient hatten. Und ich spürte die heiße Glut derselben Mittagssonne, die auf dem Marktplatz der vornehmen Stadt die Granitplatten versengte, und ich hörte das Lachen und Schreien der Kastanienverkäufer und den rauschenden Flug der weißen Tauben, die sich auf dem Brunnen der Fortuna niederließen. Dann aber tönte plötzlich die ferne Schlossuhr durch die Mittagsstille und ich war wieder in Boitzenburg und sagte der Großmutter, ihre Spargel seien zart und ihr Apfelgelee gliche an Geschmack und Farbe dem Märchenkompott des Zauberers Buxdihudri – worauf sie sich freute und etwas Näheres über diesen geheimnisvollen Mann zu wissen begehrte; allein ich hüllte mich in vielsagendes Schweigen.

Noch immer ist es empfindlich kalt, sobald die Sonne untergegangen ist. Auf den weniger gutgehaltenen Steigen blühen Männertreu und Taubnessel. Die Sonntagsschulkinder kommen in unverminderter Menge und bilden für die Gruppenkatechese gefährlich lange Fronten; denn kaum hat man dem kleinen Adolf an einem Ende klargemacht, dass Jerusalem nicht in Galiläa liegt, so befindet sich der sonst so artige Paul am anderen Ende bereits auf der Höhe unbeschäftigter Langeweile, die ihn veranlasst, den aufmerksamen Fritz in ein Gespräch zu verwickeln. Da die Pfingstgeschichte vorlag, so war in der Vorbereitung der einzelnen Abteilungen auch verkündet worden, dass die Juden zur Zeit des Pfingstereignisses gerade ein Erntefest feierten. Natürlich horchten etwelche kleine Herrschaften wie stets nur halb hin, und als ich daher die darauf zielende Frage tat, erhielt ich die Antwort: sie aber feierten das Erntefest! Bei sowas muss der Katechet einen unerschütterlichen Ernst bewahren. Bei der Gesamtprüfung stehe ich übrigens auf einer Klappe, die in ein altes Mausoleum der gräflichen Familie führt, und öfter dachte ich schon, wie es wohl wäre, wenn ich plötzlich zu den Totengebeinen hinuntersegelte. Wenn die alten Herren und Damen, die da in der Tiefe in ihren morschen Särgen liegen, hören können, so mag es um ihre Bibelkunde gut stehen; hübsch ist es zu denken, dass sie allsonntäglich von hellem und fröhlichem Kindergesang begrüßt werden.

Den 12. Mai 1902, Montag
Heute machte ich einen Spaziergang durch den Buchenwald, der sich an den herrschaftlichen Park anschließt. Er wird Karolinenhain genannt nach irgendeiner Ahnfrau, deren Existenz noch in einem kleinen Gesangbücher-Legat in das 20. Jahrhundert hineingeschlüpft ist. Um diese Zeit trifft man dort keinen Menschen. Man geht auf den Höhen entlang und sieht fortdauernd auf eine Kette flimmernder Waldseen hinunter, auf denen einsame Schwäne rudern und tauchen. In dem frischen grünen Buchenwald wohnen zahllose wilde Tauben und eine Masse von Spechten. Im Waldboden steht zuweilen etwas Wasser und sofort zeigen sich die gelben Sumpfdotterblumen; sonst ist der Boden mit Veilchen und Anemonen besät. Die Luft ist noch recht kühl und mit dem Sitzen im Garten müssen wir wohl noch etwas warten.

Der Graf hat sich wieder sehr erfreulich über die Predigt geäußert. Die Gräfin und die Exzellenz sind beide krank und der Doktor erzählt mir, dass eine Influenza-Epidemie im Anzuge ist. Hoffentlich bleiben wir verschont. Das Goldhähnchen muss wegen Erkrankung ihrer Mutter Hals über Kopf nach Berlin reisen und bringt damit die Pastorin in ziemliche Hausstandsverlegenheiten. Gräuel der Verwüstung herrschen in den unteren Räumen und die verschiedensten Dinge machen Bekanntschaft miteinander. Ein bunt geblümtes Sofa steht mit dem Ausdruck der Verwunderung auf dem Hof und bemerkt zum ersten Male in seinem Leben, dass gewisse so vernommene Krählaute von einem merkwürdigen geschwänzten Tier ausgehen, das auf dem Mist steht und sehr eingebildet ist.

Ein Liebhaber Lolas ist in die Speisekammer eingedrungen und hat das für Radatus bestimmte Frühstück säuberlich aufgefressen. Lolas Liebhaber werden der Fluch des Hauses. Sie sind überall und erscheinen in allen Größen. Zwei unsagbar hässliche Terrier erfreuen sich des größten Beifalls, denn Lola, die trotz ihrer Zierlichkeit aus den niederen Hundeständen stammt, besitzt einen ungemein schlechten Geschmack. Ein schmutziger Pudel umkreist heulend das Haus, zuweilen kommt auch Cäsar; er ist groß wie ein Löwe und katholisch (der Kaufmann Peltzer hat ihn erzogen). Wenn diese verschiedenen fahrenden Ritter mit Wasser und Holzstücken verscheucht sind, pflegen sie sich grollend zurückzuziehen und aus Rache auf den Spargelbeeten herumzutrampeln; bei dieser Gelegenheit hinterlässt Cäsar wahre Elefantenspuren. Auch der kleine Hund, der einen Onkel in Prenzlau hat, erscheint zuweilen; aber er ist sehr schüchtern und kommt immer nur auf hundert Schritt Entfernung heran: doch heißt es, dass Lola ihm nachts um ein Uhr in der Roten-Strumpf-Straße Rendezvous gibt.

Heute früh war der Himmel blau wie das südländische Meer, aber jetzt um elf steigen graue Wolken auf. Die Stachelbeeren haben außerordentlich angesetzt und sind um die Mittagszeit in eine Wolke von Bienen eingehüllt.

Den 13. Mai 1902, Dienstag
Gestern habe ich den Doktor besucht. Frau Winter, tatsächlich ein hervorragend groteskes altes Inventar, hielt mich für einen Patienten und geleitete mich huldvoll ins Sprechzimmer, wo ich lange Zeit allein blieb und voll Andacht zwei eingemachte Polypen betrachtete. Vor den Fenstern des Hauses hingen bunte Vorhänge, durch die ein mattes Sonnenlicht einfiel.

Jetzt erschien der Doktor und entführte mich schleunigst ins Nebenzimmer, wo er nach Tisch unter einem riesigen japanischen Schirm zu ruhen pflegt. Dieser Schirm war sein Stolz und ich musste mich der Länge lang auf den Diwan legen, um ihn auch von innen zu bewundern und die Merkmale seiner Echtheit anzustaunen: die übrigens in einer Art von Zwischenpapier und in gewissen kleinen Vögeln bestanden, die nur auf echten Schirmen vorkommen.

Dann fragte er mich, wie ich den Diwan fände, und als ich ihn lobte, sagte er traurig: diese Ruhegelegenheit ist mir 30 Mark zu teuer angesetzt. Einzelnen Herren wird immer alles 30 Mark zu teuer verkauft. Darum fuhr ja Frau Amtmann mit nach Prenzlau. Allein wir trennten uns, weil sie nur eine ganz kleine Besorgung hatte, und ich sollte auf sie beim Konditor warten.

Als ich eine halbe Stunde über die festgesetzte Zeit gewartet hatte, wurde ich ungeduldig.

Einzelne Herren werden immer ungeduldig, sagte ich.

Ja; aber ich bezahlte und begab mich ins Möbelgeschäft und kaufte sehr preiswürdig ein, wie ich dachte. Und als nachher die Frau Amtmann kam, lachte sie mich aus. Sie sagte, ich hätte handeln müssen, aber können Sie handeln?

Nein, sagte ich.

Na, die Frauen sollen es ja können. Ich glaube das kommt, weil sie nicht immer denken: wenn ich man erst wieder raus wäre. Im Gegenteil: sie richten sich bei sowas geradezu häuslich ein.

Sie haben wohl schon öfter mithilfe der Frau Amtmann eingekauft?

Er seufzte. Dann warf er einen Blick in das offene Sprechzimmer und blickte den zweiten Diwan, den er in Berlin 30 Mark billiger erstanden hatte, finster an. Meinen Sie nicht auch, dass er hübscher aussieht?

Er sah hübscher aus. Um jedoch etwas Tröstliches zu bemerken, sagte ich: der Diwan aus Prenzlau ist aber im Jugendstil.

Eben: auch das noch! meinte er. Ich muss bei dem Muster immer an meine Polypen denken. Aber haben Sie die schon gesehen? – Er wurde ganz lebendig.

Ja, sagte ich, als ich kam.

Es sind doch famose Biester!

Hierauf verließ er seinen Platz und holte aus einem Wandschrank alten Kognak und Zigarren. Nachdem wir angestoßen und getrunken hatten, ging das Gespräch los.

Mal in Königsberg, sagte er, da kam ich auch in die Umgegend und da habe ich gesehen, wie das Pferd eines

Hauptmanns in den Saugsand hineinsprang und unterging. Zuletzt guckte nur noch der Kopf raus, mit dem es schrie. Aber sie haben es doch wieder ausgegraben.

Alle Saugsand-Geschichten, die ich kannte, wurden jetzt abgewickelt. Dann sprachen wir von Kriminalromanen, von Collins, Poe und Hoffmann. Dann von Wahnsinnigen.

Er schleppte ein Buch an mit Bildern, das wir besahen. Da waren Abbildungen von Idioten und Kretins und eine Anzahl von Zeichnungen, die Geisteskranke gemacht hatten. Einer hatte aus persönlicher Erinnerung den König Salomo gezeichnet, einen Mann mit lauter abgerundeten Kugel-Muskeln und einer Laute, dem an gewissen Partien seines Körpers Blumen und Ananasfrüchte entsprossen. Ferner war darin abgedruckt die Quadratur des Zirkels, die ein Zellenbewohner endgültig gelöst hatte, sowie ein Gedicht über den Karneval, das höchst unheimlich war durch den Einschlag grauenhafter Sinnlosigkeit in ein Gewebe verhältnismäßig vernünftiger Gedanken.

Die Wahnsinnigen langten, bis meine Zigarre zu Ende war.

Dann gingen wir zu den Tauben. Man musste eine kleine Treppe emporsteigen, worauf man die Fremdenzimmer erreichte. In das eine schien weder die Sonne des Tages, noch der Mond des Nachts. Eine Seitentür führte auf den Taubenboden. Wir schlossen auf und traten in ein Zimmer ein, das zwar nach der einen Seite das schräge Dach zeigte, in dem man aber aufrecht stehen konnte. Ein kleines Fenster spendete Licht: es eröffnete einen Blick auf die draußen aufgehängte Voliere.

Schöne, fantastische Tauben liefen gurrend herum und pickten das mitgebrachte Futter auf. Es waren lauter Seltenheiten. Schneeweiße Tauben, so schlank wie eine englische Miss, waren von jenseits des Kanals hergekommen; andere hatten Federbeine, andere Halskrausen wie kleine Bürgermeister und schimmerten grünlich oder braunrot. Mehrere brüteten; in einem Paarungskäfig saß ein besonders schönes Paar und schnäbelte sich.

Als wir wieder unten erschienen, hatte indes die Hausdame einen zierlichen Kaffeetisch gedeckt mit Albert-Keks und Streuselkuchen. Der Doktor sah voll Befriedigung auf diese sanfte Farbenharmonie und erklärte, seit vierzehn Tagen sei er erst wieder ein Mensch.

Dann kam eine Schilderung des Lokals, in dem er zuerst wohnte und in dem jede Nacht Tanzmusik war und mittags Beefsteaks aus Kork serviert wurden.

Wir saßen sehr lange, tranken zuletzt Bier und erzählten uns von unseren Reisen. Darauf gingen wir in den Garten, der in Terrassen hinabstieg bis ans Wasser und auf ferne Wälder und das Schloss Aussicht bot. Wir besahen alles und dachten uns aus, was es wohl werden möchte. Dann verabschiedete ich mich.

Ich wünsche Euch einen fröhlichen Hochzeitstag und hoffe, dass die Wurst, die Herr Kirchenrat Fischmann gearbeitet hat, gesund und wohlschmeckend ankommt.

Den 15. Mai 1902

Nachts um zwölf ist der Chef mit der Post nach Boitzenburg zurückgekehrt; ich wartete mit der Pastorin auf ihn in der Gegend der Fischernetze und Forellenteiche; vor uns lag die Straße, die aufs Schloss führt oder kurz vor dem Schlosspark links abbiegend nach Haßleben. Eine dämmernde Sternennacht, ziemlich kalt und sehr einsam. Wenn man die Augen schloss und horchte, taten sich allerlei ferne Geräusche auf, es summte wie leise Tanzmusik hinter den Bergen, eine Eule klagte und weimerte jenseits des Wassers, ein Wasserfall rauschte und ganz leise wie ein Traum war Räderrollen und Hufschlag vernehmlich. Dann schlief wieder alles, die Post schien eine Anhöhe langsam hinaufzukriechen; ein Stern schoss über den Himmel und ein eingesperrter Hund heulte. Alles hatte so seltsame Formen und Farben ringsum, es war, als blicke man in ein fremdes Bilderbuch und das Gefühl, dass ich selbst als winzige Staffage in dieser blauen Nacht dastand, auf den Schirm gestützt und mit zugekniffenen Augen und niederhängender Hutkrempe auf die alte Jammerarche lauernd –

dies Gefühl erstarb in demselben Maße, als die Müdigkeit über mich kam und der Blutumlauf in der frostigen Umgebung träger und langsamer wurde.

Plötzlich verwandelte sich das ferne Geräusch in einen hörbaren Krach, und nicht lange, so glühten zwei feurige Laternen neben dem Reitstall auf.

Der Wagen hielt dicht vor uns. War er drin? Aber schon sprach eine Stimme: Sic transit gloria mundi – er war es. Höchst fidel kam er angeschritten, umarmte seine Frau und zog mit uns über den Kirchberg, als ginge es zur Hochzeit.

Eigentlich war wenig vorgefallen: er hatte auf der Kurmärkischen Konferenz in Potsdam Vorträge angehört, ein paar Freunde getroffen, seine Mutter besucht und sich nach einer Serie von halb blinden, mit Hörrohren bewaffneten Tanten umgesehen – aber das alles genügte seinen bescheidenen Erholungsbedürfnissen. Als Hauptgenuss hatte er sich ferner einen „Schmöker" gekauft und ihn bei elektrischem Licht im Bett seines Hotels gelesen und dazu eine Zigarre geraucht. Und, sagte er, ich war auch auf dem Konsistorium und habe Sie so herausgestrichen, wie ich konnte! Der Konsistorialrat, mit dem er verhandelte, hat dies mit erfreuter Miene angehört und bemerkt, sie hörten jetzt immer so viel Grässliches von den Vikaren, dass er sich freue, auch mal was Besseres zu vernehmen. – Na, schaden kann sowas nie; der Himmel stärke das Gedächtnis seiner Konsistorialräte.

Den 16. Mai 1902, Freitag
Großes Entsetzen herrscht im Pfarrhause: Radatus ist entflohen. Nachdem er vorgestern eine Kollation von Beefsteak und Bratkartoffeln zu sich genommen hatte, kam er nicht wieder: heute wird entdeckt, dass er heimlich beim Gastwirt arbeitet. Die Frau hat ihn mit Bier und Schnaps überredet, es ist eine energische Frau und trägt nach Aussage ihres Mannes „Exkarpängs", worunter man aber kleine Lederpantoffeln zu verstehen hat. Die Pastorin ist ratlos, denn der Garten soll zu Pfingsten fertig sein und

heute Nachmittag um vier kommt Tante Berta mit ihrer Tochter, Tante Hete, an und beansprucht liebevolle Behandlung. Dazu wird heute gebacken – wie das Streusel auf Streuselkuchen gemacht wird, weiß ich jetzt ganz genau und mit einer Mandelreibe fordere ich die gesamte Kochwelt in die Schranken.

Tante Berta bringt Fritz Reuter mit und vertritt zugestandenermaßen den Esprit in der Familie. Sie ist die Schwester der Großmutter und vermag auf den ersten Blick zu erkennen, welche Maler die Bilder in den Fliegenden Blättern gemalt haben. Tante Hete war schon mal da, sie ist die Frau des Bruders der Pastorin, der vor zwei Jahren starb, kinderlos, sehr dunkel, vielgeschäftig und sehr musikalisch.

Auf den ersten Pfingsttag bin ich gespannt. Früh um sieben fahre ich nach Naugarten, predige dort und nehme auf der Rückfahrt den Chef, der in Berkholz tätig ist, wieder mit. Dann predigt Dreising in Boitzenburg, und ich begebe mich zu Fuß nach Wichmannsdorf, um dort den Gottesdienst abzuhalten. In diesem Punkt ist Väterchen ein Wundertier: dass er mir einen Wagen schicken könnte, fällt ihm nicht ein. Da er von Größe nur ein Pöx ist, so muss ich meinen eigenen Talar voraussenden.

Neulich haben wir eine große Hundejagd gehabt. Es ist ordentlich interessant, wie diese Geschöpfe vorrücken. Zuerst zeigt sich gewöhnlich der Terrier mit dem gelben Gesicht. Er kriecht unter der Hoftür durch und scheut sich vor keiner Pfütze. Hinter ihm her tänzelt sein Freund, der immer nur drei Beine benutzt und so tut, als wolle er über das Ganze einen Artikel schreiben. Nachdem beide im Garten angelangt sind, bewundern sie die japanische Quitte und schnüffeln scheinbar nur zufällig nach Lola. In diesem Augenblick pflegt ein Reisighaufen zu rascheln und ein schwarzer, auf dem Bauche kriechender Teckel zu erscheinen, dessen Fluchtlöcher noch nicht hinreichend erforscht sind. Plötzlich erhebt sich am hinteren Zaun ein Gekrach und Cäsar fliegt über die Mauer, frech und massig wie ein Nilpferd. Von der Straße her aber naht sich trippelnd und triefend der schmutzige Tintenwischer-Pudel, während ganz fern in der Wiese der kleine weiße Köter herumtanzt, der den Onkel in Prenzlau hat.

Es will nicht warm werden. Der Pfirsich bekommt nachts einen Schlafrock an. Viele Krankheiten in Boitzenburg: Exzellenz liegt, der Kantor liegt, der elektrische Mann und der Glockenmann liegen und so fort. Selbst die weise Frau ist ins Bett gekrochen und will nicht mehr mitspielen. Und Radatus ist weg.

Den 19. Mai 1902
Gestern Morgen fuhr ich um halb sieben mit Dreising von Boitzenburg fort. Es war noch ein sehr schönes Wetter, etwas kühl, leichte Nebel über den Feldern, aber das junge Buchengrün in der Ferne und die satten, schweren Felder am Wegrand leuchteten im hellen Pfingstglanze, ob auch der Flieder immer noch nicht aufgeblüht war. Er stieg in Berkholz ab und ich rollte auf der Landstraße eben dahin, bis die Pferde in die Höhe kletterten und der Wagen bald in der einsamen Senkung verschwand, die wie ein verlassenes und steiniges Flussbett in vielen Windungen dem Dorfe zuläuft. Der Himmel klang wider von Lerchengesang, die Goldammern riefen unablässig und ich dachte, dass es eine schöne Sache sei, so in der Welt und doch fern von der Welt herumzufahren und ruhig abzuwarten, was kommen würde. Die Strohdächer des Dorfes stiegen langsam aus dem Grün hervor, ein Storch, der lange über ihnen seine Kreise gezogen hatte, schwenkte plötzlich ab und wandte sich einer fetten Wiese zu, auf der das Wasser glitzerte und goldgelbe Blumen im leichten Morgenwinde zitterten.

In Naugarten regte sich allerhand verschlafenes Leben, Kinder befestigten Maienzweige an den Türen, ein alter Bauer, der noch im Bett lag und dessen Bett mit dem Fußende an ein kleines Fenster stieß, streckte mir zur Begrüßung aus dem rot karierten Bettzeug seine mächtigen Fußsohlen entgegen und ein eisgraues Männlein wurzelte mit dem Kirchenschlüssel eilfertig die Dorfstraße hinunter. Der junge Lehrer erwartete mich schon am Eingang des Schulhauses. Während er mit meinem Fußsack und meiner Reisedecke voranging, fiel mir wieder auf, dass er schöner und vornehmer aussah als die meisten meiner Studienfreunde. Es hat etwas Seltsames, die frühe Selbstständigkeit eines solchen Menschen zu beobachten, der eben zwanzig und doch schon verantwortlicher Erzieher der ganzen Dorfjugend ist. Denn solange nicht der Pfarrer des Ortes und der Kreisschulinspektor seine Arbeit richtig beurteilen, hat er keinen Herren über sich. Die Bauern fühlen die überlegene Bildungsmacht in ihm und er selber behält dennoch sein ganzes Leben lang die richtige Empfindung, dass diese Bildung ohne Zusammenhang und ohne rechten Abschluss bleibt. Ich vermute, dass die meisten Menschen diesen eigentümlichen Zwischenzustand gebundener und nicht zur Entwicklung kommender Kräfte übersehen und mit Unverstand abtun als etwas Selbstverständliches – während doch etwas Trauriges darin liegt, das zum Nachdenken anregt. Fast alle Lehrer, die ich nach und nach kennenlernte, irrten mit ihren Wünschen und Gedanken andauernd an dem eisernen Gitter herum, hinter dem das Märchenland des wirklichen Weltverständnisses verborgen liegt, und alle glaubten, den Eintritt in dieses Land durch Wissen oder Lernen zu finden. Es gibt wenig Lehrerhäuser, in denen man nicht aufgeschlagene und finster aussehende Bücher erblickt, die sich andauernd sträuben, ihre Geheimnisse an ihre Besitzer zu verraten. Da ich immer freundlich und ohne hergebrachten Pfarrerstolz mit ihnen verkehre, was sie bald merken, so habe ich ihnen schon oft allerlei Fragen beantworten müssen, die die ganze Verwirrung ihrer Studierversuche offenbarten. Oft genug habe ich vor solchem verzehrenden Eifer, etwas zu werden, Respekt bekommen; wenn es unter den Pastoren nur ähnlich so wäre, würde mancher besser sein. Die mordende Einseitigkeit und Äußerlichkeit der Seminarbildung tritt allerdings auch stark in die Erscheinung – aber unter den Pastoren ist es meist nicht besser. Eingerichtet sind die verheirateten Lehrer häufig besser als ihre Ortsschulinspektoren, da sie gewöhnlich reiche Bauerntöchter heiraten – oft freilich auch alte Überständer von zweifelhaftem Wert, weswegen unbegebene

Lehrer, wenn sie ihren Mittagstisch nicht im Gasthause nehmen wollen, aus einer Gefahr in die andere stürzen.

Ich ging in die Kirche über dem Friedhof – wie viel Sonne über den Gräbern und Steinkreuzen, wie viel goldene Himmelsschlüssel in dem langen Grase! Die Gemeinde war sehr zahlreich versammelt und ich predigte über das neue Herz. Die Kinder sangen mit glockenhellen Stimmen einen Pfingstcantus und es war eine solche Pfingstfreude und solche sonnige Zufriedenheit in der Folge dieses jubelnden, hinschwebenden Gesanges verbreitet, dass selbst die steinernsten Bauerngesichter wohlgefällig aufstrahlten; und dass sie hernach die erfreuliche Summe von 1.40 in das Kollektenbecken schütteten, sei dankbar anerkannt.

Gegen zwölf Uhr desselben Tages fuhr ich dann mit dem Omnibus nach Wichmannsdorf. Der Regen strömte gewaltig aus dem längst grau und missmutig gewordenen Himmel herab. Ich unterhielt mich mit einem Maler-Anstreicher, der Verwandte besucht hatte und mir zur Einleitung unserer Bekanntschaft eine ausführliche Schilderung seiner Verdauung lieferte und mich die tiefsten Blicke in den jetzigen Zustand seiner Konstitution tun ließ. Zum Beweis zog er an passenden Stellen Medizinflaschen aus seiner Tasche und ließ mich an ihnen riechen. Es war ein verfallenes Menschenkind mit schlechter Kalür, aber hoffnungsreichen Ideen. Zuletzt kam er auf seinen Beruf zu sprechen und erzählte, wie er einmal das Schloss in zehn Minuten in sein Notizbuch gezeichnet hätte, zur staunenden Verwunderung der Bauern und eines gräflichen Lakaien.

Väterchen war in Wichmanndorf noch nicht anwesend und Fräulein Lieschen wusste von nichts. Als ich daher in die Kirche ging, hatte ich nicht die geringste Vorstellung von den Liedern, die gesungen werden sollten. Aber es ging gut – vom Altar aus merkte ich mir die Nummern am schwarzen Brett; angenehm sind solche Ansprüche an die Geistesgegenwart und Findigkeit des zugereisten Vertreters nie. Ein süßer, betäubender Duft von frischen Maien schlug mir während des Altargebetes wie eine Wolke entgegen und auch die Gemeinde war aufmerksam und zahlreich anwesend.

Nachher aß ich mit dem inzwischen zurückgekehrten Pastor und seiner armen verkümmerten Tochter zu Mittag. Es gab Speise, was Väterchen sichtlich für sündhaft hielt, denn er sagte, wir hätten ja schon so viel andere Speise; da sie aber einmal da war, so machte er sich mit Energie und Erfolg daran, den bösen Feind eigenhändig aus dem Felde zu schlagen.

Als ich um halb vier abfahren wollte, erfuhr ich, dass der Omnibus heute nicht ginge. So ließ ich meine Tasche mit dem Talar auf dem Milchwagen nachkommen und ging zu Fuß. Die Welt war so schön und ich ganz glücklich, aber wie jemand, der allmählich einschläft. Es ging immer weiter, immer weiter, wie die schlafwandelnde Legion; die Felder glänzten in der Sonne, Stimmen und Worte von Kindern schlugen an mein Ohr, aber ich sah immer nur die roten Sonntagskleider der Mädchen wie feuerrote Punkte, die vor mir hertanzten und von denen ich mir die Richtung angeben ließ.

In der nächsten Nacht schlief ich tief und traumlos.

Den 23. Mai 1902

Tante Berta ist noch immer vorhanden. Vielleicht hängt damit die verzögerte Ankunft des Mais zusammen, denn dieser Monat lässt noch immer auf sich warten. Tante Berta ist nach Aussage des Kirchenbuches siebzig und nach ihrem Benehmen im Beginn der Vierziger. Dass die Großmutter ihre Schwester sein soll, wird einem schwer zu glauben. Tante Berta hat Berge von Büchern verschlungen und in allen Büchern doch nur ihr eigenes Selbst wiedergefunden. Sie gehört zu den unausstehlichen Menschen, die behaupten, einen Schriftsteller ganz genau zu kennen, und nachher sind ihre Anschauungen und Kenntnisse doch mehr als dürftig. Warum hat sie keinen Salon und keinen Tee – wohl nur, weil diese beiden Dinge abgekommen sind, aber sie müssten zu ihrer Verherrlichung neu erfunden werden. Plötzlich wird mir an einem lebendigen Beispiel klar, wie arm die Paul-Heyse-Zeit im Grunde gewesen ist und wie rein auf das Formelle und Verstandesgemäße. Tante Berta hat ein Schock von Anekdoten aus jenen Tagen bei sich, die sind das Beste. Aber ebenso wie ihre alte Schwester – die Großmutter – ein Märchenwesen und ganz zu Hause sein in einer stillen, abgeschiedenen Welt, wo das Ohr die Stimmen derer vernimmt, die wir nicht sehen, und das Auge hineinschaut in das Herz des armen, reichen Volkes, das kann sie nicht. In ihren Erzählungen heißt es wohl auch mal: „Und plötzlich ..." – aber aus der Tür, die sich dann knarrend öffnet, erscheint stets nur Tante Emilie oder Herr Musikprofessor Meyer, der so geistvolle Hände hatte und bei Hof aufstrahlte als ein feierliches Licht.

Ach, Dreising hat auch nicht den Sinn, der seine Zufriedenheit wiedergewinnt, sobald er die Wunderlichkeit und menschliche Bedingtheit seiner Gegner ernsthaft und ruhig anschaut; er hat sich auch einfangen lassen von der alleinselig-machenden Politik und sein Geist ist mehr als einmal gebunden durch die löschpapierenen Theorien eines alten Professors, der ebenso fromm war, wie er die Welt nur durch ein bestimmtes Augenglas ansehen konnte – aber es lebt in ihm doch ein starker Rest von Originalität und wenn er auf sein Jugendparadies Pforta oder auf den alten Kaiser Wilhelm zu sprechen kommt, dann geht es auch mit ihm durch und sein Herz brennt lustig auf – oder wenn er Frau und Tochter in plötzlicher Begeisterung umfasst und mit ihnen im Zimmer umhertanzt, weil er seine Liebe nicht anders bändigen kann. Aber das ist immer dasselbe: Wo wir am echtesten und reinsten sind, da werden wir ausgelacht, und ich fühle, wie Tante Berta innerlich über diese „Naivität" mit einem weisen Lehrerlächeln zur Tagesordnung übergeht. Die Tagesordnung ist sie selber – natürlich; mitten in den ernsthaftesten oder lustigsten Gesprächen, wo alle innerlich froh sind, eine Sache durch das gute Wort eines klugen Mannes wesenhaft anschauen zu können, fährt sie mit einem „Da fällt mir ein" dem Sprechenden in die Parade, und wo eben noch Luther, Goethe, Bismarck oder Storm das Wort hatten, redet auf einmal die piepsige Stimme einer verschollenen Tante oder eines geistvollen Teetrinkers aus

England (denn sie war in London) oder eines „blendenden" Journalisten, dass einem ganz katzjämmerlich zumute wird und die schöne Stimmung im Nu verschwindet.

Dreising hat vor Kurzem den kleinen Grafen „Die schwimmende Insel" erzählt und nun plagen sie alle Welt mit der Frage: Glaubst du, dass das wohl wahr ist? Denn sie wollen durchaus auch nach der schwimmenden Insel und werden wohl nächstens anfangen, am Seeufer nach seltsamen Früchten und Märchengeschenken zu suchen.

Mademoiselle hat gesagt: Ich weiß es nicht, da müsst ihr wohl den fragen, der die Geschichte geschrieben hat.

Wer ist das? –

Der Vater vom Herrn Vikar. – Welcher – der Vikar mit den großen blauen Augen oder der Vikar mit den kleinen blauen Augen?

Mademoiselle hält es für richtig, diese Unterscheidung zwischen mir und Herrn Salzmann nicht zu verstehen, aber die Kinder machen ihr klar, dass sie den ersten, d. h. mich meinen. Nun werde ich wohl nächstens eine schwierige Frage beantworten müssen – ja, ist es nicht wahr? Ich möchte Ja sagen und muss ihnen doch erklären, dass es nur ein Märchen ist.

Alle Grafenkinder haben einen kleinen Garten, aber niemand sagt ihnen recht, wie sie ihn behandeln sollen. So sind sie kühn drauflosgegangen und haben zunächst mal jeder hundert Schnecken hineingesetzt, damit sie ihn in Ordnung halten sollen. Das tun die Schnecken auch mit finsterem Eifer.

Ich gehe jetzt jeden Tag im Karolinenhain spazieren, in großer Einsamkeit und immer noch mit stiller Verwunderung darüber, dass so viele von Boitzenburg noch nichts gehört haben. Einzeln stehende, im Buschwerk begrabene Kapellen erinnern zuweilen an Menschenhand, sonst nichts. Die Seen liegen im Sonnenlicht des Mittags unbewegt da, riesenhafte Bäume mit Mistelnestern werfen einen finsteren Schatten auf den rötlichen Weg und ehe man sich versieht, stäubt ein Rudel Rehe über die Wiese, in der noch immer Himmelsschlüssel und Anemonen blühen.

Manchmal ist ein Baum über den See gefallen und kleine Inseln von moosartigen Pflanzen sammeln sich auf dem Wasser in seinem Schutz. Den Berg hinauf aber die grüne flimmernde Wildnis des Buchenlaubes, aus dem heraus das dumpfe Hämmern zahlloser Spechte ertönt.

Den 27. Mai 1902
Bei dem gestrigen Ausflug nach Fährkrug handelte es sich um die pomphafte und sachgemäße Geburtstagsfeier des Herrn cand. theol. Salzmann. Der zweite schöne Maitag fiel glücklicherweise auf den 26. Gegen halb eins rasselte die Hammelbucht vor das Pfarrhaus, geführt von dem Kutscher Mante, der ein Hagestolz ist und es bleiben will bis an sein Lebensende. Vor dem Gefährt standen zwei wohlgenährte nachdenkliche Pferde, deren regen Geist wir im Verlauf der Landpartie mehrfach zu spüren hatten. Tante Berta, die den Wagen bezahlte, klomm als Erste in seine unergründliche Tiefe, bewaffnet mit einem Biskuitkuchen und vier Flaschen Bowle. Dann wurde die Großmutter nachgehisst, die sich freute wie ein Kind und zu erklecklichem Unfug aufgelegt war, wie nur je eine alte Dame von 83. Tante Hete erschien hiernach mit den Butterbroten und ich selber mit der großen Reisedecke, die Venedig gesehen hat und deren feuerrote Unterseite von sämtlichen Lehrern, Dienstmädchen, Schlosslakaien und hilfsbereiten kleinen Jungs mit Inbrunst nach außen gekehrt zu werden pflegt, wenn ich irgendwo über Land fahre und mir die Sachen in den Wagen reichen lasse. Der Chef, mit drei Mänteln versehen, turnte unter dem Ausrufe: Sic transit gloria mundi! zur großen Freude aller auf seinen Eckplatz und saß so seiner Frau gegenüber, die zu gleich großer Freude sofort bemerkte, auch in einem Wagen sei eine „behagliche Häuslichkeit" nicht zu verachten; worauf sie in ein Plaid kroch und sehr vergnügt aussah. Die Tochter und das „entzückende" Fräulein Singer saßen vorn beim Kutscher, für uns also unsichtbar. Mit einem furchtbaren Ruck fuhr der Wagen ab, indes Dora mit einem Wischtuch winkte und Lola ein Geheul anstimmte – denn sie war eingesperrt.

Fährkrug liegt zwei Wagenstunden entfernt von Boitzenburg und man kommt über drei idyllische Dörfer. Der Wagen durchläuft eine finstere Schlucht und tanzt nach zwanzig Minuten schon wieder auf der Höhe der Landstraße; die goldenen oder grünen Felder schwenken sich fröhlich im Morgenwind und immer aufs Neue blitzen blaue Seen auf mit raschelnden Rohrbreiten und fernen Ufern. In die Stille der Dorfeinsamkeit brachen wir jedes Mal hinein wie ein Gewitter; die Leute hielten mit ihrer Gartenarbeit an und bedeckten die Augen mit der Hand, um die unvermuteten Reisenden anzustaunen, kleine flachsköpfige Jungen streckten die Köpfe aus blühenden Hecken heraus und riefen uns an, dann wieder sahen wir auf braune, mit dürftigem Unkraut bestandene Flächen hinaus, wo Kinder in feuerroten Gewändern andächtig die Gänse hüteten und sich am Rande eines tief liegenden Teiches begegneten. Eine Mühle drehte sich verschlafen auf einer Berghöhe – wir rollten vorbei. In saftigen Wiesen grasten Kuhherden, während über dem sumpfigen Hinterland die Störche kreisten. Dann wieder begegnete uns eine Gesellschaft von ehrwürdigen Schafen und wir sahen voll Andacht auf ihre wollige Rückfront, die sich langsam entfernte und bis zuletzt ausgezeichnet war durch ein Gewimmel von Fettschwänzen. Im Walde aber, der grün und undurchdringlich lange Strecken der Fahrt zu erblicken war, ging es hin und her mit Blätterrauschen und Vogelsang.

Wir waren sehr vergnügt und tranken Rosenlikör, hinter Falkenhagen fing die Pastorin an zu singen und die Hammelbucht hallte bald wider von Trinkliedern und Liebesklagen, in welch letzterem Genre Tante Berta exzellierte, wohl denkend an die schöne Jugendzeit, da der Major noch ein Leutnant war und seinen Tenor nicht schonte. Der Chef erzählte Anekdoten, die Pastorin Geschichten von kleinen Kindern und die Großmutter durchforschte den Wald mit Feldherrnblick, ob sie nicht irgendwo trockene Äste absägen könnte. Dann fingen wir an einzuschlafen; Pastor Dreising bekam das fremde Gesicht, wo er plötzlich aussieht wie sein Vater; ich hielt krampfhaft eine

Flasche Wein im Arm wie ein Wickelkind und dann wurde es sehr still im Wagen, die Räder rollten und rollten, wir wanderten alle herum in fernen Gegenden, wo keiner den anderen treffen konnte, und als Einziges regte sich das Vogelgezwitscher der beiden jungen Mädchen, das jetzt durch das Wachstuch des Wagens hindurch vernehmbar war, sowie das Pfeifen und Locken des Kutschers, der die Pferde antrieb.

Als das Wasser des Sees, der unser Ziel war, aufleuchtete, krochen wir alle wieder aus unseren Schlafhöhlen hervor und berieten, ob Ferdy schon da sei oder ob Ferdy vielleicht noch nicht da sei, oder was sonst mit ihm der Fall sein würde. Allein er war da und doch nicht da, denn er hatte sich im Forsthaus hinter eine Tür gestellt, damit Kutscher Mante ihn nicht sehen könnte. Was natürlich vergeblich war. Mit möglichst lauter Stimme äußerten wir alle unsere Verwunderung, ihn da zu sehen. Mante grinste. Er hatte schon für Kaffee gesorgt, der Kuchen, frisch vom Blech, kam hinzu, der Chef entwickelte ein Arsenal von Zigarren und Zigaretten und es wurde sehr gemütlich.

An den Kaffee schloss sich ein Spaziergang, erst durch den Wald, dann am Rande des Waldes, wo der grüne Pfad den See bis zu der an seinem Ufer liegenden kleinen Stadt begleitet. Auf der Uferhöhe strich ein frischer Wind, das Brautpaar ging vor uns her und schwebte andauernd in jenen unbekannten Regionen, die der Dritte weder sehen noch sonst wie wahrnehmen kann. Ich unterhielt die Pastorin mit Pflanzenkunde, worin ich in diesem Kreise als Einäugiger König war; dann nahte sich der Chef und erklärte mir wieder mal, was er mit dem Gelde des Grafen machen würde, wenn er's hätte („aus dem Fenster schmeißen, wie es sich gehört"), und so fort. Ich fürchte, ich habe mit dem anmutigen Fräulein Singer auf dieser Wanderung überhaupt nicht gesprochen; aber was kann der Mensch für seine Gefühle! Die beiden alten Damen wurden, als sie müde waren, ins Gras gesetzt und später wieder abgeholt.

Nach der Rückkehr ins Gasthaus und Vertilgung eines Schoppens zogen wir mit allen Reisevorräten in einen anderen Wald, wo wir am Ufer des Sees und angesichts von Fischernetzen und Kähnen einen Ruheplatz fanden. Erst aber gab es noch eine Wasserfahrt, bei der der ebene Kahn Wasser zog und die meisten sich schon etwas bänglich fühlten, obgleich kein Grund dafür vorlag. Dann lagerten wir uns auf unseren Decken, tranken goldenen Wein und hörten über uns das sanfte Rauschen der besonnten Wipfel. Über dem Wald am anderen Ufer stand ein schönes Abendrot. Da mich die Pastorin gebeten hatte, so brachte ich in ein paar Angstversen (die sie schön und gefühlvoll fanden) den Toast auf das Brautpaar aus und wir waren alle gerührt und aßen viel Butterbrote, um uns wieder zu beruhigen.

Auf der Rückfahrt wurde das eine Pferd verdreht, und wir mussten alle aussteigen und schritten eine Weile hinter dem Wagen her. Nach diesem Zwischenfall nahmen natürlich Dreising und ich die Kutscherplätze ein, Gefahr war auch vorhin nicht, aber aufsteigende Pferde sind nichts für Damen. Wir kamen gut und glücklich nach Hause.

Boitzenburg U/M, 31. Mai 1902. Sonnabend
Liebe Eltern! Eigentlich habe ich doch nicht gemerkt, wie der Sommer gekommen ist; ich wollte darauf aufpassen, aber er ist vielleicht in der Nacht mit dem Omnibus erschienen und nun auf einmal da. Mit brütender Glut lagert er sich über Boitzenburg; das Gras um die Kirche ist plötzlich ellenlang, der Hafer rauscht unermüdlich und eine grüne Fliederwildnis weht unter meinem Fenster und beginnt heimlich zu blühen. Der kleine Commis bei Kaufmann Götze schwitzt, schwitzt ganz erbärmlich, und alle seine Käse und Backpflaumen mit ihm.

Der Chef ist heut in Naugarten zu einer Beerdigung, und zwar hat er sich aus Gründen mit einer Flasche Eau de Cologne versehen und hofft, damit diesmal noch durchzukommen; es ist die Zeit, wo die Bauern bei Beerdigungen schlechten Tabak rauchen und doch nicht den gewünschten Erfolg erreichen. Ich habe eine kleine Linaria ausgepflanzt, sie ist vertrocknet. Die Pastorin hat uns verlassen, sie ist auf drei Tage in Berlin und hat offenbar ihrer Tochter furchtbar ernste Befehle gegeben, denn wo ich gehe und stehe, laufen kleine Erfrischungen und dicke Butterbröte hinter mir her, dass ich nicht umkomme.

Gestern um halb sieben fuhr ich mit Dreising auf Schulinspektion nach Haßleben. In Kuhz kletterte Pastor Kümmel hinzu, der dort, wo wir hinwollten, Lokalinspektor ist. Die Prüfung fand zuerst in Haßleben statt. Alle Kinder prangten im Festschmuck, selbst die Höhlenbewohner hatten Stiefel an. Bei Haßleben, das seinen heutigen Namen erst im 30-jährigen Krieg erhielt, wo alle Einwohner niedergemacht wurden, gibt es nämlich einen Steinbruch, in dem viele Familien wie die Wespen in einer Lehmmauer hausen. Es ist ein armes, verwildertes Geschlecht; die kleinen ruppigen Menschenkinder, die da groß werden, wachsen in Schmutz und schrecklichen Lastern auf, viele sind katholisch und polnischer Nation und sprechen nur kümmerlich Deutsch. Rechts sitzen immer die Jungs und links die Mädchen. In solcher Schulstube kommt alles zusammen, kein Temperament, keine Eigentümlichkeit der äußeren Bildung fehlt. Die Bauernsöhne kennt man sofort an ihrer Haltung heraus, unter ihnen habe ich wunderschöne und kräftige Menschen gesehen, andre haben wieder die reine Verbrecherphysiognomie. Auf der Strafbank saß ein Hütejunge – was für ein wildes Gemisch von Kraft, Trotz und Unwissenheit! Seine Flachshaare waren wie ein altes Strohdach, seine Hände wie Reibeisen und Wurfschaufeln, seine Füße in kunstvollen Stiefeln steckend, die ihm seine Großmutter nach eigenen Ideen zusammengesetzt hatte. Es wurde eine Geschichte diktiert, und ich ging zu ihm hin und ließ mir seine Tafel geben, wobei er mich verschlafen ansah: ich habe nie etwas so Merkwürdiges gelesen, wie auf dieser Tafel stand. Mit dem Diktierten hatte es gar keine Ähnlichkeit, es war eine ganz neue Sprache und lauter seltsame, unbekannte Wörter, wie er sie in seiner Waldeinsamkeit aus dem Wehen des Windes und dem Rauschen der alten Eiche, die auf dem Hügel steht, gehört haben konnte. Und ich dachte, was für einen Sinn er wohl mit diesen Worten verbände, und vermutete, dass es eine Geschichte von Kühen und Wollschafen wäre, obgleich die Sache sich eigentlich auf die Gründung des Deutschen Reiches bezog.

Die kleinen Mädchen hätte ich Mutter zur Ansicht gewünscht, sie hätte sie alle auf den Schoß genommen und ihnen einen Kuss gegeben und sie gestreichelt. Manche waren wie ein Licht, das ausgehen will, und hatten so große blaue Augen und so kümmerliche kleine Stöckerarme, dass man ganz traurig wurde. Aber es gab auch kleine Geschöpfe, denen es gut ging; sie saßen mit gefalteten Händen vorne an und hielten den Schulinspektor zum Teil für den lieben Gott. Das eine sollte ein Gebet aufsagen und stand auf – was nicht viel ausmachte – und sagte dann die zwei Reihen mit solchen Augen und solcher Stimme, dass ich dachte, wenn drei Erwachsene dies Vertrauen in ihrem Herzen hätten, das so vor uns sprach, so könnten sie die Welt auf den Kopf stellen. Einige schienen zu Hause viel Prügel zu kriegen und brüllten wie am Spieß, sobald sie eine Frage bekamen. Zehn Minuten lang ging Dreising rum und tröstete sie, worauf sie wie versteinert dasaßen und sich über ihn wunderten. Gelernt hatten sie alle was; auf die Frage, wer durch den Garten des Paradieses floss, sagte einer „Die Schlange", was jedenfalls eine malerische Anschauung war.

Das Innere des Maikäfers war ihnen ebenso vertraut wie die Geografie des Kreises Templin und die Prozentrechnung.

Von Haßleben gingen wir im Sonnenbrande nach Kuhz; dort frühstückten wir und suchten dann die Schule auf, in der der kunstreiche Lehrer Knabe uns schon erwartete. Er hat einen Kartenhalter erfunden und erfindet überhaupt immerzu; Wandtafeln verwandeln sich bei ihm in Anschauungsbilder, am Fenster des Zimmers ist ein kleiner Garten, und in seinem eigenen Hause hat er eine tadellose elektrische Leitung.

Mittags aßen wir dann bei Pastor Kümmel kleine gebratene Tauben. Leider fuhr Dreising schon um 4 fort, mich zurücklassend. Doch wurde es wider Erwarten nett, weniger durch das liebenswürdige Haus Kümmel, mit dem ich innerlich doch nicht recht fertig werde, als durch allerlei Nebenerlebnisse. Ich ging mit Pastor Kümmel an den See, der sich stundenlang dahinzieht – wie schön war es da! Das Dorf reicht nicht ganz heran; grünes Weideland begleitet seine Ufer, drüben ragt ein schöner Wald auf und Bergfelder dehnen sich weithin, auf denen gepflügt wurde. Am Strand trieben die Wolken bunte Muscheln an, Fischerkähne schwankten hin und her, darin barfüßige Kinder, die auch wohl an seichten Stellen wateten, schließlich unendlich viele Gänse. Wir gingen zuerst am Seeufer hin und erstiegen einen einsamen Hügel, der ganz im Sonnenschein eingehüllt war. Im Weißdorn brütete der Mittag, das weite Land wuchs uns beim Höhersteigen empor, Schmetterlinge breiteten ihre Flügel über uns aus und goldgrüne Libellen langten an diesen stillen Ort. Zuweilen erblickte man einiges Mauerwerk, denn auf dem Hügel hat in alten Zeiten eine Burg gestanden, und man zeigt noch die Stelle, wo ein seidenes Edelfräulein einst mit ihrem weißen Tuch ins Tal hinabwinkte. Auf der höchsten Spitze, schwer erreichbar, bemerkten wir ein finsteres Loch: das hatten Schatzgräber in einer dunklen Nacht gegraben.

Später unternahmen wir eine Kahnfahrt, und ich erinnere mich noch deutlich einer öden Berglehne, vor der eine Wiese herzog bis an den See. Wir stiegen aus und gingen etwas umher. Über meinem Haupte warfen sich die Kiebitze schreiend und flügelknatternd durch die Luft, eine Schafherde wich langsam von uns ab, und aus einem Erdloch sah ich eine Maus heraussehen.

Um Mitternacht kam ich mit der Post nach Boitzenburg, als einziger Fahrgast in dem polternden Wagen, dessen Kutscher von Kuhz bis Wichmannsdorf schlief. Ich war auch ziemlich müde: durch das kleine Schiebefenster sah ich ein paar Sterne, dann döste ich wieder ein, und auf einmal war ich da.

Morgen habe ich es wieder mal leicht: nur Liturgie und Kindergottesdienst. Ich befinde mich wohl.
        Mit herzl. Gruß Euer Heinrich

Juni

Den 9. Juni 1902, Montag
... Für den Ingwer danke ich vielmals. Ich genieße ihn auf dem Sofa, beschäftigt mit einem harmlosen Roman von Ludovika Hesekiel, der in Boitzenburg spielt und eine wahre Wollust für zärtliche Herzen ist. Übrigens hat Ludovika das Blaue vom Himmel heruntergelogen, sie war anscheinend niemals hier. Der Konfirmandenunterricht, dem Dreising beiwohnte, verlief zu seiner Zufriedenheit und machte mir große Freude. Wenn Dreisings im Juli mit dem Brautpaar verreisen, werde ich ihn ganz übernehmen. In den letzten Tagen tobten hier mächtige Gewitter; bald begann die Feuerglocke zu lärmen und die Spritzen jagten, der Graf immer voran, nach Berkholz. Dort ist ein Haus gänzlich eingeäschert, die Trümmer qualmen heute noch. Fünf Familien retteten das nackte Leben; am nächsten Tage gingen die Hausfrauen in Boitzenburg herum und erbaten sich gebrauchte Sachen. Ein verdächtig frommer Mann gab nichts und einige lose Mäuler und Windhunde ziemlich viel; schließlich wurden die Leute reicher als vorher.

Auch heute Mittag wurde der Garten von Wasserströmen überschwemmt; die Pastorin hatte gerade sieben Frauen angenommen, die nun die günstige Gelegenheit zu einer furchtbaren Kaffeeschlacht in der Küche wahrnahmen. Und heute Morgen war es so schön. Es ist der Tag, wo der Forstmeister seinen 80. Geburtstag feiert. Als die Vögel schon mächtig sangen, um halb acht, gingen wir aus dem Hause und warteten am äußersten Ende des langen Pfarrgartens auf die Klänge der bestellten Morgenmusik. Wir standen dort außerhalb des Zaunes oben am Abhang, denn eine tiefe, teils ins Dorf laufende Straße fließt dort wie ein Gewässer vorbei. Am anderen Ende dieses sogenannten „Schmiedeberg-Weges" steigt das Erdreich wieder an und man blickt auf die Gärten der Fischer, die vor dem Forsthaus liegen. Plötzlich erblickten wir wie eine Schar Indianer die flachsköpfigen Dorfkinder, eins in die Spur des anderen tretend; sie zogen durch den Forstmeisterhof und begaben sich um das Haus herum, wo sie in der grünen Wildnis verschwanden. Voran schritt der Kantor im Zylinder, mit langen, vorsichtigen Verschwörerschritten; eine Karre mit Mist, die im Wege stand, schob er säuberlich beiseite, wobei seine schwarzen Rockschöße im Winde flatterten. Dann wurde es ganz still, selbst in der Schmiede hörte der Hammerschlag auf, denn Meister und Gesellen standen still und horchten.

Irgendwo sang eine Mönchsgrasmücke – wie ein Vorspiel klang es, fernher. Und dann stieg plötzlich das „Lobe den Herrn" zum Himmel, von all den frischen Kinderstimmen gesungen, und der Tenor des Kantors triumphierte hin über Boitzenburg und der Morgenwind schüttelte die Blüten aus den Bäumen, dass es aussah, als wollte es schneien. Wir waren unterdessen längst den Abhang hinuntergeklettert und hatten in einem der Fischergärten drüben Aufstellung genommen, wo wir dann den Gesang aus ziemlicher Nähe hörten. Es war ein alter, seltsamer Garten, in dem wir da standen, die Hinterseite des baufälligen Hauses stand im Sonnenglanz, eine schwarze Tür führte wer weiß wohin, und plötzlich stand auch eine uralte Frau neben uns und hörte andächtig zu. Wenn der Kindergesang einmal verstummte, hörte man das Summen der Bienen; mächtige Unkräuter waren ringsum aufgeschossen, grüngoldene Käfer wanderten bedächtig von Blatt zu Blatt und aus einer unbekannten Gegend ließ sich von Zeit zu Zeit das behagliche Gacksen eines Huhnes hören. Und es war alles so abgelegen und heimlich um uns, als hätte eben jemand gesagt: nun fängt ein Märchen an.

Gegen elf ging ich mit Dreising und den drei Kirchenräten ins Forsthaus, wo wir in pontificalibus als geistliche Deputation dastanden und ungemeine Rührung um uns verbreiteten. Wir bewunderten den Lehnstuhl und die Fliegenklatsche – der Forstmeister soll sich anscheinend fortan der niederen Jagd ergeben – und tranken Wein und aßen kleine Dauerkuchen. Frau Forstmeistern war huldvoll und wenn sie lachte, flatterten ihre altmodischen Ohrringe, die wie kleine Kompasse aussahen. Eine Glastür führte in den herrlichen Terrassengarten, dessen Fernsicht durch das aus grünen Wipfeln aufsteigende Schloss gebildet wird. Der Graf war schon da gewesen; die Gräfin nicht, weil sie ein krankes Kind pflegt; die Exzellenz nicht, weil sie selber zu Bett liegt. Komtess hatte es für vornehmer gehalten, auf einer Karte zu gratulieren.

Morgen fahren wir zu einem Abschiedsfest zu Väterchen. Möge er es kurz machen. Wir graulen uns, glaube ich, alles etwas vor dieser konfessionellen Orgie, vielleicht ist es auch mal ganz interessant. Möglicherweise geht es dann am Mittwoch nach Prenzlau.

Im Garten blüht der Rotdorn, die Bohnen sind gekommen, die Gurken fristen sich durchs Leben, der Spargel schießt. Eine Linaria an einer trübseligen Mauer lebt, ohne dass man weiß wovon. Der Doktor hat Besuch von seiner verheirateten Schwester und die Damenwelt von Boitzenburg wälzt sich ruhelos auf ihrem Lager und träumt von *diesen* Toiletten. Der Amtmann spielt nach wie vor Schach mit Dreising und gewinnt; seine Million, die er einstmals besaß, bringt es ihm aber nicht zurück. Frau Götze erzählt im Missionsverein, dass ihr Sohn Fritz noch immer keine Unterhosen tragen will – wobei zu bemerken ist, dass Fritz längst heiraten kann. Herr Salzmann hat sich beim Brotschneiden etwas mit dem Messer geritzt, worauf in seiner Gemeinde das Gerücht entstanden ist, er habe sich aus unerwiderter Liebe die Pulsader geöffnet.

Den 13. Juni 1902

Die Beschreibung des letzten Sonntagspredigers stimmt nicht zu dem Bilde, das ich von cand. Wöllner mit mir herumtrage, als welcher ein dürftiges, kümmerliches Männlein ist, wohl aber zu dem des Herrn cand. min. X., dessen fertige und mit Siegesbewusstsein vorgetragene Predigten auch mich mehrfach ängstigten. Seinen Namen kann ich nie behalten; wenn man mit ihm spricht, so besteht er zu $^3/_4$ aus Gebiss; mir ist er unangenehm, wie alle Menschen, die mit einer so feinen und zarten Sache wie der Religion bereits während ihrer Studentenzeit ziemlich restlos im Reinen sind und haben doch nur eine Summe geistlicher Kniffe und eine gewisse ölige Unverfrorenheit, mit der sie hundertmal Gesagtes von Neuem vor ihren Zuhörern ausbreiten. Cand. Wöllner, zunächst durch sein Berlinertum abschreckend, soll einfach, aber gut predigen.

Auch ich habe mich gärtnerisch betätigt. In eine Fliederwildnis habe ich mit der Gartenschere einen langen Gang hineingeschnitzt, eine Heidenarbeit, aber von Erfolg gekrönt. Der Forstmeister nennt dieses Etablissement den Rehwechsel. Denn am Ende des grünen Weges erblickt man das freie Feld, und wenn man Glück hat, die Großmutter beim Spargelstechen.

Ferner habe ich ein Vogelnest entdeckt, in dem schon zwei Junge aufgezogen werden. Die Braut ist ganz hin davon und teilt ihre Gedanken fortan zwischen den nackten Piepdingern und ihrem Ferdy. Sie selbst ist nicht ganz wohl und schwimmt abends in Salzwasser; wenn er durchs Examen ist, wird es ihr wohl besser gehen.

Bei Väterchen war es neulich ganz nett. Zum ersten Mal sah ich in seinen Garten, der an den See grenzt – in der Uckermark hat fast jeder Pfarrer seinen See – und den er für den Nachfolger mit rührender Sorgfalt hat in Ordnung bringen lassen. Er war am Tage vorher mit seiner Tochter beim Grafen gewesen und infolgedessen noch in einem großen Zustand von Verwunderung. Auch zeigte er uns den Orden, den er gekriegt hat, und es schien, als ob ihm dieser „irdische Tand" doch einigen Spaß machte.

Zwischen mir und dem jüngsten Grafen hat sich ein Papierverhältnis angesponnen. Ich habe ihm neulich einen Elch ausgeschnitten und nun geht er mit diesem Elch zu Bett. Er ist ein niedlicher Junge mit langen blonden Locken und, wenn er will, auch artig. Er will aber selten.

Wunderschöne Libellen gibt es hier. Eine sieht aus, als wäre sie von Glas und mit Berliner Blau gefüllt.

Bei Pastor R. in W. ist das zweite kleine Mädchen angekommen. Sie sind in großer Verlegenheit: „Wir hatten nur Jungsnamen in Vorrat." Aber er freut sich doch sehr, dass er die Älteste in Obhut bekommen hat; hoffentlich schadet es ihr nichts.

Es fällt mir ein, dass ich von der Pastorin so wenig schreibe, was eigentlich undankbar ist. Aber sie hat nicht allzu ausgeprägte Sonderbarkeiten. Sie sorgt ungemein für mich; in gewissem Sinne ist sie, glaube ich nach und nach, klüger als ihr Mann; sie weiß natürlich lange nicht so viel wie dieser eifrige, unverdrossene Leser und Bücherwurm. Aber sie urteilt richtiger und objektiver. Im Übrigen geht sie für ihn durch Feuer und Wasser – was auch recht ist. Ich vermute, dass bei Herrn Salzmann und seiner zukünftigen Frau die Sache ganz genau so liegen wird. Pastor Dreising fastet jetzt freitags – natürlich nur aus Gesundheitsrücksichten. Er muss irgendein Gesundheitsbuch gelesen haben, denn er raucht auch morgens nicht mehr und ergibt sich Freiübungen. Vorträge über gesundheitsgemäße Lebensweise sind unentgeltlich. Seine Tochter ulkt ihn täglich an und zeigt ihm, sooft es angeht, gebratenes Fleisch und leckere Mettwurst, aber er bleibt standhaft wie der hl. Antonius. Überhaupt ist es ein Segen, dass er diese Tochter hat, die ihn um den Finger wickelt und mit ihren humoristischen Bemerkungen seine schlimmsten Stimmungen über den Haufen wirft.

Den 28. Juni 1902

Als ich gestern mit dem Postomnibus nach Boitzenburg fuhr, blieb ich zum Glück während der ganzen Fahrt allein. Die Dörfer waren wie verzaubert, so schweigsam und sommerschwül; durch die kleinen trüben Scheiben des Wagens schimmerte das grüngoldene Licht, das auf den üppigen Gärten lag, der Kutscher schlief und die Pferde krochen müde auf der Landstraße dahin. Einmal sah ich ein kleines Mädchen mit einer riesigen weißen Flügelhaube, einmal bellte ein kleiner Hund unter dem Wagen – wir fuhren über ihn weg, ohne ihn zu verletzen – sonst aber blieben wir allein mit dem Rauschen des Waldes und dem Flüstern der reifenden Kornfelder.

Sie empfingen mich freudig und freundlich, es hatte sich wenig verändert, bis auf den Garten, der in diesen zehn Tagen sein Aussehen stark umgewandelt hatte. Das leuchtende Rot des Rotdorns war zu einem schmutzigen Gelbbraun vertrocknet, die Linaria hatte mächtige Blätter angesetzt und Knospen hervorgetrieben. Heute ist die erste Blüte aufgegangen, natürlich in dem kümmerlichen Topf der Großmutter, worauf diese wiederum stolz ist wie ein Hase. Es ist eine kleine, verpimpelte Blüte und wird wohl das einzige Kind bleiben, aber es hat den Rekord. Meine Pflanzen sind wild und üppig in die Breite gequollen und werden morgen, obwohl sie viel später gesät sind, mit vielen kleinen Gesichtern ans Licht treten. An der Feldsteinmauer hat sich noch ein zweites Exemplar entwickelt. Auf dem Gartenbeet ist alles Umgepflanzte angewachsen und alles Gesäte zahlreich gekommen. Der wohl zu spät gestreute Mohn ist erst so groß wie ein Fingerglied. Die Eidechse ist wieder verschwunden. Das Mönchsnest haben nachweislich Jungens genommen.

Sonst leidet die Menschheit unter der Hitze, gegen die auch Herrn Peltzers Strohhüte nichts ausrichten; es wird viel Hausbier getrunken und die Heuwagen fahren hin und her.

Der Doktor hat sich eine Hündin angeschafft, obwohl ein Blick auf Lola in ihrem augenblicklichen Zustande ihn hätte warnen können. Der Amtmann hat sich zur Einführung von Pastor Wilke in Wichmannsdorf ein neues Jackett machen lassen, das der Lehrling in Abwesenheit dieses Herrn als „weißes Damenjackett" überbrachte – worauf er nach Hause geschickt wurde und der Amtmann sich drei Tage wunderte, warum sein köstliches Gewand nicht käme. Einer der kleinen Grafen ist eifersüchtig. Er ist zwar erst neun Jahre alt, aber sein Herz ist Mademoiselle anheimgefallen. Neulich wurde er dem Doktor gegenüber sogar tätlich, als dieser Mademoiselle nachdenklich betrachtete und wohl an Pillen dachte. „Du *sollst* sie nicht so ansehen!" Später fragte die Gräfin ihn, was er denn an dem Doktor auszusetzen hätte, er wäre doch ein so netter, stattlicher Mann. „Nein", sagte der Junge, „wie kannst du sowas sagen. Und zu dem Schmiss da sage ich einfach ‚Ärks'." – Wie denn der Mann von Mademoiselle mal aussehen soll? Hierauf wurde er traurig, seufzte ein wenig, verzichtete dann innerlich und sagte: „Oh, etwas wie Pastor Dreising und etwas wie Herr Vikar und etwas wie Herr Seidel in der ‚Woche'!"

Nun wissen wir doch, wie der Idealmann aussehen muss.

Herr Salzmann ist in Berlin gewesen und hat sich beim Konsistorium nach dem Termin erkundigt, bis wann er seine Arbeit wiederkriegen könne, – er möchte es wissen wegen der Veröffentlichung seiner Verlobung. Der betr. Konsistorialrat hat ihn sehr milde angesehen und mit dem Kopf geschüttelt, ist nachher aber freundlich gewesen und hat nur gefragt, warum die Herren Kandidaten denn niemals warten könnten. Freitag wird die Verlobung öffentlich gemacht. Der Juwelier von Prenzlau hat einen Haufen Goldringe zur Ansicht gesandt, sie passten sie mir auch an, aber ohne Erfolg, indem alle zu weit waren.

Meine Predigt werde ich wohl den 13. Juli halten. Freitag fahre ich nach Prenzlau, um dann Sonnabend früh meine Militärsache zu Ende zu bringen.

Herr Röhl, der zweite Lehrer, ist unter die Helfer in die Sonntagsschule eingetreten. Er ist in diesem Falle wohl nicht nur Subjekt, sondern auch Objekt. Ich fürchte, es wird ihn von seinem sogenannten Lebenswandel wenig bekehren. Patentfatzke ist er auch noch, benimmt sich aber sonst ordentlich. Dreising visitiert ihn mit eiserner Konsequenz, aber es scheint noch immer an Indiciums zu fehlen.

Juli

Den 1. Juli
Das Bild, das Vater an Dreising und Familie geschickt hat, hat diese ganz außerordentlich beglückt.
Hier hatten wir heute andauernd Gewitter und Regengüsse. Die Engerlinge fressen die Erdbeeren von unten auf und die Hühner von oben. Meine Linaria hat *neun* Blüten, die großmütterliche zwei. Glänzender Sieg des Generals Buller. Ich hoffe, es kommt noch ganz anders. Ein Fräulein ist angereist, die hier die Sommerfrische verbringen wird; sie ist *auch* unbändig gediegen und ein Ideal. Für Freitag werden die Zurüstungen betrieben; auch Ihr werdet von der Verlobung eine Anzeige erhalten und ich bemerke noch einmal, dass die Familie Dreising Euch in absoluter Ahnungslosigkeit über diesen Punkt glaubt. Ich bin, wenn die Orgien beginnen, leider in Templin. Morgen fahren alle nach Prenzlau; ich bleibe zu Hause und mache meine Predigt.

Den 5. Juli, Sonnabend
Dieser Brief entsteht im „König von Preußen" in Templin, jenem Hotel, das unserm Grafen tributpflichtig ist. Infolgedessen behandelt man auch mich wie ein rohes Ei, was ich mir gefallen lasse und immer angenehm ist.
Selten habe ich eine so traurige Familie gesehen wie die Familie Dreising am Donnerstag; selten eine so vergnügte als dieselbe Familie 24 Stunden später. Sie hatten die Verlobungsanzeigen in Prenzlau drucken lassen; bei der Andacht am 3. auf dem Schloss teilte Dreising dem Grafen und der Gräfin das festliche Ereignis im Voraus mit und erklärte, die Anzeige würde am nächsten Tage nachfolgen. Die Gräfin geriet in einen Zustand mitfühlender Rührung und lief, sobald ihr Pastor fort war, in ihren Rosengarten, wo sie alsbald furchtbare Verwüstungen anrichtete. In der Nacht sollten die Anzeigen nach Boitzenburg gehen, sie taten es auch, aber sie reisten vergnügt nach Boizenburg an der Elbe, stundenlanges Telefonieren am Freitag klärte diesen Tatbestand auf.

Ferner hatte die Braut sich für ihren Ferdy bei Lorentz fotografieren lassen. Lorentz, der Bruder des großen Kaufmannes, ist so eine Art verlorener Sohn, war Bäckergeselle und wandte sich der Lithografie und der Bemalung von Fotografien zu. Wenn junge Damen Neigung zum Starkwerden haben, empfinden sie es stets unangenehm, sehr ähnlich aufgenommen zu werden; durch einen saftigen rosenroten Pinselstrich hatte nun aber der Künstler von Boitzenburg die Halspartie gänzlich mit der rechten Wange des Porträts verwischt, sodass eine Art rötliche Wampe entstanden war, die man getrost als unhistorisch bezeichnen durfte. Die Braut war untröstlich.

Ich ging am nächsten Morgen mit ihr zu Lorentz. Eine alte Frau, die uns beide sah, erklärte es später für rücksichtslos, die Leute durch diesen Spaziergang irrezuführen – noch dazu im letzten Augenblick. Eine andere alte Frau sagte, sie hätte es längst gewusst, Herr Salzmann sei nur vorgeschoben, man sähe es ja, wie es stünde, da wir uns schon zusammen fotografieren ließen. Für die Schwiegereltern der Braut.

Hinter Lorentzens Tür hörten wir ein Gespräch. Beim Eintritt zeigte sich uns der neugierigste Mitbürger unseres neugierigen Ortes, Herr Kaufmann Peltzer. Er lief zwar sofort auf Strümpfen in ein Nebengemach, doch hörte man durch die Wand, wie es in ihm arbeitete. Herrn Lorentzens Künstlerstolz schmolz vor meinen sachgemäßen Einwänden dahin. Da er am Tage vorher vom Rad gefallen war und sich den Arm verstaucht hatte, war er etwas bedrückt, sagte jedoch, er könne die Änderung ohne Bewegung des kranken Gliedes vornehmen. Dann sprach er noch eine Weile von der Kunst der Lithografie und wie wenig Leute es gäbe, die das dafür nötige Handgelenk besäßen, er hätte es (wir mussten es beide betrachten) und es wäre ein Geschenk und sehr bemerkenswert.

Der Ausweg, den er erdachte, war jedenfalls originell. Als das Bild gegen 3 Uhr wieder ins Pfarrhaus zurückkam, schlang sich um den Hals der Braut eine Art von Strick – aber das Profil hatte gewonnen und das Bild war ähnlich geworden.

Am 11., am Freitag, liefen die neuen Anzeigen ein. Das Geschrei der Frauen war kaum anzuhören. Sie schienen zehn Stunden in einer Luglochhöhle gesessen zu haben und waren dann durch ein Wunder gerettet. Die Braut fiel mir beinahe um den Hals, besann sich aber noch rechtzeitig und ergriff ihre Großmutter. Lola weinte.

Hiernach schrieben wir in zwei Stunden zweihundertfünfzig Adressen. Die Großmutter leckte die Marken an - d. h. mit einer kleinen durch Gummi streichenden gläsernen Drehwalze. Dreising schrieb an die Koryphäen und Respektspersonen. Den Rekord hatte ich, was die Masse anging. Mademoiselle steckte das Ganze in Umschläge; sie war schon gestern Abend mit einem Tintenfass durch den Sommergarten des Pfarrhauses herangeschwebt wie die Fee Rosabelverde; aber es war ja nichts. Die neue Hausbewohnerin – Tochter eines toten Sanitätsrates, tizianrotes Haar und Uria-Heep-Augenbrauen, hat einen fetten Bruder – Fräulein Merck also schrieb auch, redete aber noch viel mehr. Ein schrecklicher Wasserfall, sie ist ganz nett, so verblüffend sie zunächst aussieht, aber wehe dem Unglücklichen, den sie mal zur Heirat beredet. Sie weiß einige gute Geschichten und hört die Vorträge von Samuel Keller. Von beiden Dingen gelegentlich später.

Als wir alle im besten Schreiben drin waren, kam die Gräfin. Mit Rosen, die durch ein gelbes Band zusammengebunden waren. Es ist seltsam: mal ist sie wie ein junges Mädchen und dann wieder wie die Gräfin Arnim aus dem Hause Boitzenburg. Die erste Rolle ist ihr natürlicher. Sie interessierte sich fürchterlich für das Ereignis und hatte es auch schon „gewusst". Ich glaube, manchmal beneiden diese hochgeborenen Herrschaften uns gewöhnliche Sterbliche doch etwas; diesmal fand sie sichtlich das Pfarrhaus amüsanter als irgendetwas anderes – wer weiß, wie oft sie den Zwang ihrer Stellung ähnlich empfindet. Um vier tranken wir in der Kreisschulinspektion, d. h. in Dreisings Zimmer, Kaffee. Siehe da, er hatte Bauchbindenzigarren. Vaters Bild steckt in einem neuen Stehrahmen an sichtbarer Stelle, er hat sich unbändig darüber gefreut. Fräulein Singer war natürlich anwesend, Mutter Dreising strahlte mich an und ich hielt mich an den Kuchen. Um vier Uhr kamen die ersten Gratulanten. Kinder mit Blumen, dann Herr Lehrer Röhl – Halskragen bis an die Schläfen und blank geputzte Gebieteraugen. Er ist zwanzig Jahr alt. Der Forstmeister brachte sich vor Galanterie gegen die „Großmutter des Brautpaares" fast um. Herr Kantor Becker schlug eine Bresche in den Kuchen und war jovialisch. Abends war ein Festmahl. Mademoiselle hatte eine Müllschippe mit Rosen bespinnen lassen und trug damit den Preis des originellsten Bukettes davon. Dreising hielt eine sehr gute Rede – die beste, die ich bis jetzt von ihm gehört habe. Der Doktor gab Mitteilungen aus dem Privatleben seiner Tauben und steuerte auf Geschichten los, die seine Hündin erlebt habe, – aber die Pastorin ertränkte die Pointe im entscheidenden Augenblick durch Erdbeerbowle. Das Mahl wurde heiterer und die Brautleute waren so glücklich, wie Menschenkinder nur sein können.

Um neun musste ich fort, zum Glück nicht zu Fuß. Herr Fischer, ein freundlicher Mann, ließ mich durch seinen kleinen Sohn nach Haßleben fahren. Das ruppige Pferdchen war wohl sonst gewohnt, nur Hammel und Schweine fortzufahren, und wendete nun aus dem Schatze seiner Erfahrung alle die Kniffe an, durch die man ein Schaf tiefsinnig und ein Schwein seekrank machen kann. Dabei sah es sich in gemessenen Pausen ungemein listig um. Von Haßleben nach Templin fuhr ich mit einem betrunkenen Herrn. Er stellte sich mir in der kurzen Zeit siebzehnmal vor und war ein Juwel. Die Schilderung seines Vertrauensverhältnisses mit dem Landrat von Arnim – er selbst war Schreiber – hätte diesen gewiss überrascht.

Im „König von Preußen" war ein Kellner aus Rostock, was ich nach drei Minuten entdeckte. Er führte mich in ein Zimmer, das bekränzt war und den Spruch trug: „Ein Willkommen den Neuvermählten!" Im Bett wohnten Flöhe. Da ein alter Oberst nebenan schnarchte wie eine Sägemühle, so schlief ich die Nacht kaum eine Stunde. Bei der Musterung gewann ich das Herz eines Sergeanten, sodass ich drei Stunden früher loskam. Wie ich schon auf der Karte schrieb, glaube ich freigekommen zu sein.

Den 9. Juli 1902, Mittwoch
... Sehr frisch habe ich in Templin vermutlich nicht ausgesehen. Der Oberstabsarzt behorchte nur meine Lunge und ließ mich dann laufen. Im Hotelomnibus fuhr ich nachher mit ihm, einem Oberstleutnant, einem General und einem gewöhnlichen Menschen zum Bahnhof. Bis jetzt ist der Bescheid noch nicht da. Es fragt sich nur, wie weit die Ablehnung geht – ob ich „tauglich für Kriegsfall ohne Waffe" oder „tauglich zur letzten Landesverteidigung mit der Heugabel" befunden werde. Das letzte entbindet von der Teilnahme an den jährlichen Kontrollversammlungen. Montag las ich Dreising meine Predigt vor. Er sagte, es wäre Torheit, da noch etwas hinzufügen zu wollen oder irgendetwas zu kritisieren. Ich freue mich ja seiner Anerkennung, aber solches Lob ist grässlich anzuhören. Ich werde die Predigt nächsten Sonntag halten, um neun in Kuhz und um elf in Kröchlendorff vor der Schwester Bismarcks; voraussichtlich werde ich von den Herrschaften zu Tisch gezogen werden.

Mit der Nervosität geht es an. Der Appetit wird langsam besser.

Gestern war Kreislehrerkonferenz, von zehn bis halb drei, etwas angreifend, dann Festmahl mit Reden; die Pastoren nachher zum Kaffee im Pfarrhaus, einige auch abends da, wo wir bis in die sinkende Nacht hinein Studentenlieder sangen. Der neue Pastor Wilke war auch kurze Zeit da; er sieht sehr nach Jünglingsverein aus und ist furchtbar abgearbeitet. In was für Nesseln er sich in Wichmannsdorf hineingesetzt hat, scheint er noch nicht zu wissen.

Der Graf hat Unglück mit durchgehenden Pferden gehabt, doch sind alle noch rechtzeitig herausgesprungen, nur der Kutscher wurde etwas geschleift. Dieselben Pferde haben kürzlich erst einen Menschen überfahren.

Die Großmutter ist zur Pflege nach Berlin gefahren, wo Tante Berta einen Schlaganfall bekommen hat. Dass gerade *sie* so am Reden behindert wird – denn der Arzt hat auch das wenige Sprechen verboten, das sie vermag – ist eine seltsame Schickung.

Zuweilen wandern mecklenburgische Schulen mit Musik und Fahnen durch den Ort. Der große Maurermeistertag ist dahin, seine letzten Spuren waren der Rehbraten, den wir gestern auf der Konferenz bekamen und der eigentümlich aufgewärmt schmeckte.

Auf dem Kirchsteig blühen die rot-weißen Rankwinden. In den letzten Tagen war es stürmisch und meist ist es kühl, was mir sehr lieb ist. Am 20. kommt hier ein großes Tier – Name unbekannt – aber alle Wege werden ausgebessert. Der Mann aus Warthe, der stets betrunken ist und immer um eine „Abendsmahlshose" im Pfarrhause bittet, hat sich von Neuem gezeigt ...

Den 10. Juli

In der Nacht haben die Wälder mal wieder geheult, es war ein Krachen von Baumästen und dazwischen das Rauschen des Regens, der über die Spargelfelder pflügte. Von meinem Schreibtisch aus sehe ich nur Wiesenland und mehr als hundert grüne Wipfel; aber der Sturm zieht ab und die Bäume stehen da wie die alten Männer bei Begräbnissen: regungslos und aufrecht, nur ganz oben bewegt es sich flatternd und die weißen Haarsträhnen nicken in der Sonne und sagen zu allem ja. Im Garten zeigten sich die Spuren der letzten Wetternacht, neu abgestochene Wege und Beete haben abgeschliffene und versandete Kanten bekommen, eine Linde ist gestürzt, kleine nackte Vögel haben gegen Mitternacht eine unfreiwillige Fahrt durch die Lüfte gemacht und liegen nun tot auf den Steigen, von der Linaria sind sämtliche älteren Blüten abgeweht.

Auch Lola ist hineingerissen worden in den Wirbel der Elemente; das Ergebnis sind vier scheußliche kleine Terrier, die in der Küche besichtigt werden können. Sie befindet sich verhältnismäßig wohl.

Merkwürdig sehen diese kleinen Lolas aus – wie wabbelige Porzellanmöpse, wenn man dies Compositum bilden darf. Sie piepen wie die Mäuse und haben von der Welt bisher nur eine sehr dunkle Vorstellung.

Gelegentlich möchte ich wohl wissen, ob „Jörn Uhl" Vater gefällt.

Heute Nachmittag erschienen Pfarrer Wilke mit Frau zum Antrittsbesuch. Ein Ereignis für das Pfarrhaus, denn er ist der am nächsten wohnende Amtsbruder. Abgesehen davon, dass er öfter von Leuten spricht, deren Richtung ihm zusagt, und von anderen Leuten, die nicht dieses Glück haben, ist er ganz nett und offenbar ein ehrlicher und liebevoller Mensch. Nach wie vor kann ich es aber nur für ein Zeichen von Versteinerung halten, wenn jemand die theologische Richtung des Amtsbruders für einen Wertmesser hält. Theologische Richtung ist immer zu drei Vierteln Zufallsprodukt oder, besser gesagt, von dem Willen des einzelnen Menschen nur in geringer Weise abhängig. Unser Wert darf aber doch nur an dem gemessen werden, wofür wir wirklich selber die Verantwortung tragen. Was kann Väterchen dafür, dass er in einem orthodoxen Pfarrhaus zur Welt gekommen ist; was hat Dreising für ein Verdienst daran, dass er Kögels Schüler wurde; wie dürfte sich S. Dryanders Theologie zum Verdienst anrechnen; wie Harnack Schuld gegeben werden, dass er Ritschl zum Lehrer hatte, und wie will man es Pfleiderer aufdrücken, wenn er als Schwabe in Tübingen groß wurde und in der Tübinger Luft zu spekulieren anfing, sodass sein Christentum noch heute das Aussehen einer religiös gerichteten Philosophie besitzt? Die Einbildung, als hätte die jeweilig herrschende kirchliche Richtung das wahre Wesen der Religion und den Geist Christi, die dieser Regierungstheologie gegenüberstehenden Parteien aber besäßen nur eine Verwässerung der Sache oder gar nichts, – ist eine der dauerhaftesten Selbsttäuschungen, denen die Welt unterliegt. Ich bin jetzt endlich so weit, mich über diese schmerzliche Unvollkommenheit nicht mehr aufzuregen; aber als ich anfing, Theologie zu studieren, habe ich in dem Punkte die Theologen überschätzt. Euch wird es nicht so wichtig klingen, aber da ich selber in dem Beruf stehe, so hat es für mich ein anderes Gesicht; es ist einer von den vielen Punkten, die allmählich sichtbar werden und das Gefühl einer vorübergehenden Vereinsamung wachrufen. Ich glaube, es gibt für einen Pfarrer keine größere Gefahr, als wenn er vorwiegend mit Amtsgenossen verkehrt. Man kriegt blinde Augen und eine tote, unverständliche Sprache; man redet mit Ausdrücken, die so alt sind, dass sie gar kein Gepräge mehr haben und dass sich die Leute schließlich nichts mehr darunter vorstellen. Man verwechselt die unsichtbare Gemeinde Christi mit der amtlich abgestempelten Kirchgängergemeinde und verliert den Glauben an das christliche Leben, das keinen Trieb spürt, in logischen Bekenntnissen hervorzutreten. Das Dogmenchristentum ist aber nur eine Art von vielen, notwendig sicherlich, um allerlei konfuse Köpfe und Schwärmer vor sich selber zu retten, aber doch mit viel Menschlichkeit versetzt. Die Bemerkung Gottfried Kellers von der Wissenschaft, die „gerade einmal wieder den höchstmöglichen Stand erklommen hatte", sollte mehr Theologen nachdenklich machen, als es bisher der Fall zu sein scheint. Mir gelang es neulich, Dreising mit Melanchthon in Verlegenheit zu bringen. In Melanchthons Dogmatik von 1521, die Luther mehrmals der Heiligen Schrift fast gleichstellt, kommt ein Satz vor, der $^3/_4$ der neueren Theologie rechtfertigt. Ich las ihm diesen Satz vor und er sagte: „Das klingt allerdings ganz wie Ritschl. Aber Luther war so, dem kam es auf die Hauptsache an, über den Satz hat er wohl hinweggesehen!" Dieser Satz stand leider im Mittelpunkt des ganzen kurzen Buches, war wahrhaftig selbst Hauptsache und mit dem „Hinwegsehen über etwas" darf man Luther doch nicht kommen, wo es sich um eine grundlegende Schrift der ganzen Reformation handelt. Ich muss sagen, dieser Satz hätte mir alles umgestürzt und mich nicht wieder losgelassen, aber nach einer Stunde hatte Dreising alles wieder vergessen und sein theologisches Gemüt war wie die geölte See. Ich will ja gar nicht, dass er zur neuen Theologie übergeht, er soll ihr nur Lebensluft gönnen und der Wahrheit gemäß zugeben, dass sie auch in der Reformation und im Evangelium Christi ihre Wurzel hat. Es ist dann eine andere Ausprägung derselben Wahrheit. Aber das darf es nicht geben, weil es nicht nur eine Wahrheit, sondern auch eine Lehrform geben soll. Das Letzte ist bekanntlich katholisch, aber der Katholizismus sitzt der evangelischen Kirche in ihren Knochen, dass es ein Jammer ist.

Ich bitte um Entschuldigung, ich bin, glaube ich, eben theologisch geworden.

Den 11. Juli 1902
Draußen schüttelt der Sturm die Bäume und der Regen strömt wie eine Wand vom Himmel.

Drei kleine Lolas sind gestern ersäuft worden, es war grässlich. Infolgedessen ist Lola sehr misstrauisch geworden und hat ihren letzten Sohn in eine Ecke geschleppt, sodass man beide nur sehen kann, wenn man auf dem Bauch liegt und unter einem Tisch durchguckt. Das kleine Gewürm will die Waschfrau später haben; wir werden es zuvor kunstreich erziehen. Ich predige nun am 13. in Kuhz und Kröchlendorff, am 20. in Wichmannsdorf und Boitzenburg, am 27. in Naugarten.

Den 14. Juli 1902
Nachdem ich gestern in der kleinen Dorfkirche zu Kuhz den Gottesdienst gehalten hatte, ging ich über den blühenden Kirchhof ins Pfarrhaus zurück; der zweite Wagen, der mich nach Kröchlendorff bringen sollte, hielt schon hinten auf dem Hofe. Die Kirche von Kuhz ist alt, aus mächtigen Quadersteinen emporgetürmt, ich stand auf einer Kanzel, die war bunt bemalt und im Ausgang der Reformation von einem kunstreichen Mann geschnitzt; es mag also auf ihr schon einer gepredigt haben, der in Wittenberg noch Luthern und Melanchthon ins Auge gesehen hat. Nun sind es andere Zeiten als damals; denn da ich nach dem Läuten in die kühle Halle trat, in der lustige Kränze hingen, auch das Testament Friedrich Wilhelms III. unter Glas und Rahmen in sauberem Druck an einer Säule schwebte, da saß da erst eine Frau, preislich und erwartungsvoll, und auf der Orgelempore zählte der Lehrer fünf kleine Mädchen ab, die soll-

ten singen. Es kam ein langes Vorspiel der Orgel, währenddessen ich auf meinem unabgestäubten Platz saß und die wenigen Nachzügler betrachtete, die mit beträchtlichem Geräusch von draußen hereintraten. Als ich die Kanzeltreppe emporstieg, hatte sich eine Gemeinde von vierzehn Menschen zusammengefunden – dabei blieb es. Nun ist es ja ebenso nötig, für drei Menschen zu reden wie für hundert, aber da so wenig da waren, hatte ich einige Mühe, den Raum zu füllen. Wenigstens war nicht wie in Wichmannsdorf Bedürfnis zum Schlaf vorhanden; ein alter Mann vielleicht, der vergeblich versuchte, mit seinem Gesicht unter seinen Bart herunterzurutschen; als dies nicht ging und er sich auch ein wenig genierte, wurde er ganz aufmerksam. Mich stört es übrigens nicht, den Menschen ins Gesicht zu sehen, es hat vielmehr etwas Beruhigendes für mich.

Von neun bis zehn war der Gottesdienst in Kuhz, um zehn rasselte ich mit dem zweiten Gefährt schon aus dem Dorfe hinaus. Es war ein schöner, milder Tag, sehr still und geheimnisvoll, gleich als trügen die schweren Kornfelder schon ein Gefühl der kommenden Ernte in sich. Die dunkle Fläche des Dorfteiches lag unbewegt in der Sonne und spiegelte die dicken Gänse wider, die mit ihren Gösseln am Rande auf dem Bauch lagen. Aus den Schornsteinen stieg ein leichter Rauch empor und ganz hinten kam eilfertig ein Junge angetüffelt, der vermutlich wusste, dass es Eierkuchen gab.

Mein Wagen schwenkte sofort von der Chaussee ab und schlug einen Feld- und Wiesenweg ein, der dem dunklen Walde zustrebte.

Bald waren wir ganz allein. Wie viel Kornblumen blühten am Weg! Wenn die Pferde eine Spur des nächtlichen Regens erblickten, liefen sie den Weg seitlich hinauf, sodass ich als neuer Absalom fast in einem Busch wilder Rosen hängen blieb, der einen zierlichen Schatten auf den Weg streute.

Dort, wo die blaue Libelle in meinen Wagen einstieg, trafen wir einen kleinen Jungen, der die Gänse hütete. Er verneigte sich so tief vor mir, dass sein Kopf fast ganz verschwand; hierbei entdeckte er einen kleinen Frosch, den er griff und zum Gefährten seiner Einsamkeit erkor. So belohnt sich die Höflichkeit.

Als wir bei der frierenden Schafherde vorbeikamen – die Schur ist unlängst gewesen –, dankte die Libelle durch ein verbindliches Wippen mit dem Hinterteil und entwetzte; was kann ich dafür, dass meine Pferde nicht schneller konnten!

Und dann begann der Wald. Uralte Fichten und Tannen stiegen wie eine Mauer zu beiden Seiten empor, die Tannen breiteten ihre Arme aus und zeigten den prachtvollsten Zapfenschmuck. Feuerrote Nelken wuchsen im Grunde, aber auch Taubnesseln und anderes gemeines Unkraut; einmal sah ich eine Elster; sie ließ ihre schwarz-weißen Federn in der Sonne leuchten und kam sich sehr patriotisch vor.

Nach dem Walde folgten Wiesen und Kuhherden, die in dem langen Gras spazieren gingen; aber dahinter erblickte man wieder den Forst und zugleich weiße Bänke, die dort zum Ausruhen standen, – hinten leuchtete Kröchlendorff mit seinen roten Dächern auf. Ich musste immer denken, wer wohl auf diesen Bänken alles schon gesessen hat und was sie gesprochen haben; es muss eine interessante Gesellschaft gewesen sein. Als wir in Kröchlendorff vor dem Hause des Schullehrers anhielten, war weder von einem Schloss noch von einer Kirche etwas zu sehen. Das Haus hatte einen Blumengarten vor sich; seine Fenster schauten auf einen weiten Platz und links auf einen grünen Park, der durch ein Gitter abgesperrt war. Der Kutscher brauchte nicht mit der Peitsche zu knallen, denn bereits kam der Kantor mit würdigen Schritten durch den Garten und lüftete seinen gewaltigen Schlapphut zum Gruß.

Der Kantor von Kröchlendorff hat sich schon pensionieren lassen und zieht diesen Herbst nach Charlottenburg zu seinem Sohn. Er ist einer von den in Preußen nicht ganz seltenen Menschen, die in der Phrase von „unserem irdischen und himmlischen König" eine harmonische Bildung erblicken. Er hat einen weißen gestutzten Bart, der beim

Sprechen eine ungeahnte Beweglichkeit entfaltet, und eine mächtige Nase, auf deren Rücken ein ganzes Regiment von Kneifern Platz fände. Aber das Bemerkenswerteste ist seine Diplomatie, die ihm auf dem heißen Boden von Kröchlendorff zur zweiten Natur geworden ist, denn es handelt sich in Kröchlendorff um Frauenregiment. Malwine von Bismarck hat den Geist, aber auch die wilde Energie ihres Bruders, auch nachdem sie eine Malwine von Arnim geworden ist, und allein regiert sie, seitdem der alte Herr von Arnim immer älter und hinfälliger geworden ist; er will in diesem Jahr 90 Jahre alt werden und steht daher täglich mit großer Mühe um Mittag auf und verschafft sich am Arm eines Dieners einige kümmerliche Bewegung; sein Geist soll noch frisch sein, aber der Körper versagt seinen Dienst.

Guten Tag, Herr Pastorrr, sagte der alte Kantor zu mir und ergriff meine Talartasche. Auf der Haustreppe standen einige Enkelkinder, die er mir mit Stolz zeigte; da es spät war, musste ich mich drinnen gleich für die Kirche umziehen. Die Kirche liegt in dem erwähnten Park, man sieht sie bald. Bismarck hat sie auch mal besichtigt und der Kantor hat damals zitternd im Gebüsch gestanden und sich nicht hervorgewagt.

Wir gingen durch den sommerlichen Park und ich erschrak beinahe, als ich plötzlich die Kirche erblickte; denn vor meinen Blicken zeigte sich die zierlichste gotische Spielzeugkirche von der Welt. Sie hat auch wohl kaum ihresgleichen.

Den 15. Juli 1902
Die Kirche von Kröchlendorff ist um die Mitte des vorigen Jahrhunderts erbaut im strengsten gotischen Stil; was sie an Schönheit gewonnen hat, ist ihr leider an Akustik verloren gegangen.

Als der alte Küster mich in die Sakristei führte, saßen die meisten Leute schon da. Mit wunderbarer Farbenpracht glühte die Geburt Christi, hinter dem Altar auf ein Glasfenster gemalt, in die Kirche hinein. Der Altar erhob sich auf schneeweißem Marmor und alles war leuchtend und strahlend und stieg empor wie die mächtigen schimmernden Säulen des Gotteshauses. Der Sakristeistuhl war aus edlem Holz geschnitzt und für vier Personen ausreichend, trug ein kleines Dach und bildete so im Schatten der Kanzel eine behagliche Wohnung. Man sah gerade auf den herrschaftlichen Stuhl, in dem eine jüngere Dame saß, die offenbar nicht die Frau von Arnim-Bismarck war. Die Kirche füllte sich rasch.

Als die Orgel anhub, ging es wie ein Sturmwind durch den Raum, so rauschten die Tonwellen von dem Chor hernieder auf die Gemeinde; der Sohn des Kantors, ein guter Orgelspieler, wollte an diesem Tage Ehre einlegen. Ich war vorher sehr müde und ungewiss gewesen, wie es ablaufen würde. Aber von dem Augenblick an, wo ich an den Altar ging, war wie stets die Müdigkeit dahin; das Gefühl, dass andere auf einen warten, macht für den Menschen doch viel aus und aus dem Schweigen der Gemeinde fließt eine seltsame Ruhe und Beruhigung.

Ich mag gerne die Liturgie halten, seitdem mir einmal bewusst geworden ist, welche Kraft und welcher Sinn in diesen alten Worten beschlossen ist. Dabei wäre es mir peinlich, wenn ich nicht alle die aufmerksamen Gesichter vor mir deutlich erkennen könnte; man wünscht doch im Gesicht dessen zu lesen, mit dem man redet. Und vor allem möchte ich dies: dass recht viele wirklich mit dem Herzen hörten, was ich sage. Ich glaube, man kann die Liturgie wenigstens in etwa so sprechen, dass die Gemeinde dabei anfängt zu denken – viel ist freilich nicht zu machen. Ich selber habe früher die Liturgie nicht anders gehört als die meisten und schäme mich dessen ein wenig.

Es fängt sehr feierlich und gewaltig an, denn es beginnt mit der Schöpfung. „Unsere Hilfe stehet im Namen des Herrn, der Himmel und Erde gemacht hat." Wenn ich das lese, muss ich jetzt immer an das Meer denken, wie es bergehohe Wände auftürmt und aus seiner Tiefe Gutes und Schreckliches an den Strand wirft. Und dann sehe ich auch die ersten Menschen, die vor der Springflut weglaufen, oder Menschen, die durch die Wüste wandern, oder sonst

Menschen, die sich fürchten müssen und selbst im Schlaf vor Angst aufschreien, weil die Natur hinter ihnen her ist mit Feuer vom Himmel und Wasser aus der Tiefe. Und fremdartige Bäume blühen auf und unbekannte Vögel singen gegen den Abend, und die Mondsichel hängt im blauen Luftraum und die Sterne rollen wie goldene Kugeln über den Himmel – aber alles das ist herrlich und schrecklich zugleich.

Dann fällt mein Blick auf die kleine Gemeinde vor mir, die im Sonntagsputz und mit festlichen Gesichtern dasteht, und ich habe das Gefühl: das sind dieselben unruhigen Menschen, sie haben eine Zauberinsel gefunden, auf der lauter Freude und Stille herrscht – „unsere Hilfe stehet im Namen des Herrn!" Die Wunderbäume haben sich in alte Bekannte verwandelt, die Vögel in Hausfreunde, die unter dem Dach und im Johannisbeerbusch ihr Nest bauen, der Mond ist kein feindliches, Unheil bringendes Gestirn mehr, sondern der Freund des späten Wanderers, und die Sterne nennen sie Blumen, die auf der Himmelswiese stehen.

Wenn man sich das so ausdenkt, wird man ordentlich dankbar und doch fällt einem schnell ein, wie achtlos man meist an der schönen Welt vorbeigeht und wie man die gute Kraft, die Gott einem geschenkt hat, vertrödelt und missbraucht. Wenn daher jetzt das Sündenbekenntnis der Gemeinde zu sprechen ist, so fügt sich das ganz gut in die Stimmung. Ich denke mir oft: hier ist die Stelle, wo jeder Gedanken kriegt, der nicht ganz stumpfsinnig geworden ist. Und jeder denkt an etwas anderes – wer hat die Zauberlaterne, die in diese Geheimnisse Licht wirft? Ich glaube, es würden seltsame Bilder auf die Wand fallen.

Es ist dann sonderbar zu hören, wie die Gemeinde das Kyrie eleison singt – dreimal. Mich rührt es immer, wenn ich denke, dass alle diese verschiedenen Menschen plötzlich in einem Ruf verbunden sind und diese laute klagende Bitte richten an einen, den sie nicht sehen. Und noch seltsamer ist es dann, wenn man selber am Altar steht und im Namen dieses Unsichtbaren ihnen antwortet mit der Gnadenverkündigung. Diese Antwort ist mir das Liebste an der Liturgie, denn es gibt nichts Fröhlicheres in der Welt als einem verzweifelten Menschen mit gutem Gewissen sagen dürfen: es wird nun alles wieder gut.

Sehr gern mag ich auch das „Ehre sei Gott in der Höhe ..." sagen; es ist doch eine feine und herrliche Ehre, dieselben Worte unter das Volk zu rufen, die die Engel in der Weihnachtsnacht gesungen haben.

Als ich in Kröchlendorff vor dem Altar stand, wurde ich auch aufmerksam auf den Orgelchor, dessen halbkreisförmige, gewölbte, braun geschnitzte Brüstung von vielen fröhlichen Kindergesichtern überragt wurde. In ihrer Mitte, an die schimmernden Orgelpfeifen gelehnt, stand der alte weiße Kantor und sang mit einer wahrhaften Drommetenstimme. Es war wie ein Bild von Ludwig Richter.

Draußen schien die Sonne und pulsierte wie atmendes Leben in den Figuren aus der Heiligen Nacht: war es Maria, der der Glasmaler ein purpurnes Gewand angezogen hatte? Genug, als ich in meine Agende sah und zu lesen begann, lag ein feiner Rosenschimmer auf den ernsthaften Buchseiten.

Mit der Predigt hatte ich viel Glück, während ich in Kuhz ganze Seiten frei gesprochen und manches vergessen hatte, war mir hier, als hielte mir einer fortwährend mein Manuskript vor Augen, alles wüchse rechtzeitig heran, und doch sah ich durch das unsichtbare Manuskript hindurch in die Gemeinde und beobachtete, wie die verschiedenen Gedanken plötzlich auf den emporgewandten Gesichtern Leben gewannen. Dass meine Stimme reichte, um bis zuletzt in dem gänzlich unakustischen Raum durchzudringen, ist mir noch jetzt unbegreiflich.

Die Dame aus dem herrschaftlichen Stuhl, Freundin und Gesellschafterin der Frau von Arnim-Bismarck, wartete nachher am Ausgang auf mich und entschuldigte das Ausbleiben der Herrschaft damit, dass diese gestern erst nach zwölfstündiger Reise von Varzin heimgekehrt sei, doch bäte sie um meinen Besuch.

Ich legte daher beim Kantor meinen Talar ab und ging dann allein aufs Schloss. Es zeigte sich mir bald, nachdem ich durch den Park an der Kirche vorbeigeschritten war. Ein burgartiges Gebäude, ich glaube, „englischer Stil", davor weite Rasenflächen, auf denen die Mittagssonne webte.

Mit angeborener und bekannter Eleganz schritt ich die große Freitreppe empor und erregte hier die Tatkraft eines alten Dieners, der in dem Vorraum bereits auf mich wartete und nach tiefer Verbeugung eine Flügeltür diensteifrig aufriss.

Ich trat in ein helles, freundliches Zimmer, das den Ausblick in manche anderen Säle eröffnete, in denen die Sonne auf braunem Schnitzwerk und kunstvollen Möbeln herumwanderte. Die Schwester Bismarcks saß zurückgelehnt in einem geblümten Sessel und warf durch ein Schildpatt-Lorgnon einen raschen Blick auf mich, worauf sie sich erhob und mir freundlich die Hand entgegenstreckte. „Sie wissen, Herr Pastor, warum ich nicht zu Ihnen in die Kirche kam. Glauben Sie wohl, dass die Leute hier alles behalten werden, was Sie heute gesagt haben? Sehen Sie, in der Stadt da rauscht das hinweg, da fahren die Pferdebahnen und die grässlichen Automobile darüber hin, aber hier auf dem Lande, da behalten sie es, besonders Kleinigkeiten. Auch in anderen Dingen. Da hat meine Tochter vor siebzehn Jahren Hochzeit gemacht; würde ich nach dem Menü fragen, so bin ich sicher, dass es heißen würde: Gnädige Frau brauchen nur zu befehlen, wir machen es alles genau so, bis auf das Pflaumenkompott!"

Es schien vor meinem Eintritt jemand etwas gegen das Landleben gesagt zu haben, denn sie blieb noch eine Weile bei dem Gegenstand. Sie hat ein kluges, feines Gesicht und wunderschöne blaue Augen. Trotz ihrer 75 Jahre sieht sie rüstig und unverfallen aus.

Sie sind der älteste Sohn?, fragte sie, und dann fügte sie sehr freundliche Worte hinzu, wie ein jeder, der mit Vater zusammenhinge, in ihrem Hause willkommen sei. Als sie hörte, dass Vater 60 Jahre alt sei, meinte sie, da sei er ja noch ein junger Mann. Von der neuen Ausgabe mit deutscher Schrift hatte sie noch nichts gehört; sie erkundigte sich genau, wie man sie bekommen könnte, und sprach ihre Entrüstung aus über die andere mit „französischem" Druck.

Indem kam ein Diener angeschritten und verkündete, dass angerichtet sei. Wir gingen in ein Nebenzimmer, wo ein Frühstückstisch für drei Personen gedeckt war. Man muss es gewohnt sein, denn kaum dachte ich daran, mich hinzusetzen, als ich schon saß, denn ein zweiter Diener schob mir den Stuhl unter, dass ich fast die Balance verlor. Zunächst gab es kleine Schnitzel mit Spinat, danach köstlichen Eierkuchen mit Birnen. Unseren Durst stillten wir mit einem kühlen Bordeaux. Als besonderen Leckerbissen aßen wir alle zuletzt etwas Varziner Landbrot mit Butter.

Bei Tisch erzählte sie mir, wie sie einmal in Lichterfelde bei Hempel ohne Erfolg antichambriert hätte; sie wollte einen Enkelsohn anbringen, aber Hempel kam nicht. Da ich wusste, dass das alte Untier sich damals sehr geärgert hat - sie haben es ihm nicht richtig gesagt, wer da wäre –, so fühlte ich ein menschliches Rühren und erzählte, wie peinlich Hempel diese Angelegenheit damals gewesen sei. Gleichzeitig schob ich Dreising ins Gefecht und machte Frau von Arnim-Bismarck klar, wie sehr er sich bemüht habe, ihre Lehrerstelle gut zu besetzen. Wenn Dreising mich beim Konsistorium nett macht, kann ich ihn hier ja auch nett machen. An Herrn Salzmann denkend und seine Braut flocht ich dann noch eine Klage ein über das lange Warten der Theologen, dem ein Privatpatron freilich abhelfen könne.

Nach dem Essen gingen wir wieder ins erste Zimmer zurück. Ich rauchte eine Zigarre, von der sie hoffte, dass es meine Sorte sei, aber ihr Mann rauche schrecklich trockene Zigarren. Sie zeigte mir einen Lenbach: „Das ist das beste Bild von meinem Bruder; er sieht ja etwas finster aus, aber das stimmte damals 1884 auch. Er sagte in jener Zeit zu mir: Lass mich nur an das Auswärtige Amt denken, dann stimmt der Ausdruck!" Auch die beste Fotografie holte sie herbei, worauf wir vom Fotografieren sprachen. „Neulich telegrafiert so'n Blatt an mich, sie wollten mich zu meinem 75. Geburtstag abbilden – mit Lebensbeschreibung. So zudringlich sind sie. Ich habe natürlich gleich telegrafiert: Nein! Ob das überhaupt erlaubt ist, dass sie einen überall so auf die Platte stellen? Mein Bruder erzählte mir mal: Neulich gehe ich spazieren, da knackt es immerzu um mich rum, ich denke, sie wollen mich totschießen, aber sie fotografierten mich bloß!"

Von Magnussen sprachen wir auch – den sie schätzte, noch mehr aber fast seinen Bruder, den Doktor (kennt Ihr ihn?). Oberammergau, Rubinsteins Christus, Luther-Festspiele, Christliche Traktatliteratur, Italien und die Bozener Stationsgruppen, Einweihung eines Wirtshauses in Varzin – das ging nach und nach alles durcheinander und immer hatte sie ihre eigenen Meinungen, die vor dem Geschmack der großen Masse wenig Respekt hatten. Auch von dem Bismarck-Poeten, Graf Westarp, sprachen wir. Er hat es gut gemeint, aber viel ... „ist nicht dahinter", fiel sie ein. Ja, und als die „Kluft" da war, da trat er mit allerlei Versöhnungsvorschlägen auf – so kann sowas doch nicht gemacht werden! Aber er hat meinen Bruder lieb gehabt.

Um eins etwa verabschiedete ich mich und fuhr durch den Wald nach Hause. Ich war sehr vergnügt und der Weg sehr schlecht, sodass ein Markstück, das ich für den Kutscher herausgenommen hatte, plötzlich in einem weiten silbernen Bogen durch die Luft sprang und verschwunden war. Ich ließ aber nicht halten, denn alles war so gut gegangen, und so hatte ich das Vertrauen, dass auch diese kleine Mark plötzlich für eine gute Sache bestimmt worden sei und ganz gewiss von jemand gefunden werden würde, der sie notwendig brauchte.

Den 21. Juli 1902

Helmuth hat auf seiner Karte schon angedeutet, dass er nicht ohne Abenteuer nach Boitzenburg gelangt ist. Der Omnibus in Haßleben war überfüllt, er hätte wohl noch Platz gefunden, wenn er mit der Behandlung von Omnibuskutschern Bescheid wüsste. So aber blieb er höflich und resigniert im Hintergrunde. Ein Radfahrer verhieß ihm und etlichen Reisegefährten, er wolle Fuhrwerk in Haßleben bestellen, aber er vergaß es entweder oder der Fuhrunternehmer besah gerade seinen Acker – jedenfalls erfolgte nichts. Da hat sich denn Helmuth mit männlicher Entschlossenheit aufgemacht und ist zu Fuß in 1 $^{1}/_{3}$ Stunden hierhergewetzt, was eine sehr kurze Zeit für einen ziemlich langen Weg ist. Fast vor Erreichung seines Ziels ist er dann in den Gutshof eingeschwenkt, statt die Chaussee zu verfolgen und hat das Dorf auf einem Privatweg von hinten genommen. Er sah bei seiner Ankunft ganz unverfallen aus, beschwerte sich aber über die Stumpfsinnigkeit der Landkinder, die auf seine Fragen nach dem Pfarrhaus immer nur gegrinst hätten; sie kennen hier den Ausdruck nämlich nicht. Der Großmutter hat er gut gefallen, weil er nett aussieht und auf Fragen antwortet.

Leider regnet es hier andauernd, sodass wir immer nur in Pausen hinauskommen. Schloss und Park haben seinen hochgeschraubten Ansprüchen genügt, im Übrigen belustigt er sich mit Krocket- und Reifenspiel.

Ich bin ganz wohl, etwas angegriffen von gestern; eben kommt eine Frau aus Zerwelin und will ihre Mutter beerdigt haben, was aus mancherlei Gründen eine verzwickte Sache ist. Ich habe in dieser Angelegenheit mit Helmuth einen Spaziergang nach Berkholz gemacht, wo ich dem dortigen Lehrer Anweisungen gab; in dieser Zeit war es etwas besser, wir freuten uns an allerlei Dingen, die Helmuth nicht gewohnt war; die Chaussee ist mit Obstbäumen bepflanzt und so lagen Hunderte von kleinen grasgrünen Äpfeln an der Landstraße; dann kamen wir bei Schnittern vorbei, die ein Gerstenfeld niedermähten und einen Anblick boten wie eine Episode aus dem Gestiefelten Kater. Helmuth behauptet, sich nicht zu langweilen; er steht augenblicklich am Fenster seines Dachzimmerchens und betrachte gedankenvoll die rieselnde und hüpfende Wasserflut in den Dachrinnen. Möge es so bleiben, das heißt nicht mit dem Regen, sondern mit der Zufriedenheit. Es gibt hier viele hundert kleine Dinge, die mich fröhlich machen oder doch mein Interesse wachrufen, die er aber nicht sieht, wie ich sie in seinem Alter auch nicht gesehen habe. Seine größte

Freude ist der Spitz Lola. Ich fürchte, dass er die Hundefrage in Lichterfelde wieder gewaltig aufrollen wird. Seine Meinung über die Kleinbahn nach Haßleben ist in Damengesellschaft überhaupt nicht diskutabel. Ich habe mich sehr über seine Ankunft gefreut und er benimmt sich in der ungewohnten Lage sehr gut. Fräulein Merck, die Sommerpensionärin dieses Hauses, gibt sich sehr nett mit ihm ab und die Großmutter schätzt ihn. Um neun geht er zu Bett, was Bewunderung in puncto Erziehung erregt; gestern Abend hat er Bierkaltschale aus Gläsern getrunken und dabei ausgesehen wie ein liebenswürdiger Gourmand; innerlich aber hat er geweint über ein solches Getränk, in dem schwimmende Rosinen und Brotkrumen seine Tastnerven beleidigen. Auch einen Flammeri hat er lächelnd verspeist; er ist ihm nach dem Bier vorgekommen wie eine Götterspeise; dicke Milch in schwabbeliger Form gab es auch.

Seinen Brief zeigte er mir – es stand merkwürdig wenig drin von dem, was ihm hier Spaß gemacht hat. Ungewohnt war mir an ihm, dass er mich öfter fragte, ob es von diesem oder jenem Platz eine Sage gäbe und ob ich ihm nicht ein Gespenst zeigen könnte. Heute Morgen geriet er über die Rumpelkammer und erduldete Folterqualen, als ich ihm alte, geheftete Schulakten zeigte, auf denen noch ältere preußische Freimarken aufgeklebt waren. Er zieht sich morgens sehr sorgfältig an und erscheint um acht stets als ein junger Gentleman. Sein Appetit ist nach Meinung der Großmutter noch zu gering, ich finde ihn ganz gut, sein Schlaf ist ruhig und fest. Die Großmutter dankt herzlich für das Geschenk und grüßt mit Helmuth und mir viele Male.

Den 23. Juli 1902

Die unbeständige Witterung hält leider hier noch immer an, aber Helmuth hat sich schon einigermaßen in die Sache gefunden und ist ganz zufrieden. Am Sonntag in der Kirche hat er die Neugierde der Gemeinde aufs Höchste erregt; der Forstmeister, bei dem ich mit ihm einen Besuch machte, hat sich sehr über ihn gefreut und ihn für einen strammen Jungen erklärt – woraus ihr entnehmen könnt, dass die hiesige Luft ihm bekommt; er sieht auch rund und strahlend aus, hoffentlich bleibt es so. Wegen seines gentlemännischen Wesens und seiner diskret angebrachten Witze erfreut er sich allgemeiner Beliebtheit. Wenn er sich zu Hause immer so benähme wie hier, könntet Ihr Euch gratulieren.

Meine Pfarrverweserschaft hält mich in einiger Unruhe; man weiß nie, was kommt. Die Beerdigung in Berkholz erweist sich als eine wahre Komplikation von Schwierigkeiten, an die Dreising bei Mitteilung seines letzten Willens (ehe er abreiste) nicht gedacht hat; morgen werde ich Gott sei Dank die Sache los. Die Rede habe ich fertig und zum Teil im Kopf – aber ich bin gespannt, unter welchen Umständen ich sie halten werde. Den Cicerone von Boitzenburg habe ich auch schon mehrmals gemacht, einmal für einen Superintendenten aus G., der mit seinem wohlerzogenen filius eine märkische Wanderung unternommen hatte. Wenn er die Parochie Boitzenburg nicht für eine Perle hält, bin ich jetzt ohne Schuld. Er war ein Mann mit langen Beinen und brauchte augenblicklich anscheinend eine Hungerkur, so hager und hakig sah er aus. Aber er war gut zu mir und für die Führung sehr dankbar. Noch nach acht durchstreiften wir den Park und sahen vom Apollotempel aus, wie die Nebel in breiten Massen zwischen das Schloss und die Höhe zogen. Am Mausoleum brach der Abend herein; der kühle Wind fuhr durch die Zweige und es war seltsam, wie von den vier Lebensaltern nach und nach das Kind, die Jungfrau und das junge Weib in der Dämmerung verschwanden, wie am gegenüberliegenden Turm zugleich die Gesichter des Knaben, Jünglings und Mannes auslöschten und somit nur noch die scharfen Profile des Greises und der alten Frau gegen den Abendhimmel sichtbar blieben – als seien sie in ihrer Schlaflosigkeit und Abgezehrtheit stärker als die Nacht. Als wir durch den Park zurückgingen, huschten die Schatten der Schlossmädchen hinter den Bäumen hin und her und es war, als ob sie Besuch erwarteten. Die Rote-Strumpf-Straße lag verödet da und der Mond schien dem Amtmann auf den Dachboden, denn der Schieferdecker hatte große Haufen von Ziegeln abgehoben. Der Superintendent aber und sein kleiner Sohn stiegen mit einem Licht die Treppe zu ihrem Schlafgemach hinauf, das die Nähe des Pferdestalles nicht zu verleugnen wusste.

Mancherlei Gestalten klopfen jetzt an meine Tür. Mit dienstlicher Miene erscheint der Gemeindevorsteher und wünscht einen polnischen Maurer aus dem Kirchenbuch zu entnehmen – aber der Mann steht nicht drin, hat nie drin gestanden, wird nie drin stehen und gehört überhaupt nach Boizenburg an der Elbe.

Ein Kollektant sammelt für das Marienheim; er hat keine Zähne und ist daher nur schwer zu verstehen, aber sein Mienenspiel sagt genug. Ein Schulknabe grüßt vom Herrn Kantor und bittet um die Lieder für Sonntag.

Lola springt herein, jauchzt, ich entdecke, dass sie eben aus dem Aschenkasten kommt und setze sie daher umgehend vor die Tür. Sie hat es sich gleich gedacht und ist gar nicht verwundert.

Wieder klingelt es und Frau Schulz rauscht herein. Sie lässt sich mit wehmütiger Miene auf einem Stuhl nieder und teilt mit, dass ihre professionellen Bemühungen Boizenburg wieder um einen kleinen Einwohner vermehrt haben. Zwei Frauen begehren den Kirchgang. Ich schüttle Frau Schulz anerkennend die Hand und erkundige mich nach ihrer Gesundheit. Gott sei Dank braucht sie nicht zu klagen, würde es auch nie tun, wenn sie Grund dazu hätte, denn ein eisernes Pflichtgefühl hält sie über Wasser. „Lassen Sie es klingeln um zwei Uhr mittags oder um zwei Uhr mitternachts – Frau Schulz verlässt ihr frugales Mahl. Frau Schulz springt aus dem Bett, setzt sich aufs Rad und fliegt davon!" Sie ist eine gute Frau.

So geht es hin und her. In der Zwischenzeit widme ich mich Helmuth. Nächstens wollen wir in den Tiergarten gehen, wozu ich einen Erlaubnisschein vom Forstmeister erbeten habe.

25. Juli 1902

Gestern um ein Uhr erwartete ich den Wagen nach Zerwelin. Statt seiner kam eine kranke und abgezehrte Frau und überreichte mir folgenden Brief: „Hochgeehrter Herr Vikar! Da mir Herr Ganschow kein Fuhrwerk borgen will, um den Herrn Vikar zur Beerdigung zu holen. Muss ich mir gütigst entschuldigen. Achtungsvoll Frau Öhmke." Es war ein unglückseliges Wesen, das diesen Brief überreichte, Schwester der Frau Öhmke und Tochter der verstorbenen Witwe; in ihrer Ratlosigkeit fing sie an zu weinen; und sie sei in anderen Umständen und könne bei der Beerdigung nicht dabei sein. Ich versprach ihr, ausnahmsweise zu Fuß zu gehen, und sie sagte, ein kleiner Junge würde kommen und meine Sachen tragen. Dann wankte sie davon, hin und her über die Dorfstraße, die in der Mittagsglut weiß und staubig den Berg hinanstieg. Ich wartete und las, um mir die Zeit zu vertreiben, ein Buch von Nietzsche und wunderte mich aufs Neue, dass viele hundert Menschen ihn für einen Philosophen und einen Historiker halten. Aber er hat einen Stil, anmutiger als die Sünde und schön wie der Teufel, wenn er zu Ball geht.

Nach einer Viertelstunde vernahm ich ein zaghaftes Pochen an der Tür und hatte das Gefühl, als dringe der Ton ganz von unten her und ein Erdmännlein mache mir seinen Besuch. Es war aber der versprochene kleine Mann und ich dachte nur: soll er meine Tasche tragen oder meine Tasche ihn! Er steckte in zwei prächtigen Wasserstiefeln und trug einen Wanderstab in der Hand. – Kennst du denn den Weg, fragte ich. Er bemerkte, er sei neun Jahre alt, und schwenkte dabei den Stock, der ihn um Haupteslänge überragte. Wir gehen immerzu, sagte er, und dann sind wir da.

Dagegen gab es keinen Einspruch.

In Boitzenburg hielten die Leute Mittagsschlaf, ich ging langsam meinen Weg und die große Tasche schwankte neben mir her. Im Garten des Herrn Riexinger, der aus Schwaben ist, blühten Stormsche Großmutterblumen und der alte Riexinger saß in der Sonne und nickte mir zu. Dann kamen wir an die letzten Häuser – dorthin, wo im Winter die Kinderschlitten vom Feld her auf die Landstraße herabsausen, als mir plötzlich auffiel, dass das stapfende Geräusch der kleinen Füße hinter mir verschwunden war. Ich sah mich erstaunt um – nichts als Mittagsfrieden und Sonnengeflimmer über den roten Dächern. Wie der dumpfe Klang der alten Kirchenorgel sang es eintönig in den grünen Lindenwipfeln – ich dachte, ob es tausend Bienen seien, die solche Musik machten, oder nur ein paar hundert? Es war aber von den geflügelten Musikanten nichts zu sehen, nur ihr Konzert war vernehmlich, ganz wie in Bayreuth. Wo war meine Tasche? Auf einmal bewegte sie sich hinter einem Hause hervor, die blanken Wasserstiefel stampften zu mir herab auf den Fahrdamm und der Wanderstab klang wieder auf die Steine; hinter dem kleinen Führer trippelte ein Brüderchen mit blonden Locken und einer blauen Mütze: den hatte er sich so lange aufgestapelt und nahm ihn nun vorsichtig mit, als er an jenem Hause vorbeikam, wo der kleine so lange mit Holzspänen gespielt hatte.

„Junge", sagte ich, „gib mir die Tasche. Du siehst ja wie ein Krebs aus!" Von nun an trug ich sie, er aber wanderte ernsthaft vor mir her und sah unendlich alt aus. So führte mich dieses Kind den weiten Weg in das Totenhaus und wusste kaum, was es tat, und hatte seine kleinen Jungengedanken auf dem Wege, trotz seiner großen Stiefel. Der Himmel aber war blau und fröhlich, so fröhlich wie das Brüderchen, das bald zurückblieb und mit wehenden Locken hinter einem blauen Schmetterling herjagte.

Als die Kirche von Berkholz hinter einem Berge erschien, schwenkte er links auf die Weide ab. Wir gingen auf einem schmalen Fußpfade, der auf ein fernes Gehöft zuführte; einmal kamen wir durch eine große Schafherde und dann wieder gerieten wir zwischen zischende Gänse; endlich blieb der Junge stehen und sagte: „Um dat Hus gähn wi nu rümmer." Als wir „rümmer gingen" vorbei an einem grünen Teich, an einem blühenden Sommergarten, an einem verfallenen Stall, der hinausgähnte in den sonnigen Tag mit allen seinen Türen und Fenstern – als wir dann von der anderen Seite an das Haus traten, ging mir schon die Reihe der schwarzen Gestalten entgegen, die hier versammelt waren, und ich hörte, wie sie auf den hartherzigen Pächter schalten, der möglicherweise die Beerdigung unmöglich gemacht hätte. Während sie auf meine Bitte drinnen den Sarg zuschlugen, zog ich mir draußen im Mittagswinde den Talar an; und dann begab ich mich zur Aussegnung hinein.

Sie standen alle sehr dicht um den gelben Sarg herum, der auf zwei Stühlen aufgestellt war. Die kleinen Enkelkinder, mit Blumen in den Händen, sahen noch verwundert aus über all das, was eben mit ihrer Großmutter geschehen war. Als das „Ziehe hin mit Frieden" gesprochen war und die Männer die Tote hinaustrugen, stürzten die Frauen herbei und kehrten die Stühle um, dass sie mit den Beinen nach oben lagen; ob sie verhindern wollten, dass die zwei Stühle, die recht boshaft und tückisch erschienen in ihrer unbequemen Lage, ihr nächstes Opfer herbeizogen? Der Lehrer, den ich fragte, hatte den Brauch nie bemerkt.

Draußen luden sie den Sarg auf einen Leiterwagen, ein Mann setzte sich vorne auf und nahm ein Kind neben sich. Es war ein achtjähriges Mädchen und hatte ein rotes Sonntagskleid an; manchmal sah sie sich um und dann bemerkte man, wie sie geweint hatte.

Die Männer riefen dem Kutscher zu, er solle langsam fahren, denn sie wollten nicht, dass die Großmutter so geschüttelt werden sollte; die Frauen blieben hinten und schluchzten. Dann bewegte sich der Zug vorwärts, zunächst auf einem Landwege zwischen reifenden Kornfeldern. Ich schritt dicht hinter dem Wagen her und wie nun die lange Wanderung begonnen hatte und die Räder sich schwer und gemächlich drehten, dazu das Rauschen des Kornes und das wehende Gras, das meinen schwarzen Talar streifte, dazu Sommersonne und jenes seltsame Schweigen von Menschen, die hinter dem Tode hergehen und im Geheimen nachdenken, wem er wohl an einer Wegbiegung zunächst sein bleiches, winkendes Gesicht zukehren werde – da kam jene seltsame Traumstimmung über mich, die in dieser Art nur der Geistliche an der Spitze des Leichengefolges kennenlernt.

Da denkt man zunächst an die Worte, die nachher gesprochen werden sollen – aber die Zeit ist unendlich und das Amen am Schluss blitzt vor dem nachdenkenden Sinne auf, ehe noch die Chaussee erreicht ist. Ein Schmetterling setzt sich auf einen Kranz, der auf dem Sarge liegt – er faltet seine Flügel und ist dann plötzlich verschwunden. Das Auge trifft den Boden und erblickt schärfer als gewöhnlich die kleinen Feldblumen, die der Fuß im nächsten Augenblick niedertreten wird. Wagenspuren erwecken manche Erinnerung an fröhliche Gesellschaften, die hernach unter den Waldbäumen hindurchfuhren und Lieder sangen, – aber vielleicht ist hier auch der Arzt einhergekommen, der in seinem Landwagen Romane liest und die schöne Literatur immer zwischen zwei Krankenbetten verarbeitet; oder der reiche Bauer Zechlin, der auf dem Kutschersitz schläft, weil er in der Stadt zu viel Geld für seine Kartoffeln eingenommen und zu viel Dünnbier getrunken hat. Selbst Mauselöcher erblickt man mit schlafwandelndem Interesse, aus denen ein spitzes Gesicht listig die Leidtragenden beschaut.

Dann kommt die Chaussee. Zuweilen überholen Wagen den Zug – sie tun es nicht gern. Ein Junge hat in Boitzenburg Besorgungen gemacht und rattert nun mit seinem Fuhrwerk dahin, als der dunkle Zug ihn aus seinem gedankenlosen Dahindämmern herausreißt. Er führt das Gefährt vorsichtig vorbei und jagt dann davon, als sei einer hinter ihm her. Ein südlicher Reisender in einem Planwagen begegnet uns; seine Pferde sind müde; behaglich sieht er aus dem kühlen Dunkel seiner fahrbaren Wohnung heraus und lässt seine Pfeife auch jetzt nicht ausgehen – über seinen Weg sind wohl schon manche Leichenzüge gegangen.

Als wir in das Dorf einbiegen, läuten die Glocken; da der Mann, der dies Geschäft besorgt, auch Totengräber ist, so hat seine Frau ihn abgelöst und fliegt mit seltsamen Sprüngen auf und ab. Die Pferde wollen den Sarg nicht den Berg hinaufziehen und als endlich Bewegung hineinkommt, fällt der Wagen beinahe um.

Mir ist inzwischen zumut, als sei ich viele Stunden lang im Sonnenbrande marschiert.

Nach geraumer Zeit stehen wir alle am Grabe. Der Friedhof ist mit einer Zyklopenmauer umgeben – alle Dorfkinder sind zusammengeströmt und gucken mit neugierigen Gesichtern über den Steinwall. Die Luft ist sanft bewegt, es duftet nach frischem Heu und jedes Wort klingt weit hinaus.

Während die Angehörigen die Erde in das Grab warfen, ging ich in die Kirche, wo die Leichenrede zu halten war. Es war ganz einsam da und schauerlich kühl. Mir aber war zumut wie einem Menschen, der nach einem weiten Weg in sein sauberes Haus zurückgekehrt ist und nun noch mit liebevoller Emsigkeit einiges ordnet und dann die Hände in den Schoß legt und sich ausruht. Durch die Fenster zitterte grünes Laub, die Sonne ging über die Steinfliesen und ließ den Altar und die aufgeschlagene Bibel im Schatten.

Dann kam der Lehrer und die Orgel sang. Wieder sah ich die steinernen Bauerngesichter, diesmal in zwei düsteren Reihen, links die Männer, rechts die Frauen. Das Leichengefolge kam von einem verlorenen Posten. Dann, als der Gesang begann, hielten sie ihre Lippen fest geschlossen und nur von der Orgel ertönten die Worte des alten Liedes, mit dem die evangelischen Deutschen begraben werden. Dann kam die Leichenrede vom Altar aus. Und dann war auf einmal alles vorbei und ich ging über den Dorfplatz in das Haus des Lehrers. Die Leute aber verließen das Dorf, denn Kaffee und Kuchen gab es zu Hause.

Es war gut, dass ich alsbald bei dem Lehrer etwas zu trinken und zu essen bekam, denn ich war doch etwas abgespannt. Seine Frau, die eine Schönheit ist und viele niedliche Kinder an der Schürze hängen hat, brachte uns Wabenhonig vom Großvater. Nach einer Stunde wanderte ich dann allein nach Haus – die Tasche reist diesmal allein, mit Gelegenheit.

Heute war ich mit Helmuth im Tiergarten, wo wir viel Wild beobachteten und ich, kühn wie ein Waldläufer, durch einen Bach watete. Helmuth wollte mir folgen, aber in der Ferne erschien ein Holzweiblein, worauf er flugs wieder in seine Strümpfe kroch.

Den 28. Juli 1902
Helmuth hat Euch nunmehr mitgeteilt, dass er Dienstagvormittag wiederkommt. Er hat wohl Besorgnis um seine Arbeiten. Heute wird er noch das Schloss von innen kennenlernen.

An den Besuch des Tiergartens war er wohl mit etwas zu hochgespannten Erwartungen herangegangen und infolgedessen durch die Wirklichkeit etwas enttäuscht. Er hatte sich die Sache wie eine afrikanische Oase vorgestellt, wo der stolze Löwe und das borstige Gnu zur Tränke eilen, – und nun war es doch nur ein waldiges Hügelland mit deutschen Waldtieren. Mir gefiel der Garten wieder sehr. Schon der Hinweg. Lange liegt schon das Dorf hinter dir, ehe du den einsamen, von einem stattlichen Gatter eingezäunten Forst erreichst. Man geht auf einem schmalen, gewundenen und bald absteigenden, bald hochkletternden Saumpfad, links die Fahrstraße, hinter der es an den Wildzaun hinausführt, rechts schwere Weizenfelder mit wilden Blumen. Dann führt der Weg an einer Wassermühle vorbei, der der kleine komische Müllergarten gegenüberliegt. Die Ruine einer zerstörten Kirche leuchtet rot aus dem Tiergarten herüber – solche Trümmerstätten sind hier nicht selten; weniger der Dreißigjährige Krieg als die späteren Schwedenzüge haben unsägliches Elend über diese Gegend gebracht. Durch die Fenster der Kirche blickt der Wald und wundert sich, weder Priester noch Orgelchor, wohl aber schlanke grüne Bäume sind drin zu sehen. Manchmal breiten sich auch unermessliche Kornfelder um die Ruinen aus, dann sind sie zur Sommerszeit jedem Besuch verschlossen und nur Hasen und Rehe und bunte Blumen blicken durch die zerfallenen Fensterhöhlen.

Der Eintritt in den Tiergarten erfolgt am Försterhause. Das Land ist sehr hügelig, ein Bach fließt in vielen Bogen hindurch, die Bäume sind mächtig und knorrig emporgeschossen und man übersieht stets nur ein kleines Stück von den siebenhundert Morgen; hinter jeder Anhöhe darf man das Wild erwarten und die Amseln und Tauben, die oben durch die Wipfel spazieren, warnen unaufhörlich. Auf dem ersten Hügel entdeckten wir ein Lusthäuschen mit einer Wetterfahne, auf der eine zierliche Maus angebracht war. Der Blick streifte hinab in das Wiesengelände, das zu beiden Seiten des Fließes ausgebreitet ist. Plötzlich hatten wir den ersten Anblick des Wildes. Es war Damwild, die kleinen Tiere hopsten mit ihren dünnen Spazierhölzern hinter ihren Mamas her und waren sehr unruhig. Auch schneeweiße waren dabei, die dünkten sich besser als ihre Brüder.

Nach längerer Wanderung trafen wir in der Wildnis eine Fütterungsanlage, nicht weit davon gingen Kühe mit Glocken und acht Pferde galoppierten hinter den Stämmen herum, dass es nur so schallte. Furchtlos aber und langsam ging ein Schaufler unter den großen Tieren herum und äste. Dazu läuteten die Kuhglocken und der Häher schrie.

Helmuth nahm Anstoß daran, dass es nur *ein* Schaufler war, er verlangte mindestens siebenundzwanzig.

Dann durchschritten wir ein Tal, in dem zur Frühlingszeit ein Wässerchen springt. Wir traten die Grasbüschel nieder und kamen uns vor wie Waldläufer.

Auch das Fließ entdeckten wir noch einmal. Auf einer Holzbrücke gingen wir hinüber und lagerten uns zum Frühstück vor dem Bach. In all der Zeit war uns noch kein Mensch begegnet. Große Spinnen wanderten über uns hin und Helmuth deckte ein Blatt mit Schneckenschleim sorgfältig zu, weil ihm sein Butterbrot sonst nicht schmeckte. Über dem Wasserlauf tanzten blau und leuchtend die Libellen.

Ganz zuletzt begegnete uns noch einmal jenes Rudel Wild vom Anfang, diesmal aber hatten wir es sehr nahe, denn wir kamen von den Bachwiesen her.

Gestern dagegen war ich mit Helmuth im Hagener Wald, der gefiel ihm besser. Es gibt da weite grüne Baumhallen und entzückende Lichtungen mit Erdbeeren. Auch ein rotbraunes Reh setzte an uns vorbei und die braunen Grasfrösche tummelten sich um uns herum wie die Ameisen. Und wir entdeckten eine Quelle, die scheinbar aus dem Nichts entsprang und in einem Rohr mit dickem Strahl über ihre Herkunft triumphierte. Und eine dünne Buche war da mit einem Knubbelbauch, wodurch sie sehr entkräftet wurde und nur ganz kümmerliche Triebe erzeugen konnte. Von diesem Baum machte Helmuth eine Fabel mit einer Moral.

Am letzten Sonntag hatte ich nur in Naugarten zu predigen. Ich habe selten so bunte und vergnügte Feldraine gesehen als an diesem Morgen kurz vor sieben. Es war alles so frisch und unberührt und einsam und geheimnisvoll.

Soeben ist der Lehrer aus Berkholz bei mir mit einer sehr unangenehmen Nachricht. Ein Bauernsohn hat sich die letzte Nacht umgebracht, indem er sich ertränkte. Nun muss ich hinter dem Chef hertelegrafieren, um Verhaltensmaßregeln. Der unglückliche Mensch war schwer krank, vielleicht durch eigene Verschuldung. So leid es mir um seine Reise tut, so hoffe ich doch, er kommt zwei Tage eher wieder und macht die Sache selbst. Ich kenne ja die Verhältnisse in dieser Familie gar nicht, es ist fast unmöglich für mich, die Sache richtig zu beurteilen. Bis jetzt ist noch keiner der Angehörigen da gewesen, sie besorgen vermutlich aus Prenzlau ein ärztliches Attest. Ich persönlich würde in jedem Fall mitgehen, aber wir sind an das Gesetz gebunden, das bei bewusstem Selbstmord die Begleitung im Talar verbietet. Es liegt diesem Gesetz die alte Anschauung zugrunde, die Aktion der Kirche bei Beerdigungen gelte den Toten – was ich nicht für richtig halte –, nicht so sehr den Angehörigen. Aber ich bin der Ansicht, dass sie nur den Angehörigen gilt und dass der Tote mit dem Augenblick, wo er dahinging, menschlicher Beurteilung und menschlichen Hantierungen entzogen ist. Diese Ansicht wird sich auch später noch durchsetzen, sie wird schon jetzt von vielen geteilt; ich bin durch Harnack auf sie geführt worden.

Die Besichtigung des Schlosses hat Helmuth befriedigt und er hat nur einen Tadel: dass er wegen Abwesenheit des elektrischen Mannes die Akkumulatoren nicht besichtigen konnte. Hoffentlich ist er nun mit Anschauungen vollgestopft genug, um einen köstlichen Aufsatz anzufertigen.

Den 31. Juli 1902
Gestern dachte ich: Oh, wäre ich im Schilfmeer, das sich um die Insel Nukahiva hinzieht, gelagert in meinem friedlichen Kanu, mit einem Sonnenschirm, einer Tasse Mokka, einer Pfeife und einem Buch von Dickens allem Jammer entrückt! Inzwischen ist die ärgerliche Angelegenheit, die mich seit drei Tagen verfolgt, erledigt und ich befinde mich auch hier ganz wohl. Aber es ist ein aufreibendes Elend, die ganze Verantwortung und die halbe Macht zu haben; Dreising kommt nun heute Abend wieder, und wer mehr strahlt, ich, der ich ihm das geistliche Schwert überreiche, oder die Großmutter, die seiner Frau das Schlüsselbund des Hauses zurückgibt, das ist schwer zu entscheiden. Ich habe dieses Schwert heute gebraucht, und es war keine Freude.

In Berkholz ist im Jahre 1888 der reiche Bauer Thiemke gestorben; er hing auf dem Boden, wo man ihn nur mühselig abschneiden konnte; seine Schwester und ein Bruder sind auf gleiche Weise ums Leben gekommen. Den großen Hof übernahm die Witwe und hielt ihn gut instand, zum Teil mit Knechten, später auch mit den vier Söhnen, die rasch heranwuchsen. Einer von den Söhnen, der Wilhelm hieß, wurde ein mürrischer und verschlossener Mensch; vielleicht hat er bei den seinen um seine Seele geworben, aber sie haben es nicht gemerkt, denn sie lebten so öde nebeneinander her und hatten außer ihrem vielen Geld nichts Gemeinsames. Vor drei Wochen wurde er an einem Nervenleiden krank und der Arzt trug ihm auf, vierzehn Tage lange das Bett zu hüten. Er war groß und stark und mochte nicht leiden, sodass er am achten Tage zu seiner Mutter sagte: „Wenn ich in einer Woche nicht gesund bin, gehe ich ins Wasser." Trotz dieser Reden ließen sie ihn allein schlafen. In der Nacht, die auf den vorigen Sonntag folgte, wachte die Mutter auf und sieht das Bett des Kranken leer, das Fenster steht offen, die Kleider sind fort und Uhr und Geld liegen auf dem Tisch. Sie sind dann alle aufgestanden und haben ihn im Mühlbach gefunden, wo er auf den Knien lag wie einer, der auf dem Boden etwas sucht. Das Wasser aber ging über seinen Kopf weg und bewegte sein Haar hin und her.

Die Mutter ist dann bei mir gewesen mit einem Attest von dem Arzt aus Prenzlau, in dem aber nur stand, dass er unter einer Depression und Zwangsvorstellung gehandelt habe. Doch das tun alle Selbstmörder, es bringt sich kein Mensch um, der seine Vernunft bei sich hat. Wenn nur der Beweis zu liefern gewesen wäre, dass ein Blutgefäß in seinem Gehirn gesprungen sei – aber das war nicht der Fall, er hatte schon früh den Plan gefasst und mit dem Gedanken gespielt und ihn fast prahlerisch in sich großgezogen, bis er dann durch die letzte Krankheit plötzlich Leben gewann. Die arme Mutter hielt das nutzlose Papier in der Hand und redete in irrer Weise von ihrem Sohn und von der großen Ernte, die sie vorhätten.

Ich habe an Dreising telegrafiert, der die Beerdigung mit kirchlichen Ehren verweigerte. Ich bin nach Weggun gegangen, wo Pastor Karow mit Recht ablehnte, in ein fremdes Amt einzugreifen. Am Beerdigungstage war noch ein Bruder des Toten bei mir und bettelte um Kinder zum Singen, selbst um das Geläut. Ich musste es abschlagen. Sie haben dann später doch geläutet und ich sagte mir: Du willst es nicht hören und die Sache vergessen.

Als ich im Talar, aber nur mit der Bibel in das stattliche Bauernhaus eintrat, war das ganze Dorf versammelt. Sie hatten die Leiche prunkvoll aufgebahrt und es war, als ob sie einen Helden beweinten. Es war ein kräftiger junger Mensch, sein Gesicht war blau geworden, und sie hatten es leise gepudert, wodurch die Züge mit dem fest geschlossenen Mund etwas Unheimliches erhielten. Es duftete stark nach Blumen und frischem Holz.

Ich hielt die Leichenrede, in der ich mich bemüht hatte, alle billige Rührung zu vermeiden, und sprach dann das

Vaterunser und den Segen. Dann gab ich der armen Mutter die Hand und ging langsam durch die Reihe der Zimmer fort und hinaus. Draußen regnete es nicht mehr, die Bäume tropften und ich fühlte, wie sie bis zuletzt hofften, ich würde bleiben können. Man kann den Bauern nicht härter bestrafen, als wenn man seine äußere Ehre infrage stellt. Was die Leute sagen, ist ihm allezeit wichtiger, als was Gott oder sein Gewissen sagt. Dieser Weg, den ich allein durch das Dorf machte, bis ich das Lehrerhaus erreichte, ist mir sehr schwer geworden.

In der Wohnung traf ich die Lehrersfrau aus Berkholz mit ihrem Töchterchen Elisabeth. Was sie mir erzählte, bewies, dass der Selbstmord nicht in Übereilung erfolgt ist, sondern den Abschluss eines inhaltlosen und selbstsüchtigen Lebens gebildet hat. Aber vielleicht ist er an diesem Leben selber nur zum Teil schuld und es ist ein Trost, dass der liebe Gott das weiß.

Ich fragte die kleine Elisabeth nach ihren Brüdern und erfuhr, dass sie August und Karl hießen. Indem kam der Zug unter Glockenläuten vorbei. Endlos – alle waren mit. Ich hatte dem Lehrer natürlich erlaubt, ein Gebet am Grabe zu sprechen. Dass so viele Leidtragende da waren, hing auch damit zusammen, dass sie alle nach der Sitte besonders eingeladen waren und das Anrecht auf den großen und bemerkenswerten Leichenschmaus nicht verlieren wollten.

In Boitzenburg hatte ich eine halbe Stunde nach meiner Ankunft eine zweite Beerdigung. Der kleine Zug hielt vor der Tür, indes der Regen vom Himmel sank. Zwei Männer trugen den kleinen Sarg, dann kamen die Eltern und ein winziges Schwesterchen des gestorbenen Kindes mit einem großen Kranz. Eigentlich hatten die Paten auch kommen wollen, aber es war ihnen zu nass und nur eine Patentante hatte sich angeschlossen, ein unglückliches, kümmerliches Wesen, die während der ganzen Aktion am Grabe Erde in die Tiefe warf, weil sie dachte, es müsste so sein. Der Totengräber mit dem langen Bart hielt meinen Schirm über die Agende und die Eltern weinten beide. Es waren sehr arme Leute, aber inwendig stand es mit ihnen gut. Ich war dem lieben Gott eigentlich dankbar, dass diese zweite Beerdigung den Eindruck der ersten in mir etwas auslöschte.

Mutters und Helmuths Briefe sind angekommen und haben die gewünschte Wirkung gehabt; die Großmutter ist sehr vergnügt über sie. Das ganze Haus war wehmütig gestimmt, als Helmuth fort war. Fräulein Merck setzte eine Tasse, Martha einen Teller zu viel auf den Tisch, merkten es, blickten nach der Decke und schüttelten ihr Haupt. Das Krocket-Spiel feiert, der Himmel weint, aber an der Mauer habe ich zwei neue Linaria-Stellen entdeckt; der Mohn hat Knospen.

August

Den 2. August
Ich weiß nicht, ob unter dem grauen Himmel, der sich jetzt wieder über das Land spannt, eine Schilderung des gestrigen Tages möglich ist und ob es mir gelingt, das zarte und feine Miniaturbild einer Geburtstagsfeier auf dem Schlosse mit seiner ganzen Fülle blinkender Farben und flimmernden Sonnenscheins ins Leben zu rufen. Aber ich versuche es und habe dabei das Gefühl des Mannes, der den Vorhang vor der Bühne gleichmütig aufzieht und seinen Zuschauern die seltsamen Szenen des Lebens in raschem Wechsel vor Augen führt. Der letzte Akt, den Ihr mit ansähet, konnte das Herz nicht fröhlich machen. Mich weht es noch an in diesem Augenblicke wie ein Schauer des Todes, wenn ich an die kalte und düstere Pracht jenes Bauernhauses denke und die ungewohnte Nachbarschaft des unglücklichen Menschen zu spüren glaube, der mit finsterem Gesicht und geschlossenen Augen und lang gestreckten Gliedern in unheimlicher Reglosigkeit vor mir liegt. Als ich so schonend wie möglich redete von seiner Tat, kroch es mir über den Leib wie ein Fieberfrost und der Gedanke: er kann nicht mehr aufstehen und sich verteidigen! hängte sich mit Bleigewichten an jedes meiner Worte. Und im Walde zwischen den abenddunklen Stämmen, aus dem Grunde des Sees, zwischen den Dachsparren unseres Bodens, auf den weißen Blättern, die ich beschreibe, – überall regt sich zuzeiten ein dämmernder Schein und ein bleiches Gesicht, weißer als Marmor, schwebt vorüber und verschwindet aufs Neue.

Aber das Schloss leuchtet rosig in der Mittagssonne und wir feiern Mademoiselles dreißigsten Geburtstag. Schon am Tage vorher ist die Dienerschaft in Aufregung; aber rascher als irgendein Herz schlägt das Herz dieser kleinen Hausfrau, die an solche Unternehmungen nicht gewöhnt ist. Der glatt rasierte erste Diener erscheint mit einer tiefen Verbeugung und bietet seine Dienste an. Mademoiselle lehnt sie ab, er aber verschwindet mit dem Gefühl, etwas geschenkt bekommen zu haben. Er lässt gegen die Schlossmädchen Worte fallen, die Mademoiselles Formen und Verkehrsgewandtheit ein hohes Zeugnis ausstellen. Der Obergärtner, der niemals Blumen abgeben kann, entdeckt die silberweißesten Lilien in seinem Garten, die je in hohen Kristallvasen die Tafel geschmückt haben. Die neue Kastellanin, ein schüchternes, demütiges Wesen, hebt aus einem Eichenschrank ein Damastgedeck heraus, dessen eingestickte Grafenkronen wetteifern mit der Wappenziselierung auf den silbernen Kaffeelöffeln. Der Diener Emil rennt stundenlang zwecklos auf den langen Korridoren herum, um, wie er sagt, zur Hand zu sein. Sämtliche Schlossmädchen erinnern sich, dass sie zur Zeit des kleinen Festes die benachbarten Zimmer reinmachen müssen, und der große Koch betrachtet finster sein Geschirr, indem er gar nichts – aber auch nichts herstellen darf für den großen Tag. Er trinkt, als es so weit gekommen ist, acht Flaschen Bier mehr als gewöhnlich und fühlt, dass es ihm nur kümmerlich forthilft über seinen Schmerz.

Als wir in feierlichem Zuge durch die Rote-Strumpf-Straße ziehen, treten die Leute neugierig ans Fenster. Voran schreitet der Pastor, er trägt eine Ansicht der Schneekoppe in seiner rechten Rocktasche und fühlt zuweilen nach, ob sie noch da ist. Fräulein Merck balanciert einen Blumentopf und ich muss ihren Schirm tragen – was Tante Luise, die in der Sonne sitzt, nicht entgehen kann und ihr Kombinationstalent in Schwung versetzt. Die Pastorin hat sich mit einer gespinstartigen Schleife versehen und ich trage ein Miniaturkunstwerk in der Hand, nämlich ein S aus Silberpapier, aus dessen Spitze ein Büschel Linariablüten hervorsieht. Die Großmutter hält eine alte Vase in der Hand, die der Major in seiner Jugend schön gefunden hat, und blickt stolz auf die Rosenknospen, die sich über dem gezackten Vasenhals eben auftun wollen.

Als wir über den Schlosshof gehen, blickt die ganze Dienerschaft aus verschiedenen Fenstern auf uns herab. Selbst in dem Schlitzauge des Turmes bewegt sich etwas und guckt. Die Kastellanin, die zufällig des Weges kommt, erschrickt im geeigneten Augenblick, kehrt um, verschwindet in einer Tür und wagt sich für lange Zeit nicht wieder hervor.

Wir klimmen die breite rote Treppe empor und sind sehr erwartungsvoll. Unterdessen steht Mademoiselle in ihrem Zwinger vor dem altertümlichen Schrank, aus dem ihre Gäste herauskommen sollen. Denn man geht bei Mademoiselle nicht durch eine Tür, sondern durch einen eingemauerten Schrank. Als wir eintreten, strahlen ihre Augen.

Ich habe eine schöne Gratulation in petto, die extra für ihren Geschmack gearbeitet ist. Indem ich sie auf das S in Silberpapier aufmerksam mache, zerstöre ich sofort ihre Annahme, es sei mein Monogramm. „Im Gegenteil, es bedeutet ganz was andres." Man müsse es deuten auf das Wort Sonnenschein. „Ist damit gemeint der Sonnenschein, den Sie mit Ihrem fröhlichen Wesen verbreiten, – dann ist es ein Kompliment! Ist gemeint der Sonnenschein, den wir alle Ihnen wünschen für ihr neues Lebensjahr, – dann ist es eine Gratulation!" Mademoiselle tut sehr zornig, die anderen lachen, worauf sie ein Gesicht macht, dass man sieht, sie ist befriedigt.

Aber es ist noch eine große Unruhe im Zimmer. Denn der schöne Pastor Wilke mit seiner Frau fehlt bis jetzt. Er ist noch ein junger Mann und Mademoiselle verehrt ihn wegen seiner bezaubernden Liebenswürdigkeit und einer zufälligen Ähnlichkeit seines Gesichtes mit dem einer anderen Person, die auch noch immer über die Erde kriecht und deren Schicksale sich seit Jahren abspielen, ohne dass Mademoiselle von ihnen hört. Sie hat es selber so gewollt, weil sie klug ist und ein reines Herz hat, – aber nun ist sie auch sehr einsam und wird es vielleicht bleiben ihr Leben lang.

Da Pastor Wilke und seine Frau immer noch nicht kamen, so schlug Dreising vor, sie durch Kaffeetrinken herbeizulocken, worauf wir uns alle erhoben und unserer Wirtin folgten, die wie ein gelber Schmetterling mit roten Streifen und Punkten vor uns einherflatterte. Wir kamen durch das Schlafzimmer der Kinder und es war hübsch zu sehen, wie von der Spitze eines jeden der kleinen Himmelbetten ein bunter Papierengel an seinem Faden herabhing. Auch zwei Auerochsen auf Rädern bewohnten das Schlafzimmer und andere interessante Spieltiere. Als sich die Tür des Schulzimmers auftat, brach eine blendende Helle auf uns ein und wir waren alle starr über den in ein Watteau'sches Besuchs- und Speisezimmer verwandelten Raum.

Der helle Schein brach durch ein Nischenfenster, in der Nische stand ein bequemer Sessel und die Fensterflügel waren weit aufgeschlagen, um den lachenden Sommertag hereinzulassen. Die auf dem Schlosshof aufragende Ziersäule mit dem großen Adler schob sich in die Aussicht hinein wie ein Denkmal alter Zeit, dahinter glänzte ein roter Flügel des Schlosses und grünte das dichte Laub der Bäume; wenn man aber in jenem Ruhesessel Platz nahm, so sah man hinab auf den friedlichen Schlosshof, auf die bunt schimmernden Beete, die noch ausgeziert waren mit den prunkenden Gewächsen des letzten Ministerbesuches.

Die Tapete des Zimmers, in dessen Mitte jetzt der gedeckte Kaffeetisch stand, leuchtete mit mattem Ton und jeder fing sofort an, die schönen Bilder zu betrachten, die auch dieses Gemach schmückten. Da hing ein englisches Bild in zierlichem Rahmen, das den Namen „Peace" führte – ein schönes Kind wandert durch die Wüste, in seinem schleppenden Gewand, und ein mächtiger Löwe mit anderen wilden und zahmen Tieren drängt sich an seine Seite und schreitet ernsthaft vorwärts. Das ist die Goldene Zeit, von der der Prophet Jesaja geredet hat. Dann erblickten wir Abbildungen aus Venedig: die spiegelnde Fläche des Markusplatzes, die Seufzerbrücke und einen einsamen, mondbeglänzten Kanal der schimmernden Stadt.

Auf dem Tisch prangten in hohen Gläsern die schönsten Blumen der Jahreszeit.

Mademoiselle war sehr ängstlich, ob ihr Kaffee auch zu genießen sei. Wir baten alle um Wasser dazu und durften ihn für sehr gut erklären. Es gab kleine amüsante Teekuchen und alles war vergnügt, als die verspäteten Gäste eintrafen. Und ich dachte, wie gut es doch sei, dass der liebe Gott Pastor Wilke in die Nähe von Boitzenburg gebracht hat, und wie wenig dazu gehört, ein einsames Menschenkind glücklich zu machen. Denn von dem, was dieser Mann wirklich ist, von dem, was wir alle für unser Bestes halten und was wir „das Deutsche" nennen mögen in unserer Art, von all dem hatte unsere Wirtin doch nur sehr wenig, ja sie saß uns eigentlich fremd gegenüber und wir ihr auch, wenigstens empfand ich es für meine Person sehr lebhaft, ohne dass mir das menschlich Gute an ihrem Wesen verborgen blieb. Aber wie ich so neben ihr saß und mit ihr sprach, war mir eigentlich sehr unbehaglich zumute und ich malte mir im Geiste aus, ob ein Mensch es lange Zeit mit diesem liebenswürdigen Sprühteufelchen aushalten könnte. Vielleicht ein Franzose.

Aber sie war sehr glücklich und stolz, uns zu bewirten, und schalt den Pfarrer Wilke, dass er eine halbe Stunde später gekommen sei. Ja, Mademoiselle, sagte er, Sie haben auch kein achtmonatliches Kind zu versorgen!

Gott sei Dank, nein, sagte Mademoiselle und bot den Kuchen herum. Dann war sie in Aufregung, ob die „alte Frau Pastern", die in einem Thronsessel präsidierte, auch zu trinken habe.

Als die Sonne den Rosenkakadu auf dem Schrank in goldigen Dunst hüllte, machten wir uns zu einer Besichtigung des Schlosses auf. Diesmal sah ich alles sehr genau, denn wir hatten viel Zeit und blickten auch einmal in die Schlafzimmer.

Um sieben dankten wir sehr für alle Gastfreundschaft und gingen wieder ins Pfarrhaus zurück.

Der Pastor liest jetzt „Tom Sawyers Abenteuer" und ist entzückt. Ich glaube, Jungsabenteuer, wie z. B. auch „Reinhard Flemming", sind die Sorte Literatur, für die er das größte nachfühlende Verständnis hat. Für „Reinhard Flemming" sind manche Leute zu dumm, er gewiss nicht, überhaupt ist er nach meinem Gefühl einer der besten Leser, die Vater hat. Ich freue mich, dass Helmuth gut zurückgekehrt ist.

Den 3. August 1902, Sonntag

Es ist jetzt die richtige Zeit, in den Wald zu gehen. Ich verschwinde gewöhnlich nach dem Essen dahin und es bekommt mir gut. Menschen trifft man dabei selten, denn die hiesigen Leute schätzen das zwecklose Umherlaufen wenig. Höchstens einmal die Schnitter im Felde oder wandernde Leute, die am Grasrain Mittagsruhe halten, oder Kinder, die Beeren suchen. Schon sind eine Menge von Kornfeldern niedergelegt und in Garben gestellt; wo Kastanien den Weg beschatten, hängen die langen Halme aus ihnen hernieder und zeigen an, dass die Wagen unter ihnen durchgefahren sind. Die Kartoffeln blühen weithin, in den Gärten werden die Bohnen reif.

In dem Walde, den Helmuth kennt, herrscht noch immer eine grüne Sommerdämmerung. Ich fand siebzehn Walderdbeeren und aß sie auf. Das Reh wohnt noch an derselben Stelle, wo wir es trafen; die Frösche aber wachsen mächtig heran. Es blühen unendlich viel Blumen und zahllose Schmetterlinge fliegen durch die heiße Luft. Heute sah ich einen Zitronenfalter, auch krochen vornehme rote Käfer auf der wilden Mohrrübe, sodass die kleine Sternblume, die das mit ansah, wie eine Mohrenprinzessin in Sibirien, sehr erstaunt war. Viele Rosenkönige gibt es. Um mir Wegmarken auf meinen Wanderungen zu machen, setze ich gewöhnlich Kletten an die Baumstämme; vielleicht kommt mal ein Wanderer daran vorbei und wundert sich darüber. Die Stachelbeeren sind plötzlich reif und in dem langen Grase einer stillen Wiese sollen schon reife Birnen liegen. Der Blumenkohl klemmt sich aus seiner unbequemen Enge eilfertig heraus und wird bald fertig sein, wenn ihn die Schnecken nicht aufessen. Nachts kraucht es unheimlich über die Steige: schwarze Schnecken von jeder Länge, braune Wurstschnecken und Weinbergschnecken. Die Kröte im Pfarrgarten gedeiht, die Maulwürfe wühlen, Lola lässt sich von einem Kater das Frühstück nehmen und schläft dann in einem Korbe, der dreimal zu klein für sie ist und in dem sie aussieht wie eine Forelle im Ei. Die Leute sterben immer noch. Heute begrub der Pastor einen alten

Mann von 80 und hatte ein Gefolge von Veteranen hinter sich, die Denkmünzen an alle großen Schlachten der letzten Kriege auf der Brust trugen. Sie schlichen sehr langsam vorwärts und verschwanden im Tor des Friedhofs wie Leute, die nach Hause gehen. Über dem Portal steht da die Inschrift: „Hier wohnt der Friede, den die Welt nicht gibt." Etwas Dümmeres und Verkehrteres konnten sich die Leute für ihr Kirchhofstor nicht ausdenken. Aber keiner merkt es.

Fräulein Merck fordert mich andauernd auf, Krocket zu spielen. Es ist manchmal nicht leicht, ein höflicher junger Mann zu sein. Und wenn wir dann dabei sind, kommt Mademoiselle, ruft: Ah!, bittet, uns nicht stören zu lassen, und wandelt diskret davon. Ich glaube, Fräulein Merck ist dann von der Situation ganz befriedigt, während ich mich fortwünsche an die Gestade des Mittelländischen Meeres oder sonst wohin, wo es schön ist und der Mensch seine Ruhe hat. Ich schätze sowas nun mal nicht. Man kommt sich so entsetzlich albern vor und ärgert sich, dass die Menschen einen immer noch für einen dummen Jungen halten, der seine Sechsdreier-Galanterien anbringt, wo er kann. Wenn Ihr wissen wollt, wie diese zweite Auflage von Fräulein Singer aussieht, so stellt Euch Tante Luise P. in ihrer Jugend vor. Ich glaube, das ist nicht einmal unhöflich gesagt; denn man gibt damit ein hohes Maß von persönlicher Tüchtigkeit und Güte zu. Eine Zeit lang war ich ihr sogar sehr feindlich gesinnt ... Ihr Vater war Stabsarzt, ließ sich pensionieren und wurde von dem Festmahl, das sie ihm gaben, als Leiche zurückgebracht. Nun lebt sie mit ihrer Mutter und einem Papagei, den sie abküssen und mit ins Bett nehmen. Auch einen Bruder hat sie, der Medizin studiert und offenbar ein verwöhnter Waschlappen ist. Man schätzt sie hier sehr, ich werde damit lieber erst anfangen, wenn sie einen Mann hat. Sie wird auch einen kriegen, denn ihre Tugenden sind groß und Geld ist auch da. In vierzehn Tagen reist sie übrigens ab.

Dienstag kommt Fräulein Dreising wieder, etwas später Salzmann. Donnerstag kommt ein Bruder von Dreising mit Frau, Arzt in Frankfurt. Los ist also hier immer etwas. Von ihrer Reise sind Dreisings sehr befriedigt. Papa hat seine übliche Laune für die ganze Zeit sistiert und ist die Seele des Ganzen gewesen. In Sorau hat das ganze Waisenhaus auf dem Kopf gestanden. Der alte Salzmann war eigentlich Tischler, ging dann zur Inneren Mission und wurde schließlich Waisenvater. Seine Frau hat er auf Empfehlung hin genommen wie ein Missionar, ohne sie vorher gesehen zu haben. Sowas wird immer als besonders köstlicher Beweis von Christentum hingestellt und in allen Tonarten gepriesen – nach meiner Meinung ist es eine schlimme pietistische Verirrung und widerchristlich, da die Religion Jesu mit dem Persönlichkeitsideal steht und fällt. Aber in diesem Fall ist die Sache gut abgelaufen. Es ist ein frommes, tätiges Haus, gräulich nüchtern freilich, aber für die Nation sind solche ehrenfesten Familien doch ein Segen. Ich mag daher auch die verschiedenen Familienmitglieder, wie sie mir vor Augen stehen, nicht karikieren, so groß die Versuchung ist. Die Braut hat den ungeteilten Beifall Soraus gefunden.

Meine Freunde schweigen sich aus. Erwin, der die Brust im Morgenrot der Schweizer Alpen badet, mag damit entschuldigt sein. Liborius dagegen könnte schon mal was sagen, aber ihm sitzt die Feder nicht sehr locker. Walther Becker hat als Unteroffizier wenig Zeit.

Den 5. August 1902

Gestern erschien der Gemeindevorsteher bei mir, um mir meinen Ausmusterungsschein zu überreichen. Ich bin danach von allem Militärdienst, auch im Kriegsfall, befreit und brauche mich bei den Kontrollversammlungen nicht zu stellen. Dieser Ausgang ist mir sehr angenehm; ich würde es in meiner Berufsarbeit und sonst als äußerst störend empfinden, wenn ich jetzt mit 26 Jahren noch dienen sollte. Die Möglichkeit, Militärpfarrer zu werden, ist mir damit gleichfalls abgeschnitten; aber wenn einer sich zu diesem zwischen Geistlichkeit und Weltlichkeit hinschwebenden Amte nicht eignet, so bin ich es. Mit der evangelischen

Freiheit dieser Leute ist es nämlich nie weit her (Ausnahmen wie Frommel u. a. beweisen nichts). Großvater war freilich auch Garnisonspfarrer, aber in Mecklenburg. In Preußen – und zwar im Preußen Wilhelms II. – ist man in solchem Falle doch zuerst Offizier, und es fragt sich, ob der Militarismus für eine aufrechte Verwaltung des Amtes nicht noch verderblicher ist als die Juristerei, die auch schon mehr als genug in den Köpfen der hohen geistlichen Administration herumspukt. Man braucht sich ja nicht wie der bekannte, immer noch lebende R. in den Kasinos zu betrinken; aber ein Pfarrer, der vor seiner Gemeinde eigentlich steht wie ein Vorgesetzter, statt als Freund und Berater, hat gebundene Hände und vielfach auch ein gebundenes Herz.

Das Wetter ist hier nach wie vor trübselig. Gestern Sintflut, heute Sintflut und morgen Sintflut. „Da brachen auf die Quellen der großen Urflut und die Fenster des Himmels taten sich auf." Sie wollen aber nicht wieder zugehen. Unter meiner Linaria ist ein Maulwurf durchgekrochen, vermutlich, um nicht zu ertrinken. Der Mond duckt sich noch vor dem Wetter, die Stachelbeeren aber fallen ab und verwandeln sich in rundliche Schwimmtiere. Viele Leute sind krank und hören dann in ihren Betten, wie der Regen gegen die Scheiben schlägt oder sich mühsam durch das Dach schlängelt. Auf dem Schloss ist die rot-weiße Fahne aufgezogen, und der Graf somit wieder da. Aber auch er ist nicht erfreut, denn einer von seinen Schimmeln hat sich erkältet, die Kolik bekommen und ist letzte Nacht trotz oder wegen der Doktors in seinem Stall nach Walhalla galoppiert. Es ist eine schwere und traurige Ernte in diesem Jahr. Was tut es dem Grafen? Aber die Bauern sind zu bedauern. Dabei hatte das Korn gestanden wie noch nie.

Lit. Echo IV, August 1902, Nr. 7 erwähnt einen Artikel über Vater von W. Popp in „Fürs deutsche Haus", Kiel, III, 25, 26. Es ist unendlich charakteristisch für die Art, wie diese Literaturregistratoren zu lesen pflegen, dass dasselbe Blatt in seinem Summarium über die Geburtstagsliteratur den Artikel von Hart zugrunde legt und behauptet, die anderen hätten ungefähr dasselbe gesagt. Es geht doch nichts über einen dauerhaften Götzen (wie Hart); der ganze Wechsel in der Beurteilung, der Beginn einer Periode, die für das „Künstlerische und Realistische" in den Gesammelten Schriften Augen bekommt, ist diesen Leuten gänzlich entgangen. Aber vielleicht stumpft sich der menschliche Geist schließlich hoffnungslos ab, wenn er sich wöchentlich ex officio für jeden in- und ausländischen Schund begeistern muss.

Hat Vater „Jörn Uhl" schon gelesen?

Den 9. August 1902, Sonnabend
Über Mutters Brief habe ich mich mächtig gefreut, dass er nicht eher kam, ist ja bei all den Fahrten nach Berlin usw. ganz natürlich, aber ich hoffte doch schon sehr auf ihn. Nun steht auch viel drin zur Belohnung. Unsere tägliche Überschwemmung haben wir auch hier, doch eigentlich immer nur zwischen 2 und 4. Der Mohn ist heute aufgeblüht, und zwar ist es ein ungefüllter, der mit seinem vornehmen Rot aussieht wie ein Kardinal. Wie gerne hätte ich Eure Pfirsichbowle mitgetrunken! Es gab allerdings auch hier was Gutes, badischen Landwein, doch: „Du fehltest, mein Johannes!" Ich habe manchmal ordentliche Sehnsucht nach der Sorte Gemütlichkeit, die bei uns zu Hause ist. Vielleicht komme ich im September oder Oktober mal angerutscht. Inas Beurteilung von K. M. quillt aus dem Borne tiefer Sachkenntnis; er ist, christlich gesagt, ein schwer auszustehendes Ekel. Wo er die üblen Charaktereigenschaften und seine ganze Tütenkrämer-Gnietschigkeit herhat, weiß ich nicht, aber sie ist da, wächst und schießt ins Kraut, und ich glaube, ausjäten und umpflanzen kann man da auch nicht viel mehr. Das von Herrn Trojan hat mich ordentlich traurig gemacht, ich glaube, er weiß nicht, wie lieb ich ihn habe, ist ja auch nicht nötig, aber ich möchte es ihm manchmal doch gerne sagen... Ich habe inzwischen einen Bericht über den Hillgerprozess eingesehen und begreife, dass St. durch diese Skandalaffären sehr erregt worden ist. Dieser Hillger, Gemeindeschuldirektor in L., wird beschuldigt, Hetzartikel in eins unserer Käse-

blätter eingesetzt zu haben. Trotz seines Freispruchs scheint er ein ganz verlogener Kunde zu sein; St. hatte über seinen Charakter als Zeuge zu urteilen und hat kein Blatt vor den Mund genommen. Soviel ich sehe, ist der Gymnasialdirektor einer der wenigen, die den Angeklagten für intelligent und ehrenhaft erklärt haben; Hillger habe ihm gegenüber die Abfassung jener Artikel „Mann gegen Mann" abgestritten, und er glaube ihm. Die mit Gänsefüßchen versehene Phrase riecht ganz nach A., das Urteil ist bei seinem gigantischen Mangel an Menschenkenntnis ebenso wenig wunderbar. Wahrscheinlich hat Hillger die berühmte Biedermannsmiene aufgesetzt, die A. selber so liebt, und hat ihn damit düpiert. St. aber hat, nachdem Hillger abgesetzt war, diesem einen Besuch gemacht und ihn trösten wollen; Hillger hat die Sache nachher so gedreht, als habe St. die Absicht gehabt, ihn zu verhöhnen, und hat demgemäß an irgendeine höhere Instanz appelliert. Leider hat nun St. zuerst diesen Besuch abgestritten, weil er sich einbildete, er habe Hillger zwei Jahr früher besucht; am nächsten Verhandlungstage musste er seinen Irrtum zugeben – das ist alles, aber genug für einen Mann von St.s fanatischer Wahrheitsliebe und nervöser Erschöpfung, um ihn herunterzubringen. Der ganze Prozess ist ein Sumpf von ekelhafter Verlogenheit und Intrigenspiel. Bürgermeister Schulz wurde des Jeus bezichtigt; er habe dabei Verluste gehabt und diese durch einen monumentalen Pump geregelt; an all dem scheint kein wahres Wort zu sein. Man darf sich offenbar nicht an dem Gemeindeleben in L. beteiligen, ohne schmutzige Hände zu bekommen.

Die Blumenstöcke an die Großmutter kamen an und haben diese tief gerührt. Helmuth ist im Hause Dreising allmählich zu einer Idealfigur auf Goldgrund geworden; die Großmutter spricht von ihm wie von einer Jugendliebe und Fräulein Merck betrachtet zuweilen nachdenklich die Stellen, wo er gestanden hat und so unendlich geistvoll Krocket spielte.

Inzwischen ist der Bruder von Dreising mit Frau und Kind erschienen und die kleine Sabine steht im Mittelpunkte der Begeisterung. Gewöhnlich rennt das Brautpaar mit ihr davon und Lola dahinterher. Alle Brautpaare scheinen an kleinen Babys ein tiefes Interesse zu nehmen. Wenn Sabinchen badet, springt der Chef von seiner Predigt auf, um es anzusehen. Die Kunststücke Sabinchens sind unsagbar; es ist übrigens ein gesundes, hübsches Kind. Lola lässt sich von ihr an Schwanz und Ohren ziehen, wobei sie ein Gesicht macht, als wollte sie sagen: bitte noch einmal!

Mein „Verehrer", Herr R. – der Jurist mit dem einen Arm – hat wieder mal an mich geschrieben. Diesmal hat er seine Epistel nach Prenzlau geschickt, sie ist aber dennoch angekommen. Manchmal werde ich ordentlich nachdenklich darüber, dass sich diese Art pedantischer Naturen so zu mir hingezogen fühlen. Hoffentlich aus dem Prinzip der sich anziehenden Gegensätze. Die Briefe von R. sind eigentlich schrecklich – so unheimlich theoretisch und bieder – und dabei hat er eine Handschrift, die mich andauernd an aneinandergereihte Sicherheitsnadeln erinnert, aber er ist ein guter Mensch.

Mir geht es sonst gut.

Der Apotheker Willerding hat sich den Fuß verknackst und liegt auf seinem Ruhelager wie ein festgebundener Löwe. Ich besuchte ihn heute und hörte seine Raabe-Schwärmerei vergnügt mit an, während das grüne Weinlaub vor dem Fenster in der Sonne flimmerte. Dann kam der Doktor und erzählte uns mit einer wahren Schlächterfantasie, wie er heute einen Knecht verbunden habe, der sich den Hals abgeschnitten hatte. Die Schlagadern waren noch heil, sonst hatte er alles durchgesäbelt. Sein Brotherr, ein Bäcker, stand dabei und pries laut das Glück, dass er den Unglücklichen noch gestern in die Krankenkasse eingekauft habe. Als der Doktor erklärte, dass die Krankenkassen für Selbstmord nichts zahlten, wurde sein Gesicht länger als sein längstes Brot, und er hatte an der ganzen Sache keine Freude mehr. Nette Leute gibt es doch hierzulande.

Den 11. August 1902

An jedem Morgen wachen wir jetzt auf von dem Wehen der Bäume, die den Pfarrgarten wie eine Mauer einschließen; aber auch der Wald macht sich aus der Ferne bemerklich und es ist eine ewige Unruhe in der Luft, als brause die Ostsee gleich hinter den Bergen. Draußen ist es kalt wie im März und doch haben die Linden noch nicht ausgeblüht. Die Bienen verkriechen sich und tragen nichts ein; dann schauert der Regen wieder gegen die Fenster und die Wassertonnen laufen plätschernd über. In den Bohnen traf ich heute ein frierendes Rotkehlchen, es schüttelte den Kopf und hüpfte unter dem Schutz der Plantage traurig umher. Wie soll das enden! Der Mohn hat kaum seinen grünen Hut abgeworfen, als er auch schon mit allen Zeichen des Entsetzens vom Stängel fällt, um ihn wieder einzufangen. Die Lupinen sind so windschief geworden wie Chausseebäume und nur die Linaria kriecht mit langen Armen über die Beete und freut sich ihres Daseins. Nachts gehen die Leute mit ihren Laternen umher, denn die blasse Mondsichel bleibt beständig hinter Wolken versteckt; die Großmutter hat freilich die Zeit abgepasst und neulich dem frostigen Himmelskörper drei feierliche Knickse gemacht, was gut ist gegen allerlei Unfall. Es ist ein Trost, dass die geschorenen Schafe in dieser Zeit schon wieder etwas zugewachsen sind; Lola hat das Vagabundieren aufgegeben und beginnt in ihrem Korbe ein neues Leben. Manche Menschen haben sich in dieser bösen Jahreszeit wärmenden Getränken zugeneigt, sodass der Apotheker neulich sogar die Tür verschloss, um einen fröhlichen Strolch abzuwehren, der in Hemdsärmeln flatternd dastand und sich offenbar ganz mollig dabei fühlte. Aber Herr Willerding hat noch immer sein schlimmes Bein und kann daher zu seinem eigenen großen Bedauern den Kampf mit der Welt noch nicht wieder aufnehmen. Er hat sich neben dem Fenster seines Privatzimmers ein ganz behagliches Ruhelager hergerichtet und belustigt sich damit, durch das Weinlaub die Dorfstraße zu beobachten. Neben ihm dampft der Kaffee und die Zigarrenkiste steht handgerecht neben allerlei anmutigem Lesestoff. Wenn er nach seinem Raabe greift, gedenkt er der schönen Zeit, da Raabe am Fenster stand und er selber eine Ovation darbrachte, die durch ganz Braunschweig hallte. Oder er sitzt im Geiste wieder in der Kajüte des kleinen Dampfers, der über die Ostsee fliegt, oder er wandert durch ganz Deutschland und botanisiert an Fundorten, die nur ihm bekannt sind. Dabei dringt vom Rezeptiertisch her das Geräusch des Provisors, der ihm alle Arbeit abnehmen muss – vielleicht das schönste Gefühl in diesem Augenblick. Und dann fällt ihm all der Unfug ein, den er in seinem Leben angestellt hat, und er fängt vor Wonne so an zu knurksen, dass seine Frau erschreckt herbeiläuft und ihn fragt, was ihm fehle.

„Säggen's mal", sagte neulich ein Bauer zu ihm, „wo kregen's blot mal all den Düwelsdreck her?" Denn er wollte Teufelsdreck haben (asa foetida) und Willerding hatte eine ganze Porzellandose davon. „Je", antwortete der schlagfertige Apotheker, „dat will ick Sei seggen: de ist von den Frankenhagener Düwel! Den heww ick von den ollen Paster dor, jü kennet em ja!" „Oh", sagte der Bauer darauf, „denn is de Paster aber hellschen dür!" „Dat is hei", sagte Willerding, „hei hett ja och die Beschwer davon!" Und dann sagte der Bauer noch, es sei ja auch mächtig gefährlich, den Teufel in so kritischen Situationen zu belauern, und ging befriedigt davon.

Einmal allerdings ist Willerding trotz seines Fußleidens herausgekommen, das war, als der Doktor selbst ihn einlud, weil er einen Studienfreund bei sich hatte. Er schleppte sich also über die Straße und wurde von den beiden Herren mit verdächtiger Zärtlichkeit begrüßt. Eine Stunde nachher brach er auf – teils weil der Sekt nicht gut war, teils weil der Doktor einschlief, denn er hatte die ganze Nacht vorher operiert. Es war aber schon die Nacht eingebrochen, also dass die beiden Herren – der Doktor erwachte mit einem plötzlichen Ruck – dem Apotheker heimzuleuchten gedachten. Sie ergriffen ihn also beim Arm und boten den Anblick zweier Menschenfreunde, die einen Betrunkenen nach Hause bringen. Darüber ärgerte sich natürlich Willerding, denn er war gänzlich nüchtern. Der Doktor hielt außerdem eine brennende Lampe in der Hand und der Studienfreund einen köstlichen Armleuchter aus alter Zeit. Die hilfsbereiten Männer fingen sogar an zu singen; aber es klang nicht mehr sehr gut und die Leute traten an die Fenster. Frau Willerding nahm zuerst entsetzt, dann belustigt ihren protestierenden Gemahl in Empfang, worauf der Doktor mit dem Gaste in die Richtung seines Hauses zurückwich und die Lampe schwenkte wie eine Fackel.

Im Keller des Pfarrhauses sitzen der Doktor Dreising und die Großmutter und machen Johannisbeerwein. Der Doktor Dreising war auch neulich bei der Sitzung und es war merkwürdig, wie wortreich er darüber berichtete. Er ist ein entzückender Mensch und ganz das, was der Pastor Dreising wäre ohne den theologischen Anstrich. Im Hause hat er schon alles heil gemacht, was je zerbrochen ist. Er legt elektrische Leitungen an, sägt Bäume durch, repariert Fahrräder und Menschen, denn ganz kann er seine ärztliche Tätigkeit doch nicht unterdrücken. Die armen Leute in Frankfurt a. O. hängen an ihm wie die Kletten.

Den 12. August 1902

Ich schloss gestern meinen Brief noch nicht ab, weil ich so gern noch etwas Nettes in ihn hineinschreiben wollte: wusste aber nicht was. Heute „sondiert" die Pastorin, ob ich nicht gerne zu meinem Geburtstag nach Hause reisen möchte. Siehe da: ich möchte! Ihr könnt mich also am 27. erwarten; ich freue mich ganz barbarisch.

Den 16. August 1902

Ich weiß nun doch nicht, wann ich am 27. in Lichterfelde ankomme; es wird wohl erst zum Abendessen sein, da ich vorher in Prenzlau noch an einem Missionsfest teilnehmen muss. Es ist dies eins von den vielen Dingen, die man ohne großen Zweck mitmacht, um auch dabei gewesen zu sein. Vorm Mittagessen werde ich mich mithilfe des Chefs wohl drücken. Gesund hoffe ich zu kommen, besonders frisch am Ende auch, jedenfalls fühle ich mich augenblicklich ganz wohl. In den letzten Tagen hatte ich unter Kopfschmerzen und Nervosität etwas zu leiden – sowas geht ja aber schnell vorüber. Ich war auch meist schrecklich müde und schlief wenig. Hier ist es andauernd kalt, vielfach wird geheizt. Gestern haben wir wieder in Hypothekenbriefen gewühlt und das Gesetz nachgeschlagen. Mittwoch werden die Kirchenknechte erscheinen und durch ein Meer von Kaffee an das dürre Ufer feierlicher Verhandlungen schwimmen, bei denen immer das herauskommt, was der Chef am Anfang beschlossen hat. Es ist eine endlose Rederei um nichts; wenn nicht ein sauberes Protokoll übrig bliebe, so wüsste man später kaum, was da gewesen ist. Dreising macht es auch keinen Spaß.

Auf den Dörfern haust der Typhus und in Boitzenburg der Neid, nämlich bei der Armenpflegerin, die der Diakonisse neuerdings das Leben sauer macht. Und dabei handelt es sich nur um einen Korb mit Kirschen, den der Obergärtner Maas aus Galanterie und Mitgefühl der Schwester durchs Fenster zugereicht hat. Galanterie und Mitgefühl sind bei diesem gichtischen Herrn so selten, dass männiglich darüber frohlocken sollte, aber Fräulein Wöldecke ist anderer Meinung. Dabei ist sie über siebzig. Der zweite Lehrer hat sich den Fuß verknackst, kurz nachdem er in den Radfahrklub eingetreten ist, der den Wahlspruch führt: „Klein, aber fein." Am 31. ist Kriegerfest mit Feldgottesdienst – wird mir wohl entgehen. Auch das große Kinderfest steht bevor. Aber es ist sehr kalt, überall, und die Stimmung bekniffen. Der Katholik, Herr Peltzer, ist aus der Klinik zurückgekehrt; er hatte ein Leiden, dessentwegen er in Berlin im Krankenhaus jede Nacht von oben bis unten mit Salbe eingeschmiert wurde. Am achten Tage hatte der Patient von diesen nächtlichen Lustbarkeiten genug und entwetzte zur Ausgehzeit in das Privatkontor von Loeser & Wolff. Will Ihnen was sagen, rät ihm Wolff, ich bring Sie raus, ehe zehn Stunden vergangen sind! Dann besprechen sie es. Abends ertönt das Telefon der Klinik und Herr Peltzer wird gerufen. Mit schauspielerischer Fröhlichkeit tänzelt er an den Apparat, horcht, wird bleich und schlägt lang hin. Alles strömt herbei, Peltzer wälzt sich verzweifelt am Boden und stammelt: furchtbares Unglück ... bei mir zu Hause ... mein Kommis ... mit dreihundert Mark durchgebrannt ... muss nach Hause! Nun tröstet ihn das ganze Personal, die Schwester und zwei Krankenpfleger packen ihm seinen Koffer, während der Arzt zu beruhigen sucht. Mit dem Abendzug reist Herr Peltzer kreuzvergnügt nach Hause und wird am Omnibus durch seinen Kommis abgeholt, der ein bartloser, milder und fleißiger Mann ist. Und dann trinken sie zusammen Wein und rauchen.

Auch die Tauben des Doktors kommen nicht vorwärts; sie erzeugen piepsige Junge, die gleich wieder sterben, und vermählen sich mit den ganz gewöhnlichen Ess-Tauben des Tierarztes. Wenn das so weitergeht, will der Doktor seine Freunde demnächst zu einem Taubenessen einladen, bei dem er seinen Gästen sämtliche Seltenheiten gebraten vorzusetzen beabsichtigt. Er muss jetzt fast jede Nacht über Land, sodass sein Kutscher neulich rebellisch wurde und eine Viertelstunde lang Schritt fuhr. Hierauf sauste der Doktor aus seiner Kutsche und hielt angesichts des schweigenden Waldes eine fürchterliche Standpauke, bis er warm und der Kutscher bekehrt war. In der nächsten halben Stunde glich der Doktorwagen einem höllischen Gefährt, so rasselte er in die Finsternis hinein. Wenn er dann endlich das bezeichnete Bierdorf erreicht hat, führen sie ihn zu einem Bauern, dem der große Zeh wehtut. Es ist angreifend, Arzt in Boitzenburg zu sein.

Walther Becker schreibt mir vom Militärübungsplatz in Münsingen, er freut sich auf den 1. Oktober, wo er aus der Uniform in den Vikariats-Gehrock schlüpft. Wo ihn das Kgl. Konsistorium hinsetzt, ist noch im Schoße der Allwissenden verborgen. Ich bin auf sein Vikariat gespannt; möge er es ähnlich treffen wie ich – aber das ist viel verlangt.

Es blüht immer noch nur eine Sorte Mohn; ist der gefüllte so viel später?

Fräulein Merck, die immer sehr nett mit Helmuth war, ist abgereist, etwas geknickt und etwas wehmütig. Sie lud mich ein, ihre Mama zu besuchen – tatsächlich; Fräulein

Dreising hatte sie vorher erzählt, ein derartiges aggressives Verfahren sei jetzt in der Berliner Gesellschaft Mode, was wohl sein mag. Zum Glück brauchen die glücklichen jungen Herren dieser Aufforderung nicht zu folgen; sonst war sie ein gutmütiges, wohlwollendes Menschenkind und bei allen Hausgenossen beliebt; ich kann mir nicht helfen, ich atme aber etwas auf. Morgens wandle ich wieder durch den ganzen Garten mit aufgerichtetem Haupte und nicht wie ein Verbrecher, der mit klapperndem Gebein durch den Fliedergang schleicht. Wer wohl nun ankommt?

Der Chef hat sich auf seinen Pegasus geschwungen und vier hübsche Geburtstagscarmina für den 22. angefertigt, die die Schlossjungs dem Grafen aufsagen sollen. An jenem Tage ist natürlich wieder Cour, doch nur der Herren, sodass ich selbsttätig anzutanzen habe, indem der Chef seine Gefühle schon nach der Morgenandacht loswird. Der Graf hat einen Vierzehnender geschossen und reist demnächst auf Elchjagd. Sonst herrscht im Schloss Frieden, denn das unternehmende Fräulein Singer ist durch ein schüchternes, dahinhuschendes Wesen abgelöst worden. Der dicke Koch beginnt sich das Biertrinken abzugewöhnen, weil Mademoiselle neulich bemerkt hat, sie fände es gräulich. Jeden Abend muss das Schlossmädchen, das diesem Mehlspeisen-Romeo den letzten Imbiss bringt, bei der Französin anklopfen und ihr das Tablett zeigen, auf dem eine halbe Flasche Schultheiß und ein riesiges Glas Wasser stehen. Mademoiselle sucht dann ernst zu bleiben und verkündet ihrem seltsamen Verehrer, er sollte so fortfahren.

Morgen beginnt der Kindergottesdienst aufs Neue. Das Leben spinnt sich so einförmig hin, es regnet und wird trocken, alle Zeit schüttelt der Wind den Wald und bellen die Hunde. Kleine Festgelage werden zu Ehren des Doktors Dreising veranstaltet, an denen Doktor Preuß teilnimmt. „Lütt braden Hahns" zu Mittag und Krebse aus Lindenau bilden noch drei Tage nach ihrer Verzehrung den Stoff zu sehnsüchtigen Betrachtungen. Dann kommt mal der Forstmeister, und die Großmutter spendet einen Kalmüser, am Montag spielt der Amtmann Schach und am Sonnabend meldet die Hebamme den Bevölkerungszuwachs an. Der Chef ist im Allgemeinen gut gestimmt, zuweilen ärgert er sich über das linke Hinterbein einer Fliege, aber es hält nicht vor. Heute um sieben erscheint der beliebte Bräutigam, dann wird möbliert und das ältere Pastorengeschlecht auf Husten und Amtsmüdigkeit untersucht. Ob Pastor L. nicht manchmal von Schüttelfrost gepackt wird und eine dunkle Macht fühlt, die ihn aus seinem Pfarrhaus ins Unendliche führt, während neue Stühle und Schränke in schwerfälliger Prozession in sein Allerheiligstes wanken und sich's bequem machen? Ob Pastor Schulz den Orden, der ihm neulich ins Knopfloch flog, nicht als eine Botschaft auffassen muss, schleunigst zu demissionieren und sich mit dem Anbau von Kohl zu beschäftigen? Selbst in Schlesien räumen unsre beiden Brautleute im Geiste Pfarrhäuser aus und die Zahl der von ihnen abgesetzten, getöteten und in andere Stellen beförderten Pfarrer ist Legion.

Den 20. August 1902
Es ist durchaus vorteilhaft, wenn ich schon am 27. reise. Ich fahre dann ja von Prenzlau aus, das natürlich bessere Verbindungen hat, und erspare mir auf diese Weise die ermüdende Rückfahrt nach Boitzenburg, die sehr spät stattfinden würde, sodass ich für den Frühzug nach Berlin am 28. nach wenig Stunden der Ruhe wieder hinausmüsste. Ich glaube, der Zug von Prenzlau kommt um $^1/_2$ 7 in Berlin an.

Auch hier ist die Luft mit warmem Wasser gesättigt; ich ging heute im Dorf herum und lud die Kirchenknechte für Freitag ein. Dabei wurde mir kochend heiß und ich beneidete beinahe die Waschfrauen, die an einer einsamen Stelle unter dem Schutz breiter Baumzweige im kühlen Wasser herumplanschten.

Herr A. reist also wie Goethe nach Italien. Allerdings hatte Goethe damals seine arbeitsreichen Ministerjahre hinter sich und hatte auch sonst schon einiges getan. Ich mag gar nicht an Italien denken, es reut mich in der Erinnerung, dass ich so ungeschickt gereist bin, wenn ich wieder mal hinkomme, werde ich alles anders machen. Dass seine

Eltern Euch Schafskäse schenken, spricht mächtig für sie. Hier essen wir auch allerlei liebliche Käschen, so aus Goldin und Golzow stammen.

Heute habe ich mehrere Stunden Pachtverträge abgeschrieben, mein Geist befindet sich daher in einiger Auflösung und muss immerzu an Raufutter, wirtschaftlich ausgedüngte Ackerparzellen, Hofbewehrungen und Konventionalgelder denken. Für das Erzeugnis, das in Folio vor mir liegt, bekomme ich von dem Bauern 2 Mark: er möchte sie gewiss gern in Kartoffeln abzahlen, ich nehme aber nur bares Geld. Das Haus Dreising befindet sich unter dem Hochdruck großer Heiterkeit. Fräulein Merck hat nämlich geschrieben, sie könnte sich von Boitzenburg nicht trennen, sie wolle daher im Herbst hierher zurückkehren. O du mein Schöpfer! Selbst der Papagei Lora komme ihr öde und leer vor. Ansprüche mache sie keine – jede Dachkammer genüge für ihre Bequemlichkeit. Alle fragen mich, ob ich nicht lieber etwas später nach Hause reisen möchte. Na, ich hielte es schon aus.

Seit dem 24. hat es hier keine 24 Stunden ohne Regen gegeben. Die Wege sind zum Teil grundlos.

Dreising seufzet unter den Grafenknaben, die im Unterricht allmählich unerträglich werden durch die Zwanglosigkeit ihres Auftretens. Demnächst will er sie mir mal vorwerfen, um zu sehen, ob ich mehr Disziplin halten kann. Ich fürchte, es wird nicht viel anders sein.

Herr Salzmann will seine Prüfungspredigt demnächst hier probeweise halten. Er steuert mit Macht auf den Ausgang zu und vergisst jede Woche hundert Seiten, um hundert andere in sich aufzunehmen.

Im Wald ist es noch immer schön. Es gibt hier Buchen, die mit einem solchen Stamm in den Himmel ragen, dass ein Mensch in ihrem Wipfel sehr weit weg sein würde und für seine Freunde schwer zu besuchen. Die mächtigsten Bäume tragen die Namen der verschiedenen Grafen Arnim und müssen von dem Augenblick ihrer Taufe an das Leben ihrer Paten mitleben. Da stand die Hermannsbuche im Karolinenhain, noch heute ein Riese, aber der dicke Ast ist abgebrochen, als Graf Hermann in Prenzlau sitzen musste, weil er seinen Mund zu weit aufgetan hatte wider Bismarck und sein Volk. Die Albrechtskiehne im Tiergarten kränkelt und vergeht, ebenso wie der alte Graf Albrecht, der in allen deutschen Bädern Salben und Mixturen gebraucht. Auch die jungen Grafen haben schon ihre Bäumchen, die schlank und fröhlich in den Himmel hineinragen. Neulich kroch ein Ungeziefer über die Tanne des ältesten Jungen, gerade als er sagte: Ach was, wenn mein Vater tot ist, bin ich Herr in Boitzenburg! Es gibt so viele schöne Äste in unseren Wäldern, an denen die Leute hängen könnten, die dem Jungen solche Gedanken in den Kopf setzen! Natürlich hat er sich nicht viel dabei gedacht, aber er wird sich schließlich etwas dabei denken. Und solche hohen Herren wie der Graf denken stets, durch Absperrung ihre Kinder von dummen Gedanken freihalten zu können. Aber sowas fliegt durchs Fenster wie ein segelndes Samenkorn und wird hereingetragen von den Fußsohlen der Kammerdiener.

Am letzten Sonntag war ein Stündchen Sonne. Ich stand in dem Augenblick gerade am Haussee und sah die fetten Karpfen in der klaren Flut. Auch Wandermusikanten sind wieder einmal durch das Dorf gefahren und haben versucht, uns das Herz auszublasen. Die Obstfrau aus Prenzlau war da und hat einen Korb mit Fallbirnen für eine Mark gekauft; sie sieht trübe in die Zukunft und ist der Meinung, die Pflaumen würden in diesem Jahr nicht mehr reif.

Den 26. August 1902

Mit dem Briefschreiben ist es in den letzten Tagen nicht recht was geworden. Ich war bei all der Arbeit, die an mich herantrat, zu müde. Morgen gegen vier Uhr nachmittags erscheine ich nun bei Euch – falls ich den 12-Uhr-Zug erreiche. Gestern Abend hatte mich der Apotheker mit dem Doktor zusammen eingeladen; mir ist es trotz der Bordeaux-Flut, die auf uns herniederströmte, recht gut bekommen, ob dem Doktor auch, kann ich nicht sagen, aber er sog wie ein Blutegel an seinem Glas.

Um 12 Uhr nachts waren wir alle sehr wehmütig und sangen die alte Burschenherrlichkeit, worauf der Doktor einen Schwank aus seinem Leben erzählen musste. Was hatte er für ein Repertoire! Von Goldap bis Würzburg reichten seine Trink- und Duellerfahrungen; aber auch Greifswald kannte er, wo er seinerzeit im Corpsauftrage gefochten hatte und wo ihn im Kampf mit den Philistern ein großer Hund in sein Hintergestell gebissen hat: acht Tage musste er im Hospital liegen. Danach aber fühlte er sich von einem Herrn Vogel beleidigt und lud ihn in den Grunewald ein; aber er wartete mit seinen Getreuen vergeblich, denn Herr Vogel packte eilig seine Vorhemden und Schlipse in einen Koffer und entwetzte in die Provinz zu seiner Mama. Einmal ging auch ein königlicher Oberförster durch seine Schusslinie, sah die Duellanten freundlich an, grüßte und verschwand diskret im Walde.

Gegen 4 Uhr desselben Tages gingen wir zur Antrittsvisite nach Wichmannsdorf. Seit dem 22. wird hier eingefahren, alle Bäume hängen voller Halme und die Hühner hüpfen hinter den Erntewagen her und sind glücklich. Der neue Pastor hat sich mit sehr schönen Möbeln eingerichtet. Einige Eigentümlichkeiten liefen freilich unter. So hat er offenbar das Bild „Christus als Tröster" doppelt zur Hochzeit bekommen – einmal ganz groß und einmal klein – und beide Bilder hängen dicht beieinander. Das Beste in seinem Hause ist sein Sohn Hans, drei Jahre alt, lange goldene Locken, blaue Augen, reitet auf einem Schaukelpferd und hält die Welt für ein Märchen. Ich musste immer nach ihm hinsehen, während der Chef die siebentausendste Lanze für den vaterländischen Frauenverein einlegte und sich höchst überflüssig aufregte. Er ist leider wieder durch Hypothekengeschichten abgearbeitet und nervös herunter. Die ganze Riesengebirgserholung geht in die Brüche.

Die Cour am 22. verlief comme toujours. Versammlung schwarz gekleideter Sklaven am Seitenportal, Sonnenschein und neugierige Lakaien an allen Fenstern des Schlosses. Als die Turmuhr 11 schlug, bewegt sich der Zug unter Vorantritt des Forstmeisters ins Schloss hinein. Begrüßung im Arbeitszimmer des Grafen: „Meinen herzlichsten Glückwunsch." Die Feinen sagen „Meine herzlichste

Gratulation". Alles sitzt im Kreise und schweigt. Endlich räuspert sich der Senior und beginnt vom Wetter, der Obergärtner haut in die gleiche Kerbe, der Graf tut die ganze Frage in eine Nuss, indem er sagt: man dürfe in dieser Zeit über das Wetter erst um 12 Uhr abends sein Urteil abgeben. Beifälliges Gemurmel auf der ganzen Linie. Hierauf schleift der Doktor den aufgehängten Knecht ins Feuer der Unterhaltung und auf dies Zeichen setzen sich Cholera, Pest, Hunger und Typhus in Bewegung und ziehen durch das Zimmer: alle Epidemien, die Boitzenburg gesehen hat, – und richtige Epidemien gibt es nur in Boitzenburg, wo alles am besten ist – werden eingehend erörtert.

2. Akt: Die Gräfin tritt auf. Sie sitzt mit elegantem Schwunge auf dem Sofa und ist liebenswürdig. Jeder bekommt nach der Reihe seine Fragen: wer Kinder hat, wird nach deren Alter und Befinden gefragt. Ich habe keine Kinder, aber einen Papa, der dafür herhalten muss. Die Gräfin ist der Ansicht, Vater hätte mich neulich besucht. Dann wird über Lychen gesprochen und alles findet, dass Lychen hinter der Kultur zurückgeblieben ist. Wir sind alle sehr entrüstet und verachten Lychen unbeschreiblich.

3. Akt: die Kinder erscheinen, wenigstens zwei davon. Sie haben ihrem Vater Bilder ausgestochen und angemalt. Die Blätter gehen von Hand zu Hand und wir betrachten sie mit Kennerblicken und begreifen nicht, wie sowas möglich ist. Der Obergärtner erklärt den einen dargestellten Gegenstand für eine Schmalzbirne, was ihm ein dankbares Lächeln der Gräfin einträgt.

4. Akt: der Forstmeister steht auf, alles springt in die Höhe und verabschiedet sich. Draußen scheint noch immer die Sonne, die Lakaien treten wieder an die Fenster und die schwarzen Herren wandeln würdevoll, beneidet und angestaunt nach Hause.

September

Den 4. September 1902
Seit einigen Minuten ist es draußen still geworden, aber wir haben noch vor einer halben Stunde das wildeste Gewitter dieses Jahres erlebt. Es heißt, dass Gewitter schwer in die Talsenke von Boitzenburg hineinfinden – weil sie das Wasser fürchten oder weil sie nicht über die Berge steigen mögen. Ist mal eins drin, so tobt es wie ein angeschossener Auerochse und brüllt rasend umher in den Wäldern, die in einem weiß glühenden Lichte in den Himmel hineinragen und auf die Wolke blicken über ihren Wipfeln. Diese grau-gelbe bauchige Wolke hing schon um 7 Uhr nachmittags über dem Ort, als alles noch friedlich war. Der Doktor stand vor seinem Häuschen und nagelte sein Firmenschild fest und der Commis bei Götze langte gerade in die Heringstonne – mit aufgesprungenen Fingern –, da schien es mir, als fingen die entferntesten Bäume leise an zu schwanken, und es kroch wasserwarm über mich weg. Aber erst nach einer Stunde gelang es dem Wetter, über den See zu kommen.

Ich schreibe dies nachts um 11; in diesem Augenblick beginnt plötzlich die Feuerglocke vom Turm herab zu schwingen – irgendwo in der Umgegend brennt es also. Die Leute auf der Straße reden, ein Hund bellt. Auf dem Boden trete ich in etwas Raschelndes, als ich zur Orientierung aus dem Fenster sehen will. Die Sterne blitzen am Himmel, alle Minute geht ein Wetterleuchten auf. Drüben sehe ich eine Lampe hinter Gardinen, ich höre die Schritte der Leute, die unten gehen, kann aber nichts von ihren Reden verstehen. Ich schlurrte in meinen Gespensterpantoffeln wieder in meine Stube zurück und freue mich, dass die Glut dieses Tages endlich verschwunden ist. Als ich aus der Bodenluke in die Nacht hinausgucke, war mir, als fliege ein unsichtbarer Engel draußen vorbei, mit einer Trinkschale, die trank ich ganz leer. In meinem Zimmer erinnert mich jedoch der Wecker, dass es spät ist. Da meine Uhr derselben Meinung zu sein scheint, schließe ich für heute und hüpfe mit befriedigtem Gemüte in mein Bett. Morgen mehr.

Den 5. September 1902, Freitag
Als ich gestern kurze Zeit gelegen hatte, rasselten die Wassertonnen nach Prenzlau zu. Sie sind aber umgekehrt, weil das Feuer, das von unserem Kirchturm deutlich gesehen wurde, zu weit entfernt war. Dann schrie gegen Mitternacht eine Katze und ein junger Hund winselte aus Heimweh – es war eine unruhige Nacht und aus einer Melone, die ich zum Abendbrot gegessen hatte, stieg eine fantastische Traumwelt empor. Heut früh sah der Chef sehr elend aus, verschob unsere Arbeit und legte sich aufs Sofa – Melone, Feuer, Katze und Hund innerlich verwünschend. Mir geht es gut, nur die Last einiger Arbeiten drückt etwas.

Wir waren gestern sehr vergnügt. Dreising durfte nicht in das große Zimmer, weil wir etwas für seinen Geburtstag vorbereiten. Die Pastorin hat mit Worten versehene Musik entdeckt – ein Mittelding zwischen Schmachtwalzer und Wintergarten-Couplet – und dies soll nun zur Freude des Hausvaters am 8. steigen. Zwei Dienstmädchen treten auf, gesungen von Mademoiselle und Fräulein Singer – und meine Aufgabe war es, den unsagbaren Quatsch ihrer Ergüsse auf den besonderen Fall umzudichten. Indem ich hineintauchte in dieses Kunstwerk, kam ich mir vor wie der Schlammgrabser, und wurde sehr traurig: dann musste ich mich wirklich hinsetzen wie die Zählmaschine in der 3. Klasse und Silben zählen – denn die poetische Prosa des Textes war eng mit der Musik verbunden –, sodass ich selbst die Hoffnung, von dem Schandrhythmus des Urbildes loszukommen, fahren lassen musste. Das Ergebnis meiner Bemühungen hat befriedigt (nicht mich). Die beiden Weiber heißen Julia und Selica. Sie begrüßen sich nach langer Abwesenheit und es wird konstatiert, dass die eine ihren Dienst im Pfarrhause aufgegeben hat, weil nach der Verlobung das Fräulein alles selber tun wollte (fällt ihr in Wirklichkeit gar nicht ein). Die beiden Küchendrachen entwerfen dann eine hinreißende Schilderung ihrer Leiden und treten mit dem Plan hervor, den hohen Chef zum Führer in einer Emanzipationsbewegung zu erwählen (für solche Ideen ist Dreising eine Zeit lang lebhaft eingetreten, zu Väterchens Entsetzen). Das Ganze schließt mit einer Gratulation und der Versicherung, dass er fortan das Ideal „jeder Mina, jeder Tina, jeder Lina" usw., alle Mädchennamen durch, sein werde.

Mademoiselle entfaltete eine hervorragende Schauspielergabe und bewies, dass auch in einem kleinen Menschen eine große Stimme wohnen könne. Als sie weg war, hatten wir alle die Empfindung, als flattere ein rot-gelber Schmetterling im Zimmer umher, obwohl keiner zu sagen wusste, wo er sei. Gegen Ende des Musizierens war das Gewitter aufgezogen und wir hörten deswegen auf. Die Blitze folgten so rasch, dass die Nacht zeitweise hell war wie bei Mondschein, und Ströme von Regen sanken herab. Außer Dreising und mir waren die Hausbewohner mehr oder weniger aufgeregt und ängstlich. Mademoiselle wurde festgehalten, weil sie aufs Schloss stürzen wollte, um ihre Kinder zu beschützen – ein etwas nasser Heroismus, mit dem sie es jedoch ernst genug meinte. Das Unwetter war dann ganz plötzlich vorbei.

Wippermann hat mir Goethes Leben in Bildnissen geschenkt – einen Sonderdruck aus Könneckes Bilderatlas zur Literaturgeschichte. Ich habe mich wirklich dazu gefreut, noch mehr aber zu seinem Brief, aus dem seine ganze Ehrlichkeit und Tüchtigkeit hervorgeht. Er wird von vielen unterschätzt, weil er keine Phrasen macht und sich sehr einfach gibt. Das Buch von Budde, das Ihr mir geschenkt habt, ist höchst interessant. Am 8. wird hier große Gesellschaft sein – auch Mademoiselle mit ihrer Schwester, die ein Inbegriff sein soll, aber nur französisch und plattdeutsch spricht, und ich weiß nicht, wer noch. Die Kochfrau ist bereits herangewinkt.

Im Übrigen hat sich Boitzenburg nicht geändert. Es wird nach Kräften verleumdet, die Ehre abgeschnitten und beklatscht. Ein Idiot hat das Gerücht verbreitet, ich würde mich demnächst mit der lieblichen Tochter von Herrn K. verheiraten. Ich möchte, Ihr kenntet dieses Wesen, um das Gerücht nach seinem ganzen Werte aufzufassen. Selbst das Schloss – allerdings in den unteren Regionen – ist davon überzeugt gewesen. Man sagt, wenn ich auf die Kanzel in Naugarten träte, so beeilte ich mich mit meiner Predigt, um rasch wieder in das kühle Schulhaus zu kommen und mit Käthchen (so heißt sie) zusammen zu sein. Man sieht, mit was für Gedanken viele Leute in die Kirche gehen, sie schließen von sich auf andere.

Den 9. September 1902
Mit höchstem Glanz ist der 50. Geburtstag des Chefs vorübergegangen. Die Fülle der Ereignisse hat sich wieder einmal so gedrängt, dass ich mit Verwunderung das obenstehende Datum betrachte; ich bin also tatsächlich noch vor 8 Tagen in Lichterfelde gewesen. Am Mittwoch, den 3., stürzte ich mich notgedrungen in ein Meer von Arbeit: Missionsverein, Patenbriefe, Bericht des Kreisarztes über fehlende Ventilationsklappen, Konfirmandenstunde, Rundschreiben an die Lokalschulinspektoren u. dgl.; zu meiner Erholung las ich in dem Buch von Budde und ruderte einige Bootslängen weiter durch das Alte Testament, das ich gegenwärtig nach dem Urtext durcharbeite. Donnerstag senkte sich das Gespenst meiner Predigt auf mich nieder, ich schrieb in 5 Minuten die Disposition und ging darauf mit dem Gefühl, über den Text nicht predigen zu können, unter die Apfelbäume des Pfarrgartens. Die Sonne schien auf den Gravensteiner und zwei Kohlweißlinge schwankten als Herbstboten über den Zaun und segelten kreuzend auf die Gemüseplantage zu. Der Maulwurf hatte wie stets in den Wegen Hügel aufgemollt und ich dachte vergeblich darüber nach, wie man ihn mal zu sehen bekäme. Hierauf besah ich mit Vatergefühlen den Danebrog-Mohn, der plötzlich da ist, und seufzte mich wieder in meine Dachkammer hinauf, wo ich eine sehr klägliche Einleitung machte und alsbald alles liegen ließ: in dieser Art verläuft gewöhnlich der Anfang meiner Predigtarbeit. Ich habe eine

ganz entsetzliche Abneigung, etwas aufzuschreiben, ehe ich nicht muss. Mit Tinte darf ich mich zunächst gar nicht befassen, weil es kratzt und so langsam geht, sondern ich nehme immer weichen Bleistift und galoppiere über das Papier, ohne mich umzusehen. Auf diese Art gelang es mir Freitag, 6 Seiten zu füllen, die ich gleich korrigierte und abschrieb; am Sonnabend segelte ich mit Eile und Freude los und gelangte bis an die Hafenmole, am Montag schrieb ich den Schluss – gleich ins Reine und mit einer Art von jauchzender Bedächtigkeit, machte auch zierliche Schwänzlein an einzelne Buchstaben vor Vergnügen über das Ende. Dreising war sehr zufrieden, als ich ihm das Ganze vorlas.

Als Vertrauensbeweis darf ich es auch auffassen, dass er mir für Donnerstag die Erledigung der Kurrende anvertraut hat; er selbst reist zur Inspektion nach D. Es handelt sich bei der Kurrende um den amtlichen Verkehr des Superintendenten mit seinen Amtsbrüdern; ich schrieb früher schon mal, was alles aus dem verschlossenen Kasten des Kurrendeboten herauszukommen pflegt; hoffentlich mache ich keinen Unsinn.

Die Vorboten des Geburtstages mehrten sich von Tag zu Tag. Ich sehe Fräulein Dreising im Garten sitzen, wo es am grünsten ist; sie stickt ein Sofakissen mit bunter Seide und wird anscheinend nicht fertig. Lola wird in die Waschballje geschleudert und gewaschen, bis sie aussieht wie ein Schaf; sie bekommt aber ein rotes Bändchen um und muss sich in eine Ecke setzen, um ihr Gedicht zu lernen. In der Küche errege ich die Bewunderung Marthas, wie ich aus rostigem Blumendraht eine 50 herstelle, während sie mit Tannenreisern und Ohrwurm-Georginen eine Riesenschlange herstellt. Die Großmutter steht andauernd in ihrem Zimmer und sieht verklärt in einen Schrank auf die Oberhemden, die sie für Pastor Dreising besorgt hat. Die Pastorin konferiert mit der Kochfrau und die Kochfrau ist trostlos, weil ihre Käsestangen immer dicker geraten als die auf dem Schloss – und Mademoiselle soll doch kommen.

Pastor Dreising befindet sich inzwischen im Zustand des ewigen Juden, der nirgends Ruhe findet. Er teilt seiner

Frau mit, dass der Konditor aus Prenzlau etwas geschickt habe, er trägt seiner Tochter mit listigem Gesicht aufgefundene Seidenfäden nach und wird hinter Türen betroffen, wie er andächtig auf die Musik hört, von der er noch gar nichts ahnen soll. Schließlich wird er mit einem Buch in sein Zimmer gesetzt und erhält den Auftrag, keine Post hier zu empfangen und sich zu den Mahlzeiten durch eine Eskorte abholen zu lassen.

Jeden Abend erscheinen Selica und Julia, um ihre tiefsten Gefühle in schlechten Versen nach der Musik eines Ballettmeisters zu offenbaren. Mademoiselle spielt wie eine Feuersbrunst, aber der Text will nicht bei ihr bleiben. Dieser Gesang klingt sehr seltsam und zauberhaft, die kurzen Stücke, die ich unter dem Drucke der Not eingeschoben habe, machen mir nun doch Spaß – es wohnt in ihnen eine fremdartige Musik, die ich ihnen nicht mitgegeben habe. Um etwas Nützliches zu tun, rühre ich in den Zwischenpausen ein Ei für die Sängerinnen an, beseitige die Beunruhigungen der Musikkapelle und lobe, um die Stimmung zu heben, alles, selbst das Klavier.

In dieser Zeit taucht das Gerücht auf, ein unbekannter Wohltäter habe an das Geburtstagskind Wein abgesandt. Dieser Wein ist durch die Torheit der Post nach Prenzlau gegangen, sodass er nicht mehr rechtzeitig zum 8. herangebracht werden konnte. Ich bemerke gleich hier, dass Dreising sich über diese Sendung ganz unsäglich gefreut hat und dass er über das Telegramm so gerührt und stolz war, wie ich noch keinen Menschen gesehen habe. Leider ist eine der Flaschen infolge schlechter Verpackung zerbrochen und ausgelaufen. Probiert ist der Wein noch nicht.

Am Sonntag las ich die Liturgie und hielt später den Kindergottesdienst; es regnete in Strömen und die Kinder waren sehr taprig und wenig zahlreich. Um 12 Uhr trat ein Freund von Herrn Salzmann auf, der den Geburtstag mitfeiern und die Braut besichtigen sollte. Er machte zuerst den Eindruck eines liebenswürdigen Igels, gewann bald alle Herzen, verliebte sich in die Braut, führte später einige mimische Darstellungen auf und reiste heute in einem Gemisch von Entzücken und Abschiedsschmerz wieder nach Berlin ab. In der Gesellschaft erregte er Aufsehen durch goldene Hemdenknöpfe, die ich ihm lieh, und am Sonntag, wo ich ihm den Park zeigte, entdeckte er das Badehaus, zog sich adamitisch aus und nahm schnell ein Bad. Übrigens bewiesen seine Gespräche, dass er etwas konnte.

Montag früh um 7 wachte ich von Gesang auf. Mademoiselle und Fräulein Singer, von niemand gesehen, waren in den Garten eingedrungen und sangen „Lobe den Herren"; es war ein schöner Sonnentag geworden. So fing der Geburtstag an.

Den Tisch hatten wir schon am Abend vorher aufgebaut.

Die Aufstellung der 50 Lichter bereitete Schwierigkeiten, noch größere das Nachzählen der Lichter, als alle verteilt waren. Die Draht-Fünfzig war nun mit Strohblumen bekleidet, der Baumkuchen aus Prenzlau ausgepackt (drei Nasen aßen wir vorher), die Tantengeschenke – etwas zum Waschen, etwas zum Schreiben und etwas zum Trinken – prangten in üppiger Fülle, den Preis aber schoss die Pyramide von 50 Schachteln Streichhölzern ab. Als Dreising am Morgen des 8. hingeführt wurde, war er ungemein vergnügt. Als höflicher Mann besah er die Oberhemden vor den Büchern und die Makronen vor den Zigarren. Trojans Gedichte, die ich ihm schenkte, erwiesen sich als sehr geeignet. Leider konnte er sich nur kurze Zeit freuen, denn um 9 erschienen die kleinen Grafen zur Stunde. Sie brachten kleine warme Kinderblumen mit und machten einen Heidenradau. Jeder bekam ein kleines Licht geschenkt, worauf sie alle so taten, als steckten sie es an und setzten dann jeden von uns in Brand. Hierauf musste man etwas zappeln, sehr brüllen und wurde wieder ausgepustet. Darauf gerieten sie an einen Ausziehtisch und klemmten sich. Die niedliche kleine Kusine, die wie ein Junge aussieht, hatte auch einen Strauß mitgebracht, aber er war nicht mehr sehr gut, weil sie einen ihrer Vettern damit vorher verwamst hatte. Als die Kinder zum Unterricht verschwunden waren, gähnte uns die Stille an, doch schon schwang der Freund von Herrn Salzmann den Hammer und nagelte Papier unter allzu kurze Tischbeine. Die Kochfrau erschien und begann sofort Enten zu zerlegen, während Fräulein Dreising das fertig gewordene Kissen stopfte und Lola auf dem Vorplatz im Garten nach Wespen jagte. Sie hatte ein Gedicht, das sehr komisch war, und von Fräulein Dreising, seiner mütterlichen Freundin, herrührte, ohne Stocken aufgesagt.

In der Frühe dieses Tages sah ich ein hübsches Sommerbild. In einer himmelblauen Schürze erschien Mademoiselle bei mir und bat mich, ihr beim Pflaumenschütteln zu helfen – denn sie sei klein und bekomme nichts herunter. Ich sah an dem Leuchten ihrer Augen, dass sie sich in diesem Augenblick wieder wie damals auf dem Schloss als Hausfrau vorkam, und hatte ein Gefühl von Rührung zu überwinden, als ich daran dachte, wie sie doch voraussichtlich niemals eine wirkliche Hausfrau werden könnte. Sie war in diesem Augenblick sehr froh und still für sich: während sie sich in das lange Gras der Wiese niederbückte, schwebte ein Pfauenauge über ihrem Haupte und die Sonne lag auf ihrem dunklen Haar. Zuweilen rief sie mir leise zu, die hohen Zweige zu bewegen, und es sank ein blauer Regen über uns beide. Dann sang sie ein paar Takte eines französischen Liedes vor sich hin und lief mit ihrem Körbchen über die hellen Gartensteige, dass die große Schürze wie eine Wolke um sie her wogte, und fiel der Pastorin in die Arme und küsste sie. Und das alles um ein bisschen Freiheit von 10–11!

Den 11. September

Um 7 Uhr sollten die Gäste kommen, zehn Minuten vorher fiel im Empfangssalon eine Petroleumkanne um und im Speisesaal begann eine Lampe zu blaken. Geöffnete Fenster und eine Flut von Eau de Cologne beseitigten rechtzeitig den Schaden. Als Tischkarten hatte ich mit Goldbronze beschriebene Weinblätter hingelegt, an die bei Herren Reseda, bei Damen eine Monatsrose beigebunden war. Über dem Eingang hing gleichfalls rotes Weinlaub und die mächtigen

Fruchtkörbe mit Melonen und Äpfeln, mit Birnen und blauen Pflaumen verkündeten das Nahen des Herbstes. Die Henkel der Körbe waren besponnen mit Georginen, grünem fedrigen Spargelkraut und blassblauen Lupinen. In der Mitte der Tafel stand der Baumkuchen wie ein Wachtturm, mit seiner Draht-Fünfzig sehr fidel anzusehen.

Die Räume fassten bald nur notdürftig die Menge der Gäste. Der Inspektor erschien mit dem Überschnurrbart und sein Schwager aus Mecklenburg – sehr rot und behäbig und durchdrungen von der Maxime, dass die „Leute" niemals wüssten, wie gut sie es hätten, und dass die Undankbarkeit jenes Laster sei, unter dem er besonders zu leiden hätte. Sie hatten ihre Frauen mitgebracht, zwei Schwestern, die waren die schönsten Menschenkinder der ganzen Gegend; aber ein Zauberer hatte ihren Mund in früher Jugend verschlossen, also dass sie stumm blieben wie die kalten Fische und dasaßen gleich zwei gläsernen Wunderblumen, die eine meerblau, die andre purpurrot, von allen mit Freude und Staunen angesehen. Wenn sie umhergingen, rauschte es wie ein kühler Hauch durch das Zimmer, und es offenbarte sich an ihnen eine bestrickende Harmonie der Formen und Farben; doch ob auch zuweilen ihre Augen aufleuchteten – wie das Meer, in dem ein Fisch aufspringt oder ein von der Sonne beschienenes Segel sekundenlang vorübergleitet –, so erlosch doch dieser plötzliche Glanz immer wieder und ihr Mund blieb schweigsam und lächelte nur wie von leiser Verwunderung.

Herr Apotheker Willerding hatte zur Feier des Tages eine jovialische weiße Weste angezogen und der Doktor trat auf mit der Eleganz des früheren Corpsstudenten – alles sehr gut, wenn nur nicht jenes undefinierbare Etwas fehlte, das den Menschen erst fertig macht und von Leuten, wie dem Doktor, meist gegen eine zweifelhafte Sorte von Weltkenntnis eingetauscht worden ist. Diese Leute begehen nie Verstöße gegen gesellschaftliche Sitte, man kann sich mit ihnen über vieles unterhalten, aber immer nur bis zu einer gewissen Grenze; sie kennen keine verschlossenen Türen, sie hören nicht die Musik hinter den Bergen und wittern überall Berechnung; man könnte sie elegante Egoisten nennen und tut es doch nicht, weil man sich in ihrer Gesellschaft und unter der Suggestion ihrer Gespräche selber als Egoist erscheint. Ganz genau kann ich nicht sagen, was mich z. B. auch bei dem Doktor abstößt; denn er ist immer höflich, entgegenkommend, zur Heiterkeit geneigt und voller Interessen; aber es ist immer da und sitzt dann zwischen uns und mordet jede Vertraulichkeit.

Als erstes Gericht hatte die berühmte Kochfrau ein Fischragout ersonnen mit Morcheln, Champignons, deliziösen Klößchen und Krebsschwänzen. Danach erschienen braun gebratene Enten mit Kompott in Glasschalen, endlich Pücklereis, Käsestangen und Obst.

Nur zwei Toaste wurden gehalten: von Pastor Wilke auf den Jubilar – eine handliche Rede – und von Dreising auf die guten Freunde. Er war sehr gerührt, sprach mit Dank von seiner Familie, auch von seiner Tochter („Wie man sein eigenes Machwerk nur so loben kann", sagte sie später zu mir, „ich hab immer schon Angst, wenn Vater mit uns anfängt!") und zählte unter den guten Dingen, die ihm zuteil geworden waren, auch Vaters Glückwunsch auf. Das Telegramm trug er an diesem Tage immer bei sich.

An meiner Linken saß die meerblaue Frau und schwieg. Ihr Herr ließ sie bald hoffnungslos dahinfahren, worauf ich mich an sie heranmachte und ebenfalls eine Niederlage erlitt. Zwar antwortete sie stets, doch nur mit Ja und Nein; zweimal entlockte ich ihr einen ganzen Satz – sie möchte nicht in Berlin wohnen und habe dies Jahr in ihrem Garten nur zwei Gurken geerntet –, allein dann hatte es geschnappt und mein Vortrag über das Wohnen in der Großstadt im Allgemeinen und über den Anbau von Gurken im Besonderen erzeugte nur noch ein zustimmendes Lächeln.

Als ich mich an meinem Platz niederließ, entdeckte ich sofort links neben dem Teller ein dictionnaire, das natürlich Fräulein Dreising dahin gelegt hatte. Ich brauchte es aber in meiner Unterhaltung mit meiner kleinen Tischdame nicht, denn la petite mademoiselle sprach Deutsch – nicht viel, aber genug, um meinem kümmerlichen Französisch das

Lebenslicht auszublasen. Sie war 20 Jahre, aber in ihrer Alpeneinsamkeit noch fast ein Kind geblieben und saß neben mir wie ein zutraulicher kleiner Vogel. Ich ließ mir von ihrer Heimat erzählen und es zog an mir vorüber wie ein seltsames Bild – fremde Sitten, Menschen, die in einsamen Tälern wohnten und den lieben Gott mit einer Art von protestantischem Mönchtum verehrten, die hellen Wasser von Lausanne und der abgelegene pommersche Herrensitz, der seit einem Jahr die Heimat dieses zierlichen blauäugigen Wesens geworden war und wo sie, wie ihre ältere Schwester, zwei ungezogene Grafenkinder zu bändigen hat.

Sie sprach auch von ihrer alten Mutter und ich dachte, wie diese es wohl aushielte, ihre Kinder so jung in die Fremde zu schicken.

Nach dem Essen erfolgte die Ausräumung des Speisesaales, während die Herren goldene Zigarren rauchten. Die musikalische Aufführung, die danach stattfand, lief gut ab und fand reichen Beifall. Als darauf ein Gast noch einen Schusterjungen mimte, der eine gefangene Fliege auf seinem Stiefel festnageln will, kannte der Jubel keine Grenzen.

Der Tag verging unter Liedersingen und heiteren Gesprächen.

Als alle fort waren – nur Fräulein Singer blieb noch da –, setzte die Großmutter sich ans Klavier und spielte eine Polka aus der Zeit ihres geliebten Königs Friedrich Wilhelm III. und wir tanzten: Pastor Dreising mit seiner Frau, ich mit der Tochter, der Freund von Salzmann mit Fräulein Singer. Herr Salzmann lag währenddem auf dem Sofa und sah etwas leidend zu – er hatte Kopfschmerzen und ist gegen Schmerzen ebenso empfindlich wie Rudorff.

Es war ein sehr vergnügter Tag.

Am Dienstag besuchte ich den Tiergarten, die Morgensonne lag über dem Hügelland, während ich in der alten Klosterruine herumstieg, die Ebereschenbäume betrachtete, die in ihrem Inneren aufgeschossen sind, und plötzlich durch ein Bogenfenster den weißen Hirsch erblickte, der wie eine Märchenerscheinung stolz und fremdartig vor mir stand. An diesem herrlichen Tage sah ich wohl über hundert Stück Wild.

Auch auf den Kirchturm von Boitzenburg stieg ich in dieser Zeit einmal und entdeckte von dort aus neue Wege zum Spazierengehen.

Letzte Nacht hatte ich einen merkwürdigen Traum. Ich ging einher in einem großen Maskenzug und hörte mit Verwunderung das Summen und Brausen der endlosen Menge, die kein Ende nahm. Ein alter Mann mit einem langen weißen Bart ging an meiner Seite. Hinter mir schritten viele kleine Mädchen mit Schilfkränzen und Seerosen. Plötzlich sagte der Alte: „So gehen wir nun hin und wissen nicht, wo das Ziel ist!"

„Der Himmel ist so weit und der Weg so hart", rief eins der Mädchen und man vernahm, wie hinten in der Menge einige weinten. Ich fragte, ob es nicht eine nähere Verbindung gäbe, und sie erzählten mir, eine elektrische Bahn führe schon sicher hin, aber da käme man schwer hinein. Bei der nächsten Gelegenheit verließ ich den Zug und lief in eine Tannenschonung zur Rechten. Auf einmal tat sich ein freier Platz auf und die Elektrische hielt dicht vor mir. Nehmen Sie mich mit!, schrie ich; ach was, sagte eine Stimme, wer sind Sie denn? Ich blickte nun durch die Glasscheiben in den Wagen hinein. Da saß ein dürres altes Männlein mit einem engen schwarzen Rock und einer weißen Halsbinde. Als ich näher zusah, erkannte ich in ihm Väterchen. Außerdem saßen noch die alte Frau und das Kind in der Bahn, die ich neulich begraben habe. Es ist ja noch so viel Platz!, rief ich.

Nun beugte sich der Oberkondukteur zu mir herab; er hatte die Hand schon an der Bremse und war ein Engel in einer lichtblauen Schürze, die aus einem Stück Sommerhimmel gemacht war. Er kam mir bekannt vor, aber es fiel mir durchaus nicht ein, wer es sein könnte.

Ich bin der Ingenieur Hopkins aus Yokohama, log ich. Ich soll oben am Himmelstor was heilmachen.

Sie sind Hopkins?, fragte der Engel mit ungläubigem Gesicht. Hopkins ist schon gemeldet, er steigt aber an der letzten Station aus und soll da warten. Und Reparaturen gibt es bei uns nicht und Lügen auch nicht.

Ich schämte mich sehr und wunderte mich, dass der Engel so freundlich blieb. Schnell lief ich am Wagen entlang und kletterte hinten auf. Dann fuhren wir los.

In diesem Augenblick hörte ich ein Geschrei: der Zug der Erdenpilger bog um die Waldecke und erblickte uns. Wie sie liefen, immer der alte Mann voraus mit verzerrten Augen, den Stock umgekehrt in der Hand; denn er wollte mir mit der gebogenen Krücke eine herunterlangen, aber er fiel hin und alle anderen auf ihn, während wir davonsausten.

In diesem Augenblick erwachte ich –

P. S.: Am 15. September wird Ina 17 Jahre alt! – Gute Besserung für Mutters Kopfweh.

Den 13. September 1902

Der Herbst ist da! Wie lange dauert es, dass der Frühling hier ankam, wie unmerklich hielt der Sommer seinen Einzug, nachdem er draußen, wo die zerstörte Kirche auf Kornfelder und Wiesen herunterblickt, bereits einige Wochen im Verborgnen gelebt hatte! Dass es Herbst ist, wissen wir seit gestern und heute. Der Gott der Winde hat seinen Schlauch aufgetan und nun brüllen seine vier Söhne den ganzen Tag im Orte herum und treiben Unfug mit den ehrwürdigen Baumgreisen. Die Linde hat einen Ast mit gelben Blättern wie ein Wahrzeichen auf den Weg geworfen – keiner hatte ihn vorher bemerkt. Die Pflaumenbäume brechen, trotz meiner kunstreichen Stützen, mit denen ich die Huld der Großmutter erworben habe. Und alles ist so nass. Die Arbeitsfrauen haben das Feld geräumt und reiben Gravensteiner zur Apfelweinbereitung. Es war sehr früh am Tage, da machte sich die treffliche Martha heimlich in den Garten, um mithilfe einer Bohnenstange Fallobst zu erzeugen: die guten großen Äpfel sollen nämlich zum Verspeisen aufgehoben werden; aber jeder wird begreifen, dass es schneller geht, wenn man große Äpfel zum Reiben hat als kleine. Schon holte sie aus, als die Großmutter wie ein rächender Gartengeist hinter ihr erschien – die war noch früher aufgestanden. So tobten schon in der Frühe die Gewalten aufeinander. Als dann etwas später meine Aufstehzeit herankam, sah ich, dass meine Fenster alle beschlagen waren. Und draußen rieselte der graue Regen aus einem missmutigen Himmel.

Mir ist, als ob wir vor einigen Tagen Feste feierten – aber das liegt im Lande der Vergangenheit. Es kommt die Zeit, wo man für seine Gefühle ein Glas Weinpunsch haben will und, wie ich heute, wärmende Trikotsachen vor den Magen knöpft. Morgen früh, bald nach sieben, fahre ich zur Predigt nach Berkholz.

Meinen Spaziergang habe ich heute doch gemacht. Der Wind trieb mich zuerst den Kirchberg hinunter, dann trüselte ich durch die Rote-Strumpf-Straße, an den Boxen und am Reitstall vorbei. Dabei fiel mir die grässliche Geschichte von dem Hund ein. Auf dem Schloss hat nämlich ein Diener – ich glaube zu wissen, welcher, aber es ist nicht aufgeklärt – einen Hund aus dem Fenster geworfen. Zum Glück ist er, d. h. der Hund, jetzt totgeschossen. Ich weiß noch eine solche Schufterei, aber die ist zu gräulich zum Erzählen. Dieser Diener ist derselbe, der ohne Kniehosen und ein silbernes Tablett schlechterdings nicht gedacht werden kann. Ein gutes Beispiel dafür, wie gut sich Rohheit und äußere Form vertragen; denn die Eleganz dieses Lakaien bekomme ich nicht heraus, und wenn ich hundert Jahr alt werde, sie ist unbeschreibbar. Der Mann ist ein guter Kirchgänger und – in stilvollen Grenzen – Bonvivant.

Also am Marstall kam ich vorbei, wo es diesmal heller war als vor einigen Tagen. Am 7. d. M. begleitete ich nämlich gegen 8 Uhr zwei unserer Gäste. Der eine wollte einen Strauß beim Obergärtner bestellen und der andere, es war unser Bräutigam, wollte zurück nach Templin. Seine Radlampe – Azethylen – leuchtete wie ein guter Stern. Wir kehrten in dem Schweizerhäuschen ein, fielen in eine gewärmte Stube, wo Herr Maas mit dem Amtmann beim Bier saß, und waren so bezaubernd, wie drei jüngere Gentlemen sein müssen, wenn sie von Herrn Maas etwas erreichen wollen. Während ich Frau Maas mit der Stimme eines kochenden Teekessels nach ihrem Befinden fragte, rühmte der Kollege Salzmann die gärtnerische Betriebsamkeit des Herrn Obergärtners und sein Freund saß mit dem Gesicht eines Mannes da, der sich in Aladins Palast zu befinden glaubt. Dann bedauerte ich lebhaft, dass die Wohnung so feucht sei (die Stirne des Freundes bewölkte sich sichtlich), kurz, nach einer Sitzung von einer Viertelstunde zogen wir befriedigt und erfolgreich ab. Der Bräutigam verließ uns nun, nicht ohne sein Rad und seine Laterne mitzunehmen. Nach 5 Minuten hatte keiner von uns mehr eine Ahnung, wo wir uns eigentlich befanden. Die Hand vor den Augen verschwand in dieser schwarzen Nacht. Und unsere Tastbegabung half uns wenig – ich konnte wohl sagen: das ist ein Baum, das ist eine Mauer – aber sowas gibt es viel in Boitzenburg. Eine Zeit lang krochen wir wie die Baumwanzen an einer Steinmauer herum, bis mein Begleiter fragte, ob es hier vielleicht einen Abhang mit unten fließendem Wasser gäbe. Ich sagte: Ja, allerdings! Worauf er erklärte, eben über diesem Abgrund geschwebt zu haben. Schließlich fand ich die Chaussee, auf der wir dann hinwandelnd wie Betrunkene ohne Vermeidung der zahlreichen Pfützen endlich der Lichter des Gasthofes gewahr wurden. Dort ging es hoch her. Es war eine Gesellschaft eingekehrt, die nicht nur eine Handpauke, sondern auch einen mit Seidenpapier überspannten Kamm besaß. Mit diesen Musikinstrumenten schienen sie unter Zuhilfenahme eines Klaviers Wagner'sche Opern aufzuführen. Einige jüngere Mitglieder des Vereins standen draußen – entweder, weil sie unmusikalisch waren oder weil sie sich ausnüchtern sollten, was ihnen jedenfalls nur sehr allmählich gelang. Sämtliche Kinder von Boitzenburg drückten sich währenddem abwechselnd an den Glasscheiben des Wirtshauses die Nasen platt, denn sowas Interessantes wie diese Gesellschaft gibt es in Boitzenburg nicht alle Tage.

Hinter dem Marstall beginnt der Park, ich ging eilends über die wohlbekannte Brücke und dann meine Lieblingswege. Über mir hingen auf- und niederschwebende Buchenzweige und ein feiner Regen stäubte herunter. Das Schloss jenseits des Wassers lag da wie eine Wohnung der Behaglichkeit; als ich aber über eine zweite Brücke ging und bald in die Nähe des alten Teiles kam, waren Natur und Kunst im Einklang: diese aufgetürmten Steinmassen mit ihren altertümlichen Fensterbekrönungen, ihren Erkern und festen Türmchen erinnerten aufs Beste an die Sturm- und Kampfzeit, in der Schloss Boitzenburg inmitten seiner Seen und Schilfgewässer emporstieg als eine Wehr gegen die Pommernherzöge. Die neue Zeit mag von diesen Überbleibseln früherer Tage nicht viel wissen; es ist auch unangenehm, all das Wasser dauernd um sich zu haben: einen Schutz kann es heute nicht mehr bieten, wohl aber steigen Ungeziefer und Fieberdünste aus ihm auf und es gibt einzelne Zimmer im Schlosse, die sehr ungesund sind. Eine zweite Schlossplage sind Hunderte von Fledermäusen, die abends gern in die offenen Fenster kommen. Und drittens die Gespenster.

Jetzt ist es 7 Uhr abends. In meinem Zimmer ist es sehr still und freundlich und meine beiden Uhren unterhalten sich halblaut miteinander. Diesmal habe ich meine Predigt in zweieinhalb Stunden gelernt, das Gedächtnis nimmt durch Übung doch sehr zu; ich beherrsche sie dann auch im Wortlaut, den ich immer sehr genau feststelle. Die Erledigung der Kurrende bot keine Schwierigkeit.

Den 14. September 1902
Im Regen fuhr ich heute früh ab, im offenen Wagen; nur der Doktor hat ein geschlossenes Coupé. Aber man kann sich sehr gut vorsehen und ich hatte in dieser Frühe fast alles doppelt an, sodass ich ganz behaglich unter meinem Schirm saß und mich, wie ich denke, nicht erkältet habe. Die in Regen gehüllte Landschaft war fast ebenso eintönig wie der breite Rücken meines Kutschers, dessen gestrickte Fläche nur in der Mitte zwischen den Schultern durch ein mit anderer Wolle gestopftes Loch auffiel; es war, als habe jemand diesen krummen Bauern durch einen tödlichen Schuss aus dem Hinterhalt kürzlich erlegt; und so war es auch, denn er hatte vor 8 Wochen ein fürchterliches Weib geheiratet, eine Geschiedene mit einem illegitimen Kinde; der Geschmack

ist doch sehr verschieden. Früher fuhr mich ein Knecht, der seine freie Zeit zum Schlafen auf dem Häckselsack zu benutzen pflegte, wodurch er mich in die Lage setzte, auf seiner Hinterseite die interessantesten Mondgebirgslandschaften zu studieren. Unser nasses Pferd leistete sich diesmal einen kleinen Trab, sodass ich verhältnismäßig bald ankam. Die Verwüstung, die der nächtliche Sturm unter den Apfelbäumen an der Landstraße angerichtet hatte, war traurig. Reihenweise lagen die schönen Fruchtbäume mit umgedrehtem Halse am Boden. Die übrigen Bäume hatten vor Angst ihre sämtlichen noch unreifen Äpfel abgeworfen. Nur *ein* erfreulicher Anblick bot sich mir, das war eine blutrot leuchtende Ebereschenallee.

Der Kirchenbesuch war unter den obwaltenden Witterungsverhältnissen traurig. Drei Männer zur Linken, drei Frauen zur Rechten, dazu noch die Frau Kantorin, das waren die Erwachsenen. Der Lehrer und der Bälgetreter kamen ex officio. Aber die beiden Kindergruppen sangen laut und fröhlich. Die Predigt verlief sicher und nach Wunsch.

Einen sonderbaren Anblick hatten wir heute vor dem Kindergottesdienst. In der Kapelle, in der er stattfindet, ist der Eingang zu der gräflichen Gruft. Eben wollten wir beginnen, als die Flügeltüren sich öffneten und eine alte schwarze Dame erschien und mit weinerlicher Stimme um Entschuldigung bat. Es war die Gräfin Harry von Arnim-Suckow, die Witwe jenes bekannten Unholdes. Sie ging seufzend an die Gewölbetür, ließ sich ein schweres Altarlicht anstecken und verschwand dann auf eine Weile unter der Erde. Nach einigen Minuten erschien sie wieder, grüßte nach allen Seiten und ging hinaus, während ihr kostbarer Umhang von Kalk und Spinneweben ganz weiß war. Der gräfliche Wagen hielt, was sonst nie geschieht, auf dem Kirchberge; als das Harmonium begann, schütterte plötzlich der ganze Kapellensaal wie von einem Erdbeben, und es war, als wollten die weißen Schimmel des Gespanns die Toten aus der Erde stampfen. Alles ging vorüber wie ein Traum – der Wagen rollte bald in weiter Ferne, die Kinder sangen, an die bunten Scheiben klopften die Zweige und die Regentropfen.

Nach dem Abendbrot holte der Chef die erste Flasche von Vaters Wein. Er ließ neue Gläser bringen, da ihm die hingestellten nicht fein genug erschienen. Dann wurde es plötzlich sehr still und er brachte in rührenden Versen einen Toast auf mich aus. Sie tun mir hier wirklich alles Gute an, was ein Mensch sich ausdenken kann. Der wohl temperierte Wein verbreitete einen köstlichen Duft. Sie aßen ihn in kleinen Schlückchen und selbst die Großmutter, die sonst nur einmal bis an die Kirchenfenster nippt, hielt ihr grünes Glas zum Nachschenken hin.

Als wir in andächtigstem Genuss waren, flimmerte ein bunter Stern durch den Garten und Mademoiselle erschien mit ihrer Papierlaterne. Ihre blauäugige Schwester, die heute einem Zigeunerkinde ähnlicher sah als irgendetwas anderem, setzte sich gleichfalls an unseren Tisch und aß Zuckerbaisers. Man kann nicht erzählen, was an einem solchen Abend gesprochen wird; aber es steht zu vermuten, dass das Brautpaar im Mittelpunkt des Interesses stand, wie immer …

Vom Turm schlägt es 10 Uhr, ich bin sehr müde und sage Euch daher für heute Gute Nacht.

Den 15. September 1902, Montag
Boitzenburg ist wieder einmal von Sinnen über das gute Wetter. Über Nacht ist es milde und klar geworden, die Himmelskuppe schimmert zartblau mit weißen, kaum sichtbaren Schäfchenwolken. Die Sonne scheint – über das Schloss, über den See und die Stoppelfelder. Der Doktor hängt aus seinem Fenster heraus und beschwert sich bei mir über den epidemischen Gesundheitszustand der Gegend. Aber er ist eigentlich sehr vergnügt. Von toten und halb toten Menschen wird diesmal nicht gesprochen, dazu ist das Wetter zu hell. Aber der Doktor kriecht auf die Straße hinaus und zeigt mir durch die offene Hoftür sein prophetisches Stalldach. Dieses Dach ist nämlich kürzlich ausgebessert worden und der Dachdecker hat dazu schöne rote Ziegel benutzt: auf diese Weise sind seltsame Bilder und Schriftzüge entstanden, die der Doktor studiert, wenn er philoso-

phische Anwandlungen bekommt. Jeder, der sehen will, erkennt das eine rote Mosaik für einen Hund, aber der Namenszug, der auch entstanden ist, harrt noch der Deutung. Während wir noch stehen, kommt der kleine Amtmann mit seinem Pudel. Dieser Hund ist ein Greis, aber er lässt sich doch herbei, im Sonnenschein auf den Hinterbeinen zu gehen. Der Amtmann glaubt, dass der Frühling nah ist.

Frau Schulz, die „Mutter alles Lebendigen", wie man sie gleich Eva nennen könnte, kommt von ihrer segensreichen Tätigkeit nach Hause gefahren. Der Doktor begrüßt die Kollegin durch ein Hutschwenken und vertraut mir an, dass diese Frau es noch schlechter habe als er. Solche Bekenntnisse sind immer erfreulich.

In meinem Ofen bullert das erste Winterfeuer.

Der Graf hat immer noch keinen Elch geschossen, aber sein Bruder, der nur mit einem Auge sehen kann, schon zwei. Er soll eigentlich die Hochzeit seines Vetters in Dresden mitmachen, deutet aber an, dass er nur mit einem Elch dort erscheinen werde.

Auf mich stürzte sich wieder einmal das Schreibwerk: Bericht über fünf Schulklassen und zwei Privatlehrerinnen an die Regierung, ein Sendschreiben an die Oberschulinspektoren, eine statistische Papptafel betreffend. Alles ist erledigt.

Das Familiengespräch von heute ist noch immer Vaters köstlicher Wein. Die Großmutter hat die letzte Nacht gut geschlafen und schiebt es auf ihn. Der abgeblühte Mohn bildet eine Wildnis, Linaria, in der Schweiz „Ruine de Rome" genannt, erobert den Pfarrgarten.

Den 18. September 1902
Im Mittelpunkt des Interesses befindet sich seit gestern einzig und allein Dagmar Lind. Wer dachte an sie, als die große Lehrerversammlung tagte und ich meine pädagogische Jungfernrede hielt zur großen Freude des Chefs und zum unermesslichen Nutzen der nationalen Kultur? Niemand. Aber seit 24 Stunden hat sie alle Spalten und Risse des Pfarrhauses durchdrungen und jeder Hausgenosse

fühlt auf seiner Seele die Last des Unheimlichen. Dagmars Zimmer liegt auf dem Boden, wie meins, und sieht harmlos genug aus – Helmuth, der auch darin geschlafen hat, kann es bezeugen. Allein des Nachts, so denke ich wenigstens, öffnet sie ihr Fenster und ruft den Namen des heiligen Martin von Tours in die Nacht hinaus – worauf es unter den Fliederbäumen lebendig wird und Dagmars Götzen im Schleppgewand am Spalier hochklettern und sich mit blinkenden Gesichtern auf ihr Bett setzen.

Aber ich drücke mich etwas undeutlich aus.

Gemeinsame Aussage der Familie ist, dass Dagmar vor zwanzig Jahren sehr hübsch war. Wie die meisten Norwegerinnen hatte sie blaue Augen und eine Gesichtsfarbe von dem zarten Rot der kleinen Muscheln, die die Ostsee an den Strand spült. Sie war sehr lustig und zog in Punschgesellschaften nach dem dritten Glas einen silbernen Handspiegel aus der Tasche, um zu sehen, ob sie schon einen Spitz habe. Damals war Dreising Pfarrer auf einer elenden kleinen Stelle, und Dagmar, die in ihrer Heimat Lehrerin war, sollte in sein Haus kommen, um während ihrer Ferien Deutsch zu lernen. Bei der letzten Bahnstation stieg sie aus dem Zuge; der jetzige Doktor Dreising, der neulich dem Kaiser vorgestellt ist, holte sie ab – er war damals noch Student und hatte die Sorte von Herz, die nach Heines Ausdruck alle drei Wochen durch die Weste brennt. Als daher der Schlitten an dem Hause des mit ihm befreundeten Arztes vorbeiklingelte, ließ er halten und machte mit Kreide an dieses Haus ein Kreuz – das sollte er tun, wenn die junge Norwegerin sehr schön sei. Hierauf fuhren sie weiter und freundliche Sterne sahen auf das dunkle Gefährt herab, das wie ein schwarzer Schatten mit zwei glühenden Augen über die Landstraße huschte.

Es war die Zeit, in der jemand missbilligend behauptete, die Familie Dreising sei immer woanders zu Besuch. In der Nähe wohnten zwei Amtsbrüder, die auch nichts hatten und ihre junge Ehe unter Not und Lachen verbrachten. Wenn unerwartetes Geld einlief, wurde sofort Punsch gekocht; auf der Kanzel aber standen sie als drei Männer, die keine Menschenfurcht kannten und von der Arbeit und dem Mangel aus eigener Erfahrung zu reden wussten.

Zuweilen sprach Dagmar Lind von der Religion. Sie verteidigte damals das „Befiehl du deine Wege"- Christentum – eine gute Sache, die aber für die Dauer eines Menschenlebens nicht ausreicht. Denn um allezeit den Mut zu haben, den dieses Lied ausspricht, braucht man eine Gemeinschaft mit Christus und ein Verlassen auf ein fürbittendes Erlösungswerk, das Paul Gerhardt in *anderen* Liedern in die Welt hineingesungen hat. Und zuweilen, wenn sie von den eiskalten Wassern Norwegens sprach und den schönen Sommertagen, die sie in Oelalen verbracht hatte, tauchte wohl auch das graue Kirchenwesen ihrer Heimat wie eine öde Bühne aus dem Meer der Erinnerung, und dann war es, als ob die Fenster sich mit Eisblumen bedeckten und lauter Schatten ins Zimmer flögen. Norwegen liegt ja in seiner Einsamkeit weit weg von den großen Kulturländern Europas, die alte Sitte und der alte Brauch wehrten allerlei fremden Gästen lange den Eintritt; aber auch allerlei Unholde, die in der raschen Entwicklung Mitteleuropas längst ihre Rolle in Rom, Paris und Berlin ausgespielt haben, finden in den nördlichen Bergen eine verspätete Aufnahme. So kam jener steifleinene Herr, den wir Rationalismus nennen, nach seiner glücklichen Austreibung aus Deutschland auch in jenen Gegenden an; es scheint, als wohne er noch heute in Christiania. Damals war Dagmar Lind in den Zwanzigern; vielleicht, dass in Norwegen so schöne Predigten über den Nutzen der Stallfütterung, wie Deutschland sie zu Hegels Zeit erlebt hat, doch nicht recht gediehen – aber wenn dies auch ausblieb, die ganze lederne und oberflächliche Religionsbetrachtung der „Religion in den Grenzen der Vernunft" muss allmählich in jenen Breiten Triumphe gefeiert haben. Und wenn dann ein Mensch da ist, der sich über den täglichen Jammer wirklich erheben will, so kann er es nicht, denn alle wirkliche Kunst und alle Religion mit ihren über den Verstand hinaus liegenden Erlebnissen des Gefühls ist ja von der verständigen Betrachtung verschlungen. Als die Dinge so weit gekommen waren, ging die kleine Norwegerin, die augenblicklich bei uns wohnt, auf Reisen. Sie lernte in London Englisch und in Thüringen und der Mark Deutsch; zuweilen kam sie in arge Geldnot, ja 1892, als sie während der Cholera Quarantäne halten musste, verhungerte sie beinahe. Im letzten Jahr aber – sie war nun schon in den Vierzigern und hatte das Schulehalten in ihrer Heimat satt – begab sie sich in die Pension der Schwestern zu St. Martin an den Ufern der Loire.

Das Kloster liegt in Tours und der heilige Martin breitet seinen Mantel schützend über die dreizehn Lehrschwestern, die dort Schule halten. Es ist ein reiches Land mit riesenhaften Melonenfeldern und vielen Weinbergen. Die Sonne scheint da zu Hause zu sein, so hell ist es überall. Dagmar Lind nahm bei den frommen Schwestern Pension, um Französisch zu lernen. Sie bewohnte ein großes Zimmer, das eigentlich für eine Äbtissin bestimmt war, schlief in einem Himmelbett aus rotem Theaterstoff, hatte ein Pianino zur Verfügung und wurde überall mit demütiger Herzlichkeit behandelt. Man sah, dass sie Obst gerne aß – und schon stand ein Teller mit Aprikosen oder Feigen vor ihr. Wenn die Schwestern am Freitag fasteten, erhielt sie ihr Fleischgericht, nur das Salz fehlte öfter auf dem Tisch; – die fromme Übung, die bekanntlich in der Volkssage auch mitspricht, verlangte hier einen Verzicht. Mit den Schülern und Schülerinnen wurden geistliche Aufführungen veranstaltet – einige lehrhafte Mönche aus einem Nachbarkloster erwiesen sich dabei als gewandte Regisseure. Zur Beichte erschien ein 83-jähriger Priester – er wurde Ehrwürdiger Vater angeredet – und alles neigte ehrerbietig Knie und Herz vor ihm. Dann kam der Erzbischof auch einmal – wie ein göttliches Wesen ging er umher – und die englische Schwester erzählte ihm von der Ketzerin aus Nordland. Dagmar Lind wurde gerufen und erhielt einige freundliche Worte. Vom Übertritt wurde nicht gesprochen, aber der Kirchenfürst schenkte ihr des Thomas a Kempis Buch von der Nachfolge Christi. Am herzlichsten gestaltete sich das Verhältnis mit einzelnen Nonnen, die in ihren Worten eine heitere Bedürfnislosigkeit kundgaben und jene spezifisch katholische Frömmigkeit bewährten, die im Grunde nur eine Art von verfeinertem Genuss ist. Sie beredeten ihren norwegischen Gast, auch das Schwesterngewand einmal anzulegen, und als Dagmar Lind sich's gefallen ließ, trat die Äbtissin lächelnd ins Zimmer und nannte sie „Schwester Hoffnung".

Das ist die Lage. Nach dem Weihnachtsfest ist Fräulein Lind in die Heimat zurückgekehrt; wenn sie jetzt noch einmal ein evangelisches Pfarrhaus aufsucht, so sieht das wie ein letzter Versuch aus, in der alten Kirche einen Halt zu gewinnen. Vielleicht entzieht sie sich der Verblendung – sehr sicher ist es nicht.

Ich glaube, die ganze Tendenz nach Rom hin hat folgende Gründe: die Patientin, wenn man so sagen darf, ist durch andauernden Schulärger mit einem rettungslosen Bedürfnis nach Ruhe erfüllt worden. Religiöse Bedürfnisse hat die norwegische Kirche nicht erfüllt. Für die bessere Sittlichkeit des Klosters hat man Sinn, wenn man über 40 Jahre geworden und unverheiratet geblieben ist. Ein norwegischer Pfarrer ist übergetreten – das zieht andere mit, denn von niemand wird in Norwegen gegenwärtig mehr gesprochen als von diesem Renegaten. Trotz alledem bleibt es unbegreiflich, wie jemand, um sich zu betäuben, dies Opfer seiner Persönlichkeit bringt.

Aus den literarischen Berichten des Literarischen Echos ergibt sich übrigens, dass Christiania so ziemlich die verkommenste Stadt Europas ist – auch das deutet hinreichend auf die Kümmerlichkeit der norwegischen Kirche. Und der heilige Martin steht natürlich sofort da und fischt die besseren Elemente aus dem Sumpf.

Eigentlich muss ich um Entschuldigung bitten, dass ich Euch so viel Dagmar Lind vorgesetzt habe – es interessierte mich selber und so fuhrwerkte ich mit ihr los. Ich weiß nie, was schließlich in meinen Briefen drinstehen wird und endige manchmal, wo ich gar nicht hinkommen wollte.

Den 23. September 1902
Ich glaube jetzt, dass Pantenius mit seiner Kritik über „Jörn Uhl" vieles richtig gesagt hat, wenn er auch die Fülle des Buches und die heimliche Kraft vieler Partien unterschätzt. Was in dem Roman an Lyrik und Märchengold eingesponnen ist, ist seiner nüchternen und realistischen Weltbetrachtung doch vielleicht entgangen. Für weit durchschlagender halte ich Vaters Weltanschauungsargument und ich glaube auch, dass Mutters nächtliche Rezensionen an diesem Punkt eingreifen. Dass die Kunst wie die Religion etwas *Erlösendes* in sich trägt, weiß Frenssen meinem Gefühl nach sehr gut; aber in seinem Buche ist das *nicht* herausgekommen. „Frau Sorge" ist nicht überwunden, sondern nur christlich-theologisch verklärt. Aus dem innersten Leben seiner Helden sind die groben Steine von Not, Jammer, Unzulänglichkeit und Sünde schließlich doch nicht weggeräumt, oder besser: mit Worten ist es geschehen, nicht aber in Wirklichkeit. Man hat das Gefühl, dass alle diese Leute Wunden an sich tragen, die eben zugeheilt sind – aber kein Mensch weiß sicher, ob sie nicht morgen wieder anfangen zu bluten. Es ist ein Sichabfinden, fast ein Paktieren mit dem Übel, Windstille vor dem Sturm, aber kein ruhiges Atemholen; viel zu viele Reverenzen vor der gemeinen Not und kein rechter Mut, mit der Selbstherrlichkeit des Künstlers ein reines und restloses Glück zu malen. Für einen Pfarrer, der Tag für Tag in einem Sumpf menschlicher Verdrossenheit und Verschuldung herumsteigt und Leute trösten soll, die an Energie und stiller Kraft Schiffbruch gelitten haben, ist es immerhin ein Zeichen von eigenem Fonds und Persönlichkeit, wenn er wie Frenssen doch immer wieder auf die Höhe kommt. Vielleicht urteile ich daher auch milder, weil ich an meinem eigenen Leben mehr und mehr merke, wie der Pfarrerberuf die Widerstandskraft des Menschen gegen pessimistische Anwandlungen lahmzulegen sucht.
Die theologische Laufbahn von B. W. beneide ich nicht, man kann ja, wie er, auf das erste Examen ohne viel Besinnen das zweite setzen, besonders in Holstein; aber was hat

er schließlich davon? Das praktische Jahr im Vikariat ist unersetzlich, und dann sein Verkehr mit den reichen Hamburger Pfeffersäcken – eine ungünstigere Schule für unseren Beruf gibt es wirklich kaum. Das Resultat sind dann Predigten nach Schema F, eine Seelsorge, die den armen Mann in mechanischer Weise auf den Himmel vertröstet, und für das Privatleben ein feister Egoismus in Schlafrock und Pantoffeln. Natürlich kann die Sache auch anders verlaufen – aber Kaufleute, wie ich mir Mutters Vater denke, sind heute in Hamburg wohl ziemlich selten geworden. Ob B.s Brotherren zu dieser Art gehören, weiß ich nicht, und der Hauptgefahr, nicht *das* Christentum, sondern ein Christentum der besitzenden Klassen zu verkündigen, ist B., wie ich ihn kenne, mehr als andere ausgesetzt. Die wenigen Male, wo wir miteinander von Dingen unseres gemeinsamen Berufes sprachen, befremdete er mich durch eine souveräne Großartigkeit, die Schwierigkeiten nicht kennt. Ich denke nicht an das, was in der kirchlichen Sprache „Zweifel" genannt wird – eine Sache, für die ich geringes Talent habe und die eigentlich nur für rein verstandesgemäß begabte Menschen Bedeutung gewinnt. Aber die Sorge und Not, die jeder haben soll, die Zweifel an der positiven Arbeit selbst – wie man wirklich so redet, dass jeder einen versteht, wie wir mit unseren Worten Gedanken und Empfindungen übermitteln sollen, die uns in der Ausdrucksweise längst vergangener Jahrhunderte vorliegen – all das schien ihm ziemlich fremd zu sein. Ich hatte stets das Gefühl, dass er die Verantwortlichkeit, die jeder und auch unser Beruf hat, unterschätzte und dass er die Rechte des Pfarramtes gegen seine Pflichten etwas stark in den Vordergrund stellte. Allein, das kann jetzt ja anders sein.

Auch hier ist es kalt, aber wir heizen. Das Schloss ist jetzt in die mannigfachen Herbstfarben des wilden Weines gekleidet und die Wälder leuchten gelb und rot. Heute Abend sind wir alle zu einer Pfirsichbowle eingeladen, die der Apotheker gibt. Als Vorspiel dazu war er neulich in der Kirche, und da dies seltene Faktum bei mir geschah, so ist der Chef freundlich genug, es mir auch anzurechnen. Der

Gräfin hat es gefallen, aber ihre Worte entziehen sich der Berichterstattung. Da ich mich bemühe, auf der Kanzel ein gutes und anschauliches Deutsch zu sprechen, so hat sich das Gerücht verbreitet, ich beabsichtige den Predigerberuf niederzulegen. Es gibt hierorts viele Propheten ohne Beschäftigung. Aber es ist charakteristisch für die geringe Sorgfalt, die im Allgemeinen auf den Predigtausdruck verwendet wird, wenn die einfache Erfüllung einer Notwendigkeit so befremdet. Die Sache verändert in der Predigt kein Umschlag der Meinungen – die Form aber sollte immer flüssig bleiben. Joachim Graf von Arnim hat mich neuerdings in sein Herz geschlossen: ich habe ihm einen Elch gezeichnet und ausgeschnitten. Er geht mit dem Elch zu Bett und ist unglücklich, wenn dies Papiertier beim Mittagessen nicht an seiner Seite steht. Natürlich hatte ich zunächst über das Aussehen dieses Tieres nur dunkle Vorstellungen, aber die Miss gab mir „eine book aus meine Heimat", in der solch Viech abgebildet war. Ich fürchte, dieser Elch wird bald einige andere Aufträge nach sich ziehen.

Die Norwegerin hat neuerdings große Angst, dass ihre katholischen Tendenzen in Christiania bekannt werden, weil sie dann sofort ihre Stelle verlieren würde. Da Gerüchte nach Norwegen auf die unglaublichste Weise gelangen, so bitte ich Euch, die Dinge über Fräulein Lind, die ich neulich schrieb, niemandem gegenüber zu erwähnen. Fräulein Lind ist als Hausgenossin bei allen beliebt und die seltsame Entwicklung, die ihre Gedanken genommen haben, immerhin psychologisch begreiflich. Der Fall ist, wie ich glaube, bei Damen zwischen 40 und 50 häufiger – wer weiß, wie es endet! Mir tut sie leid.

Den 25. September 1902
Nun ist der Herbst auch noch schön geworden – es liegt eine solche Reinheit und Durchsichtigkeit in der stillen Luft, dass alle Farben in neuem Glänze leuchten und der Ruf eines Menschen bis in die blauesten Fernen dringt. Boitzenburg hat die Schar seiner Sommergäste abgeschüttelt und spinnt sich allmählich wieder in eine idyllische Ein-

samkeit ein. Immerzu segeln Vogelzüge über den blassblauen Himmel und das Marienfließ führt bereits gelbe Blätter mit sich. Auf dem Schloss ist Kinderbesuch; wer den Park beschreitet, kann einem zierlichen Wesen von vier Jahren begegnen, dem die Herbstsonne auf den dunklen Haaren flimmert. Wie heißt du? „Sigrid! Und ich kann auch schon auf einen Baum klettern!" Nach wie vor feiert mein Elch Triumphe; die Gräfin behauptet, ich verzöge den kleinen Joachim, aber sie tut es selbst am meisten. Der Graf ist gestern wieder eingetroffen. Er hat das Leben eines Waldmenschen geführt und einen Elch erlegt, so groß wie sein bestes Reitpferd. Auch wer noch nie in seinem Leben einen Elch abgebildet gesehen hat, ist überzeugt, dass Boitzenburg mit der Erlegung dieses Tieres ein neues Anrecht auf Ruhm und Unsterblichkeit erworben hat, und wer verständig ist, bittet in diesen Tagen um allerlei Reparaturen, die er unter anderen Umständen nicht bewilligt erhielt.

Die Pfirsichbowle des Apothekers ist jetzt schon historisch geworden. Wir tranken sie aus langgestielten Glasschalen, sie bekam auch; denn die Zutaten einschließlich des Champagners waren gut. Da die Zimmer sehr klein sind, so begann der Abend mit einer Separation der Geschlechter; wir Herren saßen in dem kleinen Loch, das sich an die Apotheke anschließt – benahmen uns aber höchst distinguiert und würdevoll: der Lokalgeist hier salbt die seinen mit höflicher Eleganz. Da saßen der Herr Hofprediger Dreising mit seinem jüngeren Amtsbruder; der Herr Minister für Kommunalangelegenheiten und Verkehr (der Amtmann); Herr Geh. Kommerzienrat Peltzer, katholisch und reserviert; Generalarzt Preuß – mit weißer Weste und Halsbinde; der Gastgeber selbst, der die Mitte hielt zwischen dem Redakteur des Reichsanzeigers und einem alten Kapellmeister mit Weinverstand. Nachdem wir uns über Hoheit unterhalten hatten, stiegen wir eine Etage tiefer und entwickelten unsere Ansicht über Standesehre – wobei der Doktor schlecht wegkam, denn die gesamte übrige Korona – mich ausgenommen – konstatierte, dass es keine zwei Ärzte gäbe, die am selben Orte wohnten und sich nicht schikanierten. Von den Ärzten gerieten wir durch das Spiel des Zufalls auf die künstliche Hühnerzucht, und nun taten sich auf die Schleusen des Himmels, d. h. Herr Peltzer begann seine Erlebnisse auf diesem Gebiet zu erzählen. Er hat für solche Zwecke ein glatt rasiertes Biedermannsgesicht und eine einschmeichelnde Sorte von Einschränkungspartikeln – wie ein alter Priester im Beichtstuhl. „Da ist vielleicht eine Glucke, worunter ich einen Stürzkorb mit einer Tür verstehe, in dem es vielleicht ganz behaglich ist." Schon erzählte er auch seine Erfindung der immer legenden Henne, wobei er wohl hoffte, dass keiner im Besitz des Oberländer-Albums sei. Es gibt nämlich keinen Witz und keine greisenhafte Anekdote, die Herr Peltzer nicht selbst erlebt hat oder doch sein bester Freund. Mir trug er seinerzeit die Geschichte von dem Hund und der Zigarre vor und lokalisierte das Ganze zwischen Bernau und Biesenthal. Gegen Abend, wenn das Tuchgeschäft geschlossen ist und es kühl wird, kann man Herrn Peltzer vor seiner Türe stehen sehen; wehe dem harmlosen Menschen, den er dann zu einem Gespräch heranwinkt. Gewöhnlich lässt er einen Knecht irgendwo verbrennen, welchen grässlichen Verkohlungsprozess er mit sengeriger Anschaulichkeit schildert. Seine Abenteuer im Jahre 1871 sind bemerkenswert – er hat aber nie gedient und verkaufte damals Heringe in Pasewalk.

Zum Dank für die Hühnergeschichten erzählte dann Dreising die Historie von Herrn Lehmann, den seine Freunde *vertobakten* und der sich dadurch eine Nikotinvergiftung zuzog. Dazwischen schlürften wir die duftende Bowle, die durch alten Rotwein ein blassrotes Ansehen erhalten hatte, und bliesen Rauchringe in die Luft. Natürlich wurde es sehr heiß, und da der Doktor Neigung hatte, bei den Damen zu sitzen, so wanderten wir allmählich in den Nebensalon aus. Dort wurde wieder viel gesungen; die Damen beschäftigten sich mit Beobachtung des Doktors und der Amtmannstochter, die seit ihrer Entlobung weniger hysterisch ist und fröhlich zunimmt; mir ist die Sache gleich, und ich kümmere mich grundsätzlich nicht um fremde Angelegenheiten, da aber bei dem im Pastorat um halb zwei Uhr stattfindenden Femgericht die ganze Herzensangelegenheit der beiden Menschenkinder eingehend erörtert wurde, so gelangte ich wider Willen zur Kenntnis all der Anzeichen und verräterischen Tatsachen, die diese neueste Verlobung als gewiss erscheinen lassen. Ich hoffe noch immer im Stillen, dass Wilhelm Preuß kein Esel ist und sich diese Blamage nicht bereitet. – Viel interessanter war mir ein Lied, das unsere Norwegerin sang; denn ich hatte noch nie norwegische Lieder angehört. Es handelte von der weißen Birke und hatte eine rieselnde Frühlingsmelodie. Dass der Doktor eine Arie aus dem Fliegenden Holländer sang, wobei er die hohen Rührstellen nur durch Zupfen des Kehlkopfes herausbrachte, braucht kaum gesagt zu werden.

Sie, d. h. Fräulein Merck, ist da, angetan mit einer neuen Bluse von der Farbe des südlichen Meeres und hinschmachtend wie eine Najade. Keine Worte drücken die Unbehaglichkeit aus, die mich seit der Ankunft dieses Wesens erfüllt. Mit mühevoller Berechnung muss ich meine Spaziergänge einrichten, um ihr nicht zu begegnen, und mein Interesse für alte Kirchengeschichte, das mich stundenlang auf mein Zimmer bannt, steigt rapide. Aber man muss doch mal was essen – Frühstück z. B. – und dann bin ich ihr oder ihren Gesprächen ausgeliefert. Diese Dame liest, und zwar nach Art der Omnivoren ohne Ausnahme, was irgendeine Sensation macht – heute Carmen Sylva, morgen Dahn, übermorgen Storm, dann wieder die göttliche Nataly und den bedeutenden Zobeltitz. Das Schlimme ist, dass alle diese Autoren für sie auf einem Brett stehen, und jedes ihrer Urteile beweist, wie wenig von dem guten Geist der deutschen Literatur wirklich ihr Leben und Denken umgebildet hat. Zu dem Kunstgeschwätz kommt dann noch eine Sorte von Pastorenanbeterei, die ebenso kritiklos ist und ebenso an der Oberfläche der Erscheinungen hinfegt. Solange ich in dieser Sphäre sein muss, und es kommen doch immer Stunden, wo die Höflichkeit mich dazu zwingt, plagen mich andauernd Gedanken der wildesten Art und ein dämonischer Widerspruchsgeist rüttelt an den Grundfesten meiner Erziehung. Am liebsten sitze ich dann mit dem Gesicht nach dem Fenster, wo ich das Windspiel der Linde sehe und fliegende Vögel; und ich male mir aus, wie die ganze Gegenwart nur ein Traum ist und ich bald erwachend an den See gehen will. *Vierzehn Tage bleibt „sie" hier.*

Den 27. September 1902
... Wenn ich auch den Kollegen W. nur sehr oberflächlich kenne, so verdanke ich ihm möglicherweise doch den Mann ohne Hose – manche Leute sind mit solchen Empfehlungen schnell bei der Hand. Hier erscheinen derartige Geister natürlich auch; von dem Greis, der stets betrunken ist und stets eine Hose verlangt, um zum Abendmahl zu gehen, schrieb ich wohl früher. Dann ist hier auch der Mann beliebt, der sein Hemd mal wechseln möchte – was ihm keiner verdenken kann, der es sieht. Eine schwierige Frage ist die Frage des Kolporteurs. Die ganze Schriftenverbreitung in unserer Synode ist von der Inneren Mission übernommen, d. h. Pastor Kümmel sendet seinen eigenen Kolporteur mit Lesestoff herum. Ab und an aber verirrt sich ein unwissender Bücherkrämer doch in den Synodalkreis und dann muss man ihn um der guten Sache und einheitlichen Arbeit willen fortschicken. Denn diese selbstständigen Kolporteure führen fast alle doppelte Ware: voran Traktätchen (die gute christliche Volksliteratur meist nicht, sondern angelsächsische Produkte) und hinten Schund- und Schmutzromane. Es ist unsagbar, was für großstädtisches Gift oft unter die jungen Leute weltferner und in gessnerischer Unschuld ruhender Dörfer gebracht wird. Aber es ist natürlich nicht angenehm, so einem langhaarigen christlichen Wandersmann die Tür zu weisen – sein Christentum ist ja freilich meist nur Etikette, aber das hungrige, verkommene Menschenkind tut einem leid, wenn es sich so enttäuscht über den Kirchberg hinabschiebt.

Dem erfindungsreichen Gehirn des Herrn Peltzer ist gestern eine neue Idee entsprungen. Und sie ist auch gleich verwirklicht worden: wir hatten einen Blumenkorso. Das Dorf war entzückt. Das erste Rad, auf dem Herr Peltzer thronte, war in eine Georginenlaube verwandelt, sodass sich der große Mann in einem fortwährenden Kampf mit Ohrwürmern herumbalgte. Dann kam ein Rosenrad, gefahren von der Tochter jenes Herrn Lorentz, der sich nach der Aussage des Dorfes in Weimar klassische Bildung angeeignet hat. Drittens: Fräulein Fanny Lorentz, noch unkonfirmiert. Viertens: Fräulein Dreising – sehr fidel und eingewickelt in Astern und Kapuzinerkresse, – fünftens: Herr Anders, stud. phil., der in dem Nachbardorf einen Rixdorfer vortanzte – sechstens: Fräulein Singer, bei deren Anblick der Doktor schleunigst hinter seiner Gardine verschwand, welch unritterliches Benehmen die Zeit aufklären muss oder gewisse Leute in Boitzenburg gehen qualvoll zugrunde – zuletzt Herr Lorentz, ein zu Jahren gekommener Merkur, mit Weinlaub bekränzt und sehr langsam fahrend. Die Sonne schien fröhlich auf die sanft abfallende Straße, die sich am Kirchberg hinzieht, die Räder blitzten wie Spinnweb im hellen Schein und alles schwand dahin, nicht in hastigem Jagen, sondern mit eleganter Langsamkeit, denn Herr Peltzer, der voranfuhr, hatte sich offenbar als Vorbild seiner Unternehmung eine Prozession gedacht, der er selber als „der heilige Radfahrius in den Georginen" voranschwebte.

Als ich gestern auf dem Sofa meine Nachmittagsruhe hielt, hörte ich plötzlich kleine stolpernde Tritte auf der Bodentreppe und auf einmal war ich von den Schlosskindern umringt, die mich baten, auch nach unten zu kommen. Der kleine Otto Aribert Graf von Westarp, den der liebe Gott behüte, denn kein Mensch kann seiner zauberhaften Liebenswürdigkeit widerstehen, beaufsichtigte die beiden anderen, besonders seinen Spielkameraden Bernd Vivigens, mit großer Würde und hüpfte hinter Sigrid her wie eine Vogelmutter.

Unten stürzte mir Joachim entgegen und bedankte sich für den Elch, während die Miss gerührt dabeistand, denn sie feierte in diesem Augenblick einen Erziehungstriumph. Noch zehn Schritt vor dem Pfarrhaus hatte sie ihn gefragt:

„Was sagt du nun, wenn du den Herrn Vikar siehst?" Und Joachim hatte geantwortet: „Ich sag: schneid mich noch was aus!" Darauf hatte Miss Euphemia die Hände gerungen und sehr geseufzt.

Und Sabinchen war da auf Besuch – ein ungezogenes kleines Geschöpf – und der auf dem Schoße einer alten sagenhaften Kinderfrau herumsitzende Hans-Georg – ich kann nicht sagen, wo er hingehört. Natürlich stieß sich Sabinchen an einem Pfosten und musste mit Wasser gekühlt werden. Adolf-Heinrich, der Majoratserbe, kam erst später, etwas begossen, denn er war zur Strafe für irgendwelche Sünden zunächst auf dem Schloss zurückbehalten. Als die Jungs in allen Bäumen gesessen hatten und nur noch japsten, weil sie bei dem Spiel „Wildes Pferd in der Prärie" alle Luft aufgebraucht hatten, und als Bernd Vivigens und Joachim, die sich prügelten, mühsam auseinandergetüdert waren, erzählte ich ihnen das Märchen von der Prinzessin Citrinchen. Wenn ich in meiner späteren Gemeinde nur einen Zuhörer habe, der so andächtig aufpasst wie der kleine Otto Aribert, so will ich zufrieden sein. Dieses Kind nimmt die Welt in sich auf mit einer Kraft und Empfänglichkeit, die wir andern als seltenes Geschenk Gottes in spärlich zerstreuten Stunden aufzuwenden vermögen.

Und dann kommt die Schule wie eine Dampfwalze, und alles ist stumpf und tot.

Unser uckermärkischer Wein wird dies Jahr nicht mehr reif, was ein Verlust ist und Herrn Trojan gewiss recht traurig stimmen wird. Die Kartoffelernte hat begonnen und alle Bande der Pietät sind gerissen: das Pfarrhaus muss plötzlich eine ganze Garnitur von alten Leuten beköstigen, die von den lieben Ihrigen wegen der Buddelei im Stich gelassen sind. Dabei stehen sich die vernachlässigten Urahnen ganz gut, denn sie kriegen besseres Essen, manchmal sogar „Schokeloa", wofür sie schwärmen.

Nächsten Sonntag habe ich nur Liturgie und Kindergottesdienst, in Naugarten predige ich voraussichtlich erst nach Erntedankfest. Eine neue Predigt halte ich am 2. November zum Reformationsfest. Wahrscheinlich aber werde ich nochmal in dieser Zeit über Land fahren und den Gottesdienst in Lindenhagen halten. Dort ist nämlich ein Pfarrer, der in einer Lungenheilstätte war und geheilt ist, *wenn* er sich schont. Der Superintendent weigert sich nun aus unmotivierten Gründen, für diesen Mann einen Hilfsvikar zu beantragen. Dieser Superintendent ist jetzt mit fast allen Pfarrern seiner Synode verkracht, und der Wunsch, dass Dreising sein Nachfolger werden möchte, ist allgemein. Sie könnten auch keinen besseren bekommen. Ich hoffe im Stillen, dass er es tatsächlich wird; die Allerhöchsten sind ihm sehr geneigt; die einzige Gefahr ist, dass sie nach preußischer ††† Weise einen Militärpfarrer hinsetzen, für die ja alle fetten Stellen offengehalten werden.

Den 29. September 1902
Öfter schon ist mir der Gedanke gekommen, dass auf der Erde jeder Mensch zum Glück bestimmt ist, dass aber die wenigsten dies Ziel erreichen, weil sie seinen leisen und stillen Anruf nicht beachten. Wenigstens steckt viel Trost in dem Gedanken, dass unsre aufrichtigsten Wünsche schließlich einmal zur Erfüllung kommen und es nur auf uns selber ankommt, zu warten und aufzupassen. Mir ist in diesem Jahr so viel Gutes geschehen, das ich zuerst für Böses hielt, sodass ich beinahe auf jeden folgenden Tag neugierig bin. Gestern hat Pastor Dreising ein Stück Glück gefunden, auf das er lange lauerte – es war auch nicht sehr kenntlich zuerst, denn es hatte eine borstige Tolle, alte Hosen, dicke Stiefel, in denen wegen der Nässe doppelte Strümpfe steckten, und hieß Runze. Der Herr dieses Namens, der äußerlich mit Hans Hoffmann starke Ähnlichkeit besaß, stellte sich dem pastor loci nach der Predigt vor. Neben ihm stand ein kleiner verwunderter Junge, von dem er sagte: dies ist mein Sohn Sextus. Sie waren beide nach Boitzenburg gekommen, um nach dem Grabe seiner Verwandten zu sehen, und blieben nun für den übrigen Tag im Pfarrhaus. Kunze ist Gymnasiallehrer und theologisch-philosophischer Professor an der Universität; ich habe ihn nie gehört, weil ihm der Ruf der ledernen Langeweile voranwehte wie ein Sa-

mum; er war mit Coste zusammen auf der Schulbank und ein etwas übergeschnapptes, sehr von sich eingenommenes Huhn ist er nebenbei auch – ganz anders als Coste –, aber dennoch preist ihn das Pfarrhaus als köstlichen Landregen, denn mit geistiger Anregung durch andere steht es hier natürlich kümmerlich. Ich muss vorausschicken, dass auch Dreising wie alle ordentlichen Menschen eine Stelle hat, wo er schwächlich wird (– bei mir soll es Dickens sein –), und dieses Steckenpferd, das er in schlaflosen Nächten zureitet und das ich zum ersten Mal kennenlernte, als wir an einem schaurigen Winterabend die Landstraße von Wichmannsdorf herkamen (wir hatten die kleine schwindsüchtige Blumenmacherin besucht, die später starb), dies Steckenpferd ist die Ethymologie. Im Alten Testament wird bekanntlich angenommen, dass alle Menschen von Adam und Eva herstammen: danach müssten freilich auch alle Sprachen aus dem Hebräischen abgeleitet sein – über welche Dinge, ohne an Gott und seine alttestamentlichen Offenbarungen deshalb irre zu werden, immerhin Zweifel erlaubt sind. Am Ende ist diese Meinung der Bibel doch nur unvollkommene Anthropologie und Geografie der Juden, und dem lieben Gott, der in Moses und in Jesaja oder den Psalmendichtern geredet hat, doch nicht zuzuschreiben. Jedenfalls haben sich die Griechen aus der orientalischen Kultur erst herausgewickelt und sind zur Zeit Alexanders bis an die Ohren in diese Kultur wieder hineingetaucht. Also möglich, dass ihre Götter vielfach semitische Götter waren – Odysseus hat für meinen Geschmack etwas unangenehm Phönizisches. Nun meint Dreising – und damit komme ich zur Sache –, dass zahllose griechische Namen einfach hebräisch sind, z. B. Homer – h-omer – der Sprecher, der Dichter. Und so fort – wer kann dies Gewimmel von Ableitungen behalten! Ferner: als die katholische Kirche – rotes Tuch für Dreising – das Christentum nach Deutschland brachte, besonders durch Bonifaz, den Dreising entgegen aller Lesebüchertradition für einen zweibeinigen ungeschwänzten Teufel hält, wehrte sich die deutsche Volksseele nicht gegen das Christentum, sondern gegen die katholische Kirche bis aufs Blut.

Nicht Bonifaz, sondern Luther hat die Deutschen bekehrt, – worin viel Richtiges steckt. Dieser Kampf der deutschen Volksseele aber hat seinen Niederschlag im *Märchen* gefunden. Hier zieht nun Dreising alles Mögliche herbei, z. B. das Märchen vom Marienkind. Da zeigt Maria (die Kirche) dem Kinde alle zwölf Apostel, aber in die eine Stube, wo die Dreifaltigkeit thront im goldenen Glanz, darf sie nicht hinein. Das Kind ist doch in dies Zimmer gegangen – das ist die Reformation. Aber damit ist ihm der Himmel verloren. Oder das Märchen von Fallada. Durch den Taufritus der drei Blutstropfen ist die Königstochter dem Schutz Gottes geweiht; ihre Magd soll sie dem Bräutigam (Christus) zuführen, tut das aber nicht, sondern stößt die Prinzessin – die deutsche Volksseele – durch List von ihrer Höhe herab und macht sich selbst zur Braut Christi – wie die katholische Kirche es tatsächlich selbst getan hat. Und wer redet zuletzt für die Geknechtete und bringt die Wahrheit ans Licht? Fallada – die alten Götter selbst tun ihren Mund auf und wenden sich gegen die katholische Kirche – das reine, einfältige Heidentum der Germanen zeigt sich näher verwandt dem Geiste des Heilands als jene Kirche, die von Priestern und vom Papste regiert wird.

Natürlich hat Dreising im Lauf seiner langen Amtszeit auch einige neutestamentliche Konjekturen ergattert – und das konnte er nun dem weisen Mann aus Berlin anhängen, der dazu Pflaumenkuchen aß und eine Goldmumien-Zigarre rauchte. Ab und zu fuhr er sich durch seinen borstigen Schöpf und grunzte beifällig, und Dreising saß dabei mit leuchtenden Augen und redete, dass ihm fast die Augen übergingen. Wie oft hatte er mir gesagt: wenn doch nur einmal ein Professor in dieser Wüste aufgefunden würde, mit dem ich von der Sache reden könnte! Und nun saß ein leibhaftiger Professor unter uns, für jeden Ungläubigen legitimiert durch sämtliche Eigenheiten, die einem Professor zukommen. Seine dozierende Hand schwebte auf und ab zwischen Tisch und Lampe – es war erstaunlich, was er alles kleinkriegte. Zuweilen zitierte er aus seinen Büchern oder nannte uns deren Auflagenzahl oder gab uns Fingerzeige über günstige Besprechungen dieser Werke. Auch erfuhren wir, dass er für die Zeitung schrieb – er hätte kürzlich den Ausdruck „versteinerte Orthodoxie" erfunden – und dass er leider von manchen Größen nicht so hoch denken könne wie die blöde Menge. Als er Harnack aus Anstand lobte, klang es, als säge er die Position dieses Mannes krix-krax durch. Sein bekanntes Buch habe er nur nach dreimaligem Anlauf gelesen – er hätte ein Misstrauen gegen glänzend stilisierte Bücher. Auch Faber sei – zwar ein großer Mann – aber neuerdings abgrundtief durch den Hof verdorben. – Dann erzählte er von seiner Familie. Seine Frau – „eine zweite Königin Luise" – habe ihn mit 10 Kindern beschenkt, 7 Jungs und 3 Mädchen – woraus er Anlass nähme, sich mit Hiob zu vergleichen, der es geradeso hatte. Diese 10 Kinder haben zusammen 70 Paten und Namen, die bereits in ihrer frühesten Jugend ihr Nachdenken erregen müssten. Ich erinnere mich an folgende Namen: Roswitha, Iphigenie, Sextus, Septimus, Octavia, Sakuntula ... Der kleine Sextus sagte alle diese Namen wie eine Lektion her; er war ein artiges Kind, das beim Abendbrot für Belag dankte; doch sah er ganz kräftig und frisch aus.

Wir sahen auch ein Bild dieses Familienglücks, auf dem der Vater eine Künstlerjoppe trug und seine Gattin ein Kleid, von dem das gottlose Fräulein Dreising später behauptete, es wäre etwas zu negativ geraten – was auch stimmte, aber dem Urbild der Königin Luise ja zukommt.

Runze ist ein bedauernswerter Mensch. Er plagt sich Tag und Nacht mit Stundenhalten und Bücherschreiben und hat doch einen solchen Stich ins Dilettantische und Vielgeschäftige, dass er nie was Rechtes vor sich bringen wird.

An die meisten von Dreisings Konjekturen habe ich nur einen schwachen Glauben. Aber Konjekturen machen uns nicht glücklich dadurch, dass sie richtig sind, sondern dass wir sie dafür halten. Der Besuch hat ihn wenigstens erfrischt; mir hat er, als ich die beiden Männer beobachtete, aufs Neue gezeigt, was für ein demütiges und kindliches Herz Dreising besitzt trotz all seines Könnens und seiner Gelehrsamkeit.

Oktober

Den 1. Oktober 1902
Die Dachdecker breiten sich aus. Schlag 6 trampeln sie die Bodentreppe in die Höhe und von da an ist es, als ob eine Schar von Teufeln auf meiner Zimmerdecke stünde und versuchte, sie einzutreten. Das ist allerdings Täuschung, denn sie sitzen ja in den Dachsparren und hämmern da herum; aber alle Wände wanken unter ihnen, gegen meine Tür dröhnt beständiger Steinschlag und die Scheiben klirren. Über meine Stiefel stülpt Martha jetzt einen Karton - sie waren gestern, als diese Vorsichtsmaßregel noch nicht getroffen war, mit Kalkstücken angefüllt. Als ich heute beim Anziehen war, schwebte plötzlich ein grinsendes Dachdeckergesicht an meinem Fenster vorbei und nahm gleichsam vorbeifliegend mein Zimmerinventar mit den Augen auf.

Gegen 7 kommen dann die Gänse, über 100 Stück, und singen einen sehr herzhaften Morgenpsalm; nachts aber sitzen rings auf den Zweigen die Waldkäuze und wimmern. Dann bellt wieder die gräfliche Meute den Mond an, die Milchwagen rasseln vorbei und einige Katzen jagen sich im Garten herum. Boitzenburg ist doch zeitweilig ein brüllendes Idyll.

Jungs haben die Pflaumen gestohlen, worüber die Pastorin sehr traurig ist. Das siebente Gebot wird hier ebenso wie das achte und sechste nur in Notfällen befolgt.

Das kummervolle Geschöpf, das meine Verlobung mit der lieblichen Kantorstochter ersonnen hat, ist entdeckt, – das Schönste ist, dass dies Gerücht offenbar zu meiner höheren Ehre fabriziert worden ist. Die Mutter alles Lebendigen, unsere Bezirkshebamme, hat die Erfindung auf dem Gewissen. Sie hat es gewiss gut gemeint, vom professionellen Standpunkt aus sogar sehr gut. Aber es sind ihr Bedenken gekommen und sie hat ihre Meinung zurückgezogen; nicht ich, sondern Fritz Götze sei der Auserwählte. Fritz Götze ist der Sohn des bekannten dünnbeinigen Kirchenvaters; er hat einen Bart wie ein wahnsinnig gewordener Fußsack und ist ein kaufmännisches Genie: dies schließe ich daraus, dass er uns neulich Mehl verkaufte, in dem eine tote Maus verborgen war. Seine Heringe und seine Gurken sind aber gut. Muss ich mich mit Fritz schießen? Der Pastor meint es, und Fräulein Dreising hat sich bereit erklärt, mir ein noch ziemlich reines Schnupftuch für diesen Zweck zu leihen. Pietrowsky, der göttliche Sauhirt, will evangelisch werden. Der Pastor hatte ihn neulich bei einer Beerdigung unter den Trägern bemerkt und gesehen, dass er keinen Zylinderhut besaß; er bot ihm also seinen alten an, und gestern Abend kam dieser würdige Greis angewankt und holte ihn sich ab. Bei dieser Gelegenheit trug er seinen Wunsch vor, und Dreising ist die Zylindergeschichte nun sehr peinlich, weil aus ihr das Gerücht entstehen kann, er bekehre die Menschen mittels alter Hüte. Immerhin hat der Mann sein Begehren gut begründet und sich besonders durch Bibelkenntnis hervorgetan. Der Hauptanstoß für ihn ist, dass er hier nicht zum Abendmahl gehen kann und zu arm ist, nach Prenzlau zu fahren. Die Sache wird jetzt nach dem Gesetz dem katholischen Priester angezeigt werden müssen, dieser wird also demnächst erscheinen. Pietrowsky sagt aber, er soll nur kommen. Seine Frau ist evangelisch und seine Kinder hat Dreising konfirmiert.

Pastor Dreising hat jetzt wieder maßlos viel zu tun. In Berkholz ist eine Bewegung dagegen entstanden, dass der Kirchenacker aufs Neue an die Gemeinde Boitzenburg verpachtet werden soll, es wird also zur Versteigerung kommen. Andererseits erklärt der Gemeindevorsteher, wenn er den Acker nicht bekäme, müsse er den Omnibus eingehen lassen. Sodann schreit das Konsistorium nach wie vor und schickt endlose Monita, aus denen kein Mensch klug wird. Es gibt eine Anleihe von 1000 Mark, deretwegen Dreising schon mit den Hochwürdigen durch das halbe Gesetzbuch getanzt ist. Außerdem ist nächsten Sonntag Erntedankfest, wo er dreimal predigen muss. Ein Landpastor kann doch recht viel zu tun haben, wovon die in der Stadt nichts wissen. Auch Runze sagte neulich: Ja,

Sie auf dem Lande mit Ihrer vielen Zeit ...! Endlich sorgt er sich noch um seinen Schwiegersohn; ich mich auch, wenn ich es auch verschweige – Salzmann hat in einigen Fächern doch sehr wenig getan, so wild er auch jetzt arbeitet. Fräulein Dreising schreibt ihm jeden Tag und schickt ihm kleine Aufmunterungspakete mit gebratenen Hühnchen, Eiern, Pflaumenkuchen und Äpfeln. Manchmal denke ich, er ist gar kein Mann – so mürrisch kann er sein und sie mit all seinem Jammer füttern, während sie ihn nie was merken lässt und immer fröhlich zu sein scheint. Dabei ist er wirklich ein herzensguter Mensch, aber von feindlichen Gewalten gleich überwältigt. Ich vermute fast, die Vernunft wird in dieser Ehe meist aufseiten der Frau sein.

Wir werden keinen Samen von dem Mohn haben, denn seine Köpfe verfaulen. Kann man sie etwa unreif abschneiden und dann nachreifen lassen? Die Linaria an der Mauer hat es nicht zum Blühen gebracht.

Frenssen soll ein Festspiel zum Jubiläum Husums schreiben. Hier ist Mangel an Büchern zum Vorlesen. Könnte ich vielleicht einiges mit der Wäsche mitbekommen? Z. B.: Stinde, Hans Hoffmann, Trojan, Mark Twain, John Brinckman. Ich würde mich sehr freuen, wenn ich ein oder das andere Buch dieser Verfasser hier haben könnte. Die Angabe von Büchern ist schwer, da das Haus Dreising sehr belesen ist. Vielleicht ließen sich die Bücher auch als Paket schicken.

Den 3. Oktober 1902
Mir geht es eigentlich augenblicklich recht gut, hoffentlich bleibt es dabei. In Boitzenburg beginnt jetzt klimatisch die gefährlichste Zeit. Morgen um 5 Uhr habe ich wieder eine Beerdigung, allerdings nur liturgisch; ich werde mich für diesen Zweck ordentlich ausstopfen. Es ist ein Kind aus Krewitz, wo fast alle Kinder sterben, denn die Leute leben da wie das Vieh und der Amtmann ist fett und sehr auf sich selbst bedacht. Die Familie, um die es sich handelt, hat schon das neunte Kind produziert, hält es aber für eine Art Fatum, dass es wie alle Vorgänger nach wenigen Monaten eingegangen ist. Väter aus Krewitz, die Sterbefälle oder

notgedrungene Trauungen anmelden, möchte man selten gern allein im Walde antreffen; dieses Pachtgut erzeugt eine Komposition von Rohheit und Stumpfsinn, gegen die die Berliner Ballonmützen kaum ankönnen. Jede Säuglingstaufe wird mit einem Schnapsgelage gefeiert, sodass der Doktor mit diesen Leuten gewöhnlich dreimal zusammentrifft: die Mutter lernt er kennen, wenn das Kind in den unglaublichsten Situationen zur Welt kommen will, das Kind, wenn er ihm den Totenschein ausstellt, und den Vater, wenn er vor Gericht über Körperverletzung sein Gutachten erstattet, die der erfreute Papa zur höheren Feier der Taufe an seinen betrunkenen Gästen ausgeübt hat. Ich war einmal zu Fuß in Krewitz, als ich dem Amtmann dort einen Besuch machte – schon damals erschrak ich über das Aussehen der Tagelöhner – es war, als sei ich in eine andere Welt gekommen.

Den Doktor besuchte ich vor einigen Stunden und es war wie stets sehr gemütlich bei ihm. Aber seine treffliche Rosa wird er nicht lange mehr behalten. Überall saßen Handwerker und in der Mitte stand der Doktor und hatte etwas weihevoll Patriarchalisches an sich. Schade, dass die Stimmung, in der er jetzt schwelgt, mehr an die Silberne Hochzeit als an die Grüne erinnert; trotz seiner 31 Jahre will er schon Ruhe haben – und müsste doch eigentlich die Welt umstürzen wollen. Das kommt davon, wenn man lebt wie eine Schnellzugslokomotive. Ich mag ihn gern, aber es ist ein Jammer, dass so reiche Anlagen nun zuletzt im Philisterium sanft zugrunde gehen. Denn es ist eine Art Selbstmord, wenn er diese eitle, oberflächliche Amtmannstochter heiratet – und er tut es. Natürlich sprachen wir nicht davon – ich glaube, deshalb mag er mich auch leiden, weil ich vielleicht als Einziger nicht über diese Sache mit ihm zu sprechen versuche – aber er gab mir indirekt doch seine Gedanken zu verstehen. Manchmal schien er sich etwas zu genieren – was er nicht brauchte, wenn diese Heirat ihm selber als ein Anfang und nicht als ein Abschluss erschiene. Auf einem Ofenbord hatte er allerlei scherzhafte Attrappen stehen, wie sie ihm Corpsbrüder hie und da geschenkt hatten. Da war ein betrunkenes Skelett, das sich an eine Laterne klammerte, denn sein eigenes Licht war ihm bereits ausgegangen, auch ein Storch mit Kindern und ein Fliegenpilz, unter den sich ein Reh gestellt hatte, um den Regen abzuwarten. Diesmal fiel mir eine neue Figur auf: eine Braut aus Zucker – offenbar herstammend aus der Kuchenbude der Marktfrau in L. Es war eine stattliche Braut mit einem fliegenden Schleier aus gestanztem Papier und einem süßlichen Gesicht. Der Doktor nahm sie in die Hand, betrachtete sie nachdenklich und sagte plötzlich: Die haben die Fliegen auch schon überall angeknabbert. Dann fügte er noch hinzu: Es ist doch unglaublich, was die Fliegen fressen können, und sprach allerlei von den Fliegen, die er mit klebrigen Papierstreifen fing. Mir war ganz seltsam zumute.

Inzwischen kam Frau Rosa Winter, noch immer hässlich wie die Nacht, aber meinetwegen angetan mit einer hellroten altmodischen Bluse. Wir tranken nun Kaffee, rauchten und machten Zukunftspläne für seine Wohnung. Er wollte sich einen Bücherschrank anschaffen und ließ sich Bücher empfehlen, wobei sich herausstellte, dass er ziemlich belesen war. Als ich ging, bat er dringend um Wiederholung des Besuches, wie ein Mensch, der viel allein ist und das Bedürfnis hat, sich Gedanken wegreden zu lassen.

Dreising beginnt wieder etwas nervös zu werden. Da ich aber jetzt auf ihn vollkommen eingeübt bin, so explodiert er stets an anderen. In diesem Zustande ärgert er sich wie die kluge Else über die Maurerkelle, die das Kind erschlagen könnte, das noch gar nicht geboren ist. Seine verschiedenen „Ärger" erinnern mich immer an jenes Insekt, das man im Inneren einer riesigen Schaumflocke findet. Irgendeine Realität ist da, aber keiner sieht sie recht und es ist ein großer Wirrwarr drum herum. Nach zehn Minuten ist er dann wieder glücklich wie ein Kind. Zu Fräulein Singer hat er eine ritterliche Zuneigung gefasst und es ist hübsch zu sehen, wenn er ihr gegenüber als Kavalier auftritt und seine Frau mit stolzer Bewunderung seine Fechtkunststücke beobachtet. Am liebsten lässt er diese junge Dame Geld auf der Post einzahlen – er händigt ihr dann stets einen größeren Betrag ein, damit sie bald wiederkommt und das Herausbekommene entrichtet. Dieses listige Verfahren erinnert mich an eine Zeit, wo ich sehr töricht, aber auch sehr glücklich war und anfing, mir von einer gewissen jungen Dame ein zehnbändiges Werk zu leihen. Ich kam aber nur bis zum dritten Bande, denn von da an schienen meine Besuche eine besondere Begründung nicht mehr nötig zu haben. Manchmal denke ich noch nach, was dies wohl für ein Werk gewesen sei, aber es ist mir gänzlich entfallen, obwohl ich mich doch damals so energisch dafür interessierte.

Bei meinen Büchern führe ich ein ganz behagliches Leben. Ich bin jetzt schön in die Arbeit hineingekommen und freue mich bei Spaziergängen auf die Rückkehr und vor allem auf den Augenblick, wo ich meinen Wanderstab aufnehme und in das Alte Testament weiter vordringe wie in einen schauerlichen Urwald, in dem es aber lichte Spiegelseen gibt, über denen die Sterne leuchten, und einsame kleine Dörfer, in denen ein wunderliches Geschlecht vor der Haustür sitzt und philosophiert. Man hört ihnen gerne zu, auch wenn sie noch nicht kennen, was ich schon gesehen habe: dass über dem Walde ein heller Stern funkelt, der immer größer wird und mit seinem Schein das Land erhellt, das ihre Sehnsucht noch nicht glauben kann. Im Neuen Testament stecke ich in den Timotheus-Briefen und in der Kirchengeschichte habe ich eben Konstantin begraben.

Den 5. Oktober 1902, Erntedankfest
Heute werde ich an allen drei Orten die Liturgie lesen, da Dreising sonst fürchtet, heiser zu werden; ich habe dafür auch das Vergnügen, seine Predigt dreimal zu hören. In der dritten dürfte ich schlafen, hat er mir zum Trost gesagt – aber schlafe einer mal an einem Platz, wo einen die ganze Gemeinde anstarrt.

Die Beerdigung, die ich gestern hatte, dehnte sich lange hin. Zunächst erschienen die armseligen Geister aus Krewitz eine Viertelstunde zu spät. Als ich aus der Tür trat, erblickte ich einen ratlosen Mann, der ein hochbeiniges, knochiges Pferd an der Leine hielt; auf dem strohbeschütteten Leiterwagen stand der kleine Sarg. Die Mutter schluchzte, wohl weniger aus wirklicher Ergriffenheit als aus Gewohnheit und aus dem Gefühl, dass sie ein Hundeleben führen müsste. Eine zweite Frau schien die Schwester des Mannes zu sein und versorgte den Leichenzug mit einer Art kümmerlichen Trostes, indem sie darauf hinwies, dass wir alle sterben müssten und dass Heulen noch nie etwas geholfen hätte. Ein Kind mit einem Kranze trippelte nebenher. Diese Menschen waren wie ein Hohn auf die stille Schönheit des Herbsttages, denn in ihren Gesichtern prägte sich nicht die Versöhnlichkeit aus, die den allmählichen Sieg über den Körper begleitet, sondern nur Zerstörung und Verwüstung durch Leidenschaft und Sünde. Während wir langsam den Friedhofsberg hinanstiegen, dachte ich, wie gut, dass ich hier keine Leichenrede zu halten brauche, – ich hätte wenig Trost und viele Anklagen zu sagen gehabt. Die Leute wussten auch ganz gut, wie die Dinge lagen, denn als sie mir erzählten, dass in sieben Jahren sieben Kinder geboren und gestorben seien, verbanden sie diese Mitteilung mit hundert Entschuldigungen. Wie diese Kinder umgekommen sind, weiß ich durch den Doktor: durch einfache Verwahrlosung.

Vor dem Friedhofsportal kam der Kondukt zum Stillstand; es stellte sich heraus, dass der Totengräber wieder nach Hause gegangen war. Während der Vater ihn holen wollte, sprach ich mit der Frau, und es war schrecklich, wie sie auf das einzige noch lebende Kind hinzeigte und sagte: da ist auch nichts dran. Sie streifte einen Ärmel des kleinen Mädchens auf und ein zerbrechlicher Arm, der fast nur aus dünnen Knochen bestand, wurde sichtbar. Die Eltern beide sind noch jung. Das Kind sah mit traurigen grauen Augen aus seinem altklugen Kopftuch hinaus in den sonnigen Herbsttag, wo goldbraune Blätter über die Gräber hinflogen und Sommerfäden die Kreuze und Denksteine überspannen. Als der Vater zurückkehrte, war er sehr ärgerlich, denn der Totengräber hatte gesagt, er sei zur Hilfe nicht verpflichtet und müsse außerdem gleich den Sonntag einläuten. So ließen der Mann und seine Schwester den Sarg selbst in die Tiefe. Während ich die Gebete verlas, ging der Vater plötzlich beiseite und schichtete die Grabhölzer auf – was eigentlich vorging, berührte ihn gar nicht in seiner mürrischen Stumpfheit. Und er kannte es ja auch nicht anders, als dass man Kinder nach drei Monaten wieder eingräbt, weil sie nicht lebendig bleiben. Am Hineinwerfen der Erdballen in das Grab beteiligten sich dagegen alle – dies war eine Handlung, vielleicht mit Aberglauben verbunden, und das Vaterunser hörten sie andächtig mit an. Ich ging nach Hause, während das Grab zugeschüttet wurde – der Mann schaufelte, die Frau lamentierte, die Schwester schalt und das Kind spielte mit Blumen, die auf einem benachbarten Kindergrabe blühten.

6 Uhr Nm.

Dreimal Gottesdienst täglich ist doch etwas viel, besonders wenn man dieselbe Predigt immer von Neuem hört, bei Wind und Herbstsausen über die Hügel hinklettert und schließlich auch dreimal eine lange Liturgie selber hält. In Boitzenburg war der Altar mit Sonnenblumen, Spargelkraut, Kornblumen und Ähren verziert. In Naugarten hatten die kleinen Leute wegen Misswachses eine Protestkundgebung gegen den lieben Gott inszeniert, indem sie einmütig zum Erntedankfest ausblieben. So kam die eingehende Belehrung über die Frage, wie man sich in einem bösen Jahre mit dem Geber alles Guten abzufinden hat, an die reichen Bauern, die es aushalten können und schließlich ganz zufrieden sind. Die bäuerlichen Protestanten erblickten wir bei der Rückfahrt: sie hockten auf ihren Feldern, buddelten mit finsterer Verdrossenheit Kartoffeln und kehrten dem vorbeifahrenden Pfarrwagen teils aus Mannesstolz und teils aus Scham die Hinterfront zu. Auf dieser Fahrt sahen wir übrigens mehrere hundert Krähen auf einem Fleck. Auch eine Elster schwenkte sich an uns vorbei und viele Weidenbäume waren durch die Herbststürme abgedreht. Ehe ich's vergesse: schickt mir doch bitte mit der Wäsche meine Pelzmütze mit.

Die Bücher kamen gestern und die hocherfreute Familie Dreising bedankt sich sehr bei Mutter für die Absendung. Zu Hause stehen sie ja nur im Bücherschrank und hier bewirken sie große Freude. Leider geht es der Großmutter nicht besonders gut. Sie ist seit einiger Zeit der nächtlichen Schlaflosigkeit ausgeliefert und daher am Tage meistens müde, sodass sie zuweilen in ihrem Korbstuhl einschläft. Heute morgen bekam sie einen Hexenschuss. Seit einiger Zeit hatte sie sich eine Reise nach Berlin vorgenommen, und so schlecht es ihr geht, so spricht sie doch gerade jetzt immer vom Reisen. Ihre Gedanken verweilen immer öfter bei der alten Zeit, die keiner von uns mehr kennt, und dann sagt sie: „Als ich jung war – und Friedrich Wilhelm regierte – da war ich rot und weiß und hatte schöne blaue Augen. Nun denkt ihr wohl, ich sei hübsch gewesen, aber ich war hässlich. Und dann lernte ich Schönschreiben und schrieb für meinen Vater Akten ab, und dann heiratete ich meinen Mann – ach, was für ein elendes, schwaches Pasterken war das! – und dann starb er, und das alles ist so lange schon vergangen!" Sie hat in ihrem Kopf die genaue Erinnerung an alles, was sie in den letzten siebzig Jahren erlebt hat – mit allen Namen und Daten. „Fontane war auch mal bei meinem Vater und wir haben ihm alles erzählt, aber er hat es in den ‚Wanderungen' so auf den Kopf gestellt, dass hier keiner mehr weiß, was nun richtig ist. Es klingt besser bei ihm, aber er hat zu viel selber ausgedacht." Ihr Geburtsjahr ist 1819, also das Jahr, in dem auch Fontane, Keller, Groth, Fr. Eggers geboren sind.

Morgen wird hier der Kreisarzt erscheinen und unsre Schule von Amts wegen besichtigen. Der Bericht über diesen Stall kann gut werden, und wenn der Graf heute in seinem Portmonee keine Unruhe verspürt, so ist ihm die Gabe der Ahnung nur in geringem Maße verliehen. Abends hat dann Dreising die Versteigerung des Kirchenackers in Berkholz.

Mittwoch geben uns Mademoiselle und Frl. Singer einen Kaffee, und da sie keine Räumlichkeit für diesen Zweck besitzen, so haben sie mit kühler Unverfrorenheit Herrn und Frau Pastor sowie die übrigen Mitglieder des Hauses in die

Gartenstube der Pfarre eingeladen. Mir ist ein Frack anbefohlen worden, denn es wird sehr fein zugehen. Ich werde nicht verfehlen, über die Soiree zu berichten.

Die Dachdecker haben den Teil des Daches, unter dem ich wohne, fertig, wir sehen jetzt sehr elegant kirschrot aus und werden vom Dorf beneidet. Der Töpfer hat die Öfen revidiert und sich über ihren Zustand sehr wenig respektvoll ausgesprochen. So kommt der Winter heran.

Die Norwegerin ist von ihrem Ausflug nach Berlin zurückgekehrt und drückt etwas auf die Stimmung des Hauses. Sie korrespondiert aufs Eifrigste mit der „Heiligen von Tours", Madame St. Marie, und zeigt immer mehr eine grauenhafte Verblendung. In Berlin hat sie unglücklicherweise eine sehr gute evangelische Predigt über das „Nehmt euer Kreuz auf euch und folget mir nach!" gehört und daraus die Stimme Gottes zu hören geglaubt, die sie ins Kloster ruft.

Den 7. Oktober 1902
Erst spätabends komme ich heute zu meinem Brief an Euch. Alles im Hause schläft; von meiner Arbeit her habe ich noch das Rollen der ägyptischen Lastwagen im Ohr, auf denen der alte Jakob zu seinem Sohne hinfährt – hier im Herzen der Mark Brandenburg sind Menschen und Tiere längst zu Bett gegangen. Die Sterne stehen hinter Wolken, aber es ist eine ruhige Nacht. Nach dem Geschrei des Marktes kommt einem das ganz seltsam vor. Im Gasthaus ist Tanzmusik gewesen und die Spickaalfrau aus Prenzlau hat sich betrunken und einen Schwindelanfall gekriegt. Noch nie soll sich in Boitzenburg eine solche Volksmenge gezeigt haben. Als wir gegen sechs ins Amtshaus gingen, um zu gratulieren, packten einzelne Händler schon wieder ein, während das Karussell sich noch klingelnd herumdrehte. Ich sah später den Karussellmann, wie er in seinem grünen Wagen zu Bett ging – sein Körper leuchtete wie ein rosenrotes Meerschwein in dem kleinen Fenstervierreck auf, sodass ich zuerst dachte, es sei ein Wachsfigurenkabinett mit griechischen Göttern da. Aber es war ein lebendiger Mensch.

Da wir unseren Besuch mit aller uns zu Gebote stehenden Pracht vollführten – ich hielt einen Rosenstrauß in der Hand –, so erregten wir bei den biedersten der Marktbesucher die Vorstellung einer gräflichen Abordnung und ernteten die Früchte einer vorübergehenden Popularität.

Bei Amtmanns saßen sie bereits im Kreise – genau wie vor zwei Jahren, als der erste Bräutigam gefeiert wurde. Als wir eintraten, war es, als hustete ein Geist – ganz in der Ferne, aber doch vernehmlich. Die Braut sah sich nach dem Geist um – er war nicht da. Der Doktor strahlte über sein ganzes gutmütiges Gesicht, obgleich auch er die Heikligkeit der Lage empfand; er schien über seine etwas leidend aussehende Braut ganz vergnügt zu sein. Wenn sie nur nicht solch polnische Augen hätte! Da die Familie befürchtet hatte, der Besuch der Geistlichkeit würde in missbilligender Steifheit verlaufen, und Dreising so bezaubernd liebenswürdig war, wie er nur sein konnte, so atmete das ganze Zimmer hörbar auf. Aber der kleine Amtmann sah traurig und gedrückt aus und bot mit beängstigender Hast Zigarren an. Der einstige Bräutigam, der von allen als tüchtig gerühmt wird, hofft nämlich immer noch und hatte noch gestern an den Hausvater geschrieben und seine alte Liebe grüßen lassen. Die Braut aber hat ihm gegenüber ein böses Gewissen, liebt ihn wohl auch noch – denn die ganze zweite Verlobung ist von ihrer Stiefmutter gedeichselt worden. Diese saß denn auch mit dem ganzen Stolz einer gräflichen Amtmannsgattin dabei und bombardierte das Brautpaar mit mütterlichen Blicken. Wie anders war doch das Verlobungsfest im Pfarrhause!

Was wir Herren in unserem Halbkreis gesprochen haben, ist schwierig zu sagen. Es waren lauter lokale Themen. Der Kreisarzt ist mit einem Wutschrei von Boitzenburg abgeradelt und hat „mittelalterlichen Verfall" konstatiert. So hatten wir ein nahrhaftes Thema, indem wir über die verschiedene Jauchwasser-Abfuhr im Bauerndorf und im Gutsbezirk redeten. Dann kam die Verpachtung des Kirchenackers an die Reihe, und als Dreising erzählte, er habe für einen Morgen 28 Mark bekommen, erklärte der Administrator die Leute in Berkholz für hirnschwache Esel. Dazu tranken wir Verlobungswein, der kühl und lieblich in den Magen rieselte.

Am Abend dieses Tages erlebten wir noch ein kleines amüsantes Abenteuer. Fräulein Dreising fing nämlich gegen zehn an, aus Tannenzweigen und Monatsrosen eine Girlande zu flechten; diese Bekränzung sollte an den Standesamtskasten kommen, in dem das Brautpaar schon aushing – so will es die Sitte des Ortes. Nur darf niemand erfahren, wer diesen Liebesdienst getan hat. Es war also gut, dass die Nacht bereits rabenschwarz zum Fenster hineindunkelte. Während sich Fräulein Dreising und Fräulein Merck – wie dürfte sie fehlen! – mit Tüchern und Schals unkenntlich machten, hüllte ich mich in meinen Wintermantel und drückte meinen Filz tief ins Gesicht. Eine kleine Blendlaterne zeigte uns den Weg. Als wir beim Gasthof vorbeischlichen, sahen wir die Schatten der Tanzenden an den Fenstern; die Rote-Strumpf-Straße gähnte uns an wie ein Ozean von Finsternis. Ich fasste meinen Hammer fester und flüsternd stiegen wir hintereinander her.

Der Kasten des Standesamts hing hoch, aber er war zu erreichen, wenn man die Steintreppe emporstieg und sich auf eine Bank stellte. Wie ein Einbrecher erklomm ich lautlos den Platz und führte eben die Rosengirlande über den endlos langen Kasten, als Fräulein Dreising plötzlich die Laterne auslöschte. „Still, es kommen welche!" Meine Lage war seltsam genug: indem ich auf der Bank stand, hielt ich mich kümmerlich an den Ecken des vergitterten Kastens fest und suchte zugleich die Blumen und den Hammer nicht fallen zu lassen. „Wer ist denn da?" fragte ich – etwas undeutlich, denn ich hatte fünf Nägel zwischen den Zähnen. Es war ein Liebespaar, offenbar eins von den Schlossmädchen mit ihrem Eduard, und sie gingen sehr langsam. Sie sprachen von dem Tabaksqualm im Tanzsaal und wie schön es hier draußen sei. Als sie dicht neben uns standen, hielten sie an und seufzten sich etwas vor. Meine Gefühle könnt Ihr Euch denken. Da hing ich wie ein anatomischer Frosch am Standesamtskasten mit einer Girlande wie ein Bacchus und einem Hammer wie Thor. Dabei bekam Fräulein Dreising das Lachen.

Endlich schritten die beiden weiter und ich hämmerte nun mit je einem Schlage die Nägel fest. Es klang seltsam dumpf und ich dachte: Standesamtskästen sind königliches Eigentum! Aber hübsch sah das Ganze aus, als wir es zum Schluss mit der Laterne beleuchteten.

Wir kamen ohne Unfall nach Haus. Als wir einmal stillstanden, vernahmen wir aus dem Parkwald einen unheimlichen Ton, der sich mehrmals wiederholte: die Hirsche schrien.

Werners Brief hat mir sehr viel Vergnügen gemacht.

Draußen ist es immer noch totenstill. Aber plötzlich schlägt die Schlossuhr, ich zähle ihre Schläge und sehe, dass ich unter diesen Brief schreiben kann: gegeben um Mitternacht.

Den 10. Oktober 1902, Freitag
Für Eure beiden Briefe danke ich Euch vielmals. Ich habe in der letzten Zeit häufig von Ärzten gehört, dass heftige Kopfschmerzen durch das Tragen einer Brille behoben werden können; vielleicht ist es bei Mutter auch der überanstrengte Sehnerv gewesen, der ihr so viele Qualen verursacht hat. Die Großmutter ist von Mutters Teilnahme sehr gerührt; als kleine Aufmerksamkeit würde ich einen Kasten mit Katzenzungen empfehlen – sie kann dann selber bei ihren Mondbeobachtungen liebliche Kollationen einnehmen und auch uns was abgeben: beides tut sie gern. Unser Dach wird täglich an einer anderen Stelle abgedeckt und gestern Abend schien der Mond durch die Zwischenräume der Dachrippen; auch einige funkelnde Sterne blinzten hindurch wie ferne Feuerschiffe auf dunkler See. Winter wird es hier plötzlich doch noch nicht, sondern wir haben einen milden Altweibersommer. Nachdem ich jetzt drei Viertel Jahre lang aus Berichten die märkischen Landschulen kennengelernt habe, sind meine Anforderungen an Schulkomfort gering geworden. Dass aber das Gymnasium einer reichen Gemeinde wie Lichterfelde einen Ofen-

knacks erlebt, ist unverantwortlich und schließlich doch wieder ein Zeichen für die Bummeleien der Schulleitung. Ich weiß, wie schädlich das Sitzen und Sprechen in kalter Luft ist, denn die hiesige Kirche lässt sich nicht heizen. Hoffentlich ist der Schaden jetzt behoben.

... Die Großmutter meint, Nüsse mit zu kurzen Schalen würden sich nicht lange halten. Hier hat der Nussbaum gar nicht angesetzt. Der Brief aus dem Liebesbriefsteller ist nicht beispielsweise, sondern wörtlich wie auch die anderen Proben. Die Nachwehen des Jahrmarktes haben sich gestern in einem verspäteten Kamel gezeigt, das von einem Tanzbären und drei Affen begleitet war. Der Bär konnte Koppheister schießen und das Kamel verbog sich, wenn es Brot bekam.

Der Kaffee in der Gartenstube ist gewesen, und bildet einen Glanzpunkt unter den Festlichkeiten der letzten Zeit. Von halb acht waren Küche und Speisezimmer für jedermann gesperrt und die einzelnen Familienmitglieder mussten sich in ihre Gemächer zurückziehen. Ich tat meinen Frack an, weiße Halsbinde und Lackschuhe fehlten nicht. Natürlich erschien ich im Zylinder. Dreising jedoch besaß einen Chapeau claque, wodurch er mich ausgestochen hätte, wenn die Lackstiefel nicht gewesen wären. Die Damen rauschten in Seide einher und trugen Blumen im Haar. Die Pastorin hatte sogar eine Marabufeder angesteckt, an der aber das beste Stück fehlte. Die Braut sah sehr niedlich aus, arbeitete machtvoll mit einem Fächer und drehte sich zierlich herum, damit man die Perlenkette in ihrem blonden Haar bewundern konnte. Die Norwegerin hatte sich mit dem Silberfiligran ihrer Bergheimat geschmückt und Lola hüpfte kummervoll mit einem rosenroten Schlips herum. So warteten wir und bemühten uns einstweilen, den höheren Gesellschaftston zu treffen, indes die Großmutter Cercle hielt und in ihrem schwarzen Weihnachtskleid höchst würdevoll aussah. Sie sagte, sie hätte auch Lackstiefel an, aber als wir nachsahen, waren es rote Filzschuhe.

Endlich erschien Martha und bat um unser Erscheinen. Wir traten jeder einzeln ein und wurden mit sorgfältig eingeübter Begeisterung empfangen, sodass wir vor Schreck gegen den Ofen taumelten. Die beiden Wirtinnen waren natürlich sehr aufgeregt und rasten, als wir uns glücklich gesetzt hatten, beide in die Küche, weil sie irgendetwas vergessen hatten. Inzwischen besahen wir uns den blumengeschmückten Tisch. In der Mitte türmten sich Kuchen auf – mehr, als wir in einer Woche verzehren konnten – und zwei Bowlenkannen mit Ananasbowle flimmerten goldgelb. Die Herren hatten ungemischtes Getränk, für die Damen war Selterswasser zum Verdünnen vorhanden. Ein versilberter Landsknecht mit einer Fahne verkündete durch eine sichtbare Inschrift dass „nichts übel genommen werden dürfe". Inzwischen erschienen die weiß gekleideten Gastgeberinnen wieder und reichten Schlagsahne herum, wozu wir Baisers aßen. Miss war glücklich; sie sah an diesem Abend aus wie ein englisches Aquarell und war in ihrem schleierartigen weißen Kleide weniger Realität als je.

Dann hielt Mademoiselle eine Rede – oder besser: sie seufzte sich von einer Exklamation zur anderen, blieb siebzehnmal stecken und endete plötzlich in einem sehr geläufigen Französisch, worauf wir alle miteinander anstießen und erklärten, es sei eine sehr gefühlvolle Rede gewesen. Dreising antwortete in Versen. Später hielt der Unterzeichnete noch eine Rede auf die „Freundschaft", die weder Disposition noch Verstand hatte, aber Beifall fand und zur Brüderschaft zwischen der Pastorin und Mademoiselle führte.

Gegen neun trat Martha mit einem silbernen Tablett ein und überreichte dem Hausherrn eine gefälschte Depesche. In dieser Depesche wurde er in die Laube des Gartens bestellt, wo zwei „Freundinnen" ihn erwarteten. Es kam zu einem großen Aufstand; die Pastorin fiel mit Eklat in Ohnmacht, Lola heulte, ich holte die Essigflasche und Mademoiselle steckte für die Expedition ihre bunte Laterne an, während Dreising auf einem Bein hupfte und Hurrah schrie. Hierauf stürzten wir alle in den Garten, die Pastorin, die sich ermuntert hatte, merkwürdigerweise am Arm ihres Gemahls. In der Laube stand auf einer hölzernen Staffelei eine Fotografie: Mademoiselle und Fräulein Singer, in der Dienstbotenverkleidung, die sie bei der Aufführung am 50. Geburtstag anhatten.

Als wir glücklich wieder saßen, brachte Martha fünf neue Telegramme, sodass die nächste Zeit mit Expeditionen durch das ganze Haus verlief. Ich wurde in einem Gedicht in den Kartoffelkeller verwiesen, aber alle kamen mit. Ich fand daselbst ein Schild mit der Inschrift: „Mir kann keiner!" Auf der Rückseite dieses Kunstgegenstandes hing ein Pfefferkuchenherz mit der Aufschrift: „Hier ist seit dem 29. September ein freundliches Kämmerchen zu vermieten!" An diesem Datum hatte nämlich die früher erwähnte Wehmutter erklärt, nicht ich, sondern Fritz Götze würde die Kantorstochter heimführen. Fräulein Dreising fand einen Behälter aus Pappe, auf den ein Hamster gemalt war – Mademoiselle hatte ihn abends bei Licht hergestellt und am nächsten Morgen war er blau, sodass sie ihn wieder übermalen musste. Aus diesem Hamster stieg der wunderlichste Hausrat hervor: ein alter Blechlöffel, ein Knopf, ein Sieb, eine gute und eine schlechte Pflaume, Nährollen, ein Spiegelchen und noch zwanzig andere Sachen mehr. Die Großmutter fand Pfefferkuchen, die Pastorin eine Fotografie, Miss einen Türken am Gummibande, Fräulein Singer wieder ein Brautpaar aus Zucker, bei dem ich zu meiner Freude feststellte, dass die Braut hohl sei, worauf sie mir fürchterliche Rache schwor. Auch Miss schenkte mir was – einen Bären aus Schokolade, aber der kleine Joachim hatte ihm heimlich die Schnauze und die vier Pfoten abgebissen. An welchen Körperteilen er dann auch Verbände von Silberpapier trug.

Wir waren alle sehr vergnügt und fingen zuletzt an zu singen. Erst „Die lustigen Pappenheimer", dann „Lebe, liebe ..." Der Chef bot mir eine Mumienzigarre an und es wurde elf Uhr und später. Zuletzt brachten wir Mademoiselle in feierlichem Zuge aufs Schloss – Fräulein Singer schlief diese Nacht im Pfarrhaus – und gingen dann vergnügt nach Mitternacht ins Bett.

Auch der gestrige Tag wird mir lange im Gedächtnis bleiben.

Wir machten gegen fünf Uhr einen Spaziergang in den Tiergarten. Wie schön ist hier der Herbst! Die Mühle lag mit ihrem klaren Wasser da wie ein Traum. In dem einsamen Hügelland des Waldes regnete es golden durch die besonnten Wipfel – wie eine leise tröstende Melodie aus weiter Ferne hörte sich dieses stille Herabsinken der welken Blätter an. Dann blieben wir stehen, weil ein Rudel Rehe über den Weg sprang, und plötzlich ertönte hinter einem sanften Hügel das unheimliche Schreien eines Rothirsches. Wir stiegen langsam auf und auf einmal stand er vor uns – ein gewaltiges Tier mit herrlichem Geweih. Er röhrte noch zweimal und ging dann langsam davon und verschwand im Grauen des Abends. Von da an verfolgte uns das Glück: wir erblickten den weißen Hirsch, wir hörten es in den Gründen knacken und über die Höhen hinwegstürmen – dreißig, vierzig Tiere, Damwild, Schaufler, die auf einer Waldwiese ästen, und in weiterer Entfernung stets von Neuem die riesigen Rothirsche. Immer schneller sank die Nacht auf uns nieder – bald hörten wir Eulenschrei und das dumpfe Gebrüll der Hirsche schallte nun unheimlich und drohend durch den Wald. Dann ging es den Weg zurück, an Feldern vorbei und schließlich durch das schlafende Dorf. Zu Hause war inzwischen Pastor Wilke mit seiner Frau zu Besuch gekommen, sodass der Tag sehr gemütlich schloss. Sonntag predige ich wieder mal in Naugarten.

Den 12. Oktober 1902
Dieser Tag begann mit einem Irrtum: als ich um sechs Uhr schreckensbleich aufstand, um ungefrühstückt nach Naugarten zur Predigt zu fahren, herrschte unten tiefstes Schweigen. Kein fremder Wagen stand auf dem Hof, in der Küche stand Martha am Herde und blickte gedankenvoll in einen Kaffeetopf und die Fensterscheiben waren als am frühen Morgen stark beschlagen. Nun fiel mir ein, dass die Pastorin mit ihrem nordischen Gast hatte mitfahren wollen, um sich während meiner Predigt, die sie schon kannten, das kleine Hügelland des Dorfes und den See zu besehen. Sollten sie so früh haben fahren wollen? Als ich diese

psychologische Unmöglichkeit noch erwog, kam mir auch glücklich die Erinnerung, dass vor acht Tagen Erntedankfest war und mit diesem Zeitpunkte die Filialgottesdienste auf den Nachmittag fallen. Da ich nur ein paar Stunden geschlafen hatte, ging ich etwas betrübt meine Treppe wieder hoch und setzte mich an diesen Morgenbrief.

Seit der Soiree, die Mademoiselle uns gab, ist die Fülle der Ereignisse zurückgetreten. Die Dachdecker sind noch immer da; ab und zu werden sie von einem jungen Mann mit einem Wodanshut inspiziert, aber ob er es auch nicht versteht oder sie seine Befehle nicht ausführen – sie kommen sehr langsam vorwärts.

Im Übrigen verzehrt des Doktors Verlobung das gesamte Interesse der Bevölkerung. Mit liebevoller Ausführlichkeit wird das Vorleben der Braut eingehend erörtert – es ist ein Segen, dass ich nicht dauernd hier zu wohnen brauche –, während über des Doktors Jugendtorheiten eine allgemein bedauerte Unkenntnis herrscht. Ich hatte gehofft, sie würden sich möglichst still verheiraten, aber Mutter Amtmann ist für eine große Hochzeit. Sie sollten doch wissen, wie sie ihre Gäste in Verlegenheit bringen. Schon sitzt der Apotheker auf seinem Sofa und barmt sich um eine Hochzeitszeitung. Ich traf ihn so des Abends an, als er ganz in Rauch gehüllt war. Er weinte beinahe. Er hatte eine Biografie des Doktors fertig, in der, wie er behauptete, einige sehr gute Polichinell-Witze steckten; als er mir jedoch sein Poem vorlas, konnten wir sie nicht finden. Die Braut bildete auch hier den Stein des Ärgernisses. Glaube ich wohl. Man muss schon schwindeln, wenn man die Leier zu ihrem Ruhme schlagen soll. In seiner Not gab er mir dann noch Erinnerungen zum besten, die bedenklich an Klatsch streiften, aber leider wohl mit der Wahrheit stimmten. Ich glaube, wenn Mutter hier wohnen sollte, würde sie schon nach vierzehn Tagen um Versetzung nach Vandiemensland bitten. Das Pastorat wird für meine Vorstellung immer mehr zur Insel, und auch das ist erst unter Dreising der Fall. Sein Vorgänger, der die hiesige Tradition auch dadurch erfüllte, dass er schließlich realiter wahnsinnig wurde, steckte mittendrin in diesem Sumpf, wehrte sich wohl, aber ohne viel Erfolg; sein Weib war der schandmäuligste Drache in Boitzenburg, und was Mutter tut: dass sie sich die Dienstmädchen-Rapporte verbittet – ich weiß nicht, ob man auf dem Schloss hier ebenso handelt.

Das Haus seufzt unter dem Druck des Examens. Dienstagabend kommt die Entscheidung. Der Bräutigam sowohl als mein Freund Wippermann haben folgende Examinatoren: Faber, Lahusen, Kessler, Spieß, Deutsch, Kritzinger. Also Weiß fehlt. Die Katechese müssen sie zusammen an der Marienkirche halten. Der Bräutigam hatte diese dürftigen Tatsachen auf einer Postkarte an Fräulein Dreising geschrieben. Daraufhin waren alle fast bis zu Tränen gerührt und hielten ihn für einen edlen Menschen. Verwöhnt hat er das Haus Dreising offenbar nicht.

Den 16. Oktober 1902
Gestern haben wir das Examen gefeiert.

Fräulein Dreising fuhr für diesen Tag nach Prenzlau zu Malstunden und brachte ihren Verlobten mit, der noch leidlich zusammenhielt und das Leben wieder ganz annehmbar fand. Nach allem, was ich höre, fragen sie im zweiten Examen mit Milde; ich glaube, wenn man mir zwei Monate Vorbereitung gäbe, könnte ich es sofort machen. Allerdings fehlte Weiß und die neue Erwerbung der Kommission, Lahusen von Dreifaltigkeit, ist ein barmherziger Samariter. Spieß dagegen hat sich wie ein Frosch benommen und die Männer im feurigen Ofen in peinliche Verlegenheiten gesetzt. Da Salzmann sehr genau erzählen musste, so habe ich viele gute Winke zur Einrichtung meiner Vorbereitung erhalten und kann mich schon jetzt mit Muße einrichten. Meine Meldung für das Seminar habe ich soeben abgeschickt; hoffentlich ist noch Platz. Ich denke mich sofort zu melden, wenn meine anderthalb Jahre abgelaufen sind, d. h. am 8. April; möglichenfalls gelange ich dann noch im Oktober übers Jahr an die letzte Entscheidung.

Abends gab es Braten und Obst, auch wurden zwei Flaschen Seidelwein getrunken. Gegen acht hörten wir ein

Geräusch auf dem Flur und plötzlich ertönte die Weise des „Heil dir im Siegerkranz", umgedichtet auf den Bräutigam; der Text war offenbar von einem deutschkundigen Ausländer hergestellt. Als die Urheber der Serenade entpuppten sich, wie zu erwarten stand, Mademoiselle und Fräulein Singer. Sie überreichten dem Brautpaar riesige Blumensträuße, setzten dem Bräutigam einen Lorbeerkranz aus Kamelienblättern auf und hefteten ihm einen Kotillonstern auf die Brust. Er trug es mit Würde.

Inzwischen rückt die Zeit heran, wo der Doktor heiratet ... Ich glaube, diese Hochzeit wird schrecklich, aber ich werde berichten und versuchen, bei dieser Gelegenheit Boitzenburg in eine Nuss zu packen. Es werden zahllose Menschen erscheinen, die sich gegenseitig am liebsten den Hals umdrehen; Herr Obergärtner wird kommen und Kantors! Kantors! Vielleicht ist Käthchen meine Tischdame!!! Herr Administrator wird sich unterhalten mit dem Forellenvater und zwischen beiden wird das blutige Gespenst einer Zeugenaussage stehen, die der Sohn des Letzteren, ein passionierter Filou und großer Esel, gegen den Administrator gerichtet hat.

Und draußen geht der Wind durch die goldenen Wipfel. Otto Aribert reitet auf „Schneeflocke" im Walde spazieren und die Luft ist grau und weich. Es regnet nicht, aber die Luft ist voll Wasser. In allen Häusern riecht es nach Pflaumenmus und alte Frauen erwerben ein Vermögen, indem sie sich zum Rühren vermieten und sehr interessant klatschen. Von allen Ortsschulinspektionen laufen Gesuche um Verlängerung der Ferien ein, weil die Kinder noch Kartoffeln buddeln müssen. Habeant sibi, sagt Dreising und bewilligt alles.

Den 18. Oktober 1902
Vielleicht ist die Landschaft, in der Boitzenburg liegt, nie so schön gewesen wie jetzt. Ich habe vor einem Jahr Tirol gesehen in der Pracht seines Weinlaubes und den feierlichen Glanz des eisigen Rosengartens – wie eine Gloriole der Heiligen –, dann hernach die einsamen Kanäle Venedigs und die blaue Lagune im Morgenlicht, und da war es, als ob

die braunen Segel der Venezianer in die Sonne hineinführen. Aber der deutsche Wald ist schöner. Als ich in der Frühe über jene steinerne Brücke ging, die das Museum mit der übrigen Stadt verbindet, als ich von dort aus das silberne Wasser unter mir erblickte und die schwarze Gondel, mit der sie einen vornehmen Toten auf die Insel fuhren, – der Gesang einer einsamen Menschenstimme hallte von ferne herüber und ein uralter Palast spiegelte sich in der dunklen Tiefe – da hatte ich auch ein Gefühl von dem, was Schönheit heißt, und doch war in Venedig die Natur bis auf das ewig wechselnde Wasser ausgewandert – kein Baum grünte, kein Vogel sang. Und das merkte man, nicht gleich, aber allmählich, wenn der Fuß in dieser marmornen Steinwüste ermüdete und das Auge nach einem Ruhepunkte aussah. Die Luft war klar und tot; eigentlich war es ein Widerspruch, dass hier noch immer Menschen lebten; denn jeder denkt in Venedig nur an die Vergangenheit. Diese Menschen, die in verlassenen Gassen vor den Haustüren schwatzten, die aus kupfernen Kesseln unbegreifliche Gerichte verzehrten, die im Schatten der Kirche knieten und sich küssten am Heiligen Brunnen, der seine Strahlen schon seit Jahrhunderten in dasselbe verwitterte Steinbecken schießt und sich vermutlich über nichts mehr aufregt, – alle diese gedankenlosen, abergläubischen, lachenden Menschen sah ich auf meinen einsamen Wanderungen und beglückwünschte sie im Stillen, dass sie es nicht besser kannten. Sie waren Venezianer, und wenn sie auch ihr zweifelhaftes Schaffell nicht mit derselben Erhabenheit trugen wie die Bürger Veronas, ich glaube nicht, dass sie anderswo hätten wohnen wollen als in dem goldenen Leichnam ihrer Vaterstadt. Als ich nach Venedig kam, war ich wie betrunken. Ich dachte, der Markusplatz sei wirklich ein Wartezimmer des Himmels und die Menschen, die jeden Tag darauf herumspazierten, beneidenswerter als Krösusse. Aber des Nachts, wenn der Argus seine Augen zutat und in der Dämmerung des Mondlichtes von verblichenem Glänze träumte – da dachte ich, er sei doch nur ein kümmerlicher grauer Vogel, und eine wahre Rastlosigkeit überkam mich, alles zu sehen; ich vergaß das

Licht, das auf den Türmen der alten Stadt leuchtete und brannte, ich vergaß auch die goldenen Altargeräte, die brennenden Bilder Tizians, die funkelnden Särge der Heiligen, die Weihwasserbecken aus edlem Holz und den Weihrauch und Priestergesang – und ich sah Venedig, wie es wirklich ist. Ich stieg über schlafende Menschen hinweg, die auf den Steinen lagen und froren, die sich zitternd aneinander wärmten und trotz der halben Betäubung, in der sie die kühle Nacht verbrachten, gewohnheitsmäßig die Hand nach einem Almosen ausstreckten. Ich sah, wie sich zwei Gondoliere mit ihren Ruderschaufeln um einen Soldo schlugen. Ich hörte den Wind ächzen und herumfahren um die zerfallenden Fürstenpaläste, und wenn ich einmal stillstand, glaubte ich das Fallen und Plätschern kleiner Kalksteinchen zu vernehmen, die sich gelöst hatten und im Kanal verschwanden. Über der Stadt aber lag es wie eine Betäubung.

So bekam ich des Nachts Sehnsucht nach Deutschland und merkwürdigerweise immer nach dem deutsche Walde. Dieser Wald steht jetzt im Herbstsonnenschein und ich weiß nicht, ob das nicht sein schönstes Kleid ist. Hier jedenfalls sieht es zauberhaft aus – man kann es gar nicht beschreiben. Das tiefste Grün leuchtet neben rötlichem Golde, aber alle Übergänge, die zwischen diesen Farben möglich sind, schießen zu dem entzückenden Uferbilde zusammen. Wie das über die stille Flut herüberhängt und zuweilen ein schimmerndes Blatt herunterwirft, wie eine feierliche Stille das Herz erfüllt und das Laub aus den Wipfeln niedersinkt:

„Vom Sonnenstrahl gelöst, der durch den Wald
Hinwandelt wie ein blasses Königskind ..." –

das möchte ich schildern, aber vermag es nicht. Manchmal möchte man die Augen schließen und mit seinen Gedanken ganz wegschwimmen; sieht man dann wieder auf, so schwebt der goldene Regen friedlich hernieder, hinter den Bäumen leuchtet das feierliche Schloss und eine merkwürdig leise Drehorgelmusik klingt aus der Ferne. Solch Herbstwetter macht mich immer abwechselnd traurig und fröhlich. Erst denkt man, was man alles haben möchte und vielleicht nie bekommt, dann freut man sich wieder, dass man in seinen Gedanken Herr der ganzen Welt werden kann und dass jeder menschliche Ärger zuletzt doch nur aus unserer eigenen Schuld hervorgeht. Ich weiß nicht, ob es von der durchsichtigen Luft kommt, aber ich habe im Herbst häufig das Gefühl, dass ich fliegen könnte und dass es mir leicht sein könnte, die anderen Menschen versöhnlich zu behandeln. Weil ja schließlich die wenigsten einem etwas Böses tun wollen, sondern nur was für sich haben. Mir macht es zu viel Vergnügen zuzusehen und dann merkt man ja, dass alles natürlich zugeht, und kann sich nicht mehr ärgern. Aber so ruhig zusehen kann man nicht immer – am besten geht es in dieser sonnigen Zeit, wo einen die Natur freundlich und still macht; im Winter machen einen die dicken Schneewolken verdrießlich und im Frühling das schlechte Wetter. Der Sommer verstimmt mich weniger, aber alle, die unter der Hitze leiden, darum halte ich den Herbst nach wie vor für die schönste Jahreszeit. Im „Nobiskrug" komme ich freilich mit dieser Ansicht nicht durch.

Die Ernte ist nun vorüber und die Hochzeiten fangen an. Heute erscholl zum ersten Male in diesem Jahr die dünnstimmige Hochzeitsglocke in Boitzenburg; von nun an werden wir sie häufiger hören. Es wurde ein elektrischer Mann aus Berlin getraut, der eine der Töchter von Boitzenburg erwählt hat. Nächste Woche muss ich meine Reformationspredigt machen. Gestern waren der neue Pastor aus Wichmannsdorf mit Frau zum ersten Mal zum Kalbsbraten da, er gut und bieder, sie etwas nervenzerrüttend durch die weinerliche Modulation ihrer Stimme und eine schwatzhafte Gemeinplätzigkeit. Es kann ja niemand dafür, dass er etwas töricht ist, aber man darf davon nicht andauernd Gebrauch machen. Dieser Pfarrer ist übrigens mit pastoralen Grundsätzen angefüllt wie ein Sack; Recht hat er beinahe immer, aber man wird in seiner Gegenwart nicht recht des Lebens froh. Für seine Gemeinde ist er ein Segen.

Den 19. Oktober 1902
Sie haben hier eine große Geschicklichkeit im Tischdecken; die lange Tafel, an der die Gäste am Freitag den Mittelpunkt bildeten, war mit Blumen bekränzt und alles bis auf die Obstkörbe mit Weintrauben sah einladend und festlich aus. Es ist amüsant zu beobachten, wie sich die Pfarrfamilien von Ort zu Ort alles abgucken und nachmachen. Unser Pfarrhaus in Boitzenburg hat die älteste Einrichtung ... An den Wänden hängt viel „häusliche Kunst", in seiner Art sehr nett und meist von Fräulein Dreising verübt; mir sind persönlich diese gebrannten und geölfarbten und geschnitzten Wandbehänge ein Gräuel, wie ich auch einen gewissen „Sinkenden Petrus", der in allen Pfarrhäusern hängt, nicht sonderlich schätze. Dreising hat in seiner Stube natürlich die üblichen Reformatoren, dann die Halbgötter Kögel und Steinmeyer; bemerkenswert sind vier prachtvolle Hirschgeweihe. Aber da alles eine Geschichte hat – die er mir von Zeit zu Zeit mit glänzenden Augen erzählt –, so finde auch ich es behaglich und wüsste nicht, wie es besser sein könnte.

Die anderen Pfarrfamilien sind jung verheiratet und es blitzt noch bei ihnen. Dafür setzt man sich auf ihre Stühle meist mit einem Stoßgebet. Pastor Wilke in Wichmannsdorf hat sich vom Tischler in Boitzenburg einen Schreibtisch herstellen lassen, der ist der Schreibtisch aller Schreibtische. Vor allem groß, sodass man ordentlich mit Büchern streuen kann. In Kuhz steht ein Stuhl, auf dessen Lehne ein wohlgenährter Riesenschmetterling hockt. Jeder sieht diesen Stuhl an, wagt sich aber wegen des fremden Sommervogels, der ein Rückenkissen vertritt, nicht draufzusetzen. Fräulein Dreising und ihr Verlobter verschlingen augenblicklich Möbelkataloge und bauen Luftschlösser. Wenn sie wo eingeladen sind, behandeln sie die Menschen als Luft und feiern Orgien vor Kleiderschränken und kleinen Sofas. Sie wollen sich ihre Stühle von seinem Vater machen lassen, der vor seiner Waisenvaterzeit Tischler war. Zu diesem Zweck haben sie sich vom Inspektor einen Stuhl geliehen, der abgezeichnet und mit dem Greifzirkel gemessen wird. Der hiesige Administrator ist nämlich ein wahrer Künstler und hat während seiner Verlobungszeit an langen Winterabenden eine herrliche Einrichtung zusammengeschnitzt. Ich finde seine Stühle aber nicht bequem und halte es für eine Verirrung, dass die Sitzflächen mit „kleinen süßen Piepvögeln" bemalt sind. Jedes Mal beim Aufstehen denkt man: nun sind sie aber wirklich breitgesessen! Aber nein, sie befinden sich ganz munter und füttern ihre Jungen mit Maden. Die Schnitzerei, die dunkelbraun gehalten ist, wirkt dagegen vornehm und wohltuend, und es ist ein hübscher Gedanke, dass gerade bei dieser Einrichtung ein Kornährenmotiv immer wiederkehrt. Ob Salzmann sich wohl Kränze von stilisierten Bäffchen schnitzt? Da muss er sich noch was ausdenken.

In den Nächten friert es schon zuweilen. Gestern ging ich sehr spät durch den Park, aber der Mond verbreitete eine weiße Dämmerung. Die Farben der Blätter waren alle erloschen oder doch verändert und es sah aus, als stünden die hohen Buchen im Frühlingsgrün, aber das Vogelsingen fehlte, nur ein hässlicher Eulenschrei wanderte von Baum zu Baum. Es war die Zeit, wo die Geister schon munter werden, und überall knisterte es im Gebüsch. Wenn man unter einem überhängenden Aste hindurchschlüpfte, griff es mit welken Händen an das Gesicht und ein boshaftes Lachen schien ab und zu hinter den Bergen zu erschallen. Die Pastorin und Fröken Lind, die ich als Wauwau begleitete, erinnerten sich angesichts dieser schönen Nacht an vergangene Zeiten und saßen wieder wie einst im Schlitten und fuhren mit Lachen und Singen auf das große Fest im Schlosse zu Meseberg. Ich ging wegen der Schmalheit des Weges hinter ihnen her und meine Gedanken tanzten vor mir im ungewissen Mondlicht und liefen wie ein Windspiel jeden Weg dreimal und waren zuletzt müde und trotteten sehr gebildet und verständig, wie man es sich nur wünschen kann. Als wir am Schlosse vorbeikamen, war es ringsum sehr still geworden; der Mond sah aus der Tiefe des Wassers ruhig zu uns herauf und der Uhrturm ragte mit riesigen Dimensionen in den grauen Himmel. Alles Licht war hinter den breiten Fenstern schon erloschen, nur ein einziges glitzerte noch durch vier Scheiben des alten Schlosses und wachte durch die Nacht. Als wir zuletzt wieder am Kirchberge angelangt waren, rasaunte die Kirchenuhr ihre zehn Schläge über das Dorf.

Die unbehagliche Hochzeit des Doktors rückt heran und gestaltet sich für die glücklichen Teilnehmer zu einer Art von ununterbrochenem Opferfest. Die Familie Dreising will ein Teeservice schenken und ich bin gefragt worden, ob ich mich mit daran beteiligen wolle. Das ist mir sehr lieb und ich will es tun. Nun soll ein Polterabend steigen und ein junges Mädchen aus dem Dorf war eben hier, um Rat zu holen. Sie kriegt ihn, aber alle wünschen, das Fest wäre erst vorbei. Man muss jetzt gute Miene zum bösen Spiel machen und retten, was an Erfreulichem noch zu retten ist. Ich halte es jetzt für ausgeschlossen, dass die Braut zu ihrem Jawort gezwungen ist. Dies Amtmannshaus ist wirklich etwas Entsetzliches und dabei ist fast alles eigene Schuld. Ein Wirrsal von Gedankenlosigkeit und Leichtsinn, er gut und waschlappig, sie hysterisch und herrschsüchtig. Wenn reiche Leute arm werden, müssen sie wirklich allerhand Dinge in sich haben, um nicht zu verkommen. Und die Kinder werden groß und fallen bei dem ersten Luftzug um – ich habe selten Menschen gesehen, die innerlich haltloser waren. Der Doktor hustet jetzt bedenklich, und wenn er in seiner Kutsche über Land fährt, schläft er gewöhnlich und sieht aus wie ein Erschossener.

Der heutige Sonntag brachte für das Brautpaar ein letztes Beisammensein, da der Bräutigam Montag wieder nach Templin muss. Ein Seminarlehrer, der mit ihm befreundet ist und wie ein in Kalk gefallener Privatdozent aussieht, besuchte uns und verursachte einen erneuten Spaziergang in den Tiergarten. Wieder sah ich die bunten Herbstbilder, die Klosterruine in Braun und Gold, die schöne Fernsicht; um uns herum schrien die Hirsche und das Jagdhaus blitzte wie ein schöner Traum aus dem feinen leuchtenden Herbstlaub hervor: aber meine Augen waren nicht recht brauchbar und es war mir alles langweilig, weil ich müde war und am liebsten zu Hause geblieben wäre. Es war in dieser Woche doch etwas viel Unrast im Hause. Nachts schlief Salzmann in meinem Zimmer und murkste mit Umschlägen, die er sich machte, lange Zeit herum. Er war dann öfter etwas kläglich mit seiner Schlaflosigkeit; aber während er selbst längst entschwebt war, wachte ich immer noch lange, sodass mich sein Zustand nur mit geringem Mitleid erfüllte. Aber ich freu mich doch, dass ich mein Zimmer nun wieder für mich habe; er ließ sich freilich bei Tage nie sehen, aber sein Koffer, seine Zahnbürste, sein Klapphut und sein Frack schienen mich andauernd zu beobachten und beunruhigten mich.

Den 20. Oktober 1902, Montag

Ich hoffe, dass Vaters Korrekturen rechtzeitig eingetroffen sind; Herr Salzmann erblickte gestern, als wir uns in den Tiergarten aufmachten, meinen Brief und erbot sich, ihn in den Kasten zu werfen. Dies hat er, von Liebe und Zukunftsplänen betört, natürlich vergessen. Möglicherweise sind die Sachen dann doch noch eingesteckt worden, vielleicht aber hat er sie nach Templin mitgenommen.

Die Grafenkinder bekommen jetzt die „Wintermärchen" vorgelesen. Die Herrschaft machte gestern einen Besuch im Pfarrhaus und es wurde in Norwegen geschwelgt, dass Dagmar Lind sich vorkam wie im Paradies. Der Graf hat einen Haufen Fotografien angefertigt, die als Bilder gut sind, meinem Gefühl nach aber etwas viel gleichgültige Motive vor Augen führen. Natürlich spielt der Elch eine große Rolle, und der wichtige Moment, wo ein zusammengehauener, noch ungezähmter Norweger ihn ausweidet, kehrt ziemlich oft wieder. Der norwegische Patriotismus ist groß und grausam, er kommt gleich nach dem von Naugarten. Ich war dabei, wie Fröken Lind und Mademoiselle über die Berge ihrer Heimat verhandelten; sie warfen sich mit Felstrümmern und unerstiegenen Gipfeln, und wenn die eine vom Genfer See schwärmte, behauptete die andere, sie hätten noch viel mehr Wasser und kennten überhaupt nur nasse Füße – überall hüpften die Quellen hervor – und dann hätten sie auch noch Ibsen. Dagegen ließ sich nichts sagen –

aber Mademoiselle tanzte im Zimmer umher und führte uns ein ländliches Fest ihrer Heimat vor und sang ein Lied, das klang wie Herdengeläut, das durch blaue Abenddämmerung dahinwandert. Da wurde die Norwegerin ganz traurig, wie es schien, und senkte den Kopf und zitterte, und plötzlich erschallten ganz entsetzliche Klänge, die das Herz zerrissen und Lola in einen Anfall von Raserei brachten: das war der Ton einer norwegischen Hirtentrompete, grässlich, aber sieghaft. Und dann fing sie beinahe an zu weinen und erklärte, *etwas* schön sei es ja auch in anderen Ländern – wir z. B. hätten so große und köstliche Kartoffeln wie keine Nation – worauf sich die feindlichen Mächte versöhnten und mit Bedauern von dem schauderhaften England sprachen, denn Miss war nicht anwesend.

... Schrieb ich, dass die Großmutter nach Berlin gereist ist? Sie besucht dort ihre Schwester und ist glücklich angekommen. Für eine 83-jährige Dame ist sie doch sehr unternehmend – die Reise dauert sieben Stunden und ist anstrengend. Fräulein Dreising hat für die Hochzeit ein Rübezahlgedicht gemacht, das überraschend gut geworden ist. Der Doktor muss zwei Tage nach seiner Hochzeit einen alten Herrn aus der Nachbarschaft nach Berlin bringen; er ist 89 Jahre und mag nicht mehr leben; das Essen verweigert er fast ganz und nährt sich vorzüglich von Zigarren, die er in einem einsamen Winkel raucht.

Der Chef ist auf Maeterlinck verfallen und liest seine philosophischen Schriften – „Sagesse et Destinée" u. a. –: man nenne mir einen überarbeiteten Landpastor, der ihm das nachmacht. Immer mehr wird mir klar, wie schade seine Festankerung auf dem Lande ist; er hätte wirklich das Zeug, in der großen Stadt etwas zu leisten. Es gibt wenig Theologen, die eine so vielseitige Bildung in sich *verarbeitet* haben; und das alles liegt brach. Die meisten seiner Amtsbrüder empfinden es als Tat, wenn sie mal was lesen; bei ihm kann man daran zweifeln, ob Bescheidenheit eine Tugend ist. Ich komme mit ihm immer besser aus und finde eigentlich jeden Tag mehr Verwandtschaft zwischen seinen Anschauungen und meinen.

Meine Predigt habe ich heute disponiert; ob es mir wohl mal gelingen wird, sie nicht bis zuletzt aufzuschieben? Ich winde mich wie ein Wurm, aber es hilft nichts.

Mittwoch fahren wir mit der Hammelbucht nach Prenzlau zu einem Fest des Kirchlichen Hilfsvereins. Ein ganz feiner Hofprediger aus Potsdam wird predigen und der ganz gewöhnlichen Menge zeigen, wie man es machen muss. Möge es ihm gelingen. Natürlich redet der Superintendent auch; es redet immer in ihm.

Die Vorbereitungen für den Polterabend schreiten vor. Für eine unbekannte junge Dame, die irgendwoher gereist kommt, habe ich noch etwas Gefühlvolles anzufertigen, das sie als „Sonnenstrahl" vortragen soll. Ferner einige Verse zur Verbindung von Liedern: „Die Musik auf Roberts Lebensweg." Es ist ein Glück, dass mir diese Sorte von Poesie leicht von der Hand geht. Ein Gespräch zwischen dem Hunde Nora und den ausländischen Tauben sowie ein Vorwort, das die Scherze des Apothekers mit dem Mantel der Liebe zu bedecken hat, wird gleichfalls gewünscht. Nächstens inseriere ich in der „Tante Voß"; „Auf jedem Gebiete das Beste!" Aber es bekommt mir.

Den 21. Oktober 1902, Dienstag
Draußen regnet es auf die gelben Blätter. Als ich zur Post ging, fühlte ich, wie es in Wien vor einem Jahr ganz ebenso gewesen war, denn ich kann mir Wien wie Kjöge nur im Regen vorstellen. Der Tierarzt, der eben erst aufgestanden war, verhandelte in Hemdsärmeln durch das offene Fenster mit einem Bauern; der Patient, der auf der Dorfstraße mit den Hufen stampfte, war ein altes schwarzes Pferd, das offenbar nicht viel Geduld besaß. Die Dachrinnen läuteten dazu ihren weinerlichen Gesang.

Plötzlich sah ich „den Mann". Der Mann ist eine Erscheinung, die von Zeit zu Zeit vor meinen Blicken erscheint und einen Ozean von Ruhe um sich verbreitet. Das heißt, er kommt nie, er ist einfach da und geht dann wieder fort. Das letzte Mal sah ich ihn auf dem Jahrmarkt;

ich war müde und ärgerlich, dazu gellte das Geschrei einer Würstelbude in meinen Ohren und ein Kutscher quälte ein Pferd, das trotz seiner Größe den schweren Wagen nicht auf den Schmiedeberg ziehen konnte. Aber statt etwas zu sagen, blieb ich stumm und sah zu. Auf einem hörte ich eine Stimme neben mir, die sprach: „Das darf man doch nicht dulden!" Darauf wandte ich mich um, aber ich sah nur einem Manne ins Gesicht, der jetzt ruhig an den Wagen trat und mit dem Führer leise redete. Dann ging er nach vorne, streichelte den Rappen, und während der Kutscher noch ein missmutiges Gesicht machte, zog das Tier plötzlich an und lief auf der ebenen Landstraße wie der Wind mit den dicken Biertonnen davon. Der Mann ging dann noch einmal an mir vorüber und grüßte höflich; er war gekleidet wie ein Gutsbesitzer und hatte blaue Augen.

Er kommt scheinbar immer, wenn man verdrießlich wird. Eben dachte ich an all die Arbeit, die in dieser Woche vor mir liegt, da stieg er wieder an mir vorbei und grüßte im Vorübergehen. Ich hatte gedacht, dass er ein Fremder sei; nun stand er jedoch vor einem Hause und klopfte an. Er trug eine grüne Schürze und glich einem Handwerker. Als er mich sah – oder als ich zu ihm aufblickte –, rief er mir „Guten Morgen" zu; mir war das seltsam, dass plötzlich der Morgen von seinen Worten wirklich gut wurde und dass ich ganz vergnügt nach Hause ging.

Das ist das Kapitel von den unbewussten Einwirkungen – was hat dieser Mann, der möglicherweise ein Spießbürger aus Boitzenburg ist, schließlich getan? Nichts. Und doch wurde er Anlass zu einem Stimmungswechsel wie Nacht und Tag. Es ist beinahe unheimlich, daran zu denken, wie dann auch bei uns selber alles Gute und alles Schlechte, alles Getane, Gewollte und Gedachte, alles Vergangene und Gegenwärtige, alles Bewusste und Instinktive in die Welt hineinflutet und das Leben und Schicksal fremder Menschen bestimmt.

Ein Unbekannter hat heute die Familie, mich eingeschlossen, mit Veilchen beschenkt; sie kamen aus Prenzlau;

Fräulein Singer ist im Verdacht. Im Garten sieht es sehr zerzaust aus. Die Beetlinaria hat alle Konkurrenten erdrückt, an der Mauer ist es aber nicht zum Blühen gekommen. Das Brautpaar hat sich fotografieren lassen; er ist unerhört gut geworden, die Braut leider weniger; sie sieht ein bisschen töricht aus, während sie doch nach meinem Urteil von allen im Hause die schnellste Auffassung, das sicherste Urteil und zuweilen einen überlegenen Humor hat. Aber ihr Gesicht wechselt auch wie ein Land in den Vierjahreszeiten und sie *kann* so aussehen, wie der Fotograf es gemacht hat. Augenblicklich ist sie etwas ärgerlich über eine im Forsthaus gefallene Bemerkung: auf sie hätten gewiss noch ganz andere gehofft als Herr Salzmann. Manche Leute haben doch eine sehr sonderbare Vorstellung von dem, was Liebe ist. Übrigens wird Salzmann von den meisten unterschätzt; ihm fehlt nur die Gabe, sich darzustellen – dafür kann man sich aber auf ihn verlassen. Ich wüsste nicht, wie zwei Menschen besser zueinander passen könnten als diese zwei.

Die Herren Dachdecker sind immer noch nicht fertig. Um den Boden zu erhellen, haben sie an einzelnen Stellen Glasziegel eingesetzt, eine gute Erfindung. Ihre liebste Beschäftigung ist gegenwärtig der Holzdiebstahl – hier eine Latte und da eine Latte, mit der sie in den Oktobernebel hineinschlurfen. Dabei haben sie es in dem holzreichen Boitzenburg gar nicht nötig, aber vielleicht schmeckt der Kaffee besonders gut, wenn er mit gestohlenen Pfarrhaussparren gekocht wird.

Das Buch von Maeterlinck habe ich jetzt gelesen oder doch mit seiner Lektüre begonnen. Ich war durch Huchs Kritik von diesem Autor abgeschreckt, allein Huch ist doch nicht der rechte Kritiker. Er ist ja klug und vielfach kunstverständig, aber für das spezifisch Poetische hat er, auch in seinen Dichtungen, kein Organ. Er gesteht selber zu, dass er die Andacht nicht kennt – das ist schlimm. Maeterlincks Buch bringt in Form der Philosophie z. T. dasselbe, was Vater in Form der Kunst ausgesprochen hat. Es interessiert mich sehr.

Den 23. Oktober 1902, Donnerstag
Dreising fuhr gestern schon eher ab, weil er in Naugarten, das auf dem Wege nach Prenzlau liegt, eine Goldene Hochzeit hatte. Um zwei Uhr folgten wir. Es war etwas kühl, aber klar und still. Unser Wagen nahm seinen Weg durch die bekannten Dörfer; pflügende Bauern tauchten aus dem leichten Nebel heraus und die Oktobersonne lag auf der grünen Saat. Wie die Pferde so ihren ebenen Schritt gingen und eine goldene Allee nach der anderen hinter sich ließen, war mir, als entschwände mir eine schöne Zeit und ich käme nie wieder nach Boitzenburg zurück. Nun schob sich der Wald dazwischen wie eine schwarze Wand, der Kutscher knallte mit der Peitsche und trieb sein Gespann am Forsthaus von P. vorüber. Hinter den Kiefern stand jetzt ein rötlicher Schein und die Marienkirche stieg am Himmel empor. Die anderen sahen wie ich über die weite Landstraße hin, aber sie dachten an andere Dinge. Die Norwegerin schien bereits wieder in den Klostermauern von Tours verschwunden zu sein; sie war in ihrer Ecke zusammengesunken und ließ in ihrem Gesicht den eigentümlichen Ausdruck erkennen, den ich an Betenden in katholischen Ländern so oft beobachtet habe. Die Pastorin rechnete – was sie nicht gern tut – und wälzte die Kommissionen, die sie vorhatte, im Geist; Fräulein Dreising saß auf einem imaginären Sofa und besah mit einem nur in der Fantasie vorgestellten Bräutigam unsichtbare Möbelkataloge. Woran Fräulein Singer dachte, weiß ich nicht, aber es musste etwas Gutes sein, denn ihre blauen Augen wurden plötzlich dunkel, als sei inwendig ein Vorhang weggezogen. Als wir über das holprige Stadtpflaster rollten, sahen uns die Kinder und müßigen Leute neugierig nach; „die kommen vom Lande", dachten sie und stellten sich ein Strohdach, eine Kuh und einen Lindenbaum vor, um den die Bienen schwärmten. Herr Levy aber, der mit Hosenstoffen handelt und sich vor seinem Schaufenster in der Abendkühle populär machen wollte, verneigte sich tief.

Im „Adler" waren schon mehr Pastoren abgestiegen, als bescheidene Leute zu ihrer Gemütlichkeit nötig haben.

Wir machten uns sofort auf und begaben uns mit dem wieder eingeheimsten Familienvater in die Konditorei. Dort hatte die Pastorin das große Portmonee. Es gab flache Kuchen, die Schweinsohren hießen, und so aßen wir Schweinsohren. Durch die Spiegelscheibe des Fensters sah man auf den Verkehr von Prenzlau. Und jeder bemühte sich, möglichst großstädtisch zu sein. Aber wir konnten es den Eingeborenen nicht recht nachtun.

Der Pastor verließ uns bald und wir suchten den Juwelier heim, um das Hochzeitsgeschenk für den Doktor zu erstehen. Da war eine Verkäuferin, die sah aus wie eine Personifikation des Geheimnisses; es ist ein diskretes Geschäft, Verlobungsringe zu verkaufen, aber eine solche Weihe wie hier gab es nicht noch einmal. Zunächst wurden zwei bläulich schimmernde Blumen angesteckt, deren Glanz alsbald die silbernen Teekannen und Trinkbecher-Ritter herausrief wie eine Fanfare. Alle Schränke funkelten im weißen Schein des Silbers und es sah aus, als ob sich die hintersten Schalen und Kannen auf die Zehen stellten, um bemerkt zu werden. Herr Klein, der Besitzer, war unterdes auch erschienen – auf lautlosen Filzsohlen und mit drei Unterkinnen. Er stürzte sich auf eine Dame, die bald nach uns eingetreten war, flüsterte mit ihr über einen Karton mit Gürtelschnallen und bemerkte, im Jahr 1902 könnten die Gürtelschnallen gar nicht elegant genug sein.

Die vier Damen aus Boitzenburg verwandelten sich unterdes in ebenso viele Tantalusse. Es gab drei Sätze Kaffeegeschirr, aber das Portmonee reichte nur zu dem geringsten, der nach meiner Meinung sehr hübsch ist. Meine Zuckerdose kostet 6,50 Mk. Dann wurde die Entdeckung gemacht, dass der Apotheker mit seiner Frau am selben Tag schon ihr Geschenk besorgt hatten, und alles atmete auf, als es ein Tafelaufsatz war. Wir konstatierten, dass die Größe des Geschenkes von Noblesse zeuge; aber wer hat eine Apotheke und die danach genannten Preise? Unser Apotheker kann es. Wir bestellten noch die Monogramme und wollten eben weiterziehen, als ein seltsamer Ton die Luft durchschnitt.

Es war jetzt Abend geworden, hinter dem Stadttor brannte der Himmel. Alles war in eine beginnende Dämmerung gehüllt und im Begriff, hinter Nebeln zu verschwinden. Und da läutete es von Sankt Marien. Es war wie ein schwerer, brausender Gesang über den Wolken und ich dachte nur: wie klein sind diese Menschen, die die Erde plötzlich von sich gab! Und immer armseliger wurde einem zumut, als wir nun durch das Portal der Kirche in die gotische Pracht dieses alten Gotteshauses eintraten. Wir saßen auf langen Bänken, dicht am Altar und dicht bei der Kanzel – wie Kinderspielzeug. Da standen die Flügeltüren des Heiligenschreines weit geöffnet, da brannten und flimmerten hundert Lichter, sodass der Schein an den hohen Pfeilern hinaufklomm, bis er in der schweigenden Dunkelheit des steinernen Himmels zu unsern Häupten erlosch. Die hohen Fenster, durch die eine unerbittliche Nacht zu uns hereinsah, erweckten das seltsame Gefühl, als tue sich draußen das Urmeer auf und jeden Augenblick könnten seine Schaumkämme in die Höhe schlagen. Die Kirche füllte sich rasch mit gewaltigen Scharen und die Orgel begann ein feierliches Vorspiel. Ich dachte plötzlich: das ist das Schiff Gottes, über die Wasser fahren wir dahin und können nicht untergehn. Über uns leuchten die Sterne und unter uns blühen die Blumen der Tiefe – aber es ist gut, dass uns der Blick in die eisige Höhe nicht schwindeln macht, dass wir den Ruf nicht hören, der aus dem Abgrund heraufsteigt. Und dann sah ich die Gesichter der Menschen, die in verwirrender Mannigfaltigkeit um uns herum saßen, und ich sah, wie eine stille Aufmerksamkeit die Unterschiede von Alter und Jugend verlöschte. Sie horchten jetzt alle nach dem Chor hin, wo der Gesang anhub und auf unsichtbaren Flügeln durch die Kirche dahinzog. Und das klang auch in alle Herzen hinein, denn es waren alte friedfertige Worte, die ein jeder verstand und denen sich alle unterwarfen – wie ein Mensch, der die Sprache der Heimat hört, seinen Hass und seine Unrast vergessen mag.

Der Festprediger war ein jüngerer Mann. Er hatte noch heute Morgen am Geburtstagstisch der Kaiserin gestanden und war mit Grüßen von ihr nach Prenzlau gereist. Zuerst störte mich seine Kommandostimme und eine Kopfbewegung, die er von Dryander hat, und dann redete er viel zu lange – 45 Minuten –, aber er hatte Leidenschaft in sich, eine hinstürmende Fröhlichkeit und eine Gabe, die herkömmliche Phrase durch persönliche Begeisterung zu beleben – sodass es doch eine gute Predigt war. Gedruckt würde sie sich wohl nicht besonders ausnehmen. Ich kannte alle seine Gleichnisse, aber er brachte sie so passend und schlagkräftig an, dass sie in ihrem Zusammenhang wie etwas Neues wirkten. Dabei fiel mir ein, durch wie viele Predigten wohl schon der Hildesheimer Rosenstock als ein Symbol der Gemeinde und ihrer Liebesarbeit gewandert ist – jeder nimmt ihn mal und er ist immer noch frisch und jung. Als ich zu meinem Geburtstag nach Lichterfelde reiste, hörte ich Ohles Missionspredigt; aber obgleich diese Predigt im Gegensatz zu der von Kessler voller ungewohnter, sehr überlegter Gedanken war, so wirkte sie doch nur wie eine sanfte Belehrung; ich sehe darin einen Trost: wenn man jeden Sonntag neue Gedanken entwickeln sollte, würde das Reservoir bald leerstehen – aber die Wirkung der Predigt hängt gar nicht davon ab, sondern von der persönlichen Überzeugung und Kraft, mit der alte Dinge aufs Neue gesagt werden.

Den 24. Oktober 1902

Mit Kirchenfesten geht es wie mit den Meerweibern: sie haben einen langen Schwanz. Dieser Schwanz wird Nachfeier genannt, findet in Prenzlau im Börsengarten statt und ist nicht zu umgehen. Meistens langweilt man sich dabei, wenn es auch zum guten Ton gehört, während dieser Stunden sehr interessiert auszusehen und das Komitee, das auf der Bühne sitzt und sich gleichfalls ziemlich öde fühlt, mit staunender Bewunderung zu betrachten.

Da die Jahreszeit zu einer Vereinigung in der freien Natur doch schon zu fortgeschritten war, so saßen wir alle in einem kleinen Saal, der sonst zum Theaterspielen benutzt wird. Wegen des Geburtstages der hohen Protektorin verzierten Laubgewinde und Fahnen das Podium, zu dem eine beängstigend schmale Treppe hinaufführte – aber der Weg zur Unsterblichkeit ist nie breit gewesen. Während das Publikum hineinströmte und die Lichter angesteckt wurden, bot sich dem Beschauer zunächst nur eine Person dar, die jenen Göttersitz eingenommen hatte. Ich war unwissend genug, die Koryphäe nicht zu kennen, und wurde durch einen jungen Mann in verschossenem Bratenrock darüber belehrt, dass es der Landgerichtspräsident Herms sei. Der Präsident hatte weißes Haar, blickte zuweilen mit müdem Lächeln in die Versammlung und streichelte seine dünnen Beine. Er wäre gewiss auch lieber woanders gewesen. Übrigens konnte man ihn von manchen Stellen des Saales aus nur teilweise sehen, wodurch für manche Zuschauer ärgerliche Verdrießlichkeiten entstanden. So hatte ein junges Mädchen – wie ich später aus einem verborgenen Winkel hörte – sein Bein für das des Grafen Arnim gehalten – worüber sie mit Recht betrübt war, denn es war das Einzige gewesen, was sie vom Komitee hatte sehen können.

Auch Dreising saß in diesem Olymp. Ein Chor der Rache nahm die Stelle eines Palmenhains hinter dem Vorstande ein, ältere junge Damen und musikalische Jünglinge, die bereit waren, jede Pause mit einem Gesang auszufüllen.

Die Darbietungen der Redner hätten schlechter sein können. Der Hofprediger war in der Kirche nicht fertig geworden; er hatte noch immer Puste und behandelte diesmal die Kaiserin, die er in Gattin, Mutter und Kaiserin einteilte. Natürlich fehlte es nicht an den bekannten offiziellen Indiskretionen, die mit der patriotischen Laterne in das Herz „unserer Auguste Viktoria" und „unseres Kronprinzen" hineinleuchten, und so wurden denn vielversprechende Keime gesehen und Bürgschaften gefunden in allerlei Bemerkungen, wie sie schließlich jeder Sterbliche von sich gibt, ohne dafür ein Abonnement auf Nachruhm zu verlangen. Die Ausführungen fanden großen Beifall – sogar einen Gruß an die Stadt Prenzlau hatte die Kaiserin bestellen lassen, worauf alle Bravo schrien und ein sehr dünnflüssiges Huldigungslied sangen, das einer der Pastoren von Prenzlau angefertigt hatte.

Der Bericht über den Hilfsverein floss aus dem Munde von L.; Lichtbilder liegen ihm besser.

Pastor Wilke aus Wichmannsdorf gab nach meinem Gefühl das Beste; aber da es gegen 10 Uhr war, so brachen viele während seiner Rede auf. Er gab zunächst ein Bild von seiner früheren Gemeinde, und das war sehr interessant. Wie das Dorf durch die Hungersnot von 1848 verarmte, wie dann Tongruben gefunden wurden und Eisenhämmer entstanden, wie unbemerkt dann ein gewisser Herr mit Schwanz und Hörnern erschien und die Bevölkerung „das Leben" kennen lehrte und wie die Sozialdemokratie einen Agitator nach dem anderen in das aufblühende Industriedorf warf – das alles war höchst anziehend zu hören. Der Zweck dieser kleinen Kulturskizze war der, die Tätigkeit eines Gemeindehelfers zu schildern, den eben dieser Kirchliche Hilfsverein geschickt und besoldet hatte. Wichmannsdorf wird an seinem Pastor noch Merkwürdiges erleben – Angst hat er nicht.

Um $1/2$ 11 fuhr unser Wagen vor dem „Adler" vor. Es war eine lichte Mondnacht und die Pferde gingen meistens Schritt, weil der Kutscher schlief. Auch die anderen nickten allmählich ein, sodass eine eintönige Stille entstand und nur das Knarren der Räder vernehmlich war. Als wir um eine Waldecke bogen, küsste das weiße Himmelslicht die Gesichter der Schlafenden, und es war seltsam zu sehen, wie sie dann wieder zurücktauchten in den Schatten und in die Nacht. Am Himmel aber zogen die Wolken wie ein ruheloses Heer. Ich dachte, was mit uns allen wohl nach 10 Jahren sei, und versuchte auch zu schlafen, aber es ging nicht. Um 1 kamen wir vor dem Pfarrhause wieder an – Martha taumelte, Lola heulte und der Kutscher musste erklären, dass er ein ihm anvertrautes Paket verloren habe. Dieser Schmerz war am nächsten Tage überwunden; ja, Dreising erschien vor uns mit freudestrahlendem Gesicht und schenkte jedem ein Stück Seife – mir auch – wohlriechende Seife, die Herr Drogist Schmalz in Prenzlau selbst kocht und zubereitet.

... In der nächsten Woche reist Dreising auf vier Tage zur Schulinspektion. Auch mich wäre man gerne los, da der Reinmacheehrgeiz erwacht ist, aber ich muss bleiben. – Im November findet in Gerswalde ein Fest statt, dessen Gegenstand die Geschichte des Ortes sein soll. Den Prolog dafür muss ich noch machen – Vater darf mir dankbar sein, denn der pastor loci hatte die Absicht, ihn um das Gedicht zu bitten. Ich erzählte darauf von seiner Weltreise nach Zürich, worauf die Bitte an mich gerichtet wurde.

Den 25. Oktober 1902, Sonnabend
Das verlorene Paket ist wieder da, es ist gar nicht mitgekommen und der Hausknecht bittet um Entschuldigung. Schon herrschte Freude in diesem Hause, als es zu einem Krach mit Martha kam und diese quasi kündigte. Ich muss nun sagen, dass jedes Berliner Mädchen eher sterben würde als für diesen Monatslohn so viel Arbeit leisten, wie hier verlangt wird. Aber die Verhältnisse liegen in Boitzenburg noch günstig. Ich weiß nicht, worüber sich Martha beleidigt fühlt, sie ist wie die meisten guten Mädchen etwas empfindlich, aber an Dreisings Stelle täte ich alles, um sie zu halten. Während also der Pastor wieder an der Oberfläche allgemeiner Menschenliebe spazierenschwimmt, befindet sich der weibliche Teil des Hauses unter einer gelinden Depression. So hörte ich gestern von Fräulein Dreising das erste heftige Wort – ich weiß nicht, ob es an Lola oder an den Teekessel oder an die blakende Lampe gerichtet war – es klang sehr merkwürdig und ganz unwahrscheinlich, sodass ich sie unwillkürlich ansah – worauf sie rot wurde, denn es ist einem Philosophen peinlich, seinen Gleichmut zu verlieren. Das nächste Opfer der Verstimmung war Fräulein Singer. Sie erschien am Tage nach der Fahrt und stellte unter Tränen das Ultimatum, man sollte ihr sagen, was sie verbrochen habe, oder sie müsse ihr junges Leben fern vom Hause Dreising verbringen. Die Anfrage richtete sich natürlich nur an den weiblichen Teil des Hauses, was schon daraus hervorgeht, dass ich über alle Einzelheiten orientiert bin. Man war

überrascht und erklärte, nichts zu begreifen. Hierauf entwickelte denn die junge Dame, dass alle kalt und gleichgültig gegen sie gewesen seien, ich hätte es auch gemerkt und mich aus reiner Barmherzigkeit mit ihr an diesem Tage dreimal soviel unterhalten wie sonst usw. usw. So stand ich da als ein liebreicher Engel mit weißen Flüchten und konnte nichts dafür. Die Damen versöhnten sich schließlich und lagen sich in den Armen und es war alles wieder gut. Ich aber dachte: man wird doch auch zuweilen für besser gehalten, als man ist – denn der Eifer meiner Unterhaltung wäre vielleicht weniger heftig gewesen, wenn das junge Mädchen eine weniger anmutige Hilflosigkeit zur Schau getragen hätte. Bei dieser Gelegenheit fällt mir die komische Szene im Weinkeller ein, in der dieselbe junge Dame eine Rolle spielt. Ich bin jetzt in der glücklichen Lage, dass die Familie Dreising mich im Punkte der Verheiratung für gänzlich verworfen und unbrauchbar hält und ihre liebevollen Versuche, mich auf die Schönheiten dieser Welt aufmerksam zu machen, traurigen Herzens aufgegeben hat. Das ist für mich sehr angenehm, weil es mich davor bewahrt, gegen die harmlosesten Menschen feminini generis unliebenswürdig zu sein – wofür ich wenig Talent besitze. Aber was soll man machen, wenn jedes Wort, das man sagt, auf der Waagschale gewogen wird? Es lässt sich da so leicht sagen, man solle sich nichts aus der Meinung der Leute machen – es gibt doch schließlich auch ein Recht auf ästhetisches Empfinden, und diesem Empfinden widerstreitet es, wenn unsere frohen Stunden durch das Gerede der Leute gezogen werden. Mutter schrieb mir neulich, dass mein vieles Bücherlesen in der Schulzeit mich der Welt und einem unbefangenen Verkehr mit Menschen entfremdet hätte, und ich will es nicht ganz abstreiten; eigentlich aber liegt es doch so, dass ich in den Büchern Schutz suchte vor einigen gemeinen Menschen, die mich in dieser Zeit zu sich herabziehen wollten …

Den 26. Oktober 1902, Sonntag
Erst jetzt, nachmittags 3 Uhr, komme ich zu meinem Brief. Gestern um 7 war ich mit meiner Predigt fertig. Der Abend verging dann unter Proben für den Polterabend. Heute früh hatte ich die Liturgie, darauf den ganzen Kindergottesdienst und eben noch eine Beerdigung, bei der der Regen vom Himmel sank. So ist ein ganzer Haufe von Arbeit beseitigt und für die ersten Tage der nächsten Woche hoffe ich auf ein Idyll comme philosophe. Das Wetter ist gegenwärtig gradezu traurig – man trieft, sobald man aus der Tür tritt. Alles, was mir in den letzten 24 Stunden eingefallen war, um es Euch zu schreiben, ist fortgeschwommen. Ich suche zu retten, was zu retten ist. Also 1) heute Morgen saß ein Specht auf meinem Nussbaum. Verborgen hinter dem Kaktushain, den mir die Großmutter zur Pflege anvertraut hat, sah ich ihn in 2 Meter Entfernung. Er schimpfte; worüber, konnte ich nicht verstehen. 2) gestern ging ein Brautzug über den Kirchberg und ich entdeckte, dass sie in Boitzenburg zu Hochzeiten mit einer Art Schafglocke läuten. 3) heute fiel der Doktor nebst Braut von der Kanzel. Der Kantor übt mit den Kindern einen Gesang ein. Die Gräfin brütet über einen Text, den sie diesem Paar in die Traubibel schreiben soll, und Dreising brütet über einen Text für die Traurede. 4) der Möbelwagen aus Berlin ist da und die Umgebung des Doktorhauses liegt voll Papier und Holzwolle. Sämtliche Kinder und die meisten Erwachsenen von Boitzenburg stehen davor und machen ihre Bemerkungen. Die Wirtschafterin ringt die Hände. 5) der Chef hat einen Kantus gedichtet auf die Melodie der „Germania" und ich soll mit dem Apotheker zusammen Tenor singen. Da er nicht auf die letzte Sprosse unserer Tonleiter hochkommen kann und falsch singt, während ich Neigung habe, in den Sopran zu fallen, so ist das Resultat unserer Bemühungen jedenfalls originell. 6) morgen muss ich die Bilder zu der Moritat zeichnen. St. Lukas steh mir bei! 7) neuerdings ziehe ich Gelder für den Gustav-Adolf-Verein ein, was mir Gelegenheit zu den erheiterndsten Besuchen gibt. Immer denken die Leute, sie müssten vor dem Pastor ihr Spezialgesicht machen – es ist unsag-

bar, in welchen Wendungen mir allerlei kirchliche Loyalität vorgetragen wird. Mit dem Schlachter redete ich von der Schule, wobei er sich als Götzendiener entpuppte, denn er betet seinen Sohn Aujust an. Aujust ist auf dem Seminar und wird das ganze Schulwesen reformieren, falls er dazu Neigung hat. Bei dem Maurermeister saß ich in der kalten Pracht – o wie ungemütlich wohnen manchmal Leute, die Geld haben! Dreising hat „Tante Fritzchen" von Hans Hoffmann gelesen und erklärt es für eins der besten Bücher, die er kenne. Er hat ein sehr unbefangenes Urteil, wie man sieht; als er mir erzählte, wie restlos seine Bewunderung der Schilderung ihres Todes sei, schämte ich mich etwas, denn ich hatte gedacht, er würde daran Anstoß nehmen.

Den 28. Oktober 1902

Das Haus Dreising befindet sich in einer Periode gänzlicher und hoffnungsloser Aufregung.

Die Sache begann am letzten Sonntag – gegen $^1/_2$ 5 – als Fräulein Singer im Zustande des Marathonläufers (nur mit mehr an) auftauchte und uns mitteilte, dass sie soeben 1000 Mark in der Lotterie gewonnen hatte. Natürlich machten wir Punsch, gaben ihr gute Ermahnungen, nicht hochmütig zu werden, und benahmen uns als Leute, die ihre Stellung kennen. Der Chef rauchte zur Erhöhung der Festlichkeit eine türkische Wasserpfeife.

Zweitens kam an das Pfarrhaus die Nachricht einer plötzlich erledigten Pfarrstelle, die Graf X. zu vergeben hat, der ein Pate des kleinen Joachim Graf von Arnim auf dem Schloss ist. Die Gräfin hat sich bereits an ihren Schreibtisch gesetzt und für Salzmann ein Wort eingelegt. Wenn es was würde ...

Drittens ist die Sache nicht ausgeschlossen, dass die Gräfin mich zum Hauslehrer ihrer Söhne machen will. Ich bitte darüber zu schweigen wie das Grab – auch wenn es was wird, müsste ich noch viel bedenken. Die Aussicht ist verlockend genug, da die Stelle glänzend honoriert wird und der Verkehr mit den Herrschaften sehr angenehm ist. Auch Gründe des Fortkommens für später fallen in die Waagschale.

Viertens – aber das beruht auf Kenntnis, die mir sehr inoffiziell geworden ist. Jedenfalls korrespondiert der Generalsuperintendent mit Dreising. Eine Superintendentur ist es nicht, aber, wie ich vermute, eine Gehaltsaufbesserung um 2000 Mark. Ich wünschte von Herzen, dass es alles gut käme. Wo die neue Stelle liegt, weiß ich nicht – bloß, dass es eine schöne Gegend ist.

Beunruhigt Euch bitte nicht, falls ich diese Woche weniger schreibe – ich habe sehr viel zu tun. Heute war ich Kollektant, gestern habe ich 5 Stunden beim Apotheker an der Moritat gezeichnet – sie ist wider Erwarten gut gelungen und zum Teil ziemlich komisch. Ich hätte nie gedacht, dass ich sowas können würde. Auch den Prolog für seine Hochzeitszeitung habe ich gemacht in Form eines Akrostichons. Die Bilder des großen Plakates, zu dem Administrator K. die Verse singt, stellen mehr als 12 Szenen aus dem Leben des Bräutigams dar.

Als ich fertig war, taten mir alle Knochen weh, aber Spaß hat es mir doch gemacht.

Den 28. Oktober 1902, dienstagabends
Die anderen sind schon zu Bett gegangen. Da ich aber doch noch nicht einschlafen würde, schreibe ich noch einmal an Euch. Ich glaube, es ist wieder etwas besseres Wetter; ich habe heute nicht auf die Bäume geachtet, die ich mir sonst jeden Tag ansehe, – ich muss jetzt, wo ich Dreising für kurze Zeit vertrete, an so vieles denken. Augenblicklich ist es kalt draußen; Sterne stehen keine am Himmel. Als ich um 8 die Apotheke verließ, war es gut, dass ich eine kleine Laterne mithatte, denn man konnte die Hand vor Augen nicht sehen. Auch andere Laternen blitzten – eine wie die andere, und zwischen Herrn Lehrer Röhl, der die feinsten Halskragen hat, und Fiken Naks war kein Unterschied zu bemerken. Ich habe heute noch 4 Stunden an dem Plakat gezeichnet, diesmal mit bunten Bleistiften. Für das Bild der Braut wurde ein Rahmen aus Lorbeer, Rosen, Schmetterlingen und schnäbelnden Tauben hinzugefügt. Rembrandt ist gegen diesen orbis pictus gar nichts. Der Apotheker hatte seinerseits für die Zeitung

ein Gedicht über den Ehestand angefertigt; er erklärte es für eine Art von „poetischem Mus" – was ich ihm nicht ausrede. Es war wieder sehr gemütlich bei ihm, wie ich denn mit diesem Manne, der fast in Vaters Alter ist, prachtvoll zurechtkomme. Ab und zu klingelte es und er entschlüpfte, um Kunden zu befriedigen. Meist wurde Benzin verlangt, denn heut ist „Quartal" der Handwerker, d. h. Stiftungsfest mit Ball, wozu sie ihre Handschuhe waschen. Um 5, als ich gerade der Figur von Frau St. eine rote Bluse anmalte, rief er mich hinter seinen Rezeptiertisch, um mir eine fidele alte Frau von 80 zu zeigen, die in Wichmannsdorf die Rolle der Frau Wehmut spielt und schon 2316 Kinder ans Tageslicht befördert hat. Ich betrachtete sie mit dumpfem Schauer.

Es ist so ein kleines Loch, in dem er haust, aber es wäre schade, wenn er es erweiterte. Der Tisch am Fenster wurde ganz von dem Zeichenpapier bedeckt; zuerst sah ich durch das Fenster, hinter dem das Weinlaub flatterte, auf die Straße und verfolgte die einzelnen Dorfgrößen, die ihre täglichen Wege machten. Jeder eine Geschichte für sich. Der Kutscher des Doktors brauchte zwei Minuten, bis er verschwand, so langsam schob er sich weiter; der Administrator hat ihn seinerzeit wegen Faulheit entlassen. Dann Vater Götze, Tütenkrämer, hat jetzt Podagra, gibt aber 1,50 an den Gustav-Adolf-Verein. Dann der Fotograf, verbummelter Allerweltskünstler – usw. Immer andere, fast der ganze Ort schien auf den Beinen. Jedem hängte der Apotheker einen Schwanz von Bemerkungen an, und zwar ohne jede Bosheit – aus reiner Freude am Komischen. Es ist ein Jammer, dass er erleben, erzählen, aber nicht schreiben kann. Er selber saß während dieser Zeit in einem Lehnstuhl und rauchte wie ein Schornstein. Ab und zu rief er Leute an, deren Stimme ich dann meist vernahm, ohne zu wissen, wer sprach. Es war ordentlich wie in einem fliegenden Zauberschiff, wo man eine kleine Luke öffnet und einem pflügenden Bauern etwas hinunterruft. Dann wurden draußen die Läden zugetan und die Lampe kam. Der Apotheker erzählte nun von all seinen Polterabendaufführungen. Mal hatte er sich ausgedacht, als Holzgeist zu kommen, denn der Bräutigam hatte ein großes

Holzgeschäft in Wismar. Er machte sich also zunächst einen Anzug aus lauter Zigarrenbrettern – Hosen aus Holz, Rock aus Holz, ja sogar einen Holzkopf mit einer feurigen Nase. Dieser Anzug wohnte in einem eigenen Koffer. In Wismar zogen sie ihn an und ließen ihn sitzen, weil sehr viele Aufführungen da waren. Erst lernte er noch feierlich seine Rolle, dann wurde ihm schwindlig und heiß und durstig. Als er brüllte und mit den Armen klapperte, kam ein unbeschäftigter junger Mann und tränkte ihn mittels einer Glasröhre. Die Aufführung gedieh nur zur Hälfte, denn seine Sinne umnebelten sich wieder und der Souffleur, der sich vor Lachen wand, konnte sich ihm durch das Holz hindurch nicht verständlich machen. Er fiel um und wurde halb tot beseitigt, während alles Bravo schrie, denn sie hielten es für Absicht. Der Kommerzienrat, der die Hochzeit gab, erklärte, dies wäre der Höhepunkt des Polterabends gewesen – worüber der Apotheker anders zu denken schien.

Die Schneiderin, Fräulein M., erlebt goldene Tage. Heute hat sich das Pfarrhaus ihrer bemächtigt und es wird sehr mit Kunstausdrücken um sich geworfen. Abends waren sie natürlich müde wie die Fliegen – aber die Norwegerin, die sich jetzt ganz an die beiden Ausländer auf dem Schloss gehängt hat und sehr unpünktlich ist, musste erst abgewartet werden. Eine Weile erschien Fräulein Singer – wie fast täglich – und erzählte von ihrer ersten Lehrerinnenstelle, das klang wie ein Märchen.

„Irgendwo in der Welt liegt im dunklen Walde ein Forsthaus. Der alte Förster ist arm und stolz. Zwei kleine Mädchen lässt er von der Lehrerin erziehen – diese Mädchen haben bisher mit zwei Ziegenböcken zusammengelebt und kennen als einzigen Zeitvertreib nichts anderes, als Jagdhunde mit Mäusen zu füttern. Das Zimmer, in dem die Lehrerin wohnt, ist groß und öde wie ein Tanzsaal und in guten Nächten tanzt der Mond mit den Sternen darin Menuett." Fräulein Singer, die noch nie auf dem Lande gelebt hatte und sich vor Hunden und Ziegenböcken fürchtete, scheint dieses Jahr im Walde wie die Prinzessin verbracht zu haben, die bei den Köhlersleuten dienen musste – wochentags muss man arbeiten, sonntags aber darf man sich selber im Bach besehen – wenn die Sonne scheint.

Manchmal denke ich, ich schreibe Euch zu viel von gleichgültigen Leuten. Aber ich möchte immer so gern, dass Ihr all die kleinen Bilder, die mir Spaß machen, auch seht, und vergesse nur, dass sie in der Beschreibung wie verunglückte Abziehbilder herauskommen und Ihr die fehlenden Arme und Köpfe nicht ergänzen könnt, wie ich selber.

Die nächste Zeit wird für Dreisings wohl allerhand Aufregung und hoffentlich recht wenig Enttäuschungen bringen. Die Geschichte von dem Milchmädchen ist mir in den letzten 4 Tagen etwa siebzehnmal eingefallen, sie sind alle so hoffnungsvoll und die Sache mit der Stelle für Salzmann hat maßlos viele Haken.

Wie würdet Ihr über die Hauslehrersache im Allgemeinen denken? Ich bemerke, dass die Geschichte zunächst noch gänzlich in der Luft schwebt und dass ich selber, sollte es dazu kommen, sehr langsam urteilen würde. Mein Gefühl würde dagegen, meine Vernunft dafür sein. Einstweilen schlage ich mir die Sache ganz aus dem Kopf. Redet auch bitte zu niemand davon.

Den 29. Oktober 1902, Mittwoch
Unter dem Siegel tiefster Verschwiegenheit schreibe ich Euch, dass Dryander Pastor Dreising das erste Diakonat an der ... Kirche zu Potsdam angeboten hat. Er ist nach seinem Telegramm geneigt, diese Aufforderung anzunehmen, heut Abend kommt er zurück. Die Männer, die außer dem Generalsuperintendenten zu entscheiden haben, sind Dreising sehr wohlgesinnt, die letzte Stimme hat der Kaiser. Natürlich muss er eine Probepredigt halten. Vielleicht würde dann der Auszug aus Boitzenburg schon zum 1. Januar 1903 stattfinden. Ihr könnt Euch denken, welche Aufregung hier herrscht – und dabei muss man sich vorsehen, dass nichts durchsickert. Es ist ein Jammer, dass ich mein zweites Examen noch nicht habe – eine Bewerbung um Boitzenburg wäre möglicherweise nicht aussichtslos für mich. Aber es kommt alles, wie es gut ist. Ich freue mich, dass ich das alles

so miterlebe, als gehörte ich zum Hause – sie erzählen mir alles und fragen mich sogar manchmal um Rat. Fräulein Dreising kommt mir manchmal wie eine Schwester von mir vor und dass wir uns Sie nennen, klingt wie ein Anachronismus. Sie tut mir in dieser Angelegenheit allein leid, denn Herr Salzmann kann seine Schule in Templin nicht aufgeben. Wenn sie doch jene Pfarre in der Neumark bekämen! Leider ist Salzmann gar kein Redner und weiß sich nicht darzustellen, sodass ihm leicht irgendein salbungsvoller Ölpriester den Rang ablaufen kann ... Jetzt ist Boitzenburg morgens in Nebel gehüllt und erst gegen Mittag dringt der Sonnenglanz durch. Aber schön ist diese Zeit mit ihren blassen Farben und ihrer großen Ruhe. Über die Uckermarck ist eine Mäuseplage gekommen und der Apotheker hat sich beim Kochen von Phosphor-Weizen fast die Seele aus dem Leibe gehustet, sodass er neuerdings nur noch mit Strychnin arbeitet; aber die Mäuse quellen wie eine moorige Flut aus ihren Löchern und wollen nicht verschwinden.

Manchmal steigt eine tiefe Sehnsucht nach Ruhe in mir auf – ich schlafe in den letzten Tagen wieder nicht besonders, aber das sind immer so Zeiten, die vorübergehen – und dann wieder habe ich das Gefühl, dass ich viel zu wenig tue. Aber ich tröste mich damit, dass meine Erinnerung an meine Arbeit immer sehr kurz ist und dass ich den Inhalt von Briefen und alle möglichen Dinge, die ich geschrieben habe, am nächsten Tag schon wieder vergessen habe. Gelegentlich zeigt sich dann doch, dass ich auf meinem Wege weitergekommen bin. Vielleicht denke ich auch an zu viel verschwiegene Dinge – gewöhnlich laufe ich an einem Tag durch sieben Stimmungen und Morgen und Abend sind meist sehr verschieden. Es ist doch eigentlich merkwürdig, über welche Kleinigkeiten man sich freut; neulich, als ich aus irgendeinem Grunde verdrießlich war, blitzte plötzlich ein Sonnenstrahl auf der Goldpressung eines Romanes von Dickens und sofort war mir zumute wie einem müde gelaufenen Menschen, dem plötzlich seine vergessene Hausnummer einfällt. Den ganzen Abend war ich wie ausgewechselt und fand alles ungemein und vorzüglich. Über die Dinge aber, über die ich mich nach Meinung aller Verständigen freuen muss und soll, wird es mir meist sehr schwer, vergnügt zu sein – das Glück ist nur schön, wenn es unerwartet kommt. Wenn ich träume, bin ich fast immer sehr glücklich, und Schreckträume sind mir fast unbekannt, sodass ich die letzte Nacht gradezu entrüstet war über einen Traum, von dem ich erwachte. Ich träumte nämlich, dass ich aus dem obersten Turm von Pharaos Palast über Ägyptenland hinsah und bei dieser Gelegenheit meine brennende Zigarre auf das Schilfdach hinunterfiel. Es war ein gräulicher Augenblick, als sofort ein weißlicher Qualm aufstieg und die Luft nach verbrannten Menschen zu riechen anfing. Aber solche unangenehmen Träume sind selten und die guten Träume stehen mir oft am Tage noch so lebhaft vor Augen, dass sie für mich beinahe die Bedeutung von realen Erlebnissen haben.

Den 30. Oktober 1902, Donnerstag
Für Mutters raschen Brief danke ich sehr. Dreising kam gestern spät abends – gegen 12 – von seiner Schulinspektion nach Hause. Er darf natürlich von *seiner* Angelegenheit nicht sprechen, da sie streng vertraulich ist. Er muss die Stelle kriegen, denn er war bisher noch nie seinen Fähigkeiten entsprechend beschäftigt. In Potsdam würden alle die Dinge wegfallen, die ihn hier aufreiben: Landverpachtung, Kassenführung und ähnlicher Unfug, mit dem auf dem Lande noch immer der Pfarrer belastet wird. Und dann erhielte er eine ruhige Studierstube, die er bisher noch *nie* gehabt hat. Die Stelle kommt mit allen möglichen Nebeneinkünften etwa auf 7000 Mark ... Heut war ich als Kollektant bei dem Kirchenvater K., dem ich zwanzig Pfennig abnahm. Ich bin froh, dass dies vorbei ist; er hat eine schwindsüchtige Tochter in einer Heilanstalt und braucht sein Geld für sich. Aber er würde es übel genommen haben, wenn ich nicht gekommen wäre. Den Rückweg nahm ich durch die Gärtnerei, in der ich noch nie war – an einsamen Gebüschen und kühlen Teichen vorbei, und alles schwamm im Nebel. Auf der Landstraße begegneten mir die Jäger, die mit ihren goldenen Hörnern dem Schlosse zuwanderten – es scheint eine Jagd vorbereitet zu werden.

November

Den 2. November 1902, Reformationsfest
Wieder ist ein großes Stück Arbeit hinter mir. Ich habe eben in Naugarten vor einer sehr vollen Kirche gepredigt und sitze nun in meinem Zimmer, während der gelbe Winterabend durch die Scheiben sieht. Abgesehen von dem schon etwas kühlen Herbstwind hatte ich eine schöne Fahrt, denn der Himmel war blau und glänzend und alles friedlich und still. Die grünen Felder und die braunen Sturzäcker lagen in ihrer tiefen Einsamkeit wie unberührtes Land vor mir; eine komische Elster hüpfte lange Zeit vor und neben mir her, in den Weiden saßen die Stare mit ihren perlenbestickten Abendmänteln und vor dem Dorfe liefen einige ruhelose Haubenlerchen in den Wagenspuren umher.

Im Übrigen vergingen diese Tage in Unruhe und andauernder Tätigkeit für die Hochzeit. Ich danke Gott, dass ich ein gutes Gedächtnis habe und mir eine Predigt in $2\ ^1/_2$ Stunden wortgetreu aneignen kann. Nachdem ich einmal begonnen hatte, die Polterabendaufführung in Schwung zu bringen, brachten sie mir schließlich alles und so fertigte ich zuletzt sogar aus Pappe und Strumpfwolle goldene Leiern und Diademe. Erst hatte ich mir nur alles ausgedacht, schließlich musste ich auch die meisten Gedanken noch in Szene setzen. Aber es machte mir Freude und so borgte ich mir denn Werners Erfindungstalent und wurstelte los, angestaunt von der blöden Menge und behaglich schmunzelnd wie ein Weihnachtsmann. Sie sind hier anspruchslos und nicht verwöhnt.

Die Generalprobe fand Sonnabendabend bei Amtmanns statt. Die Braut wurde mit Vater und Bruder in ihr zukünftiges Haus geschickt und wir begannen uns auszubreiten. Es gab da ein kleines Zimmer, das als Anproberaum diente und bald von den Fragen der Pastorin widerhallte, ob die Herren sich nur was an- oder auch was auszögen – worauf wir sie beruhigten und sie dablieb. Ich wollte, Ihr hättet uns gesehen. Fräulein Dreising als Spitalfrau Fiken Nacks übertraf alle Erwartungen; selbst das Schürzenband, das dem Original hinten aus ihrer gestrickten Jacke herauszubaumeln pflegt, hatte sie nicht vergessen. Der Apotheker erschien als Böte-Wilk und dürfte für sein Aussehen bereits Entree nehmen. Was für ein köstlicher blauer „Dauschlöper" (Tauschlepper) seine Füße beherbergte! Und dann seine Mütze, die er sich in W. geliehen hatte, und seine rote Weste, die nach Naphthalin roch. Er stand längere Zeit vor dem Spiegel und knurzte vor Wohlgefallen. Dem Polen, Herrn Salzmann, hatten wir einen alten Rock hergerichtet, der mit bunten Flicken kunstvoll benäht war, darauf ergriff ihn der Inspektor und ließ ihn in zwei Riesenstiefel hinab, worauf seine Braut ihm meine Pelzmütze aufsetzte. Der Inspektor selber verwandelte sich mithilfe seines berühmten Reisekoffers binnen fünf Minuten in den Bauern Knickstiebel, der junge Lehrer aus Naugarten dagegen trat als junger Hofbesitzer auf und hatte sich so proper gemacht wie nur irgendjemand, der die Absicht hat, sich zu verloben. Seine furchtbare Schwester Grete und die Pastorin konnte man bedauern, denn sie hatten sehr viel an und es wurde bereits warm. Trotz dieser gewaltigen Nebenbuhler erwarb ich mir mit des Apothekers Hilfe, der wie eine Mutter um mich besorgt war, den Preis höchster Echtheit – alle gaben zu, so sähe Maurer Bandelow aus und nicht anders. Von unten beginnend wandelte ich mich in diese volkstümliche Figur um; ich hatte Klotzpantinen und blaue Strümpfe an, ich prunkte mit schaudervollen Drillichhosen und einer gestrickten Weste; ein grauenhafter Schal wand sich um meinen Hals und das Ganze wurde gekrönt mit einem Maurerhut, wie ihn selbst Zolas Fantasie nicht hätte realistischer ersinnen können. Es tut dem menschlichen Gefühl wohl, wenn andere stolz auf einen sind: und der Apotheker war es auf mich. Der kleine Siegfried aber, der mich bisher nur als Respektsperson aus dem Kindergottesdienst kannte, stand dabei und seine Augen waren rund wie Feuerräder und sein Mund blieb offen.

Das kleine Stück ging bereits sehr gut und die Pastorin geriet einmal in andauerndes Lachen, als ihre Tochter sie mit einem Gemisch von Wehmut und Dämlichkeit ansah, das auch uns die nötige Ruhe raubte. Dann wurde das Quartett gesungen, wobei der Apotheker sämtliche Stimmen, nur nicht Tenor sang, und dann trug die eine Haustochter die „Musik der armen Leute" vor. Die Familie Haicke zeichnet sich durch ziemlich verknautschte Gesichtszüge aus, aber alle haben eine Periode, wo sie sehr gut aussehen. Die eben konfirmierte Grete befand sich zum Glück noch in dieser Periode, und solange sie nicht den Mund zum Reden auftat, konnte man sich über sie freuen. Sie trug ein weißes wolkenschleierartiges Gewand mit Engelsflügeln, das rabenschwarze Haar fiel frei und leicht herab und die goldene Leier wie das Diadem leuchteten in geheimnisvollem Schein. Kleine Mädchen, die schon auf allerlei verbotenen Wegen gewandelt sind und von der menschlichen Torheit einen etwas übermäßigen Gebrauch machen, können dennoch eine Zeit lang den Eindruck kindlicher Harmlosigkeit erwecken – die Gedanken und der Geist des Menschen bilden sich die ihnen entsprechende äußere Gestalt ja sehr langsam. Immerhin war ich verwundert, was für friedliche, reine Gesichtszüge sie hatte.

Aber meine armen Verse! Man erholte sich von ihnen stets erst dann, wenn sie mit glockenheller Stimme die dazugehörigen Lieder sang. Ich hätte nie gedacht, dass man einfache Vierzeiler durch den Vortrag so ruinieren kann.

Eine Glanznummer war der Inspektor als Leiermann mit seiner Frau Karline. Der Administrator hatte sich einen Bauch aus Pappe vorgeknöpft, der in einer Drehorgel endigte, und sein Weib war so schlumpig, dass man unbewusst nach dem Portmonee griff. Die Ulkverse, die beide zu meiner Moritat nach der Melodie der „großen Seestadt Leipzig" sangen, waren vom Apotheker und sehr gut; die brüllend vorgetragene und z.T. heisere Erläuterung aus des Inspektors eigener Fabrik desgleichen; diese Sache wird sehr wirken. Fräulein Berta Haicke trat dann noch als Rübezahl auf mit einem Pelz und etwas stark pikant im Sinne von Sacher-Masoch aussehend; das niedliche Gedicht von Fräulein Dreising klang im Munde dieses kleinen Teufelchens, das Herrn B. so angesengt hat, etwas fremdartig, aber der schlechte Vortrag breitete über das Ganze doch eine familienhafte Weihe.

Auch Siegfried sagte seinen Streifen her – das erste Mal mit Gebrüll, das zweite Mal so, als ob er Padden verschluckte – aber wir waren alle sehr gerührt.

Die Wirtin, Frau Amtmann, war nervös herunter, sehr schwierig, als es galt, einen Schrank zu rücken, und ganz in der Stimmung eines siegreichen Feldherrn, der sich auf sein Bett freut.

Den 3. November 1902, Montag
Eben haben Fräulein Dreising und Herr Salzmann das Haus verlassen, um persönlich die Gräfin um Fürsprache zu bitten. Wenn man die beiden nicht kennt, klingt das wie eine sehr gleichgültige Nachricht, aber in der Nähe gesehen ist es eine aufregende Sache. Wenn gute Wünsche etwas hülfen, so hätten sie den Erfolg in der Tasche – mir ist augenblicklich beinahe so zumute, als ob es sich um mein eigenes Glück handelte. In meinen eigenen Angelegenheiten kann ich sehr gut warten und mir Gedanken aus dem Kopf schlagen, aber um andere wird man solche Sorgen nicht los und ich habe kein großes Talent, gleichgültig zu bleiben, wenn Menschen, die ich lieb habe, in die Bredouille kommen.

Dreising hat heute durch Dryander die Aufforderung erhalten, in einer bestimmten Kirche am Freitag zu predigen. Die Predigt wird nicht angezeigt; alles verläuft geheimnisvoll und noch hinter den Kulissen. Er ist sehr zuversichtlich und guten Mutes – der Sanguiniker, wie er im Buch steht; ich halte seine Aussichten nicht für schlecht, zumal da er auch äußerlich eine der schönsten Erscheinungen ist, die ich kenne.

Auf meiner Kollektenreise kam ich heute in eine seltsame Stimmung hinein. Auf meiner Liste stand ein Mann namens Riexinger. Ich wusste, dass er in einem kleinen Häuschen am Ende des Ortes wohnte und aus Schwaben ist. Dies Häuschen gleicht im Sommer einem Idyll, denn es hat als Einziges einen Vorgarten und in diesem Gärtchen, das nur zwei Meter tief ist, wachsen alle alten Bauernblumen und so viel Rosen und Wein wie irgend Platz haben. Ich kam an dem Grundstück jedes Mal vorbei, wenn ich zu den alten Tanten im Nähverein ging, und oft, wenn ich dort in so einer destillierten Alten-Fräuleins-Luft saß und die Weißzeuge und Stricknadeln zu meiner Vorlesung leise rauschten und klirrten, dachte ich an diese kleine Blumeninsel und malte mir das Leben der beiden Leute aus, die dort ihr einsames Leben führten. Einmal sah ich auch Herrn Riexinger in einer Kirchenratssitzung; es war ein älterer Mann mit einem Gesicht wie Andreas Hofer, breitschultrig, langbärtig und schweigsam. Seine Frau sollte im gleichen Alter mit ihm sein; ihr Gesicht erblickte ich einmal hinter den Scheiben des alten Hauses; sie las in der Bibel und wendete zuweilen eine Seite um, wusste aber nicht, dass ich sie von meinem Standort aus sehen konnte. Es heißt, der alte Riexinger sei früher durch eine Molkerei wohlhabend gewesen.

Als ich an diesem Novembernachmittag in seinem Hausflur mein Anliegen vorbrachte – er kam offenbar aus dem Garten hinter dem Hause und hatte Holz gehauen – öffnete er die Tür in ihr gemeinsames Wohnzimmer und ich gab der alten Frau die Hand. Sie haben noch eine Stube mit schönen Möbeln, aber sie fürchten sich, darin zu wohnen. Die Frau sah feiner aus, als es in der Mark üblich ist – unsere Leute haben nichts Vornehmes – sie schien die Kasse zu führen und fand auch bald die fünfzig Pfennig, die sie jedes Jahr zum Gustav-Adolf-Verein beisteuert. Und dann bat mich der Mann, auf dem Sofa Platz zu nehmen, und der Novemberabend, der schon schweigsam genug war, hielt den Atem an und horchte auf den einförmigen Pendelschlag der Uhr.

Ich weiß nicht, wie mir der Gedanke kam, aber ich wusste auf einmal, dass die beiden alten Leute weinten – wenn man auch keine Tränen in ihren Augen sah.

In meinem Gedächtnis glimmte etwas auf wie eine Erinnerung. Irgendjemandes Stimme hatte mal zu irgendjemand gesagt, Herr Riexinger würde alle Jahre um mindestens tausend Mark betrogen. Er hatte allerdings Geld auf Grundstücken stehen und viele Verluste gehabt. Und dann war auch etwas mit Krankheit da, ich wusste nur nicht, was.

Anderswo habe ich bisher immer noch das Wort gefunden – wenn ich Leute besuchte, so waren es meistens recht zweifelhafte Biedermänner, die einem über das, was sie hören sollten, keinen Zweifel ließen. Hier ging es nicht – ich konnte nicht reden, weil diese Leute Menschen waren, die ihr eigenes Leben lebten und vielleicht bessere Gedanken hatten als ich selber. Um irgendwie die Unterhaltung in Gang zu bringen, fragte ich schließlich, ob es ihm jetzt besser ginge als früher – ich dachte an die Hypotheken und war bereit, die Geschichte seiner sämtlichen Papiere anzuhören, wie ich auch endlose Krankheitsgeschichten mit Demonstration plötzlich aus dem Bett gestreckter Beine mehr als einmal angehört habe.

Als ich fragte, sah die alte Frau auf einmal nach dem Fenster hin. Er aber sagte: Wie soll es uns gehen – wie soll es uns gehen? Unsere Tochter ist nun gestorben. Hier war der Jahrmarkt, als die Nachricht kam, und wir dachten, sie würde gesund.

Von dieser Tochter, die sich sehr jung verheiratet hatte, wusste ich – auch, dass sie leidend sei –, aber während einem in Boitzenburg jeder erbärmliche Klatsch brühwarm und umgerührt vor die Augen kommt, wusste kein Mensch etwas von dem, was in dem Blumenhäuschen vorgegangen war. Ich erfuhr nachher, dass auch der Pastor von diesem Todesfall nichts gehört hatte, der ihn ja amtlich nicht berührte, denn die Tochter war auswärts verheiratet; aber als Seelsorger musste er es doch wissen. Und ich kannte diese Tochter weder, noch wusste ich, was sie diesen Leuten gewesen war, – aber ich fühlte plötzlich alles das, was mir noch keiner gesagt hatte, und fragte die ganze Geschichte aus dem einsamen Ehepaar heraus, als hätten wir uns schon lange unterhalten. Es war, als sprächen sie diese Dinge zum ersten Mal vor einem Dritten aus und trösteten sich zugleich mit dieser Aussprache.

„Er bäckt dem Kaiser das Brot!" Ich vermute, dass dieser seltsame Satz, mit dem der alte Mann mir seinen Schwiegersohn kennzeichnete, seinerzeit in der Werbung dieses Mannes eine Rolle gespielt hat. Der fremde Bäckermeister hätte sonst wohl das halbe Kind, das in dem Blumenhäuschen spielte, nicht zur Frau bekommen; aber die Ehre war zu groß. Dann kamen in ganz kurzer Zeit fünf Kinder und die Mutter ging durch dauernde Nachtarbeit noch schneller zugrunde, als man vermuten konnte.

All das war vor sich gegangen mit trauriger Unaufhaltsamkeit, und dennoch waren die Leute überrascht, als die Todesnachricht kam. Sie betrachteten ihre Tochter immer noch wie ein Kind und sahen sie vor sich in der Gesundheit, die sie in Boitzenburg gehabt hatte. Es war schlimm für sie, dass sie beide keine rechte Arbeit hatten, – der Mann konnte jetzt im Garten wenig mehr tun und so saßen sie denn wie zwei Versteinerungen den ganzen Tag in ihrem Schlafzimmer – sie am Fenster, als ob sie ihr Kind erwartete, das aus der Kantorschule kommen sollte, er in der Dunkelheit der Ofenecke, wo er sich zuweilen mit der Hand durch den langen Bart fuhr und beständig schlief.

Etwas munterer wurden beide, als wir von ihrer schwäbischen Heimat und vom Garten redeten; die Frau stand sogar auf und brachte mir eine Weintraube zum Kosten herein; sie hatte kleine Beeren, die wie grüne Glaskugeln aussahen und ganz wenig nach Wein schmeckten. Doch mehr kann man in der Uckermark nicht verlangen.

In die verschiedensten Häuser kam ich noch auf dieser Kollektenreise. Alle gaben gern, einer setzte seinen Beitrag auf zwanzig Pfennig hinunter. Frau Maurermeister Nagel hielt bei Abgebung ihres Obolus einen Vortrag über den Nutzen der Kirche und das Vertrauen, das man kollektensammelnden Pastoren schulde. Der Apotheker gab sechs Mark und entschuldigte sich deswegen, aber er sei es von Hause her so gewohnt (er hat immer Angst, dass man ihn für zu kirchlich hält), die Armenpflegerin wurde elegisch und der Kantor melancholisch. Fortsetzung folgt.

*Den 8. November 1902, Sonnabend
(Fortsetzung zum Brief vom 3. November)*
Inzwischen ist die Hochzeit vorbei und es war doch eine Hochzeit von drei Tagen und Boitzenburg stand wieder mal Kopf vor lauter finsterem Interesse an der Sache. Ich will sehen, was ich von den Ereignissen der letzten sechs Tage noch zusammenbringe.

Zunächst hat Walther Becker endlich geschrieben. Ein trostloser Brief. Ich habe mich die letzte Nacht noch hingesetzt und ihm geantwortet, aber ich hatte immer das Gefühl des reichen Mannes, der über den erziehlichen Wert der Armut predigt. Die unglückliche Lage wird bei ihm verschärft durch seine beliebte Manier, Widerstände immer nur äußerlich zu überwinden. So machen sie es bei ihm zu Hause ja auch immer: keiner sieht irgendeinem Unheil ruhig ins Auge, sondern alle belügen sich gegenseitig, weil sie zuvor sich selbst belügen. Manchmal ist mir beinahe, als ob sie an einer sentimentalen Märtyrer-Schauspielerei Genüge fänden und ärgerlich wären, über jede nüchterne Ordnung ihrer Angelegenheiten. Seinem Chef gegenüber hat Walther nicht den Mut des Vertrauens, er unterwirft sich mit dem Kadavergehorsam seiner Militärzeit und brütet im Inneren Hass und Verachtung. Wenn an seinem Chef irgendetwas Gutes ist – so entzieht er sich selber die Möglichkeit, es zu entdecken. Nun ist aber nach allem, was ich höre, dieser Chef ein mit Kleie gefüllter, lederner Patentstreber – so der richtige Mann, um vertrauende Seelen zu täuschen und die Konsistorialgötter durch Biederkeit und hohe Journalnummern zu bestechen. Wie ich schon schrieb, ist er in die Nähe von Berlin versetzt und Walther hat die Torheit begangen, um seine Mitversetzung zu bitten. Er ist einfach überrumpelt worden. Der Chef, der den Vikar als Schreibeknecht zu schätzen weiß, hat ihm eine halbe Zustimmung entlockt und die Sache dann durch schleunige Petition ans Konsistorium festgemacht. Walther zieht also mit dem 1. Januar mit ihm.

Familienleben ist nicht vorhanden, nur bei Tisch sind alle vereinigt, und dann geht die Unterhaltung auch nicht über eine Verhöhnung anderer Menschen hinaus. Einweisung in das praktische Amt findet bis jetzt noch gar nicht statt – was hat Dreising demgegenüber alles angestellt, um mir was beizubringen! Wenn er mir nach und nach alle Dummheiten erzählt hat, die er in seinem Leben begangen hat, so kann man das von dem Chef von Walther nicht verlangen – sowas bringt nur einer fertig, der ein großes und freies Herz hat; aber die äußere Mitteilung von allerlei Dingen fehlt auch. Nachdem Walther bereits sechs Wochen dort ist, weiß er noch nicht, ob sein Chef Seelsorge treibt – nun bitte ich einen Menschen! In der Konfirmandenstunde war er auch noch nicht, das mag später kommen. Obwohl es an Enttäuschungen nicht fehlt, schafft sich Walther auch noch eigene dazu. Zum Beispiel soll er am 26. post Trin. über Jairi Töchterlein predigen und hält diesen Text für eine Falle. Ein anderer Mensch kommt doch auf sowas gar nicht. Ich habe wirklich genug orthodoxe Pastoren kennengelernt, aber ich kann mir von keinem vorstellen, dass er einem des Liberalismus verdächtigen Kandidaten in der Weise nachstellt. In ihren Kirchenzeitungen schimpfen sie freilich genug, aber mit Unverstand, nicht mit Bosheit. Mir persönlich ist die Sache insofern ferngerückt, als ich an die Wunder Jesu immer geglaubt habe und daher in diesem Text keine Schwierigkeit sehen kann; aber selbst, wenn Walther meinen sollte, jene Totenerweckung sei nur eine Heilung gewesen und erst in dem so viel später aufgezeichneten Bericht in das Märchenlicht des Wunders getreten – für die Predigt kommt diese Sache kaum in Frage. Er soll ja gar nicht von dem predigen, was Jesus damals getan hat, sondern von dem, was er heute noch in den Herzen der Menschen tut. Kein Mensch verlangt von ihm, seine Stellung zu der Geschichtlichkeit dieser Erzählung zu hören! Aber nun quält er sich andauernd mit diesem Nebenpunkt und konstruiert sich allerhand finstere Absichten seines Chefs, die gar nicht da sind. Wenn ich mich hinsetze und alle Verstandesgründe gegen das Wunder aufschreibe, kann ich auch nicht daran glauben, das kann überhaupt kein Mensch. Aber ich begreife nicht, wie einer solche Geschichten von Jairi Töchterlein oder den Emmaus-Jüngern einfältig lesen kann und dann *nicht* von der inneren Wahrheit dieser Ereignisse überwunden wird. An diesem Punkt wird mir Walther immer fremd – hier erlebt er anscheinend nichts und ich alles.

Ferner hat sein Chef fast gar keinen Verkehr, da er mit den Amtsbrüdern wie mit den meisten Notabilitäten verkracht ist. Unter diesen Umständen ist es erklärlich, wenn er seinem Vikar die Besuche, die er zu machen hat, auf eine Liste schreibt, – peinlich aber ist es, dass er keiner seiner Anordnungen irgendeine Begründung hinzufügt. So verkehrt man allenfalls mit dem Hausknecht oder Stiefelputzer; mit einem jüngeren Amtsbruder derart zu verfahren, zeugt von wenig christlicher Achtung der Persönlichkeit.

Da dieser Chef auf äußere Etikette schwört wie der Türke auf seinen Bart, so hält er Walther unter eisernem Verschluss, denn er ist überzeugt, dass alle Kandidaten zum Umsturz hinneigen, und eine Kompromittierung des Vorgesetzten wäre mindestens Sünde gegen den Geist. Als Pädagoge scheint er überhaupt das non plus ultra von Verfahrenheit zu sein.

So sitzt der arme Kerl in seiner Dachstube zu G. und fleht mich an, ihm ein Rendezvous zu geben; ich habe gedacht, ob wir uns in T. mal einen Tag treffen können, und werde die Sache mit Dreising, der heute aus Berlin zurückkehrt, besprechen.

Die Hochzeitseinladung nach Hamburg habe ich mit Dank abgelehnt, da ich hier nicht gut fort kann. Ich würde es jetzt selber als undankbar empfinden, wenn ich in diesem Jahr zu irgendeinem Vergnügen von hier fortführe; Dreisings redeten mir natürlich zu, hinzufahren, aber ich will nicht. Ich brauche Euch nicht zu schreiben, wie ich mich auf die Heimkehr freue. Aber der Abschied von Boitzenburg wird mir doch schwer werden. Im letzten Monat hat sich mein Verhältnis zu den Hausgenossen in irgendeiner Weise nochmals verändert – wie, lässt sich schwer sagen, aber wir sind uns alle so nahegekommen, vielleicht durch die mancherlei Aufregungen, und sie behandeln mich wie einen Sohn und Bruder. Ich habe, wenn ich von Euch absah, so oft das Gefühl gehabt, hinter meinem Rücken der Gegenstand feindlicher Gespräche zu sein, – nun weiß ich auf einmal, wie das wohl tut, wenn fremde Menschen nur mit Liebe an einen denken. Und die drei oder, mit der Großmutter, vier Menschen, mit denen ich in diesem Jahr so viel erlebt habe, können auf diesem Gebiet etwas leisten.

Mit dem Ausruhen nach der Hochzeit war es noch nichts – da Dreising fort war, so sank eine endlose Korrespondenz auf mich herab und ich schrieb fast fünf Stunden hintereinander an die Landräte, an die Königliche Regierung usw., hatte auch mancherlei Leute abzufertigen und die Kollekte einzusammeln. Dazwischen munterte ich die Pastorin auf, die natürlich andauernd an ihren in Berlin befindlichen Mann dachte, und tröstete die Tochter, die von ihrem Bräutigam nicht rechtzeitig einen Brief erhalten hatte. Dreisings Angelegenheit scheint gut zu stehen. Er hat mit Dryander, Strubberg und Mirbach Tee getrunken und ist in die engere Wahl hineingekommen. Wenn es doch gut ginge! Die Sache ist übrigens immer noch unter Diskretion.

Ich bat mal um Übersendung von Vaters Artikel in der Zeitschrift Lohmeyers; kann ich ihn nicht mal bekommen?

Ich bin neugierig, ob ich noch dazu gelange, von der Hochzeit zu erzählen.

Den 9. November 1902, Sonntag
Der Polterabend im Amtmannshause wurde dadurch unterstützt, dass sie sehr große Räume haben; die Gesellschaft konnte sich gut verteilen und es blieb auch Raum für die Auftretenden. Bei unserem Erscheinen vor dem bekränzten Hause passierten wir u. a. eine Ehrenwache von kleinen Jungen, die mit finsterer Inbrunst Töpfe und Flaschen zertrümmerten, sodass jeder Besucher über einen Scherbenberg klettern musste, ehe er in den Flur trat. Frau R., die große Kochfrau, waltete bereits am Herde und ein kleiner Sattler hatte sich plötzlich in einen Lohndiener verwandelt und half einem fast allzu hilfsbereit aus dem Man-

tel. Dieser Geist ist der Sohn jenes Mannes, der in früheren Zeiten die Feuerspritze zu dirigieren hatte und der bei dem großen Brande vor einigen Jahren um seine Stelle kam, weil die Spritze nicht losging und er sie auch trotz vieler Mühe nicht in Schwung bringen konnte; er hatte aber versäumt den Hahn aufzudrehen. Unser Erscheinen erregte unwillkommene Sensation – Fräulein Dreising war nämlich schon als Fiken Nacks angezogen und wurde mit Mühe in einer Plunderkammer versteckt. Auch unsere Requisiten wurden erst jetzt aus ihrem Versteck geholt und mussten zum Entsetzen einiger Leute, die das Schauspielerfieber bekamen, feierlich durch den Hauptsaal getragen werden. Hier hatte sich bereits eine Anzahl von Gästen eingefunden; da ich vermutete, dass die Sache so bald nicht losgehen würde, blieb ich hier und ließ mich vorstellen. Da saß Frau D., die Schwester des Doktors, und gab einem einen Begriff, wie der Doktor ohne sein Vorleben aussehen würde. Augen und Haare waren ganz dieselben, sie trug sich sehr geschmackvoll nach der neuesten Mode von Leipzig und schien vergnügt zu sein. Ein Schweif von Damen umkränzte sie und erwartete geduldig den Augenblick, wo sie sich einmal umdrehte und eine sehr interessante Stickerei zum besten gab. Ihr Mann, der nebenan eine Bowle ansetzte – die etwas süß wurde, weil er dabei zu viel mit jungen Mädchen schäkerte –, erwies sich als fideles Vollmondsgesicht und gemilderter Don Juan – Wintergarten, aber mit Haltung. Er ist irgendein höheres Tier bei der Post und trug auf seiner Brust irgendeine karmoisinvergnügte Verdienstmedaille. Was Gedrücktes, Liebenswürdiges, mit leiser Krankenzimmerstimme stellte sich mir als Kreisarzt Dr. Solbrig aus Templin vor; er ist ein Neffe von Dr. Preuß und in seinem gesellschaftlichen Auftreten ebenso zuvorkommend wie in seinen amtlichen Berichten zugreifend und deutlich. Das Corps Normannia hatte einen Vertreter geschickt, der jedermann fragte, in welcher Gegend des Deutschen Reiches er sich befände, denn er stammte aus Süddeutschland, nach seiner Meinung befand er sich in Mecklenburg-Schwerin. Er hatte einen versilberten Schläger überbracht, der gewiss putzt und Erinnerungswert hat – mir fehlt für solchen Wandschmuck das mitfühlende Verständnis. Dem Tanzen entzog er sich später sehr wegen eines Herzfehlers; ich hätte ihm am liebsten geraten, aus diesem Grunde auch das Corps fahren zu lassen. Die Schwester des rosigen Herrn Willerding war mit Gemahl und filius eingetroffen. Sie spielte gut, aber zu viel Klavier, schwärmte von Vater, den sie nicht kannte, und ging am nächsten Tag mit dem Manuskript meines Brautjungferntoastes ab wie das Huhn mit dem Regenwurm. Ihr Gatte schien Kaufmann zu sein, tanzte wie ein Gott und verlor im Laufe des Hochzeitstages die Direktion mehr, als mir sympathisch war. Beider Sohn Karl war glatt gekämmt, höflich, sehr frühreif und von einer verfl. Patentigkeit; womit er den Polterabend verzierte, ist später zu berichten. Endlich war noch eine kleine Kusine erschienen, Elly mit Namen, sehr lustig und tanzwütig und ein Menschenkind, über dessen harmlose und entschiedene Vergnügtheit man sich freute. Sie hatte die Absicht, als Zigeunerin aufzutreten, hatte aber einstweilen nicht mehr dazu als das Kostüm und hoffte anscheinend, der liebe Gott würde ihr seinerzeit schon helfen.

Im Übrigen florierte Boitzenburg. Der Obergärtner mit Gemahlin – er tanzte später trotz Podagra und sie trotz feierlicher Reserve – der Apotheker mit Frau, die beiden Kantorskinder, der Inspektor und seine wunderschöne schweigsame Frau, die Haustöchter – darunter zwei Diakonissen, aber ohne Tracht – der Sohn, der ein Pferdekenner ist, Gretchen, Wanda (jetzt in Pension, sog. schönes Kind) und Siegfried. Aus dem Pfarrhaus: das Ehepaar, die Tochter mit Herrn Salzmann und ich.

Auf bekränzten Stühlen saß das Brautpaar – aber das stimmte nicht, denn der Amtmann, der in solchen Dingen groß ist, hatte sie schon standesamtlich zusammengegeben. Der Doktor sah abgearbeitet, aber sehr glücklich aus; sie spielte ihre Rolle geschickt und ich dachte: wenn nur heute nichts schiefgeht! Aber meine Furcht war unbegründet.

In einem Nebenzimmer, wo ein fürstliches Büfett aufgefahren war, stand das Klavier mit aufgerissenem Rachen; der große Speisesaal sollte als Herrengarderobe dienen, ein Hinterzimmer, dessen Tür in das Büfettzimmer führte, war den Künstlerinnen reserviert. Als man begann, sich im Saale nach belegten Brötchen umzusehen, kleideten wir uns an. Salzmann hatte sich bald als polnischer Landarbeiter verkleidet; in der Absicht, auch seine Braut an dieser Pracht teilnehmen zu lassen, ging er in die Damengarderobe, wo alles kreischte, sodass er betrübt von hinnen fuhr. Zuweilen fragte er schüchtern an, ob Gretchen Haicke endlich so viel anhätte, dass er hineinkönnte – Gretchen zog sich aber sehr langsam um und als sie endlich fertig war, begann die schlesische Kusine ihre Haare aufzulösen und etwas darzustellen, was sie eine Zigeunerin benannte. So irrte der unglückliche Bräutigam wie ein Löwe umher und raufte sich zuweilen die Haare.

Ich setzte mich unterdes mit dem Apotheker auseinander, der mich betrachtete wie die Henne ihr frisch gelegtes Ei und mich in meiner Scheußlichkeit sehr schön fand. Später fing er an zu stöhnen und bemerkte, er begriffe es nicht, aber seine Weste wolle ihm über Nacht plötzlich nicht mehr passen. Da er meine Weste anhatte und mir die seinige um den dürren Leib bammelte, so klärte sich das Wunder schnell auf. Vor dem Spiegel stand unterdes der junge Lehrer aus Naugarten und klebte sich einen Schnurrbart an; da diese Zierde bei ihm bisher nicht gewachsen ist, so schien auch der künstliche Schnurrbart keine hohe Achtung vor ihm zu haben und fiel andauernd ab. Es ist das peinlich, wenn im Nebenzimmer die Geliebte steht und wartet. Aber die liebliche Ida hatte auch ihre Schmerzen durchzumachen, denn der Inspektor wollte sie mit Karmin anmalen, weil ein Orgelweib ohne Karmin undenkbar sei. Zuletzt erst gab sie nach. Die Pastorin war mittlerweile vom Lampenfieber ergriffen worden, als endlich das Glockenzeichen einsetzte.

Das Quartett begann.

Na, es ging – die meisten quälten allerdings die Töne durch große Halstücher hindurch, die sie schon für das kommende Stück umgebunden hatten, aber sobald sie glücklich dem Gehege der Zähne entronnen waren, benahmen sie sich äußerst selbstständig, geführt von des Apothekers Tenor, der mit heiterer Anmut die übrigen Stimmen nachahmte. Aber man war gerührt und klatschte. Quartett gilt stets als schwirig und wird demgemäß gewürdigt.

Nach dem Quartett trat Siegfried an; er machte es genau so wie in der Generalprobe. Dann Hulda, die als Slowake mit Ratzenfallen hineinlärmte und nach drei Zeilen neben ihrem Brüderchen im Sumpf steckte; als dritte sollte Ida loslegen, allein sie stand neben dem Lehrer Becker und protestierte. Da sie ihn andauernd mit ihren Zuckerplätzchenblicken regalierte und er infolgedessen ihren Wunsch unterstützte, so musste man sie stehen lassen und diese Nummer für später sparen. Die „Musik" trat statt ihrer auf und hatte einen Bombenerfolg. Das goldene Diadem, das ich ihr gemacht hatte und das in einem geschweiften Violinschlüssel auslief, stand ihr gut zu dem schwarzen Haar; dazu besaß sie eine leise Glockenstimme, sodass ihr Gesang allezeit wie ein Schweben und Klingen in der Luft erschien – als schwebten die Worte lautlos aus ihrem Munde und begännen erst allmählich zu tönen. Einzelne Lieder wurden auch hinter den Kulissen gesungen, von mir z. B. „Doktor Eisenbart". Die „Sprechstunde" des Apothekers erntete darauf den zweiten Haupterfolg des Abends. Sie war gedacht als ein Gespräch der Kranken, die nacheinander hereinkommen und sich darüber auslassen, dass der Doktor immer noch schläft. Nach jeder Figur schallte das Lachen stärker, denn alles waren Typen. Später hörte ich, dass der Preis der Echtheit mir zuerkannt worden sei und dass noch nie ein Maurer so maurerhaft schlaksig über diese Erde gewandelt sei; ich hatte mir nämlich die „feinen" Maurer zum Vorbild genommen, die zuweilen beim Grafen arbeiten und im Gehen so unnachahmlich mit dem Hosenboden schlenkern. Aber ich muss persönlich meinen Ruhmeskranz abnehmen und ihn Fräulein Dreising aufsetzen. Fiken Nacks war geradezu eine Perle – das Spitalweib, das seine Idee erreicht hat. Der Inspektor, der als Bauer Knickstiebel mitwirkte, verlor fast die Balance, als er sich dieser Erscheinung zuwandte. Der Apotheker, der den Böte-Wilk mimte, erfuhr bei dieser Gelegenheit noch eine sehr komische Überraschung. Fräulein Dreising hatte nämlich in ihre Rolle einige Bemerkungen eingeschoben, die sich auf ihn bezogen, und ehe er sichs versah, sagte sie zu ihm mit wehleidigem Gesicht: „Je, un wat der Apteiker is, de krupt ok nich vor Klock nagen ut' Bedd! Un mi hett hei wat vörschreben vor 'ne Mark – aberstenhelpt dat woll? Ne! Und dat sall doch helpen, man nicht?" Ich habe nie ein so verblüfftes Gesicht gesehen als das von Böte-Wilken bei diesem Attentat. Die kleine Aufführung endete damit, dass Böte-Wilk ins Doktorzimmer schwankte, um sich einen Zahn reißen zu lassen. Sobald sein Gebrüll erschallt, gerät die ganze Sprechstunde in Aufregung und verschwindet unter Zeichen des Entsetzens.

Nach der Sprechstunde erfolgte eine Pause, alles strömte in das Büfett-Zimmer und stürmte die Kaviarbrötchen sowie die Hummermajonäse. Der rosige Herr Willerding fragte mich in einer Ecke, ob mir die Bowle zusage, und als ich sie lobte, bekannte er sich in einem geschickten Nebensatz als ihren Verfasser. Die Herren hatten unterdessen Zigarren gefunden und der Duft der Henry-Clay stieg wie ein Gewölk auf und wanderte durch die Zimmer.

Als die Aufführungen von Neuem anhoben, verbreitete sich allgemeine Spannung. Die „Sonne" erschien, eine der Schwestern Haicke hatte das Gedicht übernommen – Hedwig, die in einem Berliner Krankenhaus Schwester ist. Dieses junge Mädchen ist ein schweigsames Geschöpf, das sonst nie hervortritt, sie sprach die Verse sehr langsam und etwas schwer, aber das Ganze wirkte durch die Seltsamkeit ihrer Erscheinung. Sie war ganz in Gazenebel gehüllt und hatte ihr reiches braunes Haar aufgelöst; auf dem leise wogenden Schleiermeer aber schwammen hundert Sterne aus Goldpapier und auf dem Haupt flimmerte eine kleine goldene Krone. Ich beobachtete das Brautpaar während des

Vortrags und freute mich, wie bei der Schilderung häuslichen Glückes auf dem Gesicht der Braut das erste Lächeln erschien, das wie Natur aussah. „Die Sonne selbst hat mich gesandt – sie reicht euch ihre goldene Hand ..." Der Doktor bedankte sich später sehr herzlich bei mir.

Nach dem Sonnenstrahl tanzte die Kusine Elly ins Zimmer. Mit unnachahmlicher Unverfrorenheit sagte sie ihr Zigeunergedicht her, das sie nicht konnte – wenn der Faden abriss, rasselte sie einfach mit dem Tamburin, bis die Pastorin die Fortsetzung ihr ins Ohr gebrüllt hatte. Sie überreichte eine Haube.

Den Haupterfolg trugen die Bilder davon, die der Inspektor mit seinem Bänkelsang begleitete. Der Graf hat sie übrigens auch gesehen, als er neulich einen Besuch bei Amtmanns machte, und sich darüber amüsiert. So ist diese neunstündige Arbeit nicht vergebens gewesen. Ich lege die Verse des Apothekers bei.

Der hoffnungsvolle Sprössling des Herrn Haicke erschien als Stiefelputzer. Die Verse wurden frech und sachgemäß vorgetragen – aber als er auf den Storch kam und einen hierauf bezüglichen Wunsch erörterte, wurde das Brautpaar sehr verlegen und eine kühle Luft fuhr durch das Zimmer. Sein Vater stand währenddem am Ofen und war stolz – desgleichen die rundliche Mama, die nicht einsah, warum die jungen Mädchen hinter ihren Fächern verschwanden und die Herren anfingen, Bilder zu betrachten.

Die Kantorskinder führten was „aus dem Buch" auf; ganz nett, zumal da der letzte Teil gesungen wurde, was gewissen gut gemeinten Geschmacklosigkeiten stets am besten bekommt. Auch Ida Haicke ließ sich zuletzt herbei, ihr Rübezahl-Gedicht vorzutragen, und machte es recht gut. Es freute mich um zweier Menschen willen, die während dieser Aufführung in einem Winkelchen zusammensaßen und sehr glücklich waren.

Nach den Darbietungen verankerte sich Frau Haicke am Klavier und es wurde getanzt. In den Erholungspausen besah man die Hochzeitsgeschenke – darunter drei Tafelaufsätze. Der Doktor hat noch einen Zuckerpott bekommen, aber wenn sie Kaffee trinken, muss er doch meinen nehmen, weil er zu dem Service passt.

Als wir gegen zwölf nach Hause gingen, waren wir alle sehr vergnügt und gespannt auf den Hochzeitstag. Ich beschreibe ihn ein andermal.

Heute hielt ich an einem milden Herbsttag zweimal Gottesdienst – alles ging sehr gut. In Boitzenburg war die „Hofloge" stark besetzt und der Chef sprach sich später sehr befriedigt aus. Wollt Ihr die Reformationspredigt mal lesen? Um ihrer selbst willen kann ich sie noch nicht gut schicken, aber vielleicht um meinetwillen.

Als ich von Berkholz zurückfuhr, traf ich auf einen Mann, der tot oder sinnlos betrunken im Chausseegraben lag. Ich stieg daher beim Schulzen ab und ließ die Polizei benachrichtigen. Mein Kutscher fand dies Verfahren seltsam und unnütz; ich dachte aber an den Priester und den Leviten und hielt mich dazu für verpflichtet.

Den 11. November 1902, Dienstag
… Ich hatte am Sonntag große Angst, meine Stimme möchte nicht ausreichen, denn ich hatte mich auf der Kollektenreise stark erkältet. Zum Glück ist es nur ein Schnupfen geworden, der augenblicklich bereits im Abzug begriffen ist. Die Predigten haben mir selber guten Mut gemacht, ich glaube jetzt, dass ich auf diesem Gebiete wirklich weiterkomme. Ich predige auch anders als zuerst – zum Teil mit Abweichungen vom Konzept, wie sie sich aus dem Gemeinschaftsgefühl mit der zuhörenden Gemeinde häufig ergeben. Irgendwelche Angst oder Unruhe habe ich jetzt vorher gar nicht mehr und auf der Kanzel erst recht nicht – das hat aber sehr viel zu bedeuten und ist ein Geschenk, für das ich dem lieben Gott gar nicht dankbar genug sein kann.

Die gestrige Pastorenversammlung in Prenzlau war lehrreich, aber irgendetwas, woran man selber auch nicht schon gedacht hätte, kommt bei diesen Besprechungen selten zu Tage. Mir kommt es immer komisch vor, wenn da ein Mann aufsteht und einen furchtbaren Gemeinplatz fahren lässt und dann die Nachredner immer auf das „gesalbte" Wort des geliebten Bruders zurückkommen und damit die Wurst nach der Speckseite werfen – denn der geliebte Bruder wird natürlich nicht verfehlen, auch seinerseits durch irgendeine Anerkennung zu quittieren.

Das Beste, was gesagt wurde, stammte von Dreising, das Dümmste wie gewöhnlich von dem Superus aus Strasburg.

Eine gute Geschichte erzählte der ominöse Spieß, der infolge der Trägheitsgesetze wahrhaftig wieder in die Generalsynode von 1900 hineingeglitscht ist. Der Kaiser schätzt bekanntlich den Hofprediger Kessler sehr, einen jüngeren Mann, der die Prinzen seinerzeit erzogen hat. Ich schrieb von ihm neulich, als er die Festpredigt in Prenzlau hatte. Zu bemerken ist noch, dass er in seinen Predigten nie ein Ende findet und dass Majestät lange Predigten nicht aushalten kann. Der Kaiser hatte Kessler wieder mal etwas geschenkt und dieser sagte: Majestät sind immer so gütig zu mir, ich möchte doch Majestät so gerne auch mal etwas schenken, aber ich weiß nicht, was.

Wissen Sie, Kessler, sagte der Kaiser, schenken Sie mir ein Drittel Ihrer Predigten, ich kann nun mal nicht so lange zuhören.

Ja, Majestät, das ist immer so schwer abzuschätzen. Ich weiß wirklich manchmal nie, ob es schon zu lange dauert.

Na, Kessler, da achten Sie doch mal auf meinen Flügeladjutanten, wenn der die Uhr das erste Mal herauszieht, machen Sie Schluss.

Majestät! Der zieht seine Uhr schon während der Liturgie raus!

Der Kaiser soll sehr gelacht haben.

Von Walther Becker lief heute ein zweiter Brief ein, der sich bemüht, gerecht zu urteilen und alles Gute der Stellung hervorzuheben, aber es kommt nicht viel dabei heraus. Alles lässt sich irgendwie ertragen – einseitiger Standpunkt, Mangel an Geist und Frische, heftiges Temperament usw.; man sagt sich: der Mann kann nicht anders. Aber dieser Chef ist ein inferiorer Charakter – und das ist schlimm. Sein Diakonus scheint nicht sehr bedeutend, aber ein guter Mensch zu sein. Vielleicht gewinnt Walther zu dem ein Verhältnis.

Die Angelegenheit von Dreising schwebt. Seine Predigt hat gut gefallen, die Stellung selber aber ist ihm nicht selbstständig genug, und so hat er noch Bedingungen gestellt.

Heute Nachmittag erscheint als Logiergast eine junge Dame, die früher hier war, Martha mit Vornamen heißt, an Mondsucht und Lachkrämpfen litt und nach allen Schilderungen, die über sie entworfen werden, zu einer mir unsympathischen Menschensorte gehört. Nous verrons. Zuweilen flackert noch ein Bedauern auf, dass ich Fräulein Merck nicht auf den Altar meiner Gefühle gesetzt habe – aber man hat sich in das Unvermeidliche gefunden. Sie ist übrigens sehr nett und würde *Dir* gefallen – was man mir auch sagt, ohne dass ich es bestreiten kann. Dreisings glauben nämlich, wie die meisten Menschen, an die Historizität von Leberecht Hühnchen und haben sich auch dein Bild nach jener Frieda entworfen, nicht ohne diesem Bilde noch viel Gutes und Preiswürdiges hinzuzufügen. Euch beide haben sie sehr lieb; wenn sie nach Potsdam kommen, besuchen sie Euch mit tödlicher Sicherheit.

Den 13. November 1902, Donnerstag
Die Trauung war um 2 Uhr angesetzt. Der Amtmann hatte mehrere Wagen bestellt, die die Gäste zur Kirche fuhren - zum maßlosen Vergnügen der Bevölkerung von Boitzenburg. Nie hätte ich geglaubt, dass in diesem abgelegenen Orte so viele Menschen zum Vorschein kommen könnten; aber alle alten Frauen hatten ihre Lehnstühle in Bewegung gesetzt und waren ans Fenster gerollt, alle Kinder tobten vor den Augen des Kantors in Gebüschen und auf Zäunen herum, alle Schlossmädchen vergaßen ihre Arbeit und selbst die Spitalgeister pressten ihre spitzen Nasen an die Scheiben und glummerten mit ihren Vogelaugen auf uns herunter. Zur gegebenen Zeit verschwand die Gräfin mit den Kindern aus dem Schloss und erschien plötzlich mit den beiden exotischen Erzieherinnen in der Hofloge – die Kirche aber war gefüllt wie an einem Feiertag.

Ich hatte die Ehre, die älteste Schwester der Braut zu führen und somit hinter dem Paare einherzugehen. Mir

wäre weniger Ehre lieber gewesen, denn das dürftige kleine Geschöpf, mit dem ich auf diese Weise spazieren ging, hatte einen Bund mit seinen Lippen gemacht und schwieg andauernd, wenn man es nicht fragte. Bei der Trauung hatte das nichts auf sich, aber beim Essen wurde es fürchterlich. Hinter uns kam der Sonnenstrahl mit dem Corpsstudenten, dann der schöne Arthur mit der blauen Kusine, Karl B. mit seiner frostigen Ida – wie kann sich jemand, der es so wenig dazu hat, so kümmerlich anziehen und dann in einer ungeheizten Kirche nicht mal was umhängen! –, dann der Vetter aus Berlin und Wanda – es war ein langer Zug, aber ein schönes Paar war doch dabei, obgleich die Sache andauernd trostlos blieb, bis Salzmann und Fräulein Dreising den Schluss bildeten. Mutter Dreising strahlte und die Gräfin beugte sich in diesem Augenblick zu Mademoiselle und sagte: scharmant!, womit sie Recht hatte.
Dreising sah sehr ernst aus und blieb es während der ganzen Traurede. Der Text war von der Familie der Braut vorgeschlagen und stand charakteristischerweise in den Apokryphen. Aus Tobias – doch nicht Tobias 6, 3 („O Herr, er will mich fressen") – sondern 5, 23, was ein gutes Wort ist, aber noch nicht als christlich bezeichnet werden kann. Und als Lied hatten sie sich eins ausgesucht, was hier in der Gegend bei Begräbnissen gesungen wird.

Die Hochzeitstafel nachher war sehr vergnüglich. Es wurde viel geredet – mein Kranzjungferngedicht liegt bei –, aber ich bin zu müde, um diese Tafelrunde weiter zu schildern. Ein Geiger und ein Klavierspieler machten die Tafelmusik und spielten später zum Tanz auf, an dem ich mich redlich beteiligte. Mit dem Mute des Löwen und dem feierlichen Ernst eines spanischen Gesandten forderte ich die liebliche Kantorstochter auf und erlebte dafür bei der Damenwahl, wie sie eine Mitbewerberin fast zu Boden streckte. Es war unsagbar komisch. Die blaue Kusine verlor beim Tanzen andauernd ihre Frisur und schien mit der Welt sehr zufrieden zu sein; als Herr H. aus Berlin ihr einen Kuss gab, war es erst 10 Uhr – hätte er nicht wenigstens bis $^1/_2$ 11 damit warten können? Wunderschön sah es aus, wenn der

Administrator mit seiner Frau tanzte. Auch die Pastorin und die Apothekersfrau beteiligten sich mit einer Polka, worauf der Obergärtner, der doch den Rheumatismus hat, seine Tanzbeine in dauernde Bewegung setzte. Der Apotheker hatte zuerst die Absicht gehabt, als ein Symbol der Weisheit und des Maßhaltens über dem Ganzen zu schweben, aber es gelang ihm vorbei. Unter den Tanzenden sah ihn freilich keiner, aber im Kreise seiner Altersgenossen begann er alsbald kräftig zu zechen. Gegen 9 ließ er den ersten Rundgesang steigen und von da an erschien er häufig in der offenen Tür und hielt kleine dithyrambische Ansprachen. Um 10 schleppte er mich in seine Höhle und machte mir eine Liebeserklärung, die immer länger wurde. Ich sollte ihn besuchen – am liebsten täglich, und seine Frau wäre mir wohlgesinnt, sie sagte es nur nicht. Aber er. Er sitze hier vor mir, nicht als die große Welt, sondern als das Volk mit dem warmen Herzen. Und er rufe: hoch der Dichter des Leberecht Hühnchen. Er wisse genau, dass ich nur der Sohn sei, aber das sei alles eins. (Hierauf umarmte er mich.) Von da ab ging er mit sehr bedächtigen Schritten durch alle Säle und suchte ein Butterbrot, fand aber keins. Man musste ja eigentlich sagen, dass er betrunken war – aber kein Mensch empfand das unangenehm. Dagegen Herr H. – als die Mitternacht heraufzog, kam bei dem die ganze Unerzogenheit zum Durchbruch. „O dieses Scheusal!", sagte Fräulein Dreising zu mir, als er nach ihr mit dem Fächer geschlagen hatte – aber sie sah ihn bei dieser Gelegenheit so an, dass er fortan in einem Bogen um sie herumging.

Die Musiker aber hatten eine finstere Ausdauer, und da Dreising sich mit der schönen Schwester des Doktors in ein langes Gespräch verwickelt hatte, so schob sich unser Aufbruch weit hinaus. Der Doktor hatte für die drei Tage seiner Hochzeit einen Vertreter angenommen – ein kleines gelecktes Männchen mit Mandelaugen. Da er sehr spät kam, so häuften sich bei ihm die Genüsse, und es heißt, dass er eine böse Nacht gehabt hat. Seine Sprechstundenpflicht hat er am nächsten Tage gewissenhaft erledigt; aber der Erste, der in der Apotheke erschien, war er selber. Auf dem Katerfrühstück am lendemain fehlte er. Salzmann musste die Hochzeit um 10 Uhr verlassen, sein kleines Mädchen war glücklich wie ein Kind und er selber war vergnügt, was seine starke Seite sonst nicht ist. Seine Braut verwöhnt ihn und er gehört zu den Menschen, die eigentlich nicht verwöhnt werden dürfen, weil sie in sich selber nicht viel Aktionskraft haben.

Als er fort war, machte sie zuerst ein trauriges Gesicht, aber es hielt nicht lange vor. Wir sprachen wie stets von ihm und ich machte ihr klar, dass er bei diesem frühen Aufbruch wenigstens morgen keinen Kater haben würde. Da sie stets an ihn und nie an sich denkt, so schlug dieser Grund durch.

Plötzlich sagte sie: Bandelow!

Na, Fiken, büst all wedder vergnäugt?

Ik mein man bloß, wi will'n eins danzen und denn hew'k son' Döst un du bringst mi wat tau drinken un wi stöten up em an!

Man tau, lütt Deern!

Und so tanzten wir und sie machte ganz glückliche Augen, als ob sie in die Zukunft hineinsähe. Nachher trank sie das ganze Glas aus und redete sehr viel törichtes Zeug, was sie alles tun wolle, wenn er erst eine Pfarre hätte – wer weiß, wie lange das noch hin ist.

Na, du sallst uns denn bisöken, Bandelow, ik weit all, wat du girn futtern daun deist, un dann soll dat fin warden!

Mir ist meine Zukunft immer wie ein dunkles Land und ich mag keine Luftschlösser bauen. Aber es ist gut, ein fröhliches Menschenkind zu sehen, das in seinem Herzen vertrauen kann und wie ein Kind mit Sonnenstrahlen und weißen Wolken spielt.

Den 16. November 1902, Sonntag

Heute habe ich auf unsern Seen das erste Eis beobachtet. Es war noch so dünn und gläsern und schwankte leise hin und her. Aber der Winter kommt – plötzlich hat sich das Leben des Hauses wieder in die vorderen Räume gezogen, wie es im Anfang war, und unser buntes Gartenzimmer liegt kalt und verlassen. Am Spätnachmittag ging ich durch den Park und war zufrieden wie ein Mensch, der ein seidenes Halstuch und eine schöne Pelzmütze hat und darauf wartet, ob ihm nicht jemand begegnet. Doch wer sollte in dieser Zeit an diesem Ort sein! Ich freute mich übrigens, dass es so war, denn ich war etwas müde und abgespannt. Kindergottesdienst ist ja eigentlich eine Erholung, aber ich hatte mich diesmal nicht darauf vorbereitet und musste mich daher im gegebenen Augenblick sehr zusammenreißen. Dass es dann gut ablief, war eine Erfrischung. Darauf habe ich sehr schönen Kalbsbraten gegessen und meine Mittagsruhe mit einem Roman von Heyse versüßt. Ich kann mir nicht helfen, ich finde diesen Verfasser fast immer oberflächlich und langweilig. Das Buch heißt „Über allen Gipfeln" und spielt in Hofkreisen – aber ich glaube nicht an die Echtheit der Schilderung. Und stilistisch ist es glatte Konversation ohne jede Eigenart. Mir gefallen nur die ganz alten Sachen von Heyse, seine Gedichte und ein Teil seiner Selbstbiografie. Bei dieser Gelegenheit fällt mit ein, dass das „Daheim" jetzt eine Schriftstellerin zu Worte kommen lässt, deren Anempfinden an Charlotte Niese gradezu bewunderungswürdig ist. Bis in die kleinsten Finessen der Komposition geht das. Sie heißt L. Annshagen; ihre Skizze „Das singende Herz" ist ganz nett. Darf man jetzt schon Weihnachtswünsche äußern? Da Goethe, Band II, von Bielschowsky, bis Weihnachten noch nicht vorliegt, möchte ich gerne haben: Ricarda Huch, „Ausbreitung und Verfall der Romantik"; ich besitze von ihr schon die „Blütezeit der Romantik".

Das böse Wetter macht sich doch sehr fühlbar, alles hustet. Ich bin offenbar noch so davongekommen. Dann ist Diphtheritis ausgebrochen und ein Fischermeister hat schon zwei Kinder daran verloren. Da der Doktor mir Inhalieren verschrieb, so probierte ich mit dem Apotheker zwei Stunden lang Glasröhren, aber keine ging. Endlich fand sich ein passender Winkel, aber er zerbrach beim Einpacken. Sonst war es in der immer dunkler werdenden Apotheke sehr gemütlich. Der Apotheker sagte, man müsse stets das Dekorum wahren, deshalb versteckten wir unsere Weingläser hinter einem Ballon. Sein Josefshöfer ist gut und soll nach seiner Aussage jeden Bronchialkatarrh, den man sich beim Herstellen von Phosphorweizen zugezogen hat, im Nu beseitigen.

Am letzten Donnerstag gab Frau Amtmann einen Damenkaffee. Da Pastor Dreising erzürnt war, dass man ihn nicht dazu eingeladen hatte, beschloss er mit mir und dem Apotheker ein Attentat. Als die Schlacht ihrem Ende nahte, machten wir uns auf und der Apotheker wurde als Avantgarde vorgeschickt. Er trat ein, hielt eine flammende Rede und überreichte der Hausfrau ein Fläschchen Cacaolikör. Zehn Minuten später erschien ich, mit einem dito Fläschchen Maraschino bewaffnet und nach entsprechender Zeit riss Dreising beinahe die Klingelschnur ab und huldigte der Gastgeberin mit einem köstlichen Benediktiner sowie einem Paket Zigaretten. Da der Damenkaffee, auf dem sich vier Schwiegermütter befanden, bereits in Langeweile zu versanden drohte, so wurde diese Unterbrechung mit großem Jubel aufgenommen und es wurde sehr vergnügt. Der kleine Amtmann saß aber sehr geknickt in seinem Lehnstuhl, denn er hatte gestern zwei Töchter auf die Ressource begleitet und musste nun immer an das Bier denken, und an die vielen Zigarren, die er geraucht hatte. Die beiden Töchter kamen auch mal zum Vorschein und machten einen gespensterhaften Eindruck.

Den 17. November 1902, Montag
Der neue Hausgast, Fräulein Martha K., ist nun fast eine Woche da und entspricht der Schilderung, die ich vorher von ihr erhielt. Nur eins ist nachzutragen: das winzige und verdrehte Frauenzimmer ist sehr gutherzig und hilfsbereit, bildet sich auch nichts auf sich ein. Im Übrigen eine Naivität der Gefühlsäußerung, die auf die Bäume steigt. Vom ersten Augenblick ihres Hierseins an opfert sie sich für die Pastorin und Fräulein Dreising auf, näht und kocht alles und erklärt dann gelegentlich beim Kaffee, ihr Ideal sei, zum Ballett zu gehen. Sie ist die reine Nippesfigur, so zerbrechlich. Aber wie der Wind und von einer gedankenlo-

sen Fröhlichkeit, die Dreising im Gegensatz zu mir ungemein schätzt und durch die er immer aufgemuntert wird. Dreising hat für den typischen ungezogenen Schuljungen und für den typischen Backfisch eine Vorliebe, die mir bisher unerklärlich geblieben ist. Er hat überhaupt manche Vorlieben, bei denen ich nicht mitkomme, und ist nach Wesen und Temperament das absoluteste Gegenstück zu mir, das ich mir vorstellen kann. Ich glaube, selbst die Stiebel ziehen wir uns nach verschiedenen Methoden an. Ich habe das Gefühl, als ob auch diese Gegensätzlichkeit für mich ein Glück ist, denn man lernt viel dabei und wird doch oft auf Dinge aufmerksam, auf die man von sich aus nicht gekommen wäre. Aber länger als ein Jahr darf man in solcher Verbindung nicht sein, womit ich nicht sagen will, dass wir gegenwärtig nicht auf das Beste miteinander auskämen. Aber ich komme mir manchmal vor wie Lola, als sie in einem zu engen Korb schlafen musste – es machte sich ja, war aber nicht eigentlich ein Vergnügen.

Von der Pastorin schreibe ich fast nie – sie entzieht sich in seltsamer Weise der Darstellung. Ich weiß nicht, wie das kommt; dass sie eine ganz vortreffliche Frau und Mutter ist, wird jeder sagen, der sie kennt. Wie schwer es ihr aber wird, ihre Tochter fortzugeben, habe ich erst in der letzten Zeit gemerkt – der Tag, wo dies eintrifft, nimmt ihr drei Viertel ihres Lebens.

Obgleich die Stelle, zu der Salzmann sich gemeldet hat, noch in weiter Ferne liegt – ich glaube kaum, dass er sie bekommt, es wäre eine Ungerechtigkeit gegen zahllose ältere Geistliche –, so denken seine Braut und er doch mit einer Energie ans Heiraten, die für die Eltern etwas Beängstigendes hat. Ich denke manchmal, ob man ihnen nicht zu viel Freiheit lässt – aber schließlich muss der Mensch jedes Glück, das er erreichen kann, festhalten. Das Warten wird freilich schwer auf diese Weise, es hilft aber doch nichts. Sie träumen sich beide so in die Zukunft hinein, dass sie die Berührung mit der Gegenwart häufig energischer ablehnen, als gut ist; jedenfalls leidet die Pastorin darunter, dass ihre Tochter ihr jetzt schon davonfliegt. Zuweilen übrigens kehrt sie von selbst zu ihr zurück – so in der Mitte der Woche, wo der Gedanke an ihn zwar nicht verblasst, aber doch Abschiedsschmerz und Wiedersehensfreude einander die Waage halten; dann ist sie aber eine solche Schmeichelkatze, dass die Liebe ihrer Mutter nur noch heftiger empfindet, was sie einst an diesem Sonnenschein einbüßen soll.

Den 18. November 1902, Dienstag
Heute Morgen waren meine Fenster mit Eisblumen bedeckt und wir hatten 9 Grad. Über den Boden gehe ich jetzt immer nur mit Mantel und Mütze, alles friert und beneidet mich um mein Zimmer, das sich gut heizt. Trotz der Kälte oder vielleicht wegen der Kälte hat sich plötzlich noch ein Witwer entschlossen zu heiraten – seine Liebste kam bei der Anmeldung hinter ihm her und fragte, ob im Pfarrhause nicht ein „junger Mann" vorgesprochen habe, was wir zuerst verneinten. Ferner hat sogar eine Weberfrau aus Schlesien die eisige Temperatur nicht gescheut und ist mit ihrem Leinenpaket in Boitzenburg erschienen. Als wir sie nach anderen Weberfrauen fragten, die alljährlich ihre uckermärkische Kundschaft aufzusuchen pflegen, erklärte sie, diese seien alle gestorben und nur sie allein noch übrig geblieben. Es war ein großes Hallo, als sie ihre Schätze ausbreitete. Fräulein Dreising kaufte ein Tischgedeck, in das Kornblumen und Ähren eingewoben waren, und die Großmutter, bei der sie für diesen Zweck einen kleinen Pump angelegt hatte, stand dabei und freute sich. Das glänzende Weißzeug lag noch lange auf dem Tisch, und als ich einmal plötzlich in das Zimmer zurückkehrte, sah ich die Besitzerin, wie sie mit strahlenden Augen davorstand und es streichelte. Sie sah mich schnell über die Schulter an und sagte: Bandelow, du lachst mich doch nich? Worauf ich sehr ernst wurde und es bestritt.

Demnächst steht wieder Patronatsdiner bevor. Möglicherweise wird die Gräfin bei dieser Gelegenheit die Hauslehrersache zur Sprache bringen. Ich bin nach und nach eigentlich entschlossen, nein zu sagen. Gewisse Schwierigkeiten, die mir mittlerweile bekannt geworden sind, haben mich bedenklich gemacht.

Man muss es abwarten.

Die ungünstige Witterung hat auch die Zahl der gewöhnlichen Besucher bereits gedrückt; doch waren neulich mal wieder ein ganzes Haus voll da und bei dieser Gelegenheit wurde Frau Pastor Wilke eifersüchtig auf Mademoiselle – eine sehr peinliche Szene. Zum Unglück war eine andere Pastorin darauf aufmerksam geworden und erzählte mit der ihr eigenen Naivität, sie sei in der ersten Zeit auf die Helferinnen der Sonntagsschule, die ihr Mann leitete, auch eifersüchtig gewesen. Ganze Bataillone von Engeln schwebten durchs Zimmer. Mademoiselle wurde rot, Pastor Wilke sah geschmeichelt aus und der Mann der anderen Pastorin etwas unruhig. Wenn Dreising nicht mit größter Seelenruhe plötzlich eine Anekdote losgelassen hätte, wäre es unangenehm geworden.

Er erzählte eine Geschichte, die Mirbach neulich bei Dryander zum besten gegeben hatte. Als nämlich Mirbach kürzlich Besuch von dem alten Küster und Kirchenratsmitgliede der Gemeinde erhielt, zu der er gehört, sagte dieser würdige Greis freudestrahlend zu ihm: „Exzellenz, wir haben es erreicht, Exzellenz können sich begraben lassen!"

Bei näherer Erkundigung stellte sich heraus, dass der Gemeindekirchenrat dem Kammerherrn aus Dankbarkeit eine Grabstelle auf seinem neuen Friedhof geschenkt hatte. Exzellenz soll aber über den Bescheid zunächst etwas verblüfft gewesen sein.

Ich schreibe diesen Brief gegen fünf Uhr nachmittags und sehe dabei durch das Fenster, wie der Winterabend hereinbricht. Hinter dem Walde steht ein schwefelgelber Schein. Ich bin gespannt, ob es nächsten Sonntag, wo ich in Berkholz und Naugarten zu predigen habe, sehr kalt sein wird. Auf der Landstraße jagen jetzt unaufhörlich die Holzgespanne. Wie ich höre, ist bei Schulte ein Bild unserer Gräfin ausgestellt – die Herrschaften sind jetzt, wo es um das Schloss herum sehr unwirtlich wird, häufig in Berlin. Neulich hat es einen ganzen Tag lang auf dem Schloss gebrannt, während der Graf auf der Jagd war und nicht erreicht werden konnte. Die Ursache soll ein neuer Kamin sein. Dann hat sich sein bestes Pferd erkältet und ist in einer bösen Nacht gestorben – trotz aller Hilfen des Tierarztes und obgleich der Graf selber die ganze Nacht mit dem Tier beschäftigt war. Es ist schon das dritte kostbare Pferd in diesem Jahr. Der Glaser hat heute bei Dreising und im Schlafzimmer des Ehepaars Doppelfenster eingesetzt. Gänse sind eingeschlachtet und Vater Götze beginnt den Pfefferkuchenverkauf. So kommt der Winter heran. Heute über acht Tage ist wieder ein Konvent in Prenzlau.

Den 19. November 1902, Mittwoch, Bußtag
Es wird immer kälter. Da die Kirche nicht geheizt werden kann, so wurden heute am Altar meine Hände wie Eis. Dreising gab mir nachher in der Sakristei von seiner heißen Milch ab; aber es sind dies doch Zustände, deretwegen der edle Reichsgraf sich eigentlich etwas genieren müsste. Tut's aber nicht.

Über meine Gesundheit brauche ich nicht mehr zu klagen – die Erkältung ist verschwunden und das Ansetzen von Fett kann bei meinem Leben in den letzten Monaten keiner von mir verlangen. Nach Berlin möchte ich doch kommen, nur um einmal drei Tage hier raus zu sein. Nicht als ob sie hier nicht alle freundlich zu mir wären – aber ich habe Sehnsucht nach der großen Stadt und nach unserem Hause. Da ich erst Weihnachten nach Totenfest wieder zu predigen habe, dürfte es sich einrichten lassen.

Ich habe das Gefühl, dass ich stumpfsinnig werde, und Unlust zum Arbeiten ist auch da. Wahrscheinlich wegen der Kälte, die ich nicht vertragen kann. In der letzten Zeit hatte ich zwei Freuden. Einmal gab es Rollmöpse und einmal heiße Wurst. Ich hätte nie gedacht, dass ich auch einmal solche Andacht zum Essen haben würde wie hierbei. Man muss sein Vergnügen suchen, wo man es findet, und man findet es manchmal, wo man es nicht sucht.

Gegenwärtig werden im Hause Dreising Luftschlösser gebaut, dass es nur so kracht. Wenn ich manchmal nicht schlafen kann, denke ich mir ja auch so allerlei Hübsches aus; aber die Fähigkeit, im grellen Tageslicht Hoffnungen zu besprechen, die doch sehr vage sind, geht mir ab. In dieser Hinsicht sind Dreisings von einem blutroten Sanguinismus. Selbst für mich töten sie in diesem Falle irgendeinen hustenden Pastor, damit wir nur alle in einer Synode bleiben und das Leben auf eine heitere Weise genießen. Neuerdings möblieren sie die Pfarre in G. und sind unglücklich, dass dies oder jenes Möbel nicht hineinpasst, und haben doch die Stelle noch gar nicht. Das Brautpaar will dann Hilfsprediger beim Schwiegervater werden, während sie mir ein entzückendes Idyll zugedacht haben – in einigen Wagenstunden erreichbar, mit einem altertümlichen Blumengarten; nur das Wasser, das dicht am Kirchhof fließt, soll nach Leichen schmecken. Aber Fräulein Dreising meint, dass man sich daran gewöhnt.

Der undefinierbare kleine Hausgeist – Fräulein Martha K. – entwickelt sich mit Energie in der von mir bereits geschilderten Richtung und Dreisings finden das entzückend. Als sie heute auf der Höhe ihrer Originalität war, konnte ich mir nicht helfen und setzte mich ins Nebenzimmer. Vielleicht ist das philisterhaft, vielleicht aber auch nur guter Geschmack.

Den 21. November 1902, Freitag
Der erste Schnee ist heute gefallen und Boitzenburg wird wieder weiß wie im Anfang; auf den Seen laufen sie schon Schlittschuh.

Ich bin wieder munterer geworden, nachdem mich die Erkältung verlassen hat, und wenn meine letzten Briefe etwas trübselig waren, so hing das wohl mit meinem fragwürdigen Zustand zusammen.

Etwas aufgerappelt hat mich auch die Sorge für jemand anders, nämlich für Walther Becker. Von dem traf heute eine Epistel ein, die gleich hinter den Klageliedern Jeremiä eingeheftet werden könnte. Die Zustände in G. werden immer schlimmer. Walther hat das letzte Zutrauen zu seinem Chef eingebüßt und wittert selbst in Harmlosigkeiten Verdacht. Er ist so verbittert, dass sein Urteil auf Gerechtigkeit und Objektivität keinen Anspruch mehr machen kann. Aber diese Verbitterung ist trotz alledem erklärlich und zu drei Vierteln begründet. K. ist offenbar ein gänzlich schwindelhafter Streber, der die menschliche Sprache nur benutzt, um seine Gedanken zu verhüllen, und dem man nicht drei Schritt über den Weg trauen kann. Er peinigt Walther durch erbarmungslosen Hohn, lieblose Verachtung, schulmeisterhafte Strenge und verlogene Liebenswürdigkeit, und seine Frau, die besser als er sein soll, betet dies elegante Scheusal blindlings an und fordert von Walther denselben Götzendienst. Nebenbei schindet K. seine Arbeitskraft aus – dies ist sichtlich auch der Grund, weswegen er Walther bei seiner Versetzung mitnehmen will.

Ich habe den Fall mit Dreising besprochen und daraufhin geraten, unter irgendeinem Vorwande Urlaub zu erbitten und das Konsistorium um Versetzung anzugehen, – es ist die einzige Rettung. Zufällig ist dieser Weg nicht ungangbar. In der Synode G. wohnt ein alter guter Pastor, der hat früher einen Schlaganfall gehabt und bedarf der Hilfe. Sein letzter Vikar – diesmal kein Lehr-, sondern ein Hilfsvikar – hat plötzlich eine Stelle bekommen, und da ist er auf die Idee verfallen, Walther zu übernehmen. Er hat also an Dryander geschrieben und dieser hat sein Gesuch umgehend befürwortet. Obgleich nun K. weiß, wie notwendig der alte Pfarrer einen Vikar braucht, hat er ohne Walther zu fragen einfach zurückgeschrieben: das könne nichts werden, das Konsistorium habe ihm Walther schon nach seiner neuen Stelle überwiesen.

Es wird nun doch wohl ein Strich durch seine Rechnung kommen, denn wenn Walther vernünftig ist, setzt er beim Konsistorium seine eigenen Wünsche durch. Zu tun bekommt er dann, aber sein neuer Chef hat noch nie im Leben jemandem ein böses Wort gegönnt und ist die ehrlichste, friedfertigste Seele von der Welt. Er war früher mal Pastor in Amerika. Seine Frau wird gleichfalls als feinempfindende und gütige Persönlichkeit gerühmt.

Ich bin neugierig, ob Walther sich wirklich zum Handeln aufraffen wird. Tun kann ihm sein Chef eigentlich nichts, sosehr er sich das auch einbildet, denn wenn sie oben die absolute Mangelhaftigkeit dieses Mannes auch noch nicht erkannt haben – imponieren lassen sie sich von ihm auch nicht. Eine geheime Angst sagt mir, dass Walther in den nächsten Tagen alles verbruddelt – *ich* habe jedenfalls meine Pflicht getan.

Bei dieser Gelegenheit habe ich auch Dreisings Privatmeinung über K. erfahren. Wenn viele Menschen so denken, begreife ich nicht, dass K. immer noch heil ist. Mal kriegt er's sicher noch, wenn auch keiner sagen kann wie. Der Konsistorialrat wird wohl die Hände über dem Kopf zusammenschlagen, wenn Walther mit Zylinder und Halsbinde in sein Sanctuarium hineintritt und seine Bitte vorträgt. Er soll sehr oft solche Besuche bekommen – abwechselnd von Kandidaten und Pastoren. Aber das ist nun mal sein Geschäft.

Die Kälte hat etwas nachgelassen, seitdem der Schnee vom Himmel sinkt und uns begräbt. Abends lese ich jetzt John Brinckman vor und alle sind begeistert von ihm. Als Geschenk an Dreisings wäre, wie mir einfällt, noch geeigneter die Sonderausgabe von „Leberecht Hühnchen" mit einer Widmung Vaters. Was meint Ihr dazu?

Den 22. November 1902, Sonnabend
Morgens $^1/_2$ 10 Uhr. In meinem Schokoladeofen springt ein rotes Feuerchen hin und her. Und mein Zimmer sieht noch etwas reingemacht aus. Die drei Kaktuspflanzen der Großmutter stehen am Fenster und sehen gelangweilt auf die beschneite Dorfstraße hinab; sie haben ein fürchterliches Wachstum und entwickelten in den drei Wochen ihres Hierseins bereits die unmotiviertesten Haar- und Stachelschwänze. Ich gab ihnen auch immer was von meinem Waschwasser zu trinken, d. h. aus der Kanne.

Gestern Abend hatten wir alle das Bedürfnis, Weihnachten zu feiern, und so tranken wir Johannisbeermost und aßen Gravensteiner und Pfefferkuchenherzen. Dazu las ich aus Brinckman „Das Examen" und „De feine Taktus". Fräulein T. wurde von der letzten Geschichte so ergriffen, dass man sie rausbrachte. Als sie wieder erschien, hörte sie kaum den Namen „Köster Knaak", als sie mit einem Aufschrei zurücktaumelte und erneute Lachkrämpfe bekam. Auch die anderen waren durch Lachen bereits entkräftet, während ich ernst wie ein Brathering dabeisaß. Dreising befand sich auf dem Gipfel irdischen Glückes. Bei seiner unheimlichen Belesenheit ist ihm Brinkmans Name schon in früher Zeit aufgestoßen, es wurde ihm aber gesagt, er sei nur ein Abklatsch Reuters und tauge nichts.

Heute Nachmittag fährt das Brautpaar zurück. Sie haben beide einen dreitägigen Ausflug nach Templin unternommen, wo Fräulein Dreising im Hause eines Pastors wohnt. Dieser Pastor hat mit seiner Frau eine Million mitbekommen – die Frau soll ganz nett sein, aber von Zeit zu Zeit einen Rappel kriegen; in diesem Zustande pflegt sie die harmlosesten Menschen zu fragen, ob sie auch keinen von ihren silbernen Löffeln eingesteckt hätten. Empfindliche Leute sollen sich nach solchen Erfahrungen von ihr zurückgezogen haben. Fräulein Dreising wird bei dieser Gelegenheit auch die Wohnung ihres Verlobten besichtigen und andere unbeschreiblich schöne Erlebnisse werden, wie jeder hofft, aus dem Grau der Alltäglichkeit emportauchen. Wenn sie heute wiederkommen, müssen sie ihren Bericht beginnen mit der gebräuchlichen Formel: „Wir fuhren also ab ..." Und dann wird ihnen nichts geschenkt.

Den 24. November 1902, Montag
Endlich beginnt für mich die Zeit der Ruhe; es war mir heute ordentlich merkwürdig, als ich ohne „Vorausgedanken" wieder auf meinem Zimmer saß und meinen hebräischen Text ansah, wie das Katerlieschen ihr Tagewerk: „Les' ich erst oder schlaf ich erst oder rauch' ich erst ne Zigarre? – Ich will lieber erst rauchen!" Worauf ich es tat. Allerdings musste ich dann eine Stunde später in Dreisings Studio erscheinen, wo wir die übliche Predigt miteinander lasen wie alle Montage – sich selber predigt keiner gut – aber dies war eben keine Arbeit, sondern ein Vergnügen und als ich mit der Vor-

lesung fertig war, fing Dreising an zu erzählen und man sah, dass ihm immer behaglicher wurde. Diesmal hatte er sich an dem Worte „Trost" festgesogen und sagte, ich sollte ihm als ein Freund mal sagen, was eigentlich Trost sei und wie er zustande käme, – er hätte auch drei Viertel Gedanken darüber und was er darüber gelesen hätte, sei meist Phrase oder das herkömmliche theologische Gerede gewesen, mit dem man keinen Hund unter dem Ofen hervorlockt. So hatten wir eins von den vielen Gesprächen, aus denen man sieht, wie gründlich Dreising über alles nachdenkt und wie wenig er sich etwas auf seine Meinungen einbildet. Aber ich glaube, um fortzukommen in der Welt, darf man die Dinge nicht so ernst nehmen und die Phrase nicht so verachten, wie er es tut. Hier ist der Punkt, wo ich ihm am nächsten komme und wo wir uns in einem Hass begegnen, der Liebe erzeugt. Ich weiß ganz genau, dass er viele Menschen wenig schätzt, die ich selbst wegen ihrer Prätension und Überklugheit nicht leiden kann – gerade seine Parteigenossen sind dabei – und es tut wohl, so etwas zu wissen. Und wenn er mir öfter jetzt etwas sagte, was ihm zweifelhaft oder unpraktisch oder nicht recht klar erschien – kirchliche Gebräuche oder herkömmliche geistliche Redensarten und dergl. – so war es meist was, wo ich auch schon meine Bedenken gehabt hatte. Wenn man sowas erlebt an einem anderen Menschen, dann hat man ein so schönes Sicherheitsgefühl, das sonst bei steter Einspännigkeit der Gedanken in Gefahr steht, unterzugehen. Und dann war es auch so gemütlich in dem warmen Zimmer, wo an den Fenstern Eisblumen blühten und der theologische Müll rings um einen ausgebreitet war, denn er ist schrecklich unordentlich. Mir ist nämlich in fremdem Müll stets wohl, nur bei mir selbst mag ich ihn nicht; ich halte die Anhäufung von Müll geradezu für ein Talent, das nicht jeder besitzt. Väterchen z. B. häufte auch ganze Berge, aber kein Mensch empfand das als wohltuend. Vaters Zimmer möchte ich nicht anders sehen. Bei Frauen ist es was Grässliches.

Der gestrige Tag war anstrengend, aber lebenswert. Morgens schwänzte ich auf Dreisings Rat die Kirche und mittags stärkte ich mich mit den anderen an einer vierbeinigen Gans. Das gibt es nämlich hier und sieht sehr naturwidrig aus, da die beiden Gänse so ineinander geschoben werden, dass keiner aus ihrer Anatomie mehr klug wird. Die „zärtlichen Brüste", wie Christian Schulz in Naugarten sagt, wenn er ihren zarten Wohlgeschmack rühmen will, sind bei solchem Tier dann herausgeschnitten, um Spickgans davon zu machen. Als die Baiserspeise erschien, rasselte auch schon mein Wagen vor der Tür und ich enteilte. Dreising lieh mir seinen Fuchspelz, wodurch ich das Aussehen eines visitierenden Superintendenten erhielt und mehr wie ein Halbgott denn als ein Mensch davonfuhr. Es war halb eins und die Mittagssonne kämpfte mit dem Nebel; der Ostwind hatte sich verkrochen, es war wie ein letzter Sommergruß und nur die matten Farben, in denen die Welt aufleuchtete, erinnerten an den Herbst – sowie der feine Schnee, der noch in den Ackerfurchen schimmerte.

Ich hielt dann zwei lange Festgottesdienste; in Naugarten waren wie immer die besseren Zuhörer, in Berkholz aber diesmal die größere Anzahl, wohl wegen der verschiedenen traurigen Todesfälle, die dies Jahr im Dorf vorgekommen waren. Während sie „Jesus, meine Zuversicht" sangen, traf mein Blick auf den Bruder jenes unglücklichen Selbstmörders und ich erschrak fast über die Ähnlichkeit. Von da an begann ich einzelne Teile meiner Predigt im Geiste umzuarbeiten, und als ich auf der Kanzel stand, ersetzte ich alle möglichen Wendungen durch andere, in denen was von Gottes Barmherzigkeit vorkam, – ich hab's gemacht, so gut es ging, und hoffe im Stillen, dass sie an ihre Adresse gelangt sind.

In Naugarten aber, das im Kranze blauer Nebel wie eine abgelegene Friedensinsel aussah, sank schon der Abend herab. Solange Christian Schulz in Naugarten lebt, lässt es sich da gut predigen. Denn er hat alles, was einem das Leben leicht macht: vor allem die Aufmerksamkeit, die sonst nur Kinder besitzen, sodass jeder Pastor, der ihn erblickt, an den „leeren" Stellen, die seine Predigt hat, das Herzklopfen bekommt. Dieser alte Bauer predigt dem Pastor mehr als der Pastor ihm. Es sind übrigens in Naugarten noch eine ganze Reihe ähnlicher Leute da, und wer dies einsame Dorf hinter den Bergen längere Zeit beobachtet hat, kommt von selber auf die Frage, was für ein Schicksal diese Gegend hinter sich hat. Es muss mal etwas ganz Besonderes dort geschehen sein, vielleicht eine große verzweifelte Not oder ein entsetzliches Elend, das sich nun in der Nachdenklichkeit der Urenkel mit einem letzten Abglanz spiegelt. In keinem Ort der Uckermark habe ich diese Art von Gesichtern angetroffen, die gleichsam aus einem alten Bilde herausschauen und den Stempel einer tiefen und andächtigen Frömmigkeit tragen. Es ist aber etwas Seltenes, fromme Gesichter zu sehen – meist sind es Kirchengesichter, und davon gehen zwölf aufs Dutzend.

Ich lege das Predigtlein bei; es ist aber eigentlich zum Hören und nicht zum Lesen.

Nach Hause fuhr ich wie ein wunderliches Ungetüm mit Elefantenohren: denn es war kühl, und so schlug ich meinen Pelzkragen hoch und versank hinter seinen Flügeln. Den Weg sah ich auf diese Weise wenig, aber die Sterne am Himmel ließen sich gut beobachten. Der Tag ist mir gut bekommen.

Heute holte ich meine Uhr vom Uhrmacher ab, die hatte sich erkältet und wurde vergesslich. Herr Sch. bekam gerade Kohlen und so entschuldigte er sich heftig und eilte davon, um sich zu waschen. Währenddem ging im Nebenzimmer ein weibliches Etwas mit einem Kinde hin und her – auf Filzpantoffeln – und starb vor Neugierde. Da in die Wand des Zimmers zur Beobachtung der Kunden ein Viereck geschnitten war, so wurde diese Neugier ja befriedigt, wenn auch nur unvollkommen. Ich war müde von gestern und das eintönige Ticken der Uhren schläferte mich auch wohl ein – jedenfalls gähnte ich plötzlich. Das unsichtbare Etwas schien darüber höchst betroffen und es dauerte nicht lange, so knarrte eine Kurbel und auf einmal begann eine wehmütige Singuhr und unterhielt mich mit dem Weihnachtsliede „Stille Nacht, heilige Nacht"! Die ganze Zeit sah ich, wie der Kopf des Tragekindes in bedenklicher Nähe eines Kronleuchters schwebte, woraus ich schloss, dass das geheimnisvolle Weibliche den Effekt beobachtete, den die Musik auf mich hervorrief. Ich bemühte mich sehr andächtig auszusehen und meiner Uhr, die ein Gesprächsgegenstand geworden ist, Ehre zu machen.

Morgen um halb acht fahren wir nach Prenzlau. Das gräfliche Diner findet möglicherweise, wenn auch nicht mit Sicherheit, in etwa 14 Tagen statt. Fräulein Martha K. reiste heute früh ab und ich möchte, da ich sie einmal geschildert habe, nicht ungerecht sein und verschweigen, dass neben ihren mir nicht angenehmen Eigenschaften auch andere stehen, die mehr wert sind, vor allem wirkliche Selbstlosigkeit und Güte. Menschen, die ihr Temperament nicht beherrschen und ihre Gefühle auf dem Präsentierteller herumtragen, beurteile ich leicht zu hart. Leider.

Fräulein Dreising ist heute nicht wohl und liegt zu Bett – vielleicht wäre ihr schon etwas besser, wenn sie nicht einziges Kind wäre – aber nun reißt sich alles die Beine aus, um sie zu bedauern. NB: ich auch. Die Großmutter ist 'n büschen rum bei Tante Forstmeistern und ich sitze bei der Lampe und grüße Euch vielmals.

Den 26. November 1902, Mittwoch
Mit der gestrigen Sendung habe ich eine große Freude gehabt. Und ich bedanke mich für den Ingwer und die Briefe vielmals. Ich kam erst am Abend, als wir aus Prenzlau zurückkehrten, zur Empfangnahme der Tasche. Der Brief der kleinen Hedwig ist niedlich wie ein Seidenhäschen – ich möchte sie wohl kennenlernen und ihr was schenken. Onkel Pauls Brief finde ich umso bemerkenswerter, als er ja eigentlich keine Briefe schreibt und mit den Beweisen seiner Liebe und Anhänglichkeit zurückhält; ich glaube, dass Vater wenig Leser hat, die ihn so gut verstehen, und mir persönlich ist sein Zeugnis wertvoller als z. B. das von Alfred Biese, der sich, wie die meisten Literarhistoriker, seinen Heinrich Seidel erst zurechtgemacht hat. Damit komme ich auf Vaters Artikel, der mich entzückt, an dem aber der Korrektor seine Pflicht nur mangelhaft getan hat, trotz der neuen Schreibart „Efeu", die mich berührt, als ob mir einer einen alten Strumpf ins Gesicht schmeißt. Was

mir an dem Aufsatz besonders gut gefällt, ist seine Originalität – die Linaria-Skizze oder „Der 50. Geburtstag" fallen mir als Analoga in ihrer Art ein – und ich wundere mich fast, dass Lohmeyer die Plauderei nicht zurückgesandt hat, wie es die Redaktionstradition verlangt. Die ganze Skizze ist ein neuer Typus und die Schilderung eines Stück Lebens, das bisher noch keiner gesehen hat. Als Glanzpunkte gefallen mir: die Teltower Rüben in der 4. Dimension, der Süddeutsche, die Mumie (!!), der Frühling *(kann Frenssen nicht)*, der böse Kläffhund, der Verein der Missvergnügten und Lycoppe, Lycoppe, Lycoppe (!!!). Ich gestehe, dass ich schon bei der „Natur mit schaffensroten Ohren" schwach wurde; aber die zweiflüglige Schiffsschraube ist grandios, ohnegleichen und von einer Perspektive des Humors, wie Weniges auf dieser trübsinnigen Erde. An dieser Schiffsschraube kann man sich ordentlich aufrichten und Lebensmut schöpfen – ich habe die stille Hoffnung, dass ich in keinem feierlichen Moment des Lebens an sie denke, denn sonst ist es mit meiner Karriere vorbei. Für den späteren Abdruck der Skizze in irgendeinem Buch hätte ich den Wunsch, dass das starke Adjektiv „genial" einmal gestrichen würde; auf Seite 101 ist in dem Satz „Dieser Umstand ..." ein „aber" zu viel stehen geblieben; sehr schwierig ist die Frage, ob man moriturus oder ... a schreiben soll, da im Lateinischen die Flüsse masculina sind.

An dem Fest zu Vaters Ehren kann ich wohl leider nicht teilnehmen, weil ich Sonnabend nicht von hier fort möchte wegen der Liturgie am Sonntag. Von Walther Becker erhielt ich soeben wieder einen Brief, er will nächsten Montag, wo er Urlaub hat, nach Berlin aufs Konsistorium. In G. ist es inzwischen noch gräulicher geworden. Neuerdings zeigen sich in K.s Charakterbild auch noch Züge, die manche für strafmildernd halten werden: er ist offenbar nicht nur ehrgeizig und egoistisch, sondern auch in unerlaubter Weise töricht. Ich glaube das schreiben zu können, da es als Resultat übrig geblieben ist, nachdem ich Walthers temperamentvolle Ausführungen bereits durch zwölf dividiert hatte. Meinen Revolutionsbrief, in dem ich ihm schleunige Auflösung seiner Beziehungen zu K. riet, bedauere ich jetzt auch nicht in der geringsten Weise. Walther hat infolge ewiger Aufregung bereits dreimal das Bett hüten müssen, das darf ja nicht so weitergehen. Und K. steigt jeden Sonntag auf die Kanzel.

Gestern in Prenzlau war es recht nett. Allerdings, winters um halb acht mit Kaffee fertig sein, ist ein düsteres und gähnhaftes Vergnügen. Später die Fahrt durch den Morgennebel war frisch und aufmunternd. Der Konvent zog sich wie stets endlos hin – zuletzt war es das reine Räuberkonzil –, aber die Synode machte doch einen guten Eindruck und man hat von *allen* Mitgliedern das Gefühl, dass sie in ihrer Weise redlich und aufrichtig arbeiten. Der Mann, der die Exegese hatte, gefiel mir am wenigsten – aber schließlich muss es auch solche geben. Es war ein kleiner, miesepetriger Pastor, der in den Gegensätzen der heutigen Theologie die „Zeichen der letzten Zeit" erblickte. Wenn ihn diese Idee glücklich macht – ich glaube es wirklich –, so hat wenigstens einer ein Vergnügen davon. Manche Leute kommen über solche Froschperspektive anscheinend nicht hinaus und müssen so verbraucht werden. Nur, dass es einem doch immer wieder weh tut, dass das Christentum unserer Gemeinden alle diese erdigen Konventikelmeinungen mitschleppen soll, weil sie seit alten Tagen im Geruch der Heiligkeit stehen. Der lehrgesetzliche Judengeist ist aber schon hundert Jahre nach Paulus bereits Alleinherrscher in der Kirche geworden – es scheint, als sei er ebenso schwer auszurotten wie der Pharisäismus im sittlichen Leben.

Nach dem Konvent strömte die ganze Synode in Prenzlau umher und kaufte Puppenstuben und Schaukelpferde, denn das Weihnachtsfest naht heran. Auch ich begab mich in den Laden des Herrn ... und ließ mir seinen ... vorlegen und hoffe, dass sich Helmuth an ... freuen wird. Ich wusste allerdings nicht, ob er ... aber später wird er es ja gewiss, sodass ... ihren Wert nicht verlieren. Ich hoffe, ihr habt mich verstanden.

Dreisings sind gegenwärtig etwas aufgeregt über gewisse Schulvorfälle in Templin. Es spielt da ein Revers eine

Rolle, den die Lehrer – also auch Salzmann – unterschreiben sollen und nach dem der unnütze Bengel des Landrates von Arnim-Willmine nicht mehr gehauen werden darf. Wenn Salzmann einen Funken Humor besäße, hätte er den Jammer unterdrückt – nun verdirbt die schmutzige Wäsche der Privatschule in Templin wieder mal die Luft unseres Pfarrhauses. Templin ist gerade klein genug, um durch solche Lappalien aufgerührt zu werden. Und irgendeine sachliche Behandlung irgendeines Gegenstandes sollte von vornherein niemand dort erwarten. Ich hoffe, dass der Fresskorb, den Fräulein Dreising heute an ihren Verlobten schickte, drei Predigtbände, ein Einmachglas mit Rollmops, einen Tassenkopf mit Heringssalat und eine Kollektion Paranüsse – die Stimmung des Bräutigams aufheitert und möglichst bald ein vergnügteres Schreiben von seiner Hand erzeugt. Aber wenn ich jetzt zum Kaffee komme, werden wir uns wohl noch eine Weile sehr entrüsten und was weniges toben. Ich lese ihnen heute Abend Lycoppe vor – vielleicht hilft es. *Mir* geht es gut – warum auch nicht? Denn ich brauche mich weder um einen Bräutigam (oder eine Braut) zu sorgen, noch um K., noch fühle ich mich durch das Einladeverfahren des Grafen beleidigt, noch bedrücken mich Weihnachtsschnitzarbeiten, noch Konsistorial-Monita, noch umgegossene Petroleumlampen oder durch Martha zertöpferte Wringmaschinen. Bei unserer gemeinsamen Arbeit sagte heute plötzlich Dreising sehr heftig zu mir: „Sie haben ja ein *scheußliches* Neues Testament, da steht so wenig auf den Seiten, dass Sie immer umblättern und man ganz nervös wird!" Nun bitte ich einen Menschen! Nachher sprach er sehr liebenswürdig und tat so, als ob er gar nichts gesagt hätte, denn er schanierte sich.

Den 29. November 1902
Das Klima ist hier bösartig wie ein Gnu, ich habe mich schon wieder erkältet, war einige Tage ziemlich elend, aber jetzt geht es besser. Sonst sieht die Welt recht vergnüglich aus, wir sind in der letzten Nacht eingeschneit und von meinem Schreibtisch aus sehe ich in einen Wald von Zucker-

kand hinein und die Schreie der Schlittenfahrer dringen durch die Kaktusplantage an mein Ohr. Auf dem Boden wird gerade Wäsche aufgehängt, diesmal von der Familie Fischer. Es gibt in Boitzenburg nämlich keine Trockenböden und der Pfarrboden ist sehr begehrt. In Schulsachen ist wieder einmal ein kleiner Disziplinarfall aufgetaucht, aber man hat vor lauter Weihnachtsgedanken keinen rechten Sinn für den Lebenswandel eines Schullehrers. Es gibt in der Kreisinspektion drei Enfants terribles, die sich mit ihren Torheiten ablösen – zwei davon sind ganz junge Lehrer, einer aber ist ein Würdegreis und gehört zu der Kategorie, die bunte Westen trägt und für Ordnung und Gesetz nie und nimmer zu haben ist. Die jungen Herren pflegen sich zu betrinken oder in Berlin Taten zu tun, von denen es heißt: „Das ist es ja gerade, was der Schulrat tadelt!" – Der alte Herr dagegen liest in der Stunde die Zeitung oder schließt den Unterricht auf eigene Hand, um sich allerlei kleine Nebenverdienste zu verschaffen, die mit der Tätigkeit eines Lehrers nur geringen Zusammenhang haben. Ab und zu beleidigt er auch seinen Ortsschulinspektor, worauf eine Beschwerde nach Boitzenburg trabt und einige Tage später der Attentäter in Dreisings Studierzimmer vernommen wird. Soviel ich weiß, stellt sich dann alles immer als Missverständnis heraus, der Betreffende nimmt seine Ausdrücke zurück, obwohl er sie nicht gebraucht haben will, und Dreising gestattet sich eine Friedenspfeife.

Habe ich über mein Hinkommen nach Lichterfelde schon etwas geschrieben? Ich werde nicht mehr vor Weihnachten nach Berlin kommen, aber am 27. Dezember zu Mittag bei Euch erscheinen. Ich bitte daher auch, mir nichts hierher zu schicken außer Briefen, auf die ich am Heiligen Abend vor allem hoffe. Am 25. predige ich voraussichtlich um ein Uhr in Berkholz und am 26. zum Abschied in Boitzenburg Text Lk. 2, 15–20.

Hier geht die Welt ginke, ganke weiter. Bei seiner Herrlichkeit, dem Grafen, rappelt es gegenwärtig und seine ganze Administration seufzt. Er krakeelt wegen jeder Mark, bindet all seinen Leuten die Hände und lässt sich über die

381

jammervollsten Posten Rechenschaft ablegen. Der Rendant und Forellenvater Dahms, den er beim Antritt seiner Regierung geerbt hat, intrigiert dabei mit Fleiß und Ausdauer, behauptet andauernd, dass früher alles weniger gekostet habe, und hetzt den Grafen gegen seine besten Beamten auf. Dass der Tageslohn der Gutsarbeiter in den letzten 60 Jahren um mindestens 50 Pfennig gestiegen ist, bedenkt der Graf nicht; aber das kommt davon, wenn man wie er allen Gelegenheiten, etwas zu lernen, vom 6. Lebensjahr an ängstlich aus dem Wege gegangen ist; jetzt wundert er sich, dass er keinen Menschen halten kann und dass sein Dienstpersonal ebenso wie seine Beamtenschaft in ewigem Wechsel begriffen ist. Es bleiben nur die Pensionäre, die nichts mehr tun und das Gnadenbrot essen. Aber von dieser stattlichen Fossiliensammlung hat er nur noch ideellen Gewinn.

Zu Dienstag sind wir bei Pastor Karow in Weggun eingeladen. Morgen werde ich die kalte Kirche vermeiden und nur in der geheizten Kapelle den Kindergottesdienst halten.

Ich weiß nicht, ob es durch die Aussicht auf die Heimkehr kommt, aber ich kann nicht mehr recht sehen und finde Boitzenburg langweilig, was es doch nicht ist. Vermutlich passiert hier noch allerhand, aber es tritt nicht mehr bunt und anziehend vor mich hin, sondern alle Ereignisse verlaufen wie im Nebel und ich finde die Welt manchmal sehr grau. Es ist ähnlich wie auf der Schule dicht vor den Ferien, wo man auch nichts Rechtes mehr tun mag. Ich sehe aber auch, wie wenig ich dazu geschaffen bin, dauernd auf dem Lande zu wohnen, und wie notwendig ich darauf sehen muss, gleich die erste Stelle möglichst in oder nahe der großen Stadt zu erhalten.

Die beiden Kaufleute des Ortes veranstalteten ihre Weihnachtsausstellung, die hauptsächlich aus Pfefferkuchen und scheußlichen Nippes besteht. Das Haus Dreising arbeitet mit Macht für die kommende Zeit. Heute aßen wir den ersten Adventsstollen und die Geschenke für die Sonntagsschulkinder werden demnächst eingekauft. Fräulein Dreising malt ein Gemälde und schnitzt zusammen mit ihrem Verlobten einen Likörschrank (!) und brennt einen Stricknadelkasten nach einem traurigen Entwurf von mir, der aber allseitige Billigung gefunden hat. Von Malsachen verstehen sie hier nämlich gar nichts. Aber es ist doch hübsch, wenn in der Luft immer Weihnachtsgespräche herumschwirren, obgleich ich sonst für langtünige Besprechung der Dinge, die man tun will, wenig übrig habe.

Aus dem Literarischen Echo sehe ich, dass Trojan ein neues Buch herausgibt – hat er es Euch schon geschickt? Wie war denn Helmuths Geburtstag? – ich habe nichts, um auf ihn anzustoßen, aber ich denke heute sehr an ihn – und wie geht es Mutters Husten und wird etwas aus der Reise nach Hamburg?

In diesen Tagen, wo ich teilweise an solider Arbeit gehindert war, habe ich ein Jagdbuch über Südwestafrika gelesen, verfasst vom „Wilden Jäger", wie er sich nennt. Der Verfasser ist ein Gräuel, für drei Viertel alles geistigen Lebens bringt er nur den baren Unverstand mit und von Pflichten gegen den Staat und die menschliche Gesellschaft weiß er offenbar überhaupt nichts, aber gewisse Episoden sind mit einem quellenden und unverfrorenen Erzählertalent berichtet, und ich gestehe offen ein, dass ich mich mit ihm mang die Quaggas und Hartebeester zeitweise sehr wohl gefühlt habe. Für Antilopen habe ich nämlich eine Passion – ich lag auf meinem Sofa, ließ das Buch ab und zu fallen, blickte begeistert an die Decke und malte mir den Moment des Jahres 1903 aus, wo ich zum ersten Mal wieder in den Zoologischen gehen wollte. Wer von Euch kommt mit? Aber dann muss ich 1. das Antilopenhaus, 2. das Nilpferd, 3. das Warzenschwein sehen – für die anderen habe ich gegenwärtig weniger Interesse. Aus diesem Buch habe ich auch eine Anschauung von der Straußenjagd gewonnen und finde, sie ist eine Gemeinheit sondergleichen. Das Buch hat mir der Forstmeister geliehen, den ich neulich mal besuchte; er erzählte viel von seiner Studentenzeit, die noch *vor* Vaters Existenz lag, und wurde manchmal etwas weitschweifig. Aber dass er seinen Dienst immer noch mit Kraft und Frische versieht, ist wirklich ein Wunder.

Dezember

Den 1. Dezember 1902, Montag
Ich habe gestern noch einmal Vaters Artikel mit großer Freude gelesen und finde so viel Behagen und heitere Beobachtung darin, wie etwa in Dickens' Briefen, wo er seine „Verbesserungen in Gadshill" schildert. Aber Lohmeyers Korrektor ist ein Windhund, und meine Neigung, in das Exemplar hineinzukorrigieren, nahm mit jeder Seite zu. Soll ich das Heft zurücksenden oder genügt es, wenn ich es zu Weihnachten mitbringe? Auch Dreisings, denen ich es vorlas, waren entzückt, aber dass die Erzählung mit dem Klub der Missvergnügten plötzlich aufhörte, wollte ihnen gar nicht in den Sinn.

Soeben kam ein Brief Dryanders, wonach die Stelle in Potsdam durch persönlichen Entscheid der Kaiserin einem ihr bekannten Manne übergeben ist. Der Brief ist stark überzuckert und die Hoffnung auf die andere Stelle bleibt bestehen – ich wünschte, dass etwas daraus würde, denn Dreising muss aus Boitzenburg fort – allein, wer kann in das Herz des Oberkirchenrates sehen, zu dem nicht einmal der Generalsuperintendent den Schlüssel besitzt! Das Kollegium der Urgreise ist unberechenbar.

Am 15. dieses Monats feiert das Brautpaar seinen Verlobungstag. Die Eltern wollen ihnen ein Bild schenken, das sie nach dem Katalog einer Lithografenvereinigung ausgesucht haben. Gestern kam es an – eine niederdeutsche Dorfstraße in sehr lebendigen Farben, sodass allgemeines Entsetzen das Haus erfüllte. Ich sagte ihnen, dass die Landschaft aus der Ferne wirken solle und der grüne Rahmen das etwas vergnügte Rot der Ziegeldächer aufsaugen würde, worauf sie sich beruhigten. Aber leicht wurde es ihnen nicht, denn sie sind an die mattherzige Kolorierung vergangener Jahrzehnte gewöhnt. Wenn man die Augen aufmacht, sieht Boitzenburg genauso „kakelig" aus.

Gestern, am ersten Advent, wurde die Krippe zum ersten Mal aufgestellt und Fräulein Dreising machte mit angebrannten Tannenzweigen „Weihnachtsluft", – ihr Papa nannte es nachher ganz anders. Dreising hat von der Natur für sein fehlendes Gehör nämlich eine Über-Nase geschenkt gekriegt, der man leicht zu nahe treten kann. Übrigens hat er neuerdings wieder eine sehr liebenswürdige Periode. Herr Salzmann seufzt unter seiner ungeborenen Adventspredigt. Wenn seine Braut daran denkt, dass er später doch mal gegen 70 Predigten jährlich loslassen muss, so kommt sie ein Grauen an. Die Schulsache in Templin hat sich zurechtgezogen – der Landrat ist dahinter gekommen, dass sein filius die ganze Sache, deretwegen er gehauen wurde, schief dargestellt hat, und der komische Prügelrevers ist in der Versenkung verschwunden.

Den 3. Dezember 1902, Mittwoch
... Es schneit immerzu weiter und die Leute butten in ihre Öfen rein, was sie kriegen – Deputatholz und Stehlholz – und es heißt, dass die ganz kleinen Kinder überhaupt aus einem Bratäpfelzustand nicht mehr herauskommen. Auf den Seen laufen die jungen Damen Schlittschuh und das winterliche Abendrot glüht ihnen durch die Ohren. Schlachter Fischmann aber geht mit dem großen Blutmesser wie ein Würgeengel im Ort umher und schlachtet; heute ist er bei Amtmanns, und Fräulein Dreising, die eine fanatische Hausfrau sein kann, hilft mit Semmelschneiden und ähnlichen Fertigkeiten aus. Der Pastorin ist der gestrige Abend leider nicht gut bekommen; sie war sehr müde und nervös heute Morgen, weinte, als ihre Tochter ihr einen Grog machte, als überstiege dieser Beweis von Kindesliebe die menschliche Fassungskraft, und erklärte nachher, sie sei betrunken; anmerken konnte ihr freilich keiner etwas. Von Jordan kam dann das große Paket mit Weihnachtssachen an, wodurch sie sich wieder etwas belebte. Martha bekommt einen Muff, einen Rüschenkasten, irgendwas zum Anziehen und von Herrn Salzmann einen Nähkasten – die große Frage tritt mir entgegen, was soll ich ihr schenken?? Wäre es vielleicht möglich, dass ihr mir mit dem, was für Dreisings bestimmt ist, etwas schicktet?

Am 15. denke ich, nach Prenzlau zu kommen; im Notfall könnte ich mir dann selbst was besorgen. Fräulein Dreising kriegt was Pelziges um den Hals und den Stoff zu ihrer ersten seidenen Bluse – er ist schön muschelrot mit weißen Streifen – und alle sind überzeugt, dass sie sich unmenschlich darüber freuen wird. Selbst die Großmutter murkst öfter in ihrem Zimmer, wo sie ihr armes bisschen Geld versteckt hat, und neulich ist sie noch dazu bei Glatteis heimlich ausgerückt und hat eine Konferenz mit Herrn Peltzer gehabt. Als man ihr vorwarf, dass sie nicht wenigstens einen Krückstock, sondern bloß ihren Schirm mitgenommen hätte, sagte sie, das könnte keiner von ihr verlangen, dazu wäre sie zu eitel.

Das Unglaubliche ist geschehen und Dreising hat seinen vierten Vikar erhalten, während der Superintendent leer ausgegangen ist! Ich kenne ihn! Er heißt Lommatzsch und ist ein Sohn des verstorbenen Theologen gleichen Namens in Berlin; im Seminar bei Weiß hatte ich die Ehre zu beobachten, wie er sein Fett mit Würde trug, und ich staunte ihn an als eines jener erhabenen Wesen, die aus der Priesterkaste hervorgegangen sind wie ihre sämtlichen Vorfahren und schon im Steckkissen aussehen wie ein kleiner Konsistorialrat. Auch die anderen bewunderten ihn und es wurde unter uns bekannt, dass Schleiermachers Blut in seinen Adern flösse. Es muss aber wohl nur in starker Verdünnung vorhanden gewesen sein, denn nachdem er uns alle mit vornehmer Herablassung behandelt hatte, nachdem er uns mit Wehmut betrachtet hatte, weil wir in die gottlosen Kollegs von Harnack und Gunkel liefen, fiel er im ersten Examen mit großer Eleganz durch – so nachdrücklich wie noch nie – und das Prüfungskollegium hielt ihm eine feierliche Standpredigt und erinnerte ihn an all seine Ahnen, mit denen er uns früher geärgert hatte. Als ich ihn damals ins Examen gehen sah, stand mein Examen noch in ungewisser Ferne – nun will es das Schicksal, dass er in meine plebejischen Fußstapfen treten muss und dass er mich vermutlich mit angstvoller Spannung fragen wird, wie er sich im Hause Dreising zu halten habe. Wer hätte das gedenkt!

Aber der Likörschrank wird fein. Eben nach dem Kaffee besuchte ich Fräulein Dreising hinter einem Wandschirm, wo sie die kleine Tür mit einer Mühlenlandschaft in braunen Brandlinien versah. Ferdy hat mit dem Schnitzen der Umrahmung am letzten Sonntag begonnen und ein feines und sicheres Stück Arbeit geliefert – als Tischlersohn hat er ja auch ein Anrecht auf Begabung in diesen Dingen. Da man im Hause Dreising annimmt, die Natur habe mich mit einem „perspektivischen Auge" ausgestattet, so werde ich alle Augenblicke mal mit Beschlag belegt, um herauszubekommen, woher etwas nicht so aussieht, wie es soll. Ich sage dann ganz im Stil unseres Freundes K. –: hier scheint mir etwas schief zu sein! und siehe da, es ist dann meistens auch schief. Diese Tätigkeit macht mir viele Freude und strengt wenig an. Für den Geliebten selber brennt die Haustochter einen Papierkorb – und was für einen Papierkorb! Seine vier Holzwände werden geschmückt mit Weihestätten, an denen Ferdy geweilt hat. Auf die erste Fläche kommt der alte Wachtturm seines Heimatstädtchens. Dort lebte und wirkte Ferdy in jenem dunklen Zeitalter, als ihm Boitzenburg noch ein nebelhafter Begriff war, und hier legte er auch, als er die Berufung zum Vikariat erhielt, den Schwur ab: wenn Pastor Dreising eine Tochter hat, so soll die Welt untergehn, eh du sie nimmst! Aber was kann der Mensch gegen seine Gefühle! Am 15. Dezember 1901, abends halb elf Uhr, als Fräulein Dreising ihm auf einer Teemaschine Baldrian kochte, ging sein Herz mit Grundeis und das Unglück geschah. Auf die zweite Seite kommt die Schneekoppe, wo das Brautpaar letzten Sommer Punsch trank und glücklich war. Auf die dritte soll ein Stück von Templin und auf die vierte eine Landschaft aus der Umgebung von Boitzenburg.

Der Kasten mit den Zwergen, die ich gezeichnet habe, sieht ganz niedlich aus, aber es ist doch gut, dass die Großmutter, die ihn bekommt, nicht mehr viel sehen kann.

Augenblicklich sitze ich auf meinem Zimmer und es ist 5 Uhr nachmittags – draußen eine blau-weiße Dämmerung, das Zimmer schön durchgewärmt. Dreising lauert in seiner

Höhle auf den Lehrer, der durch den Schnee stampft und über seiner Verteidigungsrede brütet, die Großmutter ist bei der Forstmeisterin. Fräulein Dreising malt und die Pastorin kräftigt sich auf dem Sofa mit der Lektüre von Dickens.

Zum ersten Mal seit längerer Zeit ist mir heute wieder etwas mollig. Ich habe in diesem Jahr die Biografie von Dickens etwa viermal gelesen und muss immer wieder sagen, es war außer Copperfield im Jahre 1890 das beste Weihnachtsgeschenk, das ich je bekam. Aus diesem Buch glaube ich wirklich etwas gelernt zu haben und ich habe mich so oft damit getröstet. Auch jetzt, als ich stumpfsinnig auf dem Sofa lag und vor lauter Schnupfen einen Ölkopf hatte. Sonst las ich jetzt noch Schillers „Geisterseher" wieder; aber es ist eine zu rücksichtslose Geschichte, denn wenn der Knoten geschürzt ist, bricht sie ab. Die Literaturfritzen geben ja ihre Gründe an, weshalb Schiller das Buch plötzlich weggelegt hat, aber mir scheint es manchmal fast, als habe Schiller aus seiner eigenen Verwirrung nicht mehr herausgekonnt, resp. die Verwicklung absichtlich ins Unlösbare gesteigert, um dann seine Leser mit einer kleinen Schadenfreude rallögend sitzen zu lassen. Wenn er einem wenigstens sagte, *wer* der Armenier ist? Fällt ihm jedoch gar nicht ein.

Den 4. Dezember 1902, Donnerstag
Sagt Helmuth bitte vielen Dank für seinen Brief! Dass mein Geschenk wirklich erfreut hat, ist mir nun wieder eine Freude. Dann lief gestern ein Schreiben von Grabau ein. Ich hatte ihn wegen eines neuen Buches seines Freundes Friedrich Huch – Bruder des Rechtsanwaltes – befragt und er antwortete mir umgehend ebenso herzlich wie unterhaltend. Endlich meldete sich auch Walther aus G.: er ist auf dem Konsistorium gewesen und hat dort erfahren, dass nur der eigene Bescheid seines Chefs ihn von der Verpflichtung lösen könne. Ich habe das vorausgesehen: aber Walther wollte ja die Sache nicht persönlich zum Austrag bringen. Den Mut der Aussprache hat er nun doch aufwenden müssen und sein Vorgesetzter hat sich nicht ungünstig benom-

men. Er will zwar noch einige Tage überlegen, aber es ist wohl sicher, dass er ihn laufen lässt. In der gegenseitigen Auseinandersetzung hat er Walthers Verfahren als unlauter bezeichnet und sehr tugendhafte Sentenzen von sich gegeben. Die ganze Sache ist unsäglich peinlich, weil Recht und Unrecht so seltsam vermischt sind. Eine Reihe von Dingen, durch die Walther geelendet wurde, sind von seinem Chef sicherlich nicht so gemeint gewesen; aber Walther musste sie nach seiner ganzen Anlage auffassen, wie er es tat. Die Sünden seines Chefs sind fast lauter Akte, die dieser gewohnheitsmäßig tut und in der Verkrüppelung seiner Persönlichkeit gar nicht mehr als hässlich empfindet. Sehr vieles, was wie Bosheit aussieht, ist sicherlich nur Selbstverteidigung einer gewissen Hilflosigkeit, die allerdings als Schuld anzurechnen ist. So hat der alte Herr sich offenbar nie ernsthaft mit der wirklichen Wissenschaft abgegeben, er kennt nicht die Not und die Seligkeit, die diese Arbeit mit sich bringt, er kennt vor allem nicht die Gerechtigkeit im Urteil über andere, die aus einer geschichtlichen Betrachtung der menschlichen Gedanken hervorgeht. Harnack ist für ihn nicht ein Mann, dessen höchst persönliches und lebendiges Christentum eine eigene höchst persönliche und eigenartige Form gefunden hat, sondern einfach der Ketzer, der von der Gemeindeorthodoxie abweicht. Daraus bestimmt sich auch die Stellung zu Walther: da Walther jenes Buch Harnacks in den Vorlesungen mitstenografiert hat, ist er nun in allen Stücken dessen Meinung, eine geistige und religiöse Gemeinschaft zwischen dem „alten, wahren" usw. Christentum und den „modernen" Anschauungen gibt es nicht – also setzte der Mann Walther ein eisiges Schweigen entgegen und vermied jede wissenschaftliche Ansprache und Betätigung. Über Harnack sprach er gelegentlich mit der nachlässigen Verachtung dessen, der keine Sachkenntnis hat und den verachteten Feind heimlich fürchtet, auch wohl nicht so sehr, um Walther zu ärgern, als um sich selbst eine Befriedigung im Gewissen zu verschaffen. Aber natürlich quälte er Walther maßlos damit – es ist fast das Schrecklichste, was es gibt, wenn man seinen Heros beschimpfen lassen muss, obgleich es eine Ruhe gibt, die auch hierbei nicht aus dem Gleichgewicht kommt. Und Walther kann sowas besonders wenig vertragen. Die Tragik ihres gegenseitigen Verhältnisses liegt in der Inferiorität des Älteren und in Walthers Empfindlichkeit – es ist fast eine Tragikomödie, wenn man die Einzelheiten ihrer Differenzen hört, allein es kommt schließlich für den Ernst der Sache darauf an, wie wir die Einzelheiten empfinden. Walther hat augenblicklich sogar Mitleid mit seinem Chef, der ihm die gekränkte Unschuld mit allen Mitteln der Kunst vorspielt - das wird auch vorübergehen. Gewisse Vorwürfe, die ihm gemacht worden sind, klingen übrigens nicht unberechtigt, so wenig Walther sie auch gelten lässt. Zum Beispiel hat er ihm gesagt, er habe so gar nichts „Pastorales" an sich. Walther denkt dabei an Johanneslocken, Lutherröcke und eine gewisse Salbung, aber man kann dabei auch an etwas anderes denken, was sich nicht in Äußerlichkeiten dokumentiert und allerdings nicht recht zu entbehren ist. Jeder Mensch, der mit seinem Beruf *innerlich* verwachsen ist, hat das in besonderer Weise – eine Art Stetigkeit und inneren Rückhalt gegenüber all dem, was verwirrend auf uns eindringt. Und da ist Walther, wie mir scheint, zuweilen etwas direktionslos. Nun kommt er also wohl nach M. – hoffentlich wie ein Odysseus, der an einer Phäakeninsel strandet. Der Pfarrer dort soll eine Seele von Mensch sein und noch etwas darüber.

Herr Salzmann erhielt kürzlich von der Stelle, um die er sich beworben hatte, die höfliche Nachricht, dass über Probepredigten bereits anderweitig verfügt sei. Es ist die erste Enttäuschung der Brautleute und ich sehe weitere Enttäuschungen vor mir wie eine Pappelallee. Aber sie tragen es mit Würde; er ist auch zu jung für die hervorragend gut dotierte Stelle.

In meiner Röhre braten sechs Äpfel und draußen klingt der Frost und die vier Esel, die mit finsterer Inbrunst Holz fahren, verstehen die Welt nicht mehr. Morgen werde ich wohl mit meiner Besserung so weit sein, dass ich nach Kuhz fahren kann. Der arme Dreising wird mal wieder mit

Amtshandlungen totgehetzt – immer gerade Sonnabend und Sonntag. Aber er ist immer noch vergnügt, weil er wieder einen Vikar gekriegt hat. Die übrigen grausen sich vor Herrn Lommatzsch, weil ihm das Gerücht unnahbarer Feierlichkeit vorausgeht. Es wird wohl im Hause Dreising damit nicht lange vorhalten.

Dass ich schon am 27. reise, ist eine unerbetene Freundlichkeit von Dreising. „Im Sinne des Gesetzgebers" ist es nicht.

Für die spätere Geschichtsschreibung bemerke ich, dass ich mich heute mit Fräulein Elisabeth Singer zwei Minuten lang in einem vollkommen dunklen Zimmer befunden habe.

Zeugen: Familie Dreising, deren Entzücken keine Grenzen kannte. Das junge Mädchen wollte einen Rat in Weihnachtsangelegenheiten haben, wir verließen also den Kaffeetisch, um die Sache in Fräulein Dreisings Boudoir zu besprechen. Kaum hatte ich die Tür geschlossen, als die diensteifrige Martha, immer auf der Höhe der Situation, mit lautem Knall von draußen die Läden zuwarf. Ich glaube, ich bin noch nie so sachlich gewesen wie in diesen zwei Minuten, und ich fürchte, Fräulein Singer konstatierte innerlich „Mangel an poetischem Sinn". Als wir wieder erschienen, herrschte noch immer fröhliche Heiterkeit.

Die Heimkehr steht mir jetzt wie ein märchenhaftes Glück bevor und ich kann es gar nicht glauben, dass ich wirklich in weniger als vier Wochen frei bin! Und doch waren die Ketten so leicht.

Den 6. Dezember 1902, Sonnabend
Draußen sind 12 Grad Kälte; die Periode des arktischen Winters beginnt. In den Forsten brüllt der Eisbär und der Polarfuchs schließt mit Lola Freundschaft, um ab und zu ein Glas Punsch zu bekommen. Selten treffen Nachrichten aus der großen Welt ein und aus den südlichen Ländern; auf dem Marienfließ ist eine Kuchenfrau auf einer treibenden Eisscholle gesehen worden, die mit reißender Schnelligkeit den Kurs nach Prenzlau innehielt. Den Holzeseln sind fast alle Ohren abgebrochen. Manche Leute sollen

jetzt furchtbar lügen, um sich warm zu halten; es hilft aber auch nichts. Als die Kochfrau neulich aus Weggun mit ihrer Eismaschine zurückkehrte, wäre sie fast der empörten Volkswut zum Opfer gefallen. Der Forstmeister aber wird in seinem 81. Jahre zum Hypochonder, denn sie tragen ihm den Wald weg und wärmen sich am Sarge seiner Hoffnungen. Alt und Jung drücken sich auf der Ofenbank zusammen, reiben die Hände und senken die Nasen in stark duftende Getränke.

Im Schnee sitzen die Mäuse zu Tausenden und kein Gift hilft; Aussicht aber, dass durch Tauwetter ihre Löcher volllaufen und sie mit allen ihren jungen Leuten und heiratsfähigen Mausefräulein ertränkt werden, ist nicht vorhanden. In den Wäldern wird gejagt und im Schloss brennt es wieder mal und die Sachverständigen sind ratlos. Die Schlittenfahrt ist eröffnet.

Gestern um drei fuhren wir nach Kuhz. Als wir die weiße Landstraße einherknirschten, hatte ich einmal wieder das lang entbehrte Gefühl, in eine fremde Landschaft zu blicken; die Gewohnheit stumpft ja das Auge ab. Der Park mit dem beschneiten Schloss lag so geheimnisvoll und still im blassen Schein des Wintertages und ich dachte an das rote Kaminfeuer der Bibliothek und sah im Geiste eine bunte, lachende Gesellschaft vor mir, die keine Sorgen kennt und von silbernen Tabletten kleine Teekuchen verzehrt, während sie im Nebensaal schon tanzen. Ich stellte mir auch die älteren Leute vor, die zuweilen von Versailles erzählen, mehr Rum als Tee nehmen und den Gegensatz der behaglichen Gesellschaftsräume und der eisigen Dezemberlandschaft mit besonderem Behagen empfinden. Vielleicht sieht jetzt ein alter Kammerherr, der noch Toilette macht, auf die ferne Landstraße und auf unseren bedeckten Wagen und bedauert die Reisenden – aber wir waren sehr vergnügt und höchst kunstreich eingepackt. Aber langsam und bedächtig ging es vorwärts.

Die uckermärkischen Landstraßen sind sonst um diese Zeit sehr verlassen, aber heute traf das nicht zu. Zuerst trabte ein Jagdwagen an uns vorbei und wir hatten kaum

Zeit zu grüßen: es war der alte Graf Arnim aus Mellenau, der zurzeit des bösen Harry in Prenzlau das Gefängnis bezog; jetzt ist er krank und lebenssatt. Danach kamen Kunstreiter in zwei grünen Wagen. Der Schornstein rauchte fröhlich in die Luft und auf einem hölzernen Balkon, der an dem hinteren Ende des einen Wagens angebracht war, stand ein Futtersack wie eine nachdenkliche Madame. Hierauf erschien das Schimmelchen des Amtmanns und brachte einen jungen Mann von der Bahn, der die Elektrizitätsanlage auf dem Schlosse reparieren sollte. Er hatte einen genialen Schlapphut auf und tat ganz so, als ob er der Graf sei; den über Land gehenden Gutsarbeiter grüßte er mit unnachahmlicher Eleganz, sobald dieser nur den Hutrand berührte. In Wichmannsdorf sahen wir eine Gans, die im Schnee saß, wobei mir eine Hamburger Geschichte einfiel; ich erzählte sie aber nicht.

Der Besuch in Kuhz hatte einen doppelten Zweck: erstens „man so", zweitens Besichtigung der Weihnachtsausstellung. Das Letzte war für uns wesentlich, da wir Geschenke für die Sonntagsschulkinder einkaufen wollten. In einem eiskalten Raum hatte dieser Pastor, der zum Kaufmann geboren ist, seine Synodalkolportage ausgebreitet und auch wir fielen ihr bald zum Opfer. Da lagen Hunderte von kleinen Geschichten mit Moralschwänzen, Hefte zur Brandenburgischen Kirchengeschichte, Spruchtafeln, Diaphaniebilder, Kalender, Krippen mit drehbaren Engeln und was sonst noch an Schneeflocken, Lichtstrahlen und Weihnachtsglocken in Deutschland fabriziert wird. Der ganze Geschäftszweig aber verbessert sich im Geschmack seit zehn Jahren sichtlich und der englische Traktat ist im Aussterben begriffen. Ich schicke Euch vier kleine Weihnachtssterne mit einem Transparentbild, die sollen an unseren Tannenbaum, wenn Ihr sie daran leiden mögt.

Als wir durch das Ausstellungszimmer in wärmere Regionen gingen, wurde Fräulein Dreising gebeten, doch in einem besonderen Zimmer abzulegen, wo ein besonders heller Spiegel sei. Sobald sie hinter der Tür verschwunden war, hörten wir einen Aufschrei, aber unser eilfertiges

Hinzulaufen erwies sich als überflüssig, denn sie war nur ihrem Ferdy in die Arme geraten, den der Pastor dort versteckt hatte. – Der Kaffeetisch war mit Tannenreisern ausgeziert und als Gebäck gab es „Verlobungsringe", eine Erfindung der Frau Pastorin, auf die sie mich mit liebevollem Nachdruck aufmerksam machte. Ich hatte eine kleine Hamburgerin zur Tischdame, deren Ruhm alsbald erklang und deren Passion Molche, Laubfrösche und Krähen sind, die sie aufzieht. Eine sympathische Eigenschaft. Sie malt auch und ist in Handarbeiten geschickt; Vorname Erna. Übrigens war die junge Dame wirklich nett – warum auch nicht? Ich trank drei Tassen Kaffee und aß so viele Verlobungsringe wie Dreising, der es doch gar nicht nötig hat. Dabei ging draußen eine lachsfarbige Sonne unter und es war sehr gemütlich bei diesen guten Menschen.

Nachher besprachen die Damen Weihnachtsarbeiten und der Pastor zeigte Dreising und mir seine neuesten Schätze. So hatte er zwei Kirchenbücher aus der Zeit um 1750 aufgespürt, in denen einer seiner Vorfahren mit liebevoller Genauigkeit die Schicksale einer zu Merseburg gehörenden Gemeinde aufgezeichnet hat. Da war ein langer Bericht über einen spukenden Geist, dessen bemerkenswerteste Eigenschaft war, dass er den Leuten mit einer nassen und heißen Hand wie eine Wasserwolke über das Gesicht fuhr. Auch viele Kanzelabkündigungen und Briefe des Superintendenten befinden sich unter den Notizen; einmal ermahnt er die jungen Leute auf den Emporen, „nicht auf die Hochzeitsgäste mit Steinchen zu werfen, noch hinunterzuspützen oder anderen gräulichen Unfug zu treiben". Es muss eine böse Zeit gewesen sein. Als weiteren Beitrag seiner Familiengeschichte hatte der Pastor ein altes Testament aus der nachlutherischen Zeit aufgetrieben, an das sich ein Familienstipendium geknüpft hat; in diesem letzten Willen vermacht der ledige Onkel dem geliebten Neffen unter anderem seinen „güldenen Zahnstucker".

Im Laufe des Abends erschien noch der Besitzer des Gutes mit seiner Frau, ein riesenhaftes Ehepaar; er trug noch die Messerstichnarbe, die er neulich von einem seiner

Arbeiter erhalten hat. Diese Geschichte regt gegenwärtig die Uckermark auf; die Kerle waren zu vieren und sinnlos betrunken, aber der Gutsherr verteidigte sich so nachdrücklich mit seinem Handstock, dass sie den Kampfplatz verließen.

Mit meinem Husten wird es langsam besser; morgen werde ich wieder nur den Kindergottesdienst in der geheizten Kapelle halten.

Pastor Dreising hatte für den Aufbau einer Kirche in Böhmen Lose genommen und mir eins geschenkt; da keine Nieten da waren, so habe ich sogar etwas gewonnen, und zwar ein kleines, grünes Glas.

Den 9. Dezember 1902

Die Kälte hat heute etwas nachgelassen und als ich einen einsamen Spaziergang auf der Chaussee nach Lychen zu unternahm, ließ es sich ganz gut aushalten. Ich war immer noch etwas müde von der jetzt weichenden Erkältung und die Bewegung seit längerer Zeit nicht gewohnt. Es gibt in solchem Zustande ein Gefühl, als schwebte man dahin, und so wanderte ich denn auch in den Wintertag hinein wie ein Mann, der, auf dem Sofa liegend, Nansens Nordpolexpedition liest. Alles zieht langsam an einem vorüber wie die Uferlandschaft an einem Ruderboot – man wird unsicher, ob man selber eigentlich in der weißen nebelhaften Landschaft existiert, und würde sich über das Erscheinen unbekannter Tiere nicht wundern. Es kam aber nichts Fremdartiges, nur ein sehr vorsichtiger Lastwagen und ein Mann in einem Break, der offenbar zu Tisch fuhr. Ich dachte daran, dass ich diesen Weg im Sommer gegangen war, um zum nächsten Gehölz zu kommen, und hatte Sehnsucht nach rieselnden Quellbächen und Vogelgesang. Der Winter hat in solchen einsamen Gegenden etwas Mörderliches und die alte Germanensehnsucht nach dem neuen Sonnenlichte wird einem verständlich. Da sinkt der Schnee tagelang hernieder und bleibt liegen, die Wälder sehen aus wie der Bart eines alten Mannes, die Fensterscheiben frieren zu und die Öfen verschlingen eine Kohlenladung nach der anderen. Ich weiß wohl, dass es auch eine fröhliche Art gibt, mit dem Winter fertigzuwerden. Aber dazu muss man gesund sein. Heute Morgen ging mir das Feuer, das Martha angemacht hatte, nach zehn Minuten aus, worauf ich rabiat wurde, ein Stück meines Stearinlichtes abschnitt und damit einen Brand erzeugte, der sich sehen lassen konnte. Übrigens sorgen Dreisings in rührender Weise für mich und mein Zimmer ist am besten von allen im Hause geheizt. Gegen Witterungsumschläge sind wir alle machtlos und Dreising hat einmal in seinem Zimmer andauernd nur neun Grad gehabt. Trotz der Kälte, die an den Fenstern Eisblumen hervortreibt, hat einer von meinen Kakteen Knospen angesetzt. Eine Tante der Gräfin, etwas verdreht, hat im Schlosspark ein anscheinend totes Reh gefunden, dieses warm gerieben und eine kleine Wunde mit ihrem Schnupftuch verbunden. Als sie eben damit fertig war, wurde das Reh lebendig, bekam einen Mordsschreck und enteilte mitsamt dem gräflichen Verbande. Am Apollotempel hat man einen erfrorenen Hasen gefunden. Es wird jetzt sehr geheimnisvoll im Hause Dreising Abends quält sich Fräulein Dreising mit ihrem Papierkorb und zeichnet die Landschaften in das Rankenwerk des Rahmens unter vielem Seufzen hinein. Manchmal tut es mir leid, dass ich gar nichts kann. Ich ginge ja gerne auf mein Zimmer, aber das würden sie nicht gerne sehen, und so sitze ich meine zwei Stunden ab und erheitere sie durch schlechte Witze. Aber am Ende fange ich doch noch mal das Schnitzen an, es wäre ein gutes Gegengewicht gegen die geistige Arbeit.

Am 15. Dezember soll gefeiert werden. Ferdy hat freilich an diesem, seinem Verlobungstage, in Berkholz zu predigen, aber der Abend gehört ihm. Auf Bitte der Pastorin habe ich ein „komisches" Lied gemacht, das nach der Melodie „O Tannenbaum" gesungen werden wird und mit Anspielungen gespickt ist wie ein Festhase mit Speckstreifen. Sobald die letzte Strophe verhallt ist, wird das „moderne" Bild enthüllt, an dessen muntere Farbenpracht das Haus sich inzwischen gewöhnt hat. Lachen müssen sie; denn wenn der Kantus auch nicht viel taugt, so enthält er doch einiges Unerwartete.

Meine Weihnachtsgeschenke für Dreisings habe ich bald zusammen. Dreising bekommt einen Kommentar zu Hiob, den er sich wünscht, Salzmann ein theologisches Buch. Frau Pastorin Fontanes „Kinderjahre". Fräulein Dreising Trojans neuestes Buch mit der Widmung:

„Dat di diß Book gefallen do,
As wie din Ferdy di geföllt,
Dat wünscht sick mir as Gaud und Geld
Din Fründ un Gönner Bandelow."

Für die Großmutter muss ich noch was in Prenzlau besorgen. Bei dieser Gelegenheit bitte ich Vater um Übersendung von 30 oder 20 Mark. Ich habe immerzu kleine Ausgaben mit Handwerkern, Doktor, Apotheker, Waschfrau gehabt. Und nun noch die Weihnachtsgeschenke und öfter Trinkgeld. Ich reiche mit meinem eigenen Geld leider nicht aus. Vielleicht lässt sich das Geld in einem gewöhnlichen Brief schicken? – mit Geldbrief sieht es so unersättlich aus.

Von Walther nichts Neues. Gegenwärtig beschäftigt man sich hier eingehend mit Herrn Lommatzsch, der sich Donnerstag vorstellen wird. Die Erwartung ist aufs Höchste gespannt; Fräulein Dreising blickt trübe in die Zukunft, denn sie hält ihn für ein feierliches Huhn. Er soll einen Bart haben und ist nicht musikalisch. Seine Briefe haben einen sehr höflichen Stil, wie ich ihn nicht um zehn Silbergroschen zustande bringe. Mich belustigt alles dieses sehr, weil sie doch sicher auch vor meiner Ankunft entsprechende Erwägungen angestellt haben. Übrigens kann ich jetzt zum ersten Mal in meinem Leben sagen: „Mein Nachfolger" – was ich denn auch im Tone milder Väterlichkeit sage und was ein Genuss ist. Ich habe die dunkle Vermutung, dass sich Lommatzsch mit dem Apotheker nicht so gut stehen wird wie ich, dass er aber im Übrigen mit der ihm angeborenen Würde nicht lange vorhält. Die Dreising'sche Luft ist ihr nicht günstig. Aber gespannt bin ich, wie er sich einlebt.

Am vorigen Sonntag hielt Karow hier Abendmahl und wir gingen alle hin. Von den dreißig Menschen, die daran teilnahmen, kannte ich die meisten; am liebsten wäre ich mit der dunklen Menge der Unbekannten und Armseligen herangetreten, denn ich kann den Gedanken nun einmal nicht loswerden, dass uns das Abendmahl gerade mit den namenlosen und wenig anziehenden Menschen verbinden soll, denen unsere Liebe im Leben immer wieder ausweicht. Das ging nun nicht an.

Den 12. Dezember 1902
Soeben habe ich wieder ein Trostschreiben nach G. abgehen lassen, wo sich die Verhältnisse immer unbehaglicher gestalten; der Chef quält Walther jetzt durch Ungewissheit, was eine liebliche und christliche Beschäftigung ist und gewiss dazu beiträgt, in der Seele seines Vikars Liebe und Dankbarkeit zu entflammen. Übrigens reist Walther Weihnachten nach Hause und wir werden ihn möglicherweise am 27. nachmittags bei uns sehen.

... Wie er sich angekündigt hatte, trat gestern der neue Vikar an. Es war ein Moment atemloser Spannung, bis er eintrat, ein Moment, der beiläufig eine Stunde dauerte, denn der Omnibus verspätete sich und nachher aß Lommatzsch erst etwas im Gasthof, weil er die ländliche Gastfreundschaft nicht kannte. Dreising blieb in seinem Zimmer, während wir in der Essstube saßen. Der Geist der Sentimentalität wurde lebendig und wir seufzten. Fräulein Dreising sagte: Nun sind wir alle so vergnügt und haben's gar nicht nötig. Die Großmutter lehnte am Ofen und sah sehr patriarchalisch aus, die Pastorin strickte. Als es vier schlug, kam Lola unter dem Sofa hervorgekrochen und begann meine Stiefel abzulecken. Wenn er kommt, sagte ich ..., aber da rollte ein Wagen. Er verhallte nach Lychen hin und unsere Gedanken richteten sich wieder auf Daniel. (So nannten wir ihn wegen Schleiermacher; er heißt aber Franz.) Wenn Daniel kommt, sagte ich von Neuem zu Lola, dann beiß ihn in die Beine! Es war roh, aber ich sagte es. Die anderen nickten mit dem Kopf und sahen wenig gastfreundlich aus. Mit wem soll ich mich zergen, sagte Fräulein Dreising, wenn Hühnchen fort ist? Wer begießt meine Kaktusse?, sagte die

Großmutter. Wer leiht mir Bücher von Dickens?, sagte die Pastorin. Wollen wir mal ein bisschen weinen?, sagte ich. Aber Fräulein Dreising war dagegen; sie saß nämlich auf dem Sofa und dachte alle fünf Minuten an den Papierkorb für Ferdy, der ihr heute besonders gut gelungen war. Eigentlich ist die Kirche doch sehr schön, bemerkte sie nachdenklich, indem sie die gebrannte Ölfarbensache mit einem mütterlichen Blicke betrachtete. Wir beeilten uns, ihr beizustimmen, wobei ich natürlich strafend angesehen wurde wie immer, wenn ich ihre Arbeiten lobe. „Hühnchen kenn ich; auswendig ist der Honig und Marmelade, aber inwendig hält er es mit Rotten und Most; der Mensch glaubt ja nicht an meine Perspektive!" Da ich dies tatsächlich nicht tue, so musste ich verstummen. Sie ist in diesen Tagen sehr fleißig; heute verzierte sie einen Bilderrahmen mit Vögeln, die es nie gab und nie geben wird. „Afrikanische Prachtfinken!", sagte sie frech und stolz. Aber das Verhängnis nahte und ein breiter Pinsel mit Ölfarbe fiel hin und wischte einen Schwanz Schweinfurter Grün in das Gemälde. Nun sind es chinesische Schmierfinken, bemerkte ich düster, worauf sie nach mir mit dem Mallappen warf.

Doch ich sprach von gestern. Die Ruhe der Familie wurde plötzlich durch eine Gestalt aufgescheucht, die durch das vereiste Fenster schimmerte und anfing zu klingeln.

Daniel!, schrie die Pastorin, und ließ das Strickzeug fallen. Die Großmutter zitterte von ihrem Lehnstuhl in die Höhe, Fräulein Dreising enteilte, um die silberne Kaffeekanne zu holen, und rief mir zu: Stecken Sie rasch die Nachttischlampe hinter der Krippe an, das macht sich besser.

Wir hörten jetzt zwei Männerstimmen auf dem Flur, von denen die eine einen Schwall wohlgesetzter Redensarten von sich gab. Dann tat sich die Tür auf und „Er" erschien – wohlbeleibt, mit einem schwarzen watteartigen Vollbart und tintenhaften Augen.

Wir saßen nun alle um den Kaffeetisch herum und schwatzten, und wer ein feines Ohr hatte, konnte hören, wie der Pastorin nach und nach ein Stein über den anderen vom Herzen fiel. Er machte tatsächlich einen angenehmen Eindruck und verwöhnt schien er nicht zu sein. Einige seiner Bemerkungen waren mir zu gesinnungstüchtig.

Später stieg ich mit ihm auf mein Zimmer und gab ihm im Verlauf von fünfzehn Minuten eine komprimierte Schilderung des Wissenswerten, wofür er sich in sehr netter Weise bedankte. Er fuhr dann durch Schnee und Eis davon, innerlich offenbar getröstet und mit vielen guten Vorsätzen.

Auf dem Nussbaum vor meinem Fenster ruft eine Kohlmeise und Fräulein Dreising hat neulich einen Vogel im Garten gesehen, „wie aus dem Bilderbuch", es war aber ein Specht. Heute Abend muss ich Tannenzapfen vergolden und Netze schneiden.

Mein Husten ist fort und die Heiserkeit scheint auch langsam aufzuhören, es wird auch Zeit.

Den 15. Dezember 1902
In dieser Woche werde ich meine Abschiedsreise durch Boitzenburg unternehmen. Die Augen von Boitzenburg ruhen auf mir und man erwartet Ereignisse. Als gestern die Fenster des Pfarrhauses hell wurden und das Klingen von Gläsern sowie der Gesang eines heiteren Liedes in die Schneenacht hinausklang, wusste der ganze Ort, soweit er durch die Heilige-Geist-Straße kam, dass meine Verlobung gefeiert wurde. Effektiv und wahrhaftig. Und sie werden es sich nicht ausreden lassen und im Bewusstsein dieses Geheimnisses glücklich sein. Habeant sibi.

Das Nähere wird aus folgendem Gespräch von Frau Lorentz mit Fräulein Singer klar.

„Sie gehen heut Abend zu Pastors?"
„Ja!"
„Da wird wohl ein Fest gefeiert?"
„Ja."
„Herr Vikar ist auch dabei?"
„Ja."
„Diese Feste bei Pastors sind wohl sehr gemütlich?"
„Ja."

„Nun, wenn Herr Vikar Seidel solche Freude an solchen Dingen hat, dann, denke ich mir, wird er sich nächstens selber eine behagliche Häuslichkeit gründen!"

Hierauf betrachtete Frau Lorentz die Erzieherin ihrer Kinder mit einem mütterlichen Blick und umarmte ihre älteste Tochter, als wollte sie sagen: Warte nur, mein Kind, du kommst auch noch dran, ich weiß schon ganz was Feines für dich.

Wir feierten also das Brautpaar mit Glanz und in Eile, denn es war nur eine Stunde Zeit. Am Morgen hatte Ferdy vor fünf Kirchgängern in Berkholz gepredigt, dann hatte er sich auf meinem Sofa bis zu Tisch ausgeruht, während seine Braut bei ihm saß und kleine Pappherzen, die als Fotografierahmen dienen sollten, mit ornamentalem Geschlinge versah. Nach Tisch arbeiteten beide an dem Likörschrank, während ich mich in ein neues Buch von Friedrich Huch vertiefte, das mir Grabau in einem Ausbruch von Generosität und Liebe zu Weihnachten geschenkt hat. Beim Kaffee wurde es schon dunkel, als der neue Oberförster seinen Antrittsbesuch machte. Er ist aus Dresden, schien aber trotzdem ganz nett zu sein. Dann von 6 bis 7 Abendkirche, und zwar in der Kapelle. Es wurde ein Adventslied mit einer Marschmelodie gesungen, das eigentümlich feierlich und rührend wirkte. Die anderen mögen diese Gottesdienste nicht, weil sie so zusammengedrängt sitzen sollen und die Kanzel nur ein altes Lesepult ist und alles so ruppig wie möglich aussieht. Ich empfinde ganz anders; unsere großen Kirchen haben für mich viel zu viel vom Hörsaal oder vom katholischen Kultusraum, und wenn ich zum Beispiel in Berlin in der Zwölf Apostel-Kirche bin, wo die Leute auf ihren bezahlten Plätzen sitzen und grob werden, wenn man in ihr Gehege kommt, so kann ich den Gedanken an die urchristlichen Gemeinden nicht loswerden, deren religiöse Erhebung jedes Privathaus in eine Kirche umzuwandeln vermochte. Und dann war auch ein Junge da, der eine Stimme hatte wie eine Glocke. Die Lichter wehten leise hin und her und draußen war es Nacht.

Nach dem Abendessen begann die Vorstellung. Ferdy hatte einen Frack an und Fräulein Dreising ein Ballkleid. Zunächst trat Mademoiselle vor und brachte eine Ansprache zuwege, die ganz aus Gefühl bestand – worauf sie einen Strauß überreichte, an dem zwei kleine Porzellan-Amors hingen. Allgemeine Rührung, besonders bei Mademoiselle, die an ihren Charles dachte.

Zweiter Akt: das komische Lied. Wir hatten das Bild auf eine Staffelei gestellt und mit einem grünen Tuch verhängt. Mademoiselle und Fräulein Singer standen dahinter und sangen die zehn Strophen nach der Melodie von „O Tannenbaum". Riesenhafte Wirkung. (Die Großmutter beinahe vom Stuhl fallend.) Die Enthüllung des Bildes erfolgte nach folgenden Versen:

> „Nun stehn sie da und schaun zu zweit
> In sonnbeglänzte Weiten.
> Aus lichten Nebeln taucht heraus
> Im Wipfelgrün ein stilles Haus.
> O Zukunftsland, o goldne Zeit,
> Was soll das nur bedeuten?"

Das Bild wirkte aus der angenommenen Entfernung recht gut und die einfache Dorfstraße, an der das Pfarrhaus lag, leuchtete wirklich auf wie eine fröhliche Vision. Beide freuten sich ganz ungemein, besonders allerdings die Braut, die sich freuen kann wie kein anderer mir bekannter Mensch. Als dritten Akt hatten wir dann die Erscheinung von Fräulein Singer, die ein Brotkörbchen für den Hamsterkasten mit Versen von Dreising darbrachte. Hierauf gab es heißen Punsch und Pfannkuchen (Stiftung der Großmutter). Leider hatte ich andauernd gräuliche Kopfschmerzen, wie ich denn in letzter Zeit wieder etwas nervös gewesen bin. Aber ich hoffe, dass die anderen nichts davon gemerkt haben. Sie brachten dann noch Ferdy mit der Hammelbucht nach Haßleben, während der Pastor und ich zu Bett gingen.

Der Graf hat der Familie ein Damwild zum Festbraten geschenkt, da er der Meinung war, das Brautpaar würde dieses Weihnachten heiraten. Möge es ihn nicht zu sehr reuen.

Meine Predigt rückt immer noch nicht recht vorwärts, obgleich ich sie morgen Abend fertig haben will. Wie freue ich mich auf den 27.!

Den 17. Dezember 1902, Mittwoch
Ich befinde mich augenblicklich in der angenehmsten Stimmung, deren ich seit sechs Wochen habhaft geworden bin. Ich habe nämlich gestern mit der Geschwindigkeit eines Zauberers meine Weihnachtspredigt angefertigt und mit ihr soeben die Zufriedenheit des hohen Chefs erzielt. Nun bin ich plötzlich arbeitslos – das bisschen Lernen beunruhigt mich heute noch nicht – und sitze auf meinem Zimmer wie einer, an den keiner rankann. Der Ofen bullert und ich starre in das Klackerwetter draußen und bedauere Martha, die sich in die große Eispfütze des Hofes gesetzt hat, als sie heute ihre amtliche Tätigkeit ausübte. Wenn ich denke, so denke ich ganz langsam und höre ab und zu mal damit auf. Es wird hier jetzt sehr weihnachtlich, wenn auch nicht draußen, wo es gießt und das Diluvium grassiert. Tauwetter ist in dieser Gegend grenzenlos.

Nun möchte ich was von Weihnachten sagen: Da Dreising mit Arbeit gradezu erdrückt wird, so hat er die Fahrt nach Prenzlau neulich gestrichen. Ich konnte daher den Weihnachtsmann nicht antreffen. Seid daher bitte nicht böse, wenn ich nur Vater und Helmuth was zum 24. schicke – für beide konnte ich hier etwas ergattern –, während ich Mutter und Werner diesmal etwas zu Neujahr schenken möchte.

Habt Ihr gelesen, dass „Jörn Uhl" das 100. Tausend erreicht hat? Und dabei hat Frenssen gar keine Kinder, die wie unser Brautpaar heiraten wollen. Der Chef freut sich hauptsächlich darüber, dass ein Pastor mal Geld kriegt – er ist sehr frei von Neid – und ich finde, dass der Erfolg des Buches trotz allem ein Zeichen von Nationalgesundheit ist. Der Gedanke an die „Berliner Range" beeinträchtigt diese Freude allerdings etwas.

Das Buch von Friedrich Huch, das Grabau mir geschenkt hat, ist ein sehr merkwürdiges Buch. Der Zusammenhang mit dem wirklichen Leben ist fast so gering wie im „Ursleu". Aber über das ganze Werk verbreiten sich Schilderungen von einer wunderbaren Unmittelbarkeit und Anschauung. Der Fehler des Buches ist, dass nur wenige an ihm Freude haben können – für die deutsche Familie (im besten Sinne) ist es ganz ungeeignet –, aber man kommt in seinem Urteil über eine Anzahl entzückender Erfindungen in der Art Kellers nicht hinweg. Friedrich Huch ist ein jüngerer Stiefbruder des Rechtsanwaltes und 1873 geboren, von Beruf Neuphilologe. Gegen den pessimistischen Rudolf ist er eine Erfrischung.

Es gibt in diesem Hause eigentlich keinen Fleck mehr, wo nicht etwas für Weihnachten versteckt ist. Gestern hat die Familie die Weihnachtsausstellung von Tante Lorentz besucht und einige Waschkörbe mit Pfefferkuchen und Spielzeug für arme Kinder eingekauft. Fräulein Dreising war wie ein Kind und fing an mit einer Blechküche zu spielen, während sie zugleich auf einer Flöte „Stille Nacht" blies. Diese Flöte bekommt Paul, ein kleiner stotternder Wasserträger, dem ich auch was schenken will. Lola mochte aber das Flötenspiel nicht leiden, denn sie ist sehr musikalisch. Es ist unglaublich, was die Menschen jetzt alles für 50 Pfennig aus Blech herstellen. Ich denke manchmal, als ich noch ein kleines Mädchen war, da gab es sowas gar nicht. Zum Beispiel die Küche. Erstens ist da ein Herd mit drei Feuerlöchern und auf diesem Herd stehen richtige Töpfe mit Deckeln. An der Wand sind Haken angebracht und es erzeugt unbedingt den Eindruck der Üppigkeit, dass mehr Haken da sind als Kochgeschirre. Es ist offenbar eine Küche auf Zuwachs. Unter den Blechgeräten befinden sich Kuchenformen sowie ein silberner Fisch, (ein Reibeisen ist selbstverständlich). Ferner der Apparat zum Sandkuchenbacken. Gab es wohl früher in solchem Apparat eine Form, die die Gestalt eines Landhauses hatte? Ich bezweifle es. Die Poesiealbums zu 1 Mark übertreffen jede Fantasie. Und dann gibt es jetzt Kanonen, mit denen man nicht nur schießen, auf denen man sogar auch etwas blasen kann, wenn man Lust verspürt. Schon die gewöhnlichen Pfefferkuchen bei Tante Götze schmecken sehr gut. Diese würdige Dame ist in den gegenwärtigen Zeiten unbezahlbar, denn sie weiß, was jedes Kind sich wünscht. „Ich dächte, Paul bedürfte wohl eine Flöte", sagte sie. Manchmal versucht sie, die Kinder aus ihrem Laden auszufegen, aber ohne rechten Erfolg. Soweit Kinderhände reichen, ist tatsächlich alles Dreh-Spielzeug bei ihr überdreht. Die kleinen Apothekers wohnen überhaupt nur noch in der Weihnachtsausstellung. Herr Lorentz hat auch eine Weihnachtsausstellung – von großen Gesichtspunkten aus –, aber sie ist durchaus nicht so hübsch wie die seines Tütenkrämer-Rivalen. Ein besonderer Schmerz für Tante Götze sind die kleinen Esel, die sie nur mit Widerstreben verkauft. „Fritz, mein Lieb, gib mir mal den kleinen Esel mit dem *süßen* Schwanz!" – worauf ihr langhaariger Sohn auf die Leiter steigt und es tut. Über diesen Sohn muss sie manchmal seufzen, weil er „so unartig ist". Fritz schäkert nämlich gerne mit den Dienstmädchen und streichelt sie mit seinen Petroleumfingern, – was Frau Götze nicht für recht hält; aber es bekommt ja dem Geschäft immer so gut.

Draußen heult der Sturm und ein Ableger von ihm sitzt in meinem Ofen und singt. Ich hatte neulich Bratäpfel in diesen Ofen getan und sie vergessen; als ich sie herausholte, waren es die komischsten Mumien, die ich je gesehen habe.

Einen Teil meiner Sachen werde ich wohl mit Fracht schicken müssen, da der Omnibus nicht so viel mitnehmen kann. Heute Abend feiert Fräulein Singer ihren Abschied, da sie auf das Fest nach Hause reist. Ich werde mir Mühe geben, gerührt zu sein. Ich glaube, es ist kein sehr gutes Verhältnis zwischen ihren Eltern; von ihrem Vater spricht sie nie und was man von ihrer Mutter hört, erinnert stark an die böse und strenge Tante der Geschichtenbücher. Sie war hier ganz fröhlich geworden wie ein Mensch, der zum ersten Mal in seinem Leben zur Ruhe kommt und an das Ganze noch nicht recht glaubt. Auch Mademoiselle ist eigentlich ein unglückliches Menschenkind, wenn sie auch in dem andauernden Hofdienst gelernt hat, ihre Gefühle zu verbergen.

Dreising hat mir gesagt, er würde mir den Bericht, den er über mich an das Konsistorium schickt, vorlesen; so kriege ich den Anfang meiner „Geheimakten" zu wissen – diese Geheimakten begleiten mich ja nun mein ganzes Leben, was kein angenehmer Gedanke ist. Aber das ist nun mal so.

Den 21. Dezember 1902, Sonntag
Gestern kam Eure Sendung aus Lichterfelde an, die Familie ist in Rührung aufgelöst, allerdings bisher nur über das, was die anderen bekommen, da jeder sein Geschenk erst am Weihnachtsabend erhält. Die Auswahl hätte gar nicht besser getroffen werden können. Man fürchtet für den Gesundheitszustand von Fräulein Dreising in dem Augenblick, wo sie das Teegedeck erblicken wird. Die Arbeitstasche ist die ideale Erfüllung eines Wunsches, den Frau Pastorin seit Jahrzehnten mit sich herumträgt, aber nie mit Ernst vorgebracht hat, weil sie sie für zu kostspielig hielt. Die Bücher werden Dreising sehr vergnügt machen, noch mehr aber das Autogramm, wonach er im Stillen bereits gelechzt hat. War etwas für die Großmutter in der Kiste? Es ist sehr möglich, dass sie es mir nicht gezeigt haben, weil es nicht dazu kam. Jedenfalls soll ich Euch jetzt schon den Dank aller schreiben; nach Weihnachten werden sie sich selber äußern. Sie können sich hier alle ganz barbarisch freuen; man schämt sich manchmal, wenn man ihre Dankbarkeit bei ganz geringen Anlässen erfährt. Übrigens muss Mutter wieder einen von ihren berühmten Briefen geschrieben haben, denn sie versammelten sich gestern alle im Studierzimmer des Pastors und lasen sich dort den Brief vor und kehrten gehoben und strahlend zurück und ließen durchblicken, dass es solche Frau nicht zum zweiten Male gäbe – womit sie auch Recht haben.

Ich bin augenblicklich der Vertraute des ganzen Hauses und leide unter der Kenntnis zahlloser Geheimnisse – es heißt auch schon, dass ich schweigsam geworden sei wie ein Trappist. Gestern rief mich Dreising und zeigte mir eine elektrisch beleuchtete Nachtuhr für die Großmutter. Er hatte noch nie solchen Gegenstand gesehen und bewunderte das zierliche Gebäude ungemein – nur leuchten wollte es nicht. Dies war auch nicht zu verlangen, da er die von mir alsbald gefundene Glasbirne in ihrem Papier fortgeworfen hatte. Nachher leuchtete die Uhr mächtig und ich selber kam in den Geruch einer elektrischen Autorität. Ich zog das Werk auch auf und bei Tisch waren seine Gedanken immer in seinem Studierzimmer und er fragte mich heimlich: „Ob sie wohl noch geht?", worauf die Großmutter neugierig wurde wie ein Stint.

Heute hat Salzmann hier gepredigt, nach meinem Gefühl ganz gut. Aber die Kirche war als am 4. Advent ziemlich leer und es war unangenehm kalt. Fräulein Dreising saß neben mir und ich dachte, dass es keine große Freude für sie sein könnte, denn ich spürte, dass sie Herzklopfen hatte. Mal wurde Salzmann sehr nachdenklich, aber Gott sei Dank eiste er sein Fahrzeug wieder rechtzeitig los und dampfte in den dritten Teil. Als er von der Kanzel runterkam, wusste ich jemand, der in diesem Augenblick dem lieben Gott besonders dankbar war. Ich weiß ja nicht, wie sauer ihm die Anfertigung der Predigt fällt; wegen des Haltens braucht er sich meiner Ansicht nach nicht zu beunruhigen.

Von Walther bekam ich eben einen Brief: er darf am 1. Februar seinen Chef verlassen. Dieser hat Einwendungen, die er auf dem Boden liebloser Gerechtigkeit vielleicht gegen Walther erheben kann, mit bedeutendem Geschick gruppiert und ihn bei einer Aussprache durch dialektische Künste gänzlich auf den Sand gesetzt, sodass sie auseinandergehen werden wie Pecksniff und Tom Pinch. Aber es ist gut so. Natürlich hat der Superintendent in Berlin recht bekommen, da die Differenz zwischen Walther und ihm in der Sphäre des *Gefühls* liegt und das Konsistorium als juristische Behörde nur mit Tatsachen etwas anfangen kann. Die Entlassung Walthers erfolgt nicht, um den Chef eines ihm geschenkten Vertrauens zu berauben, sondern der Chef lässt ihn laufen, weil er seine Barmherzigkeit und Liebenswürdigkeit nicht besser betätigen kann: so zieht er in dem neuen Amt ein mit dem sanft geölten Blick der Entsagung, aber ohne Vikar. Mir ist gleichwohl gewiss, dass er seinen Meister noch finden wird, – vielleicht soll er noch etwas reifer werden, bis er abfällt.

Vor einigen Tagen habe ich mich in die Technik des Wurstmachens einweihen lassen. Es ist eine gräuliche Murkserei, aber frische Wurst – alabonnör! Ich bemerke, dass die Leberwurst sehr gut ist und dass ich die Maschine gedreht habe, durch die jede Leber in ein bräunliches Gewimmel von Piereseln verwandelt wird. „Dies war von der Praktischen Theologie noch übrig", sagte Dreising, der hinzukam.

Er hat mich schon wieder zu einer Konferenz in seinem Heiligtum eingeladen. Diesmal packte er eine Flasche mit „Rübezahlpunsch" aus. „Es soll ein köstliches Getränk sein! Und einem muss man doch sowas zeigen!" Dabei hüpfte er auf einem Bein. „Ich fand auf unserer Reise im Sommer eine Zeitung, darin war er angepriesen. Der Gesundheit ist er auch zuträglich, wenn man nicht zu wenig nimmt."

Mit meinen Besuchen habe ich begonnen, zuerst war ich bei dem Forstmeister. Er saß in seinem Korbstuhl und stand auf und machte die Honneurs, als sei er fünfzig Jahre jünger. Er hat auch jetzt im 81. Jahr noch ein Auge wie ein Falke und fährt bei jedem Wetter in den Wald. Abends liest er viel – zuletzt hat er Vaters Bücher vorgehabt und sie alle hintereinander durchgepflügt: er bittet unbekannterweise um eine Empfehlung. Als ich von ihm fortging, war es so dunkel, dass ich wirklich eingesperrt war in den winzigen Lichtkreis meiner Laterne; dazu rauschte der tauende Schnee von den Dächern und die Eulen schrien.

Heute um vier brennt der Weihnachtsbaum in der Kapelle und wir feiern das Fest mit den Kindern aus dem Kindergottesdienst. Es werden viele kleine Leute da sein, die nach allgemeiner Erinnerung selten oder nie bei uns gewesen sind, aber die Verteilung des Pfefferkuchens wird mit Toleranz geübt.

In die Dörfer der Umgegend hatte ich persönlich noch sehr freundliche Einladungen, die ich aber leider ablehnen musste. Das Wetter ist zu gefährlich. Auch vom Superintendenten habe ich mich gestern brieflich verabschiedet.

Daniel, d. h. Herr Lommatzsch, hat ein feierliches Handschreiben übersandt, in dem er sich bedankt, dass wir ihn neulich nicht rausgeworfen haben. Ich glaube, Dreisings beginnen schon sich vor dieser finsteren Ergebenheit etwas zu graulen –, aber ich meine, man kann hierin eher zu wenig als zu viel tun, und es ist doch jedenfalls beruhigend, dass er geneigt ist, sich unterzuordnen, auch wenn er täglich am Rost gebraten würde. Er scheint furchtbare Schilderungen des Vikariats erhalten zu haben.

Auf Wiedersehn in sechs Tagen!

Den 22. Dezember 1902, Montag
Die Weihnachtsbescherung für die Kinder ist gut abgelaufen. Ich hatte in der Kapelle einen Weihnachtsbaum mit vielen Lichtern auf einen weißgedeckten Tisch gesetzt. Die Lichter steckten in Blechzwingen, deren der Baum eine ganze Anzahl an dünnen Drähten entrüstet von sich streckte. Vom vorigen Weihnachten waren noch Stearin und Papier in diesen kleinen Behältern und es war eine mühsame Arbeit, die neuen Lichter einzuklemmen. Auch Lametta war da, nicht viel, sodass der Baum aussah wie ein Mann, der sich, ohne großes Talent dazu zu haben, einen Bart stehen lässt. Mir gefiel das Ganze nicht. Es sah so neutral aus und ohne Liebe. Auf dem Tisch stand die Krippe (Josef rührte im letzten Augenblick noch der Schlag) und Berge von Pfefferkuchen erhielten einen gewissen feierlichen Glanz von den moralischen Geschichten, die in sittsamen Haufen danebenlagen.

Die Kinder warteten unterdes in der Sakristei. Es war ein großer dunkler Haufe, der wieder in kleine keilförmige Schlachtordnungen zerfiel; als ich meine Abteilung zusammenrief, entdeckte ich eine Anzahl von Herren, die mein Auge bisher nie gesehen hatte. Sie waren wild und originell gekleidet, trugen viel Landstraße an den Stiefeln und schienen über ihre Daseinsberechtigung im Zweifel zu sein. Da ich ihnen nichts tat, wurden sie mutiger und ihr Anführer wälzte sich langsam, aber sicher nach vorne. Er schien zu denken, dass es sich demnächst um eine gewaltsame Erstürmung des Pfefferkuchenberges handeln werde, und war bereit, das Seinige zu tun. Indem kam Dreising und die ganze Schar ergoss sich durch die Flügeltür in die Kapelle. Als ehrlicher Chronist bin ich nicht in der Lage, jetzt einen Streifen „Gefühle im Kinderherzen" von mir zu geben. Die Kinder waren sicher vergnügt und saßen in langen Reihen: drei Viertel machten kleine Schafsgesichter und alle dachten, vermute ich, an den Pfefferkuchen.

Das „Vom Himmel hoch" klang schön und feierlich. Die Weihnachtsgeschichte sagten alle auswendig her.

Dann sprach Dreising von Weihnachten und ich hoffe, dass alle es verstanden. Einzelnes wurde gut beantwortet, besonders die Frage, worin das Christkind gelegen habe und wohinein wir die jungen Kinder tun. „Man packt se ins Bette", sagte der kleine Karl auf die letzte Frage sehr richtig. Und als Dreising sich erkundigte, welchen Zweck die Geschenke hätten, sagte das unruhige kleine Mädchen aus der zweiten Reihe: „Die sind vor die Kinder!" – aber es musste doch noch etwas warten, bis es losging.

Und dann kam es zur Verteilung. Die Geschichten nahmen sie gern, aber die Pfefferkuchen *sehr* gern. Die Jungs packten sie in ihre Mütze und ließen sie dann während des Gebetes erschreckt fallen. Dann sangen alle noch einen Vers und die Feier war zu Ende.

Ein Licht nach dem anderen wurde gelöscht, bis die goldenen Sprüche an den Wänden verschwanden und der Tannenbaum wie ein finsterer Wächter über der gräflichen Gruft die Wache hielt. Ein winziger Schein dämmerte vom Ofen her, in dem die Holzscheite knackten; so schloss ich die Kapelle ab und ging hinter den anderen her. Ich meine, Weihnachten muss noch kommen – dies war zu sehr Abhetzerei und pastorales Geschäft. Aber Dreising hatte sich auch vorher geärgert und war nicht in Stimmung. Die Gräfin hat nämlich verlangt, dass wegen der auf dem Schloss befindlichen Säuglinge die liturgische Feier am 24. früher gelegt werden soll – was auch ruhig geschehen kann. Aber dies Ansinnen ist eins von vielen, in denen Dreising seine Abhängigkeit vom Patronat nahegelegt wird, und wenn er von Boitzenburg wegmöchte, so ist es eben diese Gebundenheit an die Wünsche der Herrschaften. Eine Unbequemlichkeit erwächst ihm aus dem speziellen Fall nicht.

Die Gräfin hat ihn natürlich in der liebenswürdigsten Weise gebeten und ihre bekannten Taubenaugen gemacht. Wahrscheinlich ist ihm dabei eingefallen, wie diese Liebenswürdigkeit nach verschiedenen Erfahrungen zu beurteilen ist, und das ist keine angenehme Erinnerung. Diese Dame lebt nämlich etwas vom schönen Schein – sie würde sterben, wenn sie irgendjemand etwas Unliebenswürdiges sagen sollte; aber wer sie nicht kennt, glaubt an ihr Lächeln, und das ist verhängnisvoll. Trotz ihrer Wohltätigkeit und all der sonstigen Vorzüge nämlich haben der Graf wie die Gräfin für niemand außerhalb ihres Standes ein wirkliches persönliches Interesse ...

Den 23. Dezember 1902, Dienstag
Meine Sachen sind jetzt fast alle verstaut. Leicht ist es nicht, die Masse in drei Koffern unterzubringen, und ich fürchte, ich habe in die ersten zwei zu wenig hineingetan. Es sieht ungemein kahl in meinem Zimmer aus, aber Frau Pastorin befindet sich über meinen ordentlichen Abzug in andauernder Verwunderung; nach ihren bisherigen Erfahrungen scheinen die Vikare nicht nur Müll, sondern auch die Hälfte ihrer irdischen Habe zurückzulassen. So erregte es Sensation, als ich um ein Wischtuch und um eine Handeule bat. Mutters Ruhm steigt – mit Recht. Aus dem Schrank gähnt das Nichts, unterbrochen von Häufchen Wurmmehl. Heute Abend werde ich mich vom Apotheker verabschieden. Im Hause steht alles auf dem Kopf, denn es wird maßlos viel Kuchen gebacken. Salzmann hat vom Schnitzen schon das Zittern in den Fingern und sieht gebrochen aus. Fräulein Dreising knetet abwechselnd Teig und malt Bilderrahmen mit einem blutrünstigen Schwamm an. Der Chef hat sich über die Gräfin beruhigt, nachdem durch Mademoiselle etwas offizieller Dank verabreicht worden ist.

Wir essen jetzt immer frische Wurst und Wurstsuppe, was ein feines Leben ist. Meine Weihnachtskiste an Euch geht heute ab, es war mir grässlich, dass nichts für Mutter drin ist, aber ich habe hier doch nichts. Die Wurst von Fischmann will der genannte Kirchenvater mit Liebe angefertigt haben. Von „Jörn Uhl" wird das 200. Tausend verkauft, was nicht mehr schön ist. Sollte dieser Brief erst am 24. ankommen, so wünsche ich Euch mit ihm ein sehr fröhliches Weihnachtsfest und stoßt auch mal mit was auf mich an.

Den 23. Dezember 1902, Dienstag
Die dunkle Stimme der Gemeinde, die man manchmal so gerne hörte und die so beharrlich zu schweigen pflegt, hat nun doch in dem Bauern Christian Schulz Gestalt gewonnen und mir ein erfreuliches Abgangszeugnis ausgestellt. „Er is woll mächtig fleißig, dat markt man aus seine Predigten, un wenn er auf de Kanzel steht, denn is er immer so mitten drinne." Den Fleiß lass ich dahingestellt sein, aber ernsthaft und aufrichtig habe ich es gemeint und es ist für mich eine große Freude, dass sie es auch empfunden haben. Mir wiegt dies Urteil schwerer als etwa eins vom Schloss, wo sie schon berufsmäßig freundlich urteilen – denn der Prediger ist doch schließlich auch eine „gräfliche Institution". Ich predige am 1. Weihnachtsfeiertag in Naugarten.

Heute lernte ich meine Weihnachtspredigt, denn morgen liegen möglicherweise allerlei Hindernisse vor. Draußen ist es winterlich grau und es friert wieder. Auf der Landstraße gehen die Leute mit Weihnachtsbäumen, jede Familie bekommt einen, aber die ärmeren müssen ihn sich holen. Im Hause wird gepackt und alles ist beschäftigt, die weitverzweigte Verwandtschaft mit ländlichen Produkten zu erfreuen. Der braune Hase muss sich in der Stellung eines indischen Büßers in einen Karton zwängen lassen und mächtige Kruken mit Grünkohl werden durch die Großmutter versandfähig gemacht. Die Großmutter ist überhaupt in diesen Tagen obenauf. Wer häkelte je mit gleichem Erfolge Filet? Eine Fabrik von Kindermützen liefert keine niedlicheren Erzeugnisse als sie. Dann plättet sie plötzlich wieder Oberhemden oder spickt ein Damwild oder speilert Blutwurst. Eine furchtbare alte Dame, was Leistungsfähigkeit betrifft. Ich habe gestern einen Unglücksfall erlebt, der aber gut abging. Als ich eine Flasche mit Bronzetinktur öffnete, um einen Weihnachtsstern anzumalen, sprang mir ein Tropfen ins linke Auge und brannte wie höllisches Feuer. Beim Nachspülen mit Wasser verschwand der Schmerz und es hat nicht geschadet. Auch ein paar elegante Stiefellängsschnitte musste ich für Fräulein Dreising aus Pappe und Silhouettenpapier anfertigen, da sie Ferdys neue Lackstiebel nur in dieser symbolischen Form auf den Weihnachtstisch bringen will.

Die Pastorin befindet sich in großer Unruhe, da ihr Weihnachtsgeschenk für den Pastor nicht ankommt. Sie hat in Prenzlau einen Koffer bestellt, in den die ganze geistliche und schulinspektorliche Ausrüstung hineingeht, und dieser Koffer weigert sich zu erscheinen. Überhaupt sind fast alle bereits etwas nervös und geneigt, harte Worte gegen Holzwolle, Siegellackstangen und Kistennägel auszustoßen. Fräulein Dreising ist furchtbar erkältet und eigentlich pflegebedürftig, während Ferdy über Nacht seinen Fingertatterich wieder losgeworden ist. Martha versagt auch schon – sie hat auch übermäßig zu tun, als lebten wir noch in der guten alten Zeit.

Auf dem Schloss ist Jagd gewesen und 146 Hasen haben dran glauben müssen. Der neue Oberförster aus Dresden, der nach seiner eigenen Aussage aus „sehr guter Familie, wissen Sie" stammt, hat zu dieser Jagdbeute einen ganzen beigesteuert, worüber sich gewisse Leute gefreut haben.

Hat Hans Hoffmann sein Buch über Hauff geschickt? Es ist ruppig von ihm, dass er es geschrieben hat; weil ich dachte, ich wollte es später mal schreiben. Sie klauen einem jetzt die ganze Romantik mit Dependencen weg und die Biereifrigsten wimmeln sogar schon über das Junge Deutschland hin; wo sie bleiben mögen.

Heut Nachmittag war ich mit dem Pastorehepaar bei dem Doktor. Er selbst war leider nicht da, dafür Frau Amtmann. Man kommt gar nicht auf die Idee, dass ihre Tochter eine junge Frau ist – es ist, als ob sie zu ihren eigenen Stühlen und Tischen kein rechtes Verhältnis hätte. Drei Zimmer sahen wir, eins mit einer Estrade, die zu groß war; eins, wo der Tannenbaum stand wie ein humoristischer Herr, der ein Lied singen will, sehr selbstbewusst und hoffnungsfreudig; eins mit Prunksofa und Sesseln, wohl das Boudoir der jungen Frau. Ich habe selten so viele hübsche Möbel gesehen, die als Ganzes so auseinanderfielen und erkältend wirkten. Das Haus ist wohl nicht bewohnt genug, denn die Zimmer beim Apotheker, die entweder dürftig oder stillos möbliert sind, haben trotzdem etwas Behagliches. Der Graf hat dem Doktor die Sixtina geschenkt; von Vater Amtmann stammt eine Königin Luise aus Biskuit, die aber aus der Entfernung ganz nett aussieht. Wir saßen sehr feierlich und quollen von Menschenfreundlichkeit über. Es ist merkwürdig, aber in diesem Hause empfindet jeder das Bedürfnis zu trösten. Wir bedauerten den Doktor, der wieder sehr abgehetzt ist und heute Morgen einen Mann verbunden hat, dem ein anderer Mann die Nase abgebissen hatte. Wir schwärmten für Gardinen und teilten uns mit, was wir unserer Waschfrau und unserem Wasserträger zu Weihnachten schenken. Als es so weit war, fischten wir unsere Glaces aus den Zylindern und konzentrierten uns händeschüttelnd rückwärts – ich mit Dreising nach Hause gehend, während die Pastorin zu Frau Lorentz entschwand.

Meine Schusterrechnung habe ich heute selber bezahlt. Herr Schulz begrüßte mich und schenkte mir dann eine Probe seiner Philosophie. „Wenn ich das Jahr bedenke, so rauscht es dahin! Da war erst der Pastor Körner. Gut. Dann kam der Pastor Salzmann, dann kam der Pastor Seidel. Wo sind sie, fort!" Währenddem wurde sein Mittagstisch mit einem Schwamm abgewaschen, er quittierte die Rechnung und rings um uns hingen dreißig feierliche Kanonenstiefel. „Gehn Sie mit Glück – sechs Mark dreißig, es stimmt – und dann ein großes Amt, das ist das Beste! Habe ich recht?" – „Ja", sagte ich begeistert und entfloh, während Herr Schulz mit fliegendem Haar in seiner Tür stand und dahin zeigte, wo der Polarstern befindlich ist. Das ist der *eine* Schuster von Boitzenburg – der andere hat sich im Sommer an einer Türklinke aufgehängt, was für seine Frau vielleicht das Beste war. Ich befürchte, dass ich hier in Boitzenburg mir noch manches Original habe entgehen lassen.

6 Uhr Nm.
Der Koffer ist da, und die Pastorin benommen vor Glück. Alles belebt sich, denn auch das Brautpaar ist mit den großen Dingen fertig; jetzt machen sie etwas für mich und ich darf plötzlich nirgendwo mehr hin. Dreising ist in seine Weihnachtszigarren eingebrochen und raucht mit dem erhabenen Genuss, den ihm diese Tat gewährt. Ab und zu klingeln kleine Jungs bei ihm an, denen er in den letzten Tagen Pfefferkuchen versprochen hat.

Ich schließe den Brief, da ich zum Apotheker gehen muss, der mich nicht ohne warmes Abendbrot von sich lassen will. Ich freue mich darauf, denn in seiner Apotheke ist es immer gemütlich. Nun sind es noch vier Tage, bis ich zurückkomme; von meiner Predigt habe ich mir heute doch noch nicht allzu viel angeeignet, aber morgen ist auch noch ein Tag.

Den 24. Dezember 1902, Mittwoch
Soeben, halb zwei Uhr mittags, habe ich meine Predigt im Kopf, worauf ich wieder Mensch werde und Euch einen Brief schreibe. Eure Briefe sind heute angekommen und waren für mich ein feines Weihnachtsgeschenk. Mutter und Werner vielen Dank und Helmuth mein Mitgefühl. Ich begreife, dass er nicht schreiben mag.

Gestern turnte ich also bei einbrechender Nacht zum Apotheker. Es war sehr glatt und es fehlte nicht viel, dass ich an derselben Stelle mit meiner Laterne zerschellte, wo der Apotheker sich neulich so gräulich hingesetzt hat, dass ihn zwei junge Leute aufsammeln und nach Hause bringen mussten. Er empfing mich mit Rührung und setzte mich auf sein Sofa und steckte mir eine Bauchbindenzigarre in den Mund. Hierauf holte er die erste Flasche Rheinwein, die sehr gut war, – und wir tranken langsam und bedächtig.

Um halb acht gingen wir zum Abendbrot und die Frau Apotheker war so nett zu mir, dass ich wirklich empfand, wie freundlich sie mir immer gesinnt gewesen sind. Die Kinder lagen im Bett, zwei Söhne sind in Nordheim in Pension, am Tisch aber saß Cronje, Cronje hatte glänzende Augen und bekam zur Feier ein Glas Rotwein, woran er die ganze Zeit herumtrank und womit er sehr komisch anstieß, sodass es „flupps" sagte. Wir sprachen etwas viel vom Essen, aber da wir sonst immer von Büchern reden, so war es ganz in der Ordnung. Ob der Kartoffelsalat oder die Spickbrust oder das Gänseweißsauer besser war, lässt sich schwer entscheiden. Nachher saßen wir meiner Erinnerung nach auf dem Sofa und der Apotheker kam ins Renommieren – in einer harmlosen, gutmütigen Art –, und während seine Frau drinnen den Baum aufputzte, fädelten wir Weihnachtskonfekt ein. Der Faden, an dem die Zuckersachen hängen sollten, musste nach der Gewohnheit des Hauses um einen Band Raabe gewickelt sein und das Konfekt selber, das zum großen Teil aus Schokoladeurnen und -stiefeln bestand, entstammte vielfach der eigenen Fabrik des Hausvaters. Er erzählte auch von seinen sonstigen Unternehmungen und versprach mir einen Karton mit Magenmorsellen für Mutter. Jedenfalls suchte er mir in jeder Weise Spaß zu machen, und als ich ging, verbarg er seine Rührung unter einem gewaltigen Händedruck.

Den 25. Dezember 1902, nachmittags 6 Uhr
Der erste Teil meiner Weihnachtsarbeit liegt hinter mir und ich sitze nach mancherlei Erlebnissen auf meinem ausgeräumten Zimmer. Es riecht nach Schneeglöckchen, denn in meinem Rock duftet ein Blütenstrauß, der bei dem heutigen Diner auf meinem Platz lag. Sie haben mir wieder so viel Liebe erwiesen, und ich komme nicht mehr dazu, alles nach Verdienst aufzuschreiben.

Um halb fünf begann gestern die liturgische Weihnachtsfeier. Die Erinnerung an den kummervollen Zirkus, den uns Pastor M. vor einem Jahr vorführte, ist ausgelöscht. Ich wusste ja, dass Dreising ein guter Liturg ist, aber ich stellte mir doch nicht richtig vor, was man aus solcher Feier machen kann. Draußen heulte der Wintersturm – wie jetzt –, trotzdem kamen die Leute in Scharen. Zwei riesige Tannenbäume brannten zur Seite des Altars, sodass Dreising an den Platz seiner Wirksamkeit hintrat wie ein Mann, der in einen Märchenwald hineinschreitet. Die Hofloge war dicht besetzt ... Die Orgelempore wies einen zahlreichen Kinderchor auf und alles war voll Weihnachtserwartung. Abwechselnd las Dreising die alten heiligen Geschichten und die Kinder sangen – aber alles ging vor sich ohne Störung, keiner sprach ein Wort, wo es nicht hingehörte und die Antwort der Kinder brauste in demselben Augenblick aus der Höhe hernieder, wo der Pastor schwieg. Seltsam rührend klang das „Stille Nacht", gesungen von Männern, die sonst auf dem Felde hinter der Pflugschar hergehen oder als Heidewächter das ganze Jahr hindurch nur die ewigen Stimmen der Einsamkeit vernehmen. Sie sangen das Lied mit verhaltenen Stimmen – wie das Brausen des dunklen Meeres, auf dem das glückhafte Schiff des Heilandes langsam herannaht. Bald brannten einige Zweige an und ein leichter Tannenduft wehte durch den Raum. Und dann kam die Gemeinde zu ihrem Recht und Luthers Weihnachtslied ertönte – mit so viel Freude und Hingebung gesungen, wie ich es noch nie gehört habe. Das war wirklich eine Weihnachtsfeier.

Wir verließen die Kirche möglichst rasch und eilten in der nötigen Gala in den Reitstall, wo der zweite Teil des Festes vor sich ging. Die Herrschaften waren längst da und die Gräfin, die so schön war wie selten, machte die Honneurs. Hunderte von Leuten hatten sich bereits angefunden; der weiche Sandboden dämpfte die Schritte, an den geweißten Wänden schauten die Hirschgeweihe aus dem Tannengrün heraus und ein heller Glanz flutete hernieder von den Riesentannen, die für diesen Tag gefällt waren. Es waren hufeisenförmige Tische aufgestellt, endlos lang, von Menschen umdrängt und mit Geschenken beladen. An der linken Seite war die Spielschule aufgestellt, kleine glückliche Kinder, die mit hellen Augen auf ihre Puppen und Soldaten sahen und mit den Händen gerade auf den Tisch reichen konnten. Diese Händchen waren gefaltet, und als das alte Fräulein mit dem Kopf nickte, fingen die kleinen Stifte an ein Weihnachtslied zu singen und bewegten die Köpfe hin und her und waren so vertieft und überzeugt von allem, dass eine große Stille im Saal entstand. Danach huben sie noch einmal an und trugen ein Preislied auf die Gräfin vor und mir war, als ob die Gräfin weinte. Inzwischen hatte der Kantor mit seiner Kohorte an den Weihnachtsbäumen Aufstellung genommen, und nachdem er ausdrucksvoll intoniert hatte, stieg ein Sang von Händel in die Höhe, sehr zuversichtlich und mit leichter Grazie, Schwierigkeiten betreffend. In das Schweigen, das dieser Kunstleistung folgte, mischte sich das erste Gespräch, als Dreising seinen Zylinder abnahm und in der Mitte der Reitbahn eine gute und männliche Ansprache hielt. Auf diese Ansprache aber folgte ein großes „Rührt euch" – alles lief durcheinander, dreißig Kindertrompeten ertönten und gerührte Mütter drängten sich um die Gräfin, während der Graf seinen Riesenleib herabneigte zu kleinen Männern und Fräuleins und mit endloser Geduld und den Manieren eines regierenden Fürsten den Dank der Kinder entgegennahm. In dem Gewimmel blühten auch zwei feuerrote Mützen, die waren sehr stolz und vergnügt und Fräulein Dreising fragte mich: Sehn Sie Großmutters Werk? Leider war die alte Dame nicht anwesend, um ihren Filet-Triumph mitzuerleben. Sehr hübsch war auch der rechte Tisch, wo zwanzig Urgreise und Urweiblein ihr Gestricktes und ihren Pfefferkuchen vor sich hatten und sich Bemerkungen in ihre tauben Ohren brüllten, aus denen ihre Zufriedenheit hervorging.

Wir waren kaum in unser Haus zurückgekehrt, als Dreising schon fragte, ob es nicht losginge. Aber erst musste das Brautpaar noch seine Bundeslade in den Weihnachtssaal tragen, die erst am selben Tage ihre letzte Ölung erhalten hatte. Dann steckte er die Lichter an, während wir im dunklen Zimmer Ruhe heuchelten. Fräulein Dreising war jetzt schon so glücklich, als hätte sie ihren Spitz bereits weg und strahlte in einem fort.

Die Bescherung erzeugte eine solche Rührung und ausgelassene Freude, dass die Feder sich sträubt, einen Bericht zu geben. Großlichterfelde triumphierte; ich glaube, ihr habt selten Menschen so glücklich gemacht wie die Familie Dreising – Martha eingeschlossen.

Mich hatten sie alle freundlich bedacht. Die Pastorin schenkte mir für meinen Schreibtisch ein Fell, den Braten dazu gab es heute – Dreising Predigten von Hoffmann, die Großmutter Zigaretten und einen Markenanfeuchter, das Brautpaar hatte mir gemeinsam etwas gearbeitet: eine Mappe, gemalt von Fräulein Dreising mit Aufnahmen von Boitzenburg. Und dann standen sie um mich und sagten, ich sollte heute recht vergnügt sein – was ich in meiner Weise schon war –, und Fräulein Dreising sagte: „Ick dank di ok, Fründ Bandelow" – denn sie freute sich sehr zu ihrem Buch.

Das Abendbrot stand unter dem Zeichen des Rübezahlpunsches, dessen erstes Opfer Ferdy und ich wurden, denn wir tranken Brüderschaft. Später erschien auch Mademoiselle und verehrte mir eine Fotografie, auf der sie mit Fräulein Singer als „Julia und Selica" abgebildet waren. Die Großmutter lachte in einem fort in ihrer Ecke und drückte ab und zu auf ihre Nachtuhr; die Pastorin wurde wehmütig und ließ sich von mir ein Gedicht von Vater vorlesen, um sich zu stärken; die Kinder – wie sie genannt werden – saßen auf der Ofenbank und wohnten in einem Lande, in dem sie sich sehr wohl fühlten. Auch mein Teppich wurde eingeweiht, indem ich mich mit dem Brautpaar darauf niederlassen musste, wozu wir türkische Zigaretten rauchten. Aber es war zu viel des Guten und ich bin heute ein schlechter Berichterstatter, da ziemliche Anstrengungen hinter mir liegen.

Heute Morgen las ich zunächst zwischen brennenden Tannenbäumen die Liturgie. Gegen halb eins fuhr ich mit Dreising davon, während ein fröhlicher Sturm durch die kahlen Baumwipfel sauste und die weiße Frau, die wir auf dem Kutschbock mitgenommen hatten, hin und her flatterte. Ich fuhr dann allein nach Naugarten weiter und hielt dort den langen Gottesdienst vor einer überfüllten Kirche;

es war aber doch mehr Freude als Arbeit. Die Kinder sangen auch hier sehr schön, aber die Orgel verlor mehrmals die Luft, weil der neue Bälgetreter seine Sache noch nicht recht verstand. Der alte Bauer Schulz sagte mir das Lebewohl der Gemeinde und war sehr herzlich.

Festglanz empfing uns, als wir mit Not und Mühe durch ein gräuliches Unwetter hindurch im Hause ankamen. Der Weihnachtsbaum war wieder angesteckt und eine schimmernde Tafel prangte im Blumenschmuck. Ich führte die Pastorin und alles war sehr feierlich – sogar ein Menü lag auf den Gläsern. Martha wartete auf und barst vor unterdrücktem Lachen. Wir nannten die Großmutter andauernd Frau Herzogin, was ihr auch einging wie Baumöl; allein als einer fragte, wer das köstliche Pflaumenkompott hergestellt habe, und die Antwort erfolgte: das hat Ihre Durchlaucht gestern in der Ofenröhre fabriziert, ließen wir diese Fiktion wieder fallen. Es wurde, wie bei Dreisings stets, andauernd angestoßen – mit Vaters Wein; das erste Hoch galt daher auch Herrn Dr. Seidel und dem Grafen Arnim, d. h. den beiden Männern, denen wir das Festgetränk und den Festbraten verdankten.

Morgen habe ich nun um zehn die Predigt in Boitzenburg; danach verabschiede ich mich auf dem Schloss und bei einigen Gemeindemitgliedern. In der Frühe des 27. reise ich ab, den alten Landweg, auf dem der Omnibus trotz seiner Langsamkeit sicher an den Zug kriecht.

So ist dies der letzte Brief aus Boitzenburg und die Berichte über das Vikariat von 1902 gehen zu Ende. Ihr wisst, wie sehr ich mich auf meine Heimkunft freue, aber wenn ich hier Abschied nehme, so kann ich mich in dem Augenblicke nicht freuen. Denn sie haben mir Gutes getan und ich habe sie lieb gehabt – lieber als sonst Menschen, mit denen ich außerhalb unseres Hauses zusammenkam.

Tagebucheintragungen

28. Dezember 1902
Die Nacht vom 25sten auf den zweiten Weihnachtstag verlief unruhig. Ein rasender Sturm heulte durch die Wälder, Blitz und Donner fuhren über den Himmel, während der Regen an die Scheiben peitschte. So schlief ich spät ein und wanderte dann voll Unruhe durch wirre Träume. Aber als ich am Morgen die Weihnachtsstube betrat, wo sie bereits alle versammelt waren, fühlte ich mich plötzlich froh und glücklich.

Ich finde mich wieder in der eiskalten Sakristei und der Wind umwandert die alte Kirche, während das Predigtlied anhebt. In meinem Herzen ist keine Unruhe mehr, nur eine stille Trauer und der Wunsch, diesmal mit der ganzen Kraft zu der Gemeinde reden zu können. Weil ich doch immer denke, dass mein Leben einmal früh erlöschen wird und dass dann das große Vergessen kommt und ich keinen Teil mehr habe an dem Treiben und Schicksal derer, die ich lieb habe. Aber vielleicht beginnt dieser Anteil erst dann in Wirklichkeit.

Ich glaube, Gott hat mir meinen Wunsch erfüllt. Trotzdem ich sechs Wochen heiser war, hatte die Stimme ihren reinen Klang zurückerhalten und keinen Augenblick verließ mich das Gefühl der Sicherheit. Mein Konzept verschwand bald gänzlich und ich wurde frei in den Worten, die mir im Augenblick zuströmten. Noch einmal sah ich die alten, bekannten Gesichter, fast wie im Nebel freilich – der Graf hörte aufmerksam zu und die Gemeinde war ruhiger als gewöhnlich. Als ich die Kanzeltreppe herabstieg, sank mir ein leichter Schwindel über die Augen, aber ich zwang mich und ging ruhig hinaus.

Mein Herz schlug wild, als ich nun in der Sakristei auf und ab ging und plötzlich dachte ich wieder daran, dass ich morgen früh reisen würde.

Sie redeten freundlich mit mir, als ich im Pfarrhaus angelangt war. Aber ich hatte keine Zeit, denn ich musste noch aufs Schloss. Ein leichter Frost hatte sich wieder eingestellt, ich schritt durch das rote Portal und wartete dann im Vorzimmer. Kein Mensch ließ sich blicken. Auf dem Tisch befand sich eine ehrbare Versammlung von Zylindern, aus unbekannten Gegenden kamen Kinderstimmen und irgendwo klapperte Geschirr. Ich ging einsam auf und ab, blieb dann stehen, um mir die goldene Erntekrone zu betrachten, die von der Decke mit langen, zitternden Papierstreifen herabhing, und horchte wieder. Ich betrachtete eine Lampe, deren Reflektor aus alten Zinntellern bestand, stellte fest, dass das Dienerzimmer nebenan leer war und hörte zur Abwechslung auf das eintönige Schlagen der Turmuhr. Endlich kam ein schlurfender Schritt und auf der Treppe erschien eine alte Frau, die sich bei der Gräfin für die Weihnachtsbescherung bedanken wollte. Als sie die Sachlage erfasst hatte, rief sie mit dünner Stimme nach Paul – aber Paul antwortete nicht. Nach weiteren zehn Minuten rauschte eins der Schlossmädchen die obere Treppe herab und wäre mit einem neugierigen Blick an mir vorbeigegangen, wenn ich sie nicht gestellt hätte. Hierauf bequemte sie sich an ein braungeschnitztes Schiebefenster und nachdem sie eine schrankartige Höhlung aufgedeckt hatte, redete sie eine darin stehende einsame Weinflasche mit dem Namen Dicks an und teilte ihr mit, dass „ein Herr anzumelden sei". Die Flasche antwortete etwas Unverständliches. Plötzlich wehte hinter mir eine Tür auf und der Haushofmeister lächelte mich an. Ich lächelte wieder und brachte meinen Wunsch vor. Er verschwand wie ein ausgehendes Nachtlicht und blickte von Neuem auf, während er zugleich die Tür zum Jagdzimmer öffnete.

„Bitte!"

Der Graf erschien nach einer Minute im Jagdzimmer und bald auch die Gräfin. Wir sprachen von mancherlei und er äußerte sich freundlich über verschiedene meiner Predigten. Mir war manches Urteil lieb, so die Anerkennung dessen, was ich mit Not und Mühe zum Reformationsfest losgeeist hatte. Der märkische Adel ist vielleicht der größte Gegner des Katholizismus. Als ich ging, bot er mir für alle vorkommenden Fälle seine Empfehlung an. Der Hauslehrerplan wurde nicht erwähnt, doch erkundigte er sich genau nach meinen Plänen für die nächste Zeit. Beide Herrschaften waren seltsam gütig, sodass ich halb fröhlich und halb verwundert nach Hause ging.

Zuvor besuchte ich noch Frau Amtmann Haicke und das ganze Elend der Familie zog noch einmal in winzigen Bildern an mir vorüber, während sie mit seltsamer Offenheit über die Verheiratung ihrer Tochter zu mir sprach. Der Knabe Siegfried spielte zu meinen Füßen, auch seine Lippen waren in dieser Stunde wie durch Zauber gelöst. Als ich schon dem Kirchberge zuschritt, öffnete sich noch einmal das Fenster und eine Mädchenstimme rief mir ein Lebewohl nach. Frieda; ich hatte ihr Herz dadurch gewonnen, dass ich um ihre heimliche Liebe zu dem Lehrerssohn wusste und geschwiegen hatte. Ich dachte an ihr Schicksal und wie das Glück auch bei den Menschen einkehrt, die die Liebe nur durch ihre Sinnlichkeit und den Trieb des Blutes erleben; aber es ist ein armes Glück. In diesem Augenblick nun hatte sie ein feines, mädchenhaftes Gesicht und es war hold zu sehen, wie ihr Haar im Winde flatterte und ihre Augen leuchteten.

Ich übergehe das Mittagsmahl, an dem ich Neigung spürte, zu schweigen, weil mein Herz brannte. Dreising trank mir zu und dann ging ich auf mein Zimmer und versuchte zu schlafen, ohne dass es mir gelang. Ite hatte mich um ein paar Abschiedsworte gebeten und ich schrieb wirre Verse auf das Papier, hinter denen mein Herz schlug.

„An deinem Glücke ging ich schweigend hin."

Das halbe Jahr, und ich war ihr einziger Vertrauter und tröstete sie, wenn sie missmutig war und schloss die Tür hinter ihrem Glücke und war allein. Das wunderbare Schattenspiel der letzten Zeit trat mir vor Augen – wo ich ihr mein Lachen gab und meinen Mut, wo ich mit meiner Fantasie ihr Haus erbaute und in ihrem Herzen lichte Bilder der Zukunft erweckte, wo ich Ferdy überall verteidigte – was nicht leicht war – und den Leuten klarzumachen suchte, er sei ein pastorales Lumen.

Ich habe ehrlich an dir gehandelt, mein Freund.

Und dann sah ich wieder hinaus in den Garten und es war, als blühe ein sonniges Gefühl empor, aber da ich genauer hinblickte, war es nur der blasse Schein des Himmelslichtes, der auf der weiten Schneefläche lag. Und ich schrieb ein paar armselige Zeilen und versteckte mein Herz in allerlei Kapriolen und nur im Anfang klang's nach dem, das meine Augen dunkler machte – all diese Zeit – all diese Zeit. Die Anfangsstrophen aber riss ich entzwei und verbrannte sie, als ich das Gedicht noch einmal durchlas und es blieb nur ein harmloser Scherz übrig.

Einmal erschrak ich plötzlich in meinem Nachdenken, denn ich hörte eine Stimme sagen: du hast sie ja gar nicht lieb! Es war keine Stimme von außen, sondern eine heimliche Stimme, wie man sie in der Nacht hören kann oder auch in großer Gesellschaft, wenn alle um einen herumsitzen und man die dünnen Fäden zu sehen glaubt, an denen der Teufel die Menschen tanzen lässt.

Ich wusste wohl, was die Stimme meinte, es sollte heißen, dass all die Herrlichkeit, die mir das Herz beim Anblick des lieben Mädchens bewegte, nur ein Schein war und dass ich den Reichtum liebte, der aus meiner eigenen Fantasie über sie ausgegossen war. Aber ich mochte die Stimme nicht gern hören und um sie ins Unrecht zu setzen, suchte ich in meinen Gedanken nach kleinen Ereignissen, wo Elisabeths Verhalten unbeeinflusst war durch meine Sehnsucht, in ihr etwas Eigentümliches und Neues zu finden. Und nun suchte ich nicht vergeblich; ich sah sie wieder in ihrer Kinderfreude auf jener Hochzeit, ich erblickte sie an meiner Seite auf der Ofenbank, wo sie in holder Verwirrtheit in den dämmernden Abend hineinsah, als wolle sie hindurchblicken durch die kommenden Jahre, und wo sie sich geschäftig ausmalte, wie sie mich dereinst in ihrem eigenen Hause empfangen würde. Ich hatte sie lieb und doch war in diesem Augenblick die Leidenschaft erloschen – sodass ich wieder dachte, dass hier die Grenze sei, über die ich nicht hinauskommen könne. Es war auch wohl wirklich so. Erst hatte ich sie ins Herz geschlossen, als ich ein paar Mal ihre fröhliche und frische Jugend gespürt hatte; es war das unegoistische Wohlgefallen, das wir bei dem Anblick guter Menschen empfinden; dann entstand ein geschwisterliches Verhältnis zwischen uns, denn sie vertraute mir und schmiegte sich an mich wie ein unschuldiges Kind. Aber da ich viel allein war, so wanderten meine Gedanken oft zu ihr zurück und in der Absicht, ihre Natur zu ergründen, geriet ich langsam dahin, dass ich ihr allerlei Vorzüge andichtete, die sie gar nicht besaß – sodass ich sie immer nur liebte, wenn ich sie nicht sah.

An diesem Winternachmittag nun lag die Ungewissheit der Zukunft schwer auf mir und ich dachte mit Sehnsucht an das ganze glückliche Jahr, dessen Ende bevorstand. Ich hatte eine gute Stunde, denn alle fröhlichen Ereignisse zogen mit sinnlicher Klarheit an mir vorüber. Und so sah ich auch Ite und habe die Reinheit und Güte wohl selten tiefer gefühlt, als damals. Ich dachte nicht daran, dass mein bestes Können und meine beste Kraft ihrem Naturell verschlossen war; ich dachte nur an das, was sie für sich selbst war und was sie auch mir sein konnte, solange ich als ihr Freund an ihrer Seite lebte. Es war eine lange Zeit, die ich so allein saß und mit leiser Furcht verstreichen sah. Ich glaube, dass ich dem Glücke nahe war, denn mein Herz schlug nicht heftiger als sonst und nur einmal sprach ich vor mich hin: Liebe kleine Ite! Aber ich dachte an sie wie an eine Schwester und freute mich, dass ich mit neidloser Teilnahme an Salzmann denken konnte – wie stets. Vor fünf Jahren muss ich ein seltsam anderer Mensch gewesen sein, aber wenn ich auch sagen kann, dass das Leiden jener Zeit aus dem Besten entsprang, was meine Natur besaß, so war die lange und qualvolle Dauer dieses Leidens eine Schuld, die ich heute offen anerkenne. Denn es ist Schuld, wenn wir die Kräfte und Hilfen verschmähen, die Gott in unserem Unglück bereithält. Ich wollte damals unglücklich sein, weil ich nicht nur in meiner Ehre, sondern auch in meinem Ehrgeiz verwundet war.

Schließlich dröhnte die Turmuhr durch die Stille und ich sprang auf und schüttelte die Vergangenheit von mir ab.

29. Dezember 1902, Montag
Nach dem Kaffee machte ich am 26sten Besuche. Die Familie des Tütenkrämers Götze umsaß mich in ihrer gewärmten Stube wie eine Schar von gezähmten Wilden – sehr zivilisiert, aber ohne allzu passende Hosen und Röcke und mit einem gewissen Belehrungsblutdurst. Die Kantorfamilie tröpfelte langsam in das Weihnachtszimmer hinein, nachdem ich längere Zeit mit der Frau alleine blieb, die von ihrer Sofaecke aus in den dunklen Tannbaum hineinseufzte. Lorentz war nicht zu Hause – was ich von einer dauernd lachenden Magd erfuhr, die ich in der Küche endlich aufgabelte und die das Ganze offenbar für ein romantisches Abenteuer hielt. Endlich landete ich bei Fräulein Wöldike, die in einer warmen Wolke von Ofendunst thronte und sehr krank und hinfällig aussah. Nicht mal einen Tannbaum hatte sie und ich glaube, dass sie ihr Ende täglich vor Augen hat.

Zum Abendbrot erschien Mademoiselle und bald nach ihrer Ankunft wurde ein Brief an mich abgegeben, der auf einer weißen Karte vier Haarlocken erhielt – ein helles Lachen ging um den Tisch, und obwohl ich sonst gegen diese sentimentalen Spielereien eingenommen bin, so war es mir diesmal ein fröhlicher Gedanke, denn die Freundlichkeit hatte ihn den übermütigen Mädchen eingegeben, mit denen ich ein ganzes Jahr froh gewesen bin. Da hing die Locke der kleinen Miss, golden wie ein Sonnenstrahl, daneben das tiefe Schwarz der Französin, ein blondes Andenken an Elisabeth Singer und dann an einer hellblauen Schleife das braune Haar der kleinen Ite. Ich steckte den seltsamen Brief ein und streifte sie mit einem raschen Blick – sie lehnte den Kopf an Ferdy, der mit einem spitzen Federmesser ihre Gesichtszüge in Wachs modellierte.

„An deinem Glücke ging ich schweigend hin ..."

Abends las mir Dreising seinen Bericht über mich an das Konsistorium vor. Ich glaube, er will hoch mit mir hinaus – wie seltsam verschieden sind unsere Ideale! „Sie sind aus dem Holz, aus dem man Generalsuperintendenten schnitzt!" – ich fürchte, ich kenne mich besser. Aber er meint es gut.

Ite und Ferdy halfen mir beim Packen.

Ite kniete vor mir, sodass ihr braunes Haar dicht neben meinem Gesichte war und ihre Hand die meine berührte. Meines Herzens Schlagen hat sie nicht gehört. Aber was ich in diesem Augenblicke dachte, das habe ich die erste Nacht, als ich wieder zu Hause schlief, geträumt.

„Ich lag auf meinem Ruhelager und sah mit aufgestütztem Arm hinaus in die weite See, auf der die Sonne unterging. Plötzlich streifte ein Schatten über mein Gesicht und da ich empor sah, stand Ite neben mir. Sie war offenbar müde von ihrer Wanderung und zitterte leise.

Woher kommst du? – Ich lief den weiten Weg, denn ich bin dein. Du zwingst mich, aber du bist barmherzig –

Damit kniete sie nieder und sank an meine Seite hin, sodass ich sie eben noch mit dem Arm auffing. Da lag sie nun und ihr Haupt ruhte neben meinem Herzen.

Ich aber küsste sie nicht, sondern fuhr nur einmal mit der Hand über ihr braunes Haar – wobei ich sprach:

Ich segne dein Glück und lasse dich frei,

Liebe kleine Schwester, wandre den weiten Weg,

Und lass mich schlafen …

Da fuhr eine Röte über ihr Gesicht und ihre Augen sahen mich mit unendlicher Liebe an. Und dann war sie verschwunden und ich erwachte."

Diese Nacht wanderte der Sturm wieder um das Haus und als ich eben in einen unerquickenden Schlaf gesunken war, schlug es halb sechs und ich musste wieder aufstehen.

Draußen war es Nacht und auf den Straßen lag schmelzender Schnee. Ich fasse ihre Hände noch einmal und auch Ite sagt mir Lebewohl und die letzten Worte, die ich von ihr höre, sind eine eiskalte Empfehlung an meine Mutter. Aber ich weiß es wohl, wie alles das um der Freunde willen geschieht, die uns mit stumpfsinnigen Gesichtern zuschauen.

Und so schleicht der alte Omnibus wie ein graues Ungetüm in den grauenden Tag hinein und wir fahren endlos dahin. Die Fenster sind beschlagen, kaum dringt das Licht eines Dorfwirtshauses hindurch, aber mir scheint, als blicke der Kutscher etwas lange zu diesen Wirtshäusern und das letzte Ende der Fahrt ist tatsächlich ein Wettrennen mit der Eisenbahn. Meine Koffer wurden nachexpediert; in der Bahn saß ich meist teilnahmslos unter den wenig angenehmen Mitreisenden oder stand im Gange und blickte aus dem Fenster auf die vorüberfliegende Landschaft. Um $^1/_2$ eins kam ich in der Boothstraße 29 an.

Heinrich Wolfgang Seidel

Das Pfarrhaus mit der Kirche in Boitzenburg 2003

Schlittenfahrt mit dem Vikar (Brief vom 22. Februar)

Kanzel und Epitaph Georg Dietloff von Arnims in St. Marien Boitzenburg 2012. Tür zur Winterkirche und Gruft links

Kantor Karl Becker sen., Lehrer in Boitzenburg

Schloss Boitzenburg, Vorderansicht

Schloss Boitzenburg, Rückfront

Dietlof Graf Arnim-Boitzenburg und seine Frau Alexandra geb. Gräfin zu Eulenburg-Wicken

Die kleinen Grafen Adolf-Heinrich, Bern und Joachim (von links)

Kirche in Berkholz 1906

Pfarrer Wolfgang Dreising bei einer Feier

*Pfarrer Wolfgang
Dreising 1906*

Kanzel in der Berkholzer Kirche 1906

Der 1884 umgebaute Bibliotheksflügel des Schlosses (1912)

Fuhrhof des Baumeisters Heinrich Nagel, fotografiert von Albert Lorentz

Die 1945 geraubte Schlossbibliothek um die Jahrhundertwende

Die Willerding'sche Apotheke in den 1930er-Jahren

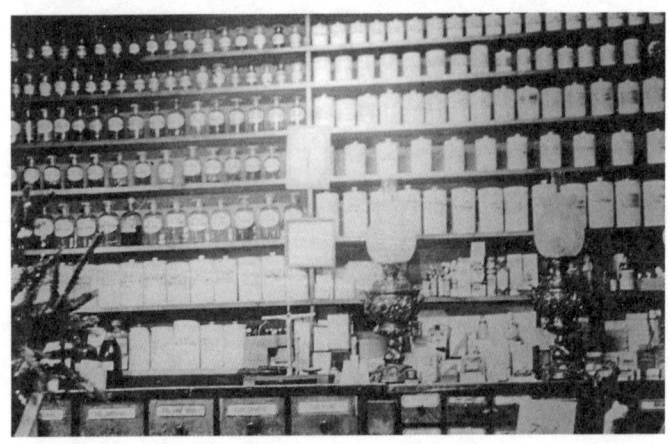

Die Willerding'sche Apotheke innen um 1935

Hugo Willerding mit Frau, Tochter und zwei Söhnen

*Textilwarenkaufmann
Hubert Peltzer*

Erste Seite des Briefes vom 31. Mai 1902

Ina, Heinrich Wolfgang und Heinrich Seidel 1906

Kanzel und Altar der Kröchlendorffer Kirche etwa 1900

Schloss Kröchlendorff, 1848 von Eduard Knoblauch erbaut

Bismarcks Schwester Malwine von Arnim-Kröchlendorff 1900

Die 1867 vollendete Kirche Kröchlendorff (1906)

Kirche in Naugarten in den 1950er-Jahren

Die Ruine des im Dreißigjährigen Krieg zerstörten Klosters

St. Marien auf dem Berge mit Kriegerdenkmal von Osten

Tausend traurige und lustige Geschichten
Die Briefe und ihr Autor

Im uckermärkischen Boitzenburg verbringt der Vikar Heinrich Wolfgang Seidel das Jahr 1902. An der Universität seiner Heimatstadt Berlin hat er sein Theologiestudium abgeschlossen und Anfang Oktober 1901 vor dem Konsistorium, Kirchenbehörde der Provinz Brandenburg, die Erste theologische Prüfung „im ganzen gut" bestanden. Vom Konsistorium ist er für ein Jahr der evangelischen Gemeinde Boitzenburg in der Uckermark, Kirchenkreis Prenzlau I, als Vikar zugewiesen worden. Die Kandidaten, die zwischen Lehrvikariat und Predigerseminar wählen können, legen anschließend die Zweite Prüfung ab. Vor Antritt des Vikariats unternimmt er eine mehrwöchige Reise nach Tirol und Norditalien, die ihm die Eltern für die bestandene Prüfung geschenkt hatten.

Nach der Rückkehr vermerkt er am 1. Dezember 1901 in seinem Tagebuch: „Der Tag beginnt mit der Lektüre eines konsistorialrätlichen Schreibens, das mich für 1902 nach Boitzenburg, hinterwärts von Prenzlau, als Vikar verbannt. Bisher vernehme ich über den Ort, der an der meklenburgischen Grenze liegt, nur Gutes." Er setzt sich mit seinem zukünftigen Chef in Verbindung. Wolfgang Dreising zählt zu den erfahrenen Pfarrern, die das Konsistorium als „Vikarsväter" ausgewählt hat, um ihre zukünftigen Kollegen in berufliche Pflichten und praktische Theologie einzuführen. Mit der Pfarrersfamilie wohnt der Vikar unter einem Dach. Dass es auch zu engeren familiären Beziehungen kommt, zeigt das Beispiel von Seidels Vorgänger. Er hat sich mit der einzigen Tochter der Familie verlobt. In dieser Hinsicht wird das Pfarrhaus von den Gemeindemitgliedern besonders scharf unter die Lupe genommen. Doch die Vorgeschichte der Verlobung verläuft so geheim, dass manche auch in Seidel den Zukünftigen sehen.

Alle paar Tage schreibt der 25-, bald 26-jährige Heinrich Wolfgang seinen Eltern Agnes und Heinrich Seidel in

Groß-Lichterfelde bei Berlin. Er berichtet von Haus, Kirche, Schule und Nachbarschaft. Ein gewöhnliches Dorf ist Boitzenburg nicht. In alten Chroniken als „Flecken" geführt, wirkt es eher wie ein Städtchen ohne Stadtrechte. Städtisch anmutende Häuserfronten umsäumen die lindenbestandene Hauptstraße. Sie läuft mit andern Straßen auf eine Kirche zu, die größer und festlicher als eine gewöhnliche Dorfkirche und die Grablege der Grafen von Arnim ist. Ihr Schloss unterhalb des Kirchbergs wurde im Laufe der Jahrhunderte zu einem größten und prächtigsten in Nordostdeutschland ausgebaut. Im Ort gibt es Läden für den täglichen Bedarf und Handwerksbetriebe, Arzt und Apotheker. Sie bilden mit Pfarrer, Lehrer, Amtmann und gräflichem Forstmeister die obere Gesellschaftsschicht und treffen sich im Gemeindekirchenrat wieder. Dort führt der Vikar das Sitzungsprotokoll, lässt sich in Abendgesellschaften zuprosten und setzt sich am nächsten Morgen hin, um den Eltern mit sublimer Beobachtungsgabe zu beschreiben, was er gesehen und erlebt und wer mit wem sich worüber unterhalten hat. Die Bewohner einschließlich des einzigen Katholiken schließen den jungen Mann in ihr Herz. Seidel erwidert ihre Zuneigung. Günther Dehn, einer der nachfolgenden Vikare, bestätigt Jahrzehnte später in seinen Lebenserinnerungen, von „Vikar Hühnchen" habe man geradezu geschwärmt. Die Boitzenburger hatten längst herausgefunden, dass er der Sohn des Autors von „Leberecht Hühnchen" und anderer erfolgreicher Erzählungen und Gedichte war.

Rund tausend Menschen leben um die Jahrhundertwende im Ort. Er bildet mit Vorwerken, Forsthäusern und Einzelgehöften den Gutsbezirk einer Herrschaft, die früher auch die Gerichtsbarkeit und politische Verwaltung ausübte. Einer der Schlossherren brachte es zum preußischen Innenminister und in den wirren Wochen nach dem Berliner Barrikadenaufstand 1848 sogar zum Ministerpräsidenten. Den jetzigen Grafen lernt Seidel im Laufe des Jahres als einen Menschen kennen, der das Patronat über die Kirche ernst nimmt, bei Gottesdiensten mit Familienangehörigen regelmäßig in der herrschaftlichen Loge zu sehen ist, für alle Notfälle ein Ohr hat und überhaupt bei den Leuten Respekt findet.

Die Arnims sind in der Provinz Brandenburg weit verzweigt und vielfach verschwägert. Die Linien unterscheiden sich durch Namenszusätze, die von Wohnorten und Gutshäusern abgeleitet sind. Boitzenburg ist das Hauptschloss aller Familienzweige. 1528 hatten es die Arnims vom Kurfürsten und Markgrafen in Berlin erworben und bis zur gewaltsamen Vertreibung 1945 ununterbrochen bewohnt. Vom Schloss gesehen reichen die Felder und Wälder des gräflichen Besitzes bis zum Horizont. Zur Grafschaft gehören allein 110 km² Wald. Im Tiergarten bläst man alljährlich zur Jagd. Zwischen uralten Baumgruppen verstecken sich geheimnisverklärte Bauten und historische Stätten, die die Fantasie des Vikars beflügeln: die backsteinrote Ruine des im Dreißigjährigen Krieg zerstörten Zisterzienserinnenklosters, das herrschaftliche Erbbegräbnis, fälschlich Mausoleum genannt, Forsthäuser und romantische Tempelchen. Die ordnende Hand des berühmten Gartenarchitekten Peter Joseph Lenné ist der näheren Schlossumgebung noch in jeder Schneise spürbar.

In der Uckermark erlebt Seidel den Wechsel der Jahreszeiten wie nie zuvor. Im „steinernen Meer" Berlin aufgewachsen, beschränkten sich Begegnungen mit Pflanzen und Tieren auf Spaziergänge, die der Vater mit ihm durch den Berliner Tiergarten unternahm. Einmal trafen sie Theodor Fontane. Er fragte den kleinen Heinrich Wolfgang nach der Pflanze, die er in der Hand hielt. Mehr als dreißig Jahre später, als er in Starnberg am See den Ruhestand beginnt, sollten Erinnerungen wieder wach werden. Am 8. April 1935 schreibt er dem Bruder Helmuth, in Boitzenburg habe er 1902 „zum ersten Mal in meinem Leben bewusst den Jahreslauf der Natur mitgemacht". Dem Vikar bietet sich dafür Gelegenheit in Pfarrgarten, herrschaftlichem Forstpark, Feld und Wald. Er beobachtet Libellen „aus Glas und mit Berliner Blau gefüllt", entdeckt ein Vogelnest, in dem schon zwei Junge aufgezogen sind, und träumt von einem Boot, mit dem er einen breiten grünen Strom hinunterfährt und über dem Wasserspiegel Himmelfeuer glitzern sieht. Sprachlich durchgearbeitete, romantisch empfindende Naturschilderungen finden sich auch in späteren Erzählungen und Briefen.

Seinen Vikarsvater schildert Seidel als einen ihm in mancher Hinsicht entgegengesetzten Menschen. Dreising vertritt kirchenpolitisch die positive Union, schätzt die Lektüre des konservativen „Reichsboten", verehrt den Oberhofprediger Kögel und neigt zu Temperamentsausbrüchen, die er wenig später bedauert. Seidel hingegen ist bei einer neuen Theologengeneration in die Schule gegangen und bedenkt die politischen Anschauungen im Pfarrhaus mit leisem, aber nie verletzendem Spott. Dehn teilt 1906 ebenso wenig wie Seidel die „arglose Begeisterung" seines inzwischen zum Superintendenten aufgestiegenen Vikarsvaters an patriotischen Festen. Seidel gibt in den Briefen aber auch immer wieder zu verstehen, wie sehr er von Dreising profitiert und ihn menschlich mag. Mit der Familie feiert er die Feste, wie sie fallen. Die ehrbaren Kirchenväter der Gemeinde begegnen ihm als knauserige Kaufleute und geplagte Handwerker. Die Damen des Missionskränzchens sind zu unkontrolliertem Gefühlsüberschwang bereit und erliegen nicht selten den Versuchungen der Klatschsucht. Aus dem Briefschreiber wird so der Chronist eines kleinbürgerlichen Alltags, wie er sich in tausend ähnlichen Dörfern wiederholen mochte.

Seltenheitswert besitzen die Einblicke in das Schulleben. Seidel ist in die staatliche Schulaufsicht eingebunden, die der Pfarrer als nebenamtlicher Schulinspektor, wie der Schulrat hieß, wahrnimmt. Die Größe der Uckermark macht mehr Inspektionsbezirke als Kirchenkreise erforderlich. Außerdem ist der Pastor in der eigenen Gemeinde als Ortsschulinspektor der eigentliche Schulleiter. Dreising pflegt ein gutes Verhältnis zu den Lehrern. Seine pädagogische Vorbildung beschränkt sich auf die wenigen Wochen, die er als Vikar in einem Lehrerseminar hospitierte. Seidels Schilderungen von Lehrproben, Lehrerversammlungen, Kaisergeburtstagsfeiern, Lehrerpersönlichkeiten „von allen Sorten, Umfangen und Gemütsarten" und, wie könnte es anders sein, „einer versteckten Neigung zum Hauen" setzen ein farbiges Schulmosaik zusammen.

Herkunft, Jugend und Studienjahre

Heinrich Wolfgang Seidel wird am 28. August 1876 in Berlin geboren. Die Eltern Agnes geb. Becker und Heinrich Seidel heirateten im Mai 1875 in Schwerin. Der junge Ingenieur war zu diesem Anlass aus seinem Arbeitsort Berlin in seine mecklenburgische Heimat zurückgekehrt. Um das Leben des Siebenmonatskindes müssen die Eltern einige Wochen bangen. Der Vater führt zu dieser Zeit ein „Doppelleben". Tagsüber entwirft er Brücken und eiserne Dächer für die Eisenbahn, nach Feierabend schreibt er Märchen, plattdeutsche Gedichte, nachdenklich-lustige und pointierte Erzählungen. Die im Zweiten Weltkrieg zerstörte Überdachung des Anhalter Bahnhofs gilt als seine bedeutendste Ingenieurleistung und größte Konstruktion ihrer Art auf dem Kontinent.

1880 gibt Seidel diese Doppelexistenz auf und widmet sich „fortan ausschließlich dichterischen Arbeiten", wie es in seinen Erinnerungen „Von Perlin bis Berlin" heißt. Schriftstellerischer Erfolg stellt sich erst später mit „Leberecht Hühnchen" ein. Diese allem Bösen dieser Welt scheinbar entrückte Idylle entzückt Generationen von Lesern. Den Eltern Seidel werden zwei weitere Söhne geboren. Eine Tochter wird nur vier Jahre alt.

Die Familie wohnt zunächst in der Frobenstraße und zieht 1880 in die Straße Am Karlsbade um. Zu den Besuchern gehören Storm, Fontane, Bungert, Mark Twain und Trojan. 1895 erwerben die Eltern das Haus Boothstr. 29 in Groß-Lichterfelde. Vom traditionsreichen Askanischen wechselt Heinrich Wolfgang zum erst wenige Jahre alten Lichterfelder Gymnasium. Der Student beklagt die „elende Sklaverei" auf dem einen Gymnasium, wo er die

„Lüge von der Erhabenheit geistiger Unterordnung" habe vertreten müssen, und die Komödie des braven und geschätzten Schülers auf dem andern. In Lichterfelde gibt es zwar auch Lehrer wie Otto Morgenstern, dem er 1939 zum 80. Geburtstag aus ehrlichem Herzen dankt, dass der Schüler Seidel bei ihm begonnen habe, sich seines Lebens zu freuen. Doch der meisten Lehrer seien autoritär, lebensfremd und unpersönlich gewesen. In Boitzenburg hingegen lernt er Elementarschullehrer kennen, deren Unterricht er „einfach unglaublich" findet.

Aus dem verlockenden Büchervorrat des Vaters wird dem noch nicht Vierzehnjährigen erlaubt, Faust, Don Quixote, Gullivers Reisen, Gil Blas und „alles von Dickens und Storm" zu lesen, bald darauf auch E. T. A. Hoffmann und Kellers „Grünen Heinrich". Ihm ist früh bewusst, dass er seiner Lektüre gesellige Vergnügungen opfert. Doch der häufig verschlossene, in sich gekehrte, zurückhaltende Mann bringt damit kein Opfer. Es offenbart sich ein Erbteil von Mutters wie Vaters Seite. Dieser berichtet einmal, wie sich zwei Unbekannte in der Weinhandlung Huth am Potsdamer Platz über ihn unterhalten hätten. „Mit Seidel werden Sie kein Glück haben. Das ist ein alter Einsiedler, der schweigt Löcher in die Wand." Ist der Sohn anders, der von sich schreibt, es sei ihm selten Bedürfnis und immer schwer, sich auszusprechen?

Die inneren Bilder, die väterliche Bibliothek und die Betätigung des Vaters, der den Schüler zum Korrekturlesen heranzieht, führen Heinrich Wolfgang schon früh zu der Frage, ob er zum Schriftsteller tauge. In den 1894 einsetzenden Tagebüchern entdecken wir Stellen, deren sprachliche Schönheit über die Fingerübungen eines Achtzehnjährigen hinausweisen. Im Abiturzeugnis steht, er beabsichtige Theologie zu studieren. Als er 1938 seinen Lebenslauf auf einem Blatt zusammenfassen soll, bekennt er, die Liebe zur Dichtung habe er dem Elternhaus zu danken, nicht weniger die religiöse Bestimmtheit seines Wesens. Er sei „aus Überzeugung" Pfarrer geworden. Doch auch die Literatur lässt den jungen Studenten nicht los, denn im 1. Semester hört er neben theologischen Vorlesungen auch Erich Schmidt, der über den jungen Goethe liest, im 2. Semester Sclunidt über „Goethe und Schiller" und „Deutsche Dramatiker des 19. Jahrhunderts". Zugleich treten die Theologen Gunkel, Pfleiderer und vor allem Harnack in sein Blickfeld. Er bleibt bei dem begonnenen Studienfach und belegt keine germanistischen Veranstaltungen mehr. Nach zwei Berliner Semestern studiert er je ein Semester in Marburg und Leipzig. Er sei „mit der Theologie noch nie so zufrieden ... wie jetzt", schreibt er den Eltern aus Marburg, wo ihn vor allem Wilhelm Herrmann beeindruckt, Haupt der „Marburger Schule" der Theologie und Lehrer von Karl Barth. Herrmann stellt die alte Gottesfrage in ihrer Beziehung zur Wirklichkeit neu. Gott könne nicht bewiesen werden, sondern werde erlebt. Der christliche Glaube sei ständiges Suchen und Neuwerden.

Doch die Literatur lässt ihn nicht los. „Zwei Ziele bestimmen mein Leben: das des prophetischen Predigers und das des Dichters", schreibt er später einmal. So versucht er es auch sein Leben lang zu halten. Die knappe Freizeit, die ihm das Amt lässt, widmet er dem schriftstellerischen Erbe des Vaters und eigenen Schreibversuchen. Dieses Eigene drückt sich während der Studienjahre und in den sich anschließenden Lehrjahren des Berufs vor allem in Briefen aus, deren Freude am erzählerischen Detail den Ehrgeiz ihres Autors ebenso verrät wie Beobachtungsgabe und Formulierungskunst.

Dass Heinrich Wolfgang bei aller Kritik an endlosen Studieninhalten, „davon ich die Hälfte bald wieder vergesse", aufmerksamer Teilnehmer aktueller wissenschaftlicher Auseinandersetzungen ist, bekunden manche Äußerungen in den Boitzenburger Briefen. Der einzige Kommilitone, zu dem er ein freundschaftliches Verhältnis findet, ist Walther Becker. Beide nehmen an einer Vorlesung des Kirchenhistorikers Adolf von Harnack im Wintersemester 1899/1900 teil, die Becker mitstenografiert. Seine Niederschrift bildet die Druckvorlage des Buches „Das Wesen des

Christentums", das zu einem theologischen Bestseller wird. Tapfer verteidigt Seidel Harnack bei seinem Vikarsvater. Er war von Harnack wie von der modernen Theologie überhaupt beeindruckt, wenn er ihm auch durchaus nicht in allen Stücken folgte. Darum gab es zwischen ihm und Dreising Auseinandersetzungen, die ein gewisses Niveau gehabt hätten, wie Dehn vermutet. Der Chef habe auf theologische Gegner nicht wie ein normaler Landpastor eingeschlagen.

Im Gottesdienst bleiben theologische Streitpunkte für Seidel tabu. „Die Kanzel ist nun auch am ersten Weihnachtstag nicht der Ort, um auseinanderzusetzen, ob die Geburt aus der Jungfrau aus Gottes Geist eine geschichtliche Tatsache ist oder nur eine Legende", schreibt er aus Eberswalde. Jeder Christ möge in persönlicher Wahrhaftigkeit glauben, was er vermag. In Boitzenburg ist die Predigtweise, die Seidel sein Leben lang beibehalten sollte, schon unverkennbar ausgeprägt.

Lebensjahrzehnte von 1903 bis 1945

Der weitere Lebensverlauf sei an dieser Stelle nur skizziert. Nach dem Vikariat folgt eine sechswöchige Hospitation am Seminar für Stadtschullehrer in Berlin. Dann wird Seidel Hauslehrer, ein klassisches Tätigkeitsfeld für angehende Theologen. Bei Prinz Max zu Hohenlohe-Oehringen auf Schloss Slaventzitz in Oberschlesien unterrichtet er die beiden Söhne. Die Briefe aus diesem halben Jahr lesen wir in „Um die Jahrhundertwende". Ina Seidel gibt diesen Band 1952 heraus. Das Zweite theologische Examen legt er im Oktober 1904 ab und vertritt im neumärkischen Driesen mehrere Monate einen erkrankten Pfarrer, bevor er zusätzlich zum Vikariat für ein Jahr das Domkandidatenstift Berlin besucht. Anschließend führt er ein Vierteljahr die pfarramtlichen Geschäfte im Lutherstift Frankfurt/Oder. In der Berliner Nikolaikirche ordiniert ihn Generalsuperintendent Faber am 10. Juli 1906. Hilfspredigeraufgaben schließen sich in Rummelsburg-Boxhagen, Hohen Neuendorf und Schmargendorf- Dahlem an.

Ende 1905 verlobt er sich mit seiner neun Jahre jüngeren Kusine Ina aus München, Tochter von Hermann Seidel, einem Bruder des Vaters. Hin und wieder hatte man sich familiär getroffen. Es entwickelt sich eine gegenseitige Neigung, die zunächst unausgesprochen bleibt. Am 10. Dezember 1905 sind sie sich „der Gemeinsamkeit unseres künftigen Wege" gewiss und betrachten sich als verlobt, wie Ina im „Lebensbericht 1885–1923" schreibt. Als Seidel durch seine Wahl zum zweiten Pfarrer am Lazarus-Kranken- und Diakonissenhaus Bernauer Straße materiell sichergestellt ist, heiraten sie. Pfarrer Stolte traut das Paar in der Lichterfelder Pauluskirche am 30. Juni 1907.

Vater Heinrich erlebt die Hochzeit seines Ältesten nicht mehr. Er war nach einer Krebsoperation am 7. November 1906 gestorben. Der Sohn setzt ihm in 1912 erschienenen „Erinnerungen an Heinrich Seidel" ein Denkmal und betreut in den nächsten Jahrzehnten die Neuauflagen seiner Bücher. Mit der Tochter Heilwig wird dem Ehepaar 1908 das erste Kind geschenkt. Doch die Mutter erkrankt. Für Monate ist sie ans Bett gefesselt. Als Folge stellt sich eine schwere Gehbehinderung ein, die sie lebenslang – sie stirbt 1974 – einschränkt. Während ihrer Bettlägerigkeit entdeckt sie, dass sie zu schreiben vermag. Heinrich Wolfgang äußerte einmal, angesichts ihrer Behinderung und der Isolation, die sie sich als Schriftstellerin in der eigenen Familie auferlegte, habe sie eine Pfarrfrau, die den Erwartungen der Gemeinde entsprochen hätte, nie sein können.

Sieben Jahre wirkt Seidel an der Bernauer Straße als Seelsorger der Diakonissen und Patienten. Dann wechselt er als dritter Pfarrer an die Maria-Magdalenen-Kirche Eberswalde. Ein Pfarrer vermag amtliche Wirksamkeit und privates Leben gewöhnlich kaum zu trennen. Tagebuchaufzeichnungen, der wachsende Briefwechsel und regelmäßige Predigtniederschriften dokumentieren, dass auch ihm das nicht möglich ist. Die Erzählungen „Der Vogel Tolidan" und die Romane „Die Varnholzer", „Das vergitterte Fenster" und „George Palmerstone" entstehen. 1923 wird er an die Neue Kirche, genannt Deutscher Dom, am Gendarmenmarkt in der Reichshauptstadt berufen. Für ihn ist es die Heimkehr in die „Stadt aller Städte", an der er mit Herz und Verstand hängt. Er folgt Friedrich Rittelmeyer, der unter dem Einfluss der Anthroposophie Rudolf Steiners die Landeskirche verlässt und die „Christengemeinschaft" gründet.

1919 war der erste Sohn Georg geboren. Im Jahr zuvor hatten die Eltern ihr zweites Kind, die Tochter Ulrike, im Säuglingsalter verloren. In Berlin kann sich Seidel den gesellschaftlichen Ansprüchen der Großstadt nicht immer entziehen. Er sammelt unter der Kanzel eine „Personalgemeinde", also Kirchenbesucher auch aus anderen Gemeinden, die Seidels Predigten zu schätzen wissen. Schriftstellerbekanntschaften bleiben nicht aus. Wie Carl Zuckmayer und seine damalige Freundin, Inas Schwester Annemarie, noch Besucher in Eberswalde waren, so gehören zu den Gästen im Pfarrhaus Kronenstraße Theodor Heuss ebenso wie Börries von Münchhausen. Mit Kritik halten die Seidels nicht zurück, als Münchhausen den Eintritt in den PEN-Klub ablehnt, weil sein Vorsitzender Benn angeblich Jude sei. Seidel vertraut seinem Tagebuch an: „Abends Münchhausens Briefe an Benn gelesen, die er zu seiner Rechtfertigung zusandte. Konnte nicht finden, dass er seine Denunziation irgendwie gerechtfertigt habe und hatte infolge dieser literaturhaft-kammerherrlichen Eitelkeit eine schlaflose Nacht."

Im Frühjahr 1934 beantragt Seidel die Versetzung in den Ruhestand aus gesundheitlichen und kirchenpolitischen Gründen. Aber es drängt ihn auch seine Frau, die vom Ertrag ihres Erfolgsbuches „Das Wunschkind" in Starnberg ein Haus hat bauen lassen und mit den beiden Kindern schon dort eingezogen ist. Seidel selbst sind die letzten Amtsjahre durch die nationalsozialistisch durchtränkten „Deutschen Christen" (DC) vergällt. Er schließt sich der Bekennenden Kirche an, nicht ohne den DC zu konzedieren, man verdanke ihnen „eine Nachprüfung des eigenen

Bestandes und, was mich betrifft, die erschreckende Feststellung, dass einem wohl Überzeugungen zustehen, nicht zu allen Zeiten aber die christliche Haltung, liebevoll zu bleiben auch in der Wahrheit oder in den Formen, durch die man für die Wahrheit eintritt. Ich glaube nicht, dass die wirkliche Gefolgschaft Christi an Zahl verloren hat, dass vielmehr nur sichtbar geworden ist, wie bescheiden die Zahl ist; wir haben gegenwärtig die Schmerzen des Menschen durchzumachen, der gezwungen wird, die Wirklichkeit zu sehen und der Phrase von einem christlichen Deutschland, das es nie gab, zu seinem eigenen Heil den Abschied zu geben."

Von den Nazis halten sich die Seidels fern. Den erfolgreichen Romanen „Das Wunschkind" und „Lennacker" gewinnen die Machthaber wenig Sympathie ab. Ina weigert sich auch, NSDAP-Mitglied zu werden, publiziert jedoch Huldigungen an Hitler, dessen Person sie vom Nationalsozialismus zu trennen sucht. Ihre politische Naivität hat sie nach Kriegsende bitter beklagt. Heinrich Wolfgang hingegen bleibt politisch abstinent. Er lehnt den Arierparagrafen in der Kirche ab, unterhält wie auch seine Frau Freundschaften zu jüdischen Kollegen, unter ihnen Karl Wolfskehl, und geißelt den Gauleiter Streicher als „Hauptinspirator des Judenhasses". Er verstärkt noch einmal seine Arbeit am Schreibtisch, vollendet den Roman „Krüsemann", Novellen und theologische Essays. Ein Artikel des jungen Dichters Albrecht Goes zum 60. Geburtstag in der „Frankfurter Zeitung" gehört zu den wenigen Anerkennungen, die er öffentlich erfährt. Zunehmend wird das Briefeschreiben zu Seidels liebster Beschäftigung. Kostproben enthält die 1964 erschienene Sammlung „Briefe 1934–1944".

Zunehmend lähmen ihn gesundheitliche Probleme. Eine kleine Biografie Theodor Fontanes und die Edition seiner Gedichte bringen noch Erfolg. Doch darum geht es ihm am wenigsten. Der Dichter, hatte er Jahrzehnte zuvor geschrieben, habe es mit seiner Seele und mit der Sprache zu tun, „nicht aber mit dem, was man den Leserkreis nennt". Möge die Kunst auch eine Bildungswirkung erzielen, „der Künstler hat alles getan, wenn er sein inneres Gesicht restlos verwirklichte; ob es dann den Leuten gefällt, ob es sie besser oder schlechter macht, das ist eine Frage, die ihn nicht kümmert", heißt es in dem unveröffentlichten Manuskript „Luther als Dichter."

Eine Krebskrankheit wirft ihn auf ein schmerzvolles Krankenlager. Am 22. September 1945 stirbt Heinrich Wolfgang Seidel in einer Münchener Klinik.

Zur Edition

Die in diesem Buch veröffentlichten Briefe hat Ina Seidel erstmals 1951 herausgegeben. Weitere Auflagen folgten 1954, 1960 und 1967. In der 1. Auflage waren die meisten Namen durch Abkürzungen und Pseudonyme ersetzt. In der 2. Auflage hat Ina Seidel weitere Pseudonyme eingeführt und Anfangsbuchstaben durch Fantasienamen abgelöst. Sie blieben in der 3. und 4. Auflage unverändert. So wurde aus Boitzenburg zunächst U. und dann Uhlenburg, aus Dreising G. und später Gers, aus Arnim M. und Morbach. Einige Namen erhielten mehrere Pseudonyme. Briefe wurden auch gekürzt und verändert. So fiel in der 2. bis 4. Auflage die Reise nach Rostock (April) ganz fort.

Die Herausgeberin begründete ihr Verfahren mit „Rücksicht auf etwa Überlebende aus jener fast ein halbes Jahrhundert zurückliegenden Epoche". An dieser Stelle soll mit Ina Seidel nicht darüber gerechtet werden, dass ihr späterer Ehemann die Leute so schilderte, wie sie ihm erschienen und dass er auch ihre Namen nannte. Die Verschlüsselungen weckten die Neugier vieler Leser zumal in der Uckermark, wo man das im Westen erschienene Buch nicht kaufen und nicht bestellen, aber durch Besucher in die DDR „hineinschmuggeln" lassen konnte. Sofern das gelang, bemühten sich die Kundigen, die Gegend zu identifizieren und die wahren Namen herauszufinden. Es half ihnen dabei das Schreiben vom 17. Januar, das in der

1. Auflage im Faksimile abgedruckt worden war. Der deutschen Schrift mächtige Leser konnten darin die Stadt Prenzlau entdecken. In den weiteren Auflagen wurde der faksimilierte Brief um die größere Hälfte gekürzt und dem Schreiben vom 16. Januar angehängt. In Westdeutschland hatten die schon erwähnten, 1962 erschienenen Lebenserinnerungen von Professor Günther Dehn U. wie auch Uhlenburg als Boitzenburg „enttarnt". Auch die Dechiffrierung der übrigen Pseudonyme sei ihm nicht schwergefallen, bekannte Dehn. Da er die Ergebnisse nicht überlieferte, oblag es dem Herausgeber, sich dieser Aufgabe zu unterziehen. Einige Leser haben Namensauflösungen aufgeschrieben. Ich habe darauf dankbar zurückgreifen können, wie am Schluss dieses Nachwortes zum Ausdruck kommt. So ließen sich die meisten Fragen beantworten.

Eine Überraschung bot die Durchsicht von Heinrich Wolfgang Seidels Nachlass in Deutschen Literaturarchiv Marbach. Denn darin fanden sich seine Briefe vom 29. März, 30. März und 31. Mai. Ina Seidel hatte nichts von ihnen gewusst. Ihr Mann hatte sie für den Roman „George Palmerstone", an dem er seit 1914 arbeitete und der 1922 erschien, herangezogen, um darin geschilderte Episoden für sein Buch zu verwenden. Boitzenburg hatte sich darin in Ibenhausen, die Familie von Arnim in Parkenthin verwandelt. Als er die ausgesonderten Briefe nicht mehr benötigte, legte er sie nicht zu den übrigen Briefen, sondern deponierte sie an anderer Stelle. So übersah sie seine Frau bei der Vorbereitung der Edition. Als verloren müssen alle übrigen Briefe gelten, denn sie ließen sich weder im Nachlass von H. W. Seidel noch im Nachlass seiner Frau auffinden. Somit sind die nachträglich entdeckten Briefe neben dem in der 1. Auflage wiedergegebenen Faksimile die einzigen Schreiben, die eine Wiedergabe des originalen Textes ermöglichen. Dazu zählen auch die bei den übrigen Briefen weggefallenen Anrede- und Grußformeln. Der letzte Brief ist vom 23. Dezember datiert. Über seinen Weihnachtsgottesdienst und Abschied von Boitzenburg berichtete Heinrich Wolfgang den Eltern mündlich. Doch hat er auch in

Tagebuchaufzeichnungen davon berichtet. Sie befinden sich ebenfalls im Marbacher Nachlass. Sie bilden den Abschluss der vorliegenden Ausgabe.

Die Rechtschreibung ist modernisiert, der Lautstand unverändert erhalten.

Dank

Der Herausgeber dankt Prof. Dr. Andreas Raedler, der die Rechte an diesen Briefen innehat, dass er gestattete, in den Briefen selbst Pseudonyme und Abkürzungen durch die wirklichen Namen zu ersetzen, soweit sie sich ermitteln ließen. So konnte in diesen Fällen die ursprüngliche Fassung der Texte wiederhergestellt werden. Einen Teil der Entschlüsselungen hatten schon die Erläuterungen der Ausgabe von 1998 aufgenommen. Sodann danke ich dem Deutschen Literaturarchiv Marbach am Neckar für Abdruckgenehmigungen.

Ich bin vielen dankbar, die nicht müde wurden, Nachfragen zu beantworten, Tipps zu geben und die Edition kritisch zu begleiten, vor allem Adolf-Heinrich Graf Arnim-Boitzenburg, Mahlendorf (†); Adolf-Heinrich von Arnim-Gerswalde, Bonn und Gerswalde (†); Jasper von Arnim, Melbeck; Jochen von Arnim, Meckenheim; Sieghart Graf Arnim-Boitzenburg, Hannover, der ein Exemplar der 1. Auflage mit Entschlüsselung zahlreicher Pseudonyme durch seinen Vater Joachim Graf Arnim-Boitzenburg, den letzten Majoratsherrn, zu Rate ziehen konnte; dem aus Boitzenburg stammenden Helmstedter Oberstudiendirektor Hans Hasse (†) und seiner Frau Ida, die in einem Exemplar der 3. Auflage viele Namen entschlüsselten; Hans Benthin, Berkholz (früher Museum Klostermühle Boitzenburg); Ingrid Ehlers, Stadtarchiv Rostock; Dr. Dietrich Meyer, ehemals Leiter des Archivs der Evangelischen Kirche im Rheinland Düsseldorf, Herrnhut; Dr. Jochen Meyer, den früheren Leiter der Handschriftenabteilung des Deutsches Literaturarchivs, Marbach am Neckar;

Bürgermeister Bernhardt Rengert, dem exzellentem Kenner der Geschichte seiner Gemeinde Boitzenburger Land und zuverlässigen Begleiter dieser und der vorhergehenden Ausgabe sowie seiner Frau Ines Markgraf; Dr. Hartmut Sander, dem früheren Leiter des Evangelischen Zentralarchivs, Berlin; Dr. Birgit Schneider-Bönninger, ehemals wissenschaftliche Mitarbeiterin beim Historischen Institut der Universität, heute TU Dortmund; Ursula Ferber-Seidel, Rogate/West Sussex, England (†), H. W. Seidels Schwiegertochter; Mechtild Seidel, Göttingen, H. W. Seidels Nichte; Berward Willerding, Templin, Apotheker Hugo Willerdings Enkel, der eine Reihe von Pseudonymen entschlüsselte; den Mitarbeiterinnen und Mitarbeitern folgender Archive: Humboldt-Universität, Berlin; Evangelische Kirche Berlin-Brandenburg-Schlesische Oberlausitz, Berlin; Bundesarchiv Berlin; Evangelisch-lutherische Landeskirche Sachsen, Dresden; Evangelische Kirche im Rheinland, Düsseldorf; Pommersche Evangelische Kirche, Greifswald; Evangelische Kirche der Kirchenprovinz Sachsen, Magdeburg; Brandenburgisches Landeshauptarchiv, Potsdam; Evangelisch-lutherische Kirche von Mecklenburg, Schwerin.

    Meiner Frau Bärbel danke ich für ihre Geduld und manchen Rat. Ihr und unseren Söhnen Christoph, Daniel, Tobias und Andreas widme ich meine Arbeit.

Klaus Goebel

Schilderungen bestimmter Ereignisse und Vorgänge

Gottesdienste:
5. Januar; 15. Januar; 20. Januar; 27. Januar, 9. Februar; 21. Februar; 1. März; 5. März; 10. März; 13. März; 16. März; 30. März; 31. März; 11. Mai; 19. Mai; 14. Juli; 15. Juli; 14. September; 23. September; 5. Oktober; 12. Oktober; 23. Oktober; 2. November; 9. November; 11. November; 24. November; 9. Dezember; 23. Dezember; 25. Dezember; 28. Dezember

Beerdigungen:
27. Januar; 14. Februar; 15. Februar; 14. April; 31. Mai; 23. Juli; 25. Juli; 31. Juli; 2. August; 5. Oktober

Sitzungen des Gemeindekirchenrats:
5. Januar; 8. Februar; 8. März

Synoden und Pfarrerkonferenzen:
14. Februar; 24. April; 1. Mai; 25. Mai; 23. Oktober; 24. Oktober; 11. November; 26. November

Theologisches:
14. Februar; 18. Februar; 11. März; 12. März; 25. März; 24. April; 10. Juli; 18. September; 23. September; 29. September; 23. Oktober; 4. Dezember

Lektüre, Literarisches:
6. Januar; 11. Januar; 18. Februar; 24. Februar; 3. März; 4. März; 25. März; 29. März; 30. März; 14. April; 17./18. April; 21. April; 22. April; 5. Mai; 8. Mai; 10. Juli; 2. August; 5. August; 5. September; 23. September; 1. Oktober; 3. Oktober; 5. Oktober; 21. Oktober; 26. Oktober; 16. November; 21. November; 22. November; 26. November; 29. November; 1. Dezember; 3. Dezember; 4. Dezember; 9. Dezember; 17. Dezember; 23. Dezember

Schulinspektion, Schulvisitationen und Lehrerkonferenzen:
21. Januar; 27. Januar; 29./30. Januar; 8. Februar; 19. März; 19. Mai; 31. Mai; 9. Juli

Besuche im Schloss und Begegnungen mit der gräflichen Familie:
5. Januar; 7. Januar; 14. Januar; 21. Januar; 27. Januar; 22. Februar; 5. März; 29. März; 22. April; 25. April; 8. Mai; 2. August; 20. August; 26. August; 20. Oktober; 18. November; 25. Dezember; 28. Dezember

Geburtstage und andere Feiern:
22. Februar; 29. März; 15. April; 16. April; 10. Mai; 27. Mai; 9. Juni; 5. Juli; 2. August; 5. September; 9. September; 11. September; 7. Oktober; 10. Oktober; 16. Oktober; 19. Oktober; 2. November; 8. November; 9. November; 13. November; 16. November; 15. Dezember; 22. Dezember; 25. Dezember

Spaziergänge:
28. März; 19. April; 12. Mai; 23. Mai; 28. Juli; 3. August; 20. August; 11. September; 13. September; 10. Oktober; 18. Oktober

Besucher:
4. März; 20. April; 10. Juli; 21. Juli; 28. Juli; 5. August; 9. August; 18. September; 25. September; 27. September; 29. September; 19. Oktober; 11. November; 18. November; 12. Dezember

Besuche und Ausflüge:
5. Januar; 7. Januar; 14. Januar; 15. Januar; 17. Januar; 21. Januar; 27. Januar; 29./30. Januar; 30./31. Januar; 15. Februar; 21. Februar; 11. März; 28. März; 25. April; 10. Mai; 13. Mai; 31. Mai; 13. Juni; 5. Juli; 10. Juli; 14. Juli; 15. Juli; 26. August; 25. September; 3. Oktober; 7. Oktober; 28. Oktober; 30. Oktober; 3. November; 6. Dezember; 21. Dezember; 24. Dezember; 28. Dezember; 29. Dezember

Eisenbahnreisen:
3. Januar; 1. April; 14. April

Erläuterungen

Die in früheren Auflagen abgekürzten oder pseudonym wiedergegebenen Personen- und Ortsnamen wurden entschlüsselt, wo dies möglich war. Die richtigen Namen sind in den Text eingefügt worden und werden nachstehend erläutert.

Für zahlreiche Erläuterungen wurden die Tauf-, Trau- und Beerdigungsregister sowie die Protokollbücher der evangelischen Gemeinde Boitzenburg herangezogen. Weitere Quellenhinweise beziehen sich auf den Nachlass von Heinrich Wolfgang Seidel im Deutschen Literaturarchiv Marbach am Neckar (abgekürzt DLA).

Weiterführende Informationen über Boitzenburg, das Schloss und die Familie von Arnim um die Wende vom 19. zum 20. Jahrhundert lassen sich folgender Literatur entnehmen: Sieghart Graf von Arnim, Dietlof Graf von Arnim-Boitzenburg. Ein preußischer Landedelmann und seine Welt im Umbruch von Staat und Kirche. Limburg 1998; Beatrix Bluhm / Detlev von Heydebrand / Hans-Joachim Stahl, Schloss Boitzenburg in der Uckermark. Geschichte und Gegenwart. Angermünde 2011.

9 *Meine Reise:* Fahrt am 2. Januar vom Elternhaus in Groß-Lichterfelde in etwa drei Stunden nach Boitzenburg
Z.: Eberswalde oder Löwenberg, wenn Seidel diese Bahnstrecke genommen hätte.
Miniatursoldaten: Soldaten (Rekruten?) auf der Fahrt in die Garnisonstadt Prenzlau

10 *des Grafen:* Guido Adolf Georg *Dietlof Graf* von Arnim (1867–1933) hatte den Fideikommiss (unveräußerlicher und unteilbarer Familienbesitz) Boitzenburg 1887 von seinem Vater *Adolf* (1832–1887) geerbt. Zu diesem Zeitpunkt noch minderjährig, trat er sein Erbe 1893 an.
Schloss: Ursprünglich Renaissance-Anlage aus dem 16. Jahrhundert. Mehrfach, zuletzt 1881–1884 erweitert und umgebaut. Siehe: Georg Dehio, Handbuch der deutschen Kunstdenkmäler. Die Bezirke Neubrandenburg, Rostock, Schwerin. Berlin ²1980, S. 36f.
Pfarrhaus: Fachwerkbau aus dem 18. Jahrhundert
Die Pfarrersleute: Wolfgang Dreising (1852–1928), Pfarrer in Boitzenburg 1898–1909, seit 1905 auch Superintendent des Kirchenkreises Prenzlau I. Seit 1880 mit Marie Magdalena Sophie geb. Ziegener verheiratet.

Salzmann: Ferdinand Salzmann (1877–1958), Vorgänger Seidels als Vikar, ordiniert 1904, 1905 Pfarrer in Flatow, Kreis Nauen, später in Schlesien. 1902 war er Lehrer an einer Privatschule in Templin. Heiratete Dreisings Tochter Elisabeth.
nomine Lisbeth: Elisabeth Dreising, geb. 1881
seine Schwiegermutter: Marie geb. Troschel (geb. 1819), Witwe des Pfarrers Samuel Ziegener (1812–1865) in Kiekebusch
Frida Schanz: (1859–1944), Unterhaltungsschriftstellerin
Marx Möller: (1868–1929), Prof. der Literaturwissenschaft, Autor und Herausgeber
Fedor von Zobeltitz: (1857–1934), Unterhaltungsschriftsteller und Gründer der „Gesellschaft der Bibliophilen"
Geibel: Emanuel Geibel (1815–1884), gefeierter Autor volkstümlicher Lyrik

11 *Boitzenburg:* Zur Geschichte siehe Lieselott Enders (Bearb.), Historisches Ortslexikon für Brandenburg. Weimar 1986, S. 107ff.
Berkholz: Filialkirche von Boitzenburg
Naugarten: Filialkirche von Boitzenburg
Steinmeyer: Franz Ludwig Steinmeyer (1812–1900), evangelisch-lutherischer Theologieprof. in Breslau, Bonn und Berlin, Schleiermacher-Schüler, besonders durch Predigt-Lehren hervorgetreten

12 *Amtmann:* Emil Haicke, seit 1898 in Boitzenburg
Mudrach: Figur aus Heinrich Seidels „Reinhard Flemming", hat „die richtigen Augen des Gesetzes".

13 *Die Herrschaften:* Graf und Gräfin
Lloyd-Plakate: Werbung für den Norddeutschen Lloyd

14 *Apotheker:* Hugo Willerding (1853–1913)

16 *Bruder Zitzlaff:* Reiseprediger der Inneren Mission
tout: (franz.) ganz

17 *Kantor:* Traditionelle Bezeichnung für den Lehrer. In Boitzenburg leitete die Volksschule Karl Becker sen., dessen gleichnamiger Sohn Lehrer in Naugarten war.
Peltzer: Hubert Peltzer (1854–1904)

18 *Dichter Brunold:* Pseudonym für August Ferdinand Meyer (1811–1894), märkischer Schriftsteller und Journalist

19 *des Bruders unsrer Gräfin:* Siegfried Graf zu Eulenburg-Wicken (1870–1961)
Mademoiselle: Fräulein Emma Clément, französische Erzieherin auf dem Schloss, geb. 1872
comme une cascade: (franz.) wie ein Wasserfall

20 *Graf Siegfried:* Siegfried Graf zu Eulenburg-Wicken (1870–1961)
le pauvre lievre: (franz.) der arme Hase
Forstmeister: Ludwig Schmidt (geb. 1822), 1868–1905 Forstmeister der Grafschaft Boitzenburg

21 *Heute ist eine Taufe:* Täufling Margarete Nagel
22 *Dickens:* Für den englischen Autor Charles Dickens (1812–1870) besaß Seidel zeitlebens eine Vorliebe.
24 *Stolte:* Pfarrer in Groß-Lichterfelde
25 *Kluge:* Erwin Kluge, Kommilitone Seidels, studierte in Berlin und Marburg evangelische Theologie, 1926 Pfarrer in Köslin.
Wippermann: Erich Wippermann (1876–1963), Konabiturient Seidels in Lichterfelde, studierte in Berlin und Tübingen evangelische Theologie, ordiniert 1904; 1926 Pfarrer in Luckau.
26 *Oberhirten:* Superintendent
28 *Bliß:* Albert Bliß, Gastwirt, „Grüner Baum"
30 *Kutscher:* Ludwig Winkel, der am 24. April starb
31 *pot de chambre:* (franz.) Nachttopf
viere lang: mit vier Pferden
Minister: Adolf-Heinrich Graf von Arnim-Boitzenburg (1803–1868), preuß. Innenminister 1842–1845, Ministerpräsident im März 1848, Großvater des Grafen
Friedrich Wilhelm IV.: (1795–1861), preuß. König
32 *Ressource:* gesellige Veranstaltung
Gräfin: Alexandra Gräfin von Arnim geb. Gräfin zu Eulenburg-Wicken (1868–1943)
33 *den Herrn Rendanten:* Dahms
34 *Kögel:* Rudolf Kögel (1829–1896), Oberhofprediger, führte die kirchliche Richtung der konservativen „Positiven Union", Vertrauter des Kaiserhofs im Oberkirchenrat
Konsistorialrat Saenger: Emil Saenger (1839–1921), im Konsistorium zuständig für die Verteilung der Vikare
„Väterchen": Pastor Johannes Baltzer (1827–1906); seit 1855 in Gollmitz, 1863–1902 in Wichmannsdorf, emeritiert 1. April
35 *Walther Becker* (1877–1926): Studienfreund Seidels, zuletzt Pfarrer in Schwerinsburg bei Anklam (Pommern).
Musik zu „Schön Rohtraut": Die bekannteste Vertonung des Mörike-Gedichtes stammt von Robert Schumann op. 67.
Kaisers Geburtstag: Der Geburtstag des am 27. Januar 1859 geborenen und seit 1888 regierenden Kaisers und Königs Wilhelm II. wurde in den Schulen durch Feierstunden begangen. Anschließend war schulfrei.
36 *$1^1/_2$-jähriges Kind:* Erich Müller, Sohn des Schmiedemeisters Müller in Krewitz, starb am 23. Januar
37 *eines zehnjährigen Mädchens:* Elise Knoop, $11^1/_2$ Jahre alt, Tochter des Sattlermeisters Adolf Knoop in Boitzenburg, starb am 24. Januar.
drei Söhne: Adolf-Heinrich (1894–1914), Bernd Vivigens (1897–1926), Joachim Dietlof (1898–1972)

38 *Werner:* Seidels Bruder (1883–1958)
40 *Anny Wothe:* (1858–1919), Unterhaltungsschriftstellerin
   Hammelbucht: Pferde-„Omnibus"
41 *enrhümiert:* (franz.) verschnupft
42 *Kümmel:* Pfarrer Ludwig Kümmel (1865–1917), Kuhz
   Löwenwirt: Gasthaus zum Löwen, Gerswalde
   Karow: Emil Karow (1871–1954), in Weggun 1901–1904. 1914–1921 als Superintendent Seidels Kollege in Eberswalde, als Bischof von Berlin 1933–1934 Gegner der nationalsozialistisch beeinflussten Deutschen Christen.
   Die fünf Kirchen sind Weggun, Parmen, Arnimshain, Fürstenhagen und Wrechen, von denen nur Fürstenhagen einen Turm besitzt.
   Mecklenburg-Strelitz: Das mecklenburgische Herzogtum grenzte etwa 8 km nordwestlich von Boitzenburg an die preußische Provinz Brandenburg
   Weber: Gustav Weber (1866–1934), Gerswalde
   Dellinghausen: Karl Dellinghausen (1856–1922), Fergitz
   Ohm Krüger: Paulus Krüger, genannt Ohm Krüger (1825–1904), Burenführer gegen Großbritannien und Präsident der Republik Südafrika, der einen in der Welt bekannten Bart trug
43 *Ordensfest:* Am Geburtstag des Königs wurden in Preußen traditionell die Verdienstorden verliehen, seit der Thronbesteigung Wilhelms II. am 27. Januar
   der alte Geißler: Lehrer August Geißler sen.
   der junge Geißler: Lehrer August Geißler jun., Berkholz
   Trendelenburg: Seidels Gymnasiallehrer
   Vogt: Seidels Gymnasiallehrer
   Matthaei: Georg Matthaei, Seidels Gymnasiallehrer
44 *Hempel:* Seidels Gymnasialdirektor
   Nagel: Carl Nagel, Kaakstedt
45 *Greifswald:* Universitätsklinik in Greifswald
   neue Schwester: Diakonisse Margarethe Effenberger hatte am 1. April 1901 ihren Dienst angetreten.
46 *Frau Forstmeisterin:* Frau Schmidt
47 *Boldt:* August Boldt, fast 73 Jahre alt, pensionierter gräflicher Schlossdiener, starb fünf Wochen nach seiner Frau. Das Grab ist noch vorhanden.
48 *sein letztes Buch:* Adolf von Harnack, Das Wesen des Christentums. Leipzig 1900
   aus dem Reichsboten: Der Reichsbote. Kalender für Stadt und Land, Halbmonatszeitschrift „für die Verbreitung des wahren Christentums", 1873–1936
   Burenkrieg: Im Burenkrieg 1899–1902 unterwarfen die Briten die burischen Republiken Oranje und Transvaal.

Lassons (des Sohnes) Konventikel-Monatsschrift: Pfarrer Georg Lasson (1862–1932), Sohn des Philosophieprof. Adolf Lasson (1832–1917), gab die „Kirchliche Monatsschrift. Organ für die Bestrebungen der positiven Union", seit 1900 unter dem Titel „Kirchliche Wochenschrift für evangelische Christen" heraus.
„Christliche Welt": Von Martin Rade 1886 gegründete liberale protestantische Zeitschrift
49 *Oberhirten:* Hermann Spieß (1837–1906) und Adolf Diesener (1837–1910), Superintendenten der Kirchenkreise Prenzlau I und II
Marasmus: Durch Krankheit verursachte körperliche Entkräftung
Odins Raben: Der germanische Gott Odin thront auf einem Himmelsberg, umflattert von den Raben Hugin und Munin, die ihm von den Geschehnissen auf der Erde berichten
50 *der weise Mann:* Amtsgerichtsrat Schulz, Templin
aus dem neuen Gesetzbuch: Am 1. Januar 1900 war das Bürgerliche Gesetzbuch in Kraft getreten
51 *Gottesdienst:* Seidels Predigt über Lukas 8, 4–15: nachmittags auch in Berkholz, am 2. Februar schon in Naugarten (Manuskript Nachlass DLA)
52 *von dem schwindsüchtigen Mädchen:* Die tuberkulosekranke 20-jährige Helene Mesow starb am 11. Februar.
an dem Buche: Das Wesen des Christentums
die beiden anwesenden Superintendenten: Diesener und Spieß
53 *Prüfungskommission zum zweiten Examen:* Theologische Prüfung nach Beendigung des Vikariats
55 *auf Nansens Schlittenreise:* Der norweg. Polarforscher Fridtjof Nansen durchquerte 1888 Grönland.
57 *Konvent:* Pfarrkonvent der beiden Kirchenkreise am 13. Februar 1902 in Prenzlau
Stolte: D. Max Stolte (1863–1937), seit 1894 Pfarrer an der Pauluskirche Lichterfelde, 1910–1933 Generalsuperintendent in Magdeburg
58 *Versuchungsgeschichte:* Matthäus 4, 1–11
Forellenzucht: Forellenzucht gibt es vor Ort noch heute
61 *geschlossenes Coupé:* Geschlossene Kutsche mit zwei Sitzen, später auch für Eisenbahnabteile und Automobile
62 *„schwarzen Walfisch von Askalon":* Ursprünglich Studentenlied
Administrator: Verwalter
Mann aus dem Nachbardorf: Bauer Rechlin, Berkholz
66 *Kreuzzeitung:* Konservative Tageszeitung, zunächst „Neue preußische Zeitung", 1848–1939
„Wintermärchen": Heinrich Seidels „Wintermärchen" erschienen 1879 in Julius Lohmeyers „Deutscher Jugend", 1885 als

Buch, 1901 in den Gesammelten Schriften, Bd. 16 und 17 (Cotta) sowie in der 3. Aufl. (Union)
67 *Braun:* Theodor Braun (1833–1911), Generalsuperintendent für die Neumark und Niederlausitz 1884–1909
68 *an meiner Predigt:* Über Lukas 23, 32–38: Berkholz 5. März, Boitzenburg 6. März, Naugarten 12. März, vertretungsweise auch in Weggun und Arnimshain am 10. März (Manuskript Nachlass DLA)
Oliver Twist: Roman von Charles Dickens
Mickawber: Micawber, Gestalt in Dickens' Roman „David Copperfield"
Dora: Gestalt in Dickens' Roman „David Copperfield"
Forsters „Leben Dickens'": John Forster, Das Leben von Charles Dickens. Berlin 1872–1875; zuerst London 1872–1874
Märchenbuch von Baumbach: Rudolf Baumbach schrieb mehrere Märchenbücher: Erzählungen und Märchen. Leipzig 1885 u. ö.; Es war einmal. Märchen. Ebd. 1889 u. ö.; Neue Märchen. Ebd. 1894 u. ö.;
Sommermärchen: Rudolf Baumbach, Sommermärchen. Leipzig 1881 u. ö.
Funcke: Otto Funcke (1836–1910), Pfarrer in Bremen und erbaulicher Schriftsteller
Der Brief von dem kranken Mann: Erzählung von Heinrich Seidel
„Monate": Erzählung von Heinrich Seidel
70 *der große Unbekannte:* Pastor Carl Wilke (geb. 1867), 1902–1909 in Wichmannsdorf, von dort zur Berliner Nazarethkirche, im Ruhestand 1928
71 *Kirchenrat:* Schlachtermeister August Fischmann
Cracknel-Teig: cracknel (engl.) Brezel
72 *Schulpforta:* als sächsische Fürstenstiftung gegründetes evangelisches Gymnasium mit Internat in Pforta
74 *Vetter Guido:* Als Seidel den Anfang von „Leberecht Hühnchen" vorliest, entdeckt die Großmutter in dem „Major ohne Pointe" ihren Vetter Guido. Heinrich Seidel bestätigt seinem Sohn am 3. März (Brief Nachlass DLA), es habe sich um den Major a. D. Troschel, seinen Arbeitskollegen, Plankammerverwalter bei der Anhaltischen Bahn, gehandelt.
75 *Die Frau:* Dorothea Götsch, 75 Jahre alt, starb am 2. März
die 7-Bände-Ausgabe: Heinrich Seidel, Gesammelte Schriften, erschienen zuerst 1899–1900
„Gartenlaube": illustriertes Wochenblatt
„Letzten Garten": Gedicht von Heinrich Seidel über den Friedhof, später in den Sammelband „Die Musik der armen Leute und andere Vorträge" aufgenommen

76 *Lange in Teltow:* Pastor Anton Lange (1830–1900), zuletzt Superintendent
77 *comme un lion:* (franz.) wie ein Löwe
  die Predigt: 24. Februar siehe Anmerkung zu S. 66
78 *Trojans:* Familie des mit Heinrich Seidel befreundeten Johannes Trojan (1837–1915), Schriftsteller, Chefredakteur des „Kladderadatsch" 1886–1909. Gab seine kanadischen Reiseerlebnisse in dem Buch „Auf der anderen Seite", Berlin 1902, heraus.
  Beau-Bungert: Heinrich Seidel hatte den mit ihm befreundeten, damals in Italien lebenden rheinischen Komponisten August Bungert (1846–1915) zu Gast.
79 *in Anny Wothes Blatt:* Von Haus zu Haus. Wochenschrift für die deutsche Frauenwelt, erschien 1887–1909
  Hesekiel: Georg Ludwig Hesekiel (1819–1874), Schriftsteller und Redakteur der konservativen „Kreuzzeitung"
  Arnim-Mellenau: Albrecht Graf von Arnim-Mellenau (1841–1903) in Prenzlau
80 *Otto Aribert:* Graf von Westarp (?–1914), Mitzögling von Adolf-Heinrich
81 *Patronatsvertreter:* Forstmeister Schmidt vertrat den Kirchenpatron Graf Arnim-Boitzenburg im Gemeindekirchenrat.
82 *Kurrendebote; Kurrende:* Laufbote, von currere (lat.) laufen
  Superus: Volkstümlich für Superintendent
83 *Mein Passionsgottesdienst:* vgl. 24. Februar
  Kirchenknechte: Gemeindekirchenrat
84 *Collin:* Bauer Collin aus Küstrinchen
  das Haupt Johannes des Täufers auf der Schüssel: Matthäus 14,11; Markus 6, 28
85 *Christian Schulz:* Hinter der Kirche von Naugarten erinnerte bis 2003 ein Grabmal, ein steinernes Kreuz, an Christian Schulz (1837–1910), Bauernhofbesitzer und Kirchenältester.
  den Fouragejuden: umherziehende jüdische Vieh- und Getreidehändler
86 *zu Johanni:* Tag Johannes des Täufers am 24. Juli; bis dahin konnte der alte Pächter Neumann auf dem Pfarrgut verbleiben
87 *Frau Apotheker:* Anna Willerding (1865–1945)
  Doktor· Dr. med. Ludwig Wilhelm Preuß
89 *Krammetsvögel à la Lotte:* Episode in „Leberecht Hühnchen"
  „Daheim": illustriertes Wochenblatt
90 *für ihn predigen:* Wiederholung der Passionspredigt am 9. März
  Arnimshain: heute Buchenhain
92 *Onkel Gottfried:* Gottfried Becker (1860–1941), Bruder von H. W. Seidels Mutter

Dryander: Ernst von Dryander (1843–1922), Oberhofprediger, Mitglied des Oberkirchenrats und Ephorus (Vorsteher) des Domkandidatenstifts
96 *auf dieser herrlichen Reise:* Zum bestandenen Ersten theologischen Examen von den Eltern geschenkte Reise
98 *Dorner:* Isaak August Dorner (1809–1884), seit 1862 Theologieprof. in Berlin
Stoecker: Adolf Stoecker (1835–1909), Hof- und Domprediger in Berlin 1874–1889, Gründer der Christlich-Sozialen Arbeiterpartei (1878) und des Christlich-Sozialen Kongresses (1890), Reichstags- und Landtagsabgeordneter
102 *meine Osterpredigt:* Über Lukas 24, 1–12: Berkholz, Naugarten 30. 3., Boitzenburg 31. 3. (Manuskript Nachlass DLA)
104 *Hempels Gymnasium:* Lichterfelde unter Leitung von Dr. Hempel († 1903)
107 *mauvais:* (franz.) schlecht
109 *des kleinsten Grafen:* Joachim
111 *perhorreszieren:* ablehnen, verabscheuen
113 *Hofprediger:* Johannes Wilhelm Kritzinger (1855–1937) Pfarrer in Boitzenburg 1883–1890, von dort Superintendent in Storkow, als 2. Hofprediger in Berlin 1925 emeritiert
116 *pleine chasse:* (franz.) in voller Jagd
Müller Klagges: Otto Klagges lebte schon länger Zeit mit der seit 1897 verwitweten Mühlenpächterin Wilhelmine Lüdke zusammen, pachtete die Boitzenburger Klostermühle jedoch erst 1912.
117 *Brief vom 29./30 März:* Manuskript Nachlass DLA
118 *Willy Seidel:* (1887–1934), Sohn von Heinrich Seidels Bruder Hermann, Bruder von Ina, Schriftsteller
Rheinsberg: Kronprinzensitz Friedrichs des Großen
Justiciarius Troschel: Franz Troschel, Justizrat in Neuruppin, Vater von Pastor Dreisings Schwiegermutter
119 *ce n'est pas a raconter:* (franz.) es ist nichts darüber zu erzählen
Kröchlendorff: Gut des Familienzweiges von Arnim-Kröchlendorff
120 *Die Musik der armen Leute:* Gedichtsammlung von Heinrich Seidel, zuerst Stuttgart 1896
121 „*Eiersegen*": Gedicht von Heinrich Seidel
123 *Löwenberg:* Umsteigebahnhof der Eisenbahn
Rostock: Seidel nimmt an der Hochzeit von Emma, Tochter von Emma Eggers geb. Brandenburg-Schaeffer (1857–1882) und Karl Eggers, mit Ernst Dragendorff teil.
124 *Hotel Fürst Blücher:* In der Nähe des Hopfenmarktes, im 2. Weltkrieg zerstört

Tante Klara: Klara Weber geb. Becker (1826–1906), Schwester der ersten Frau von Karl Eggers, Mathilde geb. Becker († 1879), und Taufpatin der Braut, Kusine von Agnes Seidel geb. Becker
Eggersens: Familie von Karl Eggers
Hartwig: Hartwig Eggers (geb. 1894), Sohn von Karl Eggers und seiner dritten Frau Margarete
Peter: Peter Eggers (1887–1938), Sohn von Karl Eggers und seiner dritten Frau Margarete. H. W. Seidel hielt ihm 1938 die Grabrede.
Tante Grete: Margarete Eggers (1858–1941), Witwe von Karl Eggers

125 *Joachim:* Joachim Eggers, Sohn von Karl Eggers und seiner dritten Frau Margarete
Onkel Karl: Karl Eggers (1826–1900), Bruder von Friedrich Eggers, ehemaliger Rostocker Senator, Schriftsteller und Kunsthistoriker, Mitglied des Schriftstellerzirkels „Tunnel über der Spree" in Berlin und dort mit Heinrich Seidel befreundet. Die Familie Seidel wohnt in Eggers' Berliner Haus Am Karlsbade 11 von 1880 bis 1895 zur Miete.
früher die Zeitung vorgelesen: Seidel hatte als Jugendlicher seine Ferien hier verbracht.

126 *in Abrahams Schoß:* nach Lukas 16,22
Pfarre zu Perlin: Heinrich Seidel wurde in Perlin bei Schwerin 1842 als Sohn des Pfarrers Heinrich Alexander Seidel geboren
Wiegand: August Wiegand (1864–1945), seit 1902 Pfarrer in Plau, Mecklenburg, zuvor in Perlin
Eure Lampe: Salonlampe von Heinrich und Agnes Seidel, erwähnt im Hochzeitsalbum, das als Geschenk H. W. Seidels zwei Salzfässer nennt (Nachlass Eggers, Stadtarchiv Rostock)

127 *Sohms:* Clara Seidel (1848–1879), Schwester des Vaters, hatte Rudolf Sohm geheiratet. Landgerichtsdirektor Albert Sohm (1839–1914) in Rostock ist ein Bruder Rudolfs.

128 *Onkel Wilhelm Passow:* Dr. Wilhelm Passow, prakt. Arzt in der St. Georg-Straße
des großen Kirchenrates Barth· D. Paul Bard (1839–1927), 1869 3. Domprediger in Schwerin, 1886 dort Oberkirchenrat, 1902 zum Geheimen Oberkirchenrat ernannt
„*Wirtshaus zur Stranddistel":* Heinrich Seidel erfand diese Örtlichkeit in den Dünen der Rostocker Heide
„*City of London":* Viertel im Rostocker Hafenbereich
rallögend: (plattdt.) augenrollend
Großmutter Brandenburg: Luise Brandenburg-Schaeffer geb. Schlie (1829–1907) war die Großmutter der Braut.

ihr zukünftiger Gatte: Dr. phil. Ernst Dragendorff (1869–1938), seit 1905 Stadtarchivar von Rostock

129 *Professorin Dragendorff:* Sophie geb. Spohn (geb. 1848), Witwe des Pharmakologen Prof. Dr. Georg Dragendorff und Mutter des Bräutigams

Luisenzeit: Zeit der Königin Luise (1776–1810)

130 *Ouvertüre zum Sommernachtstraum:* Von Felix Mendelssohn Bartholdy

131 *Pries:* Trauung durch Pfarrer Timm (1858–1922). Heinrich Robert Pries (1852–1928), Pfarrer von St. Jacobi, war als Verwandter beteiligt.

Bürgermeister Pries: Joachim Heinrich Adolf Pries, Bürgermeister von Neubrandenburg, dessen Vater Joachim Heinrich Pries (1819–1893) mit Karl Eggers' Schwester Helene (1824–1898) verheiratet war

Dr. Koopmann: Dr. Karl Koppmann (1839–1905), seit 1884 Stadtarchivar von Rostock

Hotel de Russie: am Neuen Markt

132 *von Euch abfuhr:* Seidel hatte seine Rückreise in Lichterfelde unterbrochen, um seine Eltern zu besuchen.

„*Woche*": Die Woche. Moderne illustr. Zeitschrift. Erschien seit 1899

Busch-Verehrers: Heinrich Seidel als Verehrer von Wilhelm Busch (1832–1908)

134 *Schuster Albrecht:* Der Schuhmachermeister Franz Albrecht hatte am 11. April Selbstmord begangen. Der 32-jährige hinterließ Frau und Kind und wurde auf dem Friedhof „an dem Platze für Selbstmörder" beerdigt.

das arme kleine Mädchen: Luise König starb mit 7 $^1/_2$ Jahren am 7. April.

ein neues Kind: Willi König, geboren am 6. April

137 *Komtess:* Mathilde Gräfin von Arnim, später verehelichte Gräfin zu Dohna-Schlobitten (1879–1951), einzige Tochter von Adolf Graf von Arnim-Boitzenburg und seiner zweiten Frau Helene geb. Gräfin von Schweinitz, Ehemann: Lothar Graf zu Dohna-Schlobitten auf Willkühnen

140 *providenziell:* von der göttlichen Vorsehung bestimmt

141 *Werner Spaanhof:* Übertrug einen Teil von „Leberecht Hühnchen" für eine Schulausgabe ins Englische

Wellhausen'sche System: Julius Wellhausen (1844–1918), Theologieprof. in Marburg und Göttingen, entwickelte philologisch neue Gesamtauffassung der Geschichte Israels.

142 „*Tantenausschnitt*": Artikel aus der Vossischen Zeitung, genannt „Tante Voß"

144 *Klein-Zaches:* Hauptgestalt im gleichnamigen Märchen von E. T. A. Hoffmann (1776–1822). Hoffmann war ein Lieblingsdichter des Vaters Heinrich.
Der feuerrote Reitknecht und der ledergelbe Reitknecht: genannt nach rotem resp. gelbem Wollsweater (nach Joachim Graf Arnim-Boitzenburg)

145 *Cecil Rhodes:* Der britischer Kolonialpolitiker starb am 26. März.

148 *Exzellenz:* Helene Gräfin von Arnim geb. Gräfin von Schweinitz und Krain (1846–1930), zweite Frau des 1887 verstorbenen Adolf Graf von Arnim-Boitzenburg, Präsident des Reichstags
Tante Anna: Johanna von Bonin (1850– nach 1930), Kusine der Mutter Gräfin Alexandra

149 *Friedrich Huch:* (1873–1913), Vetter von Ricarda und Rudolf, dessen „Peter Michel" 1901 erschienen war
Ricarda oder Rudolf Huch: Ricarda Huch (1864–1947) und ihr Bruder Rudolf Huch (1862–1943)
bei Eulenburgs: Familie von August Graf zu Eulenburg-Wicken, Oberhof- und Hausmarschall des Kaisers seit 1890 (nach Sieghart Graf Arnim)
Thielen: Karl von Thielen war seit 1891 preußischer Minister der öffentlichen Arbeiten.

155 Fechner: wohl der Porätmaler Hanns Fechner (1860–1931). Abgebildet in: Sieghart Graf von Arnimn Dietlof Graf von Arnim-Boitzenburg. Limburg 1998, S 47
jenes graubärtigen Grafen Arnim: Feldherr (Feldmarschall) Hans Georg von Arnim-Boitzenburg (1583–1641) kämpfte im Dreißigjährigen Krieg in verschiedenen Lagern, war aber kein „Graf".
Kaiserin Friedrich: Viktoria (1840–1901), Gattin des „99-Tage-Kaisers" Friedrich III.

159 *Gamaliel:* Apostelgeschichte 5, 38–39
Bibelgesellschaft: In Prenzlau 1833 gegründete Tochtergesellschaft (heute: Uckermärkische Bibelgesellschaft) der Preußischen Hauptbibelgesellschaft

161 *den alten Matthies:* August Matthies, mit 67 Jahren am 22. April gestorben
Winkel: Ludwig Winkel, der gräfliche Kutscher mit dem „Arnimschen Gesicht" (Brief 21. Januar), war 89 $^{3}/_{4}$ Jahre alt geworden.
Schlunk: Hermann Schlunk (1861–1897), Pfarrer in Boitzenburg 1890–1897

162 *pontificalia:* (lat.) Schwarzer Festtagsanzug „in Kirchenangelegenheiten"
Linaria-Pott: Topf mit Leinkraut, einer dichte Blütentrauben treibenden Zierpflanze

164 *Synode Brüssow:* Der Superintendent der Synode Prenzlau II war Pfarrer in Brüssow.
Synode Strasburg: Der Superintendent der Synode Prenzlau I war Pfarrer in Strasburg.
Exaudi: Sechster Sonntag nach Ostern
165 *karriolten:* kutschierten
166 „*Reinhard Flemming*": Heinrich Seidel, Reinhard Flemmings Abenteuer zu Wasser und zu Lande. Der erste Teil dieser dichterischen Selbstbiografie entstand 1897–1899.
den steinernen Arnim: Epitaph für Georg Dietloff von Arnim-Boitzenburg (1679–1753). Hierzu: Sieghart Graf von Arnim, Georg Dietloff von Arnim (1679–1753). Im Dienst der ersten drei preußischen Könige. Limburg a. d. Lahn 2013
168 *Das Märchen von der kleinen Marie:* Vielleicht „Marienkind" der Brüder Grimm
Bret Harte: Francis Bret(t) Harte, geb. 1836, Journalist, Schriftsteller, starb am 5. Mai
„*Ben Hur" von Wallace:* Der Roman von Lewis Wallace (1827–1905) erschien engl. 1880, deutsch 1887
„*Römische Spuknovellen" von Voß:* Von Richard Voß (1851–1918) erschienen „Neue römische Novellen", Stuttgart 1901
169 „*Käthe und ich*": Mit dem Untertitel „Erlebnisse und Erfahrungen aus junger Ehe", Berlin 1894
Mutter von Tovote: Heinrich Tovote, „Mutter!", Roman. Berlin 1893
170 *Herrenhaus:* Erste Kammer des preußischen Landtags
171 *Melanchthon:* Philipp Melanchthon (1497–1560), Reformator, Freund Luthers
Neander: August Neander (1789–1850), eigentlich David Mendel, Sohn jüdischer Eltern, getauft 1806, bedeutender evangelischer Kirchenhistoriker, seit 1813 Prof. in Berlin
172 *Prinz Georg:* Georg Prinz von Preußen, geb. 1826, Urenkel von König Friedrich Wilhelm II., Autor von Dramen (Pseudonym G. Conrad), starb am 2. Mai
Vikarpredigten: Über Hesekiel 36, 26–27: Boitzenburg 11. 5., Naugarten 18. 5., Wichmannsdorf 18. 5., Berkholz 25. 5. (Manuskript Nachlass DLA)
173 *des Zauberers Buxdihudri:* Fantasiename
Mausoleum der gräflichen Familie: Ebenerdige Holzklappe in der Boitzenburger Kirche, unter der sich eine steile Treppe befindet; sie führt zu den beiden übereinander angelegten Grüften unter dem Südanbau
174 *Ahnfrau:* Caroline Gräfin von Arnim-Boitzenburg geb. Gräfin von der Schulenburg (1804–1886), Ehefrau von Adolf-Heinrich Graf von Arnim-Boitzenburg (1803–1868)

177 *Collins:* William Wilkie Collins (1824–1889), engl. Romanautor
Poe: Edgar Allan Poe (1809–1849), amerik. Dichter
Hoffmann: E. T. A. Hoffmann (1776–1822), dt. Dichter
179 *Sic transit gloria mundi:* (lat.) So vergeht der Glanz der Welt
Kurmärkische Konferenz in Potsdam: Theologentreffen
180 *Fritz Reuter:* (1810–1874), plattdt. Schriftsteller
182 *Seminarbildung:* Ausbildung im Lehrerseminar
183 *Kalür:* (plattdt.) Couleur
184 *Paul-Heyse-Zeit:* Für Seidel war Heyses Ruhm als Novellendichter bereits verblasst. Der Schriftsteller (1830–1914) erhielt 1910 den Nobelpreis für Literatur.
186 *„Die schwimmende Insel":* Erzählung von Heinrich Seidel
188 *drei idyllische Dörfer:* Klaushagen, Jakobshagen, Klosterwalde
189 *des Sees:* Fährsee
190 Brief vom 31. Mai: Manuskript Nachlass DLA
191 *Lokalinspektor:* Pfarrer als Vorgesetzter der Lehrer der einklassigen Schulen seiner Gemeinde
193 *See:* Kuhzer See
194 *Ludovika Hesekiel:* (1847–1889), Unterhaltungsschriftstellerin, Tochter von Georg Ludwig Hesekiel
195 *den drei Kirchenräten:* Götze, Köppen und Lorentz
in pontificalibus: (lat.) in kirchlichen Angelegenheiten, zugleich in schwarzen Anzügen
196 *cand.min.:* candidatus ministerii (Kandidat des Pfarramtes)
Wöllner: Otto Wöllner (1878–1940)
198 *der hl. Antonius:* Heiliger, der allen irdischen Versuchungen widerstand
mit dem Postomnibus: Zwischen dem 13. und 27. Juni hatte sich Seidel bei seinen Eltern aufgehalten; der Vater feierte am 25. Juni seinen 60. Geburtstag
202 *Lorentz:* Albert Lorentz (1860–1949), Sohn des Bäckermeisters Carl Friedrich Lorentz, Bruder des Kaufmanns Carl Lorentz; Fotograf, Schriftsteller und Herausgeber (nach Bernhardt Rengert)
Bemalung von Fotografien: Das Retuschieren von Fotos war weit verbreitet.
203 *die Fee Rosabelverde:* Gestalt in „Klein Zaches genannt Zinnober" von E. T. A. Hoffmann
Uria-Heep-Augenbrauen: Gestalt in Dickens' Roman „David Copperfield"
Samuel Keller: (1856–1925), Evangelist und Schriftsteller
204 *Landrat von Arnim:* Ludwig von Arnim-Willmine (1860–1936), Landrat des Kreises Templin 1899–1920
205 *Schwester Bismarcks:* Malwine von Arnim-Kröchlendorff geb. von Bismarck (1827–1908)

207 *„Jörn Uhl":* Erfolgreicher Roman von Gustav Frenssen (1863–1945), 1901 erschienen
Ritschl: Albrecht Ritschl (1822–1889), evangelischer Theologieprof. in Bonn und Göttingen
Pfleiderer: Otto Pfleiderer (1839–1908), evangelischer Theologieprof. in Jena und Berlin
209 *Ich predige:* Über 1. Johannes 4, 16–21: Kuhz, Kröchlendorff 13. 7., Berkholz, Boitzenburg 20. 7., Naugarten 27. 7. (Manuskript Nachlass DLA)
Friedrich Wilhelm III.: (1771–1840), preuß. König
211 *Kantor von Kröchlendorff:* August Geißler sen.
212 *der alte Herr von Arnim:* Oskar von Arnim-Kröchlendorff (1813–1903)
Die Kirche: Oskar und Malwine von Arnim-Kröchlendorff hatten die Kirche nach Plänen des Architekten Ferdinand von Arnim erbauen lassen. Einweihung 29. Juni 1868
215 *Ludwig Richter:* (1803–1884), volkstümlicher Maler und Holzschneider des Biedermeier
Varzin: Schloss, Bismarcks Landsitz in Hinterpommern
216 *meine Tochter:* Sibylle Gräfin von Bismarck-Schönhausen geb. von Arnim-Kröchlendorff (1864–1945)
Ausgabe mit deutscher Schrift: In Fraktur gedruckt
217 *mit „französischem" Druck:* In Antiqua gedruckt
Lenbach: Franz von Lenbach, (1836–1904), Porträtmaler, als Maler Bismarcks hervorgetreten
218 *Magnussen:* Harro Magnussen (1861–1908), Bildhauer
Graf Westarp: Adolf Graf von Westarp (1851–1915), Autor u. a. von: Die Königsschlösser Ludwigs II., 1886; Deutsche Lieder, 1892
Helmuth: Bruder Seidels (1888–1977)
220 *23. Juli 1902:* Wohl erst am 26. Juli geschrieben und abgeschickt
221 *Beerdigung:* Am 24. Juli war in Neu-Zerwelin Auguste Wagner, 64 Jahre alt, gestorben. Seidel hielt die Beerdigung in Berkholz am 27. Juli.
Apollotempel: Nach Plänen von Friedrich August Stüler Mitte des 19. Jahrhunderts erbauter Rundtempel
223 *25. Juli 1902:* Wohl erst am 28. Juli geschrieben und abgeschickt
Ganschow: Pächter Karl Ganschow
der verstorbenen Witwe: Auguste Wagner
227 *des alten Liedes:* Jesus meine Zuversicht
228 *Die Ruine:* Reste des im Dreißigjährigen Krieg zerstörten Zisterzienserinnenklosters Marienfließ bei Boitzenburg (der Name Marienfließ ist umstritten)

230 *Lehrer aus Berkholz:* Lehrer August Geißler jun.
Ein Bauernsohn hat sich die letzte Nacht umgebracht: Der 24-jährige Wilhelm Thiemke „machte seinem Leben durch Ertränken ein Ende. Folge von Nieren- und Blasenleiden", trug Pastor Dreising ins Totenregister ein. Über die Beerdigung fügte er hinzu: „31. Juli. Andacht im Hause durch Vikar Seidel. Sonst still."
233 *zweite Beerdigung:* Das Kind Karl Trettin war am 28. Juli im Alter von sieben Monaten gestorben.
238 *Watteau'sches Besuchs- und Speisezimmer:* Jean Antoine Watteau (1684–1721), spätbarocker Maler
Goldene Zeit: Jesaja 11
239 *Tom Sawyers Abenteuer:* Seidel hatte den Verfasser Mark Twain als Besucher seines Vaters in Berlin kennengelernt.
240 *einen alten Mann:* Der Arbeiter Johann Wilhelm Gottschalk starb am 31. Juli.
242 *Waisenvater:* Martin Salzmann, Vater von Ferdinand Salzmann, Waisenhausvorsteher in Sorau, Niederlausitz
243 *Frommel:* Emil Frommel (1828–1896), Pfarrer in Karlsruhe und Barmen, Hof- und Garnisonsprediger in Berlin
Großvater: Heinrich Alexander Seidel (1811–1861), Pfarrer in Mecklenburg
„Da brachen auf...": 1. Mose, 7, 11
Lit. Echo: Das literarische Echo (Zeitschrift)
244 *ex officio:* (lat.) von Amts oder Berufs wegen
„Du fehltest, mein Johannes": In E. T. A. Hoffmanns „Lebensansichten des Katers Murr" richtet Meister Abraham diese Worte an Kapellmeister Johannes Kreisler.
Inas Beurteilung von K. M.: Ina Seidel (1885–1974), Seidels Cousine und spätere Ehefrau
245 *Jeu:* (franz.) Spiel
246 *Raabe-Schwärmerei:* Wilhelm Raabe (1831–1910)
248 *asa foetida:* (lat.) stinkendes Kraut
252 *Cour:* (franz.) Empfang „bei Hofe", nämlich im Arnim'schen Schloss
254 *Graf Hermann:* Traugott Hermann Graf von Arnim (1839-1919) kaufte die Standesherrschaft Muskau. Sekretär, dann Gegner Bismarcks, wegen seines Eintretens für seinen Schwager Harry Graf Arnim-Suckow vom Kammergericht Berlin 1877 zu vier Wochen Gefängnis verurteilt. Reichstagsabgeordneter 1887–1906
255 *der alte Graf Albrecht:* Albrecht Graf von Arnim-Mellenau (1841–1903)
Morgen gegen vier Uhr: Seidel verbringt seinen Geburtstag am 28. August bei den Eltern.

256 *comme toujours:* (franz.) wie immer
261 *Gravensteiner:* Apfelsorte
267 *dictionnaire:* franz. Wörterbuch
le petite mademoiselle: (franz.) das kleine Fräulein
268 *Rudorff:* Ernst Rudorff (1840–1917), Pianist und Komponist, Hauptbegründer des Naturschutzes in Deutschland, gestorben in Groß-Lichterfelde
den weißen Hirsch erblickte: Seidel erinnerte sich 35 Jahre später in einem Brief an seinen Schwiegersohn Ernst Schulte Strathaus (4. 8. 1937): „Untergegangene Dörfer haben immer eine Anziehungskraft auf mich ausgeübt, das Merkwürdigste fand ich im Wildpark des Grafen Arnim-Boitzenburg, dort, wo jetzt die Wisente grasen. Es bestand nur noch aus einer versunkenen Kirche; hohe Bäume und fruchtbeschwerte Sträucher wuchsen zwischen ihren Mauern, und als ich mich an der tiefsten Stelle ihres Innenraumes befand, sah ich, wie ein weißer Hirsch durch eins der oberen Fenster zu mir herniederblickte. Alles war Urwald, Märchen, Bienengesumme und Einsamkeit" (Nachlass DLA). Bei der Kirche handelt es sich um den als Ruine erhaltenen Nordgiebel der Kirche des Zisterzienserinnenklosters Boitzenburg.
269 *Oberkondukteur:* Oberschaffner
274 *Die Predigt:* Über Matthäus 7, 7–11: Berkholz 14. 9., Boitzenburg 21. 9., Naugarten 12. 10. (Manuskript Nachlass DLA)
die Gräfin Harry von Arnim Suckow: Sophie Gräfin von Arnim geb. Gräfin von Arnim-Boitzenburg (1836–1918), seit 1881 Witwe von Harry Graf von Arnim-Suckow
Unholdes: Harry Graf von Arnim-Suckow (1824–1881). Diplomat, als deutscher Botschafter in Paris 1874 abberufen und im Verlauf von drei Prozessen wegen Hochverrats schließlich zu fünf Jahren Zuchthaus verurteilt. Als Gegner Bismarcks in der Öffentlichkeit verteufelt, worauf sich „Unhold" bezieht.
Kapelle: Sogenannte „Winterkirche", nördlicher Anbau der Boitzenburger Kirche; darunter befindet sich eine Gruft, zu der man durch eine kleine Seitentür gelangt.
276 *sein Bruder:* Bernd Graf von Arnim-Zichow (1868–1945)
278 *Paul Gerhardt:* Evangelischer Liederdichter (1607–1676)
281 *Pantenius:* Theodor Hermann Pantenius (1843–1915), Schriftsteller und Journalist, Chefredakteur der Zeitschriften „Daheim" und „Velhagen und Klasings neue Monatshefte"
„*Frau Sorge*": Roman von Hermann Sudermann (1857–1928), erschien 1887
286 *Omnivoren:* Allesfresser
Carmen Sylva: Dichterpseudonym der rumänischen Königin Elisabeth geb. Prinzessin zu Wied (1843–1916)

Dahn: Felix Dahn (1834–1912), Schriftsteller, Professor der Geschichte in Würzburg, Königsberg und Breslau
Storm: Theodor Storm (1817–1888)
die göttliche Nataly: Vermutlich Eugenie Bolza (geb. 1816) geb. Popp von Böhmstetten, Pseudonym: Natalie, oder Königin Natalie von Serbien, die 1891 Memoiren hatte erscheinen lassen

288 *Sigrid:* Sigrid Gräfin zu Eulenburg-Wicken (geb. 1898)
289 *Sabinchen:* Sabine Gräfin von Arnim-Zichow, später verehelichte von Arnim (1898–1941)
Hans-Georg: Graf von Arnim-Zichow (1901–1975), Sohn von Hans-Georg Graf von Arnim-Zichow (1868–1945)
Majoratserbe: Ältester Sohn, Erbe eines ungeteilten Gutsbesitzes
Prinzessin Citrinchen: Märchen von Heinrich Seidel, erstmals 1874

290 *Runze:* D. Dr. Georg Runze (1852–1938), 1890 außerord. Prof. und 1908 Honorarprof. für systematische Theologie und Religionspsychologie an der Theol. Fakultät Berlin, Oberlehrer am Falk-Gymnasium, Mitbegründer der Religionspsychologie
pastor loci: (lat.) Ortspfarrer

291 *Coste:* Direktor des Bismarck-Gymnasiums, Wilmersdorf
292 *Marienkind:* Märchen der Brüder Grimm
Fallada: Aus dem Märchen „Die Gänsemagd" der Brüder Grimm

293 *Faber:* D. Wilhelm Faber (1845–1916), Generalsuperintendent, ordinierte H. W. Seidel 1906 in St. Nikolai, Berlin
Konjekturen: Vermutungen

296 *Stinde:* Julius Stinde (1841–1905), Schriftsteller
John Brinckman: (1840–1870), plattdt. mecklenburgischer Schriftsteller
Krewitz: Helene Netzband in Krewitz war am 1. Oktober im Alter von 4 Monaten gestorben.
Amtmann: Ganschow

298 *die kluge Else:* Märchen der Brüder Grimm
302 *Fr. Eggers:* Friedrich Eggers (1819–1872), Bruder von Karl Eggers, Kunsthistoriker, Mitglied des „Tunnels über der Spree"
306 *Werner:* Bruder Seidels (1883–1959)
307 *Chapeau claque:* (franz.) Klappzylinder
311 *Soiree:* Abendgesellschaft
große Hochzeit: Am 4. November heiraten Dr. med. Ludwig Wilhelm Preuß (geb. 1871) und Hulda Margarethe Haicke (geb. 1878), Tochter des gräflichen Amtmanns Emil Haicke in Boitzenburg.
Polichinell-Witze: franz. Form des südital. Pulcinelle, komische Figur in Volkslustspiel und Marionettentheater

312 *Lahusen:* D. Friedrich Lahusen (1851–1927), 1899–1912 Pfar-

rer an der Dreifaltigkeitskirche Berlin, 1912 Generalsuperintendent

Kessler: D. Hans Kessler (1856–1939), 1883–1909 Pfarrer an der Parochialkirche in Berlin, 1909 Generalsuperintendent

Deutsch: D. Samuel Martin Deutsch (1837–1909), außerord. Prof. an der Theol. Fakultät Berlin, Konsistorialrat im Konsistorium Brandenburg

Weiß: D. Dr. Bernhard Weiß (1827–1918), Prof. für Neues Testament an der Theol. Fakultät Berlin, Wirkl. Geh. Oberkonsistorialrat

Meldung für das Seminar: Nach dem Gemeindevikariat konnte sich ein freiwilliges Jahr im Predigerseminar anschließen, wenn ein Platz vorhanden war. In den preußischen Predigerseminaren gab es damals nur 80 Plätze.

313 *Habeant sibi:* (lat.) Nach 1. Mose, 38, 23 ursprünglich „Habeat sibi" (sie mag's behalten), hier in der Bedeutung „meinetwegen"

314 *Argus:* Vieläugiger, alles bemerkender Riese der griechischen Sage

316 „*Nobiskrug":* Märchen von Heinrich Seidel

Hochzeitsglocke: Am 18. Oktober heiraten Anna Eggert und der aus Berlin stammende Wagenführermeister der Straßenbahn, Paul Kutzner.

317 „*Sinkenden Petrus":* Biblische Historienmalerei nach Matthäus 14, 30

320 *Ibsen:* Henrik Ibsen (1828–1906), norweg. Dramatiker

321 *Maeterlinck:* Maurice Maeterlinck (1862–1949); „La sagesse et la destinée" erschien 1898

322 *Hofprediger aus Potsdam:* Am 22.10. predigte in Prenzlau Johannes Kessler (1865–1944), seit 1893 Hofprediger in Potsdam und Vertrauter Wilhelms II.

324 *Huchs Kritik:* Rudolf Huch (1862–1943) in: Mehr Goethe, 1899

327 *Pracht dieses alten Gotteshauses:* „einer der bedeutsamsten mittelalterlichen Backsteinbauten Norddeutschlands", erbaut 1325: ca. 1340 (Georg Dehio, wie Anm. zu S. 24 *, S. 280ff.). Die Kirche brannte 1945 aus.

jüngerer Mann: Johannes Kessler

Kaiserin: Auguste Viktoria, Gattin Wilhelms II.

328 *Hildesheimer Rosenstock:* Der tausendjährige Rosenstock am Hildesheimer Dom

Ohles Missionspredigt: Am 27.8. predigte in Prenzlau Lic. Dr. Karl Rudolf Ohle (1857–1926), dort seit 1901 Pfarrer.

329 *Herms:* Geh. Oberjustizrat

„*unseres Kronprinzen":* Wilhelm von Preußen (1882–1951)

333 *Beerdigung:* Elisabeth Schwanebeck, 2 Monate alt

comme philosophe: (franz.) als Philosoph

fiel... von der Kanzel: Das Aufgebot zur Trauung wurde im Gottesdienst abgekündigt.

„Germania": Vaterländisches Lied

Gustav-Adolf-Verein: 1832 entstandenes Werk zur Unterstützung Not leidender Protestanten in aller Welt

334 *„Tante Fritzchen" von Hans Hoffmann:* Das Buch des Jugendschriftstellers erschien 1899.

335 *eines Akrostichons:* Gedicht, in dem die Anfangsbuchstaben der Verszeilen ein Wort ergeben

Fiken Naks: (plattdt.) Spitalfrau, Figur der Aufführung zum Polterabend

orbis pictus: (lat.) gemalte Welt

336 *Frau Wehmut:* Hebamme

338 *das erste Diakonat:* Historische Bezeichnung für den nachgeordneten Pfarrer, ursprünglich Hilfsgeistlichen

341 *gepredigt:* Über 1. Korinther 3, 11–22: Naugarten 2. 11., Boitzenburg 9. 11. (Manuskript Nachlass DLA)

342 *Böte-Wilk:* (plattdt.) Gehört wie die beiden folgenden Figuren zur Polterabend-Aufführung

Knickstiebel: (plattdt.) Geizhals

Bandelow: (plattdt.) Eigenname

343 *Die Musik der armen Leute:* Gedicht von Heinrich Seidel, später Titel eines Sammelbandes, Stuttgart 1896

Sacher-Masoch: In Romanen Leopold von Sacher-Masochs (1836–1895) spielen sexuelle Erregungen eine Rolle, die durch körperliche und seelische Misshandlungen hervorgerufen werden.

344 *Padden:* (plattdt.) Kröten, Frösche

345 *Andreas Hofer:* (1767–1810), bärtiger Tiroler Freiheitsheld im Kampf gegen Napoleon

349 *26. post. Trin.:* 26. Sonntag nach Trinitatis

Jairi Töchterlein: Tochter des Jairus, nach Matthäus 9, 18–26, Markus 5, 21–43 und Lukas 8, 40–56 von den Toten auferweckt

350 *den Emmaus-Jüngern:* Auf dem Weg nach Emmaus begegneten zwei Jünger dem Auferstandenen (Lukas 24, 13–35).

non plus ultra: (lat.) nicht zu überbieten

Hochzeitseinladung nach Hamburg: In Hamburg waren Seidels Verwandte mütterlicherseits ansässig.

351 *Strubberg:* Otto von Strubberg (1821–1908), General der Infanterie, Mitglied der Provinzialsynode

Mirbach: Freiherr von Mirbach, Mitglied der Provinzialsynode

Vaters Artikel: Heinrich Seidel, Im Vorort. Eine Plauderei. In: Deutsche Monatsschrift für das gesamte Leben der Gegenwart, II, Heft 1, Oktober 1902

352 *Corps Normannia:* Studentenverbindung
353 *filius:* (lat.) Sohn
354 *Karmin:* karminrot
355 *regalierte:* beschenken
„*Doktor Eisenbart*": Altes Volkslied
357 *an den Priester und den Leviten:* Gleichnis vom barmherzigen Samariter (Lukas 10, 25–37)
am Sonntag: siehe Anmerkung zu S. 341
360 *Nous verrons:* (franz.) Wir werden sehen
Frieda: Leberecht Hühnchens Tochter Frieda heiratet den Erzähler, Hühnchens Freund.
362 *dithyrambische:* begeisterte
363 *lendemain:* (franz.) am Tag danach
364 *Roman von Heyse:* Paul Heyse, Über allen Wipfeln, 1895
Charlotte Niese: (1854–1935), Schriftstellerin
L. Annshagen: Ludwig Annshagen, Pseudonym für Luise Algenstaedt (geb. 1861)
Goethe, Bd. II, von Bielschowsky: Albert Bielschowsky, Goethe, Bd. II, 1902. Der erste Band erschien 1895.
Fischermeister: Ludwig Schierbaum
zwei Kinder: Die zweijährige Margarete starb am 2. November, die fünfjährige Else am 12. November
369 *Konvent:* Pfarrerzusammenkunft
372 *Sanctuarium:* (lat.) Heiligtum, Allerheiligstes
375 *Festgottesdienste:* Über Johannes 5, 19-29: Berkholz, Naugarten 23. 11. (Nachlass DLA)
377 *NB:* Notabene, wohlgemerkt
Onkel Pauls: Heinrich Seidels Bruder Paul (1858–1929), Kunsthistoriker, Direktor des Hohenzollernmuseums Schloss Monbijou
Alfred Biese: (1856–1930), Gymnasialdirektor, Literaturkritiker, Autor einer „Deutschen Literaturgeschichte" und von „Fritz Reuter, Heinrich Seidel und der Humor in der neuern deutschen Dichtung", 1901
Vaters Artikel: Siehe Anmerkung zu S. 351
Schreibart „Efeu": Bisher „Epheu" geschrieben
378 *Linaria-Skizze:* Heinrich Seidels Erinnerung „Linaria cymbalaria" aus den „Vorstadtgeschichten"
„*Der 50. Geburtstag*": Erzählung Heinrich Seidels, in der ihm Gestalten aus seinen Arbeiten und längst verstorbene Dichter zum 50. Geburtstag gratulieren
moriturus: (lat.) todgeweiht
Fest zu Vaters Ehren: Seidel telegrafierte am 13. 12. aus Boitzenburg: „Doktor Seidel, Berlin, Kaiserkeller, Friedrichstr. 178. In

deiner treuen Freunde Mitte nimm heut auch unsre Grüße bitte. Heinrich Wolfgang nebst Vice-Eltern und Geschwistern."
380 *Bengel:* Joachim von Arnim-Willmine (1892–1914)
Konsistorial-Monita: Einwendungen des Konsistoriums
383 *ein neues Buch:* Trojans kanadisches Reisebuch „Auf der anderen Seite", 1902
384 *Kollegium der Urgreise:* Ironisch für die Mitglieder des preußischen Oberkirchenrats
386 *Lommatzsch:* Karl Lommatzsch (1877–1945), Sohn von Prof. Dr. Siegfried Lommatzsch, später Superintendent in Bad Schönfließ
Schleiermachers Blut: Lommatzsch war ein Nachkomme Schleiermachers.
Gunkel: Hermann Gunkel (1862–1932), evangelischer Theologieprof. in Berlin 1894–1907, später in Gießen und Halle
388 *Copperfield:* Charles Dickens, David Copperfield, zuerst London 1849/1850, deutsch 1849–1851
wegen eines neuen Buches: Friedrich Huch, Peter Michel, 1901
390 *Phäakeninsel:* Mythisches Land in Homers Odyssee
393 *der alte Graf von Arnim:* Vermutlich Albrecht Graf von Arnim-Mellenau, der im folgenden Jahr 1903 starb. Hermann Graf von Arnim-Muskau hatte zwar im Gefängnis gesessen, lebte aber noch bis 1919, sodass Seidel beide Arnims wohl verwechselte.
Diaphaniebilder: Durchscheinende Bilder
der englische Traktat: Blätter und Broschüren evangelistischen Inhalts
394 *Besitzer des Gutes:* Wohl Landwirt Garlieb, Gut Kuhz
397 Seidel richtete außerdem folgendes Gedicht an Elisabeth Dreising:

Mit einem Buche von Johannes Trojan.

Als Botenlohn ein kleines Buch
Das ist nicht viel und doch genug.
Genug zur Freude, genug zum Lachen,
sinds auch nur arme Siebensachen.
Von kühnen Helden, von hohen Taten
Mag wenig das kleine Buch verraten.
Leise redet es von den Dingen –
aber die Seele fängt an zu klingen.
Und ich glaube, der es geschrieben,
Ist auch als Mann noch ein Kind geblieben.
Nicht im Schaffen und nicht im Denken,
Aber im Lieben und im Schenken.
Er sammelt nicht Gold, nicht Perlen ein,
Aber den lustigsten Sonnenschein.

> Er blickt uns ins Auge und fragt, was uns quäle,
> Und ruft: so freu dich, o Menschenseele!
> All das Begehren mag ja nicht frommen –
> Aus Güte nur mag uns Friede kommen.
> Weiß nicht, was andre darüber meinen –
> Mir wollt er oft als ein Freund erscheinen.
> Da ich ihn schickte zu mancherlei Leuten:
> Keiner mocht ihm die Tür bedeuten.
> Ob's ihm auch ferner so wohl ergeht?
> Was denkt Ihr, Fräulein Elisabeth?
> (Manuskript DLA)

399 *Rotten und Most:* Motten und Rost

401 *Grabau:* Karl Grabau, Studienfreund Seidels

404 „*Ursleu*": Ricarda Huch, Erinnerungen an Ludolf Ursleu den Jüngeren, 1893
In der Art Kellers: Gottfried Keller (1819–1890)
Rudolf: Rudolf Huch

406 „*Geheimakten*": Personalakten

407 *Peckstniff und Tom Pinch:* Gestalten aus Dickens' Roman „Martin Chuzzlewit"

408 *alabonnör!:* (franz.) Welch ein Glück!
Piereseln: (plattdt.) Maden

412 *Ich predige:* Über Lukas 2, 15–20: Naugarten 25. 12., Boitzenburg 26.12. (Nachlass DLA)

413 *Buch über Hauff:* Hans Hofmann, Wilhelm Hauff. Eine nach neuen Quellen bearbeitete Darstellung seines Werdegangs. Frankfurt am Main 1902

418 *Bundeslade:* Anspielung auf das Tempelheiligtum in Jerusalem

419 *Predigten von Hoffmann:* Von Wilhelm Hoffmann (1806–1873) herausgegebene Predigtsammlungen „Ruf zum Herrn" (8 Bde. 1854–1858), „Die Haustafel" (3 Bde. 1859–1863) und „Ein Jahr der Gnade in Christo" (1864)
den langen Gottesdienst: siehe Anmerkung zu S. 412

421 *Tagebucheintragungen:* Manuskript DLA

Namens- und Ortsregister

Wegen ihrer Häufigkeit nicht aufgeführt: Boitzenburg, heute Boitzenburger Land-Boitzenburg; Elisabeth Dreising; Wolfgang Dreising

Albrecht, Franz 134, 136, 415, 474
Alward, Herr 130f.
Anklam 467
Annshagen, Ludwig 364, 484
Antonius, Sankt 198, 477
Argus 314, 482
Arnim-Boitzenburg, Adolf Graf von 465, 475, 475
- Adolf-Heinrich Graf von (1803-1868) 31, 449, 467, 476
- Adolf-Heinrich Graf von (1894-1914) *siehe* Arnim-Boitzenburg, Grafenkinder
- Alexandra Gräfin von 19, 30, 32, 37, 70, 79, 82, 93, 103, 105, 121, 135, 139, 141, 149, 152, 166, 174, 196, 199, 201, 203, 257, 283f., 333f, 344, 360f., 367f., 396, 410 f, 417f., 422, 433, 466f., 475
- Bernd Vivigens Graf von *siehe* Arnim-Boitzenburg, Grafenkinder
- Caroline Gräfin von 476
- Dietlof Graf von 10–14, 16f., 19, 29, 33, 37, 45, 52 61, 65, 66, 70, 74, 81f., 84, 89, 91, 103f., 108, 113, 121, 135f., 144, 149, 152ff., 160, 163, 165, 168, 172, 174, 189, 194, 196, 201, 243, 252, 255ff., 276, 284, 303, 320, 329, 355, 357, 369, 380ff., 407, 411, 414, 418, 420ff., 433, 449, 465, 480
- Ferdinand von 478
- Georg Dietloff von 166, 431, 476
- Grafenkinder 18, 79f., 109, 113, 123, 135, 154f., 165ff., 186, 197, 199, 252, 255, 264, 283f., 289, 309, 320, 334, 433, 467, 471f., 475
- Hans Georg von 155, 475
- Helene Gräfin von (Exzellenz) 144, 148 ff, 155, 160f., 165, 174, 181, 196, 474, 475
- Joachim Dietlof Graf von (Achim) *siehe* Arnim-Boitzenburg, Grafenkinder
- Mathilde Gräfin von (Komtess) 137, 148,f., 160, 196, 474

Arnim-Kröchlendorff, Malwine von, geb. von Bismarck 212f., 215–218, 443, 477f.
- Oskar von 212, 478
Arnim-Mellenau, Albrecht Graf von 393, 471, 479, 485
Arnim-Muskau, Traugott Hermann Graf von 254, 479
Arnim-Suckow, Harry Graf von 274, 393, 479f.
- Sophie Gräfin von 274, 480
Arnim-Willmine, Joachim von 380, 385, 485
- Ludwig von 204, 380, 385, 477, 485
Arnim-Zichow, Bernd Graf von 276, 480
- Hans-Georg Graf von, sen. 481
- Hans-Georg Graf von, jun. 289, 481
- Sabine Gräfin von 289, 481
Arnimshain, heute Boitzenburger Land-Buchenhain 90f., 468, 470f.
Askalon 62, 469
Auguste Viktoria, Kaiserin 329, 482

Bacchus 130, 131, 306
Baden-Baden 149
Baltzer, Johannes (Väterchen) 34, 37, 41, 46f., 52, 55 f, 70f., 77, 82, 108, 112, 116, 123, 159, 169ff., 180, 184, 196f., 207, 260, 269, 374, 467
Bard, Paul 473
Barth, Karl 454
Barmen, heute Wuppertal-Barmen 479
Baumbach, Rudolf 68, 470
Bayreuth 224
Becker, Frau (Kantor) 17, 30
- Gottfried 92, 471
- Karl jun. 30, 41, 431, 466
- Karl sen. (Kantor) 17f., 21, 29f., 35f., 41, 54f., 73, 104, 146, 160, 169, 181, 195, 204, 222, 294, 309, 313, 333, 347, 353, 360, 426, 431, 466
- Walther 35, 96, 99, 110, 242, 251,

487

348ff., 359, 370ff., 378f., 388ff., 397f., 407, 454, 467
Benn, Gottfried 457
Berkholz, heute Boitzenburger Land-Berkholz 11, 17, 22, 30, 51, 71, 100f., 104, 108, 120, 122, 172, 180f., 194, 219, 221, 224, 230f., 233, 271, 295, 302, 305, 358, 368, 375, 381, 396, 401, 461, 466, 468f., 470, 472, 476, 478, 480, 484
Berlin 25, 36, 42, 54, 68, 70, 74f., 98, 109, 113, 124, 133, 137, 142, 149, 169, 174, 176, 190, 200, 205, 244, 250, 253, 264, 267, 278, 292, 302f., 316, 321, 331, 333, 348, 350f., 361, 368,f., 378, 381, 386, 401, 407, 434f., 448ff., 452, 455, 457, 462, 465ff., 470–473, 476, 478f., 481f., 484f.
Beyschlag, Willibald 68
Bielschowsky, Albert 364, 484
Biese, Alfred 377, 484
Bismarck, Otto Fürst von 185, 212, 217f., 255, 443, 478, 480
– Sibylle Gräfin von 216, 478
Bliß, Albert 28, 134, 150, 467
Böcklin, Arnold 142
Boldt, August Friedrich Wilhelm 47, 468
Bonin, Johanna von 148, 475
Bonn 461, 466, 478
Bornemann, Frau 136
Brandenburg, Provinz 136, 303, 448, 450, 466, 468, 482
Brandenburg-Schaeffer, Emma 472
Brandenburg-Schaeffer, Luise 128, 473
Braun, Theodor 67, 469
Braunschweig 248
Bremen 470
Brenneke, Frau 133, 134
Breslau 466, 481
Bret(t) Harte, Francis 168, 476
Brinckman, John 296, 372, 481
Brunold, F. *siehe* Meyer, August Ferdinand
Brüssow 164, 475
Budde, Karl 260f.
Bungert, August 78, 452, 471
Busch, Wilhelm 140, 474

Carmen Sylva, rumän. Königin Elisabeth 286, 480

Charlottenburg, heute Berlin-Charlottenburg 211
Christiania, heute Oslo 278, 280, 283
Clément, Emma (Mademoiselle) 19, 32, 33, 77, 79f., 95, 97, 115, 121, 132, 139, 145, 148, 153f., 166f., 186, 199f., 203f., 235–239, 241, 252, 259, 260, 262–265, 275, 302, 308f., 311, 313, 320f., 360f., 368, 402, 405, 411, 419, 426, 466
Collin, Bauer 84, 226, 471
Collins, William Wilkie 177, 476
Coste, David 291, 481

Dahms (Rendant; Forellenvater) 58, 60f., 144, 382, 467
Dahn, Felix 286, 481
Dehn, Günther 449, 451, 455, 460
Dellingshausen, Karl 42, 468
Deutsch, Samuel Martin 482
Dickens, Charles 22, 26, 68, 111f., 127, 231, 291, 339, 384, 388, 399, 453, 467, 470, 477, 485f.
Diesener, Adolf 49, 52, 164, 469, 476
Dilloo, Frau 21
Dohna-Schlobitten, Lothar Graf zu 474
Dohna-Schlobitten, Mathilde Gräfin zu (Komtess) *siehe* Mathilde Gräfin von Arnim-Boitzenburg
Dorner, Isaak August 98, 472
Dragendorff, Emma *siehe* Eggers, Emma
– Ernst 472, 473
– Georg 474
– Sophie 129, 131, 474
Dreising, Ferdinand 241f., 245
– Frau 241, 245
– Sabine 245f.
– Sophie geb. Ziegener (Pastorin; Mutter) 10, 18, 23f., 36, 40, 51, 64, 75, 78, 92, 97, 109, 118, 122, 137ff., 142, 148f., 150f., 153f., 165, 168, 170, 174, 179f., 188ff., 194, 198, 204, 236, 249, 259, 262, 294, 307, 310, 318, 325f., 341f., 351, 354, 357, 361f., 365–368, 385, 388, 394, 396–399, 406, 411, 413ff., 415, 419f., 465
Dresden 276, 401, 413, 462
Driesen in der Neumark, heute Drezdenko 455

Dryander, Ernst von 92, 98, 164, 207, 328, 338, 344, 351, 368, 371, 384, 472
Dschingis Khan 165
Dubbicke *siehe* Winkel, Ludwig

Eberswalde 455, 456, 457, 465, 470
Effenberger, Margarete 45, 468
Eggers, Emma 472
- Friedrich 302, 473, 481
- Hartwig 124, 473
- Helene 474
- Joachim 125, 473
- Karl 125, 127, 130, 473, 473, 481
- Margarete 124, 473
- Mathilde 473
- Peter 124, 473
Eggert, Anna Auguste Luise 316, 482
Emmaus 350, 483
Enders, Lieselott 466
Engel, Frau 26, 114, 144
Erfurt 103
Erler, Frau 150
Eulenburg-Wicken, August Graf zu 149, 475
Eulenburg-Wicken, Siegfried Graf zu 19f., 466
Eulenburg-Wicken, Sigrid Gräfin zu 288, 481
Exzellenz *siehe* Helene Gräfin von Arnim-Boitzenburg

Faber, Wilhelm 293, 312, 455, 481
Fährkrug, heute Templin-Fährkrug 187, 188
Fährsee 189, 477
Fechner, Hanns 155
Ferdy *siehe* Salzmann, Ferdinand
Fergitz, heute Gerswalde-Fergitz 42, 468
Fischmann, August *sen.* 40, 50, 71, 81, 103, 122, 178, 334, 385, 412, 470
- Fischmann, August jr. 334
Flatow 466
Fontane, Theodor 302, 397, 450, 452, 458
Forster, John 15, 68, 111f., 470
Frankfurt (Oder) 242, 249, 455
Frenssen, Gustav 207, 281, 296, 378, 403, 478
Friedrich II. der Große, König 472
Friedrich Wilhelm II., König 476

Friedrich Wilhelm III., König 104, 161, 268, 302, 478
Friedrich Wilhelm IV., König 31, 467
Frommel, Emil 243, 479
Funcke, Otto 68, 470
Fürstenhagen, heute Feldberger Seenlandschaft-Fürstenhagen 42, 468

Gamaliel 159, 475
Ganschow, Karl 223, 478, 481
Garlieb, Bauer 485
Geibel, Emanuel 10, 466
Geißler, August sen. 43, 211–215, 468, 478
- August jun. 43, 230, 233, 468, 479
- August (Kind) 233
- Elisabeth 233
- Frau 233
- Karl 233
Georg Prinz von Preußen 172, 476
Gerhardt, Paul 278, 480
Gerswalde 38, 42f., 49, 56, 331, 461, 468
Gießen 485
Goes, Albrecht 458
Goethe, Johann Wolfgang von 185, 253, 260, 364, 454, 482, 484
Götsch, Dorothea 75, 470
Göttingen 462, 474, 478
Götze, Fritz (Sohn mit Bart) 40, 294f., 196, 309, 489
- Götze, Frau (Tante Götze) 16, 21, 38ff., 63, 103, 132, 136, 196, 405, 489
- Karl (lieb Karling) 16, 40, 63, 83, 103, 132, 190, 258, 294, 336, 369, 426, 489
- Sohn (Amsterdam) 40, 489
Goldap 256
Gollmitz, heute Nordwestuckermark-Gollmitz 467
Golzow 254
Gottschalk, Johann Wilhelm 240, 479
Grabau, Karl 388, 401, 404, 486
Graff 78
Gransee 67
Greifswald 45, 256, 462, 468
Groß-Lichterfelde, heute Berlin-Lichterfelde 14, 23, 74, 89, 108f., 122, 172, 217, 220, 249, 258, 269, 294, 306, 328, 381, 406, 419, 449, 452f., 456, 465, 467, 469, 472, 474, 480

489

Groth, Klaus 302
Guleke 131
Gunkel, Hermann 386, 454, 485

Haicke, Emil (Amtmann) 9, 12f., 32, 61, 87, 89f., 104, 113, 123, 143, 146f., 160, 196, 199, 222, 252, 271, 276, 284, 297, 304, 319, 341, 351, 353, 357, 360, 365, 385, 393, 414, 449, 466, 481
− Frau 87, 137, 143, 145, 147, 165, 176, 304, 319, 341, 344, 351, 357, 365, 385, 413, 423
− Grete 343
− Hulda Margarete 87f., 137, 145, 285, 297, 355, 365, 414, 481
− Siegfried 342, 344, 353, 355, 423
Halle (Saale) 485
Hamburg 282, 350, 383, 483
Hardenbeck, heute Boitzenburger Land-Hardenbeck 27
Harnack, Adolf von 48, 52, 56f., 110, 126, 148, 207, 230, 293, 386, 389, 454f., 468
Haßleben, heute Boitzenburger Land-Haßleben 9, 23, 133f., 164, 178, 191f., 204, 218, 220, 402
Hauff, Wilhelm 413, 486
Hegel, Georg Wilhelm 278
Heine, Heinrich 277
Hempel, S. 44, 104, 217, 468, 472
Herms, Landgerichtspräsident 329, 482
Herrmann, Wilhelm 454
Hesekiel, George Ludwig 79, 471
Hesekiel, Ludovika 194, 477
Hesekiel, Prophet 476
Heuss, Theodor 457
Heyse, Paul 184, 364, 477, 484
Hildesheim 328, 482
Hillger 244, 245
Hiob 293, 397
Hitler, Adolf 458
Hofer, Andreas 345, 483
Hoffmann, E.T.A. 144, 177, 203, 244, 453, 475, 477, 479
Hoffmann, Wilhelm 419, 486
Hof(f)mann, Hans 290, 296, 343, 413, 483
Hohenlohe-Oehringen, Prinz Max zu 455
Hohen-Neuendorf 456

Homer 291, 485
Huch, Friedrich 149, 388, 401, 404, 475, 485
− Ricarda 149, 364, 475, 486
− Rudolf 149, 324, 475, 482, 486
Husum 296
Huth, Weinhaus 453
Ibsen, Henrik 320, 482

Jairus, Tochter des 349, 483
Jakobshagen, heute Boitzenburger Land-Jakobshagen 188, 477
Jena 478
Jerusalem 173, 486
Jesaja 238, 291, 479
Jordan 385

K., nicht ermittelter Vikarsvater von Walther Becker 371, 372, 379
K., Martha, nicht ermittelter Hausgast bei Dreisings 365, 370, 377
Kaakstedt, heute Gerswalde-Kaakstedt 468
Kaiserin Friedrich siehe Viktoria, Kaiserin
Kalau 47
Karling siehe Götze, Karl
Karlsruhe 479
Karow, Emil 42, 76f., 90ff., 142, 232, 382, 397, 468
Katholik siehe Hubert Peltzer
Keller, Gottfried 208, 302, 404
Keller, Samuel 203, 477
Kessler, Hans 312, 328, 482
Kessler, Johannes 322, 359, 482
Kiekebusch 466
Kjöge 322
Klagges, Otto 116, 472
Klaushagen, heute Boitzenburger Land-Klaushagen 188, 477
Klein, Juwelier 200, 326
Kloster Boitzenburg (Ruine; Marienfließ) 37, 151, 228, 268, 284, 319, 391, 446, 450, 478, 480
Klosterwalde, heute Templin-Klosterwalde 188, 477
Kluge, Erwin 25, 467
Knabe jun., Lehrer 41
Knabe sen., Lehrer 41, 192
Knoblauch, Eduard 442
Knoop, Adolf 467
− Elise 467

490

Koch, Egon 72f.
- Eugen 72f.
- Iwan 72f.
Kögel, Rudolf 34, 98, 207, 317, 451, 467
Komtess *siehe* Arnim-Boitzenburg, Mathilde Gräfin von
König, Agnes 134
- Luise 134
- Willi 134
Königsberg i. Pr. 176, 481
Könnecke, Gustav 260
Köppen, Stellmachermeister 84, 477
Koppmann, Karl 131, 474
Kösen 72
Köslin, heute Koszalin 467
Krewitz, heute Boitzenburger Land-Krewitz 36, 296, 297, 299, 467, 481
Kritzinger, Johannes Wilhelm 312, 472
Kröchlendorff, heute Nordwestuckermark-Kröchlendorff 43, 119, 205, 209, 211–218, 442, 444, 472, 478
Krüger, Paulus, „Ohm" 42, 468
Kuhz, heute Boitzenburger Land-Kuhz 12, 41, 46, 133, 191ff., 205, 209f., 215, 217, 317, 390, 392f., 468, 478
Kuhzer See 193, 477
Kümmel, Frau (Pastorin) 394
- Kümmel, Ludwig 42, 44, 46, 50, 157, 158, 191, 192, 193, 287, 393f., 468
Küstrinchen, heute Lychen-Küstrinchen 471
Kutzner, Johann Gottlieb Paul 316, 482

Lahusen, Friedrich 312, 481
Lange, Anton 76, 99, 471
Lasson, Adolf 469
- Georg 48, 468
Lenbach, Franz von 217, 478
Leipzig 126, 343, 352, 454, 468, 470
Lenné, Peter Joseph 450
Levy, Stoffhändler 325
Lichterfelde *siehe* Groß-Lichterfelde
Lind, Dagmar 276ff., 279f., 283, 318, 320
Lindenhagen, nicht ermittelt 290
Lohmeyer, Julius 351, 378, 384, 469

Lommatzsch, Karl (Daniel) 386, 391, 397–400, 409, 485
- Siegfried 485
London 186, 279, 470, 485
Lorentz, Albert 202, 336, 432, 436f., 446f., 477, 495
- Carl 63, 84, 97f., 139, 143, 202, 288, 405, 426, 477
- Carla 63
- Carl Friedrich 477
- Fanny 288
- Frau (Tante Lorentz) 139, 400, 401, 404, 414
Löwenberg, heute Löwenberger Land-Löwenberg 123, 132, 465, 472
Lüdke, Wilhelmine 116, 472
Luise, Königin 293, 414, 474
Luckau 467
Lüneburg (Name des Kochs) 144
Luther, Martin 110, 185, 208, 209, 292, 417, 459, 476
Lychen 93, 169, 257, 395, 398

Maeterlinck, Maurice 321, 324, 482
Magdeburg 462, 469
Magnussen, Harro 218, 478
Mante, Kutscher 189
Marburg 118, 454, 467, 474
Marienfließ *siehe* Kloster
Martha (Hausmädchen bei Dreisings) 18, 37f., 40f., 76, 121, 162, 165, 234, 262, 270, 294, 307–310, 330f., 380, 385, 391, 396, 403, 413, 419, 420
Martha *siehe* K.
Martin, Sankt 277, 279, 280
Matthaei, Georg 43, 468
Matthies, August 161, 475
Mecklenburg-Schwerin 84, 91, 104, 123, 126, 130, 143, 206, 243, 266, 452, 473, 479, 481, 352
Mecklenburg-Strelitz 42, 468
Melanchthon, Philipp 171, 208, 209, 476
Mellenau, heute Boitzenburger Land-Mellenau 393
Mendel, David *siehe* Neander, August
Mendelssohn Bartholdy, Felix 474
Merseburg 394
Mesow, Helene (schwindsüchtiges Mädchen) 17, 52, 54 f, 469

Meyer, August Ferdinand (Pseudonym F. Brunold) 18, 466
Mirbach, Freiherr von 351, 368, 483
Möller, Marx 10, 466
Morgenstern, Otto 453
Mörike, Eduard 35, 467
Müller, Annchen 129
– Erich 467
München 124, 456, 459
Münchhausen, Börries Freiherr von 457
Münsingen 251
Muskau 479

Nagel, Carl 44
– Heinrich 40, 84, 88, 103, 334, 347, 436
– Luise Johanna Magdalene geb. Millies 347
– Margarete 21, 467
Nain, Jüngling zu 105
Nansen, Fridtjof 55, 395, 469
Napoleon 483
Natalie (Nataly) (vermutlich Eugenia Bolza) 286, 481
Nauen 466
Naugarten, heute Nordwestuckermark-Naugarten 11, 12, 15f., 27, 30, 41, 85, 93, 100, 103f., 108, 110, 119f., 122, 180f., 190, 209, 230, 261, 289, 301, 310, 320, 325, 341f., 354, 368, 375, 412, 419, 445, 466, 469–472, 476, 478, 480, 483, 484, 486
Neander, August 171, 476
Netzband, Helene Anna Maria 296, 299, 300f., 481
Neumann, Pächter 471
Neuruppin 472
Neustrelitz 123, 124
Neu-Zerwelin, heute Boitzenburger Land-Neu-Zerwelin 478
Niederlausitz 470, 479
Niese, Charlotte 364, 484
Nietzsche, Friedrich 223
Norditalien 448

Oberammergau 218
Odysseus 291, 390
Ohle, Karl Rudolf 328, 482
Oranje 468

Pantenius, Theodor Hermann 281, 480

Paris 278, 480
Parmen, heute Nordwestuckermark-Parmen 468
Passow, Wilhelm 128, 473
Perlin 126, 452, 473
Peltzer, Hubert 17, 32, 64, 175, 202, 250f., 284, 285–288, 439, 449, 466
Petrus 317, 482
Pfleiderer, Otto 207, 454, 478
Pforta *siehe* Schulpforta
Pietrowsky, Sauhirt 295
Plau, heute Plau am See 126, 473
Poe, Edgar Allan 177, 477
Polykrates 143, 165
Popp, W. 243
Potsdam 77, 179, 322, 338, 340, 360, 384, 462, 477, 482
Prenzlau 26, 38, 49, 52f., 57, 67, 79, 103, 107, 115, 133, 137, 141f., 156f., 159, 162–165, 171, 175f., 181, 196, 200f., 230, 232, 246, 249, 253ff., 259, 263f., 295, 303, 312, 322f., 325f., 328ff., 330, 358f., 369, 377, 379, 386, 391, 393, 397, 403, 413, 448, 460, 465, 469, 471, 475f., 482
Preuß, Ludwig Wilhelm (Doktor) 14, 45, 61f., 87ff., 114, 136f., 147, 160, 165, 167, 174–178, 196, 199, 204, 218, 243, 246, 248f., 251f., 255, 257f., 266f., 273, 275ff., 284ff., 288, 297f., 300, 304, 311, 313, 319, 321, 326, 333, 336, 352f., 357, 362, 397, 413f., 471, 481
Pries, Heinrich Robert 131, 474
– Helene 474
– Joachim Heinrich 474
– Joachim Heinrich Adolf 131, 474

Raabe, Wilhelm 246, 248, 416, 479
Rade, Martin 469
Räkow, Frau 150
– Kutscher 150
Rechlin, Bauer 80, 81, 83, 84, 85, 86, 469
Rembrandt 139, 335
Reuter, Fritz 180, 373, 477, 484
Rheinsberg 118, 119, 472
Rhodes, Cecil 145, 475
Richter, Ludwig 215, 478
Riehl, Wilhelm Heinrich 68
Riexinger, Carl 223, 344–347
– Frau 345ff.

Ritschl, Albrecht 207, 208, 478
Rittelmeyer, Friedrich 457
Rixdorf, heute Berlin-Neukölln 106
Rom 280
Rostock 122–129, 204, 459, 461, 465, 472ff.
Rubinstein 218
Rummelsburg, heute Berlin-Rummelsburg 456
Runze, Georg 290, 293, 295, 481
Rudorff, Ernst 268, 480

Sacher-Masoch, Leopold von 343, 483
Saenger, Emil 34, 467
Salzmann, Ferdinand (Ferdy) 10f., 24, 93ff., 116f., 120, 122, 137f., 147f., 168, 186–189, 196–202, 217, 241, 254, 263, 265, 268, 272, 296, 312, 318, 320, 324, 334, 338f., 342, 344, 353f., 361, 363, 366, 380, 385, 387, 390, 394, 396ff., 399–402, 407, 411–414, 419, 423, 425ff., 466, 479
– Martin 242, 317, 479
Schanz, Frida 10, 466
Schein jun., Lehrer 42
Schein sen., Lehrer 42
Schierbaum, Else Auguste Johanna 364, 484
– Ludwig 364, 484
– Margarete Johanna Auguste 364, 484
Schiller, Friedrich von 131, 388
Schleiermacher, Friedrich Daniel Ernst 386, 398, 485
Schlesien 253, 367, 466
Schlunk, Hermann 79, 161, 475
Schmalz, Drogist 330
Schmidt, Erich 454
Schmidt, Ludwig (Forstmeister) 15, 20, 79, 81, 83, 85, 147f., 160, 172, 194f., 197, 204, 220, 222, 252, 256f., 383, 392, 408, 449, 466, 471
Schmidt, Frau 14, 46, 79, 195, 377, 388, 468
Schnitzer, Manuel 169
Schönfließ, Bad 485
Schüler-Malmitz, nicht ermittelt 33
Schulpforta 72, 470
Schulte Strathaus, Ernst 480
Schulz, Amtsgerichtsrat 49, 469
– Bürgermeister 245

– Christian 85, 119, 375, 412, 420, 471
– Hebamme 222, 276
– Schuhmacher 141
Schumann, Robert 467
Schwanebeck, Elisabeth 482
Schwerin 452, 462, 465, 473
Schwerinsburg 467
schwindsüchtiges Mädchen *siehe* Helene Mesow
See *siehe* Fährsee; Kuhzer See
Seidel, Agnes 25, 154, 192, 234, 281f., 306, 311f., 332, 340, 383, 411f., 415f., 427, 448, 452f., 471, 473, 483
– Annemarie 457
– Clara *siehe* Sohm, Clara
– Georg (Christian Ferber) 457
– Heilwig 456
– Heinrich 11, 13, 14, 25, 56, 66, 75, 78f., 89, 109, 127f., 130, 132, 145, 149, 158, 186, 192, 201, 203, 207, 216, 239, 243f., 257, 267, 275f., 281, 320, 324, 331, 336, 351, 353, 372, 377f., 383f., 397, 403, 408, 419f., 441, 448, 450, 452ff., 456, 466, 469, 470, 471, 473, 474, 475ff., 479, 481–485
– Heinrich Alexander 473, 479
– Helmuth 26, 218–222, 227–231, 234, 239f., 245, 251, 379, 383, 388, 403, 415, 450, 478
– Hermann 456, 472
– Ina 270, 441, 455ff., 459f, 472, 479
– Klärchen 452
– Paul 377, 484
– Ulrike 457
– Werner 38, 306, 415, 468, 481
– Willy 118, 472
Singer, Elisabeth 97, 139, 140, 160, 170, 187, 189, 203, 241, 252, 259, 264, 268, 288, 298, 302, 308, 309, 313, 324, 325, 331, 334, 337, 391, 400, 402, 405, 419, 426
Slaventzitz (Oberschlesien) 455
Sohm, Albert 473
– Clara 127, 473
– Rudolf 473
Solbrig, Kreisarzt 302, 352
Sorau 242, 479
Spaanhof, Werner 141, 474
Spieß, Hermann 49, 52, 158, 164, 312, 359, 469, 476

Starnberg 450, 457
Stein, Karl 104, 108, 113, 114
Steiner, Rudolf 457
Steinmeyer, Franz Ludwig 11, 92, 98, 99, 317, 466
– Elias 98
Stinde, Julius 296, 481
Stoecker, Adolf 98, 472
Stolte, Max 24, 57, 92,99, 456, 467, 469
Storm, Theodor 185, 223, 286, 452, 453, 481
Storkow 472
Strasburg (Uckermark) 164, 359, 483
Streicher, Julius 458
Strubberg, Otto von 351, 483
Stüler, Friedrich August 478
Sudermann, Hermann 480

Teltow 76, 99, 471
Thielen, Karl von 149, 475
Thiemke, Frau 231f., 235
– Wilhelm sen. 231
– Wilhelm jun. 230–234, 479
Thomas a Kempis 279
Timm, Ernst 474
Tirol 96, 448, 483
Tobias 361
Tours 277, 279, 303, 325
Tovote, Heinz 169, 476
Transvaal 468
Trendelenburg, Gymnasiallehrer 43, 468
Trettin, Frau 233f.
– Karl 233f.
– Karl Friedrich Wilhelm 233, 479

Trient 96
Trojan, Johannes 78, 132, 141, 142, 244, 264, 289, 296, 383, 397, 452, 471, 485
Troschel, Franz 118, 302, 472
– Guido (Major) 74, 78, 470
– Marie *siehe* Ziegener, Marie
Tübingen 207, 467
Twain, Mark 239, 296, 452, 479

Varzin 215, 217, 218, 478
Väterchen *siehe* Baltzer, Johannes
Venedig 76, 96, 111, 157, 238, 313, 314, 315

Verona 96, 172, 314
Viktoria, Kaiserin (Kaiserin Friedrich) 155, 475
Vogt, Gymnasiallehrer 43, 468
Voß, Richard 169, 476

Wagner, Auguste 219, 221, 223–227, 478
Wagner, Richard 272
Wallace, Lewis 168, 476
Walther; Walther B.; W. B. *siehe* Becker, Walther
Watteau, Jean Antoine 238, 479
Weber, Gustav 42, 331, 468
– Klara 124, 473
Weggun, heute Nordwestuckermark-Weggun 42, 90, 91, 92, 232, 382, 391, 468, 470
Weiß, Bernhard 312, 482
Wellhausen, Julius 141, 474
Westarp, Adolf Graf von 218, 478
– Otto Aribert Graf von *siehe auch* Arnim-Boitzenburg, Grafenkinder 80, 154, 288f., 313, 471
Wichmannsdorf, heute Boitzenburger Land-Wichmannsdorf 12, 16, 33f., 37, 46, 55, 61, 70, 77, 81f., 114, 116, 123, 165, 171, 180, 183, 193, 199, 205, 209f., 256, 291, 316f., 330, 336, 393, 467, 470, 476
Wiegand, August 126, 473
Wien 322
Wilke, Carl 70, 81f., 165, 199, 205, 207, 237, 239, 267, 310, 317, 330, 368, 470
Wilhelm II., Kaiser und König 243, 467f., 483
Wilhelm, Kronprinz 329
Willerding, Anna (Frau Apotheker) 87, 165, 249, 353, 416, 471
Willerding, Hugo (Apotheker) 14, 22, 67, 86–90, 246–249, 255, 266, 282, 284, 311, 322, 326, 333, 335ff., 339, 342f., 347, 353, 355ff., 362, 364f., 397, 405, 411, 414ff., 438f., 449, 466
Wilmersdorf, heute Berlin-Wilmersdorf 481
Winkel, Ludwig (Dubbicke) 30ff., 150, 161, 467, 475
Winter, Frau 165, 175
Wippermann, Erich 25, 260, 312, 467

Wöldecke, Frau 250
Wolfskehl, Karl 458
Wöllner, Otto 196, 197, 477
Wothe, Anny 40, 79, 468, 471
Wrechen, heute Feldberger Seenlandschaft-Wrechen 468
Würzburg 256, 481

Zehlendorf, heute Berlin-Zehlendorf 54
Ziegener, Hete 180, 187, 205
Ziegener, Marie (Großmutter; Schwiegermutter) 10, 23f., 46, 68, 73ff., 78, 83, 103, 118f., 121, 135, 138f., 147, 168ff., 173, 180, 184f., 187, 191, 197, 199, 201, 203ff., 219f., 225, 231, 234, 245, 247, 249, 252, 262, 268, 270, 275f., 302, 306f., 309, 321, 333, 351, 365, 367, 372, 377, 386ff., 397ff., 402, 406f., 412, 418ff., 466, 470, 472
Ziegener, Samuel 466
Zitzlaff, Reiseprediger 16, 466
Zobeltitz, Fedor von 10, 286, 466
Zuckmayer, Carl 457

Bildnachweis

Sieghart Graf Arnim, Privatarchiv: 433 o, 433 u

Hans Benthin, Privatarchiv: 434 o, 435 o, 435 u

Deutsches Literaturarchiv Marbach a. N.: 429, 440

Evangelische Kirchengemeinde Boitzenburg: 431 u, 434 u

Klaus Goebel, Privatarchiv: 430 o, 431 o, 441, 445

Hartung von Hartungen, Privatarchiv: 442 o, 442 u, 443, 444

Erben Nagel, Privatarchiv (Foto Albert Lorentz): 436 u

Bernhardt Rengert, Privatarchiv (Foto Albert Lorentz): 432 o, 432 u, 436 o, 437, 446, 447

Eva Weskamp, Privatarchiv: 430 u, 439 u

Berward Willerding, Privatarchiv: 438 o, 438 u, 439 o

Regionalia im HUSUM TASCHENBUCH

Anekdoten aus Bayern · aus Berlin · aus Brandenburg · aus Hessen · aus Mecklenburg-Vorpommern · aus Ostpreußen · aus Pommern · aus Sachsen · aus Sachsen-Anhalt · aus Schlesien · aus Schleswig-Holstein 1 · aus Schleswig-Holstein 2 · aus Thüringen – **Entdecken und erleben (Reiseführer):** Mecklenburg-Vorpommerns Kunst · Niedersachsens Kunst · Niedersachsens Literatur · Ostpreußens Literatur · Schleswig-Holsteins Kunst · Schleswig-Holsteins Literatur – **Im Gedicht:** Berlin · Niedersachsen · Nordrhein-Westfalen · Schlesien · Schleswig-Holstein – **Humor** aus Schlesien – **Kinder- und Jugendspiele** aus Schleswig-Holstein 1 · aus Schleswig-Holstein 3 · aus Westfalen – **Kindheitserinnerungen** aus Berlin · aus Hamburg · aus Köln · vom Niederrhein · aus Ostpreußen · aus Pommern · aus Westfalen – **Komponisten** aus Schleswig-Holstein – **Krippengeschichten** aus Deutschland – **Legenden** aus Westfalen – **Märchen** aus Mecklenburg · aus Niedersachsen · aus Schleswig-Holstein · aus Westfalen – **Redensarten** aus Hessen – **Aus dem Sagenschatz** der Franken · der Hessen · der Niedersachsen und Westfalen · der Österreicher · der Schleswig-Holsteiner und Mecklenburger · der Schwaben · der Thüringer – **Sagen** aus Baden-Württemberg · aus Franken · aus Mecklenburg · aus Schleswig-Holstein · aus Südtirol · aus Westfalen – **Schulerinnerungen** aus Franken · aus Hamburg · aus Mecklenburg · aus Niedersachsen · aus Ostpreußen · aus Schleswig-Holstein – **Schwänke** aus Bayern · aus Schleswig-Holstein · aus Schwaben · aus Westfalen – **Sprichwörter** aus Hessen – **Sprichwörter und Redensarten** aus Mecklenburg · aus Schleswig-Holstein – **Plattdeutsche Sprichwörter** aus Niedersachsen – **Weihnachtsgeschichten** aus Baden · aus Bayern · aus Berlin · aus Brandenburg · aus Franken · aus Hamburg · aus Hessen · aus Köln · aus Mecklenburg · aus München · vom Niederrhein · aus Niedersachsen · aus Ostpreußen · aus Pommern · aus dem Rheinland und der Pfalz · aus Sachsen · aus Sachsen-Anhalt · aus Schlesien · aus Schleswig-Holstein · aus Schwaben · aus Thüringen · aus Westfalen · aus Württemberg – **Weihnachtsmärchen und Weihnachtssagen** aus Baden · aus Schleswig-Holstein – **Witze** aus Hamburg · aus Ostpreußen · aus Pommern · aus Sachsen · aus Schleswig-Holstein

HUSUM HUSUM DRUCK- UND VERLAGSGESELLSCHAFT
Postfach 1480 · D-25804 Husum